Hans-Christoph Schmitt
Redaktionsgeschichtliche Studien zum Pentateuch

Beihefte zur Zeitschrift für die alttestamentliche Wissenschaft

—

Herausgegeben von
John Barton, Reinhard G. Kratz, Nathan MacDonald,
Sara Milstein und Markus Witte

Band 537

Hans-Christoph Schmitt

Redaktionsgeschichtliche Studien zum Pentateuch

Gesammelte Schriften II

Herausgegeben von Markus Saur und Markus Witte

DE GRUYTER

G

ISBN 978-3-11-072439-4
e-ISBN (PDF) 978-3-11-072444-8
e-ISBN (EPUB) 978-3-11-072454-7
ISSN 0934-2575

Library of Congress Control Number: 2021942774

Bibliografische Information der Deutschen Nationalbibliothek
Die Deutsche Nationalbibliothek verzeichnet diese Publikation in der Deutschen Nationalbiblio-
grafie; detaillierte bibliografische Daten sind im Internet über http://dnb.dnb.de abrufbar.

MIX
Papier aus verantwor-
tungsvollen Quellen
FSC
www.fsc.org   FSC® C083411

Inhalt

Zum Geleit

Mit seinen Thesen zum Elohisten als dem ersten pentateuchweiten Geschichtswerk, zu einer prophetisch orientierten Endredaktion des Pentateuchs und zu
einer den Enneateuch umfassenden, priesterliche und deuteronomistische
Theologien vereinigenden Redaktion hat der am 11. November 1941 in Tübingen
geborene und am 6. Juli 2020 in Erlangen verstorbene Alttestamentler Hans-
Christoph Schmitt der alttestamentlichen Forschung wesentliche Impulse gegeben. Charakteristisch für Schmitts Arbeiten zum Pentateuch und zu den erzählenden Büchern des Alten Testaments sind die Synthese unterschiedlicher redaktionsgeschichtlicher Modelle und das starke Interesse an der theologischen
Profilierung der herausgearbeiteten Schichten. So hat Schmitt einerseits in kritischer Aufnahme unterschiedlicher literargeschichtlicher Modelle ein ganz eigenes Bild von der Entstehung des großen literarischen Komplexes von Genesis 1 bis
2 Könige 25 entwickelt. Andererseits hat er immer wieder die Vielfalt der alttestamentlichen Gottesaussagen hinsichtlich ihrer geschichtlichen Entstehung und
ihrer überzeitlichen Bedeutung dargestellt. Die in diesem Band gesammelten
Aufsätze zum Pentateuch und zu den verschiedenen redaktionsgeschichtlichen
Stufen eines Deuteronomistischen Geschichtswerks, die in den Jahren 2002 bis
2020 an unterschiedlichen Orten erschienen sind, verdeutlichen beispielhaft die
hermeneutische und theologische Bedeutung redaktionsgeschichtlicher Arbeit
am Alten Testament und spiegeln zugleich Entwicklungen ihres Verfassers wie
Wege der Forschung der letzten zwanzig Jahre wider.

Für den Nachdruck wurden alle Aufsätze durchgesehen und formal behutsam
vereinheitlicht. Dies betrifft erstens die Angabe der Bibelstellen, zweitens die
Wiedergabe hebräischer Wörter, die nun durchgehend transkribiert sind, und
drittens die Anlage der Fußnoten, in denen zitierte Sekundärliteratur ausschließlich nach Verfassernamen, Erscheinungsjahr des Referenzwerkes und
Seitenangabe aufgeführt ist. In einem abschließenden Literaturverzeichnis sind
alle im Band zitierten Werke vollständig bibliographisch erfasst. In die Ortho-
graphie der Originalpublikationen haben wir sehr zurückhaltend und nur im Fall
eindeutiger Druckfehler eingegriffen. Bei der redaktionellen Bearbeitung der
Aufsätze, bei der Erstellung der Bibliographie und der Register sowie beim Lesen
der Korrekturen haben uns tatkräftig Nils Alboth (Bonn), Carina Baedorf (Bonn),
Anja Block (Bonn), Ruben Burkhardt (Berlin), Veronika Einmahl (Berlin), Adrian
Marschner (Bonn), Stephan Mende (Berlin) und Felix Zander (Berlin) unterstützt.
Dafür danken wir ihnen ebenso herzlich wie wir Dr. Brinthanan Puvaneswaran
(Berlin) für die Anfertigung der Satzvorlage danken. Der Familie Schmitt sowie
den Herausgebern und Verlagen, welche die Originalpublikation verantwortet

https://doi.org/10.1515/9783110724448-001

haben, danken wir herzlich für die Zustimmung, die Aufsätze nach dem plötzlichen Tod von Hans-Christoph Schmitt in dieser Form nochmals zu veröffentlichen. Schließlich sind wir dem Editorial Board der BZAW sowie dem Verlag de Gruyter und seinen Mitarbeiterinnen sehr dankbar, dass dieser Aufsatzband in der Reihe erscheinen kann, in der auch die wegweisende Habilitationsschrift von Hans-Christoph Schmitt (*Die nichtpriesterliche Josephsgeschichte*, BZAW 154, 1980), seine Aufsatzsammlung *Theologie in Prophetie und Pentateuch* (hg.v. Ulrike Schorn und Matthias Büttner, BZAW 310, 2001) sowie die ihm gewidmete Festschrift *Auf dem Weg zur Endgestalt von Genesis bis II Regum* (hg. von Martin Beck und Ulrike Schorn, BZAW 370, 2006) publiziert wurden.

An sich hatten wir geplant, den 80. Geburtstag von Hans-Christoph Schmitt am 11. November 2021 mit einem wissenschaftlichen Kolloquium zur Redaktionsgeschichte des Enneateuchs zu begehen. Dazu ist es nun leider nicht mehr gekommen. Der vorliegende Band mag ein kleiner Ersatz für die ausgefallene Veranstaltung sein und gleichzeitig dem Gedenken an einen akademischen Lehrer und Kollegen dienen, der in herausragender Weise wissenschaftliche Redlichkeit, Begeisterung für seinen Gegenstand und absolute Freundlichkeit verkörperte.

Berlin und Bonn, zum 11. November 2021   Markus Witte und Markus Saur

Erzvätergeschichte und Exodusgeschichte als konkurrierende Ursprungslegenden Israels – ein Irrweg der Pentateuchforschung

Abstract: The history of the patriarchs and the Exodus do not form competing legends of Israel's origin. Already in the Priestly *Grundschrift* (P^G) both traditions are intertwined. This is especially evident in the comparison of Exod 3:1–6* and Gen 46:1–5*. The stories of Jacob and Joseph show numerous parallels to the story of Moses. The contemporary historical background is the diaspora situation after the fall of the Northern Kingdom 722/720 BCE.

In seinem Vortrag auf dem IOSOT-Kongress von 2004 in Leiden über „Die Geschichte der Abrahamüberlieferung" hat der Jubilar auf zwei Erkenntnisse hingewiesen, die sich ihm bei seinen Forschungen zur Abrahamtradition ergeben haben: Zum einen, dass im Zusammenhang der Pentateuchentstehung stärker als bisher mit Fortschreibungsprozessen gerechnet werden müsse, wobei besonders an nachpriesterschriftliche Fortschreibungen zu denken sei. Zum andern, dass es sich bei der Erzväterüberlieferung und bei der Exodusüberlieferung um noch in der Exilszeit literarisch unverbundene Ursprungslegenden Israels gehandelt habe.[1] Dabei macht Matthias Köckert allerdings gleichzeitig darauf aufmerksam, dass eine solche literarische Selbständigkeit nicht unbedingt auch Konkurrenz der Ursprungslegenden bedeuten muss.[2]

Im Folgenden soll die Jakob-, Josef- und Exodusdarstellung von Gen 25–Ex 14 daraufhin durchgesehen werden, inwieweit sich an ihnen die Beobachtungen des Jubilars bestätigen. Zu fragen ist zunächst, inwieweit in exilisch-nachexilischer Zeit Erzväter- und Exodusüberlieferung noch als konkurrierende Traditionen verstanden wurden, wobei wir nach dem Vorbild des Leidener Vortrags des Jubilars einen Umweg[3] machen und zunächst das Verhältnis von Erzväter- und Exodustradition in der *prophetischen* Überlieferung betrachten wollen. Danach sollen die literarischen Verbindungen zwischen der Exodusdarstellung von Ex 1–14 und der Erzväterdarstellung geklärt werden. Dabei bestätigt sich zunächst

---

1 Köckert 2006, 127f. Für die These von der vorexilischen literarischen Selbständigkeit von Erzväter- und Exodusüberlieferung verweist Köckert u. a. auf de Pury 1991; Römer 1990, 568–575; Schmid 1999. Vgl. auch Gertz 2000; Otto 2007, 115.

2 Köckert 2006, 128 Anm. 88. Köckert verweist hier auf „das im Staatskult des Nordreichs gepflegte Exodusbekenntnis neben der gleichfalls im Norden beheimateten Jakobüberlieferung".

3 Köckert 2006, 103 mit 103–114.

https://doi.org/10.1515/9783110724448-002

die eingangs zitierte Beobachtung von Matthias Köckert, dass ein Großteil der literarischen Verbindungen zwischen Ex 1–14 und der Erzvätergeschichte erst auf nachpriesterschriftliche Fortschreibungen zurückgeht. Befragt werden sollen diese literarischen Verbindungen in der Priesterschrift und in nachpriesterschriftlichen Schichten vor allem danach, ob sie noch erkennen lassen, dass hier konkurrierende Traditionen verbunden werden oder ob sie die Verbindung von Erzväter- und Exodusdarstellung bereits als selbstverständlich voraussetzen. In den letzten Teilen des Aufsatzes soll schließlich untersucht werden, ob auch schon in den vorpriesterschriftlichen Schichten von Gen 25–Ex 14* eine Verbindung zwischen Vätergeschichte und Exodusgeschichte zu belegen ist.

1 Konkurrenz zwischen Väter- und Exodustradition in der prophetischen Überlieferung?

Wir setzen ein mit der in der neueren Forschung vertretenen These,[4] dass einige Texte der Prophetenbücher eine noch in exilisch-nachexilischer Zeit bestehende Konkurrenz zwischen Väter- und Exodusüberlieferung belegen und von daher dagegen sprechen, dass Exodus- und Erzväterdarstellung bereits vorpriesterschriftlich miteinander verbunden waren.

Von besonderer Bedeutung ist in diesem Zusammenhang die Aussage über Abraham von Ez 33,24: „Ein einzelner war Abraham, und er besaß das Land. Wir aber sind viele, uns ist das Land zum Besitz gegeben."[5] Mit dieser Aussage erhebt im jetzigen Kontext von Ez 33,23–29 die nichtexilierte judäische Bevölkerung unter Berufung auf Abraham Anspruch auf das Land. Nach Konrad Schmid[6] zeigt nun die Polemik des golaorientierten und die Exodustradition betonenden Ezechielbuches gegen diesen Anspruch in Ez 33,23–29, dass hier die beiden Ursprungstraditionen Israels von Erzvätern und Exodus in Konkurrenz zueinander stehen.

Allerdings gehört der sich auf die Abrahamüberlieferung berufende Spruch von 33,24 nicht ursprünglich in den vorliegenden Kontext, wie vor allem Karl-Friedrich Pohlmann[7] gezeigt hat. Ohne den Kontext von Ez 33,23–29 deutet der Einzelspruch Ez 33,24 nämlich in keiner Weise eine Konkurrenzsituation gegenüber der Gola und deren Exodustheologie an. Vielmehr steht hier wohl die Frage

---

4 Vgl. die in Anm. 1 genannten Arbeiten.
5 Übersetzung nach Köckert 2006, 104.
6 Schmid 1999, 88f. Vgl. hierzu auch Van Seters 1992, 239f.
7 Pohlmann 2001, 454f. Vgl. ähnlich Blum 1984, 295f.

der nach der Eroberung durch die Babylonier verbliebenen Restbewohnerschaft des Landes Juda im Hintergrund, „wem das Land nun zufällt, ob das Land gar endgültig verloren geht". Auf eine solche Frage hin wird in Ez 33,24 darauf verwiesen, dass das Land wie einst dem Abraham so auch jetzt „als von Jahwe zugestandene und somit unverlierbare Existenzgrundlage verbleibt".[8]

Auch Matthias Köckert[9] betont die ursprüngliche Eigenständigkeit dieses wohl ältesten Hinweises auf Abraham außerhalb des Pentateuch. Trotzdem will er dem Spruch eine Abrahamtradition entnehmen, die mit einem autochthonen Ursprung Abrahams rechnet: Jene Judäer sähen „in ihrem Ahn Abraham, ihrem eigenen Selbstverständnis gemäß, eine autochthone Gestalt. Als erster Einwanderer würde er der Argumentation die Pointe verderben".[10] Doch ist dieses Argument nur im *Kontext* von Ez 33,23–29 gültig. Im ursprünglichen Spruch weist dagegen nichts auf ein Verständnis Abrahams als eine autochthone Gestalt hin. Vielmehr deutet die Aussage, dass das Land zum Besitz *gegeben* ist, doch wohl darauf hin, dass Abraham von außen kam und ihm dann von Gott[11] das Land verliehen wurde.[12] Auch wenn Köckert Recht hat, dass dem Spruch nicht unbedingt eine Landverheißung[13] an Abraham zu entnehmen ist,[14] so wird in ihm doch vorausgesetzt, dass das Land von Gott dem Abraham gegeben wurde. Abraham ist hier somit *nicht* als Ureinwohner von Juda gedacht.[15]

Dass das Ezechielbuch nicht mit einer autochthonen Herkunft der Erzväter rechnet, zeigt sich auch an seinem Verständnis von Jakob. Sowohl in Ez 28,25 als auch in Ez 37,25 wird davon gesprochen, dass Gott seinem Knecht Jakob das Land gegeben habe und es daher auch den Exulanten wieder geben werde.[16]

---

8 Pohlmann 2001, 454f.

9 Köckert 2006, 104f.

10 Köckert 2006, 106.

11 Vgl. Blum 1984, 296, der das Passiv von „uns ist das Land gegeben" zu Recht als *passivum divinum* versteht.

12 In die gleiche Richtung weist auch die Bedeutung von yrš in Ez 33,24: Zwar kann hier yrš mit „besitzen" wiedergegeben werden (Römer 1990, 514, vgl. auch Lohfink 1982, 953–985, 959), doch hat Lohfink (ebd. 958) zu Recht darauf hingewiesen, dass als Normalübersetzung von yrš anzunehmen ist: „die im Objekt bezeichnete Sache in Besitz nehmen". Diese Grundbedeutung spricht nicht dafür, dass mit yrš ein von Anfang an bestehendes Besitzen zum Ausdruck gebracht wird.

13 Für die Annahme, dass Ez 33,24 Väter*verheißungen* voraussetzt, vgl. Blum 1984, 296.

14 Vgl. Köckert 1988, 243; ders., 2006, 106, und auch Van Seters 1992, 239f.

15 Die Betonung, dass Abraham ein einzelner war, spielt wohl auf die auch in Jes 51,2b vorausgesetzte Tradition von einer Mehrung Abrahams an (vgl. zu Jes 51,1–8 Köckert 2006, 107–110).

16 Vgl. Pohlmann 2001, 397f. 504f. Bei Ez 28,25f. handelt es sich allerdings um ein relativ junges Heilswort der ezechielischen Überlieferung (vgl. Fechter 1992, 274–281).

Im Deuterojesajabuch sind ebenfalls Jakob und Abraham Repräsentanten auch der Exulanten, worauf Köckert[17] anhand von Jes 41,8–13 und Jes 51,1–3 hinweist.[18] Insofern kann auch hier nicht mit der Vorstellung von Abraham und Jakob als Ureinwohnern Judas bzw. Israels gerechnet werden. Anhand der prophetischen Überlieferung der exilisch-nachexilischen Zeit ist somit die These, dass die Erzvätertradition eine Ursprungslegende Israels bildet, die die Verwurzelung der Väter Israels im Lande und damit einen autochthonen Ursprung Israels herausstellen will, nicht zu belegen. Somit ist auch die damit verbundene These nicht zu verifizieren, dass sich die Exulanten ausschließlich auf die Exodustradition berufen hätten, während die nichtexilierte Landbevölkerung ausschließlich auf die Ursprungslegende der Erzväterüberlieferung Bezug nahm.

Zu fragen bleibt schließlich, inwieweit in Hos 12 noch eine *vorexilische* Vorstellung von Jakob vorliegt, in der er als Repräsentant eines autochthonen Israel verstanden ist. So hat Albert de Pury die Auffassung vertreten, dass bei Hosea (bzw. seinen Tradenten) in Hos 12,13–14 („Jakob floh ins Gebiet von Aram, Israel diente um eine Frau, um eine Frau hütete er. Aber durch einen Propheten führte Jahwe Israel aus Ägypten herauf, und durch einen Propheten wurde es gehütet") noch ein sich gegenseitig ausschließendes Konkurrenzverhältnis zwischen Väter- und Exodustradition bezeugt sei.[19] Hinter der Jakobtradition mit der Betonung der Frauen Jakobs als Mütter des Volkes Israel stände ein genealogisches Denken,[20] während mit dem Exodus ein prophetisches Israelverständnis verbunden sei. Diese gegensätzlichen Konzeptionen lassen es nach de Pury unwahrscheinlich erscheinen, dass damals Jakob- und Moseüberlieferung bereits in einer heilsgeschichtlichen Synthese miteinander verbunden gewesen wären.

Eine genaue Analyse der Hoseatradition bestätigt jedoch die Auffassung von Matthias Köckert, dass hier keine Konkurrenzsituation zwischen der Jakob- und der Exodustradition vorliegt. Bei der Gegenüberstellung von Hos 12,13f. geht es nämlich nicht um eine Konkurrenz zwischen den beiden genannten Traditionen, sondern vielmehr darum, dass dem zur Knechtschaft führenden Handeln Jakobs

---

17 Köckert 2006, 107–113.

18 Ebenso zeigt sich auch bei Jer 30f., dass hier bereits die Exulanten mit „Jakob" bzw. „Ephraim" bezeichnet werden können (vgl. 30,10f.; 31,7–9). Anders noch in Jer 30,5–7. 18–21*; 31,18–20*, wo mit „Jakob/Ephraim" die im Lande verbliebene Bevölkerung gemeint ist. Vgl. dazu Schmid 1996, 164–174, und auch Wanke 2003, 271–289.

19 De Pury 1991, 88–93.

20 Dieses mit Jakob verbundene genealogische Israelverständnis von Hos 12,13 bezieht sich hier allerdings nicht auf einen autochthonen Ursprung Israels. Jakob ist hier nicht als Repräsentant eines Israel, das immer im Lande geblieben ist, dargestellt („Jakob floh ins Gebiet von Aram").

das Israel befreiende Handeln Jahwes durch seinen Propheten entgegengestellt wird (vgl. in gleichem Sinne den positiven Bezug von Hos 12,5 auf das in der Jakobtradition berichtete Handeln Gottes).[21] Bestätigt wird dieses Verständnis durch die Stellung, die in Hos 4–11* zum Exodus und zur Bethel-Jakob-Tradition eingenommen wird. Hier wird nämlich nicht nur die Bethel-Jakob-Tradition kritisiert, sondern auch die Exodustradition revoziert[22] (vgl. Hos 8,13; 9,3; 11,5).[23] Wie die alttestamentliche Prophetie auch sonst[24] kritisiert auch die Hoseaüberlieferung hier sowohl beim Exodus als auch bei Jakob[25] offensichtlich im Nordreich allgemein anerkannte Traditionen. Aus der Hoseaüberlieferung ist somit ein Konkurrenzverhältnis zwischen Exodustradition und Jakobtradition nicht zu belegen.[26] Eine zumindest *traditionsgeschichtliche* Verbindung von Jakob und Exodus kann somit für die Zeit Hoseas nicht ausgeschlossen werden. Im Folgenden wird nun zu klären sein, wann es zu einer *literarischen* Verbindung von Vätergeschichte und Exodusgeschichte kam.

2 Priesterschriftliche und nachpriesterschriftliche Brückentexte zwischen Exodus und Genesis

Dass in der Exilszeit bzw. in der frühen Nachexilszeit Exodus- und Väterüberlieferung auch bereits *literarisch* verbunden waren, dafür sprechen nun die einschlägigen Pentateuchbefunde. Wir betrachten zunächst, wie in der Priesterschrift Vätergeschichte und Exodusgeschichte aufeinander bezogen wurden und inwieweit es dabei Anzeichen gibt, dass hier eine Synthese zweier bisher unverbundener Überlieferungen vorgenommen wurde. Unter dem gleichen Gesichtspunkt

---

21 Vgl. Schmitt 2001d, 169–173; auch Jeremias 1983, 153–157.
22 Vgl. Jeremias 1983, 142f.; auch Schmid 1999, 84.
23 Vgl. Schmid 1999, 84, der zwar auf die gleichzeitige Revozierung des Exodus *und* der Bethel/ Jakob-Tradition in Hos 4–11* verweist, allerdings der Meinung ist, dass demgegenüber in Hos 12 eine jüngere Schicht vorliege, in der die Hoseatradenten die auf den Propheten Mose bezogene Exodusüberlieferung positiv beurteilen und sie in Konkurrenz zur Jakobtradition sehen. Allerdings liegt in Hos 12 keine andere Bewertung der Mose-/Exodus-Tradition als in Hos 4–11* vor. In beiden Textbereichen geht es nämlich primär um eine positive Beurteilung der Prophetie, als deren wichtigster Vertreter Mose gedacht ist (vgl. Hos 12,14 mit 6,5 und dazu Jeremias 1983, 87).
24 Vgl. den Hinweis von Schmid 1999, 82, dass man in der prophetischen Überlieferung mit „kritischer Infragestellung der Tradition durch die Prophetie" zu rechnen habe.
25 Jeremias 1983, 157 spricht hier von der „Freiheit des Propheten im Umgang mit der ehrwürdigen Vätertradition".
26 Gegen ein Konkurrenzverhältnis zwischen der genealogisch denkenden Jakobtradition und der Exodustradition in Hos 12,13f. auch Bons 1996, 157–159, und vor allem auch Blum 2002a, 122f.

sollen dann auch die *nach*priesterschriftlichen Verbindungen zwischen Erzvätern und Exodus untersucht werden.

Wir beginnen mit den Brückentexten zwischen Erzvätern und Exodus, die üblicherweise der *Priesterschrift* zugewiesen werden. Am Beginn des Exodusbuches wiederholt Ex 1,1–4.5b[27] die Namen der 12 Jakobsöhne, wie sie bereits in der priesterschriftlichen Jakobgeschichte in Gen 35,22b–26 aufgeführt worden sind: Genannt werden sie in der gleichen Reihenfolge wie in der Genesis, nur auf Josef, der bereits in Ägypten war, wird hier erst am Schluss hingewiesen. Des Weiteren nimmt die priesterschriftliche Moseberufungserzählung in Ex 6,3 darauf Bezug, dass in der priesterschriftlichen Erzväterdarstellung anders als in der priesterschriftlichen Urgeschichte – Gott den Vätern als El Schaddaj erschienen ist (vgl. Gen 17,1; 35,11; auch 28,3). Noch enger sind die Beziehungen in die Genesis bei Ex 1,7:[28] Dass die Israeliten fruchtbar waren (*prh*) und sich mehrten (*rbh*), ist dargestellt als Erfüllung der Verheißung des priesterschriftlichen Abrahambundes (Gen 17,2.6; auch 28,3; 35,11) und gleichzeitig als Erfüllung des Schöpfungssegens von Gen 1,22.28; 9,1. Auf den priesterschriftlichen Abrahambund von Gen 17 – der in engem Zusammenhang mit dem Noahbund der priesterschriftlichen Urgeschichte von Gen 9,1–17 zu verstehen ist – nimmt des Weiteren der allgemein der Priesterschrift zugeschriebene Text Ex 2,23aβ–25 Bezug: Ex 2,24 weist – ähnlich wie in der priesterschriftlichen Sintflutgeschichte Gen 8 – darauf hin, dass Gott seines Bundes mit Abraham, Isaak und Jakob „gedenkt" (vgl. auch Gen 9,15f.). Hierbei zeigt sich, dass das primäre Interesse der P[G] in der Verbindung der Mosezeit mit der Urgeschichte besteht. Dies spricht nicht gerade dafür, dass P[G] seine Hauptaufgabe darin gesehen hätte, erstmals Vätertradition und Exodustradition miteinander in Beziehung zu setzen. Vielmehr legt es sich nahe, dass P[G] die Verbindung von Erzvätern und Exodus schon vorgegeben war, worauf bereits Reinhard G. Kratz hingewiesen hat.[29]

Gleiches ergibt sich bei den *nachpriesterschriftlichen Fortschreibungen*. Auch hier ist primäres Interesse nicht die Vermittlung zwischen Erzväter- und Exodustradition. Vielmehr sind diese Texte speziell auf einen gemeinsamen Horizont von Pentateuch und Deuteronomistischem Geschichtswerk ausgerichtet, d. h. an einer Reflexion von Väter- und Exodusgeschichte im Rahmen eines Enneateuch. Das gilt zunächst für die Brückenverse zwischen Genesis und Exodus in Gen

---

27 Zur Zuweisung an P[G] vgl. zuletzt Schmidt, L. 2006b, 122f. Anders Gertz 2000, 354–357: Zuweisung an einen nachpriesterschriftlichen Redaktor.
28 Vgl. zu seiner Zugehörigkeit zu P[G] Gertz 2000, 352f., auch Schmidt, W.H. 1988, 11f., und Schmidt, L. 2006b, 122f., die beide damit rechnen, dass „und sie wurden stark" in V. 7a vielleicht sekundär ist. Gegen Zugehörigkeit zu P vgl. allerdings Levin 1993, 315, und Kratz 2000, 243.
29 So Kratz 2000, 284.286.

50,24 – 26* und Ex 1,6.8.[30] In Ex 1,6.8 („Und Josef starb und alle seine Brüder und jenes ganze Geschlecht. Da erstand ein neuer König über Ägypten, der nichts von Josef wusste.") liegt das gleiche literarische Schema zur Herstellung eines Übergangs zwischen Geschichtsperioden wie beim spätdeuteronomistischen Beginn des Richterbuches in Ri 2,8a.10[31] („Und Josua [...] starb. Als nun auch jenes ganze Geschlecht zu seinen Vätern versammelt war, kam nach ihm ein anderes Geschlecht auf, das von Jahwe nichts wusste [...]") vor.[32]

Ebenso erweist sich die Ex 4,1 – 9.31; 14,31 bestimmende „Glaubens"-Thematik als typisch für eine nachpriesterschriftliche Redaktionsschicht, die Pentateuch und Deuteronomistisches Geschichtswerk verbinden will.[33] Das Thema des „Glaubens" an die Wundermacht des Schöpfers Jahwe stellt dabei nicht nur eine Beziehung zwischen Erzvätergeschichte (Gen 15,6)[34] und Exodusgeschichte her, sondern nimmt auch für die Sinaigeschichte (Ex 19,9) und die Wüstenwanderungs- und Landnahmegeschichte (Num 14,11b; 20,12) eine strukturgebende Funktion wahr.[35] Wichtig ist allerdings, dass diese strukturierende Funktion der Glaubensthematik nicht auf die ersten vier Mosebücher beschränkt ist, sondern sich im Deuteronomistischen Geschichtswerk fortsetzt. In den Zusammenhang einer Tetrateuch und Deuteronomistisches Geschichtswerk übergreifenden Schicht weisen zunächst die beiden Belege für die „Glaubensthematik" im Deu-

---

30 Vgl. hierzu Schmitt 2001j, 296 – 298 (zu den Übereinstimmungen zwischen Ex 1,8 und Ri 2,6 – 10 vgl. schon Vriezen 1967, 336 – 338; Schmitt 1980, 124 – 127; Blum 1990, 102f.; jedoch auch Gerhards 2006, 64f.). – Gegen eine nachpriesterschriftliche Ansetzung von Ex 1,6.8 – 9 vgl. allerdings Carr 2001a, 291 – 293, und ders. 2006, 172 – 175.
31 Zum spätdeuteronomistischem Charakter von Ri 2,6ff.* vgl. Nentel 2000, 108f.
32 Auf diese nachpriesterschriftliche spätdeuteronomistische Schicht dürften auch die Beziehungen zwischen Vätergeschichte in Gen 33,19; 35,1 – 7*; 50,24 – 26, Exodusgeschichte in Ex 13,17 – 19* und Deuteronomistischem Geschichtswerk in Jos 24,19 – 24. 26*. 31 – 32 und 1 Sam 7,3f. zurückzuführen sein (vgl. hierbei besonders den enneateuchischen Horizont der Aufforderung *hsrw ʾt ʾlhy hnkr* in Gen 35,2b; Jos 24,23 und 1 Sam 7,3f.). Vgl. hierzu Nentel 2000, 107f. 122 – 125.
33 Vgl. hierzu auch Schmitt 2001d, 285 – 287.
34 Zur nachpriesterschriftlichen Ansetzung von Gen 15 vgl. Köckert 2006, 127, und auch schon ders. 1988, 204 – 247; Schmid 1999, 172 – 186. Anders Gertz 2002a, 63 – 82, der nur den Geschichtsvorblick Gen 15,11.13 – 16 für nachpriesterschriftlich hält. Vgl. dagegen jedoch Schmidt, L. 2006a, 251 – 267, nach dem schon die Grundschicht in Gen 15,7 – 11.17 – 18 der nachpriesterschriftlichen Pentateuchredaktion zugewiesen werden muss, während 15,1 – 6*.12 – 16.19 – 21 auf einen späteren nachpriesterschriftlichen Bearbeiter zurückzuführen sind. Jedenfalls ist schon in der Grundschicht von Gen 15 (vgl. besonders 15,7) eine „*Konkurrenz* zum heilsgeschichtlichen Entwurf der nichtpriesterschriftlichen Exoduserzählung" (so Gertz 2002a, 81) nicht zu erkennen.
35 Vgl. zu den genannten Belegstellen Schmitt 2001j, 224 – 233.

teronomium (Dtn 1,32[36] und 9,23).[37] Zielpunkt ist aber 2 Kön 17, das den Untergang der israelitischen Staaten damit begründet, dass die Väter Israels die Völker nachgeahmt, Götzendienst getrieben und nicht an die Macht und die Verheißung Jahwes „geglaubt" (17,14) haben.[38] So ist sowohl in 2 Kön 17* wie auch in Gen 15 (vgl. V. 6.19 – 21) in dieser spätdeuteronomistischen Schicht das Thema der Gefährdung Israels durch die es umgebenden Völker bereits mit dem Thema „Glaube an die Verheißung und Wundermacht Jahwes" verbunden.

Auf diese nachpriesterschriftliche Fortschreibung gehen daher wohl auch die mit entsprechenden theologischen Aussagen verbundenen Listen der palästinischen Urvölker in Ex 3,8.17;[39] 13,5 zurück, wie sie ähnlich in Gen 15,19 – 21; Ex 23,23.28; 33,2; 34.11; Num 13,29 und in Dtn 7,1; 20,17; Jos 3,10; 9,1; 11,3; 12,8; 24,11; Ri 3,5 und 1 Kön 9,20 vorliegen.[40] Dabei steht auch hier wieder nicht die Vermittlung von Exodus und Vätergeschichte, sondern die von Tetrateuch und Deuteronomistischem Geschichtswerk im Mittelpunkt.

Dies alles bestätigt den an der prophetischen Überlieferung gewonnenen Eindruck, dass in exilisch-nachexilischer Zeit Väter- und Exodustradition nicht mehr als zwei konkurrierende Traditionen, die erst durch die Redaktoren des Pentateuch miteinander hätten vermittelt werden müssen, empfunden wurden. Es legt sich vielmehr nahe, dass diese Vermittlung bereits in vorexilischer Zeit geschehen ist, so dass den Verfassern der exilisch-nachexilischen Pentateuchschichten der Zusammenhang von Erzvätern und Exodus bereits als selbstverständlich vorgegeben war.

---

36 Vgl. Rose 1994, 477f. Anders Veijola 2004, 31 – 33, der Dtn 1,32 DtrH zuordnet, dabei allerdings unberücksichtigt lässt, dass nach seiner eigenen literarischen Analyse schon in Num 13f.* die Glaubensthematik (Num 14,11b) erst in der nachpriesterschriftlichen Pentateuchredaktionsschicht vorkommt.

37 Dtn 9,7 – 10.11* ist nach Rose 1994, 307, insgesamt der spätdeuteronomistischen Schicht zuzuordnen (vgl. auch Schmitt 2001c, 316 – 319). Allerdings kann man mit Veijola 2004, 224 – 226. 238f. hier durchaus mit mehreren spätdeuteronomistischen Händen rechnen und 9,7 – 8*.22 – 24 einer relativ späten spätdeuteronomistischen Hand zuweisen.

38 Vgl. zum literarhistorischen und theologischen Verständnis von 2 Kön 17,13 – 20 Würthwein 1984, 396f.

39 Zur Zuordnung von 3,7f.16f. zur nachpriesterschriftlichen Endredaktion vgl. u. a. Witte 1998, 277 – 279, der auf Zusammenhänge von Ex 3,16 – 18 mit dem Endredaktor von Gen 1 – 11* hinweist, auch Achenbach 2003, 254 (Achenbach ordnet Ex 3,16.18 seiner Hexateuchredaktion zu). Anders Gertz 2000, 295.297.299, der im Kernbestand von 3,16f. eine vorexilische Schicht meint erkennen zu können.

40 Zur Stellung dieser Völkerlisten in einem nachpriesterschriftlichen spätdeuteronomistischen Zusammenhang, der Genesis bis Königsbücher umfasst, vgl. Schmitt 2001d, 282 – 285.

3 Die vorpriesterschriftliche Schicht von Ex 1ff.*

Inwieweit es Anzeichen für ein solches *vorpriesterschriftliches* Zusammenwachsen von Erzväter- und Exodusgeschichte gibt, soll im Folgenden untersucht werden.[41] Zunächst ist jedoch zu klären, welche Teile der Jugend- und Berufungsgeschichte des Mose zu der vorpriesterschriftlichen Exodusgeschichte gehören.

    1. Bei *Exodus 1* dürften mit Jan Christian Gertz[42] wohl 1,11–12.15–22* die ursprüngliche Einleitung von Ex 2,1ff. bilden. Die heute häufig vertretene Auffassung, dass die ursprüngliche Exodusgeschichte erst mit der Geburt des Mose in Ex 2,1ff. beginne,[43] raubt der Erzählung von der Geburt des Mose ein im Rahmen der Moseüberlieferung überzeugendes Motiv für die Aussetzung Moses. Die Interpretation von Ex 2,1 durch Konrad Schmid, dass Mose hier als „uneheliches Kind einer gewaltsamen Vereinigung eines Leviten mit der Tocher Levis"[44] verstanden sei und daher ausgesetzt worden wäre, ist philologisch unwahrscheinlich: Das *wyqḥ* von V. 1b kann im vorliegenden Kontext nicht als Ausdruck für eine Vergewaltigung verstanden werden, sondern steht – wie auch sonst – für „zur Ehefrau nehmen".[45] Schließlich erwartet man bei einer Ätiologie für den Namen des Befreiers aus Ägypten[46] einen Bezug auf die Unterdrückung Israels durch Ägypten. Auch aus diesem Grund legt sich die Motivation der Aussetzung des Mosekindes durch den Befehl Pharaos „Alle Söhne, die geboren werden, sollt ihr in den Nil werfen" nahe.

    Dieser Befehl Pharaos an alle Israeliten setzt seinerseits die Hebammenerzählung Ex 1,15–20a[47] mit dem erfolglosen Befehl der Tötung der neugeborenen israelitischen Knaben an die Hebammen voraus,[48] die ihrerseits den vorpriester-

---

41 Vgl. hierzu schon Schmitt 2003c, 1–11 (in diesem Band, S. 87–97).
42 Gertz 2000, 394.
43 So vor allem Schmid 1999, 152–157; Otto 2000, 49f.; ders. 2006, 38; Kratz 2000, 289.
44 Schmid 1999, 155.
45 Zu diesem elliptischen Gebrauch von *lqḥ* vgl. z. B. Gen 38,2; Dtn 20,7; Jer 29,6 u. ö. und dazu zuletzt Gertz 2002b, besonders 7 Anm. 1; Gerhards 2006, 27–29; auch Blum 2002a, 146.
46 So zu Recht die Bestimmung der Gattung von Ex 2,1–10* durch Levin 1993, 319. Vgl. hierzu auch unten Anm. 106.
47 Ex 1,20b.21 stellen einen sekundären Nachtrag dar, der die in der Grunderzählung als Ägypterinnen angesehenen Hebammen (vgl. hierzu zuletzt Zimmer 1999, 169; Graupner 2002, 55; Gerhards 2006, 40–46) als Hebräerinnen verstehen will. Vgl. vor allem Schmidt, W.H. 1988, 18f.; Gerhards 2006, 46f.; anders Gertz 2000, 373f.
48 Gertz 2000, 374f.; vgl. auch schon Albertz 1992, 71f. Anders Gerhards 2006, 26–114, der die Grundschicht von Ex 1–2* dem Jahwisten zuweist, Ex 1,15–20a aber als in sie später eingeschobene Bruchstücke einer elohistischen Fassung der Aussetzungsgeschichte betrachtet. Dabei

schriftlichen Bericht über die erfolglose Unterdrückung der Israeliten durch Fronarbeit in Ex 1,11–12* weiterführt. Wie schon oben in Teil 2 gezeigt, geht allerdings Ex 1,8–10* auf eine nachpriesterschriftliche Redaktion zurück, die den Zusammenhang von Gen 1 – 2 Kön 25 im Blick hat. Die ursprüngliche Einleitung der vorpriesterschriftlichen Exodusdarstellung ist dadurch offensichtlich ersetzt worden, so dass es nicht mehr zu klären ist, wie stark der Beginn der ursprünglichen Exodusgeschichte auf die Darstellung der Genesis Bezug nahm.[49]

2. Innerhalb von *Exodus 2* treten zunächst in der Aussetzungsgeschichte 2,1–10 literarkritische Probleme auf: Die Passagen 2,4.7–10aα, die von einer älteren Schwester des Mose sprechen, stehen im Widerspruch zu Ex 2,1, der Mose als erstgeborenes Kind seiner Eltern versteht. Auch erwartet man, dass die Tochter Pharaos den Moseknaben sofort nach der Auffindung adoptiert und nicht erst Jahre danach. Die Erzählmotive „Überwachung des ausgesetzten Kindes durch seine ältere Schwester" und „Versorgung durch die Mutter des Kindes in den ersten Lebensjahren" in 2,4.7–10aα dürften daher auf einen späteren Einschub zurückgehen, der die „hebräische" Sozialisation des Kleinkindes Mose sicherstellen will.[50]

In den Erzählungen von der Flucht des Mose Ex 2,11–15a und von seiner midianitischen Heirat in 2,15b–22, die durch das stilistisch auffällige doppelte *wyšb* in V. 15 miteinander verbunden sind,[51] liegt nur in der verspäteten Benennung des Schwiegervaters des Mose mit „Reguel" in Ex 2,18 (vgl. in V. 16 nur „Priester von Midian" und auch in V. 21 nur „der Mann") ein literarkritisches Problem vor. Wahrscheinlich handelt es sich hierbei um einen Nachtrag (wohl „mit Blick auf Num 10,29").[52] Entsprechendes gilt möglicherweise auch für das „Jitro" in Ex 3,1.[53]

Ex 2,23aβ–25 geht – wie oben in Teil 2 bereits erwähnt – nach allgemeiner Auffassung auf die Priesterschrift zurück. Bei 2,23aα dürfte es sich um eine nachpriesterschriftliche redaktionelle Überleitung handeln, die einen Ausgleich

---

übersieht Gerhards jedoch, dass in der Grundschicht von Ex 1–2* die gleiche die Verborgenheit des göttlichen Handelns (auch durch nichtisraelitische Frauen) betonende „elohistische" Theologie vorliegt wie in Ex 1,15–20a.

49 Zu beachten sind in Ex 1,10 Anspielungen auf die Josefsgeschichte (vgl. *ḥkm* in Ex 1,10 und in Gen 41,8.33.39 und dazu Gertz 2000, 368). Möglicherweise handelt es sich in Ex 1,10* um Reste der ursprünglichen Einleitung der Exodusgeschichte.

50 Vgl. hierzu zuletzt Gertz 2000, 376, auch Gerhards 2006, 47–50, der allerdings ohne hinreichende Begründung Ex 2,4.5bβ.7–10aα als Fragmente einer elohistischen Quelle betrachten will.

51 Ein ähnlich doppelter Gebrauch der gleichen Verbform (*wtśm*) findet sich in Ex 2,3b. Literarkritische Schlüsse dürfen daher aus diesem Befund nicht gezogen werden.

52 Vgl. hierzu zuletzt Gertz 2000, 378.

53 Zu „Jitro" in Ex 3,1 als sekundär vgl. v. a. Schmidt, W.H. 1988, 111f.

mit der priesterschriftlichen Vorstellung schaffen will, dass Mose zum Zeitpunkt seiner Verhandlungen mit Pharao 80 Jahre alt war (Ex 7,7).[54]

3. Inwieweit auch *Exodus 3–4* zur vorpriesterschriftlichen Mosedarstellung gehört, ist umstritten. Vor allem Konrad Schmid[55] hat die These aufgestellt, dass es sich bei der Erzählung von der Berufung des Mose in Ex 3,1–4,18 insgesamt um einen nachpriesterschriftlichen Einschub in die priesterschriftliche Exodusgeschichte handelt, der die priesterschriftliche Beschreibung der Unterdrückung der Israeliten durch die Ägypter und die Erhörung des Schreiens der Israeliten durch Gott in 2,23aβ–25 voraussetze. Genauso wie die nachpriesterschriftliche Darstellung des „Abrahambundes" in Gen 15 vor den priesterschriftlichen „Abrahambund" von Gen 17 gestellt wurde, so habe auch hier der nachpriesterschriftliche Redaktor seine „Moseberufung" vor die der Priesterschrift von Ex 6 platziert.[56]

Demgegenüber hat jedoch Erhard Blum[57] gezeigt, dass die Annahme von Konrad Schmid, Ex 3,1ff. setze die priesterschriftliche Darstellung von Ex 2,23aβ–25 voraus, nicht zutrifft. Vielmehr greift 3,1ff. lediglich auf die vorpriesterschriftliche Darstellung der Unterdrückung Israels durch Zwangsarbeit in Ex 1,11ff.* zurück.[58] Vor allem hat Jan Christian Gertz darauf hingewiesen, dass Ex 3,1ff.* keine literarische Einheit darstellt.[59] So ist schon lange erkannt, dass V. 2a mit der Angabe, dass der *ml'k Yhwh* Mose in einer Feuerflamme aus dem Dornbusch erschienen sei, den Zusammenhang von V. 1b und V. 2b (beide Male Subjekt Mose) unterbricht. Auch nimmt V. 2a in störender Weise „die Pointe der ganzen Erzäh-

---

54 Zur Funktion von 2,23aα im *jetzigen* Kontext vgl. v. a. Schmidt, W.H. 1988, 88f. Dass 2,23aα *ursprünglich* vor 4,19 gestanden habe (so Schmidt, W.H. 1988; vgl. LXX), dürfte allerdings kaum nachzuweisen sein. Vgl. Kratz 2000, 293, und auch Propp 1999, 170.

55 Schmid 1999, 193f.

56 Zur Auffassung, dass Ex 3,1–4,18 insgesamt „als Eintrag in den Erzählzusammenhang von 2,11–23aα; 4,19 zu bewerten" ist, vgl. zuletzt Gertz 2000, 261. Ähnlich schon Noth 1943, 31 Anm. 103; 221 Anm. 549; Blum 1990, 20–30, und Levin 1993, 329. – Gegen diese Auffassung spricht jedoch, dass 4,19 kaum als direkte Fortsetzung von Ex 2,23aα verstanden werden kann (vgl. unten bei Anm. 73).

57 Blum 2002a, 124f.

58 Blum (2002, 137–139, gegen Gertz 2000, 270f.) weist Ex 3 allerdings seiner deuteronomistischen Kompositionsschicht KD zu, wobei er die Möglichkeit der Rekonstruktion einer vordeuteronomistischen Vorlage von KD ablehnt. Gleichzeitig bestreitet er, dass es zwischen der KD-Komposition von Ex 1 bis Dtn 34 und der Genesis eine direkte Beziehung gäbe (Blum 2002a, 154f.). So schließt sich letztlich auch Blum der These an, dass erst P einen literarischen Zusammenhang zwischen der Genesis- und der Mose-Überlieferung hergestellt habe.

59 Gertz 2000, 254–281.

lung vorweg, als durch sie das überraschende Brennen und Nichtverbrennen des Dornbusches vor dessen Erwähnung bereits erklärt ist".[60]

Ein klares Indiz für einen weiteren literarischen Einschub stellt die doppelte Einleitung einer Gottesrede in Ex 3,5 und 3,6 dar. Während nun jedoch Gertz die Auffassung vertritt, dass V. 6a in diesem Zusammenhang störe,[61] hat Peter Weimar zu Recht auf „die nahezu wörtliche Entsprechung von 3,5b und Jos 5,15" aufmerksam gemacht, die darauf hindeute, „dass Ex 3,5b im Blick auf einen größeren Erzählzusammenhang hin komponiert ist".[62] Zwar weist Christoph Levin V. 5 seiner vorjahwistischen Quelle zu und sieht in diesem Vers „die Ätiologie eines Kultplatzes, der von Mose entdeckt worden sein soll",[63] doch bleibt problematisch – wie Levin selbst bemerkt – dass bei dieser Ätiologie die Angabe des heiligen Ortes fehlt.[64] Das gleiche Phänomen liegt auch in Jos 5,13–15 vor, wo in V. 15 wörtlich die gleiche Aufforderung vorliegt wie in Ex 3,5. Klaus Bieberstein[65] hat nun gezeigt, dass es sich dort um „keine alte Lokaltradition", sondern um „eine junge Schreibtischkompilation" handelt. Gleiches dürfte wohl auch für Ex 3,5 gelten. Die Heiligkeit des Ortes ist nach dieser schriftgelehrten Auffassung von der Anwesenheit eines himmlischen Boten wie des Engels Jahwes (Ex 3,2a) bzw. des „Fürsten des Heeres Jahwes" (Jos 5,14) abhängig, eine Auffassung, die sich auch sonst im Rahmen der nachpriesterschriftlichen spätdeuteronomistischen Schicht des Enneateuch findet (vgl. u. a. 2 Sam 24,16f.).[66]

Mit Weimar ist daher nicht V. 5, sondern V. 6a* als Fortsetzung von V. 4b zu verstehen:[67] Das in V. 4b mit dem doppelten göttlichen Anruf „Mose, Mose!" und der Antwort des Mose „Hier bin ich" begonnene Gespräch findet seine organische Fortsetzung in der Selbstvorstellung Gottes als „Gott deines Vaters" von V. 6a. Ein in Spannung zum Kontext stehendes Element bildet nur die Erweiterung „Gott Abrahams, Gott Isaaks und Gott Jakobs", die nicht zum Singular „Gott deines

---

60 So Richter 1970, 74; vgl. auch Weimar 1980, 33f.; Schmidt, W.H. 1988, 112f.; Schmitt 2001j, 235; Levin 1993, 326f.; Graupner 2002, 26. Ähnlich auch Houtman 1993, 339.

61 Gertz 2000, 270.

62 Weimar 1980, 39. Zum Zusammenhang von Ex 3,5 und Jos 5,13–15 vgl. vor allem Van Seters 1994, 37–40. Anders Zimmer 1999, 189–191, der Ex 3,5 der „elohistischen" Grundschicht zuordnet.

63 Levin 1993, 329.

64 Vgl. auch Schmidt, W.H. 1988, 114–118, und Graupner 2002, 26.

65 Bieberstein 1995, 415.

66 Zur Einordnung von 2 Sam 24,16f. vgl. Schmitt 2001d, 288f.

67 Weimar 1980, 39.

Vaters" passt.[68] V. 6b ist dann wieder der Grundschicht von Ex 3,1–6* zuzuweisen.[69]

Zur Grundschicht der Erzählung von der Berufung des Mose gehören somit Ex 3,1*.[70]2b–4*.[71]6*. Ex 3,1–6* kann dabei als direkte Fortsetzung von 2,22 angesehen werden[72] (für die häufig vertretene Auffassung,[73] dass 4,19 die direkte Fortsetzung von 2,23aα sei, spricht dagegen wenig: Der Hinweis Jahwes in 4,19, dass „alle Männer, die dir nach dem Leben trachteten, gestorben sind" passt nicht zu 2,23aα, wo lediglich vom Tod des Königs von Ägypten berichtet wird).

Ihre Fortsetzung[74] findet diese Grundschicht in dem Text Ex 3,9–14*, der nach dem sog. vorprophetischen Berufungsschema gestaltet und insofern traditionsgeschichtlich einer *vor*priesterschriftlichen Schicht zuzuordnen ist.[75] Da die älteste Schicht der Exodusgeschichte die Plagen noch nicht kennt und somit auch noch nicht mit Verhandlungen zwischen Mose und Pharao rechnet,[76] sind innerhalb von Ex 3,9–14* wohl die Sätze in 3,10 „dass ich dich zu Pharao sende" und in 3,11 „dass ich zu Pharao gehe" als sekundär anzusehen.[77]

---

68 Weimar 1980, 39. Zur spätdeuteronomistischen Einordnung dieser Erweiterung vgl. Römer 1990, 565.
69 Vgl. Gertz 2000, 269. Anders Levin 1993, 332, der V. 6b als späten Nachtrag ansieht: „Daß es bedrohlich ist, Jahwe zu sehen, ist späte Vorstellung". Vgl. dagegen Ex 20,19, wo die Bedrohlichkeit des Redens mit Jahwe in einer vorpriesterschriftlichen („elohistischen"?) Pentateuchschicht vertreten wird. Auch dürfte Ex 3,6b Moses „Gottesfurcht" darstellen wollen (vgl. Schmidt, W.H. 1988, 123). Zu dieser vorexilischen („elohistischen"?) Schicht gehört auch Gen 32,31 („ich habe Gott von Angesicht gesehen, und doch wurde mein Leben gerettet") innerhalb der Erzählung von Jakobs Kampf am Jabbok. Vgl. hierzu Schmitt 2001d, 176–185, und unten Anm. 103.
70 Zum sekundären Charakter von „an den Horeb" in V. 1bβ vgl. zuletzt Gertz 2000, 263–265, und Graupner 2002, 24. Auch hier liegt eine spätdeuteronomistische Erweiterung vor.
71 Wohl ohne V. 4a, der V. 5 vorzubereiten scheint.
72 So Kratz 2000, 293.
73 Vgl. oben Anm. 56.
74 Zu Ex 3,7f.16f. vgl. oben Anm. 39.
75 Zur Herkunft dieses Schemas aus *vor*deuteronomistischen prophetisch beeinflussten weisheitlichen Kreisen der Zeit nach 722 v.Chr. vgl. Schmitt 2001a, 59–73. Vgl. auch Dozeman 2006, 112f.
76 Vgl. zuletzt Gertz 2000, 214f., der bei Ex 14 mit einer alten Schicht der Exodusüberlieferung rechnet, die von keinen Verhandlungen mit Pharao weiß und eine Flucht der Israeliten aus Ägypten annimmt (Ex 14,5a.6. 9aα; vgl. ähnlich Kratz 2000, 289f.; auch Levin 1993, 341). Es spricht daher alles dafür, dass die ursprüngliche Exodusgeschichte von Ex 3* auch noch keine Verhandlungen Moses mit Pharao kannte.
77 Vgl. Schmidt, L. 1990, 6, und Graupner 2002, 24. Dagegen ist Gertz 2000, 281–299, der Auffassung, dass innerhalb von Ex 3,7ff. nur 3, 7f.*16f.*21f.? und dann 4,18f.20a.24–26 und 29.31b zur ursprünglichen Exodusgeschichte gehörten (ähnlich auch Levin 1993, 76, der J 3,7f.16f.18.21f. und

Nicht mehr zu dieser vorpriesterschriftlichen Berufungsszene gehört 3,15, der schon wegen der Erwähnung des „Gottes eurer Väter, des Gottes Abrahams, des Gottes Isaaks und des Gottes Jakobs", der nachpriesterschriftlichen spätdeuteronomistischen Redaktion zuzuweisen ist, der wir bereits die entsprechende Erweiterung in 3,6a zugeordnet hatten. Fortgesetzt wird diese nachpriesterschriftliche Redaktionsschicht in der detaillierten Vorhersage des Exodusgeschehens durch Jahwe in 3,18 – 22,[78] wo Mose als Prophet im Sinne von Am 3,7 verstanden ist.[79]

Auch in Ex 4,1 – 17 ist – wie oben[80] gezeigt – zunächst mit nachpriesterschriftlichen Darstellungen zu rechnen. Inwieweit aus diesem Exoduskapitel überhaupt Teile der ursprünglichen Exodusgeschichte zu rekonstruieren sind, ist unsicher. Am ehesten ist ihr noch Ex 4,18 (Rückkehr Moses zu Jitro und sein Aufbruch nach Ägypten) zuzuweisen.[81]

4. Im weiteren Verlauf ist die älteste Exodusgeschichte wegen der Überarbeitung durch die vorpriesterschriftliche Plagenerweiterung nur noch sehr fragmentarisch erhalten. Zu diesen Fragmenten gehört auf jeden Fall in Exodus 14* der der Plagenerzählung widersprechende Bericht von einer Flucht des Volkes Israel aus Ägypten, der in Ex 14,5a.6.9aα[82] vorliegt: „Es wurde dem König von Ägypten gemeldet, dass das Volk geflohen sei. [...] Da spannte er seinen Streitwagen an und nahm sein (Kriegs-)Volk mit sich. [...] Und die Ägypter jagten ihnen nach, und sie holten sie ein [...]."

4,18.20a zuordnet). Bei 3,7aβ*.9 – 12aα handelt es sich nach Gertz um die vorpriesterschriftliche Plagenerweiterung, und bei 3,12aβ – 15 um die nachpriesterschriftliche Endredaktion.

78 Vgl. Schmidt, L. 1998, 236, der unter Hinweis auf die Parallelität von Ex 3,18 – 20 mit Gen 15, 13 – 16 nachweist, dass es sich bei Ex 3,18 – 20 um einen nachpriesterschriftlichen Zusatz handelt.

79 Überarbeitet worden ist die älteste Exodusgeschichte allerdings zunächst durch eine die Plagenüberlieferung einfügende Schicht, die auch noch vorpriesterschriftlich angesetzt werden muss (vgl. Gertz 2000, 291. 394 – 396). Dazu gehören in Ex 3* vor allem die Zusätze in 3,9 – 14*, die auf Verhandlungen Moses mit Pharao hinweisen (vgl. oben bei Anm. 76 und 77). Wahrscheinlich gehört diese Plagenerweiterung zu der „jahwistischen Redaktion", die den Zusammenhang von Gen 2,4b – Num 24* (vgl. zu ihm Levin 1993) geschaffen hat.

80 Vgl. oben bei Anm. 33.

81 Die Angabe von 4,20a, dass Mose seine Frau und seine zwei Söhne mit nach Ägypten genommen habe, steht in Spannung zu. Ex 2,15 – 22, wo von einem zweiten Sohn noch keine Rede war. Auch rechnet 4,24 – 26 nur mit einem Sohn. 4,20a gehört daher wohl zu einer sekundären Schicht. Gleiches gilt wohl auch von 4,19, in dem Jahwes Befehl zur Rückkehr nach Ägypten nach Moses Entschluss zum Aufbruch und der Verabschiedung durch seinen Schwiegervater zu spät kommt. Ein wesentlich jüngerer Nachtrag liegt schließlich in 4,20b vor mit seinem Bericht, dass Mose den Gottesstab in seine Hand nahm. Er dürfte von dem in dem endredaktionellen Text Ex 4,1 – 17 in V. 17 genannten göttlichen Befehl abhängig sein (vgl. Gertz 2000, 330f.).

82 So Gertz 2000, 214 – 216.

Zusammenfassend ist somit festzustellen, dass auf die ursprüngliche Exodusgeschichte Ex 1,11–12.15–20a.22*; 3,1*.2b–4*.6*.9–14*; [...] 4,18; [...] 14,5a.6.9aα zurückgeführt werden können.

4 Die Beziehungen zwischen Ex 3,1–6* und Gen 46,1–5*

Stellt man nun die Frage, inwieweit diese Grundschicht von Ex 1–14* mit der Vätergeschichte der Genesis in Beziehung steht, so stößt man zunächst auf Beziehungen zwischen Ex 3,1–6* und Gen 46,1–5*. Die oben rekonstruierte vorpriesterschriftliche Grundschicht von Ex 3,1–6* zeigt nämlich in den beiden Elementen der doppelten Anrede durch Gott mit der menschlichen Antwort „Hier bin ich" und der Selbstvorstellung Gottes als „Gott des Vaters" eine deutliche Beziehung zu Gen 46,1–5*.

Allerdings ist das Verständnis von Gen 46,1–5* (Gotteserscheinung Jakobs vor seiner Übersiedlung nach Ägypten in Beerscheba) in der neueren Pentateuchexegese stark umstritten. Konrad Schmid[83] und Erhard Blum sind der Meinung, dass „die Gottesrede in Gen 46,1ff. [...] in ihren literarischen Bezügen nicht über den Horizont der Vätergeschichte (Gen 12–50)" hinausgehe.[84] Ihnen haben David M. Carr[85] und Jan Christian Gertz widersprochen und darauf aufmerksam gemacht, dass Gen 46,1aβ–5a „zum einen mit der Verheißung der Volkwerdung in Ägypten ([...] V. 3bβ) und vor allem mit der Zusage göttlichen Beistands bei der Rückkehr aus Ägypten ([...] V. 4aβ) ausdrücklich auf die Exodusereignisse" vorausweist.[86] Sie können sich dafür auf Matthias Köckert[87] berufen, der gezeigt hat, dass Ex 3,4*.6* deutlich Gen 46,2–4 aufnimmt. Allerdings sind Gertz und Köckert der Auffassung, dass Gen 46,1aβ–5a mit seinem Exodusbezug erst nachpriesterschriftlich anzusetzen sei.[88]

Bei Gen 46,1–5* fehlt jedoch jeder Hinweis auf einen nachpriesterschriftlichen Charakter. Das einzige Argument, das Gertz zugunsten einer nachexilischen Ansetzung beibringen kann, ist die Ähnlichkeit mit der nachpriesterschriftlich einzuordnenden Jahweverheißung von Gen 26,24.[89] Gertz übersieht dabei jedoch,

---

83 Schmid 1999, 62f.
84 Blum 2002a, 132 Anm. 63.
85 Carr 2001a, 281f.
86 Gertz 2000, 277. Vgl. zuletzt auch Graupner 2002, 353–355.
87 Köckert 1988, 321f.
88 Gertz 2000, 277–279; Köckert 2006, 122.
89 Gertz 2000, 276. Eine Parallelität zwischen Gen 46,1–5* und Gen 26,24 sehen auch Köckert 1988, 323 Anm. 78, und Levin 1993, 305. Dagegen nimmt Graupner 2002, 352, zu Recht die Priorität

dass die für die spätdeuteronomistische nachpriesterschriftliche Theologie von Gen 26,24 typische Feststellung, dass Jahwe Isaaks Nachkommen „um Abrahams willen" segnet (vgl. ähnlich Gen 22,15–18; 26,3b–5) in Gen 46,1–5* noch nicht vorhanden ist, so dass hier noch ein vorpriesterschriftliches Verständnis der Erzväterverheißungen vorliegt.

Zwischen dem somit als vorpriesterschriftlich anzusehenden Text Gen 46,1–5* und dem ebenfalls vorpriesterschriftlichen Text Ex 3,1*.2b–3.4b.6a* ergeben sich somit Übereinstimmungen,[90] die nach einer Erklärung verlangen. Dabei kann die Erklärung von Blum, sie beruhten auf „Koinzidenzen der Idiomatik und (differenter) Sachzusammenhänge"[91] – angesichts der Dichte der Entsprechungen – nur als Verlegenheitsauskunft angesehen werden.

Die Beziehungen zwischen Gen 46,1–5* und Ex 3,1ff. beschränken sich nämlich nicht auf die Anrede durch Gott und auf Gottes Selbstvorstellung als „Gott des Vaters". Von Bedeutung ist in beiden Texten zusätzlich die zentrale Stellung der Verheißung des Mitseins Gottes (vgl. ʿmk in Gen 46,4 und Ex 3,12). In gleicher Weise enthalten beide Gottesreden auch eine Aufforderung zum Aufbruch vom gegenwärtigen Aufenthaltsort (vgl. Gen 46,3f. und Ex 3,10*.12). Somit weist die vorpriesterschriftliche Schicht von Gen 46,1–5* mit der an Jakob ergehenden Verheißung der Mehrung zu einem großen Volk und der Herausführung aus Ägypten deutlich auf die Exodusgeschichte hin, so dass sich hier eine unübersehbare vorpriesterschriftliche Brücke zwischen der Väter- und der Exodusgeschichte ergibt.

Schließlich findet sich das in Gen 46,2f. und Ex 3,4b.6aα vorliegende Schema der Gottesoffenbarung (1. Anruf Gottes mit Namen, 2. Antwort mit hinnenî, 3. Selbstvorstellung Gottes, 4. Aufforderung zum Aufbruch vom gegenwärtigen Aufenthaltsort) [92] auch in Gen 31,11.13[93] bei dem Traum Jakobs in Haran.[94] Auch

---

von Gen 46,3f. gegenüber Gen 26,24 an. Vgl. schon Schmidt, L. 1986, 187–188. Im übrigen rechnet auch Schmid 2002, 116, mit einer vorpriesterschriftlichen Entstehung von Genesis 46,1–5*. Vgl. auch Blum 2002a, 127, der darauf hinweist, dass die Beziehungen zwischen Ex 3,1–6* und Gen 46,1–5* nicht auf eine nachpriesterschriftliche Schicht zurückzuführen sind. Auch hat Blum 1984, 298–301, gezeigt, dass in Gen 46,1–5* noch keine deuteronomistischen und priesterlichen Vorstellungen vorliegen.

90 Vgl. Van Seters 2006, 155f.; auch Gertz 2000, 270–277.
91 Blum 2002a, 131f. Zur Kritik dieser von Blum vertretenen Erklärung vgl. Dozeman 2006, 126f.
92 Für die engen terminologischen und theologischen Beziehungen zwischen Ex 3,4b.6aα und Gen 31,11–13*; 46,2f. vgl. zuletzt Graupner 2002, 28f. Sowohl Ex 3,6a als auch Gen 46,3 sprechen von ʾælohê ʾābîkā („Gott deines Vaters"). Dieser Rückbezug wird durch die Tatsache, dass in „Ex 3,6 die Gottesbezeichnung hʾl fehlt", nicht in Frage gestellt (gegen Blum 2002a, 132 Anm. 61). Auch in Gen 46,3 und 31,11.13, die nach Blum (ebd.) in enger Beziehung zueinander stehen, liegen keine voll übereinstimmenden Gottesbezeichnungen vor. Vgl. auch Schmidt, L. 1986, 189–192.

hier folgen auf den Anruf Gottes (hier repräsentiert durch den Engel Gottes) die Antwort Jakobs „hier bin ich" und die Selbstvorstellung Gottes (hier als der Gott, der Jakob zu Bethel erschienen ist).[95] Durch dieses Schema werden offensichtlich Rückkehr Jakobs aus Haran, Übersiedlung Jakobs nach Ägypten und Exodus miteinander parallelisiert.

5 Weitere Beziehungen zwischen der vorpriesterschriftlichen Exodusgeschichte und der vorpriesterschriftlichen Jakob-Josefsgeschichte

Bei der Suche nach Beziehungen in der vorpriesterschriftlichen Literatur des Alten Testaments muss zunächst berücksichtigt werden, dass hier nicht priesterliche bzw. schriftgelehrte Kreise am Werke sind, die durch einen spezifischen theologischen Stil identifiziert werden können. Gemeinsame Autorschaft ist hier daher nur gelegentlich an einer gemeinsamen Terminologie zu erkennen. Vielmehr kann hier gemeinsame Verfasserschaft meist nur anhand gemeinsamer Erzählstrukturen, hinter denen eine gemeinsame theologische Intention steht, festgestellt werden.

Dass die oben festgestellte Parallelisierung von Exodus und Rückkehr aus Haran in Gen 31,11–13*; Gen 46,1–5* und Ex 3,1–6 kein Zufall ist, zeigt sich daran, dass die vorpriesterschriftliche Jakobüberlieferung weitere Parallelisierungen mit dem Exodus aufweist. So haben Peter Weimar und Erich Zenger[96] darauf hingewiesen, dass Gen 31,22.23.25 („Es wurde dem Laban [...] gemeldet, dass Jakob geflohen sei. Und er nahm seine Verwandten mit sich und jagte ihnen nach [...] Und Laban holte Jakob ein [...].") auf Ex 14,5a.6.9aα („Es wurde dem König von Ägypten gemeldet, dass das Volk geflohen sei [...]. Da [...] nahm er sein Volk mit sich [...]. Und die Ägypter jagten ihnen nach, und sie holten sie ein [...].")

---

93 Zu Gen 31,10.12 als Einschüben vgl. schon Gunkel 1910, 342f., und zuletzt Boecker 1992, 86; Seebass 1999, 361.372; Ruppert 2005, 293f.; Graupner 2002, 255f.; auch Blum 1984, 120 Anm. 5.

94 Zur Zuordnung dieser Verse zur Kompositionsschicht der Jakobserzählung Gen 25,21–33,17* vgl. Blum 1984, 117–132, Umfang und Datierung dieser Kompositionsschicht sind allerdings anders als bei Blum zu bestimmen. Vgl. Schmitt 2001d, 179–185.

95 Gen 31,13 ist nach LXX (und Targumen) zu emendieren (vgl. zuletzt Köckert 1988, 78; Boecker 1992, 81). Anders Blum 1984, 189; Seebass 1999, 356.358; Ruppert 2005, 288; Graupner 2002, 255; Köhlmoos 2006, 262, die den MT als *lectio difficilior* beibehalten und *h'l bt-'l* mit „der Gott in (bezug auf) Bethel" übersetzen.

96 Weimar/Zenger 1975, 52. Vgl. auch Levin 1993, 239 Anm. 9, der einen von der jahwistischen Redaktion hergestellten Zusammenhang zwischen Gen 31,22–23a und Ex 14,5a.6 sieht.

hin formuliert worden sind. Hier ist – wie Graupner zu Recht feststellt – bewusst „Jakobs Flucht vor Laban als Vorausdarstellung des Exodus" gestaltet worden.[97] Beachtenswert ist, dass das die Jakob- und die Exodusgeschichte miteinander verbindende Motiv der Flucht (brḥ) sich nicht auf die genannten Stellen beschränkt, sondern auch sonst dazu gebraucht wird, um Entsprechungen zwischen der Jakob- und der Mosedarstellung herzustellen. So wird die Jugendgeschichte Jakobs durch die Flucht (brḥ) nach Haran vor den Plänen Esaus, ihn zu töten (hrg), bestimmt (Gen 27,41–43). In gleicher Weise muss der jugendliche Mose vor dem Versuch Pharaos, ihn zu töten (hrg) nach Midian fliehen (brḥ, vgl. Ex 2,15).

Dass hier sehr bewusst parallele Strukturen hergestellt werden, zeigen die Fortsetzungen beider Fluchtgeschichten durch die sehr ähnlich aufgebauten Brunnenszenen im Land der Flucht von Gen 29,1ff. und Ex 2,15–22.[98] Mose trifft wie Jakob am Brunnen auf Frauen, die ihre Herde tränken wollen. In beiden Fällen übernimmt der Held das Tränken des von den Frauen gehüteten Kleinviehs (sowohl in Gen 29,10 als auch in Ex 2,17 wird dabei die Formulierung wayyašq 'ætṣo'n gebraucht). Beide Male ist die Frau beteiligt, die später die Ehefrau des Helden wird und ihm Nachkommen schenkt.[99]

Auf diese Entsprechung in der Erzählmotivik zwischen der Jugendgeschichte des Mose und der des Jakob hat bereits Reinhard G. Kratz[100] aufmerksam gemacht. Kratz meint zwar hier eine spätere Hand am Werk zu sehen, die die seiner Meinung nach vorexilisch noch voneinander getrennte Erzväter- und Exodusgeschichte durch Nachträge in Beziehung zueinander setzen möchte. Gegen eine solche Ausscheidung von Ex 2,15–22 aus der ursprünglichen Jugendgeschichte des Mose spricht jedoch, dass im Kontext von 2,11–4,18 auf Ex 2,15–22 nicht verzichtet werden kann.[101] Ex 2,15–22 muss daher als ein alter Bestandteil der Jugendgeschichte des Mose angesehen werden. Die Jugendgeschichte des Mose und die Jakobgeschichte sind somit wohl bereits von Anfang an in Entsprechung zueinander formuliert worden.

---

97 So Graupner 2002, 310, der diese Vorausdarstellung des Exodus in der Jakobgeschichte bereits auf den von ihm ins 9. Jh. datierten Elohisten zurückführt.
98 Vgl. auch die allerdings weiterentwickelte Form einer Szene des Zusammentreffens mit Frauen am Brunnen in Gen 24.
99 Beachtenswert ist dabei, dass in Ex 2,15–22 Mose als besonders vorbildlich dargestellt wird. So ist die Hilfe des Mose in Ex 2,16f. darin begründet, dass er die Töchter des midianitischen Priesters gegenüber dem ungerechten Verhalten anderer Hirten in Schutz nimmt. In Gen 29,1–12 fehlt eine entsprechende Motivation Jakobs (vgl. Gunkel 1910, 327, zur Darstellung von Mose in Ex 2,11–22 als Kämpfer gegen Unrecht vgl. auch Willi-Plein 1998, 18f.).
100 Kratz 2000, 295.
101 Vgl. u. a. Gertz 2000, 379.

Solche Parallelisierungen zwischen Exodus/Mose- und Jakobdarstellung sind dabei nicht zufällig, sondern bestimmt von einer die vorpriesterschriftliche Jakob- und Exodusdarstellung miteinander verbindenden Theologie der Führung des biblischen Gottes. Mit diesen Parallelisierungen will der vorpriesterschriftliche Erzähler gemeinsame Strukturen der göttlichen Führung aufzeigen. Vor allem geht es ihm um den Nachweis, wie durch Gottes Führung immer wieder alles zum Heil des Gottesvolkes geschieht, wobei die Pläne der Gegner Israels in ihr Gegenteil verkehrt werden und zur Lebensrettung und -erhaltung des Gottesvolkes dienen.[102]

Dabei wird die Perspektive der Exodustradition, die mit einer Herkunft Israels von außen rechnet, durchgängig auf die Väterdarstellungen übertragen. So erzählt die Jakobgeschichte davon, dass die Geburt der Urväter des Volkes außerhalb Israels geschieht (mit Ausnahme Benjamins) und dass sie erst danach nach Israel übersiedeln. Die Josefsgeschichte berichtet von einer Errettung dieser Urväter, die wieder außerhalb Israels vor sich geht. Diese beiden Teile der vorpriesterschriftlichen Heilsgeschichte sind somit bewusst als Vorbereitung der Exodusgeschichte verstanden, die darstellt, wie die Urväter außerhalb Israels zum großen Volk heranwachsen und zum Gottesvolk werden.[103]

Diese Orientierung der vorpriesterschriftlichen Jakobdarstellung von Gen 25–35* an der Moseüberlieferung wird auch an dem System der Stämme Israels deutlich, wie es der vorpriesterschriftlichen Geburtsgeschichte der Söhne Jakobs von Gen 29f.* zu Grunde liegt. Die hier bestehende Vorrangstellung von Ruben deutet nämlich auf eine besondere Betonung der Mosetradition in der Jakobüberlieferung hin. Wie Ulrike Schorn[104] wahrscheinlich gemacht hat, erklärt sich nämlich die Erstgeburtsstellung Rubens aus der Tatsache, dass sich in seinem Territorium das Grab Moses befand.[105]

Die vorpriesterschriftliche Darstellung von Gen 25–Ex 14* bildet somit eine zusammenhängende Führungsgeschichte, deren Thema am Ende der Josefsgeschichte formuliert wird mit dem Deutewort der Josefsgeschichte in Gen 50,20:

---

102 Vgl. beispielsweise, wie sowohl in Gen 27–30* als auch in Ex 2* die Flucht Jakobs bzw. Moses vor der Todesdrohung durch ihre Gegner zur Geburt von Nachkommen führt.

103 Die vorpriesterschriftliche („elohistische"?) Schicht von Gen 25 – Ex 20* zeigt auch ein gemeinsames Verständnis von Gottespräsenz: In Gen 28,11ff.; 31,11–13*; 32,2f.23ff.*; 46,1ff.* und in Ex 3,1ff*; 19–20* wird die Lebensbedrohlichkeit der Gottespräsenz betont und von „Gottesfurcht" angesichts dieser Präsenz berichtet.

104 Schorn 1997, 95–97; vgl. auch Ruppert 2005, 249f.

105 Auch in der Aufnahme von Levi als Priesterstamm in das Stämmesystem von Gen 29f.* wird wohl Rücksicht auf die Mosedarstellung von Ex 2* genommen, die besonders an einer Zuordnung Moses zum levitischen Priestertum (vgl. Ex 2,1) interessiert ist.

„Ihr habt gegen mich Böses geplant, aber Gott hat es zum Guten geplant, um [...] ein großes Volk am Leben zu erhalten."

So wie Gott die bösen Pläne der Brüder Josefs auf verborgene Weise dazu nutzt, um Josef zum Retter seiner Familie aufsteigen zu lassen, so gebraucht Gott entsprechend sowohl die Gegnerschaft Esaus und Labans als auch die Feindschaft des ägyptischen Königs. Besonders deutlich wird dies in der Jugendgeschichte des Mose, wo der gegen die israelitischen Knaben gerichtete Tötungsbefehl Pharaos zur Aussetzung des Mose, zum Mitleid der Tochter Pharaos[106] und schließlich zum Aufwachsen Moses am Pharaonenhof führt.[107]

Gen 50,15–21 mit ihrer Deutung der göttlichen Führung stellen somit nicht den Abschluss einer selbständigen Josefsgeschichte dar,[108] sondern sind auf die vorpriesterschriftliche Exodusgeschichte bezogen. Dies zeigt sich schon daran, dass in Ex 1,12 von einem „Groß-Werden" (*rbh* qal) des israelitischen Volkes die Rede ist, was an die Aussage Josefs in Gen 50,20 erinnert, dass der böse Plan der Brüder gegenüber Josef letztlich dazu gedient habe, ein „großes Volk" (*'m rb*) am Leben zu erhalten. Dass die alte Exodusgeschichte von Ex 1f.* die ursprüngliche Fortsetzung der Josefsgeschichte darstellt, zeigt sich auch daran, dass hier bewusst die Thematik der Josefsgeschichte (und der Jakobgeschichte) von der *Leben*serhaltung des Gottesvolkes aufgegriffen wird. Nur so ist zu erklären, dass hier entgegen der sonstigen Exodustradition, die nur die Unterdrückung der Israeliten

---

106 So wird die Tochter Pharaos zu einem Werkzeug Gottes, durch das die Pläne ihres Vaters durchkreuzt werden. Diese Andeutung einer verborgenen göttlichen Führung, bei der Gott nicht direkt in das Geschehen eingreift, entspricht Gen 50,20 und deutet auf einen weisheitlichen Sitz im Leben der „weisheitlichen Namensätiologie" von Ex 2,1ff. (vgl. Levin 1993, 319; auch Gertz 2000, 375f. und dazu oben Anm. 46). Vgl. hierzu Schmidt, W.H. 1988, 63.

107 Wie stark diese theologische Spannung zwischen menschlicher Planung und entgegengesetzter göttlicher Führung die narrative Struktur der alten Mosegeschichte bestimmt, zeigt sich auch an der Namensgebung Moses: So erklärt die Tochter Pharaos den Namen Moses mit dem Hinweis, dass sie Mose aus dem Wasser herausgezogen habe. Im Hebräischen stellt der Name „Moschäh" jedoch ein Partizip Aktiv dar und ist mit der „Herausziehende", der „Herausführende", zu übersetzen, wodurch die Tochter Pharaos unbewusst die künftige heilsgeschichtliche Rolle Moses andeutet. Vgl. hierzu vor allem Gerhards 2006, 136–148.

108 So zuletzt Schmid 2002, 95–106. Schmid (ebd. 103f.) ist dabei der Meinung, Gen 50,15–21 spiele wieder in Kanaan, nachdem Josef und seine Brüder nach dem Tode Jakobs in das Westjordanland zurückgekehrt seien. Dagegen sprechen jedoch nicht nur Gen 50,8b.14, die Schmid aus der ursprünglichen Josefsgeschichte ohne überzeugende literarkritische Begründung ausscheidet (vgl. Carr 2006, 168f.), sondern auch 50,5bβ, wo Josef Pharao seine Rückkehr avisiert. Auch fehlt in der Josefsgeschichte jede Erwähnung eines Endes der Hungersnot, das eine Rückkehr nach Kanaan möglich gemacht hätte. Insofern rechnet m. E. schon die vorpriesterschriftliche Josefsgeschichte in Gen 50,20 mit einem Großwerden Israels in Ägypten, das dann die Voraussetzung für die Unterdrückung durch die Ägypter und für den Exodus darstellt.

durch Fronarbeit kennt, ein Tötungsbefehl Pharaos gegen die männlichen Nachkommen des Volkes im Mittelpunkt steht. Somit ist die vorpriesterschriftliche Josefsdarstellung mit der Jugendgeschichte des Mose von Ex 1ff. durch die beide Textbereiche übergreifende Tod-/Leben-Thematik verbunden, die nicht nur zentrale Bedeutung für die vorpriesterschriftliche Josefsgeschichte besitzt,[109] sondern auf die gesamte Jakob-Josef-Exodusdarstellung von Gen 25–Ex 14* bezogen ist.[110] Das, was in menschlichem Sinne ein Weg zum Tode zu sein scheint, erweist sich im Lichte der verborgenen Führung Gottes als Weg zum Leben.

Diese Spannung zwischen dem, was menschliche Akteure wollen, und dem, was Gott daraus macht, stellt dabei ein zentrales Problem der vorexilischen alttestamentlichen Weisheitsliteratur dar, wie zahlreiche Weisheitssprüche in Prov 10–29* belegen (vgl. u. a. Prov 16,9: „Des Menschen Herz erdenkt sich seinen Weg; aber Jahwe allein lenkt seinen Schritt.").[111] Dem entspricht in der alttestamentlichen Weisheit die Forderung, „Jahwe-/Gottesfurcht" zu üben, was in diesem Zusammenhang heißt, die *Unverfügbarkeit* des *göttlichen* Handelns und damit gleichzeitig auch die *Unverfügbarkeit des Mitmenschen* anzuerkennen. Somit fügt sich auch die Betonung der Gottesfurcht Jakobs in Gen 28,17, Josefs in Gen 42,18 und die der Hebammen in Ex 1,17 in diese gemeinsame weisheitliche Theologie der vorpriesterschriftlichen Jakob-, Josef- und Exodusdarstellung ein.[112]

6 Zum gemeinsamen zeitgeschichtlichen Hintergrund der vorpriesterschriftlichen Jakob-, Josefs- und Exodusdarstellung

Die überlieferungsgeschichtliche alttestamentliche Forschung hat zu Recht erkannt, dass dem Pentateuch ursprünglich selbständige Überlieferungsblöcke wie Erzväterüberlieferung, Exodusüberlieferung, Gottesbergüberlieferung oder auch eine ursprünglich selbständige Josefserzählung zugrunde liegen. Dass auf dieser

---

109 Vgl. Schmid 2002, 99–101.

110 Vgl. auch Schmid 1999, 248, zu Ex 1*, das er allerdings in unzutreffender Weise weitgehend als nachpriesterschriftlich ansieht. Dass auch die vorpriesterschriftliche Jakobdarstellung von der Tod-/Leben-Thematik geprägt ist, zeigt Gen 32,31.

111 Vgl. auch Prov 19,21; 20,24; 21,30f.; 27,1.

112 Zum Verständnis von „Gottesfurcht" in Gen 20–Ex 20* vgl. Schmitt 2001c, 116–118. Weil auch in Gen 20–22* das Thema „Gottesfurcht" von zentraler Bedeutung ist, gehört wohl entgegen der Auffassung von Köckert 2006, 125f., dieser Teil der Abrahamgeschichte auch zur vorpriesterschriftlichen Erzväter-Exodusgeschichte (vgl. zur vorexilischen Einordnung von Gen 20–22* Jeremias 2006; Schorn 2006, 59–73 bzw. 89–109).

Ebene die Erzväterüberlieferung eine andere Ursprungstradition Israels vertritt als die Exodusüberlieferung, ist nicht zu bestreiten.[113] So bleibt hier beispielsweise die alte Jakobtradition darauf beschränkt, die Beziehungen Israels zu Edomitern und Aramäern zu klären.[114]

Allerdings hat die alttestamentliche Forschung gleichzeitig mit guten Gründen angenommen, dass diese Überlieferungsblöcke bereits zusammengewachsen waren, bevor es zur Neuinterpretation der alttestamentlichen heilsgeschichtlichen Überlieferung durch die Priesterschrift kam.[115] Einerseits setzt die Priesterschrift die Zusammengehörigkeit dieser Überlieferungsblöcke als bereits selbstverständlich voraus. Andererseits haben wir oben jedoch auch gesehen, dass die jetzt vorliegende Struktur der vorpriesterschriftlichen Jakobdarstellung sich nicht mehr auf die Klärung der Beziehungen zu den Nachbarvölkern beschränkt, sondern von einer Theologie der Führung Gottes in Krisensituationen bestimmt ist, die zumindest Jakob-, Josef- und Exodusgeschichte miteinander verbindet.

Für die Datierung dieser Jakob-, Josef- und Exodusgeschichte ist nun der Bezug von Ex 2,1–10* auf die assyrische Sargonlegende von besonderer Bedeutung, die in der assyrischen Überlieferung der Zeit um 700 v. Chr. von der Abstammung des bedeutendsten mesopotamischen Königs des 3. Jahrtausends, Sargons des Großen von Akkad, berichtet. Diese sog. Sargonlegende wurde von dem zweiten großen Sargon der mesopotamischen Geschichte, des von 722–705 regierenden assyrischen Königs Sargon II., der sich nicht auf eine normale Thronfolge berufen konnte, zur Legitimation seiner Herrschaft verwendet. Die Legende will vor allem deutlich machen, dass die mesopotamischen Weltherrscher ihre Herrschaft nicht ihrer Abstammung, sondern der Erwählung der mesopotamischen Götter, vor allem der Göttin Ischtar, verdanken.

Die Ähnlichkeit dieser assyrischen Königslegende mit der Geschichte von der Geburt des Mose in Ex 2* ist nicht zu übersehen: Wie der mesopotamische Großherrscher wird der Moseknabe als Neugeborener in einem mit Asphalt abgedichteten Schilfkorb in einen Fluss ausgesetzt, auf wunderbare Weise gerettet und schließlich zum politischen Führer eingesetzt.[116] Diese Erzählung ist somit wahrscheinlich in schriftkundigen „weisheitlichen" israelitischen Beamtenkrei-

---

113 Schmid 1999, 89f.

114 Vgl. die von Blum 1984, 479–491, herausgestellte völkergeschichtliche Perspektive der Vätertradition.

115 Dass Jakob- und Exodusüberlieferung relativ früh aufeinander bezogen worden sind, legt sich schon von ihrer gemeinsamen Beheimatung am Heiligtum von Bethel nahe (zur Beheimatung der Exodustradition in Bethel vgl. Pfeiffer 1999, 35–42, besonders 183f. unter Berufung auf den Kern von 1 Kön 12,28f.*; anders Köhlmoos 2006, 187f.).

116 Vgl. Otto 2000, 55, und zuletzt Gerhards 2006, 149–187.

sen nach dem Vorbild der Sargonlegende geformt worden. Ihrer diplomatischen Aufgaben wegen besaßen solche „weisheitlich" ausgebildeten Schreiber gute Kenntnisse der Nachbarkulturen, vor allem auch der der Assyrer, die ja in dem Jahrhundert von ca. 730 – 630 die Oberherrschaft über Israel/Juda ausübten, so dass die assyrische Sargonlegende den israelitischen Schreibern bekannt gewesen sein dürfte.

Umstritten ist, wieso israelitische Schreiber diese assyrische Überlieferung übernommen haben: Soll hier das assyrische Königtum „subversiv" kritisiert werden?[117] Soll die Hoffnung auf einen zukünftigen israelitischen Führer geweckt werden?[118] Auf jeden Fall liegt hier ein Versuch vor, die Krise zu bewältigen, die die assyrische Eroberung des israelitischen Nordreiches für den Glauben an die Macht Jahwes bedeutete. So wird hier im Sinne der „integrativen Monolatrie" des Jahweglaubens das, was die assyrische Religion über die Erwählung und Führung von Herrschern durch mesopotamische Götter glaubte, auf den biblischen Gott übertragen: Die Führung, die die Assyrer Ischtar zuschrieben, ist als Wirken des biblischen Gottes zu verstehen.

In den gleichen historischen Kontext weist auch die Struktur der Jakob-, Josef- und Exodusgeschichte. Dass deren „Helden" immer wieder zum Aufenthalt in fremden Ländern genötigt sind und dass das Mit-Sein Gottes hier sich durchweg auf diese Aufenthalte bezieht (vgl. Gen 28,20; 31,5; 46,4; Ex 3,12), weist auf eine Perspektive, in der Israel in seinem Land nicht mehr zu Hause ist und mit Exilierungserfahrungen rechnet. Unterstrichen wird diese Perspektive durch die Haran-Lokalisierung der Jakob-Laban-Darstellung, die nach Erhard Blum[119] wohl auf das 7. Jh. zurückgeht. John Van Seters[120] hat dabei darauf aufmerksam gemacht, dass die Betonung einer Verwandtschaft Israels mit den nordmesopotamischen Aramäern u. a. mit der assyrischen Exilierung der israelitischen Oberschicht nach Nordmesopotamien in Zusammenhang stehen könnte.

Die vorpriesterschriftliche Jakobdarstellung geht somit nicht mehr von einer autochthonen Existenz Israels aus. Reinhard G. Kratz weist zwar zu Recht darauf hin, dass das Israelverständnis der Jakobgeschichte sich auf die Situation zwischen 722 und 587 v.Chr. bezieht, in der „,Israel' [...] nicht mehr in den politischen Grenzen der vorexilischen Monarchie, sondern im Niemandsland zwischen Israel

---

117 Vgl. Otto 2006, 61– 67, und dazu Waschke 2006, 221– 223.
118 Vgl. Gerhards 2006, 250 – 264.
119 Blum 1984, 343f. Anm. 11; vgl. ebd. 164– 167.
120 Van Seters 1975, 24– 34.

und Juda und unter der Monarchie Juda" weiterlebt.[121] Dabei übersieht er aber die Exilsperspektive, die die Jakobgeschichte durchgehend bestimmt. Die vorpriesterschriftliche Vätergeschichte bildet somit nicht die „Gründungslegende Israels und Judas" als *autochthone* Größen innerhalb der assyrischen Herrschaft.[122] Hinter der Darstellung der Flucht Jakobs vor Laban zurück nach Mittelpalästina als Vorwegnahme des Exodusgeschehens in Gen 31, 22f.25 (vgl. Ex 14, 5 – 9*) steht somit bereits die Hoffnung auf einen neuen Exodus, wie sie sich bereits in Hos 11 findet.

In ähnlicher Weise setzt auch Konrad Schmid die Entstehung der vorpriesterschriftlichen Josefsgeschichte in die Zeit nach dem Untergang des Nordreiches an und zieht dabei als historischen Hintergrund auch eine Diasporasituation von Israeliten in Erwägung.[123] Dass auch hier an eine mesopotamische Diaspora zu denken ist, dafür könnten die zahlreichen Anspielungen auf mesopotamische Gegebenheiten sprechen, die in der Josefsgeschichte zu erkennen sind (vgl. u. a. die Beamtentitel $s^e r\hat{\imath}s$, $\acute{s}ar\ ha\underline{t}\underline{t}ab\bar{a}h\hat{\imath}m$ in Gen 39,1 und 'abrek in 41,43 und die Investiturszene von 41,42).[124]

Da somit sowohl die ursprüngliche Exodusgeschichte als auch die vorpriesterschriftlichen Fassungen der Jakobgeschichte und der Josefsgeschichte jeweils auf den Untergang des Nordreichs und die damit verbundenen Exilierungserfahrungen bezogen sind, bestätigt sich die oben vertretene These einer ursprünglichen Zusammengehörigkeit dieser drei vorpriesterschriftlichen Darstellungen in einer durchlaufenden Erzväter-Mose-Komposition.[125] Für diese These spricht auch, dass schon in der prophetischen Überlieferung des Nordreichs – wie oben in Teil 1 anhand der Hoseaüberlieferung gezeigt wurde – Erzväter- und Mosetradition nicht als konkurrierende, sich gegenseitig ausschließende Ursprungslegenden verstanden wurden.[126] Daher konnten die Jakobüberlieferung

---

121 Kratz 2000, 274. Auch die in Gen 33* in den Blick genommene „Versöhnung zwischen Israel und Edom" passt in die politische Situation der Assyrerzeit, in der es „zu einer mehr oder weniger friedlichen Koexistenz" der Edomiter mit den Judäern kam (vgl. Dietrich 1999, 1062).
122 Gegen Kratz 2000, 279.
123 Schmid 2002, 106 – 114.
124 Vgl. hierzu Schmitt 1980, 146 – 149; z. T. anders Seebass 2000, 70f.
125 Interessant ist, dass es sich bei den zentralen Texten dieser Komposition meist um Texte handelt, die in der traditionellen Pentateuchquellentheorie dem „Elohisten" zugeschrieben wurden. Man könnte also hier von einer „elohistischen" Komposition sprechen (vgl. Schmitt 2001d, 177 – 182).
126 Auch Blum 2002a, 122f., geht davon aus, dass schon in vorexilischer Zeit die Erzväter- und die Exodusüberlieferung *traditionsgeschichtlich* miteinander verbunden sind. Zu Recht weist er darauf hin, dass ein solcher Zusammenhang in Hos 12, in Gen 12,10ff. (vgl. hierzu auch Schmid 1999, 64f., und Köckert 2006, 122) und in der vorpriesterschriftlichen Josefsgeschichte bereits voraus-

und die Josefserzählung – um sie auf die Exilierungserfahrungen der Zeit nach 722 v.Chr. zu beziehen – ohne weiteres dem Exodusbewusstsein Israels zugeordnet werden, so dass bereits die vorpriesterschriftliche Genesis zu einem Dokument der Vorbereitung auf den Exodus wurde.

---

gesetzt wird. Die oben dargestellten kompositionellen Bezüge zwischen Gen 25 – Ex 14* beweisen nun, dass es – wahrscheinlich unter dem Eindruck der Exilierungserfahrung nach dem Untergang des Nordreichs – in der Zeit vor 587 v.Chr. auch schon zu einer *literarhistorischen* Verknüpfung von Vätergeschichte und Exodusgeschichte gekommen ist.

Menschliche Schuld, göttliche Führung und ethische Wandlung – Zur Theologie von Gen 20,1–21,21* und zum Problem des Beginns des „Elohistischen Geschichtswerks"

Abstract: The „Elohistic" text in Gen 20:1–21:21* uses Gen 12* and Gen 16* as a reference. By retelling a similar event, Gen 20–21* shows a different understanding of history: Through concealment God leads the protagonists despite, and even because, of human guilt. They show a different ethical behavior in such a way that living peacefully with adjacent gentiles is possible. The texts show links to early northern scribal prophecy and pre-exilic wisdom. Hence, the assumption of a pre-exilic historical work, that starts with the ancestral stories and processes the destruction of 722/720 BCE, is reasonable.

1 „Elohistische" Texte in Gen 20–22

Sucht man angesichts der neueren Entwicklungen der Pentateuchforschung, die zu einer immer stärkeren Vielstimmigkeit von Theorien zur Entstehung des Pentateuch führen, nach Konsensen, die noch weitgehende Anerkennung finden, so kann für die Genesis zum mindesten Folgendes festgehalten werden: Die Genesis stellt keine literarische Einheit dar, sondern setzt sich aus einer priesterlichen und einer nichtpriesterlichen Schicht zusammen. Diese bereits von den frühesten Entwürfen der Älteren Urkundenhypothese gemachte Beobachtung, die zur Annahme einer „Jahwe-Quelle" und einer priesterlichen „Elohim-Quelle" (Priesterschrift) führte, ließ sich jedoch nur auf die Urgeschichte mehr oder weniger problemlos anwenden. Bei der Vätergeschichte ergab sich, dass hier die Gottesbezeichnung „Elohim" gebrauchende Texte auftauchten, die sich nicht überzeugend in die priesterliche „Elohim"-Schicht einfügen ließen. Vor allem gilt dies für die „Elohim"-Texte in Gen 20–22 und dabei besonders für die Erzählung von der Gefährdung der Ahnfrau im Harem des Königs Abimelech von Gerar (20,1–18) und für die Erzählung von der Vertreibung Hagars und Ismaels (21,8–21), zu denen in Gen 12,9–13,1 und 16,1–16 Parallelüberlieferungen vorliegen.

Vor allem Julius Wellhausen hat darauf hingewiesen, dass sich Gen 20–22* nicht in die Priesterschrift einfügen lässt. Allerdings könnte man sich Gen 20–22* wegen einer Reihe von Widersprüchen auch kaum als ursprünglichen Bestandteil

https://doi.org/10.1515/9783110724448-003

der jahwistischen Schicht vorstellen. Vielmehr sei hier mit einer „elohistischen" Schicht mit einem eigenständigen theologischen Profil zu rechnen.[1]

Ein Problem der Behandlung von Gen 20–22* in der neueren Forschung besteht nun darin, dass man die Argumente, die für eine Zusammengehörigkeit von Gen 20–22* sprechen, immer weniger wahrnahm und dadurch ein eigenständiges theologisches Profil des „Elohisten" mehr und mehr verloren ging. Besonders deutlich werden die Auflösungserscheinungen des theologischen Profils der „elohistischen" Texte bei den Arbeiten von Claus Westermann, Erhard Blum und Irmtraud Fischer. Problematisch ist vor allem die starke literarkritische Zergliederung der „elohistischen" Texte von Gen 20,1–21,21*, die zahlreiche evidente literarische Zusammenhänge zerstört.

Als problematisch erweist sich vor allem die unterschiedliche Datierung von Gen 20* und von Gen 21,8–21; 22,1–19*: Während Claus Westermann[2] und Erhard Blum[3] noch Gen 20* einer nachexilischen Schicht zugeordnet hatten, die wesentlich jünger anzusetzen sei als Gen 21,8–21*; 22,1–19*, vertritt Irmtraud Fischer[4] eine Datierung von Gen 20* in die Zeit Manasses und von Gen 21,8–21* und 22,1–19* in die Exilszeit. Diese nicht konsensfähigen Datierungen deuten darauf hin, dass die Verteilung der traditionellen „elohistischen" Texte von Gen 20–22* auf mehrere exilisch-nachexilische Redaktionsschichten sich nicht unmittelbar vom Textbefund her nahelegt.

Auf diesem Hintergrund hat Otto Kaiser[5] in seinem „Grundriß der Einleitung in die kanonischen und deuterokanonischen Schriften des Alten Testaments" zu Recht darauf hingewiesen, dass Blums These „einer zweiphasigen Einfügung der elohistischen Texte" von Gen 20–21* „nicht sicher" sei und keine „Notwendigkeit zur Zerlegung der elohistischen Textfolge 20–21,34* in zwei voneinander unabhängige Textgruppen" bestehe.[6] Für die Zusammengehörigkeit von Gen 20–21*[7]

---

1 Wellhausen 1963, 15–19, unter Berufung auf Hupfeld 1853. Gegen die Annahme einer „elohistischen" Schicht in Gen 20–22*, die von der „jahwistischen" Schicht in Gen 12–19* getrennt werden kann, spricht sich dagegen Carr 1996, 201f., aus: „It is impossible to reconstruct a form of ,Elohistic' Genesis 20–22 that did not build on the ,Yahwistic' Genesis 12–19".

2 Vgl. Westermann 1981, 413f.: „Vergleichen wir die für E möglichen Texte 20,1–18 und 21,8–21, so sind diese beiden Texte derart verschieden, dass die Herkunft beider von demselben Schriftsteller und aus der gleichen Zeit kaum möglich erscheint".

3 Vgl. Blum 1984, 361.418f., der Gen 21,8–21*; 22* der „exilischen Komposition Vätergeschichte 2" zuweist, während er Gen 20*; 21,22ff.* in die nachexilische Zeit datiert.

4 Vgl. Fischer 1994, 343f. (besonders Anm. 17) und 357f.

5 Kaiser 1992a, 74–76.

6 Kaiser 1992a, 75. Mit einer Zusammengehörigkeit von Gen 20–22* in einer ursprünglich selbständigen Schrift, die er als „deuterokanonisches Werk" bezeichnet, rechnet auch Levin 1993, 173.

spricht nun vor allem die gemeinsame theologische Tendenz dieser „elohistischen" Texte, die sich insbesondere in der gemeinsamen Beziehung zu den von ihnen aufgenommenen Parallelüberlieferungen zeigt.

Ein zentrales Problem dieser „elohistischen" Texte besteht jedoch darin, dass Gen 20 – 21* nicht den Beginn der „elohistischen" Geschichtsdarstellung bilden kann. Vielmehr setzen sowohl Gen 20* als auch Gen 21,8 – 21* eine Reihe von Informationen voraus, die in einer Einleitung des „Elohistischen Werkes" genannt worden sein müssen.

Im Folgenden soll daher anhand einer Untersuchung der beiden „elohistischen" Erzählungen von der Gefährdung der Ahnfrau im Harem Abimelechs von Gerar in Gen 20* und von der Vertreibung der Hagar in Gen 21,8 – 21* geklärt werden, welche einführenden Aussagen beide Erzählungen voraussetzen und inwieweit beide Erzählungen mit einem gemeinsamen ursprünglichen literarischen Kontext rechnen lassen.

2 Die Gefährdung der Ahnfrau im Harem Abimelechs (Gen 20*)

Die Erzählung von der Gefährdung Saras im Harem des Abimelech Gen 20,1 – 17 stellt eine literarische Einheit dar. Sekundär ist nur Vers 20,18, der schon durch den Gebrauch des Jahwenamens auffällt und zudem die durch Abrahams Fürbitte wieder abgewendete Krankheit auf die Unfruchtbarkeit der Frauen Abimelechs begrenzt.[8] Außerdem dürfte 20,1aα („Abraham brach auf von dort ins Südland") einen sekundären Anschluss an Gen 18,33 („Abraham kehrte an seinen Ort [=Mamre] zurück") darstellen. Für eine Ausscheidung von 20,1aβ spricht dagegen nichts:[9] Zwischen Kadesch und Schur liegt der Bereich, in dem die in Gen 21,8 – 21* folgende Hagar-Ismael-Überlieferung verortet ist (vgl. Gen 16,7.14).

---

7 Kaiser 1992a, 75f., vermutet, dass die Erzählung von der Bindung Isaaks von einer späteren Hand stammt. Vgl. hierzu auch Kaiser 2003b, 199 – 224, besonders 209 – 213: Kaiser weist hier jedoch gleichzeitig auch auf die sehr enge Verwandtschaft zwischen Gen 21,8 – 21* und Gen 22,1 – 19* hin.

8 Zum sekundären Charakter von Gen 20,18 vgl. schon Gunkel 1910, 224f. Wahrscheinlich liegt hier ein Zusatz des Endredaktors des Pentateuch vor (vgl. Ruppert 2002, 443). Zur Intention des Zusatzes vgl. Kaiser 1992a, 74.

9 Vgl. Seebass 1997, 163.

Alle anderen literarkritischen Operationen, wie sie von Theodor Seidl[10], Irmtraud Fischer[11] und Frank Zimmer[12] vorgeschlagen werden, sind nicht durch strenge literarkritische Argumente zu begründen. Auf sie sollte daher verzichtet werden.[13]

Von zentraler Bedeutung ist die Frage, auf welchen Kontext Gen 20 bezogen ist. Gen 20,1* ist zwar der erste Text innerhalb der Genesis, der mit Sicherheit der „elohistischen" Schicht zuzuweisen ist. Allerdings kann der „Elohist" nicht mit Gen 20,1* begonnen haben. Überhaupt setzt Gen 20,1–17* eine Reihe von Angaben voraus, die in der vorangehenden Darstellung des „Elohistischen Werkes" erwähnt gewesen sein müssen. Axel Graupner[14] hat dabei zu Recht darauf hingewiesen, dass Gen 20,1b „eine Erzählung" fordert, „die vorgängig erklärt, wie Abraham zum Fremdling wurde". Eine solche Erklärung findet sich nun in Gen 12,9 – 13,1[15], wo davon gesprochen wird, dass Abraham aufgrund einer Hungersnot nach Ägypten hinabsteigt, um sich dort als Fremdling aufzuhalten (12,10). Die Vorstellung vom Fremdlingsein Abrahams setzt dabei letztlich die Auswanderung Abrahams aus seinem Land, seiner Verwandtschaft und seinem Vaterhaus voraus, von der Gen 12,1.4aα berichten.

In gleicher Weise wird Gen 12* auch von Gen 20,13 vorausgesetzt: Wenn Abraham hier feststellt, dass er mit Sara verabredet habe, sie solle an jedem Ort sagen, er sei ihr Bruder, so nimmt dies bewusst auf Saras entsprechende Aussage in Ägypten in Gen 12,11–13 Bezug.[16] Dieser Rückbezug auf Gen 12, der bei Gen 20,13 vorliegt, wird auch von Ludwig Schmidt[17] gesehen. Er vermutet deshalb, dass Gen 20,13 sekundär sein könnte, wofür es jedoch sonst keine Anhaltspunkte gibt. Auch die Aussage Abrahams, Gott habe ihn „fern vom Hause seines Vaters"

---

10 Seidl 1989, 305–325: Die Grundschicht von Gen 20 liegt in den Versen 1c*.3a–d.7a.d–g.8a–d; 10a–c.11a–d.12a–c.14a–c vor. Eine erste Ergänzungsschicht besteht aus den Versen 4a–6e.9c–f.15a–c.16a–d. Eine zweite Ergänzungsschicht bilden V. 7b.c.17a–c mit der Erweiterung V. 18. Eine dritte Ergänzung stellt V. 13 dar.

11 Fischer 1994, 137–174: Die Grunderzählung von Gen 20* ist um folgende Bearbeitung erweitert worden: V. 1aβ.4b.6*.7aβ.10.12–13.16–17a.

12 Zimmer 1999, 50–71: Die Grundschicht von Gen 20 findet sich in V. 1b–3.4b–6aα. 7aα*.7b–16. Erweitert worden ist sie durch V. 4a.6aβb.7aα*β.17. Ein noch späterer Nachtrag bildet V. 18.

13 Vgl. auch Blum 1984, 405 Anm. 1, der zu Gen 20 bemerkt: „Der Text ist nach meinem Urteil im wesentlichen einheitlich".

14 Graupner 2002, 202.

15 Zum Beginn des Abschnitts mit Gen 12,9 vgl. Seebass 1997, 23; zum Schluss in 13,1 Schmidt, L. 1998b, 167–223, besonders 172f.

16 Vgl. hierzu zuletzt Ruppert 2002, 443.

17 Vgl. Schmidt, L. 1998b, 221.

umherirren[18] lassen, dürfte den Jahwebefehl von Gen 12,1, aus dem Haus seines Vaters zu gehen, zur Voraussetzung haben.[19]

Dass in Gen 12* teilweise andere Vorstellungen vorliegen als in Gen 20*, ist darin begründet, dass Gen 12* eine von Gen 20* vorausgesetzte Einzelüberlieferung darstellt, die allerdings vom „elohistischen" Kompositor – wie unten[20] zu zeigen sein wird – bewusst aufgenommen worden ist. Jedenfalls ist aus Gen 20* eine Einleitung der „elohistischen" Darstellung zu erschließen, nach der Abraham auf Gottes Geheiß zu einem „Fremdling" wurde und dabei aus Angst, getötet zu werden, in der Begegnung mit Fremdvölkern[21] zum Mittel der Täuschung griff. Beachtenswert ist auch, dass schon diese Einleitung als normalen Aufenthaltsort Abrahams den Negeb (12,9; 13,1) und damit das Grenzgebiet zu Ägypten ansieht.[22]

3 Die Vertreibung Hagars und Ismaels (Gen 21,8 – 21*)

Auch Gen 21,8 – 21 bildet im Wesentlichen eine literarische Einheit. Nur bei 21,21a („er wohnte in der Wüste Paran") kann man wegen der Dublette zu 21,20a („er wohnte in der Wüste") einen nachpriesterlichen Zusatz vermuten.[23] Die „Wüste

---

18 Das Verb *t'h* „umherirren" wird im Übrigen auch sonst in der „elohistischen" Erzählung gebraucht (vgl. Gen 21,14 in der Hagarerzählung von 21,8 – 21*).

19 Dagegen spricht nichts für eine Abhängigkeit der Erzählung Gen 20* von Gen 26,1 – 11*. Eher setzt Gen 26,1 – 11* Gen 20* voraus. Vgl. hierzu Van Seters 1975, 175 – 183; Kaiser, 1992a, 75; Fischer 1994, 175 – 230, und auch Zimmer 1999, 63f.; anders u. a. Levin 1993, 173f.; Schmidt, L. 1998b, 167 – 201.

20 Vgl. unten Teil 4.

21 Kaiser 1992a weist zu Recht darauf hin, dass es in diesen „elohistischen" Texten um das „Leben in dem von Heiden umgebenen Juda" geht. Inwieweit es sich dabei um das „Juda der frühnachexilischen Zeit" handeln muss, wie Kaiser (ebd.) vermutet, wird unten noch zu diskutieren sein.

22 Beachtenswert ist, dass die behandelten Texte noch nicht wie die Priesterschrift und die spätere Tradition mit Hebron als gemeinsamem Haftpunkt der drei Erzväter rechnen. Vielmehr werden die Erzväter hier gemeinsam im Gebiet von Beerscheba und damit von „Simeon" lokalisiert (zur Ansetzung von Beerscheba im Stammesgebiet von Simeon vgl. Jos 19,2; 1 Chr 4,28 und dazu Schorn 1997, 97 – 99). Als früheste Zeit, in der die mittelpalästinischen und die südpalästinischen Erzväterüberlieferungen miteinander in Verbindung gesetzt wurden, ist dabei die Periode nach dem Untergang des Nordreiches anzunehmen (vgl. dazu Axelsson 1987, 101).

23 Zum sekundären Charakter von Gen 21,21a vgl. u. a. Kilian 1966, 235; Seebass 1997, 183; Zimmer 1999, 79.84; Ruppert 2002, 466. – Für die Annahme, auch 21,12b.13 und 21,17 – 18* seien sekundär (so noch Schmitt 2001f, 108 – 130, besonders 120 Anm. 167), finden sich keine stringenten literarkritischen Argumente (vgl. u. a. Schmidt, L. 1998c, 150 – 166, besonders 156f.).

Paran" spielt in der priesterschriftlichen Wüstenwanderungsdarstellung eine zentrale Rolle (vgl. Num 10,12; 13,3.26 P).

Die literarkritischen Eingriffe, wie sie vor allem von Irmtraud Fischer[24] vorgenommen wurden (Ausscheidung von 21,11–13.18b), haben keinen Anhalt am Textbefund.[25] Auch die Ausscheidung von Teilen von 20,17, die sich auf „Gottes Hören auf die Stimme des Knaben" beziehen,[26] ist unnötig. Erhard Blum[27] hat zu Recht darauf hingewiesen, dass 21,16. gleichzeitig mit einem Weinen des Knaben und Hagars rechnen (dies ist im MT von 21,16 impliziert, so dass MT als *lectio difficilior* der LXX-Lesart gegenüber vorzuziehen ist).

Von zentraler Bedeutung ist wieder die Frage, welchen Kontext die Erzählung von der Vertreibung Hagars und Ismaels voraussetzt. Axel Graupner hat dabei darauf aufmerksam gemacht, dass man zwischen Gen 20,17 und 21,6 „zumindest eine Notiz über Abrahams Verbindung mit Hagar" vermisse.[28] Nun liegen die hier vermissten Angaben bereits in Gen 16,1–2 („Sara aber, Abrams Frau, hatte ihm nicht geboren. Ihr gehörte eine ägyptische Sklavin mit Namen Hagar, und so sagte Sara zu Abram: Es ist wahr: Jahwe hat mich vom Gebären ausgeschlossen. Geh doch hinein zu meiner Sklavin – vielleicht komme durch sie zu einem Kind! Abram hörte auf die Äußerung Saras"[29]) vor.[30] Zudem wird nach Horst Seebass[31] eine Erwähnung des Namens „Ismael" vorausgesetzt, der in 21,8–21* nicht vorkommt, auf den aber in 21,17 eindeutig angespielt wird. Auch hierfür muss nun nicht ein verloren gegangener Text postuliert werden. Vielmehr dürfte die Stelle, auf die Gen 21,17 anspielt, in Gen 16,11 („Und der Bote Jahwes sprach zu ihr: Siehe, du bist schwanger und wirst einen Sohn gebären, und du wirst ihn Ismael [Gott hört] nennen; denn Jahwe hat dein Elend gehört"[32]) erhalten sein.

Im Hinblick auf die von Ernst Axel Knauf[33] und Otto Kaiser[34] vertretene Auffassung, dass es sich bei Gen 21,8–21* um eine nachpriesterschriftliche Schicht handelt, muss allerdings betont werden, dass in Gen 21* keine eindeutigen Bezüge zur Priesterschrift festzustellen sind. Gegen eine Abhängigkeit von P

---

24 Fischer 1994, 300–305.
25 Vgl. u. a. die Kritik von Ruppert, 2002, 471. Dafür, dass Gen 21,13 zur „elohistischen" Grundschicht gehört, spricht auch der Terminus *śym lgwy* wie in Gen 46,3.
26 So Ruppert 2002, 466.479.
27 Blum 1984, 312, besonders Anm. 7.
28 Graupner 2002, 202.
29 Übersetzung nach Seebass 1997, 83.
30 Vgl. auch Van Seters 1975, 196f.
31 Seebass 1997, 183.
32 Übersetzung nach Ruppert 2002, 296.
33 Knauf 1985, 16–25, besonders 18f.
34 Vgl. zuletzt Kaiser 1992a, 213.

spricht – wie Frank Zimmer[35] gezeigt hat – vor allem die P (vgl. Gen 16,16; 17,17.24f.; 21,5: Ismael ist bei der Geburt Isaaks 14 Jahre alt) widersprechende Darstellung von Ismael als Kleinkind in Gen 21,8 – 21*. Auch spricht nichts für die Annahme Erhard Blums,[36] dass wegen der in 21,8ff.* vorausgesetzten Geburt Isaaks auch Gen 18,1ff.* zur Vorlage von 21,8ff.* gehört habe. Wie der „elohistische" Vers 21,6a („Ein Lachen hat mir Gott bereitet") zeigt, muss vielmehr mit einem von 18,1ff.* abweichenden und nicht erhaltenen spezifisch „elohistischen" Bericht von der Geburt Isaaks gerechnet werden.

Da nun Genesis 16,1 – 2 und 16,11 Teil der Erzählung von „Hagars Flucht und Ismaels Geburt" Gen 16,1 – 16* sind, ist zu fragen, ob nicht auch der Grundbestand von Gen 16* ebenso wie der Grundbestand von Gen 12* schon Bestandteil des „Elohistischen Geschichtswerks" war.

Als Grundbestand von Gen 16* sind nun die Verse 1 – 2.4 – 9.11 – 14 anzunehmen. V. 3.15 – 16 sind mit der traditionellen Pentateuchkritik der priesterschriftlichen Schicht zuzuweisen. V. 3* entspricht Gen 25,12b P. Außerdem deutet der Umstand, dass in 16,15 Ismael seinen Namen nicht – wie in 16,11 vorausgesetzt – durch seine Mutter, sondern durch seinen Vater Abraham erhält, auf P hin. Auch die chronologischen Angaben in diesen Versen sprechen für die priesterliche Schicht.[37] Sekundär dürfte auch V. 10 („Der Bote Jahwes sagte zu ihr: Zahlreich, ja zahlreich mache ich deine Nachkommenschaft, so dass sie vor Menge nicht gezählt werden kann") sein. Hier scheint die nachpriesterliche Redaktion von Gen 15,5; 22,17 und 26,3b–5; 32,13 vorzuliegen.[38]

Nicht zur ursprünglichen Hagarerzählung von Gen 16*, aber doch zum „Elohistischen Werk" gehört V. 9, der Befehl des Boten Jahwes an Hagar, zu ihrer Herrin zurückzukehren und sich ihr unterzuordnen. Die Annahme von Erhard Blum[39] und Horst Seebass,[40] dass V. 9 mit V. 3.15f. zusammenzusehen sei, überzeugt nicht, da V. 3.15f. Hagar Abraham zuordnen, während V. 9 eine Unterordnung Hagars unter Sara verlangt. V. 9 kann daher nur als Überleitung zur „elohistischen" Erzählung Gen 21,8 – 21* verstanden werden.[41]

---

35 Zimmer 1999, 85f.
36 Blum 1984, 312.
37 Vgl. zuletzt Seebass 1997, 91; Fischer 1994, 271; Ruppert 2002, 298.
38 Vgl. zu ihr Kilian 1966, 317 – 320.
39 Blum 1984, 316.
40 Seebass 1997, 85 – 92.
41 Vgl. Fischer 1994, 263 – 265. Zur unterschiedlichen Bezeichnis von „Magd" in Gen 16* (šp̄ḥ) und in Gen 21,8ff.* (’mh) vgl. ebd., 96: „Die Verwendung von ’mh in Saras Mund muß also noch lange nicht heißen, daß sie Hagar nicht mehr als Sklavin beansprucht [...]." (vgl. auch den Gebrauch von ’mh in Gen 30,3).

Auch dürfte Gen 16,1–2.4–9.11–14 ursprünglich eine Fortsetzung von Gen 12* darstellen. Dies zeigt auch der Rückbezug von Gen 16,1 (Hagar als ägyptische Sklavin *šipḥāh*) auf Gen 12,16 (Pharao gibt Abram in Ägypten Sklaven und Sklavinnen *šᵉpāḥôt*). Außerdem schließt Gen 20,1aβ über Gen 17,1–20,1aα hinweg direkt an Gen 16* an, wenn hier davon gesprochen wird, dass sich Abraham im Raum von Kadesch und Schur aufhält, in dem auch Gen 16* spielte (16,7: Bote Jahwes trifft Hagar am Brunnen auf dem Weg nach Schur; 16,14: Brunnen von Beer Lachaj Roï liegt zwischen Kadesch und Bared).[42] Schließlich geht es auch in Gen 16* – wie in Gen 12,9–13,1 und in Gen 20,1–21,21* – um das Problem des Zusammenlebens Israels mit seinen Nachbarvölkern (vgl. 16,12).

In diesem Zusammenhang wird man John Van Seters[43] zustimmen können, wenn er feststellt, dass Gen 21,8–21* „must be a literary composition drawing its material from chap. 16, but written for its own distinctive purpose and concern"[44] und dass 21,8–21* „is specifically placed at a point of time much later than the episode in chap. 16 thus allowing for successive events"[45]. Der „elohistische" Text Gen 21,8–21* erzählt daher die ihm vorgegebene protojahwistische und in das „Elohistische Werk" aufgenommene Überlieferung von Gen 16 für den Zeitpunkt nach der Geburt Isaaks weiter.

4 Die Aufnahme von Gen 12*.16* in das „Elohistische Geschichtswerk"

Hier stellt sich die Frage, weshalb der „elohistische" Kompositor die Vorlagen für seine Erzählungen in Gen 20 und Gen 21,8–21 gleichzeitig für einen früheren Zeitpunkt in sein „Geschichtswerk" aufnimmt. Dabei spricht einiges für die Vermutung, dass hier anhand der Wiederholung eines ähnlichen Ereignisses ein im Verlauf der fortschreitenden Geschichte von den Akteuren gewonnenes weiterführendes Geschichtsverständnis zum Ausdruck kommen soll.

In Gen 20* und 21,8–21* zeigt sich, dass Gott die von ihm erwählten Menschen nicht nur aus der Situation, in der sie durch ihre Schuld gekommen sind, errettet, sondern dass das schuldhafte Verhalten der Menschen zum Bestandteil des göttlichen Heilsplanes geworden ist. Dabei wird gleichzeitig deutlich, dass die Todesdrohung Gottes nicht Gottes letztes Wort darstellt, sondern nur Durchgangsstation im Rahmen seines Heilshandelns ist. Das „elohistische" Deutewort

---

42 Vgl. Ruppert 2002, 444.
43 Vgl. Van Seters 1975, 200.
44 Van Seters 1975, 200.
45 Van Seters 1975, 198.

der Josefsgeschichte in Gen 50,19f. („[…] Ihr zwar plantet gegen mich Böses, Gott aber hat es zum Guten geplant, um das zu tun, was jetzt am Tage ist: ein großes Volk am Leben zu erhalten") gibt dieses Geschichtsverständnis genau wieder.[46] Gleichzeitig will der „elohistische" Kompositor jedoch aufzeigen, dass es im Lichte dieser Geschichtserkenntnis von der verborgenen Führung Gottes zu einem anderen ethischen Verhalten kommt.[47]

Besonders deutlich wird dieses neue Geschichtsverständnis in Gen 21,10 – 14: Obwohl dem Plan von Gen 16,1– 2 entsprechend Abraham seinem Sohn Ismael die Möglichkeit, sein Erbe zu sein, erhalten will (V. 10f.), unterwirft er sich doch dem ihm in einer nächtlichen Offenbarung mitgeteilten göttlichen Geschichtsplan, dass seine Nachkommenschaft nur nach Isaak benannt werden wird. So entscheidet er sich am nächsten Morgen – wie es Sara gewünscht hatte – für die Trennung von Hagar und Ismael (V. 14).[48]

Deutlich zeigt sich die ethische Wandlung Abrahams und Saras auch in Gen 20*: In V. 13 versteht Abraham die von ihm teilweise eigenmächtig vorgenommenen Wanderungen (vgl. Gen 12,9ff.) gleichzeitig als Führung Gottes („Gott ließ mich fern vom Hause meines Vaters umherirren"). Im Lichte dieser Erkenntnis kann nun Abraham nicht mehr ohne weiteres eine Lüge und die egoistische Gefährdung seiner Frau rechtfertigen. Er weist daher darauf hin, dass Sara tatsächlich seine Halbschwester ist (V. 12) und dass die „halbwahre" Aussage Abrahams, Sara sei seine Schwester, im Geist gegenseitiger Solidarität (ḥæsæd) zwischen Sara und Abraham abgesprochen wurde (V. 13a). Beachtenswert ist auch, dass anders als in Gen 12,16 hier Abraham Geschenke des Herrschers erst nach der Rückkehr Saras aus dessen Harem (als „Decke der Augen") entgegennimmt. Anders als in Gen 12,9ff. führt hier der Konflikt mit dem Fremdherrscher auch nicht mehr zu einer Trennung von ihm (12,18 – 20), sondern wird auf ein friedliches Zusammenleben zwischen Nichtisraeliten und Israeliten hin (20,15) gelöst.[49]

Diese Orientierung an der göttlichen Führung wird dabei in scharfem Kontrast dargestellt (vgl. Gen 12,9 – 13 und 16,1– 2) zu Abrahams und Saras früherem

---

46 Zum gemeinsamen Geschichtsverständnis von Gen 20 – 22* und Gen 50,15 – 21* vgl. Schmitt 1980, 95 – 97.

47 Zur Ethisierung im „Elohistischen Werk" vgl. Kaiser 1992a, 73f., und zuletzt auch Graupner 2002, 393.

48 Vgl. auch Ruppert 2002, 482. Der Terminus grš in Gen 21,10 ist hier – entgegen der Auffassung von Van Seters 1975, 201 – nicht auf die spätdeuteronomistische Anschauung von der Vertreibung der Völker durch Gott (wie in Ex 23,28 – 30; 33,2; 34,11) zu beziehen. Eher liegt hier die weisheitliche Vorstellung von Prov 22,10 vor.

49 Vgl. Graupner 2002, 210f. 393f.

Verhalten, bei dem beide nicht im Sinne des göttlichen Willens handelten und versuchten, die Verwirklichung des göttlichen Heilsplanes eigenmächtig durchzusetzen.

In den Zusammenhang der in Gen 20* und 21,8 – 21* formulierten Geschichtstheologie, nach der Gott auch die menschliche Schuld in seine Geschichtsführung einbezieht, gehört auch die Thematisierung eines verborgenen Handelns Gottes in Gen 20 – 22*.[50] Im Gegensatz zu Gen 12* und 16*, in denen nur die Erfahrung des rettenden Gottes thematisiert wird (vgl. Gen 12,17 – 20: Rettung Saras aus dem Harem Pharaos; 16,7 – 8.11 – 14: das rettende Eingreifen des Engels Jahwes zugunsten Hagars) sprechen Gen 20 – 21* auch von einem eine Todesdrohung beinhaltenden Handeln Gottes (vgl. Gen 20,3 – 7: Gottes Todesdrohung gegen Abimelech; 21,12 – 16: Gott unterstützt den Beschluss, Hagar und Ismael zu vertreiben, der beide in Todesgefahr bringt).

Auch sonst ist die durch Gott verursachte Todesdrohung ein zentrales Thema der „elohistischen" Pentateuchtexte: Hier ist nur an den Befehl an Abraham, Isaak zu opfern, in Gen 22,1ff.* zu erinnern. Auch die „elohistische" Darstellung der Theophanie am Sinai in Ex 20,18 – 21* spricht den bedrohlichen Charakter der Gottesbegegnung an.

5 Zur theologiegeschichtlichen Verortung der „elohistischen" Texte

Die starke Betonung der die menschliche Schuld einbeziehenden Geschichtsführung Gottes in Gen 20 – 22* deutet nun darauf hin, dass es der „elohistischen" Komposition darum geht, durch ihre Darstellung der Abrahamüberlieferung auf eine „Krisenerfahrung" zu reagieren. Da die „elohistische" Komposition vor allem Nordreichtraditionen aufgreift[51] und dabei die von den Repräsentanten Israels erfahrene Existenzgefährdung auf ein schuldiges Verhalten zurückführt, spricht einiges dafür, dass der „Elohist" bereits die frühe Schriftprophetie des Nordreiches (Amos, Hosea) voraussetzt und mit ihr die Katastrophe des Nordreiches von 722 v.Chr. in Israels Schuld begründet sieht.

Allerdings wird in Gen 12*; 16*; 20 – 21* das Thema „Schuld Israels" nur am Rande thematisiert. Vielmehr wird vor allem die Unerforschlichkeit des göttlichen Geschichtsplanes in den Mittelpunkt gestellt. Auch wer Gottes Führung nicht

---

50 Vgl. hierzu Schmitt 2001f, 118 – 125.

51 Für den Bezug der „elohistischen" Pentateuchtexte auf Nordreichtraditionen vgl. u.a. Schmidt, W.H. 1995a, 89f., und zuletzt Graupner 2002, 399f.

versteht, soll daran festhalten, dass Gottes Wege letztlich auf das Heil Israels und der mit ihm zusammen lebenden Völker (und deren Repräsentanten Pharao, Abimelech, Hagar und Ismael) bezogen sind. Gleichzeitig weist der „elohistische" Kompositor darauf hin, dass es aufgrund dieser gemeinsamen Heilsperspektive zu einem friedlichen Zusammenleben mit den Nachbarvölkern (vgl. 20,15) kommen kann.[52]

Einen etwas genaueren zeitgeschichtlichen Bezug dürfte die in Gen 16*; 20 – 22* vorliegende Lokalisierung der Abrahamüberlieferung in Beerscheba liefern. Eine besondere Betonung Beerschebas liegt nämlich in ähnlicher Weise im Amosbuch vor, wo in Am 5,5 und 8,14[53] auf das Heiligtum von Beerscheba Bezug genommen wird. Nach Jeremias handelt es sich hierbei um Zusätze zum Amosbuch, die auf eine besondere Stellung des Wallfahrtsheiligtums von Beerscheba im 7. Jh. schließen lassen (vgl. auch 1 Kön 19,3).

Beachtenswert ist, dass mit Beerscheba ein Heiligtum in den Mittelpunkt der Erzväterüberlieferung gestellt wird, das offensichtlich eine besondere Bedeutung für die Nordreichüberlieferung besessen hat, wie sowohl den genannten Stellen des Amosbuchs als auch 1 Kön 19,3 zu entnehmen ist. Offensichtlich ist Beerscheba für das Zusammenwachsen von mittelpalästinischen und judäischen Erzvätertraditionen in der Zeit nach dem Untergang des Nordreiches besonders wichtig geworden.[54]

In die Krise nach dem Untergang des Nordreiches passen auch die zentralen Probleme, mit denen sich Gen 12*; 16*; 20*; 21,8 – 21* befassen: Es geht hier durchweg um das Verhältnis der Repräsentanten Israels zu ihren Nachbarvölkern. Der „elohistische" Kompositor will deutlich machen, dass auch ein nichtstaatliches Israel, das als „Fremdling" in seiner Umwelt zu leben hat, die Führung Gottes erfahren kann.[55] Dieser Befund bestätigt somit die oben geäußerte Vermutung, dass das mit Gen 12*; 16*; 20 – 22* beginnende „Elohistische Werk" als Reaktion auf die Situation der Nordisraeliten nach 722 geschrieben worden ist.

Während sich in der neueren Forschung die Anzeichen dafür mehren, dass die traditionell dem Jahwistischen Geschichtswerk zugewiesenen Texte erst aus der Zeit des Babylonischen Exils stammen[56] und dabei eine umfassende Aufnahme des Schuldverständnisses der Schriftprophetie des 8. – 6. Jh. zeigen, spricht einiges dafür, dass es bereits vorher im Schatten der Katastrophe von 722

---

52 Vgl. oben bei Anm. 49.
53 Vgl. zu diesen Stellen Jeremias 1995, 66f. 120f.
54 Hierzu ist auch Axelsson 1987, 101, zu vergleichen.
55 Vgl. die gleiche Intention auch beim „elohistischen" Kern der Erzählung vom Segen Bileams Num 22 – 23*, der möglicherweise den Schluss des „Elohistischen Werkes" darstellte.
56 Vgl. u. a. Levin 1993; J. Van Seters 1992.

zur Entstehung eines israelitischen Geschichtswerkes gekommen ist, das noch nicht mit der Urgeschichte, sondern mit der Vätergeschichte einsetzte und das – von einigen schriftprophetischen Einflüssen abgesehen[57] – vor allem von der vorexilischen Weisheit[58] beeinflusst war und mit einer direkten Beziehung des israelitischen Gottes auch zu den Israel umgebenden Völkern rechnet (Gen 12,17f.; 16,7f.11–13; 20,2–7; 21,13.17–19).

Es ist das besondere Verdienst von Otto Kaiser,[59] dass dieses spezifische theologische Profil des „Elohisten"[60] auch im Rahmen der neuesten Entwicklungen der Pentateuchforschung in der Diskussion geblieben ist.

---

57 Vgl. u. a. das Nabi-Sein Abrahams und dazu Hos 6,5 mit der Vorstellung einer vom Beginn der Geschichte Israels bestehenden kontinuierlichen Folge von Propheten (vgl. Jeremias 1983, 87).
58 Zu den Beziehungen von Gen 20 – 21* zur älteren Weisheit vgl. Schmidt, L. 1998c, 152 – 154, und Zimmer 1999, 217 – 219. Jedenfalls geht das Problem des unwissentlichen Schuldigwerdens von Gen 20,4 – 6 nicht erst – wie Blum 1984, 409f., vermutet – auf nachexilische theologische Reflexion (entsprechend Gen 18,22ff.) zurück, sondern findet sich bereits in Prov 24,12. Anders Graupner 2002, 210 Anm. 224. – Zur Verortung des „Elohistischen Werkes" in der vorexilischen Weisheit vgl. auch Schmitt 2001f.
59 Kaiser 1992a, 70 – 77: „Das Elohistische Geschichtswerk".
60 Vgl. besonders Kaiser 1992a, 73f. Allerdings führt Otto Kaiser das theologische Profil des „Elohisten" erst auf die nachexilische Weisheit zurück.

„Versuchung durch Gott" und „Gottesfurcht" in Gen 22,1.12 und Ex 20,20

Abstract: In Gen 22:1, 12 and Exod 20:20 the motifs „testing by God" and „fear of God" are not yet connected with a Deuteronomistic understanding of the law, as they are in Deut 5:29; 8:2–3. Further, Moses is not yet understood as a lawgiver but as a prophet, who leads Israel out of Egypt (cf. Hos 12:14). Gen 22:1–14*, 19 and Exod 20:18–21 should, therefore, not be dated in the post-exilic period, but go back to circles that transmitted northern Israelite judgement prophecy (cf. the concept of the hiddenness of God in Gen 20–22*).

Jörg Jeremias zum 75. Geburtstag

1 Das Gottesverständnis von Gen 22 in der neueren Auslegung

Wie ist die Erzählung von Abrahams „Versuchung durch Gott" und seiner „Gottesfurcht" in Gen 22* in die Theologie des AT einzuordnen? Auf diese Frage finden sich in den neueren Auslegungen sehr unterschiedliche Antworten.

1.1 J. Van Seters

J. Van Seters entfaltet das Gottesverständnis von Gen 22 von der Verheißung des Engels in V. 15–18 her. Er datiert Gen 22 dabei an das Ende der Exilszeit und versteht diese Verheißung als Antwort auf die Theologie des Dtr. Geschichtswerks von Dtn–2 Kön: Nach diesem in der Exilszeit entstandenen Geschichtswerk ist Israel an den „Versuchungen" Gottes der Richter- und der Königszeit gescheitert. Gen 22,15–18 stellt nun heraus, dass die Strafe des Exils nicht Gottes letztes Wort ist, sondern Gottes Verheißung trotz der Sünde des Volkes auch für die sündigen Nachkommen bestehen bleibt, und zwar wegen des Gehorsams Abrahams gegenüber dem göttlichen Gebot.[1] Hier stellt sich allerdings die Frage, ob diese Interpretation der spannungsreichen Struktur der Erzählung gerecht wird. Abraham wird hier ja nicht – wie dies in den dtr. Texten geschieht – auf seinen Ge-

---

[1] Van Seters 1975, 239.

https://doi.org/10.1515/9783110724448-004

setzesgehorsam hin „versucht", vielmehr fordert Gott das Opfer der von ihm selbst gegebenen Verheißung.

1.2 K. Schmid

In seinem Beitrag zur Festschrift für O. Kaiser von 2004 stellt K. Schmid daher das Thema des Opfers des verheißenen Sohnes in den Mittelpunkt. Dabei sieht er mit der Mehrheitsmeinung der atl. Forschung die zweite Rede des Engels und deren Verheißungen in Gen 22,15–18 als späteren Zusatz an. Für das Gottesverständnis der Grunderzählung von Gen 22* steht daher nicht die Bestätigung der göttlichen Verheißung im Mittelpunkt, sondern ganz im Gegenteil die Aussage, dass „die Verheißung [...] durch Gott selbst zurückgenommen" wird. Nach Schmid ist schon die Grunderzählung von Gen 22* in die spätere Perserzeit zu datieren und setzt bereits den jetzt vorliegenden Text von Gen 12–21 voraus. Auch erweise Gen 22* sich als abhängig von der dtr., der priesterlichen und der chronistischen Literatur.[2]

In diesem späten Kontext sei Gottesfurcht verstanden als „bedingungslose[r] Gehorsam des Abraham gegenüber Gott und seinem Gebot",[3] wie Gen 22,12bβ zeige.[4] „Gott fürchten" werde hier mit dem „Nichtverschonen des Sohnes der Verheißung" identifiziert, so dass es in Gen 22* darum ginge, „Gott ganz Gott sein [zu] lassen – jenseits aller Festlegung auf seine bereits mehrfach ergangenen Verheißungen".[5] Dabei dürften die Aussagen Abrahams an die Knechte („Isaak und ich werden zurückkehren") bzw. an Isaak („Gott wird sich das Schaf ersehen") in 22,5–8 nach Schmid nicht gedeutet werden als Hoffnung Abrahams auf eine Verschonung Isaaks, die seinen bedingungslosen Gehorsam in Frage stellen würde.[6]

---

2 Schmid 2004, 288f.
3 Auch Schmidt, L. 1998c, 157f., versteht auf dem Hintergrund der „elohistischen" Texte (vor allem von Gen 20–22*) „Gottesfurcht" als völlige Unterordnung unter den Willen Gottes (unter Hinweis vor allem auf 22,12). Eine Hoffnung Abrahams auf Verschonung des Sohnes, wie Ausleger sie in Gen 22,5–8 angedeutet sehen, ließe sich damit nicht vereinbaren. Vgl. für ein anderes Verständnis der „elohistischen" Texte dagegen Zimmer 1999, 128 Anm. 103, und Schorn 2006, 101–105.
4 Das *waw* am Anfang von V. 12bβ sei als „epexegetisches *waw*" zu verstehen.
5 Schmid 2004, 289f. Vgl. auch unten Anm. 66.
6 A.a.O., 281.

1.3 T. Veijola

Gerade diese Verse Gen 22,5 – 8 sind jedoch für T. Veijola in seinem einflussreichen Aufsatz von 1988 von zentraler Bedeutung. Obwohl Veijola wie K. Schmid Gen 22* in die Perserzeit datiert und er auch der Auffassung ist, dass Gen 22,15 – 18 eine sekundäre Zufügung darstellt, geht es für ihn bei Gen 22* im Gegensatz zu Schmid primär um das Vertrauen auf Gott. Er versteht daher die Grundschicht von Gen 22* zu Recht als eine theologische Lehrerzählung von Abraham als „Paradigma des Glaubens". Dabei deutet er die Aussagen Abrahams an die Knechte („Ich und der Knabe wollen dorthin gehen und anbeten und wieder zu euch zurückkehren") bzw. an Isaak („Gott wird sich das Schaf ersehen") in 22,5 – 8 als Ausdruck des Vertrauens Abrahams, „dass Gott es doch nicht zum Äußersten kommen lassen werde".[7] Abraham wird hier also nicht nur wegen des Gehorsams gegenüber dem Befehl des Sohnesopfers als gottesfürchtig angesehen, sondern auch wegen des Vertrauens auf Gott und auf seine mit Isaak verbundene Verheißung.

Allerdings nimmt auch Veijola an – um dem von ihm so bezeichneten „verhängnisvollen Einfluss der E[lohisten]-Hypothese"[8] zu entgehen –, dass „Gottesfurcht" hier im Sinne der dtr. Literatur zu verstehen sei – als bedingungsloser Gehorsam des Abraham gegenüber Gott und seinen Geboten.[9] Auch das Motiv der Versuchung Abrahams bringt er mit der dtr. Vorstellung in Verbindung, dass Jahwe sein Volk Israel auf seinen Gesetzesgehorsam hin überprüft.

1.4 J. Jeremias

Demgegenüber vertritt J. Jeremias[10] eine *vor*dtr. Deutung des Gottesverständnisses der Grunderzählung von Gen 22*, die er in das 7. Jh. v. Chr. datiert. Die engste Parallele zu Gen 22* stellt nach ihm die Erzählung von der Vertreibung Hagars und Ismaels in Gen 21,8 – 21* dar.[11] In beiden Fällen werden die Kinder „*von Gott selber tödlich gefährdet* und zugleich von ihm aus Lebensgefahr gerettet".[12] Dabei gefährdet Gott „nicht nur das Leben der beiden Abraham-Söhne, sondern er ge-

---

7 Vgl. Veijola 1988, 160f.
8 A.a.O., 152 Anm. 129.
9 A.a.O., 151f. mit Anm. 130. Zur Spätdatierung von Gen 22* vgl. auch Ska 2009b, 41f.
10 Jeremias 2006, 64.
11 A.a.O., 61 – 65. 67 – 69.
12 A.a.O., 64. Hardmeier 2006, 66 – 70, betont zudem, dass beide Erzählungen von einer „Öffnung der Augen für die Rettung der Söhne Abrahams" berichten. Vgl. auch Blum 1984, 314, und Jeremias 2006, 64.

fährdet gleichzeitig sein eigenes Wort, seine eigene Zusage, die an diese Kinder gebunden ist. Damit gefährdet er letztlich sich selber, denn das biblische Israel hat sich stets geweigert, einen Gott anzuerkennen, der beliebig Zusagen geben und revozieren kann".[13]
Gleichzeitig geht Jeremias davon aus, dass beim Verständnis von göttlicher Versuchung und von Gottesfurcht in Gen 22* die nächste Parallele in Ex 20,20 in der *vor*dtr. Sinaitheophanieerzählung von Ex 19f.* vorliegt. In beiden Texten zielt das „Versuchen Gottes" noch nicht wie in der dtr. Literatur auf die Prüfung des *Gesetzes*gehorsams,[14] sondern auf eine „Gottesfurcht", die im Festhalten an Gott trotz seiner Unbegreiflichkeit besteht.
Im Folgenden überprüfen wir die hier dargestellten Positionen, indem wir in *Abschnitt 2* zunächst die von Jeremias angesprochenen Beziehungen von Gen 22* zur Sinaierzählung untersuchen. *Abschnitt 3* wird dann zeigen, dass wie in der Grundschicht von Ex 19 – 20* auch in der Grundschicht von Gen 20 – 22* eine *vor*dtr. Theologie vorliegt. Dass dabei Kreise am Werk sind, die die Katastrophe von 722 v. Chr. im Lichte der frühen Schriftprophetie deuten, soll in *Abschnitt 4* wahrscheinlich gemacht werden. *Abschnitt 5* thematisiert dann abschließend das komplexe Gottesfurcht-Verständnis der in Gen 20 – 22*; Ex 19f.* vorliegenden Schicht.

2 Die Bezüge von Gen 22* zur Gottesberg-Erzählung Ex 19f.*

Gegenüber der Tendenz in der neueren Forschung, aufgrund der intertextuellen Bezüge von Gen 22[15] diese Abrahamerzählung in die spätnachexilische Zeit zu datieren, hat J. Jeremias zu Recht die Frage gestellt, ob Gen 22* wirklich immer „der nehmende, nie der gebende Part gewesen" sei.[16]

2.1 Spätdtr. Gemeinsamkeiten zwischen Gen 22,15 – 18 und Ex 19,3b–9

Dass sowohl Gen 22 als auch Ex 19 – 20 spätdtr. Elemente enthalten, ist allerdings nicht zu bestreiten. So ist die Verheißung des Engels in Gen 22,15 – 18 einer wohl spätdtr. Bearbeitung von Gen 22* zuzuschreiben. Gleiches gilt nun für die der Sinaitheophanie vorangestellte Verheißungsrede Gottes in Ex 19,3b–9, die allge-

---

13 Jeremias, a.a.O., 65.
14 A.a.O., 71f.
15 Vgl. hierzu bes. Steins 1999.
16 Jeremias 2005, 77 Anm. 8.

mein als spätdtr. Bearbeitung beurteilt wird.[17] Beide Stellen sind schon insofern miteinander verwandt, als in beiden die Verheißung Gottes davon abhängig gemacht ist, dass Abraham bzw. Israel „auf die Stimme (*bql*) Jahwes hört"[18] (vgl. Gen 22,18[19]; Ex 19,5).

Auf diese spätdtr. Redaktion gehen möglicherweise auch die beiden Angaben in Gen 22, die den Berg des Opfers mit dem *Zion* identifizieren, nämlich das „Morija"[20] in V. 2 (vgl. als Ort des Jerusalemer Heiligtums in 2 Chr 3,1) und V. 14b („von dem man heute sagt: auf dem Berg, wo Jahwe sich sehen lässt")[21] zurück.

2.2 „Versuchung durch Gott" und „Gottesfurcht" als *vor*dtr. Konzeptionen (Ex 20,18 – 21*)

Es stellt sich nun die Frage, ob die oben angesprochenen Gemeinsamkeiten bei den Vorstellungen von „Versuchung" und „Gottesfurcht" zwischen Gen 22,1.12 und Ex 20,20 auch erst im Rahmen einer spätdtr. Beziehung entstanden sind – wie dies J. Van Seters, K. Schmid und T. Veijola annehmen – oder ob sich schon ein früherer Zusammenhang zwischen Gen 22 und Ex 19 – 20 erkennen lässt. Dazu muss zunächst das Alter des Kontextes von Ex 20,20 und dabei das Verhältnis von Ex 20,18 – 21* und Dtn 5,23ff. geklärt werden.

---

17 Vgl. zum nachpriesterschriftlichen Charakter von Ex 19,3bff. Otto 1996, 76 – 79.91; Groß 1998, 130 – 132; Gertz 2000, 228; Graupner 2007, 48; Schmitt 2009a, 156 – 162 (in diesem Band, S. 174 – 180); auch Ska 2009c. Anders Aurelius 2003, 141 – 168.

18 Der Terminus „auf die Stimme (*bql*) Jahwes hören" findet sich im Enneateuch in Gen 22,18; 26,5; Ex 5,2; 19,5; 23,21f. (auf die Stimme des Engels bezogen); Num 14,22; Dtn 4,30; 8,20; 9,23; 13,19; 15,5; 26,14.17; 27,10; 28,1.2.15.45.62; 30,2.8.10.20; Jos 5,6; 24,24; Ri 2,2.20; 6,10; 1 Sam 12,14.15; 15,19.20.22; 28,18; 1 Kön 20,36; 2 Kön 18,12. Dabei steht er im Zusammenhang mit „an Jahwe (und an Mose) glauben" in Ex 19,5.9; Num 14,11b.22; Dtn 9,23. Vgl. aber auch gegen einen Enneateuchzusammenhang Lohfink 2009.

19 Zum Zusammenhang mit Gen 26,3b-5 vgl. Blum 1984, 363 – 365.

20 Vgl. bes. Hardmeier 2006, 63; aber auch Mittmann 2000, der allerdings die Bezüge auf Morija schon der Grundschicht zuweist: Dagegen spricht, dass der Name Morija („Lehrer ist Jah", vgl. a.a.O., 79f.; Hardmeier 2006, 63 Anm. 88) kaum zur ursprünglichen Erzählung passt, die vom Leitwort *r'h* „sehen" bestimmt ist und mit einem entsprechenden Namen rechnen lässt.

21 Zum Zion-Bezug vgl. Mittmann 2000, 73; Naumann 2007, 42. Zum sekundären Charakter von V. 14b vgl. Veijola 1988, 148.

2.2.1 Das Verhältnis von Ex 20,18 – 21* und Dtn 5,23ff.

Als „Versuchung Gottes", die die Gottesfurcht Israels wecken will, deutet Mose in Ex 20,20 die bei der Sinaitheophanie gemachte Erfahrung der lebensbedrohenden Gegenwart Gottes: „Gott ist gekommen, um euch zu versuchen, und damit die Furcht vor ihm auf eurem Antlitz sei und ihr nicht sündigt." Dabei wird in 20,19 Mose vom Volk gebeten, stellvertretend die Anweisungen Gottes entgegenzunehmen. In der neueren Forschung[22] wird nun häufig angenommen, dass dieses Gespräch Moses mit dem Volk von der Parallelstelle in Dtn 5,23 – 29 abhängig sei: In Dtn 5 wird Mose nach der Offenbarung des Dekalogs vom Volk gebeten, *er* möge die *weiteren* Offenbarungen Gottes entgegennehmen. Dies wird von Gott gutgeheißen, wobei das Bewahren der *Gebote* Jahwes in 5,29 als Jahwefurcht bezeichnet wird.

Entgegen dieser Tendenz der neueren Forschung zeigt eine überlieferungsgeschichtliche Analyse des Verhältnisses von Ex 20 und Dtn 5 jedoch, dass – wie u. a. E. Blum[23] herausgestellt hat – Ex 20,18 – 21* gegenüber Dtn 5,23 – 29 die *lectio difficilior et brevior* und damit das ältere Überlieferungsstadium darstellt: Die breiten Ausführungen der sieben Verse von Dtn 5,23 – 29 können nur als Versuch verstanden werden, den knappen und teilweise schwer verständlichen Text der vier Verse von Ex 20,18 – 21* im Sinne des dtr. Gesetzesverständnisses zu erläutern.[24]

Bemerkenswert ist ebenfalls, dass in Ex 20,20 die Situation durch den *Propheten Mose* abschließend gedeutet wird, während in Dtn 5,28f. – wie auch sonst in den späteren Texten (vgl. u. a. Ex 19,3b–9) – *Jahwe* die Deutung selbst vornimmt. Auch rechnet Ex 20,19 noch nicht mit einer göttlichen Verkündung des Dekalogs an das Volk,[25] was ebenfalls für ein älteres Überlieferungsstadium gegenüber Dtn 5 spricht.[26] Schließlich liegt auch erst in Dtn 5 das jüngere dtr. Verständnis von „Gottesfurcht" vor, das diese mit Gesetzesgehorsam identifiziert.

Von entscheidender Bedeutung für eine *vor*dtr. Datierung ist, dass Mose in Ex 19,10 – 19*; 20,18 – 21* noch nicht als Gesetzesmittler, sondern als Prophet dargestellt wird, der im Sinne von Hos 12,14 Israel aus Ägypten zu führen und in diesem Zusammenhang dem sich fürchtenden Volk die Offenbarungen Gottes zu vermitteln hat (vgl. 19,19; 20,19.21). Dabei ist dieses prophetische Amt des Mose

---

22 Kratz 2000, 145; Köckert 2004, 173 – 175, u. a. sehen 20,19f. als einen von Dtn 5,28f. abhängigen Zusatz an. Auch Jeremias 1977, 195, sieht bei 20,18f. eine sachliche Nähe zu Dtn 5,23ff.

23 Blum 1990, 93f., bes. Anm. 215.

24 Zudem hat Blum, a.a.O., 50, darauf hingewiesen, dass das Ziel der Sinaitheophanie u. a. in der Erziehung Israels und in der Begründung der Mittlerrolle des Mose besteht (vgl. Ex 20,19f.).

25 Vgl. Schmidt, L. 1998c, 162 – 166.

26 A.a.O., 162 Anm. 59; vgl. Schmidt, L. 2001, 174f.

noch mit priesterlichen Aufgaben wie in Ex 20,21 dem „Sich dem Dunkel[27] Gottes Nahen" verbunden.

2.2.2 Theophaniedarstellung ohne Gesetz in Ex 19*

Die Annahme, dass in der Grundschicht der Sinaiperikope noch kein Bezug auf das Gesetz vorhanden ist, wird durch den Befund in Ex 19 bestätigt. Zwar wird in der neueren Forschung oft postuliert, dass zu dieser Grundschicht bereits eine Offenbarung des göttlichen Gesetzes gehört haben müsse. Besonders einflussreich war dabei folgendes Argument von C. Levin: „Eine Sinai-Theophanie ohne Gesetz käme auf den bloßen Theaterdonner bei leerer Szene hinaus. Man ließe Jahwe sich umständlich räuspern – und nähme ihm dann das Wort, das zu empfangen Mose eigens auf den Berg gestiegen ist."[28] Levin zieht aus seiner Überlegung den Schluss, dass die Theophanie von 19,10 – 19*[29] von Anfang an auf eine Gesetzesverkündigung (bei ihm auf den Dekalog) bezogen sei. Zahlreiche Ausleger (u. a. W. Oswald[30], R. G. Kratz[31] und E. Aurelius[32]) haben sein Argument übernommen, postulieren aber, dass in dieser Entstehungsphase von Ex 19 – 24 nicht der Dekalog, sondern das Bundesbuch Teil der Sinaiperikope war, was sich jedoch – wie zuletzt A. Graupner[33] gezeigt hat – literarkritisch ebenso wenig bewährt wie die Thesen von E. Zenger[34] und E. Otto[35], dass dieses Gesetz in Ex 34 zu suchen sei.[36]

Überhaupt erweist sich die These, dass die Theophanie auf eine *Gesetzes*mitteilung hinführen muss, als unbegründet. So macht schon M. Köckert[37] auf atl. Theophanien aufmerksam, die noch auf keine Gottesrede hin angelegt sind.[38]

---

27 Zu ʿrpl am Sinai vgl. Dtn 4,11; 5,22. Zum Nordreichbezug der in Ex 19,16 – 19*; 20,18 – 21* vorliegenden Theophanievorstellungen vgl. Jeremias 1977, 199. Einen Bezug zur Jerusalemer Tradition hat ʿrpl wohl in 1 Kön 8,12; 2 Chr 6,1; Ps 18,10; 2 Sam 22,10; Ps 97,2 (vgl. für Jahwetag Ez 34,12; Joel 2,2; Zef 1,15). Dabei ist für die Theophanieschilderung von Ps 18,8 – 16* mit vorexilischer Entstehung zu rechnen (vgl. Saur 2004, 57 – 60).
28 Levin 2003b, 75.
29 A.a.O., 76.
30 Oswald 1998, 119 – 149.
31 Kratz 2000, 139 – 155.
32 Aurelius 2003, 158 – 163.
33 Graupner 2002, 146 – 149.
34 Zenger 1996, 280 – 282 mit Anm. 49 und 50.
35 Otto 1996, 99f.
36 Zur nachpriesterschriftlichen Ansetzung von Ex 34,10 – 28 vgl. u. a Schmitt 2002, 157 – 171 (in diesem Band, S. 239 – 252).
37 Köckert 2004, 169.
38 Köckert verweist auf die Grundschicht von Gen 28,11ff.*

Ziel der Theophanie von Ex 19f.* kann daher durchaus die Weckung von Gottesfurcht sein, wie dies Ex 20,19f. angibt. „Gottesfurcht" ist dabei eine komplexe Haltung: Sie äußert sich in der Anerkennung des Abstandes zu Gott, im Gehorsam gegenüber Gottes Führung und in Gottvertrauen, das sich hier in der Zustimmung zur Mittlerschaft Moses zeigt. Zu erkennen ist in der Grundschicht von Ex 19f.* gleichzeitig das primär *prophetische* Amt des Mose als Gesprächspartner Gottes, das Ex 19,19 beschreibt: „Mose redete, und Gott antwortete ihm in einer Stimme."[39]

3 *Vor*dtr. Charakter der Grundschicht von Gen 20 – 22*

3.1 „Gottesfurcht" und „Versuchung durch Gott" in Gen 20 – 22*

Wie in Ex 19f.* lässt sich auch in Gen 22 eine Grundschicht rekonstruieren, die mit ihren Vorstellungen von „Gottesfurcht" und von „Versuchung durch Gott" noch keine Beziehung zur dtr. Vorstellung besitzt, dass sich Gehorsam gegenüber Gott im Gehorsam gegenüber dem Gesetz zeigt. Vielmehr handelt es sich auch in Gen 22 um – wie J. Jeremias[40] formuliert – Gottesfurcht „in der [...] Weise des Wissens um den Abstand zu Gott, um die Verborgenheit Gottes und des Vertrauens zu Gott". Dies belegen vor allem die Äußerungen Abrahams in Gen 22,1 – 3.5.8.12, in denen er folgende Haltungen zeigt:

1. Gehorsam gegenüber Gottes Opferbefehl[41], der hier in einer nächtlichen „prophetischen" Offenbarung empfangen wird (Gen 22,1 – 3).
2. Anerkennung von Gottes Freiheit[42], Leben zu fordern und Leben zu schenken (Gen 22,8: „Gott wird sich das Opfertier ersehen")[43].

---

39 Zum Verständnis als menschenähnliche Stimme vgl. Jeremias 1977, 108; Oswald 1998, 43; Graupner 2002, 123. Dabei ist Mose als Prophet mit priesterlicher Nebenfunktion verstanden (vgl. „sich dem Wolkendunkel nahen, in dem Gott ist" in 20,21). Diese Funktion Moses passt zu seiner levitischen Abstammung in der alten Moseerzählung in Ex 2,1.
40 Jeremias 2005, 78.
41 Die Formulierung des Befehls Gottes in 22,2, Abraham solle Isaak „für ein Brandopfer hinaufbringen", schließt – wie vor allem jüdische Ausleger betont haben – die Möglichkeit einer Verschonung Isaaks nicht aus. Vgl. u. a. B. Jacob 1934, 493f., auch Schäfer-Lichtenberger 2001, 44 – 46.53.58, und Hardmeier 2006, 14 – 18.
42 Zur Betonung der Freiheit Gottes vgl. Am 5,14f. und dazu Jeremias 1995, 73.
43 Dass 22,8 im Zentrum von Gen 22* steht, zeigt schon eine Aufbauanalyse von Gen 22*, die das Gespräch zwischen Isaak und Abraham in 22,6 – 8 als zentrale Szene von Gen 22* ausweist: Sie ist mit Hilfe einer *inclusio* durch das zweimalige „und gingen die beiden miteinander" deutlich

3. Gottvertrauen trotz dieser ambivalenten Gotteserfahrung (Gen 22,5: Hoffnung auf die Verschonung Isaaks)[44].

Dabei ist das Gottvertrauen, das in den Reden Abrahams in Gen 22,5.8 zum Ausdruck kommt, nur verständlich, wenn man es im Zusammenhang von Gen 20 – 22* betrachtet, auf den auch Gen 22,1 mit „und es geschah nach diesen Begebenheiten" verweist: In Gen 20f.* steht Abraham als „Prophet" (Gen 20,7) in dauerndem Kontakt mit Gott (vgl. das die ständige Hörbereitschaft Abrahams betonende „Hier bin ich" in Gen 22,1.11).[45] Dabei hat er in Gen 20f.* einen Gott erfahren, der zwar immer wieder Leben bedroht, aber am Ende Leben rettet.

Außerdem greift die Darstellung von Abrahams Gottesfurcht in Gen 22* auf die in Gen 20*[46] dargestellte Gottesfurcht Abimelechs und seines Hofes zurück:

1. Auch die Gottesfurcht Abimelechs (V. 8) zeigt sich im sofortigen Gehorsam gegenüber Gottes Befehlen, die in einer nächtlichen Offenbarung empfangen werden („früh am Morgen" wie in 22,3).
2. Auch Abimelech setzt Gottes Freiheit voraus, über Tod und Leben zu entscheiden (V. 3 – 4).
3. Auch er vertraut auf Gottes Gerechtigkeit und Providenz (V. 4 – 7).

Wie sich das Gottesfurchtverständnis in Ex 20,20 und in Gen 20 – 22* entspricht, so entspricht sich auch das Verständnis von Versuchung in Ex 20,20 und in Gen 20 – 22*. Wie Gott in Ex 20,20 in seiner Schrecken hervorrufenden Theophanie kommt, um Israel zu „versuchen", so versucht Gott in Gen 22* mit seinem Schrecken auslösenden Befehl auch Abraham. Dabei geht es auch hier entgegen der Auffassung von T. Veijola wieder nicht um eine Prüfung, bei der zu erkennen ist, „ob du Gottes *Gebote* bewahrst oder nicht" (vgl. Dtn 8,2f.). Vielmehr ist auch hier wie in Ex 20,20 „Versuchung" der Weg, auf dem Gott erreicht, dass Gottes-

---

hervorgehoben, und in ihr stellt die Antwort Abrahams an Isaak in V. 8: „Gott wird sich das Schaf ersehen" die zentrale Aussage dar. Vgl. auch Hartenstein 2006, 7 – 10.

44 Vgl. Blum 1984, 323; auch Jeremias 2006, 66. Anders noch Reventlow 1968, 47: Abraham gibt in V. 5 seinen Knechten „wissentlich eine falsche Auskunft". Ähnlich auch Kilian 1970, 53: „Verschleierung des wirklichen Vorhabens".

45 Vgl. die Erwägung von Kaiser 2003b, 201.

46 Für eine erst nachexilische Datierung von Gen 20* gibt es keine überzeugenden Argumente (gegen Blum 1984, 418f.). In Gen 20,4 geht es nicht um die Thematik von Gen 18,17ff. (individuelle Gerechtigkeit angesichts einer gottlosen Gemeinschaft). Vielmehr rechnet 20,4 noch mit einer selbstverständlichen kollektiven Vergeltung, die gleichzeitig König und Nation trifft. Die in Gen 20,12 vorausgesetzte Ehe zwischen einem Halbbruder und einer Halbschwester (vgl. auch 2 Sam 13,13) wird in exilisch-nachexilischer Zeit abgelehnt (vgl. Lev 18,9.11; 20,17).

furcht im oben beschriebenen Sinne entsteht.[47] Wie in Ex 20,18 – 21* ist dabei auch in Gen 20*[48] das Ziel des Kommens Gottes das Vermeiden von „Sündigen" (Gen 20,6).

3.2 Die ambivalente Darstellung Gottes in Gen 22,1 – 19*; 21,8 – 21* und 20,1 – 17*

Zusätzlich zu diesen Übereinstimmungen besteht zwischen Ex 20,18 – 21* und Gen 20 – 22* eine Entsprechung in der ambivalenten Darstellung Gottes:

1. Das Verständnis Gottes als einer Macht, die sowohl Leben bedroht als auch Leben rettet, wobei Gott sich letztlich als der Rettende erweist, findet sich sowohl in Gen 22* als auch in der Erzählung von der Austreibung von Hagar und Ismael in Gen 21,8 – 21*.[49] Dabei besitzt Gen 21,8 – 21* einen weitgehend parallelen Aufbau zu Gen 22*[50] und stellt eine Art „Vorspiel" zu Gen 22* dar.[51] Auch hier wird ein Sohn Abrahams „von Gott selber tödlich gefährdet".[52] Und auch hier erscheint Gott als derjenige, der diesen Sohn durch ein Eingreifen seines Engels aus Lebensgefahr[53] rettet.[54]
2. Ein entsprechendes Verständnis von Gott (der Tod ankündigt und letztlich Leben rettet) liegt in der Erzählung von Abimelech und Sara in Gen 20* vor.
3. Dabei zeigt Gen 20 – 22* einen kontinuierlichen Erzählfaden.[55] Beachtenswert ist, dass hier durchgängig Beerscheba (Gen 21,14; 21,22 – 33*; 22,19) als Heimat Abrahams angesehen wird. Alle diese Übereinstimmungen sprechen dafür, dass in Gen 20 – 22* und in Ex 19f.* – trotz der abweichenden Mehrheits-

---

47 So Jeremias 2006, 72.
48 Zur Grundschicht gehören V. 1b–17. Vgl. Graupner 2002, 401, anders Zimmer 1999, 50 – 58.
49 Zur genaueren Abgrenzung vgl. Graupner 2002, 402; etwas anders Schorn 2006, 96.
50 Vgl. Jeremias 2006, 61– 65.
51 So Blum 1984, 314.
52 Dabei besteht nach Jeremias 2006, 67, „das ‚Vorrecht' der Nachkommen Isaaks gegenüber den Nachfahren Ismaels" darin, „dass Gott sie in eine noch weit größere Gottesferne und Gottesfinsternis führt". Ihnen wird „zugemutet, Gott auch dort noch [...] zu vertrauen, wo er scheinbar sein eigener Widersacher [...] geworden ist".
53 Jeremias 2006, 64f.
54 Vgl. auch oben Anm. 12.
55 Vgl. die klassische Urkundenhypothese, die Gen 20 – 22* auf den „Elohisten" zurückführte, und dazu neuerdings bes. Baden 2009.

meinung der neueren Forschung[56] – eine zusammenhängende *vor*-dtr. Schicht vorliegt.

4 Die Beziehung der Grundschicht von Gen 20 – 22*; Ex 19f.* zur Schriftprophetie des Nordreichs

In Gen 20 – 22* und Ex 19f.* sind Abraham und Mose offensichtlich als Propheten im Sinne der frühen Schriftprophetie verstanden: So übt Abraham in Gen 20,7ff. Fürbitte[57] für Abimelech (Gen 20,7)[58] wie Amos in Am 7,1ff., und so ist Mose in Ex 19f.* wie in Hos 12,14 als Israel aus Ägypten führender Prophet dargestellt.[59] Auf diesem auch den Nordreichsuntergang einbeziehenden Hintergrund haben neben J. Jeremias[60] in den letzten Jahren u. a. auch E. Blum,[61] I. Willi-Plein,[62] H.-D. Neef,[63] F. Zimmer[64] und U. Schorn[65] für eine Entstehung der Grundschicht von Gen 22* im 7. Jh. plädiert.

Demgegenüber erweisen sich die in der neueren Forschung behaupteten Bezüge der Grundschicht von Gen 20 – 22* und Ex 19f.* zur dtr. Theologie als weniger naheliegend.[66] Jedenfalls deutet das Bild Moses in Ex 20,18 – 21* (nicht

---

56 Vgl. u. a. Westermann 1981, 413f.425; Blum 1984, 311 – 338.405 – 419; Levin 1993, 172 – 180; Kratz 2000, 263f.

57 Zu *hitpallel* in V. 7.17 vgl. neben den dtr. Stellen im Jeremiabuch (Jer 7,16 u. ö.) in vordtr. Zusammenhängen z. B. 1 Sam 1,10.12.27; Ps 5,3.

58 Jeremias 2006, 68f.

59 Außerdem wird hier der Begriff der „Prüfung / Versuchung durch Gott" aus vorexilischen kultischen Gerichtsverfahren (vgl. Ps 26,2) und der Begriff der „Gottesfurcht" aus der vorexilischen Weisheit übernommen.

60 Jeremias 2006, 71.73. Mit einer späteren Entstehung rechnet Hartenstein 2006, 14ff.

61 Blum 1984, 328.

62 Willi-Plein 1992, 105 Anm. 20.

63 Neef 1998, 81.

64 Zimmer 1999, 293.

65 Schorn 2006, 108f.

66 Dies gilt auch für die Annahme von Schmid 2004, 292, Gen 22* setze bereits die Polemik der dtr. Literatur gegen das Kinderopfer (vgl. bes. Dtn 18,10; 2 Kön 16,3; 17,17; 21,6; 23,10; Jer 7,31; 19,5; 32,35) voraus. Schmid folgert daraus, dass der Verfasser von Gen 22 „die ‚Probe Abrahams' [...] so scharf wie möglich" zeichne und daher sie auf eine Tat beziehe, „die abscheulicher nicht sein könnte und von der der Leser weiß, dass nicht nur Abraham, sondern Gott selbst sie zutiefst missbilligt und verwirft". Auch Schmid muss jedoch einräumen, dass die für die dtr. Literatur typische Terminologie des Kinderopferverbots (u. a. „durchs Feuer gehen lassen") in Gen 22 fehlt. Schließlich geht es in der Grundschicht von Gen 22* auch nicht um eine späte nachexilische Weisheit, in der Gesetz und Weisheit aufeinander bezogen sind.

Gesetzgeber, sondern nur Prophet wie in Hos 12,14[67]) auf eine *vordtr.* Ansetzung der Texte hin. Auch zeigt Hos 12,13f. (Gegenüberstellung von Jakob und Mose), dass – anders als in der neueren Forschung[68] häufig angenommen – eine Beziehung zwischen Erzväter- und Mosetradition wie zwischen Gen 22,1.12 und Ex 20,20 nicht erst *nach* der Priesterschrift denkbar ist.[69]

Für diese Ansetzung spricht auch, dass Gen 20 – 22* und Ex 19f.*, die den lebensbedrohenden Charakter der Gotteserfahrung betonen, eine einschneidende Krise des Gottesverständnisses Israels voraussetzen. Gott erscheint nicht mehr als der, der für Leben und Erfolg seines Volkes sorgt, sondern der im Gegenteil Tod und Vernichtung bringt. Dabei spiegelt dieses die Verborgenheit Gottes betonende Gottesverständnis wohl die Gerichtsprophetie des Amos und des Hosea (für Gottes Ankündigung der Vernichtung Israels vgl. u. a. Am 8,1f.; Hos 1,6.9), die im Untergang des Nordreichs von 722 v.Chr. ihre Bestätigung fand. In den Tradentenkreisen dieser Propheten kam es dann zu einem ambivalenten Gottesverständnis mit der zurückhaltenden Hoffnung auf ein letztliches rettendes Eingreifen Gottes (vgl. Am 5,14f.)[70].[71]

Dass in den Tradentenkreisen der Schriftprophetie erzählende Überlieferungen entstanden sind, die ein entsprechendes ambivalentes Gottesverständnis vertreten, zeigt sich an der „theologischen Lehrerzählung"[72] über Elia am Gottesberg des Mose in 1 Kön 19,3aβ[73]–18*.[74] Ihr Gottesverständnis wird vor allem an dem prophetischen Auftrag von 1 Kön 19,15 – 18 deutlich, den Elia nach einer Theophanie am Gottesberg erhält und nach dem er Vernichtung und Tod über sein

---

67 Zum vordtr. Prophetenverständnis von Hos 12,14 vgl. Waschke 2006, 226 Anm. 39.
68 So vor allem Römer 1990, 568 – 575; Schmid 1999; Gertz 2000. Vgl. dagegen u. a. Schmitt 2009b (in diesem Band, S. 3 – 27).
69 Vgl. Jeremias 2006, 72 Anm. 32.
70 Vgl. dazu vor allem Schart 1998, 125f. Dem „vielleicht" von Am 5,15 entspricht dabei, dass in Gen 22,19 die Rückkehr Isaaks nicht explizit berichtet wird (vgl. Hartenstein 2006, 13).
71 In die Zeit nach dem Untergang des Nordreichs, speziell in die von den Assyrern im 7. Jh. v.Chr. in Südpalästina geschaffene Situation, passt jedenfalls – wie Jeremias 2006, 69 – 71, gezeigt hat – die im Kontext von Gen 20 – 22* herrschende Vorstellung von einem friedlichen Zusammenleben zwischen „Israel" und seinen Nachbarvölkern im Negev. Bei Ismael ist dabei im Anschluss an Knauf 1985, 60ff.89.109.113, an eine protobeduinische Konföderation zu denken, die alle nomadisierenden Nachbarn „Israels" umfasst. Dass diese Ismael-Konföderation nur im 7. Jh. existierte, bestätigt die obige Datierung.
72 Beck 1999, 132f. Vgl. Jeremias 1996, 488f.
73 Zu 1 Kön 19,1 – 3aα als sekundärer Verbindung zwischen 1 Kön 18 und 19 vgl. Beck 1999, 124f.
74 Zu 1 Kön 19* vgl. bes. Thiel 2019, 215 – 294. Die ursprüngliche Erzählung liegt in 19,3aβ – 18* vor. Sekundäre Zusätze (vgl. a.a.O., 234) stellen nur V. 5aβ („unter einem Ginsterstrauch"), „Horeb" in V. 8 (zu „Horeb" als dtr. Zusatz vgl. a.a.O., 228), V. 9b-11aα und V. 11ay („stark, Berge zerreißend und Felsen zerschmetternd") dar.

Volk zu bringen hat.[75] Gleichzeitig spricht 1 Kön 19,18 davon, dass ein Rest Israels überleben wird. Dabei greift einerseits die Klage Elias in 1 Kön 19,14, die von Israels Abfall zu Baal spricht, auf Aussagen der Hoseatradition zurück (vgl. u. a. Hos 2,15), andererseits nimmt die Restvorstellung auf die vorsichtige Erwartung eines „Rests Josefs, dem Jahwe vielleicht gnädig sein wird" Bezug, die wohl auf Amostradenten (vgl. Am 5,14f.) zurückzuführen ist.[76] Insgesamt ist diese Eliaerzählung trotz einiger dtr. Einschübe (u. a. „Horeb" in V. 8,[77] eventuell „Bund" in V. 14[78]) noch *vor*dtr. anzusetzen.[79] W. Thiel vermutet, dass sich die Eliaerzählung von 1 Kön 19,3 – 18* Hoseatradenten verdankt. An eine etwas spätere Entstehung im 6. Jh. denken J. Jeremias, E. Blum und M. Beck.[80]

Auch sonst zeigt 1 Kön 19* gemeinsame Traditionen mit Gen 20 – 22* und Ex 19f.* So findet sich in 1 Kön 19* eine Beerscheba-Tradition, die zahlreiche Übereinstimmungen mit der Abrahamüberlieferung von Gen 21* aufweist.[81] 1 Kön 19* liefert dabei gleichzeitig einen Beleg für die bereits vorexilische Verbindung von Abraham- und Gottesbergüberlieferung: In der *vor*dtr. Erzählung 1 Kön 19* ist nämlich der in Gen 20 – 22* zentrale Ort Beerscheba als zentrale Station auf dem Weg zum Gottesberg des Mose[82] gedacht.[83] Zum andern weist die Elia-Theophanie von 1 Kön 19* bemerkenswerte Übereinstimmungen mit der Mose-Theophanie von Ex 19,16 – 19* auf. Beide zielen trotz aller Unterschiede[84] auf das Ergehen einer

---

75 Vgl. Jeremias 1996, 491.

76 Vgl. dazu Jeremias 1995, 71 – 73, und Schart 1998, 125f.

77 S. o. Anm. 74.

78 1 Kön 19,10.14 sprechen davon, dass „die Israeliten ‚dich' (Jahwe) verlassen haben". Die von der LXX vertretene Lesart „dich" statt MT „deinen Bund" stellt die *lectio difficilior* dar. Vgl. Jeremias 1996, 488 Anm. 25; Thiel 2019, 221f. Eventuell wurde die Bundesvorstellung hier schon durch eine dtr. Bearbeitung eingefügt (vgl. ebd.).

79 Zum vordtr. Charakter dieser Erzählung vgl. Thiel 2007, 212f.

80 Thiel 2019, 239. Jeremias 1996, 489f., rechnet mit Jeremiaschülern als Verfassern (ähnlich Blum 2010d, 351 – 353); vgl. auch Beck 1999, 131 – 135.

81 Hier ist wohl mit einer gemeinsamen „Tradition von einer göttlichen Errettung aus der Gefahr des Verdurstens (und Verhungerns) in der Wüste von Beerscheba durch Engel" zu rechnen. Vgl. Thiel 2019, 230f.

82 Zur Parallelisierung Elias mit Mose in 1 Kön 19* vgl. bes. Jeremias 1996, 486f.

83 Vgl. Würthwein 1984, 227; Thiel 2007, 202: Beerscheba „verweist von Anfang an auf das Ziel der Reise, den Gottesberg".

84 Vgl. Jeremias 1977, 203: 1 Kön 19,11f. verneint die Anwesenheit Jahwes in Sturm, Erdbeben und Feuer und hebt ihnen gegenüber das Ergehen der „Stimme Gottes" in der „leisen (Wind)stille" (so die Übersetzung von Jeremias, a.a.O., 112 – 115), d. h. im prophetisch erfahrenen göttlichen Wort, hervor.

göttlichen „Stimme" (*qol*) an den Propheten[85] und zeigen, dass in einer *vor*dtr. Gottesbergüberlieferung die Beauftragung eines Propheten zum „Führen" Israels Ziel einer Theophanie sein kann.

5 Gen 22,12; Ex 20,20 und das ethische Verständnis von Gottesfurcht

Die Vorstellung vom „verborgenen Gott" in Gen 20 – 22* und Ex 19f.* scheint sich somit der Tradenten-Schule zu verdanken, die die Prophetie des Amos und des Hosea gesammelt und fortgeschrieben hat. Aufgenommen wurde dabei sowohl die prophetische Erfahrung eines Gottes, der die Vernichtung Israels ankündigt (vgl. Am 8,2; Hos 1,9), als auch die Hoffnung der Tradenten, dass Gott sein Volk nicht endgültig vernichten wird (vgl. Am 5,14f.). Gen 22,1–14*.19 versteht diese prophetische Gotteserfahrung als eine „Versuchung", die Abrahams Gottesfurcht, d. h. seinen Gehorsam und sein Vertrauen gegenüber Gott, erprobt. Nach Ex 20,20 ist „Gottesfurcht" dabei die Voraussetzung, aus der ethisches Handeln erwächst.[86] Insofern lassen sich die Stellen, die in Genesis (20,11; 42,18) und Exodus (1,17.21; 18,21) ein ethisches Verständnis von „Gottesfurcht" zum Ausdruck bringen, ohne weiteres dem Gottesfurchtverständnis von Gen 22,12 und Ex 20,20 zuordnen.[87]

---

85 Vgl. a.a.O., 203: Auch in Ex 19,16ff. wird den *qlt* bei Gottes Kommen „die eine *qwl*, mit der Gott zu Mose redet, gegenübergestellt".

86 In ähnlicher Weise ist nach Hos 4,1f. „Erkenntnis Gottes" Voraussetzung für ethisches Handeln.

87 Dem Aufsatz liegt ein Vortrag zugrunde, der 2009 bei einem Symposion zum 70. Geburtstag von Jörg Jeremias in Hamburg gehalten wurde.

Die Josefs- und die Exodus-Geschichte: Ihre vorpriesterliche *weisheitstheologische* Verbindung

Abstract: In the pre-Priestly text of Gen 37–50* an independent Joseph *novella* from the late monarchy period is present. The „Midianite revision" introduced into this (cf. especially Gen 37:28aα; 40:15; 45:5b–8; 50:15–21) the wisdom concept of a hidden direction of history by God (cf. Prov 16:9). In this „wisdom theology layer" the declaration by Joseph in Gen 50:20, that the plan of God, which cuts across the plans of his brothers, serves „to bring a numerous people (*'m rb*) to life," is directed towards the „multiplication" (*rbh*) of Israel which is reported in Exod 1:12. In this way there also appears in the pre-Priestly text of Exod 1:11–2:10* a theology which corresponds to the „wisdom theology layer" in the Joseph *novella* (cf. *inter alia* the „fear of God" in Exod 1:17 as in Gen 42:18).

Otto Kaiser zum 90. Geburtstag am 30.11.2014

In seiner im Jahr 2000 veröffentlichten Studie „Pentateuch und Deuteronomistisches Geschichtswerk"[1] gibt Otto Kaiser einen Forschungsüberblick über die Pentateuchforschung des ausgehenden 20. Jh.s und unternimmt gleichzeitig den Versuch einer Synthese der unterschiedlichen Forschungsansätze. Kaiser vertritt dabei die Auffassung, dass es – um den Pentateuchtexten gerecht zu werden – notwendig ist, offen zu sein für die unterschiedlichen Ansätze der drei Jahrhunderte der Pentateuchkritik, d. h. sowohl für die Urkundenhypothese als auch für die Ergänzungs- und die Fragmentenhypothese.[2]

In besonderer Weise beschäftigt sich Kaiser in diesem Aufsatz mit der Theologie des „Elohisten" und mit den von dieser Theologie beeinflussten Texten

---

1 Kaiser 2000c.

2 Vgl. hierzu besonders Smend 1978, 38: „Die Pentateuchkritik hat fortschreitend einsehen müssen, daß sie es mit einem überaus komplizierten Gegenstand zu tun hat [...]. Jede der entwickelten Hypothesen hat sich in der Erklärung eines Teils der Tatbestände bewährt; jede von ihnen ist aber schnell zum stumpfen Werkzeug geworden, wenn sie gewaltsam auf Tatbestände angewendet wurde, denen sie nicht gemäß war. Wenn irgendwo, dann ist hier die unablässige Orientierung am Gegenstand geboten; wenn irgendwo, dann bietet aber hier die Geschichte der Hypothesen auch eine Fülle von Lehren, die für alle weitere Arbeit wegweisend bleiben [...]." Vgl. jetzt auch Römer 2013, bes. 22–24.

https://doi.org/10.1515/9783110724448-005

der Josefsgeschichte.[3] Dabei ist Kaisers besonderes Interesse an einer „elohistischen" Schicht in der Josefsgeschichte (ob diese quellenhaft oder redaktionell ist, stellt für Kaiser erst ein nachgeordnetes Problem dar[4]) darin begründet, dass diese „mit ihrer Betonung der Gottesfurcht[5] [...] der theologisierten Weisheit" nahesteht.[6]

Kaiser ging bei seinem Aufsatz aus dem Jahr 2000 von der Vorstellung aus, dass die vorpriesterliche Fassung der Josefsgeschichte eine Brücke zwischen Väter- und Exodusgeschichte darstellte. Kompliziert geworden ist die Diskussion über die Josefsgeschichte in den letzten Jahren nun jedoch dadurch, dass im Gefolge der Arbeiten von K. Schmid und J. C. Gertz die Hypothese großen Einfluss gewonnen hat, erst die Priesterschrift habe einen Zusammenhang zwischen Väter- und Exodus-Geschichte hergestellt.[7] Gleichzeitig wird dabei angenommen, dass hinter der Josefs- und der Exodus-Geschichte zwei unterschiedliche theologische Konzeptionen stünden, die sich widersprechende Gründungsmythen Israels repräsentierten.

Unter dem Zwang solcher Hypothesen kommen die von Kaiser betonten weisheitstheologischen Zusammenhänge zwischen den Texten über „Gottesfurcht" in der Väter- und Josefsgeschichte (Gen 20,8.11; 22,12; 28,17; 42,18) und den „Gottesfurcht"-Texten im Exodusbuch (Ex 1,17.21; 3,6; 18,21; 20,20) kaum noch in den Blick. Auch bei der in der ZAW 2012 zwischen L. Schmidt[8] und E. Blum[9] geführten Debatte über den Zusammenhang zwischen der Josefsgeschichte und dem Beginn des Exodusbuchs finden die von Kaiser angesprochenen theologischen Verbindungen fast keine Berücksichtigung.

---

3 Die Josefsgeschichte war auch Gegenstand des ersten Proseminars von Otto Kaiser in Marburg im WS 1960/61.

4 Vgl. vor allem Kaiser 2000c, 107–109.

5 Zu Gottesfurcht vgl. bes. Gen 22,1–14*.19, wo eine „Versuchung" Gottes Abrahams Gottesfurcht, d. h. seinen Gehorsam und sein Vertrauen gegenüber Gott, erprobt. Nach Ex 20,20 ist „Gottesfurcht" dabei die Voraussetzung, aus der ethisches Handeln erwächst. Insofern lassen sich die Stellen, die in Genesis (20,11; 42,18) und Exodus (1,17.21; 18,21) ein ethisches Verständnis von „Gottesfurcht" zum Ausdruck bringen, ohne weiteres dem Gottesfurchtverständnis von Gen 22,12 und Ex 20,20 zuordnen. Vgl. hierzu Zimmer 1999, 163–176, und Jeremias 2006, 71f. Zum komplexen Verständnis von „Gottesfurcht" in der (nachexilischen) atl. Weisheit, das m. E. bereits vorexilische Wurzeln hat, vgl. auch Saur 2011, 238–242.

6 So Kaiser 2000a, 23. Vgl. jetzt auch Kaiser 2014, 26, wo Kaiser noch einmal darauf aufmerksam macht, dass in der Josefsgeschichte „die elohistischen Texte" „starke theologische Akzente" setzen, und dazu schon Kaiser 1984, 110.

7 Vgl. Schmid 1999; Gertz 2000.

8 Schmidt, L. 2012.

9 Blum 2012.

Im Folgenden soll nun nach der vorpriesterlichen Verbindung zwischen Josefs- und Exodus-Geschichte unter besonderer Berücksichtigung dieser theologischen Zusammenhänge gefragt werden. Dabei wird im Einzelnen zu klären sein:

1. Die *theologische* Intention der vorpriesterlichen Fassung der Josefsgeschichte;
2. Der lückenhafte Beginn der vorpriesterlichen Exodusgeschichte in Ex 1,11–2,10*;
3. Die Verbindung von vorpriesterlicher Exodus- und Josefs-Geschichte durch die „weisheitstheologische Schicht".

1 Die theologische Intention der vorpriesterlichen Fassung der Josefsgeschichte

1.1 Selbständigkeit der Josefsnovelle

In der neueren Forschung hat sich die Vorstellung durchgesetzt, dass die Josefsgeschichte ursprünglich selbständig war.[10] Dafür sprechen zahlreiche Abweichungen gegenüber der jetzt mit ihr verbundenen Jakobgeschichte.[11] Allerdings geht die Mehrheitsmeinung der Pentateuchforschung von einer vorpriesterlichen Überarbeitung dieser selbständigen Josefsnovelle aus, die die ursprüngliche Erzählung in den Kontext der Genesis einfügte. Doch bleibt die Art dieser Überarbeitung strittig – wie im Folgenden zu zeigen sein wird.

1.2 Datierung der ursprünglichen Josefsnovelle

1.2.1 Die nachpriesterliche Datierung

Zu einer radikalen Erklärung der Sonderstellung der Josefsnovelle führt die These, dass Gen 37ff.* erst nachpriesterschriftlich in der perserzeitlichen oder frühhellenistischen jüdischen Diaspora entstanden sei, für die sich u.a. T. Römer eingesetzt hat.[12] Allerdings hat diese Annahme überwiegend Widerspruch hervorgerufen. Eine Analyse von Gen 37–50 zeigt, dass die Josefsgeschichte bereits von der priesterlichen Schicht vorausgesetzt wird (vgl. u.a. Van Seters[13], auch Schmid[14]).

---

10 Für die Annahme einer ursprünglich selbständigen Josefsnovelle vgl. zuletzt u.a. Schmid 2002, 105; Schmidt, L. 2012, 19f.; Blum 2012, 502; Van Seters 2013, 261–266.
11 Vgl. dazu bes. Schmid 2002, 93f.
12 Vgl. u.a. Römer 2013, 16.
13 Van Seters 2013, 255–258.

Mit der Ablehnung dieser Spätdatierung wird wohl auch die in der Forschung verbreitete Annahme hinfällig, dass es sich bei Gen 37–50* um eine „Diaspora-novelle" handelte (so vor allem A. Meinhold[15]). Diese Annahme würde nämlich als Hintergrund der Novelle die erst in der Perserzeit gemachte Erfahrung eines auf unbegrenzte Dauer angelegten Aufenthalts von Israeliten im Ausland vor-aussetzen.[16]

1.2.2 Die Datierung in die spätere Königszeit
Die Mehrheit der Pentateuchforschung rechnet daher mit einer aus der Königszeit stammenden ursprünglichen Josefsnovelle, die durch eine[17] oder mehrere vor-exilische bzw. exilische Überarbeitungen ihre heutige vorpriesterliche Fassung erhielt.

1.3 Literarische Uneinheitlichkeit

1.3.1 Parallele Quellen „Jahwist" und „Elohist"
Bei der Rekonstruktion der somit anzunehmenden Wachstumsgeschichte der vorpriesterlichen Josefsgeschichte ging die traditionelle Urkundenhypothese da-von aus, dass in ihr zwei vorpriesterliche *parallele* Erzählfäden miteinander ver-bunden worden seien und daher sowohl eine jahwistische (Juda-Schicht) als auch eine elohistische Josefsgeschichte (Ruben-Schicht) rekonstruiert werden kön-nen.[18] Allerdings stellt – worauf E. Blum zu Recht hingewiesen hat – das von den Literarkritikern beobachtete Nebeneinander von Juda und Ruben noch kein *hin-reichendes* Argument für eine Scheidung in verschiedene Schichten oder sogar in zwei *parallele* Quellen dar.[19] Da die Ruben-Stellen meist der Entlastung der Brüder

---

14 Schmid 2002, 110f.

15 Meinhold 1975, 306–324. Vgl. ähnlich Lux 2001, 234f., aber auch Schmid 2002, 110f.

16 Thema von Gen 37–50* ist nicht eine dauernde Diasporaexistenz Israels, sondern nur die „zeitweise Versorgung" der Vorfahren Israels in fremdem Land während einer langjährigen Dürre. Gegen das Verständnis von Gen 37–50* als Diasporanovelle vgl. auch Blum 1984, 235–237, und Van Seters 2013, 253–258.

17 Van Seters denkt vor allem an eine in die späte Exilszeit zu datierende Überarbeitung durch den Jahwisten, die die Josefsnovelle in das Jahwistische Geschichtswerk integrierte.

18 So zuletzt Schmidt, L. 2012, 21–28.

19 In Hinblick auf die literarkritische Rekonstruktion von Schichtungen innerhalb der Josefs-geschichte macht Blum 2012, 500f., zu Recht darauf aufmerksam, dass nur solche Inkohärenzen als Hinweise auf literarische Schichtungen gewertet werden können, die sich nicht als stilistisches Ausdrucksmittel verstehen lassen.

dienen, ist jedoch nicht von vorneherein auszuschließen, dass sie als *Bearbeitung* der Juda-Schicht[20] verstanden werden können.[21]

1.3.2 Vorpriesterliche Fortschreibung durch „Midianiter"-Schicht

Im Rahmen seines kompositionsgeschichtlichen Entwurfs rechnet Blum mit einer selbständigen aus der späteren israelitischen Königszeit stammenden Josefserzählung,[22] die bei der Einfügung in den Kontext der Vätergeschichte überarbeitet wurde (u. a. durch den Zusatz des Berichts über Jakob in Beerscheba 46,1–5a, den Blum auf eine exilische Komposition der Vätergeschichte[23] zurückführt). Auf eine Überarbeitung der ursprünglichen Josefsnovelle gehen nach Blum außerdem die Kohärenzstörungen in 37,25–30 zurück: Nach V. 25–27 und 28aβ verkaufen die Brüder Josefs den Knaben an die *Ismaeliter*. Dagegen ziehen nach V. 28aα *midianitische* Kaufleute Josef aus der Zisterne, in die ihn Ruben hat werfen lassen, und verkaufen ihn dann an die Ismaeliter, die ihn nach Ägypten bringen (vgl. 37,28). Die Vorstellung vom Verkauf durch die Brüder an die Ismaeliter findet sich zudem wieder in der Aussage Josefs, er sei von den Brüdern nach Ägypten verkauft worden (45,4.5a). Andererseits wurde die Aussage von 37,28aα in Josefs Mitteilung aufgenommen, er sei aus dem Land der Hebräer gestohlen worden (40,15).

Blum[24] schlägt als Lösung für dieses „Inkohärenz-Problem hinsichtlich der wie ein Deus ex machina auftretenden Midianiter" in V. 28 vor, dass V. 28aα₁ „zur Entlastung der Brüder eingefügt" wurde, „um an ihre Stelle die zufällig vorbeikommenden Midianiter treten zu lassen".[25] Mit dieser Einfügung der „Midianiter" in 37,28 schafft der Midianiter-Bearbeiter „eine Verkettung böser und guter Absichten sowie unglücklicher ‚Zufälle' mit katastrophalem Ausgang. Soll dieser Ablauf, der einer Kontrolle durch die Brüder zunehmend entgleitet, schon die höhere Hand anzeigen, die Josef im Rückblick am Werk sehen wird (45,5–8[26];

---

20 So zuletzt Schorn 1997, 225–246; Kratz 2000, 282; Schmid 2002, 105, und vgl. dazu u. a. den unten in Anm. 26 genannten Befund.

21 Die Annahme einer von einer „Juda-Schicht" bearbeiteten „Ruben-Grundschicht" wird jedoch sowohl von Schmidt, L. 2012, 20f., als auch von Blum 2012, 498f., ausgeschlossen.

22 Blum 1984, 243: Blum denkt an das Nordreich des 8. Jh.

23 Blum 1984, 297–301.

24 Blum 2012, 499f.

25 Ähnlich Schmid 2002, 105f.; Van Seters 2013, 265f.; vgl. Lanckau 2006, 375, der mit einer Bearbeitung von Gen 37–50* rechnet, der es u. a. um „Brüderentlastung" geht.

26 Auf eine „höhere Hand" weisen in V. 5–8 lediglich V. 5b–8, während V. 4–5a vom *Verkauf* Josefs *durch die Brüder* sprechen. In der Anknüpfung von V. 5b–8 an V. 4–5a zeigt sich, dass es

50,20)?"[27] Dass diese Bearbeitungsschicht nun nur in 37,28aα$_1$ vorliegen sollte,[28] dürfte unwahrscheinlich sein. Jedenfalls ist die Aussage Josefs gegenüber dem gefangenen Mundschenk, „er sei aus dem Land der Hebräer gestohlen worden", in 40,15 wohl der gleichen Schicht zuzuordnen.[29] Aber auch sonst stellt sich die Frage, ob es innerhalb von Gen 37–50* nicht weitere Zusätze gibt, die im Sinne von 37,28* auf eine „höhere Hand" hinweisen wollen, die trotz der Schuld der Brüder das Schicksal der Jakobfamilie bestimmt. Aufgrund der der Midianiter-Fortschreibung entsprechenden Theologie der verborgenen Führung Gottes[30] sind doch wohl auch Josefs Deutungen des Geschehens der Josefsgeschichte in 45,5b– 8 und 50,15–21 auf die Midianiter-Fortschreibungsschicht[31] zurückzuführen, die 37,28aα eingefügt hat.

In ähnlicher Weise nimmt J. Van Seters an, dass der vorpriesterlichen Josefsgeschichte eine ursprünglich selbständige, aus der späten monarchischen Zeit stammende Josefsnovelle zugrunde liegt, die von einem spätexilischen Jahwisten übernommen wurde.[32] Dabei wurde nach Meinung von Van Seters eine Reihe von Zusätzen zugefügt, durch die die Novelle nicht nur wie bei Blum mit der Vätergeschichte, sondern auch mit der Exodusgeschichte[33] verbunden wurde. Zu

---

sich bei der die Brüder entlastenden Schicht V. 5b–8 um eine Bearbeitung der Grundschicht V. 4–5a handelt und nicht um zwei parallele Darstellungen.

27 So Blum 2012, 497.

28 So wohl Blum 2012, 502. Schmid 2002, 105, nimmt zwar eine sekundäre Ruben-Schicht an, rechnet aber 50,15–21 zur ursprünglichen Josefsnovelle. Demgegenüber sieht Van Seters 2013, 264, 50,15–21 als Zusatz an.

29 Vgl. Ebach 2007, 215, der in 40,15 einen unmittelbaren Rückbezug auf 37,28aα feststellt.

30 Für Kaiser ist diese weisheitliche Theologie der Verborgenheit Gottes der zentrale Grund, in der Josefsgeschichte mit einer „elohistischen" Ruben-Schicht zu rechnen (vgl. Kaiser 2014, 26, und schon Kaiser 1984, 110: „Wir können bei der elohistischen Schicht die gleichen Charakteristika wie innerhalb der Abrahamüberlieferung feststellen: Die Handlung wird theologisiert und ethisiert [...]. Die Brüder sind letztlich nicht für den Verkauf verantwortlich [...].").

31 Zu fragen bleibt, inwieweit Passagen, die in der traditionellen Pentateuchkritik der Ruben-Schicht zugewiesen wurden, mit dieser Fortschreibungsschicht in Verbindung zu bringen sind (vgl. Schmitt 1980, 95–97). Auch bei den Rubenstellen geht es nämlich um eine Entlastung der Brüder Josefs (vgl. dazu Kaiser 1984, 110, und Schorn 1997, 241–243).

32 Vgl. Van Seters 2013, 266.

33 Van Seters 2013, 262, weist dafür zu Recht auf den Zusatz 46,1–5* hin: Hier bezieht sich die göttliche Verheißung der Rückführung Jakobs nach Kanaan nicht nur auf die Rückführung des Leichnams Jakobs, sondern gleichzeitig – vor allem im Zusammenhang mit der Verheißung des „großen Volkes" in 46,3b – auch auf die Rückkehr der Nachkommen Jakobs beim Exodus. Auch Gertz 2000, 277 geht von der Beziehung von 46,3f. auf den Exodus aus („46,1aβ–5a [...] greift [...] mit der Verheißung der Volkwerdung in Ägypten [[...] V. 3bβ] und vor allem mit der Zusage göttlichen Beistands bei der Rückkehr aus Ägypten [[...] V. 4aβ] ausdrücklich auf die Exodusereignisse voraus"), will allerdings diese Bezüge nachpriesterlich datieren. Dagegen betont Blum zu Recht

diesen Zusätzen[34] gehören nach Van Seters auch die soeben behandelte Midia-niter-Notiz in Gen 37,28aα und der die gleiche Theologie vertretende jetzige Schluss der vorpriesterlichen Josefsgeschichte in 50,15 – 21.[35]

1.4 Thesen zum Ende der ursprünglichen Josefsnovelle

1.4.1 Gen 50,22ff.*

Von den auf 50,15 – 21 folgenden Versen nimmt Van Seters[36] an, dass Gen 50,22.26 aus der Grundschicht der Josefsnovelle stammen. Doch ergeben sich bei V. 22 – 26* durchweg Bezüge in den Enneateuch (vgl. Jos 24*; Ri 2,8 – 10*; 5,14[37]). V. 22 – 26* besitzen daher wohl insgesamt nachpriesterlichen Charakter.[38]

1.4.2 Gen 45*

Wenn 50,15ff. nicht zur selbständigen Josefsnovelle gehören, so ist zu prüfen, ob das Ende der Novelle bereits im Kap. 45*, in dem sich Josef seinen Brüdern zu erkennen gibt, vorliegt. C. Levin[39] sieht dabei in der Nachricht der Brüder an Ja-

---

den vorpriesterlichen Charakter von 46,1 – 5a*: Bemerkenswert sind dabei die Meinungsände-rungen von Blum bei der Auslegung von 46,3f. Hatte er 1984 (Blum 1984, 247 mit Anm. 21) noch betont, dass in 46,4a ein „Vorverweis auf den Exodus" vorliege und hier „nicht *nur* die ‚Heimkehr' Jakobs und seine Beerdigung in Kanaan (Kap. 50) im Blick" sei, so bezieht er jetzt 2012 (Blum 2012, 513) im völligen Gegensatz dazu „die Heraufführung nach 46,4aß" nur noch „auf Jakobs Beiset-zung in Kanaan, wie die rein individuellen Zusagen davor und danach verdeutlichen" würden. Nachdem Blum sich der These angeschlossen hat, dass es erst nachpriesterlich zu einer Ver-bindung von Genesis und Exodus gekommen sei, werden bei ihm evidente Textbeobachtungen aus Systemzwang aufgegeben. Vgl. schließlich auch die Beziehungen zwischen Gen 46,2.3a und Ex 3,4b.6aα und dazu u. a. Schmitt 2009b, 253 – 255 (in diesem Band, S. 17 – 19), und Schmidt, L. 2014, 352.

34 Der Diebstahl Josefs aus der Zisterne durch die Midianiter in 37,28aα ist nach Van Seters eingefügt, „to mitigate the crime of the brothers" (Van Seters 2013, 265). Entsprechendes gilt für 50,15 – 21 (ebd., 264). Zu Recht weist er demgegenüber den von Juda angeregten Verkauf Josefs an die Ismaeliter in 37,25 – 28* der ursprünglichen Novelle zu (Van Seters 2013, 265f., mit Hinweis auf 45,4 – 5*).

35 Vom späten Jahwisten stammt dabei nach Van Seters auch die Bezeichnung des ägyptischen Wohngebietes der Israeliten mit „Goschen" (Van Seters 2013, 263f.).

36 Vgl. Van Seters 2013, 260, ähnlich früher auch Schmitt 1980, 197.

37 Zum Bezug von 50,23 auf Ri 5,14 vgl. Levin 1993, 316.

38 Vgl. Blum 2012, 509 – 511. Auch bei 50,22b und bei 50,26aß spricht die Form der Wiedergabe der Lebensjahre (im Plural), die der in Jos 24,29 und Ri 2,8 entspricht, wohl für die nachpries-terliche Enneateuchredaktion.

39 Levin 1993, 303; Kratz 2000, 284.

kob, dass Josef lebt, in Gen 45,26aα den Abschluss der alten Novelle. Doch spricht die Struktur der Erzählung (vgl. v. a. die Beziehung Josef/Vater in der Exposition Gen 37) dafür, dass zumindest die Darstellung der Begegnung Jakobs mit Josef in Gen 46,28ff.* noch zu ihr gehört hat.[40]

1.4.3 Ende der ursprünglichen Josefsnovelle in Kanaan

K. Schmid[41] hat die These vertreten, dass die ursprüngliche Josefsgeschichte mit der Bestattung Jakobs in Kanaan und der gleichzeitigen *dauerhaften Rückkehr* aller Söhne Jakobs nach Kanaan endete (50,*1–8a. 9–11.15–21). Für diese These muss Schmid allerdings den Bericht in 50,14 (und entsprechend in 50,8b), dass Josef und seine Brüder nach der Bestattung Jakobs wieder nach Ägypten zurückkehren, aus dem vorpriesterlichen Text ausscheiden. Überzeugende Gründe für diese literarkritische Operation kann Schmid jedoch nicht angeben.[42] Für seine Zuweisung von 50,14 an eine nachpriesterliche Schicht gibt es keine überzeugenden stilistischen und sachlichen Anhaltspunkte. In der neueren Forschung ist die These Schmids daher überwiegend abgelehnt worden[43] (vgl. u. a. Van Seters,[44] Carr,[45] Berner,[46] Schmidt,[47] Blum[48]). Es ist somit daran festzuhalten, dass die vorpriesterliche Josefsgeschichte mit einem Verbleiben der Brüder in Ägypten endete.

Wo genau die *ursprüngliche* Josef*novelle* ihr Ende fand, ist dagegen nicht mehr zu rekonstruieren.[49] Größere Teile der ursprünglichen Novelle sind wohl zu Gunsten der jetzt die Josefsgeschichte dominierenden Midianiter-Fortschreibung weggelassen worden.

---

40 Vgl. bes. Schmid 2002, 95–102; auch Ebach 2007, 690–692.

41 Schmid 2002, 103–105.

42 Gegen Schmids These sprechen nicht nur Gen 50,8b.14, sondern auch der Befund, dass in der Josefsgeschichte jeder Hinweis auf ein Ende der Hungersnot fehlt, das eine Rückkehr nach Kanaan ermöglicht hätte. Zudem kann 50,15–21 wegen der in 50,21 vorausgesetzten Möglichkeit Josefs, seine Brüder und ihre Familien zu versorgen, nur in Ägypten spielen.

43 Übernommen wurde sie allerdings von Gertz 2006, 77f.

44 Van Seters 2013, 260.

45 Carr 2006, 168f.

46 Berner 2010, 18–20.

47 Schmidt, L. 2012, 27.

48 Blum 2012, 503f.509.

49 Die Auffassung von Schmidt, L. 2012, dass in 50,22 ein „jahwistischer" Parallelfaden zu 50,15–21* vorliegt, ist angesichts des durchgehend nachpriesterlichen Charakters von 50,22–26 kaum wahrscheinlich zu machen. Vgl. oben Anm. 38.

1.5 Theologie der Midianiter-Fortschreibungsschicht

Die Intention dieser Midianiter-Fortschreibung in 37,28*, der wohl u. a. auch 40,15; 45,5b–8 und 50,15–21 zuzuweisen sind, besteht, wie Blum zu Recht festgestellt hat, darin, „die Brüder zu entlasten", indem der Verkauf Josefs nach Ägypten auf eine „höhere Hand" zurückgeführt wird. Gott durchkreuzt den Plan der Brüder, um seinen Plan zu verfolgen. Dies entspricht nun der Deutung, die Josef in 45,5b– 8 und 50,15–21 seinem von den Brüdern mitverursachten Schicksal gibt. Diese Spannung zwischen dem, was menschliche Akteure wollen, und dem, was Gott daraus macht, stellt dabei ein zentrales Problem der vorexilischen atl. Weisheitsliteratur dar, wie vor allem zahlreiche Weisheitssprüche in Prov 10–29* belegen (vgl. u. a. Prov 16,9: „Des Menschen Herz erdenkt sich seinen Weg; aber Jahwe allein lenkt seinen Schritt"). Angesichts der in ihr vorliegenden weisheitlichen Theologie[50] bezeichnen wir im Folgenden die Midianiter-Fortschreibung als „weisheitstheologische Schicht".

2 Der lückenhafte Beginn der vorpriesterlichen Exodusgeschichte in Ex 1,11–2,10*

2.1 Die vorpriesterliche Schicht von Ex 1

Die mehrfach vertretene Auffassung, dass die ursprüngliche Exodusgeschichte erst mit der Geburt des Mose in Ex 2,1ff.*[51] beginne und Ex 1 insgesamt erst priesterlich bzw. nachpriesterlich sei,[52] hat sich nicht bewährt. Sie leidet daran, dass bei ihr ein im Rahmen der Moseüberlieferung überzeugendes Motiv für die Aussetzung Moses fehlt: Die Interpretation von 2,1 durch K. Schmid, dass Mose hier als „uneheliches Kind einer gewaltsamen Vereinigung eines Leviten mit der Tochter Levis"[53] verstanden sei und daher ausgesetzt worden wäre, legt sich schon philologisch nicht nahe. Das *wyqḥ* von V. 1b ist im vorliegenden Kontext kaum mit „vergewaltigen" zu übersetzen, sondern bedeutet – wie auch sonst häufig – „zur Ehefrau nehmen".[54] Außerdem erwartet man bei der Erzählung von

---

50 In der Zeichnung Josefs (vgl. u. a. 41,38f.) zeigt sich hier allerdings auch prophetischer Einfluss.

51 Zur Literarkritik von Ex 2,1–10 vgl. unten bei Anm. 68–71.

52 So u. a. Schmid 1999, 152f.; Kratz 2000, 289; Otto 2006, 38.

53 Schmid 1999, 155.

54 Zu diesem elliptischen Gebrauch von *lqḥ* vgl. z. B. Gen 38,2; Dtn 20,7; Jer 29,6 u. ö. und dazu u. a. Blum 2010f, 112f.; auch Gerhards 2006, 27–29.

der Rettung des Mosekindes, die ja eine Ätiologie[55] für den Namen des Befreiers aus Ägypten darstellt, einen Bezug auf die Unterdrückung Israels durch Ägypten. Auch aus diesem Grund legt es sich nahe, dass die Aussetzung des Mosekindes motiviert war durch den Befehl des Pharao von 1,22 „Alle Söhne, die geboren werden, sollt ihr in den Nil werfen". Dieser Befehl des Pharao an sein Volk ist dabei nur zu verstehen im Zusammenhang der Hebammenerzählung Ex 1,15–20a.21b[56] mit dem *erfolglosen* Befehl an die Hebammen zur Tötung der neugeborenen israelitischen Knaben,[57] die ihrerseits den vorpriesterschriftlichen Bericht über die erfolglose Unterdrückung der Israeliten durch Fronarbeit in Ex 1,11f.[58] weiterführt.

2.2 Die These von zwei vorpriesterlichen Quellen in Ex 1

Die traditionelle Quellenscheidung hat innerhalb von Ex 1,8–12.15–22 meist mit zwei vorpriesterlichen Schichten (einer jahwistischen und einer elohistischen) gerechnet. Allerdings gab es für die Trennung dieser beiden Schichten kaum überzeugende Argumente. L. Schmidt hat nun versucht, nachzuweisen, dass der von ihm angenommene jahwistische Autor von Ex 1,8–12.22 mit einem wesentlich größeren Umfang Israels (vgl. Ex 1,9.12) gerechnet habe als der elohistische von Ex 1,15–21, der davon ausgehe, dass zwei Hebammen für das israelitische Volk genügten. Diese Interpretationen von Schmidt[59] sind aber von Blum[60] zu Recht kritisiert worden. Sie würden nämlich implizieren, „dass die Angaben in V. 9 und 12 eine irgendwie quantifizierbare Größe einschließen und dass der Erzähler der

---

55 So zu Recht die Bestimmung der Gattung von Ex 2,1–10* durch Levin 1993, 319.

56 Zu Ex 1,20b.21a als nachpriesterlichen Zusatz vgl. Gertz 2000, 373f.: 1,20b nimmt die Mehrungsaussage von 1,7.9 auf. Außerdem versteht der Zusatz die in der Grunderzählung als Ägypterinnen angesehenen „Hebammen der Hebräerinnen" (vgl. für diese Deutung des Konsonantentextes u. a. Zimmer 1999, 169; Graupner 2002, 55; Gerhards 2006, 40–46; Albertz 2012, 49f.; Utzschneider/Oswald 2013, 81f.; anders zuletzt Schmidt, L. 2012, 35 Anm. 72) als Hebräerinnen (vgl. u. a. Schmidt, W.H. 1988, 18f.; Gerhards 2006, 46f.).

57 Gertz 2000, 374f.; vgl. auch Albertz 2012, 51. Anders Schmidt, L. 2012, 34–36, der 1,15–21 als Dublette zu 1,22 ansieht, die andere Vorstellungen über die Größe des israelitischen Volkes besäße.

58 Berner 2010, 434, hält den Bericht über den Frondienst Israels für ein sekundäres Element. Er berücksichtigt dabei zu wenig, dass die älteste Moseerzählung in 2,11–15* bereits den Frondienst der Israeliten (vgl. *sblt* in 2,11 wie in 1,11) voraussetzt (die Annahme Berner 2010, 67, dass 2,11aβ sekundär sei, ist literarkritisch nicht zu begründen).

59 Schmidt, L. 2012, 31–36.

60 Blum 2012, 508.

Hebammen-Episode seinerseits eine andere Größe vor Augen hat", was jedoch – angesichts des Sagenstils von Ex 1* (ideale Szenen, Gesetz der Zweiheit oder Dreiheit) – nicht wahrscheinlich zu machen ist.[61] Außerdem kann die Hebammenerzählung von Ex 1,15–21* nicht unmittelbar auf die Notiz über den Tod Josefs und seiner Brüder in Ex 1,6* gefolgt sein. Vielmehr muss vor Ex 1,15ff.* ein Hinweis stehen, dass der Pharao die Vermehrung der Israeliten verhindern will, wie er im vorpriesterlichen Text von 1,11f. vorliegt. Wie am Ende der vorpriesterlichen Josefsgeschichte ist somit auch am Beginn der vorpriesterlichen Mose-Exodus-Geschichte in Ex 1 nur *ein* durchlaufender vorpriesterlicher Faden zu rekonstruieren.

2.3 Der nachpriesterliche Charakter von Ex 1,6.8–10

Innerhalb von Ex 1,7–14 liegt nur in 1,11f. ein vorpriesterlicher Text vor. 1,1–5*[62].7.13–14 werden nahezu allgemein der priesterlichen Schicht zugeordnet. Und bei 1,6.8–10 handelt es sich um einen spätdeuteronomistischen[63] Abschnitt, der von 1,7 P abhängig ist[64], wie schon Gertz und jetzt noch einmal Utzschneider/Oswald gezeigt haben (anders Albertz[65], nach dem in 1,9f. die ursprüngliche Einleitung der Mosegeschichte weitgehend erhalten ist[66]). Für die Zugehörigkeit von 1,10b zur nachpriesterlichen Enneateuchredaktion spricht auch die Thematisierung der Kriegsfähigkeit Israels, wie sie sich in der gleichen Schicht auch in Ex 13,17f. findet.[67]

---

61 Blum 2012, 505. Vgl. auch Schmidt, W.H. 1988, 42.

62 Zur Zuweisung von Ex 1,1–5* an P vgl. bes. Schmidt, L. 2006a, 122f.; auch Schmidt, L. 2012, 31 Anm. 55; vgl. auch Blum 2012, 511. Anders Schmidt, W.H. 1988, 11 (Pˢ); wieder anders Gertz 2000, 354f.357 (Rᴾ).

63 Vgl. schon Schmitt 1980, 125f.

64 Zum Bezug von 1,8–10 auf 1,7 vgl. Schmitt 2001 g, 297; Gertz 2000, 365–370; Utzschneider/ Oswald 2013, 72f.: Die Mehrungsvorstellung von 1,9, die auf eine die Ägypter übertreffende Größe Israels zielt, setzt die Vorstellung von P in 1,7 voraus.

65 Albertz 2012, 39–41. Ähnlich auch Schmidt, L. 2012, 31f., der 1,8–12 als („jahwistische") Einheit liest. Wie Schmidt, W.H. 1988, 21–24, gezeigt hat, handelt es sich hierbei allerdings um eine spannungsvolle Einheit, da in V. 9f. der Pharao ein Handeln ankündigt, das in V. 11f. von einem Plural (den Ägyptern?) ausgeführt wird: V. 11f. als Element der ursprünglichen Mosegeschichte dürfte in 1,8–10 wohl eine neue nachpriesterliche Einleitung erhalten haben.

66 Wieder anders Blum 2012, 513f., der nur noch sehr fragmentarische „Spurenreste dieses älteren Erzählungsanfangs" wahrscheinlich machen kann, die bei der Überlagerung von 1,6–10 durch priesterliche bzw. nachpriesterliche Bearbeitungen übrig geblieben seien.

67 Vgl. dazu Schmitt 2014b, 28 (in diesem Band, S. 155).

2.4 Ex 2,1–10* als nachpriesterlich fortgeschriebene Grundschicht

Auch in der Geschichte von der Aussetzung Moses in Ex 2,1–10 lässt sich von der vorpriesterlichen Erzählung eine nachpriesterliche Fortschreibung abheben[68]: Die Stellen 2,4.7–10a, die von einer älteren Schwester Moses sprechen, widersprechen 2,1, wo Mose erstgeborenes Kind seiner Eltern ist. Auch erwartet man, dass die Tochter des Pharao den Moseknaben nicht erst Jahre nach der Auffindung adoptiert. Die Erzählmotive „das ausgesetzte Kind wird durch seine ältere Schwester begleitet" und „die Mutter versorgt Mose in den ersten Lebensjahren" (2,4.7–10aα[69]) bilden daher einen späteren Einschub, der die „hebräische" Erziehung des Kleinkindes Mose herausstellen will.[70] Diese Fortschreibung von Ex 2,1–10* dürfte, wie Utzschneider/Oswald gezeigt haben, auf die nachpriesterliche Redaktion von Ex 1ff.* zurückgehen, die Mose als „überragende Identifikationsfigur Israels" versteht.[71]

3 Die Verbindung von vorpriesterlicher Exodus- und Josefs-Geschichte durch die „weisheitstheologische Schicht"

3.1 Die Lücke zwischen vorpriesterlicher Josefs- und Exodus-Geschichte in Ex 1,6.8–10

Wenn so keine unmittelbare Verbindung zwischen vorpriesterlicher Josefs- und Exodusgeschichte zu erkennen ist, dann erklärt sich dies durch die eingehende nachpriesterliche Bearbeitung von Ex 1–2. Diese versteht den Einschnitt zwischen dem Ende der Josefsgeschichte und dem Beginn der Exodusgeschichte (vgl. Ex 1,6.8) als einen Epocheneinschnitt, der dem zwischen Josuazeit und Richterzeit entspricht (vgl. Ri 2,8a.10: „Und Josua [...] starb. Als nun auch jenes ganze Geschlecht zu seinen Vätern versammelt war, kam nach ihm ein anderes Geschlecht auf, das von Jahwe nichts wusste [...]."). Wenn die neuere Forschung meint, es habe keine vorpriesterliche Verbindung zwischen Genesis und Exodus gegeben, so orientiert sie sich an diesem Urteil der nachpriesterlichen Bearbeitung. Auch wenn man einen Gegensatz zwischen einer pazifistischen Vätergeschichte und

---

68 Anders Albertz 2012, 55f.

69 Die Zuordnung von 2,5bβ bzw. 2,5aβbβ zur Bearbeitungsschicht (vgl. Gerhards 2006, 48f., und Berner 2010, 51 Anm. 9) ist literarkritisch nicht zwingend.

70 Vgl. zuletzt vor allem Utzschneider/Oswald 2013, 88f., auch Gerhards 2006, 47–50.

71 Utzschneider/Oswald 2013, 89. Für eine nachpriesterliche Schicht spricht auch, dass sich die Vorstellung von einer Schwester Moses erst in P findet (vgl. Num 26,59).

einer kriegerischen Mosegeschichte herausstellt,[72] so übernimmt man die Vorstellung dieser Bearbeitung, die die Thematik „Krieg" zu einem zentralen Element des Exodusgeschehens macht, wie 1,9f. und 13,17f. zeigen.[73] Dabei ist durch den nachpriesterlichen Text 1,8–10 die ursprüngliche Einleitung der vorpriesterschriftlichen Exodusdarstellung offensichtlich so vollständig ersetzt worden,[74] dass nicht mehr eindeutig zu erkennen ist, ob die vorpriesterliche Exodusgeschichte auf die Josefsgeschichte zurückgegriffen hat.

Dieser Befund berechtigt allerdings nicht zu zwei Fehlschlüssen, die in der Forschung des letzten Jahrzehnts häufig gezogen worden sind. Der eine besteht in der Annahme, dass aus dem jetzigen Wortlaut von Ex 1,6–10 noch mit hinlänglicher Sicherheit ein vorpriesterlicher Text zu rekonstruieren wäre, der eine vorpriesterschriftliche Verbindung zur Josefsgeschichte beweise.[75] Aber auch die andere Schlussfolgerung aus diesem Befund stellt eine problematische Überinterpretation dar: Dass anstelle eines vorpriesterlichen Scharniers zwischen Josefs- und Exodus-Geschichte jetzt nur ein nachpriesterliches vorliegt, stellt keinen Beweis dafür dar, dass es ein solches vorpriesterliches Scharnier zwischen Genesis und Exodus nie gegeben habe.

3.2 Das fehlende vorpriesterliche Scharnier und die Verbindung zwischen Josefs- und Exodus-Geschichte durch die „weisheitstheologische Schicht"

Wenn somit angesichts der starken Eingriffe der nachpriesterlichen Bearbeitung nicht mehr die Möglichkeit der Rekonstruktion eines Scharniers zwischen Väter- und Exodusgeschichte besteht, so kann die Frage nach einer Verbindung zwischen Josefs- und Exodus-Geschichte nur noch anhand inhaltlicher Beziehungen entschieden werden. Dabei zeigt ein Vergleich zwischen der vorpriesterlichen Schicht von Gen 50* und der von Ex 1–2*, dass am Ende der vorpriesterlichen Josefsgeschichte und am Beginn der vorpriesterlichen Exodusgeschichte die gleiche „weisheitliche Theologie der verborgenen Führung Gottes" vorliegt, die in der traditionellen Pentateuchkritik als „elohistisch" bezeichnet wurde (so O. Kaiser in dem oben referierten Forschungsbericht[76]).

---

72 Vgl. u. a. Schmid 1999, 92f.

73 Vgl. oben bei Anm. 67.

74 Vgl. Gertz 2000, 394, und Utzschneider/Oswald 2013, 70f., die 1,8–10 vollständig der nachpriesterlichen Bearbeitung zuweisen.

75 So vor allem Schmidt, L. 2012, 31–36, und Berner 2010, 20–27.

76 Vgl. oben bei Anm. 4–6.

Dass die weisheitstheologisch erweiterte Josefsgeschichte auf die vorpriesterschriftliche Exodusgeschichte bezogen ist, zeigt sich zudem in Josefs Deutewort in Gen 50,20: „Ihr habt gegen mich Böses geplant, aber Gott hat es zum Guten geplant, um [...] ein zahlreiches Volk ins Leben zu bringen."[77] Dieses „Ins-Leben-Bringen eines zahlreichen Volkes ('m rb)" findet nämlich erst in der vorpriesterschriftlichen Exodusgeschichte seine Realisierung und bezieht sich dabei auf das Zahlreich-Werden Israels in Ex 1,12.[78] Der noch fragmentarisch erhaltene Beginn der vorpriesterlichen Exodusgeschichte in Ex 1,11ff.* weist somit gleichzeitig auf die in Gen 50,15–21 endende vorpriesterliche Fassung der Josefsgeschichte zurück. Zudem liegt eine der Midianiter-Fortschreibung der Josefsgeschichte entsprechende weisheitliche Theologie auch in Ex 1–2* vor: Wie nach dem Deutespruch der Josefsgeschichte (Gen 50,19f.) Gott die bösen Pläne der Brüder Josefs für seinen Heilsplan nutzt, so gebraucht Gott in Ex 1f.* die Feindschaft des ägyptischen Königs: Der gegen die israelitischen Knaben gerichtete Tötungsbefehl des Pharao führt so zur Aussetzung des Mose, zum Mitleid der Tochter des Pharao[79] und schließlich zum Aufwachsen Moses am Pharaonenhof.[80] Das, was nach menschlichem Plan ein Weg zum Tod sein sollte, erweist sich im Lichte der verborgenen Führung Gottes als Weg zum Leben. Dem entspricht in der atl. Weisheit die Forderung, „Jahwe-/Gottes-Furcht" zu üben, was hier bedeutet, der *Unverfügbarkeit des göttlichen* Handelns zu vertrauen und damit gleichzeitig auch die *Unverfügbarkeit des Mitmenschen* anzuerkennen. Somit fügt sich auch die Betonung der Gottesfurcht Josefs in Gen 42,18 und die der ägyptischen Hebammen in Ex 1,17 in diese gemeinsame „weisheitliche" Theologie der vorpriesterschriftlichen Väter- und Exodusdarstellung ein.[81]

---

77 Zur Übersetzung vgl. Ebach 2007, 662.

78 „Zahlreiches Volk" bezieht sich auf das künftige Volk Israel von Ex 1 (vgl. Van Seters 2013, 260; auch Seebass 2000, 200).

79 So wird die Tochter des Pharao zu einem Werkzeug Gottes, durch das die Pläne ihres Vaters durchkreuzt werden. Diese Andeutung einer verborgenen göttlichen Führung, bei der Gott nicht direkt in das Geschehen eingreift, entspricht Gen 50,20 und deutet auf einen weisheitlichen „Sitz im Leben" von Ex 2,1ff. Vgl. hierzu Schmidt, W.H. 1988, 63.

80 Vgl. hierzu auch Schmid 1999, 100. Auch bei der Namengebung Moses in 2,10 zeigt sich diese Spannung zwischen menschlicher Planung und „durchkreuzender" göttlicher Führung. So erläutert die Tochter des Pharao den Namen „Mose" mit dem Hinweis, dass sie Mose aus dem Wasser herausgezogen habe. Der hebräische Name „Moschäh" stellt jedoch ein Partizip Aktiv dar und ist mit der „Herausziehende", der „Herausführende", zu übersetzen. Somit deutet die Tochter des Pharao unbewusst die künftige heilsgeschichtliche Rolle Moses an. Vgl. hierzu vor allem Gerhards 2006, 136–148, auch Berner 2010, 51.

81 Vgl. hierzu oben bei Anm. 5.

Auf diesem Hintergrund ist auch die These, dass in der Mosegeschichte ein anderes Ägyptenbild (ägyptenfeindlich) als in der Josefsgeschichte (ägyptenfreundlich) vorliege, in Frage zu stellen: In Ex 1,11–2,10* bilden die Hebammen und die Tochter des Pharao durchweg positive Repräsentanten Ägyptens. Selbst der Pharao setzt in dieser ältesten Mosegeschichte[82] – wie die Brüder in der Josefs geschichte – nur Pläne in Gang, die Gott zum Guten „durchkreuzt".

In den oben angeführten Belegen zeigt sich somit eine die Josefs- mit der Exodus-Geschichte verbindende vorpriesterliche Schicht. Wie sie im Einzelnen abzugrenzen ist, kann im Rahmen dieses Aufsatzes nicht geklärt werden.[83] O. Kaiser hat zu Recht darauf aufmerksam gemacht, dass die Theologie dieser Schicht deutliche Entsprechungen zu der die verborgene Führung Gottes betonenden Theologie zeigt, die die traditionelle Pentateuchkritik dem „Elohisten" zuschrieb. Um keine Verwechslungen mit der „*Quelle* Elohist" hervorzurufen, spreche ich hier nur von der vorpriesterlichen „weisheitstheologischen Schicht", die die Josefsgeschichte (und wohl die Vätergeschichte insgesamt) mit der Exodusgeschichte verbindet. An ihr zeigt sich, dass es in Israel bereits vor der Priesterschrift weisheitliche Kreise gab, die sich um theologische Geschichtsschreibung bemühten und dabei schon Vätertraditionen und Moseüberlieferungen miteinander verbanden.

---

82 Wie Gertz 2000, 229–231.303f.394–396 (vgl. Schmitt 2014b, 44 [in diesem Band <?><?><?>]; auch Berner 2010, 345.349f.430) gezeigt hat, ist die Fluchtvorstellung von Ex 14,5a auf eine ursprüngliche Mosegeschichte (ohne Plagen und Verhandlungen über eine Entlassung Israels) zurückzuführen. In der „spätprophetischen" Plagen-Erweiterung dieser Geschichte geht es dabei vor allem um das Thema „Segen für andere Völker" (vgl. Ex 12,32). Bemerkenswert ist, dass sich auch in der Josefsgeschichte in Gen 39* eine entsprechende „Segen für andere Völker" (vgl. 39,5) thematisierende Erweiterung findet.
83 Vgl. aber Schmitt 2009b (in diesem Band, S. 3–27).

Parallel Narrative Patterns between Exodus 1–14* and the Ancestral Stories in Genesis 24* and 29–31*

Abstract: The pre-Priestly Exodus story in Exod 1–14* and the pre-Priestly Jacob story in Gen 29–31*[1] show some remarkable common features: First, the beginning of the pre-Priestly story of the miracle at the sea in Exod 14:5a, 6, 9* exhibits close similarities with the episode of Laban's pursuit of Jacob in Gen 31:22–25*. Second, the pre-Priestly narrative of Moses' encounter with his future wife at a well in Exod 2:15–22* resembles the "well narrative" at the beginning of the Jacob-Laban cycle in Gen 29*. Third, in the Abraham story another "well narrative" is found in Gen 24*. Can these parallel narratives between Exodus and Genesis be evidence for a common literary history of both books?

1 Exod 14:5a, 6, 9* and Gen 31:22–25*

1.1 Flight and pursuit in the pre-Priestly stories of the miracle at the sea and of the Jacob-Laban circle

We begin with the story of the miracle at the sea. The pre-Priestly version of this narrative begins as follows (Exod 14:5a, 6, 9):[2]

> [5] When the king of Egypt <u>was told</u> that the people <u>had fled,</u> [6] he made ready his chariot, and <u>took</u> his people <u>with him.</u> [9] So the Egyptians <u>pursued</u> them and <u>overtook</u> them camping by the sea.[3]

---

1 In the following study, I reconstruct the pre-Priestly stratum of Exod 1–4*; 14* and of the Jacob-Laban cycle without distinguishing between earlier and later layers (e. g., between the so-called "Yahwistic", "Elohistic" or "Yehowistic" layers of classical pentateuchal criticism).

2 Corresponding expressions are underlined. The translation of biblical texts in this study generally follows the New King James Version.

3 It is difficult to find a connection between this oldest version of the exodus story which speaks of the "flight" of Israel out of Egypt (Exod 14:5a) and the previous story in Exod 1–13*. Berner 2010, 335, 403, assumes that in the oldest story of the exodus, Moses' return to Egypt in Exod 4:20aβ was immediately followed by the departure of the Israelites in Exod 12:37a; 13:20, 21aα; 14:5a, 6. Berner 2010, 269, also reconstructs a later pre-Priestly layer of the story of the last plague (death of the firstborn) which reports an expulsion of Israel by the Egyptians without a dismissal by Pharaoh (12:29a, 30aβb, 33*) as an introduction to the account of Exod 14:5a, 6.

https://doi.org/10.1515/9783110724448-006

Now, in the Jacob-Laban cycle the episode of Laban's pursuit of Jacob in Gen 31:22–25* shows a similar beginning:

> [22] Laban <u>was told</u> on the third day that Jacob <u>had fled</u>. [23] Then he <u>took</u> his kinsfolk <u>with him</u> and <u>pursued</u> him for seven days' journey, and he caught up with him in the mountains of Gilead. [...] [25] So Laban <u>overtook</u> Jacob.

It seems that the pre-Priestly beginning of the story of the miracle at the sea has influenced the composition of the Jacob story.[4] Christoph Berner, however, has some doubts whether Exod 14:9aα belongs to the pre-Priestly version of Exod 14*.[5] Since 14:9aβγb is a post-Priestly insertion, he regards 14:9aα as a post-Priestly addition as well. Yet the following observation points in a different direction: The Priestly and the post-Priestly layers of Exod 14:3–4, 5b, 8, 10aα call the pursuer "Pharaoh", whereas Exod 14:9aα refers to "Egypt" like the pre-Priestly version in 14:5a, 6 (the king of Egypt and his people) and 14:10bα (the Egyptians were advancing on them). Therefore, Exod 14:9aα must be regarded as the continuation of the pre-Priestly stratum in Exod 14:5, 6.[6]

The similar expressions in the account of the pursuit of Jacob by Laban in Gen 31:22–25* also belong to a pre-Priestly stratum of the Jacob story.[7] Thus, it is probable that the pre-Priestly narrative of the pursuit of Jacob by Laban in Gen 31:22–25* and the pre-Priestly version of the story of the miracle at the sea in Exod 14 were adjusted to each other, so that the divine intervention in the pursuit of Jacob appears as an anticipation of Yhwh's intervention during the miracle at the sea. This assumption is confirmed by the following examination of the entire structure of the two pre-Priestly pursuit episodes in Exod 14:5–30* and Gen 31:17–42*.

Yet neither reconstruction is convincing: A departure or an "expulsion" of Israel cannot be identified with a "flight". Perhaps Exod 14:5a refers to a version of the exodus story without plagues (cf. Gertz 2000, 229–231.303f.; Schmitt 2014b, 44 [in this volume, p. 168]).

4 See Weimar/Zenger 1979, 52; Schmitt 2009b (in this volume, p. 19), 256; Berner 2010, 344 n. 6. In a later study, Berner 2014, 15, assumes the opposite direction of influence, citing Levin 1993, 239 n. 9, 341, who argues that the motif of flight in Exod 14* was taken up from Gen 31*.

5 Berner 2010, 344–346.

6 Cf. especially Krüger 1996, 527; Albertz 2012, 225; Wagner, T. 2015, 119, but also Gertz 2000, 215f.

7 Cf. Ruppert 2002, 296.

1.2 The similar structure of the pre-Priestly narratives in Exod 14* and Gen 31*

1.2.1 The pre-Priestly version of the sea miracle in Exod 14:5 – 30*

In order to reconstruct the pre-Priestly version of the miracle, it is necessary to bracket out the Priestly[8] and the post-Priestly passages[9] of Exod 14. After that, verses 14:5a, 6, 9aα, 10bα, 13 – 14, 21aα2β, 24*, 25b, 27aα2βb, 30[10] remain for the pre-Priestly version of Exod 14*.

1.2.2 The pre-Priestly version of Laban's pursuit of Jacob Gen 31:17 – 42*

In the same way, we can attempt to reconstruct the pre-Priestly narrative of Gen 31:17 – 42* by bracketing out the Priestly and the post-Priestly passages. At first we have to exclude Gen 31:18aβb, which goes back to P.[11] Secondly, the episode of Rachel's theft of Laban's *teraphim*[12] (31:19b, 30b, 32 – 37*)[13] must be regarded as a post-Priestly text. Originally, this *teraphim* narrative was a sort of folkloric farce;[14] in the present context, however, it is used for a theological derision of foreign gods in the manner of Isa 44:9 – 20.[15] The episode refers to the account of the abolition of the foreign gods which Jacob commands in Shechem before the pilgrimage to Bethel in Gen 35:2 – 4.[16] This account of the abolition of foreign gods belongs to a post-Priestly stratum of the Enneateuch[17] and has parallels in Josh 24:14, 23, Judg 10:16 and 1 Sam 7:3. Thirdly, in Gen 31:42 the explanation of "the God of my father" by "the God of Abraham and the *paḥad* of Isaac" is obviously a late postexilic gloss.[18]

---

8 Exod 13:20; 14:1 – 2a, 3 – 4, 8a*, 10abβ, 15, 16a*, 16b – 18, 21aα[1]b, 22 – 23, 26, 27aα[1], 28, 29.

9 Post-Priestly elements in Exod 13:17 – 14:31 include 13:17 – 19, 21 – 22; 14:2b, 5b, 7, 9aβb, 11 – 12, 16a*, (19a,) 19b – 20, 24aγ, 25a, 31. Cf. Schmitt 2014b, 28 – 35 (in this volume, p. 155 – 161).

10 Cf. Schmitt 2014b, 36 – 42 (in this volume, p. 161 – 166).

11 See already Gunkel 1910, 343; cf. Westermann 1981, 601; Boecker 1992, 84.

12 Like in 1 Sam 19:13, 16, *teraphim* must be translated here as a singular ("a household god"). Cf. Westermann 1981, 602.

13 Ruppert 2002, 285 – 287.293.296, assigns Gen 31:19b, 30b, 32 – 36*, 37 to an insertion by the "Jehovist". But the similarities with the postexilic mocking of idolatry speak for a *post-Priestly* addition. Cf. also Macchi 2001, 161 – 162, for a dating of the *teraphim* layer to the Persian period.

14 Cf. Blum 1984, 201.

15 See Levin 1993, 243 – 244.

16 See Gunkel 1910, 346; cf. Wenham 1994, 274.

17 On this post-Priestly redaction cf. Blum 1990, 363 – 365; Nentel 2009, 304 – 308.

18 Cf. Boecker 1992, 91; Ruppert 2002, 318f.

If one omits these Priestly and post-Priestly passages, the following verses remain: Gen 31:17–18aα, 19a, 20–30a, 31, 36b, 38–42*. These passages seem to form the original account of the pursuit of Jacob in Gen 31:17–42*.

1.2.3 Comparison of the structure of the pre-Priestly pursuit episodes in Gen 31* and Exod 14*

If we analyze the structure of these pre-Priestly narratives, we notice that both episodes are structured by five scenes which correspond to each other.

1. Jacob flees from Laban and is pursued by him (Gen 31:17–23*)
    Israel flees and is pursued by the King of Egypt (Exod 14:5a, 6, 9*)
2. Laban overtakes Jacob (Gen 31:25)
    Egypt overtakes Israel (Exod 14:9–10*)
3. Turning point: a word of God to Laban (Gen 31:24)
    Turning point: a salvation oracle announced by Moses (Exod 14:13–14)
4. Laban recognizes God's intervention for Jacob (Gen 31:25–29)
    Egypt recognizes Yhwh's fighting for Israel (Exod 14:21*, 24, 25)
5. God sees the misery of Jacob[19] (Gen 31:38–42*)
    God saves Israel (Exod 14:27*, 30)

Thus, Jacob's flight from Laban is depicted as a "prefiguration of the Exodus".[20] These parallels between the exodus/Moses and Jacob aim to reveal structures of divine guidance which connect the conceptions of God in the exodus and in the Jacob story. The narrator seeks to bear witness to a God who rescues his people in very different situations of need. Thus, it is notable that the Jacob-Laban narrative – unlike the miracle at the sea (Exod 14:30) – does not end with the "salvation" of Jacob, but with the statement that God has seen his misery (Gen 31:42).

The concept of God who sees the misery of his worshippers can now be found in the Jacob-Laban cycle *and* in the exodus story. Thus, in Gen 29:32 Leah states that God has seen her misery and has given her Jacob's firstborn son Reuben. A similar conception of God, but now related to a political situation, is found in the prelude to the exodus story in God's call of Moses Exod 3:1–12*. In 3:7, Yhwh affirms that he has seen the misery of Israel in Egypt. The salvation/

---

19 Gen 31:42a: God prevented that Jacob was sent away *ryqm* "empty-handed" (cf. Deut 15:13). In Exod 3:21–22 (cf. 12:35–36; also 11:2–3), this motif is related to the Israel of the exodus by a late-Deuteronomistic, *post-Priestly* insertion (see Berner 2010, 99–102; cf. Schmidt, W.H. 1988, 142–143). Cf. differently Levin 1993, 329, who regards 3:21–22 as part of the *pre-Priestly* exodus story.

20 Cf. Graupner 2002, 310; also Ruppert 2002, 329.

deliverance of his people which is described in Exod 14:30 is only predicted for the future in 3:8. These passages show that the pre-Priestly Jacob-Laban story (Gen 29 – 31*) and the pre-Priestly Exodus story (Exod 3:1 – 12* and 14*) are connected by a common "coordinated" theology.

In order to describe this theological structure more clearly, a further similarity between the exodus and the Jacob stories must be examined. In both stories a "scene at a well" has a central function: It is at a well that Moses meets the daughters of the priest of Midian, who becomes his father-in-law in Exod 2:15 – 22*, and in Gen 29:1 – 14 it is also at a well that Jacob meets Rachel, who becomes his favorite wife. Below, in parts 2 and 3, we will examine the function of these well scenes within their respective contexts and consider whether we can ascribe the well scenes in Exod 2* and Gen 29 – 31* to the same theological author (or theological school?) that had coordinated the pre-Priestly versions of the miracle at the sea and of the Jacob-Laban cycle with each other.

2 The pre-Priestly "well narrative" in Exod 2:15 – 3:12*

2.1 The pre-Priestly context of Exod 2:15 – 22*

2.1.1 The beginning of the pre-Priestly Exodus story

The scene at the well in Exod 2:15 – 22* is now part of the pre-Priestly exodus story in Exod 1 – 4*.[21] In the following section we will attempt to reconstruct the pre-Priestly version of this story. Many scholars[22] assume that this exodus story begins in Exod 2:1 with the exposure of the child Moses at the bank of the river Nile. Yet in Exod 2:1 – 10* a convincing explanation for this exposure is lacking. We can find such an explanation, however, if we take Exod 1:22[23] as the prelude to 2:1 – 10: Here, the king of Egypt gives the command to throw the newborn Hebrew boys into the Nile. In the pre-Priestly text of Exod 1,[24] v. 22 is the third of three increasingly drastic measures by which the king of Egypt tries to reduce the population growth of Israel: first, by forced labor

---

21 Berner 2010, 430, interprets Exod 2:15 – 22* as an early pre-Priestly insertion into the original exodus story of Exod 2:1 – 15:22*.

22 Cf. Levin 1993, 317 – 320; Schmid 1999, 152 – 157; Otto 2000d, 49f.; Berner 2010, 49f.

23 Cf. Gertz 2000, 371 – 375; Gerhards 2006, 27 – 34; Dozeman 2009, 79f.; Jeremias 2015, 101.

24 On Exod 1:1 – 5*, 7, 13 – 14 as P and Exod 1:6, 8 – 10, 20b – 21a as a post-Priestly reworking cf. Schmitt 2015b, 180 – 182 (in this volume, p. 63 – 66).

(vv. 11–12),[25] second, by commanding the midwives of the Israelites to kill the newborn boys (vv. 15–21*) and third, by drowning the Hebrew boys in the Nile. In 2:1–3, 5–6, 10aβb,[26] the child Moses is rescued by the compassion of Pharaoh's daughter, contrary to the plan of her father.

The following verses 2:11–12[27] can be regarded as a convincing continuation of Exod 1:11–2:10*: After his childhood in the Egyptian palace, Moses is confronted with the oppression of his "brethren" by the Egyptians, and he tries to defend an oppressed Hebrew by killing his oppressor.

The passage 2:13–14 (the conflict between two Hebrews) is omitted as a later addition by Christoph Levin,[28] but vv. 13–14 are an indispensable element of the original exodus story. Here, the question of Moses' authority is raised: Verse 14 anticipates the call of Moses in Exod 3:1–12*, where this question is answered (v. 10*).[29]

2.1.2 The pre-Priestly version of the well scene in Exod 2:15–22*

Christoph Berner regards the well scene in Exod 2:15–22* and the account of the marriage of Moses with Zipporah, the daughter of the priest of Midian, as an insertion into the original exodus story.[30] For Berner, the double *wyšb* in Exod 2:15

---

25 Berner 2010, 434, assumes that the pre-Priestly layer in Exod 3:7, 9, which speaks of Israel's "misery/oppression", is older than Exod 1:11–12 and 2:11–12, which mention the "forced labor" (*sblwt*) of the people. Yet these different descriptions of Israel's oppression do not contradict each other; thus, Exod 1:11–12; 2:11–12 and 3:7* can be assigned to the *same* pre-Priestly layer. Cf. Levin 1993, 74.76.314.

26 The original story of the birth of Moses presupposes in Exod 2:1 that Moses is the firstborn child of his parents. Therefore, the elements of the story which mention an older sister of Moses (vv. 4, 7–10aα) must be a later addition which emphasizes that Moses was brought up in a Hebrew family (for Berner 2010, 52f., the original story consists only of vv. 1, 2, 3*, 5aαbα, 6aα*, 10aβb).

27 Berner 2010, 53, assumes that Exod 2:11aβ goes back to a later addition. But the repetition of *wyr'* does not support the omission of v. 11aβ, since such repetitions are characteristic of the style of Exod 2* (cf. n. 31 below).

28 Levin 1993, 324f., states that vv. 13–14 give a different explanation for the flight of Moses than 2:15. Yet 2:13–14 and 2:15 do not contradict each other (cf. Gertz 2000, 377). Cf. furthermore Berner 2010, 54f., who regards v. 14a as dependent on Num 16:13 (rebellion against Yhwh's promises). However, Exod 2:14 does not yet refer to God's promises.

29 Cf. Houtman 1993, 294.

30 Berner 2010, 56. Cf. Schmidt, W.H. 1988, 83f., and Gertz 2000, 377f., who suggest that a separate piece of tradition in Exod 2:15bβ₂, 16–22 (beginning with the second *wyšb*) has been taken up by the pre-Priestly exodus story. But this suggestion is problematic, since the assumed piece of tradition lacks context.

is a clear indication that v. 15 was reworked by the insertion of 2:15bβ₂, 16–22 into the original sequence 2:15bβ₁; 3:1. But the double *wyšb* is no evidence for an insertion: In the old exodus story, we often find an original double use of the same verb in the same sentence (cf. 2:3, 11, 15).[31] Therefore, the interpretation of the "well scene" in 2:15–22*[32] as an insertion cannot be justified. In addition, the "well scene" of Exod 2:15–22* is indispensable as a prelude to the call narrative of Exod 3:1–12*. The introduction of the call narrative in Exod 3:1 cannot be understood without the preceding "well scene", which explains why Moses has married a daughter of the priest of Midian and why he is tending the flock of the priest.[33]

2.1.3 The pre-Priestly version of the call of Moses: Exod 3:1–12*[34]

Many biblical scholars hold the opinion that the story of the call of Moses in Exod 3:1–12* was not part of the original exodus story. They argue that Exod 2:23aα (*it happened [...] that the king of Egypt died*) has its original continuation in 4:19 (*Yhwh said to Moses in Midian: Go, return to Egypt; for all the men who sought your life are dead*).[35] But this assumption is not convincing: The statement that all the men who sought to kill Moses had died is not a direct continuation of the notice in 2:23aα, where only the king of Egypt had died.[36] It is more likely that 2:23aα (*it happened during this long time*) is a post-Priestly addition to the Priestly text 2:23aβ–25, which tries to explain why, according to P, Moses is already eighty years old when he returns to Egypt (cf. Exod 7:7).[37]

Therefore, Yhwh's call of Moses in Exod 3:1–4:20* can be regarded as a continuation of the original exodus story in Exod 1:11–2:22*.[38] Berner is right when he postulates that the account of Moses' sojourn in Midian must contain the es-

---

31 See *wtśm* (twice) in 2:3, *wyr'* (twice) in 2:11, *wyšb* (twice) in 2:15.
32 Only "Reuel" in Exod 2:18 is an addition. The name is borrowed from Num 10:29. In Exod 2:15–22*, the priest of Midian at first remains unnamed (cf. 2:16, 21). Only later the name "Jethro" is introduced (3:1; 4:18; cf. 1 Sam 9, where at the beginning of the story the "seer" is anonymous).
33 The literary evidence of Exod 3:1* cannot prove the assumption of Berner 2010, 59f., that the designation of the priest of Midian as "Moses' father-in-law" and the name "Jethro" are secondary insertions. Only "to Horeb" seems to be a secondary addition. Cf. Gertz 2000, 261–266.
34 For a discussion of recent research on Exod 3–4 see Pietsch 2014, 151–166.
35 Cf. especially Schmid 1999, 186–209, who assumes that the whole narrative of the call of Moses in Exod 3:1–4:17 is a post-Priestly insertion.
36 Cf. Schmitt 2009b, 250.252 (in this volume, p. 12f. 15); Berner 2010, 57; Schmidt, L. 2014, 350.
37 Cf. Schmitt 2009b, 250 (in this volume, p. 12f.); Berner 2010, 58.
38 Exod 1:11–12, 2:11–15 and 3:1–12* presuppose the same situation and refer to each other.

sential parts of the call of Moses in 3:1–12*. As we have seen, Exod 3:1*, which describes Moses as leading the flocks of his father-in-law Jethro to the mountain of God, simultaneously presupposes the "well scene" of 2:15–22* *and* the scene at the mountain of God in 3:1–12*. Thus, both scenes form a coherent narrative.[39]

The account of the call of Moses in Exod 3:1–12* has undergone multiple reworkings. Especially Exod 3:2a (*the angel of Yhwh appeared to Moses in a flame of fire from the midst of a bush*) disrupts its original context, since it anticipates the climax of the entire episode as well as the report about the burning bush in vv. 2b–3 (*[...] then Moses said: I will now turn aside and see this great sight, why the bush does not burn*).

After v. 4, which belongs to the original story,[40] further evidence for a literary insertion can be found in the double introduction of divine speech in vv. 5–6. Gertz assumes that vv. 4b, 6a are a *post-Priestly* addition.[41] But it is more likely that v. 5 belongs to a *later redaction*. The verse is a nearly verbatim parallel to Josh 5:15.[42] In both passages, a command is made to take off one's sandals because of the holiness of the ground.[43] The holiness of the place is only dependent on the presence of a heavenly messenger: the angel of Yhwh in Exod 3:2a and the commander of the army of Yhwh in Josh 5:15, respectively.[44]

Thus, v. 6a* must be the continuation of v. 4b.[45] God's prophetic call[46] "Moses, Moses" and Moses' answer "Here I am" are followed by God's self-rev-

---

39 Utzschneider/Oswald 2013, 100f., speak (instead of a "well scene") of a "betrothal journey narrative" (cf. Martin 2008, 505–525). The structure of these narratives includes the journey to the well and the return. A scene with God's command to return must therefore be regarded as an essential element of such a "well narrative".

40 The different designations of God (Yhwh, Elohim) in Exod 3:4a and 4b are not a sufficient basis for the assumption of different literary layers. See Van Seters 1994, 36f.

41 Gertz 2000, 270.

42 See Weimar 1980, 39. On the relationship between Ex 3:5 and Josh 5:13–15 cf. also Van Seters 1994, 37–40.

43 Levin 1993, 329, interprets v. 5 as the etiology of a cultic place which has been discovered by Moses. But this interpretation remains problematic: The account does not name the place. The corresponding text in Josh 5:13–15 (cf. v. 15: *Then the commander of Yhwh's army said to Joshua: Take your sandal off your foot, for the place where you stand is holy. And Joshua did so.*) likewise does not reflect an old local tradition, but is the product of scribal activity. Cf. Bieberstein 1995, 415.

44 On this *mal'āk*-concept see Exod 23:21; cf. Schmitt 2015a, 281–284 (in this volume, p. 194–196) and n. 85 below.

45 Gertz 2000, 278–280, and Berner 2010, 83–85 ascribe vv. 4b, 6 to a post-Priestly insertion, yet vv. 4b, 6a* are an indispensable part of the original narrative of Exod 3*. Without these verses, an indication that Moses speaks with God is lacking (cf. Römer 2006b, 74 n. 76).

elation: "I am the God of your father".[47] Verse 6b (*Moses hid his face, for he was afraid to look upon God*) is thus an appropriate response to God's self-revelation in v. 6a* and prepares for the divine speech in 3:7–12*.

In this speech, God begins with a description of Israel's suffering in Exod 3:7 (*Yhwh said: I have surely seen the misery ['ny] of my people who are in Egypt and have heard their cry*).[48] Verse 8 predicts God's descent and deliverance of his people out of the hand of the Egyptians.[49] In 3:9–10[50] God declares that the deliverance of Israel will begin with the prophetic mission of Moses to Pharaoh (*Now [...], the cry of the children of Israel has come to me [...] Come now [...] and I will send you to Pharaoh that you may bring my people [...] out of Egypt*).[51]

Christoph Berner assigns 3:9, 10*, 11, 12aα to a *later, but still pre-Priestly* addition,[52] but here no clear literary-critical evidence for separating pre-Priestly layers can be found. This passage shows the features of the genre of a "prophetic call" (cf. Jer 1). Therefore, the motif of a sign by God in 3:12a (*God said: I will certainly be with you, and this shall be a sign to you that I have sent you*),[53] which

---

46 For a corresponding prophetic *qr'* of God cf. 1 Sam 3:4–10. See Van Seters 1994, 37; cf. Kaiser 1993, 224.

47 The phrase "the God of Abraham, the God of Isaac and the God of Jacob" is an expansion which contradicts the singular form of "God of your father" (see Römer 1990, 565). For "God of your father" as "personal god" cf. Gen 31:29, 42.

48 The original description of the *misery* of Israel in v. 7a is completed in v. 7bα₂β by oppressions which are reported in post-Priestly texts in the exodus story. Thus, "because of their taskmasters, for I know their pains" refers to the post-Priestly account in Exod 5:5–23. Cf. Levin 1993, 339.

49 A late-Deuteronomistic addition has expanded the announcement of Yhwh "to bring his people up from that land" with a description of the promised land: "to a good and broad land, to a land flowing with milk and honey, to the place of the Canaanites and the Hittites and the Amorites and the Perizzites and the Hivites and the Jebusites." On the Deuteronomistic character of these additions see Schmidt, W.H. 1988, 137–142. Reference to the "original peoples" of Canaan is typical of late-Deuteronomistic and post-Priestly layers of the Enneateuch. Cf. Schmitt 2015a, 277–303 (in this volume, p. 191–215).

50 Exod 3:9 is not a doublet of 3:7–8, but the introduction (cf. *w'th*) to Yhwh's commissioning of Moses in v. 10 (cf. Blum 1990, 22f.). Exod 3:9–10 as part of the "old" Exodus story obviously presupposes an "old" version of a "mission to Pharaoh" which ended with the "flight of Israel" (Exod 14:5a).

51 Exod 3:7, 9 are cited in the late-Deuteronomistic "small historical creed" of Deut 26* in 26:7. For another late-Deuteronomistic allusion to Exod 3:7 cf. 2 Kgs 14:26.

52 Berner 2010, 103, assumes that the oldest pre-Priestly account of Moses' appearance before Pharaoh is found in Exod 5:1–2. This assumption is problematic, since 5:1–2 seem to belong to a post-Priestly layer (cf. the similar theme of *knowing Yhwh* in Exod 9:14, 29). On 5:2 as late passage cf. Albertz 2012, 100.103.

53 Only v. 12b where in God's speech God is mentioned in the third person and the 2ms address to Moses is changed to a 2mp form (the Israelites) must be regarded as a post-Priestly addition

also belongs to this genre,[54] should be regarded as part of the original call story: Here, the sign consists of God's presence with Moses. The following sections of Exod 3–4*[55] (with the exception of 4:18*,[56] 20*[57]) go back to post-Priestly redactions.

2.2 The structure of the pre-Priestly "well narrative" in Exod 2:15–3:12*

The "well narrative" in Exod 2:15–3:12* shows the following structure:
1. Context: The conflict between Egypt and the Hebrews: Pharaoh seeks to kill Moses (1:11–2:15a*)
2. Moses flees from Egypt to Midian and meets the daughters of the priest of Midian (among them his future wife) at the well (2:15b–16)
3. Moses helps to water the flocks of his future father-in-law (*"delivering" the daughters "out of the hand" of the shepherds*) (2:17–19)
4. Moses remains in the house of his future father-in-law (2:20–21a)
5. Moses marries Zipporah and she gives birth to a son (2:21b–22)
6. God announces the "deliverance" of Israel and commands Moses to return to Egypt (3:1*, 2b–4, 6*, 7–12*; 4:18*, 20*).

It should be noted that the primary function of the "well narrative" in Exod 2:15–3:12* is to prepare for the divine revelation in the land of Midian in 3:1–12*, in which God promises to save Israel and sends Moses to liberate his people out of the hand of the Egyptians. The close relationship between both parts of Exod 2:15–3:12* can be seen in 2:19. Here, Moses "delivers the daughters of the priest of Midian out of the hand of the shepherds" which connects to God's later promise to Moses to "deliver" Israel "out of the hand of the Egyptians" in 3:8.[58] Moreover, Moses' marriage to Zipporah and his residing in the house of his

---

(*when you have brought the people out of Egypt, you shall serve God on this mountain*). See Graupner 2002, 23.

54 Berner 2010, 76–78, denies the existence of this genre and omits 3:12aβb.

55 On 3:13, 15 and 3:14 as additions cf. Irsigler 1999, 66–80. The following text of Exod 3:16–4:17 contains exclusively post-Priestly materials (cf. Berner 2010, 105, 135). Only 4:18, 20a* belong to the original Exodus story (cf. Levin 1993, 76).

56 The command of Yhwh to return to Egypt in Exod 4:19 comes too late after Moses' farewell to his father-in-law in 4:18. In the original Moses story, God has given this command already in 3:10.

57 The original exodus story speaks only of *one* son (Gershom, cf. 2:22). The reference to Moses' *sons* in 4:20 goes back to later traditions (see 18:3–4). Cf. Berner 2010, 133–135.

58 At the same time, the "well scene" in Exod 2:15–22* shows close connections to the miracle at the sea in Exod 14*. In 14:30, God saves Israel "out of the hand of the Egyptians" (cf. 2:19; 3:8).

father-in-law are preconditions for his tending to Jethro's flocks and therefore for his encounter with God at the mountain of God in Exod 3:1–12*. Even the notice that Zipporah gives birth to a son with the name "Gershom" in Exod 2:22 is an indication that Moses is waiting for God's call to bring his "brethren" into the promised land. For Moses explains the name of his son by the statement: "I have become an alien (*ger*[59]) in a foreign land."[60]

3 The pre-Priestly "well narrative" in Gen 29:1–31:16*

3.1 Post-Priestly additions in Gen 29:1–31:16*

Before we examine the pre-Priestly structure of the "well narrative" of the Jacob-Laban cycle, the most significant post-Priestly additions to the text of Gen 29:1–31:16* must be discussed. First of all, the reference to Leah's and Rachel's maidservants in Gen 29:24 and 29:29 interrupts the narrative of Jacob's marriage to Leah and Rachel. These verses are obviously late additions.[61] A similar interruption occurs in Jacob's dream of a manifestation of the God he had met in Bethel (Gen 31:11, 13). Here, Gen 31:10, 12 also seem to belong to a late,[62] apparently post-Priestly reworking.[63] Furthermore, Gen 31:3 is a post-Priestly addition, since it connects to Gen 32:8–12 (Gen 32:9 cites 31:3),[64] which belongs to a late-Deuteronomistic and post-Priestly redaction of the Enneateuch.[65]

Christoph Levin assumes that the birth stories of the sons of Rachel's and Leah's maidservants, and the birth stories of Issachar and Zebulun, too, belong to post-Priestly insertions.[66] Yet all of the birth stories of Jacob's eleven sons show a similar structure (including an etymological etiology), so that they all seem to go back to the pre-Priestly story of Jacob and Laban.[67]

Moreover, in 14:30 Yhwh "saves" Israel just as Moses "saves" the daughters of the priest of Midian in 2:17. Cf. Berner 2010, 61f. 430f., on Exod 2* and 14* as parts of a pre-Priestly composition.
59 Moses is regarded as a *ger* in Midian (Exod 2:22) like Jacob in Haran (Gen 32:5).
60 See the translation in Dozeman 2009, 91. Cf. Utzschneider/Oswald 2013, 101.
61 Ruppert 2005, 211f. 218, assigns the two verses to a post-Priestly redaction.
62 Cf. v. 12 ("I lifted my eyes […] and behold") with Zech 2:1; Dan 8:3; also Gen 13:14.
63 Cf. Levin 1993, 244.
64 Cf. Blum 1984, 152–164.
65 On this late-Deuteronomistic enneateuchal redaction cf. Nentel 2009, 256–261.
66 Levin 1993, 229–231. Similarly Kratz 2000, 274.280.
67 Cf. Schorn 1997, 70–73. Schorn assumes that in Gen 29:31–35; 30:18*, 20*, 24b the "story of the birth of Jacob's sons" shows traces of a reworking by a pre-Priestly "Yhwh-redaction".

Only the note on the birth of Dinah in 30:21 must be assigned to a post-Priestly reworking of this section. It cannot belong to the pre-Priestly account of the births of the children of Jacob, since it lacks an etymological etiology of the name of the child as found in all of the original birth stories in Gen 29:31–30:24*. Therefore, 30:21 must be assigned to a late insertion[68] that connects to the post-Priestly story of Dinah and Shechem in Gen 34.[69]

3.2 The structure of the "well narrative" in Gen 29–31*

In the following section, we will first focus on the pre-Priestly elements in Gen 29:1–31:16*, which correspond to the structure of the "well narrative" in Exod 2–3*:

1. Context: The conflict between Jacob and Esau: Esau seeks to kill Jacob (25:21–34*; 27:1–35; 28:10–22*)
2. Jacob flees to Laban in Haran (27:43; 28:10; 29:4)[70]
3. Jacob meets his future wife Rachel at the well of Haran and helps to water her flocks (29:1–14)
4. Jacob remains in the house of his future father-in-law (29:15–20)
5. Jacob marries Leah and Rachel and has eleven sons (29:21–30:33)
6. God commands Jacob to return to the land of his family (31:1–42*).

Both "well narratives" presuppose a conflict which leads to the flight of the hero. Both report an encounter of the hero with his future wife at the well, where he helps to water her flocks, and both tell of marriages and the births of one or more sons. Both "well narratives" are concluded by an encounter with God who commands the return of the hero.

In Exod 2:15–3:12*, the themes of the "well narrative" are described in a few verses; in Gen 29–31*, however, these same themes form a long narrative and fill three chapters. Unlike the "well narrative" in Exod 2–3*, this "well narrative" does not culminate in a commissioning by God; rather, it seeks to describe how the forefathers of the twelve tribes of Israel were born and how – as a cli-

---

68 Cf. Levin 1993, 229; Schorn 1997, 70.

69 See Levin 1993, 263.

70 According to the pre-Priestly story in Gen 29–31*, Laban's home is in Haran. The interpretation of "Haran" in Gen 27:43; 28:10 and 29:4 as late "insertions" (cf. Finkelstein/Römer 2014, 322) cannot be justified by the literary evidence. The "land of the sons of the East" (29:1) probably reflects an older *oral* tradition. See Ruppert 2005, 217; cf. also Van Seters 2013, 45f.

max – Jacob's favorite wife Rachel gave birth to her firstborn son Joseph. Thus, the motivation of Jacob's watering the flocks is his love for Rachel, not to "save" and "deliver" an oppressed people as in the case of Moses (cf. Exod 2:17, 19).

These differences between the "well narratives", however, do not go back to different authors. Rather, the *same* author wants to show that there are two different phases of salvation history: first, the origin of Israel and its tribes in ancestral times, and second, the liberation of Israel at the time of the exodus. This author uses the genre of a "well narrative" for both phases to point to the connection between the ancestral narratives and the exodus story.

The unity of salvation history is also underlined when at the end of both "well narratives" the hero receives the divine command to return to the promised land. In both theophany scenes, Exod 3:1–12* and Gen 31:11, 13, God/the angel of God addresses the hero in the form of a "prophetic call", introduces himself and gives the command to return – in Gen 31:11, 13 to return to the "land of your family", and in Exod 3:1–12* to return to Egypt so that God can "bring Israel up" to the promised land.[71] Thus, in the episode of Jacob's pursuit by Laban in Gen 31*, Jacob – like Israel in Exod 14* – experiences his "exodus" during his return to the promised land.

3.3 The historical background of the pre-Priestly stories of Exod 1–4* and Gen 29–31*

The close formal relationship between the pre-Priestly "well narratives" in Gen 29–31* and Exod 1–4* (and 14*) suggest that both stories belong to a composition by which both stories found their present literary form. This view is con-

---

71 Cf. Gen 31:11, 13 and Exod 3:4, 6*, 8*, 10 (God's "bringing *up*" means "to the promised land"). The aforementioned stylistic and theological similarities between Gen 31:11, 13 and Exod 3:4, 6*, 8* can also be found in Gen 46:2–4 (on the pre-Priestly character of the latter cf. Blum 1984, 297–301; Schmitt 2009b, 253–255 [in this volume, p. 17–19]): In 46:2–3 God addresses Jacob by his name, and Jacob answers: "Here I am". God introduces himself as the "God of your father" and asks Jacob to depart from his present place. Furthermore, in Gen 46:3b–4a God predicts that in Egypt he will make Jacob into a great nation and will bring him up to the promised land. Gen 46:4a anticipates Yhwh's promise to Moses in Exod 3:8 that he will "bring up" his people. Finally, while in Gen 46:4a God assures Jacob that he will go with him, in Exod 3:12 Moses also receives a promise of divine companionship. Therefore, Gen 46:2–4 seems to belong to the same composition which combines the two "well narratives" in Exod 2:15–3:12* and Gen 29–31* (on the relationship between Gen 46:2–4 and Gen 31:11, 13 cf. esp. Blum 1984, 246–249.297–301; on the relationship between Gen 46:2–4 and Exod 3:1–12* cf. esp. Van Seters 2013, 282; Schmitt 2015b, 177 n. 33 [in this volume <?><?><?>]).

firmed by observations on the dating of the pre-Priestly version of Exod 1–4* and of the Jacob-Laban story. Firstly, the city of Pithom, which is mentioned in Exod 1:11b,[72] did not exist prior to the Saite period. The pre-Priestly exodus story, therefore, cannot have been written before the late 7th century.[73] Secondly, Exod 2:1–10* also goes back to the time of the end of the monarchy: The text is influenced by the Sargon Birth Legend, which was officially propagated during the time of Sargon II (722–705 B.C.E.) and became widely known in the late monarchy and during the Babylonian exile.[74] Thirdly, the pre-Priestly Jacob-Laban story and its view of kinship between the Israelites and the Arameans of Haran[75] also reflect the same period: "The Assyrians' deportation of a large number of Israelites to the Habur and Balih valley regions as well as the interchange of Arameans into Palestine would certainly have encouraged a sense of identity with the Aramaeans and the Harran region in the late monarchy."[76] Thus, the Jacob-Laban cycle can likewise be dated to the late 7th or 6th century.

3.4 The theology of Exod 2:15–3:12* and Gen 29–31*

Finally, the theology of the pre-Priestly stories of the exodus and of the Jacob-Laban cycle seems to reflect the "plight" of God's people at the end of the monarchy. In the call of Moses in Exod 3:1–12*, God affirms that he has *seen* the *misery* of Israel (Exod 3:7). And in Gen 29:32 and 31:42, Leah and Jacob each confess that God has *seen* their *misery*. In the same context, Leah (Gen 30:33) and Rachel (Gen 30:2) each confess that God has *heard* their complaint, and Gen 29:33; 30:17 and 30:22 mention that God *heard* Leah and Rachel, respectively (cf. the similar statements of God's intervention in 29:35; 30:18, 20, 23–24).[77] A similar statement is found in Exod 3:1–12*: Here God announces that he has *heard* the *cry* of the Israelites (3:7). Finally, in both stories God's "seeing and hearing" is part of his "salvation history" with his chosen people. In this context, the major emphasis which Gen 31:11, 13 and Exod 3:8*, 10 put on the "promised land" refers to the political situation in Judah before and during the exilic period. All of these ob-

---

72 Exod 1:11b cannot be regarded as post-Priestly. It is only understandable as a continuation of the pre-Priestly v. 11a. Cf. also Levin 1993, 314.
73 Cf. Redford 1963, 416; Utzschneider/Oswald 2013, 73f.
74 Cf. esp. Gerhards 2006, 269; Jeremias 2015, 102.
75 On Haran cf. n. 70 above.
76 See Van Seters 1975, 34. Cf. Blum 1984, 344 n. 11.
77 Cf. the similar statement that God had *heard the misery* of Hagar in the Abraham stories (Gen 16:11); on this "anticipation of the Moses Story" see Carr 2001a, 280f.

servations confirm our suggestion that the pre-Priestly stories in Gen 29 – 31* and Exod 1 – 4* share the same theology. It is thus possible that both stories are *part of a unified work*, although the detailed reconstruction of their textual connections is beyond the scope of this study.[78]

4 The post-Priestly "well narrative" in Gen 24:1 – 67*

We conclude our study with a short glimpse at the third "well narrative" of the Pentateuch in the Abraham-Rebecca Story in Gen 24:1 – 67.

4.1 The literary unity of Gen 24*

Gen 24*[79] must be interpreted as a unity. Attempts to reconstruct a Yahwistic story that has been reworked by postexilic redactors[80] are not convincing.[81]

4.2 The date of Gen 24*

Gen 24* must be dated to the postexilic period. Abraham's instructions to his servant in Gen 24:1 – 9, which reject "connubium" with the indigenous "Canaanites", suggest a post-Priestly origin and point to the time of Ezra and Nehemiah.[82]

4.3 The relationship of Gen 24* to Gen 29 – 31* and Exod 2:15 – 3:12*

The late origin of Gen 24* is confirmed by its relationship to the well narratives in Gen 29 – 31* and Exod 2:15 – 3:12*. On the one hand, Gen 24* shows close de-

---

78 The pre-Priestly Jacob-Laban cycle is not a self-contained narrative, but presupposes large parts of the pre-Priestly stratum of Gen 12 – 50*. It seems that Gen 12 – 50* and the exodus story formed a unified work already in this pre-Priestly stratum, but an analysis of the texts which may be a bridge between Gen 12 – 50* and Exod 1 – 4* cannot be carried out here (cf. however Schmitt 2015b, 171 – 187 [in this volume <?><?><?>]).

79 Gen 24:67 originally ended with the death of "Isaac's father" (instead of MT "mother"), since 24:65 presupposes the death of Abraham (Isaac is now the master of the servant). The reading in MT goes back to the final redaction of Genesis (here Abraham dies in 25:8). Cf. Blum 1984, 384.

80 See, e. g., Levin 1993, 184 – 196; Seebass 1999, 251f. Cf. also Ruppert 2002, 584f.

81 Cf. esp. Blum 1984, 383 – 385; Kratz 2000, 278.

82 See Blum 1984, 386f.; Rofé 1990, 27 – 39; Köckert 2006, 126.

pendence on the well narrative of the Jacob-Laban cycle. The genealogical concepts of Gen 24* (Laban and Rebecca as members of the clan of Abraham who live in Haran) go back to Gen 29 – 31*.[83] Similarly, there is a journey to Haran, an encounter with Isaac's future wife at the well of Haran, and a return to the promised land. On the other hand, in Gen 24* it is not Isaac, but only Abraham's servant, who is active at the well. He prays for a sign of God and chooses Isaac's future wife according to this sign and according to the instructions of Abraham (no wife from Canaan; the wife must come to the promised land). This sign demonstrates that the marriage to Rebecca is not the result of human planning, but goes back to divine guidance.[84]

4.4 The theology of Gen 24 and the *"mal'āk"* texts in the Hexateuch

Gen 24* should be understood as a late theological commentary on the well narratives in Gen 29 – 31* and Exod 2:15 – 3:12*. In the view of Gen 24*, all well narratives must be interpreted as stories of unseen divine guidance. This divine providence is secured by the hidden activity of the angel of Yhwh (Gen 24:7, 40), who leads Israel to the fulfillment of God's promises of land and of numerous descendants. The instructions of Abraham to his servant in Gen 24:1 – 9 are the preconditions for this fulfilment: Members of God's people are not allowed to marry a wife from among the "Canaanites" (vv. 3 – 4), and the wife must be willing to live in the promised land (vv. 6 – 7).

One may ask whether this theology can be assigned to the *"mal'āk–Fortschreibung"*[85] in the books of Exodus (cf. especially 23:20 – 33; 33:1 – 6*; 34:10 – 27) and Judges (2:1 – 5), which speaks of God's presence in the angel of Yhwh and prohibits intermarriage with the indigenous population of Canaan.

---

83 Exod 2:15 – 22* – in contrast to Gen 24* (and Gen 29*) – does not address the clan affiliation between bride and bridegroom.
84 Cf. Westermann 1981, 469f.
85 See Blum 1990, 365 – 370; Schmitt 2015a, 281 – 284 (in this volume, p. 195 – 197). Cf. also n. 44 above.

Redaktion und Tradition in Ex 3,1–6 – Die Berufung des Mose und der „Elohist"

Abstract: The primary layer of Exod 3:1–6 in Exod 3:1*, 2b–4, 6 belongs tradition-historically to a pre-Deuteronomistic layer. It has connections to the pre-Priestly text of Gen 46:1–5. Therefore, there was a pre-Priestly, pre-Deuteronomistic bridge between the ancestral stories and the Exodus tradition. Furthermore, there are hints to this bridge in the pre-Priestly „Elohistic" Joseph story. The connections in these three important texts hint to a continuous „elohistic" composition including the ancestral and Moses stories.

1 Zum Verhältnis von Redaktion und Tradition in der Redaktionskritik

In seinem Artikel „Redaktionsgeschichte / Redaktionskritik II. Neues Testament"[1] stellt Otto Merk die unterschiedlichen Verständnisse von „Redaktionskritik" in der neutestamentlichen Forschung des vergangenen 20. Jh.s dar und plädiert dabei für ein Verständnis von Redaktionsgeschichte, in der synchrone *und* diachrone Textanalysen sich gegenseitig methodisch kontrollieren:[2] „Jener Ansatz aber, der vom Primat der ‚Synchronie' ausgeht und zur ‚Diachronie' weiterführt, erfüllt die Aufgabe der sich durch Interpretation und Rekonstruktion methodisch kontrollierenden historisch-kritischen Exegese." Merk betont, dass hierbei „von der Endgestalt her in die Tiefe gebohrt wird, Traditionen eruiert, vorliterarische Stufen bzw. Schichten abgetragen werden und solcher ‚Rückwärtsgang' zugleich den Aufbau, das Werden ermittelt, das schließlich im vorliegenden Zeugnis seinen Niederschlag – gegebenenfalls auch Umprägung und Neuprägung – gefunden hat".[3]

---

1 Merk 1997, 378–384.
2 Merk 1997, 382. Demgegenüber fragt die „Traditionsgeschichte" nach „dem Werdegang und der Gestalt eines Textes sowohl in seiner mündlichen Phase als auch in schriftlichen Vorformen auf vorredaktioneller Ebene" (Merk 2002, 744–750, bes. 747 [in Aufnahme von Schnelle 2000, 125]).
3 Merk 1997, 379; vgl. ähnlich für das Alte Testament Kaiser 2000b, 51–55. Im gleichen Sinne hat auch Kratz 1997, bes. 371, gefordert, dass sich „in der Redaktionsgeschichte die Literarkritik mit der Überlieferungsgeschichte zu versöhnen" habe. Auch weist er darauf hin, dass „schon die Abfassung der Quellenschriften lediglich Literaturwerdung der vorausgehenden Überlieferungsgeschichte und also die Tätigkeit von ‚Redaktoren' war", wobei es allerdings nicht sinnvoll sei, zwischen „Autor" und „Redaktor" und zwischen „Komposition" und „Redaktion" zu unterscheiden (ebd. 372; anders Fohrer et al. 1989, 139–147).

https://doi.org/10.1515/9783110724448-007

Angesichts der Überbetonung der mündlichen Überlieferung in der alttestamentlichen Exegese der Mitte des 20. Jh.s ist in der neueren redaktionsgeschichtlichen Forschung am Alten Testament eine meines Erachtens ungerechtfertigte Zurückhaltung in Hinblick auf den Traditionsbezug der „Redaktoren" bzw. der „Autoren" der alttestamentlichen Texte zu beobachten. Dadurch werden zentrale Zusammenhänge der alttestamentlichen Überlieferung oft erst auf exilisch-nachexilische „Redaktoren" zurückgeführt. Die Klärung der Frage, inwiefern diese Zusammenhänge sich bereits vorexilischen Vorlagen und Überlieferungen verdanken, tritt zurück. Das „Werden", das „im vorliegenden Zeugnis seinen Niederschlag [...] gefunden hat", wird somit nicht mehr hinreichend deutlich.

2 Die Spätdatierung des Berichts über die Moseberufung in Ex 3,1ff. in der neueren Forschung

Dies zeigt sich in besonderer Weise bei der Auslegung der Erzählung von der Moseberufung in Ex 3,1ff. in der neueren redaktionsgeschichtlichen Forschung.[4] Dabei hat vor allem Konrad Schmid[5] die These aufgestellt, dass es sich bei der Erzählung von der Berufung des Mose in Ex 3,1–4,18 insgesamt um einen nachpriesterschriftlichen Einschub in die priesterschriftliche Exoduserzählung handelt, der die priesterschriftliche Beschreibung der Unterdrückung der Israeliten durch die Ägypter und die Erhörung des Schreiens der Israeliten durch Gott in 2,23aβ–25 voraussetze. Genauso wie die nachpriesterliche Darstellung des „Abrahambundes" in Gen 15 vor den priesterschriftlichen „Abrahambund" von Gen 17 gestellt wurde, so habe auch hier der nachpriesterliche Redaktor seine „Moseberufung" vor die der Priesterschrift von Ex 6 platziert.

Nun kann Konrad Schmid zwar wahrscheinlich machen, dass innerhalb von Ex 3f. in Ex 4,1–17 ein nachpriesterschriftlicher Text vorliegt.[6] Zum einen hat sich die Ex 4,1ff. bestimmende „Glaubens"-Thematik als typisch für eine nachpriesterschriftliche Redaktionsschicht erwiesen, die wahrscheinlich Pentateuch und Deuteronomistisches Geschichtswerk umschließt.[7] Vor allem aber ist die Einführung Aarons als Helfer Moses in Ex 4,13–17 nur auf dem Hintergrund der

---

4 Vgl. hierzu u. a. auch Gertz 2000, nach dem Ex 3,1–4,18 insgesamt „als Eintrag in den Erzählzusammenhang von 2,11–23aα; 4,19 zu bewerten" ist (ebd. 261); ähnlich Blum 1990, 20–30; Levin 1993, 329; zur neueren Moseforschung vgl. bes. Otto 2000a.

5 Schmid 1999, 193f.

6 Vgl. hierzu schon Schmitt 2001j, bes. 232f.

7 Vgl. hierzu auch Schmitt 2001b, bes. 285–287.

priesterschriftlichen Vorstellung des Zusammenwirkens von Mose und Aaron bei den ägyptischen Plagen (Ex 7,1–13.19–22*; 8,1–3.11–15*; 9,8–12) zu erklären.[8]

Nicht überzeugend ist jedoch der Versuch, auch den Kern der Moseberufung von Ex 3,1ff. erst auf einen nachpriesterlichen Redaktor zurückzuführen. So hat Erhard Blum[9] gezeigt, dass die These von Konrad Schmid, Ex 3,1ff. setze die priesterschriftliche Darstellung von Ex 2,23aβ–25 erzählerisch voraus, nicht zutrifft. Vielmehr greift 3,1ff. auf die vorpriesterschriftliche Darstellung der Unterdrückung Israels durch Zwangsarbeit in Ex 1,11ff.* zurück.

Blum seinerseits weist Ex 3 allerdings seiner deuteronomistischen Kompositionsschicht KD zu, wobei er die Möglichkeit der Rekonstruktion einer vordeuteronomistischen Vorlage von KD ablehnt.[10] Gleichzeitig bestreitet er, dass es zwischen der KD-Komposition von Ex 1 bis Dtn 34 und der Genesis eine direkte Beziehung gäbe.[11] So schließt sich letztlich auch Blum der von Konrad Schmid und Jan Christian Gertz vertretenen These an, dass erst P einen literarischen Zusammenhang zwischen der Genesis- und der Mose-Überlieferung hergestellt habe.

Bemerkenswert ist jedoch der Hinweis von Jan Christian Gertz auf Beziehungen zwischen Ex 3,1–6* und Gen 46,1–5*. Da Gen 46,1–5* keine Aussagen enthält, die von der Priesterschrift abhängig sind, wirkt es allerdings problematisch, wenn er diese Beziehungen als erst nachpriesterschriftlich verstehen will.[12]

Angesichts dieser gegenwärtigen Forschungssituation sind daher folgende Fragen zu klären:

1. Inwieweit ist Ex 3,1–6 als einheitlicher nachpriesterschriftlicher (Schmid) bzw. deuteronomistischer Text (Blum) zu verstehen?

2. Sind Ex 3,1–6* und Gen 46,1–5a* aufeinander bezogen, und liegt diese Beziehung bereits vorpriesterschriftlich vor?

3. Gibt es Hinweise auf einen bereits vorpriesterschriftlichen Zusammenhang zwischen Vätergeschichte Gen 12–50 und Exodusgeschichte Ex 1ff.?

---

8 Vgl. auch Valentin 1978, 47–140; Gertz 2000, 315–327; Blum 2002a, bes. 127–130.

9 Blum 2002a, 124f.

10 Blum 2002a, 137–139 (gegen Gertz 2000, 270f.).

11 Blum 2002a, 154f.

12 Gertz 2000, 271–277.

3 Die literarische Schichtung von Ex 3,1–6

Im Gegensatz zu Konrad Schmid und Erhard Blum hat Jan Christian Gertz zu Recht darauf hingewiesen, dass Ex 3,1–6* keine literarische Einheit darstellt.[13] So ist schon lange erkannt, dass Vers 2a mit der Angabe, dass der *mal'ak Yhwh* Mose in einer Feuerflamme aus dem Dornbusch erschienen sei, den Zusammenhang von Vers 1b und Vers 2b (beide Male Subjekt Mose) unterbricht. Vor allem nimmt Vers 2a dabei in störender Weise „die Pointe der ganzen Erzählung vorweg, als durch sie das überraschende Brennen und Nichtverbrennen des Dornbusches vor dessen Erwähnung bereits geklärt ist"[14].

Ein klares Indiz für einen weiteren literarischen Einschub stellt die doppelte Einleitung einer Gottesrede in Ex 3,5 und 3,6 dar. Während nun jedoch Jan Christian Gertz die Auffassung vertritt, dass Vers 6a in diesem Zusammenhang störe,[15] hat Peter Weimar zu Recht auf „die nahezu wörtliche Entsprechung von 3,5b und Jos 5,15" aufmerksam gemacht, die darauf hindeute, „daß Ex 3,5b im Blick auf einen größeren Erzählzusammenhang hin komponiert ist"[16]. Zwar weist Christoph Levin Vers 5 seiner vorjahwistischen Quelle zu und sieht in diesem Vers „die Ätiologie eines Kultplatzes, der von Mose entdeckt worden sein soll"[17], doch bleibt problematisch – wie Levin selbst bemerkt –, dass bei dieser Ätiologie die Angabe des heiligen Ortes fehlt.[18] Das gleiche Phänomen liegt offensichtlich in Jos 5,13–15 vor, wo in Vers 15 wörtlich die gleiche Aufforderung vorliegt wie in Ex 3,5. Klaus Bieberstein[19] hat nun gezeigt, dass es sich dort um „keine alte Lokaltradition", sondern um „eine junge Schreibtischkompilation" handelt. Gleiches dürfte wohl auch für Ex 3,5 gelten. Die Heiligkeit des Ortes ist nach dieser schriftgelehrten Auffassung von der Anwesenheit eines himmlischen Boten wie des Engels Jahwes (Ex 3,2a) bzw. des „Fürsten des Heeres Jahwes" (Jos 5,14) abhängig – eine Auffassung, die sich auch sonst im Rahmen der nachpriesterlichen spätdeuteronomistischen Schicht des Enneateuch findet (vgl. u. a. 2 Sam 24,16f.[20]).

---

13 Gertz 2000, 254–281.
14 So Richter 1970; vgl. auch Weimar 1980, 33f.; Schmidt, W.H. 1988, 112f.; Schmitt 2001j, 235; Levin 1993, 326f.; Graupner 2002, 26; ähnlich auch Houtman 1993, 339.
15 Gertz 2000, 270.
16 Weimar 1980, 39; zum Zusammenhang von Ex 3,5 und Jos 5,13–15 vgl. vor allem Van Seters 1994; anders Zimmer 1999, 189–191, der Ex 3,5 der „elohistischen" Grundschicht zuordnet.
17 Levin 1993, 329 (unter Berufung auf Schmidt, W.H. 1988, 26).
18 Vgl. auch Schmidt, W.H. 1988, 26; Graupner 2002, 26.
19 Bieberstein 1995, 415.
20 Zur Einordnung von 2 Sam 24,16f. vgl. Schmitt 2001b, 288f. – Beachtenswert ist auch die Auffassung von Kratz 2000, 289 Anm. 76, für den Ex 3,4b–6 insgesamt sekundär sind, weil sie die

Mit Peter Weimar ist daher nicht Vers 5, sondern Vers 6a* als Fortsetzung von Vers 4b zu verstehen:[21] Das in Vers 4b mit dem doppelten göttlichen Anruf „Mose, Mose!" und der Antwort des Mose „Hier bin ich" begonnene Gespräch findet seine organische Fortsetzung in der Selbstvorstellung Gottes als „Gott deines Vaters" von Vers 6a. Ein in Spannung zum Kontext stehendes Element bildet nur die Erweiterung „Gott Abrahams, Gott Isaaks und Gott Jakobs", die in ihrer pluralischen Form nicht zum Singular „Gott deines Vaters" paßt.[22] Auch bei Vers 6b spricht – wie Gertz gezeigt hat – nichts gegen eine Zugehörigkeit zur Grundschicht von Ex 3,1 – 6*[23].

Als Grundschicht der Erzählung von der Berufung des Mose kann daher Ex 3,1*[24].2b – 4*.6* (eventuell ohne Vers 4a, der möglicherweise die Einleitung zu Vers 5 darstellt) angesehen werden. Ihre Fortsetzung findet diese Grundschicht in dem Text Ex 3,9 – 14*, der nach dem sogenannten vorprophetischen Berufungsschema gestaltet und insofern traditionsgeschichtlich einer vordeuteronomistischen Schicht zuzuordnen ist.[25]

Nun weist aber diese vordeuteronomistische Grundschicht von Ex 3,1 – 6* in den beiden Elementen der doppelten Anrede durch Gott mit der menschlichen Antwort „Hier bin ich" und der Selbstvorstellung Gottes als „Gott des Vaters" eine deutliche Beziehung zu Gen 46,1 – 5* auf.

Vorstellung von der Heiligkeit des Ortes der Erscheinung eintragen (allerdings trifft diese Feststellung nur für V. 5 zu).

21 Weimar 1980, 39.

22 Weimar 1980, 39; zur spätdtr. Einordnung dieser Erweiterung vgl. Römer 1990, 565.

23 Gertz 2000, 269; anders Levin 1993, 332, der V. 6b als späten Nachtrag ansieht: „Daß es bedrohlich ist, Jahwe zu sehen, ist späte Vorstellung"; vgl. dagegen Ex 20,19, wo die Bedrohlichkeit des Redens mit Jahwe in der „elohistischen" Pentateuchschicht vertreten wird. Auch dürfte Ex 3,6b auf die „elohistische" Vorstellung der „Furcht Gottes" anspielen; vgl. Schmidt, W.H. 1988, 123. Zu dieser vorexilischen „elohistischen" Schicht gehört auch Gen 32,31 („ich habe Gott von Angesicht gesehen, und doch wurde mein Leben gerettet") innerhalb der Erzählung von Jakobs Kampf am Jabbok; vgl. hierzu Schmitt 2001d, bes. 176 – 185.

24 Zum sekundären Charakter von „an den Horeb" in V. 1bβ vgl. zuletzt Gertz 2000, 263 – 265; Graupner 2002, 24. Auch hier liegt eine spätdtr. Erweiterung vor.

25 Vgl. Schmitt 2001a, 59 – 73, wo ich mit der Herkunft dieses Schemas aus vordeuteronomistischen prophetisch beeinflußten weisheitlichen Kreisen der Zeit nach 722 v.Chr. rechne. Sekundär innerhalb von Ex 3,9 – 14* sind wohl in 3,10 „daß ich dich zu Pharao sende" und in 3,11 „daß ich zu Pharao gehe"; vgl. Schmidt, L. 1990, 6; Graupner 2002, 24; anders Gertz 2000, 290f. Doch rechnet auch Gertz (214f.) mit einer alten Schicht der Exodusüberlieferung, die von keinen Verhandlungen mit Pharao weiß und eine Flucht der Israeliten aus Ägypten annimmt (Ex 14,5a.6); vgl. hierzu Kratz 2000, 290 Anm. 8; Levin 1993, 341.

4 Die Beziehungen zwischen Ex 3,1–6* und Gen 46,1–5*

Das Verständnis von Gen 46,1–5* (Gotteserscheinung Jakobs vor seiner Übersiedlung nach Ägypten in Beerscheba) ist in der neueren Pentateuchexegese stark
umstritten. Traditionell wurde diese Szene dem Väter- und Mosegeschichte miteinander verbindenden „Elohisten" zugewiesen. Konrad Schmid[26] und Erhard
Blum sind demgegenüber der Meinung, dass „die Gottesrede in Gen 46,1ff. [...] in
ihren literarischen Bezügen nicht über den Horizont der Vätergeschichte (Gen
12–50)"[27] hinausgehe. Ihnen haben David M. Carr[28] und Jan Christian Gertz zu
Recht widersprochen und darauf aufmerksam gemacht, dass Gen 46,1aβ–5a „zum
einen mit der Verheißung der Volkwerdung in Ägypten (... V. 3bβ) und vor allem
mit der Zusage göttlichen Beistands bei der Rückkehr aus Ägypten (...V. 4aβ)
ausdrücklich auf die Exoduserereignisse"[29] vorausweist. Allerdings ist Jan Christian
Gertz der Auffassung, dass Gen 46,1aβ–5a mit seinem Exodusbezug erst nachpriesterschriftlich anzusetzen sei.[30]

Da die vorpriesterliche Exodusüberlieferung eine Anwesenheit von „Israel" in
Ägypten voraussetzt, muß jedoch eine vorpriesterschriftliche Vätergeschichte
postuliert werden, die von einer Übersiedlung „Israels" nach Ägypten – in welcher Form auch immer – berichtet. Jedenfalls dürfte die Verbindung von Erzvätern
und Exodus der Priesterschrift bereits vorgegeben sein.[31] Zwar weisen Konrad
Schmid[32], Jan Christian Gertz[33] und Erhard Blum[34] zu Recht darauf hin, dass die
Brückenverse zwischen Genesis und Exodus in Gen 50,24–26* und Ex 1,6–8
wegen ihres Bezugs auf Ex 1,1–5.7 P erst nachpriesterschriftlich anzusetzen sind,[35]
doch schließt dies nicht aus, dass es andere vorpriesterliche Verbindungstexte
zwischen Väter- und Exodusgeschichte gibt.

Bei Gen 46,1–5a* fehlt jedenfalls jeder Hinweis auf einen nachpriesterschriftlichen Charakter. Das einzige Argument, das Jan Christian Gertz zugunsten
einer nachpriesterschriftlichen Ansetzung beibringen kann, ist die Ähnlichkeit
mit der meist nachpriesterschriftlich eingeordneten Jahweverheißung von Gen

---

26 Schmid 1999, 62f.
27 Blum 2002a, 132 Anm. 63.
28 Carr 2001a, bes. 281f.
29 Gertz 2000, 277; vgl. zuletzt auch Graupner 2002, 353–355.
30 Vgl. Gertz 2000, 277–279.
31 Vgl. auch Kratz 2000, 284.
32 Schmid 1999, 230–233.
33 Gertz 2000, 358–370.
34 Blum 2002a, 145f.
35 Vgl. auch Schmitt 2001g, 295–308, bes. 296–298.

26,24.[36] Gertz übersieht dabei jedoch, dass die für die spätdeuteronomistisch-nachpriesterliche Theologie von Gen 26,24 typische Feststellung, dass Jahwe Isaaks Nachkommen „um Abrahams willen" segnet (vgl. ähnlich Gen 22,15 – 18*; 26,3b–5) in Gen 46,1 – 5a* noch nicht vorhanden ist, so dass hier noch ein vorpriesterliches Verständnis der Erzväterverheißungen vorliegt.

Ist Gen 46,1 – 5a* vorpriesterschriftlich einzuordnen, so gilt dies nun auch für die Elemente von Ex 3,1 – 6*, die nach der obigen Analyse zur vordeuteronomistischen Grundschicht gehören, aber von Gertz nachpriesterschriftlich angesetzt werden. Seiner Meinung nach sind dies vor allem die Formen des Gottesanrufs und der Selbstvorstellung Gottes in Ex 3,4b.6a*, die sich aus folgenden drei Teilen zusammensetzen: a) Anrede mit (doppelter) Namensnennung; b) Antwort mit *hinnenî*; c) Selbstvorstellung Gottes als „Gott des Vaters".[37] Da diese Elemente in Gen 46,1 – 5a* nicht als nachpriesterlich nachzuweisen sind, spricht nun auch bei Ex 3,4b.6a nichts für eine nachpriesterliche Entstehung, worauf Erhard Blum[38] zu Recht hinweist.

Sind die Beziehungen zwischen Ex 3,1 – 6* und Gen 46,1 – 5* nicht auf eine nachpriesterliche Schicht zurückzuführen, so spricht einiges für das Vorliegen eines vorpriesterlichen Zusammenhangs zwischen beiden Texten. Dem hat zwar Erhard Blum widersprochen, doch gelingt es ihm nicht, die von Gertz beobachteten Übereinstimmungen zwischen Ex 3,1 – 6 und Gen 46,1 – 5a* anderweitig hinreichend verständlich zu machen. Seine Erklärung, sie beruhten auf „Koinzidenzen der Idiomatik und (differenter) Sachzusammenhänge"[39] kann nur als Verlegenheitsauskunft und daher kaum als überzeugend angesehen werden. Ein sachgemäßes Verständnis für diese Übereinstimmungen setzt vielmehr eine genauere Überprüfung der literarischen Kontexte von Ex 3,1 – 6 und Gen 46,1 – 5a* voraus.

Nicht nur die Grundschicht von Ex 3,1 – 6*, sondern auch Gen 46,1 – 5* dürften wohl auf eine vordeuteronomistische Schicht zurückgehen. Erhard Blum hat nämlich gezeigt, dass in Gen 46,1 – 5* noch keine deuteronomistischen Vorstellungen vorliegen.[40] Des weiteren beschränken sich die engen Beziehungen, die

---

36 Vgl. Gertz 2000, 276; vgl. auch Levin 1993, 305. Dagegen nimmt Graupner 2002, 352 zu Recht die Priorität von Gen 46,3f. gegenüber Gen 26,24 an; vgl. schon Schmidt, L. 1986, 187f.; zur Einordnung der in Gen 26 vorliegenden nachjehowistischen Schicht vgl. Kilian 1966, 317 – 320. Im übrigen rechnet auch Schmid 2002, 83 – 118, bes. 116, mit einer vorpriesterschriftlichen Entstehung von Gen 46,1 – 5a*.
37 Vgl. Gertz 2000, 270 – 277.
38 Blum 2002a, 127.
39 Blum 2002a, 131f.
40 Vgl. Blum 1984, 298 – 301.

zwischen Gen 46,1–5* und Ex 3,1ff.* bestehen, nicht auf die Anrede durch Gott und auf Gottes Selbstvorstellung als „Gott des Vaters". Von Bedeutung ist in beiden Texten zusätzlich die zentrale Stellung der Verheißungen des Mitseins Gottes (vgl. 'immāk in Gen 46,4 und Ex 3,12). In gleicher Weise enthalten beide Gottesreden auch eine Aufforderung zum Aufbruch vom gegenwärtigen Aufenthaltsort (vgl. Gen 46,3f.; Ex 3,10*.12).

Somit zeigt sich, dass in dieser vordeuteronomistischen Schicht von Ex 3,6a schon ein eindeutiger Rückbezug auf die Vorstellung vom Gott des Vaters der Erzvätergeschichte vorliegt.[41] In entsprechender Weise weist die vordeuteronomistische Schicht von Gen 46,1–5* mit der an Jakob ergehenden Verheißung der Mehrung zu einem großen Volk und der Herausführung aus Ägypten deutlich auf die Exodusgeschichte hin.[42] Damit ergibt sich hier eindeutig eine vordeuteronomistische und vorpriesterschriftliche Brücke zwischen der Väter- und der Exodusgeschichte.

5 Der Zusammenhang von Gen 12ff.* und Ex 1ff.

Dieser Brücke sind nun auch zentrale vorpriesterschriftliche Stücke von Ex 1–2 zuzuordnen. Mit Jan Christian Gertz dürften wohl 1,11–12.15–22*; 2,1–23aα die ursprüngliche Einleitung von Ex 3,1–6 bilden.[43] Die Auffassung, dass die Exoduserzählung erst mit der Geburt des Mose in Ex 2,1ff. beginne,[44] raubt der Erzählung von der Aussetzung des Mose ein im Rahmen der Moseüberlieferung überzeugendes Motiv für die Aussetzung. Die Interpretation von Ex 2,1 durch Konrad Schmid, dass Mose hier als „uneheliches Kind einer gewaltsamen Vereinigung eines Leviten mit der Tochter Levis"[45] verstanden sei und daher ausgesetzt worden wäre, fügt sich nicht in die alttestamentliche Moseüberlieferung ein, die nirgendwo eine entsprechende uneheliche Abstammung Moses andeutet. Zudem

---

41 Für die engen terminologischen und theologischen Beziehungen zwischen Ex 3,4b.6aα und Gen 31,11–13*; 46,2f. vgl. zuletzt Graupner 2002, 28f. und schon Schmidt, L. 1986, 189–192. – Sowohl Ex 3,6a als auch Gen 46,3 sprechen von 'lhy 'byk („Gott deines Vaters"). Dieser Rückbezug wird durch die Tatsache, dass in „Ex 3,6 die Gottesbezeichnung h'l fehlt", nicht in Frage gestellt (gegen Blum 2002a, 132 Anm. 61). Auch in Gen 46,3 und 31,11.13, die nach Blum (ebd.) in enger Beziehung zueinander stehen, liegen keine voll übereinstimmenden Gottesbezeichnungen vor.
42 Vgl. hierzu Gertz 2000, 277 Anm. 204 und schon Ruppert 1965, 134; Westermann 1982, 172; Schmitt 1980, 59f.; Schmidt, L. 1986, 191; Köckert 1988, 82f.; anders Seebass 2000, 133; Levin 1993, 305.
43 Vgl. Gertz 2000, 394.
44 So vor allem Otto 2001, 11; Kratz 2000, 289; Schmid 1999, 152–157.
45 Schmid 1999, 155.

ist sie auch philologisch kaum wahrscheinlich zu machen: Das *wayyiqqaḥ* von
Vers 1b kann im vorliegenden Kontext nicht als Ausdruck für eine Vergewaltigung
verstanden werden, sondern steht – wie auch sonst – für „zur Ehefrau nehmen".[46]
Schließlich erwartet man bei einer Ätiologie für den Namen des Befreiers aus
Ägypten – wie Christoph Levin diese Erzählung zu Recht gattungsgeschichtlich
einordnet[47] – einen Bezug auf die Unterdrückung Israels durch Ägypten, so dass
auch aus diesem Grund sich die Motivation der Aussetzung des Mosekindes durch
den Befehl des Pharao „Alle Söhne, die geboren werden, sollt ihr in den Nil
werfen" nahelegt.

Dieser Befehl des Pharao an alle Israeliten setzt seinerseits die Hebammenerzählung mit dem erfolglosen Befehl der Tötung der neugeborenen israelitischen
Knaben an die Hebammen voraus,[48] die ihrerseits den nichtpriesterlichen Bericht
über die erfolglose Unterdrückung der Israeliten durch Fronarbeit in Ex 1,11 – 12*
fortsetzt. Wie Jan Christian Gertz[49] gezeigt hat, geht allerdings Ex 1,8 – 10 auf eine
nachpriesterschriftliche Redaktion zurück, die offensichtlich den Zusammenhang
von Gen 1 bis 2 Kön 25 im Blick hat.[50] Die ursprüngliche Einleitung der vorpriesterlichen und vordeuteronomistischen Exodusdarstellung ist dadurch offensichtlich ersetzt worden, so dass es nicht mehr eindeutig zu klären ist, wie
stark der Beginn der ursprünglichen Exoduserzählung auf die Darstellung der
Vätergeschichte Bezug nahm.

Beachtenswert ist jedoch, dass in Ex 1,12 und 1,20 von einem „Groß-Werden"
(*rbh* qal) des Volkes (*'am* 1,20) die Rede ist, was an die Aussage Josefs in Gen 50,20
erinnert, dass der böse Plan der Brüder gegenüber Josef letztlich dazu gedient
habe, ein „großes Volk" (*'am rāb*) am Leben zu erhalten. Konrad Schmid[51] ist zwar
der Meinung, Gen 50,15 – 21 spiele wieder in Kanaan, nachdem Josef und seine
Brüder nach dem Tode Jakobs in das Westjordanland zurückgekehrt seien. Dagegen sprechen jedoch nicht nur Gen 50,8b.14, die Schmid aus der ursprünglichen
Josefsgeschichte ohne überzeugende literarkritische Begründung ausscheidet,
sondern auch 50,5bβ, wo Josef dem Pharao seine Rückkehr nach Ägypten avisiert.
Auch fehlt in der Josefsgeschichte jede Erwähnung eines Endes der Hungersnot,
das eine Rückkehr nach Kanaan möglich gemacht hätte. Insofern setzt meines

---

46 Zu diesem elliptischen Gebrauch von *lqḥ* vgl. z.B. Gen 38,2; Dtn 20,7; Jer 29,6 u.ö. sowie Gertz
2002b, 3 – 20, bes. 7 Anm. 1; Blum 2002a, 146.
47 Vgl. Levin 1993, 319.
48 Vgl. Gertz 2000, 374f.
49 Gertz 2000, 365 – 371.
50 Vgl. die Übereinstimmungen zwischen Ex 1,8 und Ri 2,6 – 10; dazu schon Vriezen 1967, 334 –
353, bes. 336 – 338; Schmitt 1980, 124 – 127; Blum 1990, 102f.
51 Schmid 2002, 104.

Erachtens schon die vorpriesterliche „elohistische" Josefsgeschichte in Gen 50,20 ein Großwerden Israels in Ägypten voraus, das dann die Voraussetzung für die Unterdrückung durch die Ägypter und für den Exodus darstellt.

Hier zeigt sich, dass die vorpriesterliche Josefsgeschichte (gemeint ist hiermit die die sogenannten „elohistischen" Elemente umfassende Form) durchaus auf die ursprüngliche Fassung der Exodusgeschichte (die ihrerseits wieder zahlreiche Elemente enthält, die traditionell als „elohistisch" angesehen wurden) hin angelegt ist.[52] Zu dieser vorpriesterlichen Josefsgeschichte hat neben dem Text Gen 50,15–21, der nach Konrad Schmid[53] den Abschluß der ursprünglichen Josefsgeschichte darstellt, auch die Gotteserscheinung vor Jakob in Gen 46,1aβ–5a gehört.[54] Auch hier kann das große Volk (hier allerdings nicht ʿam rāb wie in Gen 50,20, sondern gôy gādôl) sich nur auf die Mehrung in Ägypten vor dem Exodus beziehen. Gleichzeitig kann auch die Verheißung, Gott werde Jakob aus Ägypten wieder ins Gelobte Land heraufführen, nur auf den Exodus (und nicht primär auf die Überführung seiner Leiche) bezogen werden.

Schließlich findet sich das in Gen 46,2f. und Ex 3,4b.6aα vorliegende Schema der Gottesoffenbarung (1. Anruf Gottes mit Namen, 2. Antwort mit hinnênî, 3. Selbstvorstellung Gottes, 4. Aufforderung zum Aufbruch vom gegenwärtigen Aufenthaltsort) auch in Gen 31,11.13 bei dem Traum Jakobs in Haran.[55] Auch hier folgen auf den Anruf Gottes (hier repräsentiert durch den Engel Gottes) die Antwort Jakobs „Hier bin ich" und die Selbstvorstellung Gottes (hier als der Gott, der Jakob zu Bethel erschienen ist[56]).

An allen drei durch diese besondere Form der Selbstvorstellung Gottes hervorgehobenen Stellen ergeht ein göttlicher Befehl, den jeweiligen Ort zu verlassen, um in ein anderes Land zu ziehen. Offensichtlich wird hier die Möglichkeit einer Diasporaexistenz des Gottesvolkes mitreflektiert. Dies fügt sich nun in die zeitgeschichtlichen Bezüge ein, die für die drei Texte in der neueren Forschung vorgeschlagen werden. Bei der „elohistischen" Kompositionsschicht der Jakobsgeschichte spricht einiges für eine Datierung im 7./6. Jh. nach dem Untergang des

---

52 Vgl. schon Schmitt 1980, 94–100.

53 Schmid 2002, 95–106.

54 Zur vorpriesterschriftlichen Ansetzung vgl. Schmid 2002, 116. Entgegen der Auffassung, die ich in Schmitt 1980, 59–62 geäußert habe, kann Gen 46,1aβ–5a durchaus als Teil der „elohistischen Schicht" von Gen 37–50* verstanden werden.

55 Zur Zuordnung dieser Verse zur Kompositionsschicht der Jakobserzählung Gen 25,21–33,17* vgl. Blum 1984, 117–132; zum Umfang und zur Datierung dieser Kompositionsschicht vgl. Schmitt 2001, bes. 179–185.

56 Gen 31,13 ist nach LXX (und Targumen) zu emendieren; vgl. zuletzt Köckert 1988, 78; Boecker 1992, 81.

Nordreiches, wobei hier an eine den Landbesitz relativierende Theologie zu denken ist.[57]

In ähnlicher Weise setzt auch Konrad Schmid die Entstehung der vorpriesterlichen Josefsgeschichte in die Zeit nach dem Untergang des Nordreiches an und zieht dabei auch eine Diasporasituation in Erwägung.[58] Auch für die vordeuteronomistische Moseüberlieferung hat Schmid[59] an eine nach 722 v. Chr. erfolgende Übernahme aus dem Nordreich[60] gedacht.[61]

Angesichts der zahlreichen Verbindungen zwischen diesen drei vordeuteronomistischen Textblöcken deutet alles auf eine ursprüngliche Zusammengehörigkeit in einer durchlaufenden „elohistischen" Erzväter-Mose-Komposition hin. Bestätigt wird dies dadurch, dass auch in der nach 722 v. Chr. weitertradierten prophetischen Nordreichüberlieferung Erzväter- und Mosetradition bereits miteinander verbunden waren, wie besonders Hosea 12 (vor allem V. 13f.) zeigt.[62]

Die zentralen Zusammenhänge des alttestamentlichen Glaubens sind nicht erst durch schriftgelehrte Reflexion exilisch-nachexilischer Theologie geschaffen worden. Sie waren vielmehr den schriftgelehrten Redaktoren bereits vorgegeben.[63]

---

57 Vgl. Schmitt, 2001d, 184f.; zur „dezentralen" Orientierung des „elohistischen" Israelverständnisses vgl. auch Schorn 1997, 99–103.

58 Vgl. Schmid 2002, 106–114.

59 Schmid 1999, 141.

60 Zur Ansetzung des Kerns der Moseerzählung in die Zeit nach dem Untergang des Nordreiches vgl. auch Otto 2001, 11–20; im Hinblick auf eine „Erzählphase" der vorexilischen Exoduserzählung vgl. Utzschneider 1996, 102f.

61 Überarbeitet worden ist diese „elohistische" Moseüberlieferung zunächst durch eine die Plagenüberlieferung einfügende „jahwistische" Schicht; vgl. Gertz 2000, 281–291. Dazu gehören in Ex 3 u. a. V. 7f*.16f.* und auch die Zusätze im „elohistischen" Text von 3,9–14*; vgl. o. Anm. 25.

62 Auch Blum 2002a, 122f. geht davon aus, dass schon in vorexilischer Zeit die Erzväter und die Exodusüberlieferung *traditionsgeschichtlich* miteinander verbunden sind. Zu Recht weist er darauf hin, dass ein solcher Zusammenhang in Hos 12, in Gen 12,10ff. und in der ursprünglichen Josefsgeschichte bereits vorausgesetzt wird. Die oben dargestellten Bezüge zwischen Ex 3,1–6* und Gen 46,1–5* beweisen nun, dass es in der „elohistischen" Pentateuchschicht auch schon eine *literarhistorische* Verknüpfung von Vätergeschichte und Mosegeschichte in vorexilischer Zeit gegeben hat.

63 Daran erinnert besonders Smend 2002, bes. 80: Der „Grund und Gegenstand aller Theologie liegt ihr selbst voraus".

Der erstgeborene Sohn Moses als „Blutverschwägerter" Zipporas – Ex 4,24 – 26 – eine Fortschreibung aus hellenistischer Zeit?

Abstract: Rather than an archaic narrative, Exod 4:24 – 26 constitutes a late post-exilic interpretation of Exod 4:17 – 23*. It explains how Yhwh rescues the firstborn Israelites despite the plague of killing of Egypt's firstborns. The person threatened by Yhwh's attack is not Moses, but Zipporah's uncircumcised firstborn. The circumcision by the hand of Zippora and the application of blood save the son from Yhwh's attack. By doing so, Zippora establishes her and her son's affiliation to the people of God.

1 Archaische Überlieferung in Ex 4,24 – 26?

In der Auslegung der Erzählung vom „nächtlichen Angriff Jahwes" in Ex 4,24 – 26 dominiert die Auffassung, dass es sich um eine „archaische" Überlieferung handele. Dies zeige sich vor allem daran, dass 1. noch mit *Erwachsenenbeschneidung* gerechnet werde, dass 2. eine dämonische Macht durch *apotropäische Riten* abgewehrt würde und dass 3. die „Heldin" dieser Erzählung zum – nur in der frühen alttestamentlichen Überlieferung positiv gezeichneten – Volk der Midianiter gehöre und hier somit *alte midianitische Tradition* vorliege.

1.1 Erwachsenenbeschneidung?

Die überwältigende Mehrheit der Exegeten identifiziert in Ex 4,24 – 26 die Person, die von Jahwe angegriffen wird, mit Mose.[1] Als Grund für den Angriff auf Mose wird dabei meist die fehlende Beschneidung[2] Moses angesehen[3] und damit ge-

---

1 Ex 4,24 wird traditionellerweise so verstanden, dass Jahwe Mose angreift. Vgl. z. B. die Luther-Übersetzung: „als Mose unterwegs in der Herberge war, kam ihm der HERR entgegen und wollte ihn töten".

2 Für die fehlende Beschneidung als Grund für den Angriff Jahwes spricht, dass in 4,26a die Bedrohung durch Jahwe aufhört, nachdem Zippora die Beschneidung vollzogen hat. Vgl. schon Wellhausen 1905, 339, und unten bei Anm. 68.

3 Dass es in Ex 4,24 – 26 ursprünglich um Erwachsenenbeschneidung gehe, ist vor allem von Wellhausen 1905, 339, vertreten worden, der Zipporas Beschneidung ihres Sohnes als stellvertretende Beschneidung Moses versteht. Etwas anders Noth 1959, 36, der die Einbeziehung des

https://doi.org/10.1515/9783110724448-008

rechnet, dass Zippora „ihren Sohn *statt* ihres Mannes"[4] beschneide.[5] Das Vorliegen archaischer Tradition zeige sich schon daran, dass die Beschneidung mit einem Feuerstein vorgenommen werde (wie in Jos 5,2–3).[6] Besonders die Bezeichnung Moses als „Blutbräutigam" deute darauf hin, dass es hier um eine symbolische Erwachsenenbeschneidung gehe. Hier werde somit eine Überlieferung greifbar, bei der die Beschneidung – ähnlich wie in der Erzählung von der Beschneidung der Sichemiten in Gen 34 – noch im Umfeld der Hochzeit beheimatet sei.[7] Das priesterschriftliche Beschneidungsverständnis von Gen 17 (mit Beschneidung von Kleinkindern) werde hier daher noch nicht vorausgesetzt.[8]

Problematisch bei dieser Deutung ist allerdings, dass sich in Ex 4,24–26 kein Hinweis auf ein Unbeschnittensein Moses findet. Auch für die Annahme, dass der Sohn Moses in der Form einer *Vikariatsbeschneidung anstelle von Mose* beschnitten würde, gibt es im Alten Testament keine Belege.[9]

1.2 Apotropäische Funktion des Beschneidungsblutes gegen einen Wüsten- bzw. Nachtdämon?

Eine archaische Überlieferung vermutet man auch bei dem Blutritus von Ex 4,25. So nimmt Martin Noth[10] einen apotropäischen Charakter des Beschneidungsblutes an und postuliert, dass der Blutritus sich ursprünglich gegen einen *Wüs-*

Sohnes in 4,24–26 als einen durch die jüngere Sitte der Knabenbeschneidung veranlassten traditionsgeschichtlichen Zuwachs ansieht. Die ursprüngliche Überlieferung von Ex 4,24–26 hätte dagegen nur die Erwachsenenbeschneidung gekannt, die im Umkreis der Heirat vollzogen worden sei.

4 So Wellhausen 1905, 339.

5 Zu der hier angenommenen Vikariatsbeschneidung des Sohnes anstelle Moses vgl. auch Noth 1959, 36; Scharbert 1989, 38 (als Grund für die stellvertretende Beschneidung vermutet Scharbert eine Krankheit Moses), und vor allem Levin 1993, 332, der Ex 4,24–26 als einen Midrasch versteht, „der lediglich verhindern will, daß Mose als Unbeschnittener sein Amt angetreten hätte."

6 Vgl. vor allem Houtman 1993, 435f., der von einer Notbeschneidung mit einem an der Übernachtungsstätte vorhandenen Feuerstein (ṣûr) ausgeht, aber aufgrund von Jos 5,2–3 auch einen archaischen Brauch für möglich hält.

7 Vgl. u. a. Wellhausen 1905, 339 Anm. 1; Grünwaldt 1992, 8; Albertz 2012, 97f.

8 Für ein vorpriesterschriftliches Verständnis von Ex 4,24–26 vgl. besonders Wellhausen 1905, 339; Noth 1959, 35f.; Schmidt, W.H. 1988, 219f.; Blum/Blum 2010, 135f. Anm. 40; Grünwaldt 1992, 7f.

9 Vgl. dazu unten bei Anm. 65 und 66.

10 Noth 1959, 35f.

tendämon gerichtet habe (angesichts des nächtlichen Überfalls denkt Josef Scharbert[11] an einen *Nacht*dämon).

Auf einen apotropäischen Ritus deutet jedenfalls, dass das „Berühren" der Beine des Bedrohten mit dem Beschneidungsblut eine Parallele zu dem Passaritus von Ex 12,22 darstellt („Berühren" der Hauseingänge mit dem Blut des Passalammes).[12] Für den Überfall eines *Dämons* finden sich allerdings keinerlei Anhaltspunkte. Dass Zippora eine dämonische Macht überliste, wird nirgends angedeutet. Auch bei der Parallelstelle Ex 12,21–23 geht es nicht um einen Dämon, sondern um einen von Jahwe beauftragten „Verderber"-Engel. Der Angreifer ist somit auch hier Jahwe selbst.[13]

1.3 Archaische midianitische Überlieferung?

Schließlich steht im Mittelpunkt der Erzählung die Midianiterin Zippora, so dass es sich hier um eine Zippora- und nicht um eine Mose-Geschichte handelt.[14] Von daher rechnet Werner H. Schmidt[15] mit alter midianitischer Überlieferung über Zippora. Da Frauen sonst im Alten Testament keine Beschneidung vornehmen, sei die Beschneidung durch Zippora unerfindlich. Weil auch die Midianiter Jahwe verehren, sei zu vermuten, dass Beschneidungspraxis und Jahweglaube schon früh verbunden waren. Für diese frühen Gemeinsamkeiten zwischen Midian und Israel stellten Ex 4,24–26 ein altes Zeugnis dar.

Dagegen hat jedoch schon Klaus Grünwaldt[16] betont, dass es für einen frühen Zusammenhang zwischen Beschneidungspraxis und Jahweglaube keine Belege gebe. Vielmehr gehe das Alte Testament davon aus, dass die Beschneidung unter Israels Nachbarn allgemein (Ausnahmen sind Babylonier und indogermanische Philister) verbreitet sei[17] und sich nicht in besonderer Weise bei den Midianitern finde.[18]

---

11 Scharbert 1989, 28.
12 Zum Bezug von Ex 4,25 auf den Blutritus von 12,22 vgl. unten bei Anm. 45.
13 Vgl. auch Schmidt, W.H. 1988, 225, nach dem das Gottesverständnis von Ex 4,24 dem von Gen 32,23ff. entspricht.
14 Vgl. unten bei Anm. 79.
15 Schmidt, W.H. 1988, 218 und 226. Ähnlich Kosmala 1962, 19–21; Fohrer 1964, 17f.; Dozeman 2009, 155f.; Bauks 2014.
16 Grünwaldt 1992, 8.
17 Nach Jer 9,24f. kennen Ägypter, Edomiter, Ammoniter, Moabiter und Araber die Beschneidung. Vgl. dazu auch Schmidt, W.H. 1988, 226 und 229.
18 Vgl. Grünwaldt 1992, 8.

Gegen das Vorliegen alter Überlieferung in Ex 4,24–26 hat jedoch Christoph Levin[19], den ich mit diesem Beitrag herzlich grüßen möchte, vor allem geltend gemacht, dass der Text von seinem Kontext abhängig ist und kein eigenständiges Überlieferungsstück darstellt. Dies zeigt sich bereits daran, dass die von Jahwe angegriffene Person nur aus dem Zusammenhang erschlossen werden kann. Auch sind 4,24–26 abhängig von dem Bericht über die Heirat Moses und die Geburt seiner Söhne in Ex 2,21–22 und 18,2ff. und ebenso angewiesen auf das Itinerar der Reise von Mose und seiner Familie nach Ägypten in 4,18–20*. Zudem zeigt sich, dass die vermutete archaische Struktur am vorliegenden Text nicht zu rekonstruieren ist.[20] Vielmehr dürfte es sich hier um eine Fortschreibung des vorliegenden Kontextes[21] handeln. Als Gattung ist daher nicht an eine archaische Sage[22] zu denken, sondern an einen *Midrasch*[23], der über sich aus dem Kontext ergebende Fragen reflektiert.

Die folgende Literar- und Redaktionskritik von Ex 4,17–26 bestätigt nun, dass es sich bei 4,24–26 um einen sehr jungen Fortschreibungstext handelt.

2 Literargeschichte von Ex 4,24–26 im Kontext von Ex 4,17–26

2.1 Literarische Einheit von Ex 4,24–26

Die literarische Einheitlichkeit von 4,24–26 ist umstritten. Oft wird angenommen, dass es sich bei der Erläuterung der in V. 25b geäußerten Deklaration Zipporas in V. 26b („damals sagte sie ‚Blutbräutigam' in Hinblick auf die Beschneidung[24]") um einen Zusatz handele.[25] Demgegenüber haben Ruth und Erhard Blum[26] jedoch darauf aufmerksam gemacht, dass das Wortspiel zwischen *mālôn* in 4,24a und

---

19 Levin 1993, 332. Im Anschluss an Levin auch Gertz 2000, 329f.; Berner 2010, 129.

20 Vgl. Römer 1994, 1–127.

21 Vgl. Berner 2010, 130 Anm. 252.

22 Für die Annahme einer alten ätiologischen Sage vgl. vor allem Wellhausen 1905, 338f.; auch Noth 1959, 35f., der allerdings unter Änderung des MT 4,26b mit „damals sagte *man* Blutbräutigam ..." übersetzt. Im vorliegenden Text („damals sagte *sie*") geht es jedoch um keine *Ätiologie* für einen überkommenen Ausdruck „Blutbräutigam", sondern um eine *Erläuterung* zu diesem Begriff, die ihn als eine einmalige „damals" gemachte Äußerung Zipporas darstellt. Vgl. v. a. Childs 1974, 100f.

23 Levin 1993, 332. Ebenso Van Seters 1994, 68; Berner 2010, 129.

24 Zum Verständnis als Abstraktplural vgl. Blum/Blum 2010, 132 Anm. 33; Houtman 1993, 438.

25 Vgl. u. a. Weimar 1980, 79; Schmidt, W.H. 1988, 222 und 231f.; Levin 1993, 332.

26 Blum/Blum 2010, 125 Anm. 11. Vgl. auch Berner 2010, 131 Anm. 256 und 133 Anm. 262.

mûlot in 4,26b als Rahmung von 4,24–26 anzusehen ist. 4,24–26 sind daher als literarisch einheitlich zu verstehen.

2.2 Die Zusammengehörigkeit von Ex 4,17.19.20b.21–23

Meist wird vorausgesetzt, dass zum ursprünglichen Kontext von 4,24–26 das vorpriesterliche Stück 4,18–20a*[27] gehöre, an das sich 4,24–26 als weiterer vorpriesterlicher Text direkt anschließe. Erst die Endredaktion in 4,21–23 habe diesen Zusammenhang von 4,18–20a* und 4,24–26 aufgebrochen.[28]

Christoph Levin[29] hat jedoch gezeigt, dass 4,24 die Ägyptenreise einschließlich 4,20b voraussetzt. Die in 4,17.20b vorliegende nachpriesterliche Endredaktion[30] ist somit 4,24–26 bereits vorgegeben. Dies wird dadurch bestätigt, dass zu der von 4,24–26 vorausgesetzten nachpriesterlichen Endredaktionsschicht 4,17.20b auch schon 4,21–23 gehört haben.

Normalerweise werden 4,21–23 als einheitliches nachpriesterliches Stück angesehen.[31] Anderer Auffassung sind allerdings Helmut Utzschneider und Wolfgang Oswald,[32] die die Ankündigung der Erstgeburtstötung durch Jahwe in 4,22–23 zur alten Exodusgeschichte rechnen. Dagegen spricht jedoch, dass in der alten Exodusgeschichte in Ex 11–12* von der Tötung *aller* ägyptischen Erstgeborenen die Rede ist, während 4,22–23 nur den Tod des Erstgeborenen *Pharaos* thematisieren. Zudem setzen 4,22–23 den nachpriesterlichen Vers 4,21[33] voraus und schließen organisch an ihn an.[34]

4,21–23 sind also ebenso wie 4,17.20b als nachpriesterliches Redaktionsstück zu verstehen. Beide Stücke gehören dabei zusammen: 4,21–23 sprechen nämlich

---

[27] Der Jahwebefehl zur Rückkehr Moses in 4,19 stellt allerdings erst einen nachpriesterlichen Text dar (vgl. Levin 1993, 331; anders Gertz 2000, 329).

[28] So u. a. Schmidt, W.H. 1988, 220; Gertz 2000, 330.

[29] Levin 1993, 333.

[30] Die Beauftragung Moses mit dem Gottesstab in 4,17.20b gehört zur nachpriesterlichen Schicht von Ex 4*. Vgl. vor allem Gertz 2000, 394; Schmidt, L. 2015, 271–274. Anders Schmidt, W.H. 1988, 209 und 211.

[31] Vgl. u. a. Schmidt, W.H. 1988, 211f.; Blum/Blum 2010, 136 Anm. 40; Levin 1993, 333; Gertz 2000, 331–333.

[32] Utzschneider/Oswald 2013, 148 und 150.

[33] Vgl. in 4,21 vor allem die priesterlichen Vorstellungen von „Legitimationswundern" (*moptîm*) und von der „Verhärtung (*ḥzq piel*) des Herzens durch Jahwe". Vgl. u. a. Schmidt, W.H. 1988, 211; Gertz 2000, 331.

[34] 4,21b („Pharao wird das Volk nicht ziehen lassen") bereitet Jahwes Drohung der Tötung der Erstgeburt beim „Nichtziehenlassen" Israels in 4,23 vor. Vgl. u. a. Schmidt, W.H. 1988, 212.

von den Zeichen, die in Moses Hand gegeben sind, und beziehen sich damit auf die Aussagen über den Stab in Moses Hand in 4,17.20b zurück.[35]

2.3 Ex 4,24 – 26 später als Ex 4,21 – 23

Nun wird meist angenommen, dass 4,21 – 23 eine 4,24 – 26 bereits voraussetzende späte Einfügung darstellen. Dagegen spricht jedoch, dass 4,21 – 23 nicht auf 4,24 – 26 Bezug nehmen, sondern ausschließlich auf die Plagen gegen Pharao und besonders auf die Erstgeborenentötung in Ex 12 eingehen.[36] Damit dürften 4,24 – 26 *nach* dieser nachpriesterlichen Redaktionsschicht eingefügt sein als Midrasch, der 4,21 – 23 durch 4,24 – 26 fortschreibt.[37]

4,24 knüpft unmittelbar an Jahwes Drohung der Tötung von Pharaos Erstgeborenen in 4,23 an, so dass für Jahwes Tötungsabsicht aus 4,23 (Tötung des Erstgeborenen) ein Objekt zu erschließen ist. Der Autor des Midrasch stellt sich die Frage, wie bei Jahwes Erstgeborenentötung die Erstgeborenen *Israels* zu retten sind. 4,24 – 26 weisen daher anhand der Gefährdung des erstgeborenen Sohns Moses auf die Rettung durch Beschneidung und durch Blutapplikation (wie in Ex 12,22) hin.

Auch sonst ist 4,21 – 23 als Hintergrund von 4,24 – 26 unentbehrlich: Wenn 4,25 davon berichtet, dass Zippora „ihren Sohn" (*bᵉnāh*) beschneidet, so wäre dies in direktem Anschluss an 4,20 missverständlich: Dort wird nämlich angegeben, dass bei der Rückreise nach Ägypten Mose mehrere Söhne[38] mitgenommen hat. Wenn in 4,25 vom *Sohn* Zipporas gesprochen wird, muss vorher – wie dies in 4,23 geschieht – angedeutet sein, dass es sich hier um den erstgeborenen Sohn handelt.[39] Bei 4,24 – 26 liegt daher ein Midrasch vor, der die nachpriesterliche Schicht von 4,21 – 23 voraussetzt. Diese späte redaktionsgeschichtliche Einordnung bestätigt sich, wenn man die Bezugtexte betrachtet, an denen sich 4,24 – 26 orientieren.

---

35 Zu 4,21 – 23 als Teil der nachpriesterlichen Schicht 4,17.20b vgl. vor allem Schmidt, L. 2015, 255f. und 274.

36 Vgl. Berner 2010, 130 Anm. 251.

37 Zur Abhängigkeit des Midraschs Ex 4,24 – 26 von der Ankündigung Jahwes 4,21 – 23 vgl. Kosmala 1962, 22; Van Seters 1994, 68; Berner 2010, 132; Rapp 2010, 295 – 297.

38 Die verbreitete Auffassung, dass vor der Angleichung an Ex 18,2ff. im vorpriesterschriftlichen Text von 4,20 von „*einem* Sohn" die Rede gewesen sei (vgl. u. a. Noth 1959, 19; Schmidt, W.H. 1988, 210f.), beruht nicht auf einer textkritischen, sondern auf einer literarkritischen Entscheidung. Es ist daher unsachgemäß, wenn die Lutherbibel von 1984 in Ex 4,20 „Sohn" liest, was 2017 zu Recht in „Söhne" korrigiert wurde.

39 Vgl. Berner 2010, 130.

3 Die die Fortschreibung bestimmenden Bezugstexte

3.1 Anknüpfung an Überlieferung von nächtlichen Überfällen Jahwes in Gen 32,23 – 32* etc.

Zunächst greifen Ex 4,24 – 26 auf die alttestamentliche Vorstellung von nächtlichen Angriffen Jahwes zurück. Bekanntestes Beispiel ist Gen 32,23 – 32*[40], wo Jakob in der Nacht durch ein göttliches Wesen[41] attackiert wird.[42]

3.2 Anknüpfung an die nachpriesterliche Plagen- und Passadarstellung (Ex 4,21 – 23 und 12,21 – 23)

Außerdem nehmen 4,24 – 26 mit dem Rückgriff auf 4,21 – 23 Bezug auf den Bericht über die Plage der Erstgeburtstötung in Ex 12 und damit auf das Bedrohtsein auch der *israelitischen* Erstgeburt, von dem der Passaritus in 12,1 – 13[43] und in der nachpriesterlichen Erweiterung 12,21 – 23[44] ausgehen. Dies wird dadurch bestätigt, dass der erstgeborene Sohn des Mose in 4,24 – 26 wie in Ex 12 die israelitischen Erstgeborenen durch einen Blutritus gerettet wird. Beachtenswert ist hierbei die terminologische Übereinstimmung zwischen 4,25 und 12,22:[45] Wie in Ex 12,22 die Israeliten die Hauseingänge mit Blut „berühren" (*ngʿ* hif.), so „berührt" (*ngʿ* hif.)[46] Zippora in 4,25 die Beine ihres gefährdeten erstgeborenen Sohns mit

---

40 Der Kernbestand von Gen 32,23 – 32* stellt vorpriesterliche Überlieferung dar. Zu Einzelheiten vgl. Levin 1993, 250 – 253.

41 Zur traditionsgeschichtlichen Verwandtschaft von Ex 4,24 – 26 mit der vorpriesterlichen Überlieferung vom nächtlichen Überfall Gottes auf Jakob in Gen 32,23 – 32* vgl. vor allem Schmidt, W.H. 1988, 223. Als Parallele wird auch der Angriff des Engels Jahwes auf Bileam in Num 22,22ff. angesehen; vgl. u. a. Embry 2010, 185. Mit Unerklärbarkeit des Angriffs Jahwes rechnet Dohmen 2015, 175f.

42 Ex 4,24 übernimmt außerdem folgende Begriffe aus dem vorgegebenen Kontext: „suchte (*bqš* pi.) zu töten" wie Ex 2,15, auch 4,19; „er stieß auf ihn" wie in 4,27 Aaron auf Mose; *baddæræk* wie Jos 5,4.5.7.

43 Zu Ex 12,1 – 13* als Pᴳ vgl. vor allem Gertz 2000, 37. Anders Levin 1993, 336: Pˢ.

44 Zu Ex 12,21 – 23 (meist zusammen mit Ex 12,24 – 27) als spätdeuteronomistische nachpriesterliche Bearbeitungsschicht, die von 12,1 – 13* Pᴳ abhängig ist, vgl. Gertz 2000, 38 – 56; auch Levin 1993, 336. Anders Grünwaldt 1992, 8, der sowohl 12,21 – 23 als auch 4,24 – 26 J zuordnet.

45 Zum Bezug von 4,25 auf den Blutritus von 12,22 vgl. u. a. Jacob 1992, 109, mit Hinweis auf Ibn Esra; Weimar 1980, 288f.; Kutsch 1982, 295; Berner 2010, 132.

46 Das eine menschliche Handlung bezeichnende *ngʿ* hif. von Ex 4,25 steht dagegen – anders als Dohmen 2015, 178, dies annimmt – in keinem Bezug zu *ngʿ* qal (*Gott* berührt Jakob an der Hüfte) in Gen 32,26.

der blutigen Vorhaut. In beiden Fällen wird durch diesen Blutritus das tötende Handeln Jahwes von Israeliten abgewendet. 4,25 ist somit als eine Art Vorwegnahme des Passaritus zu verstehen.

3.3 Anknüpfung an Jos 5

Bei der Darstellung der Beschneidung nehmen Ex 4,24–26 außerdem auf Jos 5,2–9[47] Bezug.[48] Sie lassen Zippora in Ex 4,25 einen „Feuerstein"[49] als Beschneidungswerkzeug verwenden, wie Josua in Jos 5,2–3[50] angesichts der Dringlichkeit der Beschneidung ein Feuersteinmesser benutzt, um nach der Wüstenwanderung unmittelbar vor der Landnahme an den unbeschnitten gebliebenen Söhnen der Israeliten die Notbeschneidung zu vollziehen.[51] Diese Notbeschneidung findet in beiden Texten nach einer Wüstenwanderung statt, auf die hier (Ex 4,24) wie dort (Jos 5,4.5.7) mit *baddæræk* Bezug genommen wird. Sowohl dieses *baddæræk* als auch die alttestamentlich sonst nicht belegte Verwendung von *steinernen* Beschneidungswerkzeugen deuten auf literarische Abhängigkeit hin, wobei sich Ex 4,24–26 auf Jos 5,2–9[52] zurückbeziehen.[53]

3.4 Voraussetzung von Gen 17

Schließlich sind Ex 4,24–26 nachpriesterschriftlich entstanden und gehen daher wohl vom priesterschriftlichen Beschneidungsverständnis von Gen 17 aus.[54] Hier

---

47 Zur Einheitlichkeit von Jos 5,2–9 vgl. zuletzt Krause 2014, 302–304.
48 Zur Beziehung zwischen Ex 4,24–26 und Jos 5,2–9 vgl. Berner 2010, 131f., auch Weimar 1980, 287f.; Knauf 2008, 64f.
49 Zur Notbeschneidung mit einem *Feuerstein* vgl. oben Anm. 6.
50 Jahwe befiehlt hier Josua, nach der Wüstenwanderung die Beschneidungspraxis sofort wieder aufzunehmen.
51 Vgl. Berner 2010, 131.
52 Zur literarhistorischen Einordnung von Jos 5,2–9 in die spätere Perserzeit vgl. vor allem Krause 2014, 316–328. Ex 4,24–26 gehören als nachendredaktionelle Fortschreibung wohl schon in die hellenistische Zeit, so dass sie Jos 5,2–9 gekannt haben dürften.
53 Für Jos 5,2–9 als Vorlage von Ex 4,24–26 vgl. Berner 2010, 131; auch Weimar 1980, 287f.; Knauf 2008, 64f. Anders Krause 2014, 313.
54 Vgl. v. a. Levin 1993, 332; Van Seters 1994, 68; Utzschneider/Oswald 2013, 145.148f.

ist somit die Beschneidung als Zeichen des Abrahambundes[55] und der Zugehörigkeit zum Gottesvolk Israel verstanden.

4 Moses Sohn als bedrohte Person

Der Kontext von Ex 4,23 deutet darauf hin, dass die von Jahwe angegriffene Person der erstgeborene Sohn Zipporas ist. Diese Auffassung vertreten allerdings nur wenige Exegeten. Die Mehrheitsmeinung nimmt an, dass Jahwes Tötungsanschlag gegen *Mose* gerichtet sei. Es wird daher zunächst zu klären sein, was gegen diese Mehrheitsmeinung spricht.

4.1 Die These von Mose als der von Jahwe bedrohten Person

Die Auffassung, der Angriff Jahwes sei gegen Mose selbst gerichtet, ist textgeschichtlich nur in der Syrischen Version bezeugt.[56] Weshalb trotzdem die meisten Exegeten mit einem Überfall Jahwes auf *Mose* rechnen, ist u. a. darin begründet, dass man Ex 4,24–26 direkt an Moses Aufbruch mit Frau und Söhnen in 4,20* anschließt und sich Mose somit beim Angriff Jahwes auf der Reise von Midian nach Ägypten befindet.[57] Auf diesem Hintergrund kann 4,24–26 als Darstellung eines „rite de passage" auf dem Weg Moses zu seiner Mission in Ägypten verstanden werden.[58] Doch schließt 4,24–26 nicht an 4,20, sondern erst an 4,21–23 an und ist dabei vor allem auf 4,23 (Ankündigung von Jahwes Tötung des erstgeborenen Sohns) bezogen.[59]

Gegen Mose als Hauptperson spricht gleichzeitig, dass Mose in 4,24–26 nirgends genannt ist. Im Anschluss an die Rede Jahwes an Mose in 4,21–23 erwartet man bei der – einen Neueinsatz markierenden – Formulierung „da stieß Jahwe auf ihn" in 4,24 keine Fortsetzung der Begegnung Jahwes mit Mose. Vielmehr

---

55 Möglicherweise stellt auch das *krt* von 4,25 einen Hinweis auf Jahwes Bundesschluss mit Abraham dar (vgl. *krt b^erît* in Gen 15,18). Vgl. Römer 1994, 10.

56 Gegen den textkritischen Befund fügen jedoch sowohl die Lutherbibel als auch die Einheitsübersetzung in Ex 4,24 „Mose" ein.

57 Vgl. den Überfall „Gottes" bei Jakobs Heimreise in Gen 32,23–32* und dazu Schmidt, W.H. 1988, 218 und 220–223; Utzschneider/Oswald 2013, 145f.; Dohmen 2015, 175 und 178.

58 Vgl. u. a. Houtman 1993, 449, nach dem die Beschneidung Mose als Bote Jahwes qualifiziert. Nach Propp 1999, 233–238, geht es in Ex 4,24–26* um Moses Blutschuld von Ex 2,11–13: In 4,25–26 sei deshalb „bridegroom of bloodshed" zu übersetzen.

59 Nach Berner 2010, 129, wurde das falsche Verständnis von Mose als dem Angegriffenen durch die „Isolierung des Passus von seinem direkten Vorkontext befördert."

rechnet man mit weitergehenden Ausführungen zur Absicht Jahwes, den erstgeborenen Sohn Pharaos zu töten. Von diesem Kontext her spricht alles dafür, dass derjenige, den Jahwe zu töten trachtet, der *erstgeborene Sohn* (hier von Mose und Zippora) ist.

4.2 Der erstgeborene Sohn als bedrohte Person

Dass mit dem „ihn" von Ex 4,24 der *erstgeborene Sohn* Zipporas und Moses gemeint ist,[60] wird auch an 4,25 deutlich. Viele Ausleger sind zwar der Meinung, die Erwähnung von „ihrem (Zipporas) Sohn" schließe aus, dass von ihm bereits in 4,24 die Rede wäre. Doch setzt „Zipporas Sohn" voraus, dass vorher zum Ausdruck gebracht wird, welcher der in 4,20 erwähnten Söhne Zipporas gemeint ist. 4,25 ist somit nur verständlich, wenn bereits in 4,24 aufgrund des Kontextes von 4,23 geklärt ist, dass es sich um den erstgeborenen Sohn handelt.[61]

Auch die Tatsache, dass Zippora ihren Sohn beschneidet und dann wohl auch an seinen „Beinen"[62] den apotropäischen Blutritus (vgl. Ex 12,22) vollzieht,[63] legt nahe, in ihm den von Jahwe Angegriffenen zu sehen.[64] Dass hier keine Beschneidung des Sohnes *anstelle* von Mose stattfindet, ist von Werner H. Schmidt[65] und Ruth und Erhard Blum[66] zu Recht betont worden: Vikariatsbeschneidungen sind im Alten Testament nicht belegt. Von daher kann die mit dem apotropäischen Blutritus verbundene Beschneidung des Sohnes nur zur Abwehr des Angriffs Jahwes *auf den Sohn* dienen. Grund für den Angriff dürfte dessen Unbeschnittensein sein,[67] was sich daran zeigt, dass Jahwes Bedrohung nach der Beschneidung endet (4,26a).[68]

---

60 So Kosmala 1962, 23f.; Van Seters 1994, 68; Berner 2010, 129–131. Für weitere Beispiele aus der Auslegungsgeschichte vgl. Willis 2010, 123–133. Vgl. auch Propp 1999, 196 und 238; Dozeman 2009, 154f.; Rapp 2010, 296, die offenlassen, ob in 4,24 Jahwe den erstgeborenen Sohn oder Mose angreift.

61 Vgl. oben bei Anm. 39.

62 Zur Übersetzung von *r^egālîm* in 4,25 mit „Beine" und nicht mit „Scham" vgl. Kosmala 1962, 23f.

63 In 4,25 wird das Blut der Vorhaut *nicht* an die Beine *Moses*, sondern an die des *Beschnittenen* appliziert. Bei der Beschneidung des Sohnes wird eine Anwesenheit Moses nirgends angedeutet (vgl. besonders Kosmala 1962, 23).

64 Am nächstliegenden ist, dass Zippora Beschneidung und Blutapplikation an dem vornimmt, der bedroht wird.

65 Schmidt, W.H. 1988, 224.

66 Blum/Blum 2010, 127 Anm. 15.

67 Auch der Ex 4,24–26 vorgegebene Text von Jos 5,2–9 setzt voraus, dass unbeschnittene Söhne bedroht sind und eine umgehende Beschneidung notwendig ist. Vgl. oben bei Anm. 47–53.

4.3 Der Sohn Moses als „Blut-Verschwägerter" Zipporas

Die fehlende Beschneidung des Sohnes ist dabei „Ausdruck der Nicht-Zugehörigkeit von Mutter und Sohn zu Israel".[69] Zippora rettet „ihren Sohn"[70] (4,25) durch die Beschneidung und stellt durch sie seine Zugehörigkeit zum Gottesvolk her.

Um die Zugehörigkeit zum Gottesvolk geht es auch, wenn Zippora die Person, an der sie die Blutapplikation vollzieht, als „Blut-Verschwägerten" bezeichnet.[71] Traditionell wird der Begriff mit „Blut-Bräutigam" wiedergegeben, was meist dazu geführt hat, die bedrohte Person von 4,24 – 25 mit Mose zu identifizieren. Andere Exegeten haben hier ein Zitat aus dem Midianitischen/Arabischen vermutet und übersetzt: „A blood-circumcised one art thou with regard to me."[72] Doch erweisen sich sowohl die Annahme eines nichthebräischen Zitats[73] als auch die vorgeschlagene Übersetzung als unwahrscheinlich.[74]

4,26b betont jedenfalls, dass die Deklaration als „Blut-Verschwägerter" nicht auf eine besondere Beziehung zwischen Zippora und Mose, sondern auf die Beschneidung des Sohnes zu beziehen ist. Aus 4,25 ergibt sich zudem, dass Zippora diese Deklaration bei der Blutapplikation an ihren Sohn richtet.[75]

Zippora bezeichnet in 4,25 somit ihren beschnittenen Sohn als „Blut-Verschwägerten". Wie Ahasja, der Sohn Jorams und Ataljas, in 2 Kön 8,27 als „Verschwägerter (ḥātān)"[76] der Sippe seiner Mutter bezeichnet werden kann, so kann auch der Sohn Zipporas als „Verschwägerter" und im vorliegenden Kontext als „Blut-Verschwägerter" von Zippora gelten: Durch die Beschneidung und das Beschneidungsblut wird Zipporas Sohn Mitglied des Volkes Gottes (vgl. Gen 17)[77],

---

68 Vgl. u. a. Dozeman 2009, 155; Berner 2010, 130f., auch Blum/Blum 2010, 126; Utzschneider/ Oswald 2013, 145.

69 So Blum/Blum 2010, 132; ähnlich Römer 1994, 8f.

70 In 4,25 betont „*ihr* Sohn" dessen besondere Beziehung zu Zippora (vgl. Childs 1974, 103; Blum/ Blum 2010, 132; Propp 1999, 219).

71 Zur Zusammengehörigkeit von Blutritus und Deklaration Zipporas vgl. Blum/Blum 2010, 125.

72 So Kosmala 1962, 27; vgl. Fohrer 1964, 47f.; Berner 2010, 133. Vgl. schon Wellhausen 1905, 339 Anm. 1, der betont, dass die Verbwurzel ḥtn im Semitischen auch „beschneiden" bedeutet.

73 Wenn Zippora hier einen nichthebräischen „midianitischen" Ausdruck benutzte, müsste dies angedeutet sein.

74 Zur Problematik der vorgeschlagenen Übersetzung vgl. vor allem Schmidt, W.H. 1988, 230.

75 In 4,25 sind sowohl Beschneidung als auch Blutapplikation und Deklaration Zipporas auf den Sohn zu beziehen (so Kosmala 1962, 23 – 27; Fohrer 1964, 47; Childs 1974, 103).

76 Vgl. hierzu besonders Kutsch 1982, 292; auch Blum/Blum 2010, 128. Zur Übersetzung „Blut-Verschwägerter" in Ex 4,25 vgl. Kutsch 1982, 296.

77 Hier ist die Beschneidung wie in Gen 17,10f. als Bundeszeichen verstanden; Dohmen 2015, 176; auch Fischer/Markl 2009, 77.

und dadurch kommt es auch bei Zippora zu einem Verschwägertsein mit dem Gottesvolk.[78]

5 Nichtisraelitische Frauen als Bekennerinnen des Jahweglaubens

Im Mittelpunkt von Ex 4,24 – 26 steht somit Zippora.[79] Dies ist jedoch kein Zeichen für eine alte midianitische Tradition. Wichtig ist hier nur, dass Zippora *Nichtisraelitin*[80] ist, was sich am Unbeschnittensein ihres Sohnes zeigt.[81] Dass in 4,25 von „*ihrem* Sohn"[82] die Rede ist, stellt diesen besonderen Status von Sohn und Mutter heraus.

Mit der im Mittelpunkt unserer Erzählung stehenden Beschneidung ihres Sohnes durch Zippora erhält die Verschwägerung Zipporas mit dem Volk des Mose eine zusätzliche Bedeutung. Es handelt sich jetzt um eine Verschwägerung, mit der ein religiöses Bekenntnis zu Jahwe verbunden ist:[83] In der Deklaration Zipporas von 4,25b „ein Blut-Verschwägerter bist du mir" wird „die Bedeutung der Beschneidung (des Sohnes)" für die Mutter formuliert.[84] Mit ihr bekennt somit Zippora auch für sich die Zugehörigkeit zum Jahwevolk Israel.

Diese Darstellung Zipporas bestätigt nun noch einmal die These von der nachexilischen Entstehung der Erzählung Ex 4,24 – 26. Zippora gehört nämlich in eine Reihe von nichtisraelitischen Frauengestalten der alttestamentlichen nachexilischen Literatur, die sich zum israelitischen Glauben bekennen, wie beispielsweise Rahab im Buch Josua (2,9ff.) und Rut im Buch Rut (1,16). Besonders fällt dabei die Verwandtschaft mit der Darstellung Ruts auf: Wie bei Rut das Bekenntnis zu „Israel" auf ihrem Weg von Moab nach Israel geschieht, so auch bei Zippora auf dem Weg von Midian zum Volk Moses nach Ägypten.[85]

In die spätnachexilische Zeit dürfte auch das Motiv der fehlenden Beschneidung bei Moses Sohn in 4,24 – 25 weisen. Ein solcher Verzicht auf die

---

78 Vgl. Dohmen 2015, 176.
79 Vgl. oben bei Anm. 14.
80 Zippora wird in Ex 4,24 – 26 nicht als „Midianiterin" bezeichnet. Anders in 2,15ff. und in 18,1ff.
81 Vgl. oben bei Anm. 69.
82 Vgl. oben bei Anm. 70.
83 Vgl. Achenbach 2015, 48.
84 Dohmen 2015, 176.
85 Vgl. Dohmen 2015, 176, auch Blum/Blum 2010, 129; Römer 1994, 8. Dabei dürfte diese Darstellung Zipporas sich auch gegen die Ablehnung von Ehen mit ausländischen Frauen richten, wie sie in Esr 10 und Neh 13,23 – 27 belegt ist.

Kinderbeschneidung entspricht nämlich Tendenzen im nachexilischen Judentum, die sich unter dem Einfluss der griechischen Kultur ergaben. Sowohl Klaus Grünwaldt[86] als auch Joachim J. Krause[87] haben solche Tendenzen im Judentum der späten Perserzeit und des Hellenismus nachgewiesen.

Schließlich lässt sich auch die für das Alte Testament ungewöhnliche Aussage von 4,25, dass eine *Frau* die Beschneidung durchführt, aus dem hellenistischen Judäa erklären. Für diese Zeit finden sich nämlich Belege für Mütter, die – wie in 4,24–25 – in Ausnahmesituationen die Beschneidung ihrer Söhne vornahmen[88] (vgl. für die Verfolgungszeit unter Antiochus IV. 1 Makk 1,60; 2 Makk 6,10; 4 Makk 4,25).

Es legt sich daher nahe, bei Ex 4,24–26 auf die Suche nach archaischen Wurzeln zu verzichten. Stattdessen ist der Passus als spätnachexilische Schriftauslegung zu verstehen, die die Themen Beschneidung, Passa und Zugehörigkeit von Nichtisraeliten zum Gottesvolk miteinander in Beziehung setzt.

---

86 Grünwaldt 1992, 47–55.
87 Krause 2014, 316–328, zu Jos 5,2–9.
88 Vgl. besonders Römer 1994, 9f.; Rapp 2010, 299.

Die Jahwenamenoffenbarung in Ex 6,2 – 9* und die zwei Zeiten der Landgabe – Zum Ende der Priesterschrift und zu ihrem Zeitverständnis

Abstract: Even though in the Priestly *Grundschrift* (P[G]) the gift of the land was already performed on the patriarchs, it is not yet fulfilled at Sinai. The comparison of Exod 6:2 – 9 and Gen 17 shows that P[G] is a „promise narrative" based in the early history of Israel. It ends in Deut 32:48 – 52, when Moses sees the promised land. The theological concept of the composition is God's salvation as *Heilsgeschichte*.

1 Zur Diskussion über die Zeit der Landgabe in der Priesterschrift

In seiner Heidelberger Habilitationsschrift von 1969 „Israel und das Land. Vorarbeiten zu einem Vergleich zwischen Priesterschrift und deuteronomistischem Geschichtswerk" hat G.C. Macholz wichtige Beobachtungen zum Zeitverständnis der Priesterschrift vorgelegt. Nach ihnen spannt sich in der Priesterschrift kein Jahrhunderte überbrückender Zeitbogen zwischen der Jahweverheißung und ihrer Erfüllung:

> „P betont, dass Gott das Land schon dem Abraham gegeben hat – beim Bundesschluß gegeben – nicht als Bundesinhalt verheißen."[1]

Somit ergehe die Zusage des Landes an Abraham „als gegenwärtige Übereignung des ›ganzen Landes Kanaan‹, die einen [...] vererbbaren Rechtsanspruch auf das Land begründet".[2] Dadurch wird „bei P die Rede vom Land aus dem weiten Bogen von Verheißung und Erfüllung herausgenommen".[3] Als Beleg verweist Macholz[4] vor allem auf die Erzählung Gen 23[5], die er als „Landnahmegeschichte"[6] be-

---

1 Macholz 1969, 58.
2 Macholz 1969, 83.
3 Macholz 1969, 57.
4 Macholz 1969, 50 – 59. 86.
5 Inwieweit Gen 23 zu P gehört, ist umstritten. Blum 1984, 443, hat sich gegen eine Zugehörigkeit zu P ausgesprochen (vgl. auch Wöhrle 2012, 58 – 64). Doch wird Gen 23 in den P-Texten von Gen 25,9 f.; 49,29 – 31; 50,13 vorausgesetzt. Allerdings kann gegen Macholz der Erwerb der Höhle Machpela durch Abraham nicht als Erfüllung der Verheißung des *ganzen* Landes Kanaan von Gen

https://doi.org/10.1515/9783110724448-009

zeichnet.[7] Bemerkenswert ist die Interpretation von Ex 6,2 – 8 durch Macholz. Hiernach gehe es beim Exodus nicht um die Hineinführung in das Land:[8] „Ziel der Befreiung ist die Freiheit Israels selber, nicht das Land"[9], ist die Ermöglichung des „Lebens in den am Sinai gesetzten Ordnungen".[10] Dies entspreche dem Abrahambund von Gen 17, bei dem auch die Landzusage nur „als Akzidenz des eigentlichen Bundesinhaltes, nämlich des Selbstverspruches Gottes"[11]erscheine.

Der neueren Forschung haben diese Beobachtungen vielfältige Impulse vermittelt. Nach F. Kohata[12] vollzieht sich bei P „die Landgabe nicht erst mit dem Eintritt der Israeliten ins Land, sondern bereits durch das Wort Gottes an die Väter".[13] Somit ist „also auch der Nachkommenschaft bereits" das Land gegeben, und so kann bereits in der Wüstenzeit davon gesprochen werden, dass Jahwe den Israeliten das Land *gegeben hat*[14] (Num 20,12; 27,12[15]). In Konsequenz der Überlegung, dass somit P sich „wenig für die Hineinführung der Israeliten in das Land" interessiere, kamen dann vor allem T. Pola[16] und E. Otto[17] zu der Auffassung, dass die Priestergrundschrift (= P[G18]) bereits am Sinai geendet habe.[19] Wichtig ist in diesem Zusammenhang die Exegese der P[G]-Perikope von der Jahwenamenoffenbarung in Ex 6 und dabei besonders der V. 6 – 8: So führen zum einen F. Kohata[20] und E. Otto die Landverheißung von Ex 6,8[21] nicht mehr auf die

---

17,8 verstanden werden (vgl. Groß 1998, 68 Anm. 52; Ziemer 2005, 334; 345 Anm. 348), sondern ist nur als zeichenhafter Ausdruck des Landbesitzes der Erzväter zu deuten (vgl. Elliger 1966b, 176: *in nuce*).

6 Macholz 1969, 86.

7 Auch in Gen 28,4; 35,12 spricht P davon, dass Gott dem Abraham bzw. Abraham und Isaak das Land *gegeben hat*. Vgl. Köckert 1995, 154.

8 Die Landzusage in Ex 6,8 geht nach Macholz 1969, 65 – 67, auf eine P vorgegebene Tradition zurück.

9 Macholz 1969, 71.

10 Macholz 1969, 82.

11 Macholz 1969, 50.

12 Kohata 1986, 29 – 34.

13 Kohata 1986, 31f.

14 Kohata 1986, 32. Ähnlich Köckert 2012, 517 Anm. 69.

15 Vgl. dazu unten Abschnitt 4.1.

16 Pola 1995, 291ff.

17 Otto 2000b, 53 Anm. 175.

18 Zur Diskussion über die Priestergrundschrift vgl. einerseits Ziemer 2005, 283 – 290 (dazu auch unten Anm. 43) und andererseits Schmidt, L. 1993, 1– 34; Weimar 2008, 10 – 12; auch Nentel 2009, 27– 34.

19 Vgl. u. a. auch Zenger et al. 2012, 199; Schmid 1999, 263; Kratz 2000, 117; Nihan 2007, 608 – 614.

20 Kohata 1986, 29 – 34.

21 Otto 2000b, 37 Anm. 110, hält 6,6 – 8 insgesamt für nachpriesterschriftlich.

P^G, sondern erst auf eine „deuteronomistische" nachpriesterschriftliche Schicht zurück. Zum anderen versucht K. Schmid zu zeigen, dass die Verheißungen von Ex 6,6 – 8 eng auf Ex 29,45f. bezogen[22] und damit – ähnlich wie dies Macholz gesehen hat – der Bundesverheißung subordiniert seien. Die Begegnung mit Jahwe am Sinai ersetze somit die Hineinführung in das Land, was auf ein Ende der P^G „in der Sinaiperikope"[23] deute. Schließlich füge sich auch die Darstellung einer durch die Exilserfahrung in Frage gestellten Landnahme des Volkes nicht in eine „mythisch konzipierte Ursprungserzählung", wie sie die P^G bilde.[24]

Hier stellen sich mehrere Fragen: Neben den literarkritischen Vorschlägen[25] kann auch das auf die Urgeschichte bezogene Geschichtsverständnis der P^G durchaus anders beurteilt werden. So hat E.-J. Waschke in seiner Untersuchung der Urgeschichte[26] gezeigt, dass bei der P^G die Urgeschichte eine *dienende* Funktion für die Bewältigung der Exilserfahrung Israels hat. Im Hinblick auf den Verlust des Landes erhebt sich daher die Frage, ob nach der ersten Erfüllung der Landverheißung von Gen 17 durch die Landgabe an die *Erzväter* in P^G nicht noch mit einer zweiten Landgabe gerechnet werden kann. Im gleichen Zusammenhang ist zu fragen, ob die Darstellung einer zweiten Erfüllung der Landverheißung bereits die nachexilische Jerusalemer Gemeinde voraussetzt[27] oder nicht vielmehr noch Hoffnung auf Rückkehr in das Land wecken will, wie dies zuletzt C. Frevel[28] vertreten hat. Ausgehend von einer erneuten Untersuchung von Ex 6,2 – 9 sollen daher im Folgenden behandelt werden:

2. Ex 6,2 – 9 und die „Bundesverheißungen" von Gen 17,

3. Urgeschichte und Geschichte Israels in der P^G,

4. Landgabe *nach* der Sinaioffenbarung in der P^G,

5. Das Zeitverständnis der P^G in „Moses Landschau bei seinem Tode" (Dtn 32, 48 – 52*; 34, 1*.7 – 9*),

6. Ausblick: Nachpriesterschriftliches Zeitverständnis in Num 27,12 – 23*.

---

22 Schmid 1999, 261.
23 Schmid 2008, 147. In Schmid 1999, 263 Anm. 532, hatte er das Ende der P^G genauer mit Lev 9,24 bestimmt.
24 Schmid 1999, 262f.
25 Vgl. dazu unten Abschnitt 2.1.
26 Waschke 1984, 42 – 51.
27 So Schmidt, L. 1993, 259 – 265.
28 Frevel 2000, 361 – 371; vgl. schon Elliger 1966b, 196, und Kilian 1967, 246.

2 Die Jahwenamenoffenbarung in Ex 6,2–9 und die „Bundesverheißungen" von Gen 17

2.1 Zur Literarkritik von Ex 6,2–9

Von entscheidender Bedeutung für das Verständnis der Verheißungen in der P^G ist die Frage, inwieweit in Ex 6,2–9 V. 6–8 noch der Priestergrundschrift zugeschrieben werden können. Schon B. Baentsch[29] hat in V. 6–8 einen sich teilweise vom üblichen P-Stil unterscheidenden Sprachgebrauch diagnostiziert. E. Otto[30] hat daraus gefolgert, dass es sich bei V. 6–8 um einen nachpriesterschriftlichen Zusatz handele und in der P^G V. 9 ursprünglich auf V. 5 gefolgt sei. Demgegenüber ist jedoch immer wieder auf die Unentbehrlichkeit dieser Verse innerhalb von 6,2–9 hingewiesen worden:[31] So setzt V. 9a den entsprechenden Auftrag Jahwes an Mose in V. 6 voraus. Weniger problematisch ist daher der Vorschlag von F. Kohata,[32] lediglich V. 8 als nachpriesterschriftlichen Zusatz zu verstehen. Als Hauptgrund für die Ausscheidung von V. 8 wird dabei angegeben, dass in ihm mit einer *zukünftigen* Landgabe an das Volk gerechnet werde, während nach P^G (vgl. Ex 6,4 und schon Gen 28,4; 35,12) Gott den Erzvätern das Land Kanaan *bereits gegeben* hat. Zudem greife Ex 6,8 die deuteronomistische Vorstellung vom Landschwur Jahwes auf. Nun vertritt jedoch auch Ex 6,8 wie 6,4 die Vorstellung, dass das Land den *Erzvätern bereits gegeben* wurde.[33] Auch sind die terminologischen Besonderheiten von V. 8 nicht aus der deuteronomistischen Überlieferung, sondern aus der bei Ezechiel aufgenommenen „priesterlichen" Tradition herzuleiten (vgl. „Handerhebung"[34] im Gegensatz zur dtr. Formulierung „Schwur"). Dies gilt auch für *mwrš*, das ebenfalls ein im Ezechielbuch verbreiteter Begriff ist.[35] Ex 6,6–8 sind somit als Bestandteil der P^G zu verstehen.[36]

---

29 Baentsch 1903, 47.

30 Otto 2000b, 37 Anm. 110.

31 Vgl. u. a. Gertz 2000, 249; Nihan 2007, 65 Anm. 237; Schmidt, L. 2008, 483.

32 Kohata 1986, 29–34.

33 Vgl. zuletzt Wöhrle 2012, 196f. Ex 6,8 spricht wie 6,4 von einem göttlichen *Geben* des Landes an die Erzväter (vgl. Schmidt, L. 1993, 185f.; Köckert 1995, 152).

34 Vgl. zum „Erheben der Hand Jahwes" Ez 20,5.6.15.23.28.42 (auch Num 14,30 R^P) und zur inhaltlichen Differenz gegenüber „Schwur" siehe Lust 1996, 218–222.

35 Vgl. Schmidt, W.H. 1988, 275, und unten Anm. 82.

36 Für die traditionsgeschichtliche Zuordnung von 6,6–8 zu P vgl. u. a. Gertz 2000, 245–250; Berner 2010, 159.

Durch Ex 6,2–8[37] strukturiert die P^G ihre Darstellung so, dass der zukünftige Erweis der Gottheit Jahwes (vgl. die Rahmung von V. 6–8 mit „ich bin Jahwe") von seinem Gedenken an seine Bundesverheißungen von Gen 17 bestimmt ist.[38] Dabei ging es in Gen 17 um die Mehrungsverheißung (V. 2.4–6), die Landverheißung (V. 8) und die Verheißung der Nähe Gottes (V. 7).[39] Es wird nun zu fragen sein, wie Ex 6 diese Verheißungen aufgreift.

2.2 Mehrungsverheißung

Zunächst fällt auf, dass in Ex 6,2–9 die Mehrungsverheißung von Gen 17,2.4–6 nicht mehr angesprochen wird. Dies ist offensichtlich darin begründet, dass nach der Vorstellung der P^G die Mehrungsverheißung mit Ex 1,7 bereits erfüllt ist.[40] Ex 1,7 berichtet, dass die Israeliten in Ägypten „fruchtbar waren und sich mehrten". Damit wird festgestellt, dass die an Abraham in Gen 17,2–6* (vgl. bes. „fruchtbar machen" in V. 6 und „mehren" in V. 2) ergangene[41] und gegenüber Jakob in Gen 35,11; 48,3 wiederholte Verheißung von „Fruchtbarkeit und Mehrung" erfüllt ist.[42] Somit ist sie nicht mehr Gegenstand der in Ex 6 durch Mose vermittelten Verheißungen Jahwes an das Volk. Beachtenswert ist, dass die P hierbei von einer sich in Etappen vollziehenden Erfüllung der Verheißungen von Gen 17,2–8 ausgeht.

2.3 Landverheißung

Ex 6,4.8 rechnen damit, dass auch die *Land*verheißung von Gen 17,8 bereits in der Väterzeit erfüllt worden ist. Die entsprechenden Beobachtungen von G.C. Macholz werden dabei auch von der neuesten Untersuchung der Landverheißungen

---

37 In Ex 6,6 ist wohl „mit ausgestrecktem Arm" erst nachpriesterschriftlich (vgl. Dtn 4,34 u. ö.) zugefügt. Vgl. u. a. Kohata 1986, 28f.; Gertz 2000, 243.246; Berner 2010, 158.
38 Vgl. zur spezifischen theologischen Position von Ex 6,2–8 vor allem Ska 1982, 541–544.
39 Vgl. u. a. Schmidt, W.H. 1988, 276–278, und unten Anm. 85.
40 So u. a. Schmidt, W.H. 1988, 277; Schmid 1999, 258.
41 Vgl. Gen 28,3.
42 Die Verheißung von Völkern und Königen, die aus Abraham (Gen 17,6.16) bzw. aus Jakob (Gen 35,11) hervorgehen sollen, ist nur eine Explikation der Mehrungsverheißung und bezieht sich nicht auf eine nach Ex 1,7 noch ausstehende neue Dimension dieser Verheißung. Dabei sind mit den „Königen" die Könige der israelitischen Königszeit gemeint (vgl. Schmidt, L. 1993, 265; Ruppert 2005, 486). Dass die P^G ein „messianisches" Königtum erwartet (wie Ez 34,24; 37,22.24f.), wird nirgends zum Ausdruck gebracht.

der priesterlichen Erzvätergeschichte, der 2012 erschienenen Arbeit „Fremdlinge im eigenen Land" von J. Wöhrle, aufgenommen. Wöhrle stellt unter Berufung auf Gen 17,8; 28,4; 35,12 und Ex 6,4 heraus, dass nach P[43] die Erzväter einerseits das Land bereits in Besitz genommen haben,[44] andererseits aber „ihr Leben nach Gen 35,27 ein Leben als Fremdling" bleibe (vgl. auch Gen 37,1; 47,9), so dass sie „Fremdlinge im eigenen Land" sind.[45] Gleichzeitig weist Wöhrle jedoch auch darauf hin, dass nach Ex 6,8 „die Inbesitznahme des Landes durch das von den Vätern herkommende Volk" noch aussteht.[46] In P werde vorausgesetzt, dass das Land „einer jeden Generation" und damit auch der Mosegeneration „aufs Neue übereignet" wird.[47] Jedoch gehöre auch für deren Mitglieder „das Leben unter einer fremden Bevölkerung [...] zum Leben in diesem Land" dazu, so dass auch sie wie die Erzväter „Fremdlinge im eigenen Land" wären.[48] Hierbei werden allerdings die Besonderheiten der in Ex 6,8 verheißenen Landnahme des Volkes[49] nicht berücksichtigt. So kann Wöhrle mit der gegenwärtigen Mehrheitsmeinung annehmen, dass die Priesterschrift mit der Sinaioffenbarung ohne die folgende Landgabeerzählung endet.[50]

2.4 Verheißung der Gottesnähe

Der Verzicht auf eine Landgabeerzählung nach der Sinaioffenbarung wird nun auch von K. Schmid[51] mit Ex 6,6 – 8 begründet. Seiner Meinung nach werde hier die V. 6 – 8 übergreifende Verheißung der Jahweerfahrung (vgl. besonders V. 6a

---

43 Wöhrle 2012, 147 – 160, versteht P in der Vätergeschichte und in Ex 1 – 4 als Redaktion der vorpriesterlichen Überlieferungen, während in Gen 1 – 11 und in Ex 6 – 29 er P als Grundschicht ansieht.

44 Wöhrle 2012, 192 – 197. Allerdings stellt er die Auffassung von Macholz und Kohata in Frage, dass die Landübereignung an Abraham bereits in der Landverheißung von Gen 17,8 geschehen sei (vgl. ebd., 193 Anm. 15).

45 Wöhrle 2012, 198 – 201, besonders 200. Dabei wird nach Wöhrle 2012, 221 Anm. 12, vom „Land der Fremdlingschaft" gesprochen, weil „das Land den Vätern neben der im Lande lebenden Vorbevölkerung gegeben wird". Wöhrle bringt dabei dieses Landverständnis mit der Situation der zurückgekehrten Exulanten in der frühen Nachexilszeit in Verbindung (169 – 192).

46 Wöhrle 2012, 193 – 197, bes. 197 (auch Nihan 2007, 387). Vgl. auch unten Anm. 78.

47 Wöhrle 2012, 196f.

48 Wöhrle 2012, 199 – 202, bes. 201.

49 Vgl. dazu unten Abschnitt 4.1.

50 Wöhrle 2012, 159.164: in Ex 29,46.

51 Schmid 1999, 259 – 262.

und V. 8b)[52] mit der in V. 8 thematisierten Landverheißung verschränkt. Dies entspreche der Verschränkung von Verheißung der Gottesnähe und Landverheißung beim Abrahambund in Gen 17,7. 8b („ich will ihr Gott sein") und 17,8a „(ich will dir und deinen Nachkommen das Land geben").[53] Diese Verschränkung belege, dass in der P[G] die Landverheißung der Verheißung der Gottesnähe subordiniert sei: So werde in Ex 6,6 f. als Ziel des Exodus die am Sinai erlebte Erfahrung der Gottesnähe angegeben.[54] Bestätigt werde dieses Verständnis von Ex 6,6 f. durch den Höhepunkt der priesterschriftlichen Sinaidarstellung in Ex 29,45 – 46, der auf Ex 6,7 zurückverweise.

Angesichts der engen Beziehung zwischen Ex 6,6 – 8 und Ex 29,45 – 46 stellt Schmid die These auf, dass für die P[G] das Ziel des Exodus die am Sinai erfahrene Gottesgegenwart sei[55] und dass bei der P[G] damit die Sinaioffenbarung an die Stelle der Landgabe trete. Er beruft sich dafür auf die Feststellung von M. Köckert, dass in der P[G] das „Verweilen [...] Gottes im Zelt den Platz eingenommen" hat, „den in der vorpriesterlichen Tradition die Landgabe oder die Hineinführung ins Land inne hatten."[56] Die Landverheißung werde daher in die Verheißung der Nähe Gottes eingeordnet.[57]

Gegenüber dieser Interpretation erheben sich allerdings Fragen: Die P[G] weist nirgends auf ein Aufgehen der Landverheißung in der Verheißung der Nähe Gottes im Begegnungszelt hin. Vielmehr ist bei der P[G] das *Land* als das „Land der Gottesnähe"[58] verstanden und bildet somit – wie Köckert auch betont – den „Ort, ohne den die kultische Präsenz des Gottes Israels ein bloßes Phantom bleiben müßte".[59] Auch gibt es Anhaltspunkte, dass die Sinaidarstellung der P[G] an ein letztlich für das Land bestimmtes Heiligtum denkt, wie dies die Vorstellung des beweglichen *Zelt*heiligtums nahelegt. Zwar vertritt T. Pola die Auffassung, dass sich das „Begegnungszelt" noch nicht in der P[G] finde: Aus dem als Höhepunkt der P[G]-Sinaierzählung angesehenen Text Ex 29,43 – 44a*. 45 – 46[60] seien die Verse V.

---

52 Im Mittelpunkt von V. 6 – 8 steht dabei die hier die alleinige Initiative Jahwes betonende zweiseitige Bundesformel. Zu ihrer Form bei P[G] vgl. Schmidt, W.H. 1988, 285f.

53 Zu dieser Verschränkung vgl. auch Ziemer 2005, 389.

54 Schmid 1999, 261. Doch spricht schon Ex 16,12 von Jahweerfahrung in der Wüste.

55 Schmid 1999, 261f.

56 Köckert 1995, 153.

57 Schmid 1999, 262. Ähnlich Zenger et al. 2012, 199.

58 Köckert 1995, 151f.

59 Köckert 1995, 153.

60 Vgl. vor allem Janowski 1993, 229f.

43–44, in denen das „Begegnungszelt" genannt ist, als sekundär auszuscheiden, was jedoch literarkritisch wenig wahrscheinlich ist.[61]

Um die These des Fehlens einer Landgabeerzählung nach der Sinaioffenbarung abzustützen, hat K. Schmid[62] versucht, den Verzicht auf einen Landgabebericht von der *Gattung* der P als einer „mythisch konzipierten Ursprungserzählung" her plausibel zu machen. Um diese Gattungsbestimmung zu überprüfen, ist zunächst das Verhältnis von Urgeschichte und Geschichte Israels in der P zu betrachten.

3 Urgeschichte und Geschichte Israels in der P. Die Gattung der P als „mythische Ursprungserzählung" oder „urgeschichtlich fundierte Verheißungserzählung"?

Nach O. H. Steck[63] gliedert sich die P^G in die folgenden zwei Großabschnitte:[64] erstens den Welt- bzw. Urgeschichtskreis, Gen 1,1–11,26*, und zweitens den Abraham- bzw. Israelkreis Gen 11,27–Dtn 34,9*. Nun hat die neuere Forschung gezeigt, dass Väter- und Israel-/Mosegeschichte bei der P^G in enger Beziehung zur Urgeschichte stehen: So setzt nach der P^G Gottes Schöpfungshandeln in Gen 1,1–2,4a sich einerseits in der Offenbarung und Herstellung des Heiligtums in Ex 24,15b–18aα (Sieben-Tages-Schema); 39,43 („Segnung" des Heiligtums); 40,33b („Vollendung" des Heiligtums) fort.[65] In gleicher Weise hat auch die Mehrungsverheißung des Abrahambundes von Gen 17,2.4–6 ihren Grund in Gottes urgeschichtlichem Handeln – und zwar sowohl im Schöpfungssegen von Gen 1,28 als auch im Erhaltungssegen nach der Flut in Gen 9,1[66] – und findet schließlich ihre Erfüllung in Ex 1,7.

Eine über die Sinaioffenbarung hinausgehende Landgabeerzählung passt nach K. Schmid dagegen nicht zu einer solchen „mythisch konzipierten Ur-

---

61 Vgl. zur Kritik an Polas literarischer Analyse von Ex 29,43–46 u. a. Frevel 2000, 96–104; Nihan 2007, 35–38; Ziemer 2005, 285f.

62 Schmid 1999, 262f.

63 Steck 1991, 305–308.

64 Diese beiden Großabschnitte sind im Anschluss an Wellhausens Vorstellung von einem viergeteilten Werk (vgl. Wellhausen 1963, 1) jeweils noch einmal zu unterteilen: 1. Vor der Flut, 2. Sintflut und Noah-„Bund", 3. Abraham-„Bund" und Vätergeschichte, 4. Volksgeschichte unter Mose mit Jahweoffenbarung.

65 Vgl. zusammenfassend u. a. Frevel 2000, 385.

66 Vgl. Waschke 1984, 49f.

sprungserzählung":[67] Für eine solche Gattung würde es ein Problem darstellen, „die Gewährung von Gottesgaben" zu erzählen, „die Israel wieder entzogen worden sind, wie das beim Land der Fall ist": Für P^G gehöre das Land „nicht zu den ein für allemal von Gott gegebenen Stiftungsgütern".[68]

Für das Verständnis von P^G als „mythisch konzipierter Ursprungserzählung" beruft sich Schmid auf die Auffassung von N. Lohfink,[69] dass die P^G durch die urgeschichtlich-paradigmatische Strukturierung der Geschichtsdarstellung „Geschichte in Mythos"[70] zurückverwandele. Doch geht es in der P^G nicht um „Ablehnung einer dynamischen Welt",[71] sondern um die Erfüllung von göttlichen Bundesverheißungen,[72] an denen Gott in „ewiger Treue" trotz menschlichen Fehlverhaltens festhält und dadurch den Israeliten die Gewissheit der Hoffnung auf Heimkehr[73] vermittelt.

Wie E.-J. Waschke[74] gezeigt hat, ordnet die P^G die Urgeschichte dabei der Geschichte so zu, dass die Urgeschichte „das Vorfeld göttlichen Heilshandelns für die Geschichte Gottes mit seinem Volk darstellt". Hier geht es darum, dass in der Exilszeit „durch Schöpfung (und Urgeschichte) heilsgeschichtliches Reden neu begründet" wird: So dürfte „die ‚bundestheologische' Rede von P in der Urgeschichte ihren Sinn darin haben, dass der ‚Noahbund' indirekt den ‚Abrahambund' bestätigt. D. h. wie Gott seine Zusage an Noah (und die ganze lebendige Schöpfung eingeschlossen) eingehalten hat, so wird er auch die Zusage an Abraham (und ganz Israel eingeschlossen) einhalten."[75] Anders als Schmid sollte man daher P^G als eine „urgeschichtlich fundierte Verheißungserzählung" klassifizieren, in der die Landverheißung auch nach der Sinaioffenbarung von zentraler Bedeutung ist. Dass dabei auch die Landverheißung einen urgeschichtlichen Rückbezug aufweist, ist kaum zu bestreiten.[76] Jedenfalls belegt Num 14,7, wo Josua und Kaleb das von Gott verheißene Land als „sehr, sehr gut" und damit als eine

---

67 Schmid 1999, 262.

68 Schmid 1999, 262f.

69 Lohfink 1988b, 239 – 242.

70 So Lohfink 1988b, 241.

71 Vgl. die Kritik von Janowski 1993, 240 – 244. Allerdings kann man auch nicht wie Janowski von einer „Eschatologie" der P^G sprechen.

72 Vgl. Ziemer 2005, 369, auch Lohfink 1988b, 244.

73 Vgl. Lohfink 1988b, 251.

74 Waschke 1984, 50f.

75 Waschke 1984, 49.

76 Vgl. u. a. Lohfink 1988b, 246f.; Waschke 1984, 50; Köckert, Land, 150f., die den Bezug auf das Inbesitznehmen der Erde von Gen 1,28 diskutieren.

„keiner Verbesserung bedürftige Schöpfungsgabe"[77] bezeichnen, dass das Land auch im Numeribuch „urgeschichtliche Qualität" besitzt.

4 Landgabe nach der Sinaioffenbarung in der P

4.1

Die skizzierte Gattungsstruktur lässt nun eine Fortsetzung der P[G] nach der Sinaioffenbarung erwarten, die die verheißene Landgabe *an das Volk* thematisiert. Grundlegend dafür ist, dass in Ex 6,4.8 zwischen der Landgabe an die Erzväter und der zukünftigen Landgabe an das Volk („euch") unterschieden wird.[78] Dabei wird in 6,4 das den Erzvätern gegebene Land als „das Land ihrer Fremdlingschaft" bezeichnet (auch in Gen 17,8; 28,4), während in 6,8 Jahwe dem Volk das Land verheißt, ohne von einer „Fremdlingschaft" zu sprechen.[79]

Allerdings ist in der neueren Forschung die Übersetzung von *m^egurim* mit „Fremdlingschaft" in Frage gestellt worden.[80] Doch zeigt Ez 20,38, dass *m^egurim* in der „priesterlichen" Tradition die Vorstellung des „Lebens in der Fremde", zum Ausdruck bringt: „Land des *m^egurim*" meint hier das „Land des Exils" im Gegensatz zum „Land Israel".[81] In Ex 6,8 wird somit für das Volk Land erwartet, das nicht mehr als „Land des Exils" erfahren wird, sondern als von Jahwe verliehene zukünftige *môrāšāh*[82] (bzw. *^aḥuzzat ʿôlām*[83] in Gen 17,8; 48,4). In Ex 6,8 geht es

---

77 Köckert 1995, 158.
78 Vgl. auch die Landverheißung an die *Nachkommen* Jakobs in Gen 28,3; 35,12; 48,4.
79 Ähnlich Ziemer 2005, 334.345.
80 Köckert, zuletzt Köckert 2012, 517, übersetzt mit „Land des Weilens"; ähnlich Blum 1984, 443; auch Nihan 2007, 66–68. Vgl. dagegen Wöhrle 2012, 221 Anm.12.
81 So besonders Ziemer 2005, 333–335.
82 Mit dem Substantiv *môrāšāh* ist in Ex 6,8 ein von Jahwe an Völker bzw. Volksgruppen gewährtes „Besitzrecht" gemeint (vgl. Bauks 2004, 174: Kein „uneingeschränkter Landbesitz der jeweiligen Parteien", sondern ein „Nutzungsrecht, dessen Verfügung bei Gott liegt, der es den Völkern je nach Umstand zuweist und wieder nimmt"). Vgl. dazu Ez 11,15; 33,24 (Anspruch auf Land als *môrāšāh* wird von Jahwe den Bewohnern Jerusalems ab- und den Exulanten zugesprochen) und auch Ez 36,2.3.5 bzw. Ez 25,4.10. Im Gegensatz zum Substantiv *môrāšāh* wird allerdings das Verb *yrš* bereits für den Landbesitz *von einzelnen (Erzvätern)* verwendet (vgl. für Jakob in Gen 28,4, aber auch für Abraham in Ez 33,24).
83 Zum ähnlichen Gebrauch beider Begriffe vgl. Wöhrle 2012, 198 Anm. 24, und auch Bauks 2004, 172–174.183–185. Nach Köckert 1995, 155, bedeutet in Gen 47,11.27 *^aḥuzzāh* das „Nutzungsrecht" von Land. Dabei ist eine *^aḥuzzat ʿôlām* (Gen 17,8; 48,4: „Langzeitnutzungsrecht") kaum zu unterscheiden von einer *môrāšāh* (vgl. Bauks 2004, 176). Bei beidem gilt, dass Jahwe die letzte Verfügungsgewalt über das Land hat. Vgl. Lev 25,23 und dazu auch Frevel 2000, 360 Anm. 33.

somit um eine in der Zeit der Erzväter *noch nicht erfüllte* Landverheißung für das *Volk*,[84] die noch thematisiert werden muss. Dafür spricht auch die oben bei der Mehrungsverheißung gemachte Beobachtung, dass die P^G von einer etappenweisen Verwirklichung der „Bundesverheißungen" von Gen 17 erzählt.[85] T. Pola[86] hat daher versucht, schon die Ankunft der Israeliten in der „Wüste Sinai" (Ex 19,1 P^G) als Erfüllung der Landverheißung an das Volk von Ex 6,8 anzusehen: Der Sinai werde von P^G „als Zion in Gestalt des traditionellen Sinai" verstanden. Allerdings fehlen für diesen Vorschlag[87] überzeugende Belege.[88]

Zudem wird – im Gegensatz zu der Auffassung von F. Kohata[89], im Numeribuch werde allgemein vorausgesetzt, dass Jahwe Israel das Land *bereits* in der Väterverheißung *gegeben hat* (*ntn* perf. in Num 20,12. 24; 27,12), – in Num 13,2 betont, dass Jahwe dem Volk das Land *noch geben wird* (*noten* part.).[90] Dabei fällt auf, dass die Numeristellen, die von einer bereits *erfolgten* Landgabe Gottes an Israel sprechen, durchweg einen nachpriesterschriftlichen Eindruck machen: So ist weitgehender Konsens,[91] dass Num 20,23aβ (ab „und zu Aaron") b. 24 auf eine nachpriesterliche Redaktion zurückgehen. Auch Num 20,12f.* dürfte sich in der vorliegenden Fassung dieser Redaktion verdanken: So setzt 20,13 die nichtpriesterliche Lokalisierung des Wasserwunders in Meriba von Ex 17,1ff.* voraus.[92] In 20,12[93] deutet jedenfalls der Vorwurf des „Unglaubens"[94] gegen Mose und Aaron

---

84 Vgl. Schmidt, L. 1993, 263, der in Ex 6,2 – 8 unterscheidet zwischen der Zeit El Schaddajs und der Zeit Jahwes.

85 Vgl. u. a. Schmid 1999, 258, der zu der Auffächerung der Bundesverheißungen von Gen 17 in Mehrungsverheißung (V. 6), Zusage, Israels Gott zu sein (V. 7), und Landverheißung (V. 8) feststellt: „Diese drei Aspekte sind chronologisch geordnet und verweisen auf die nachfolgende Geschichte Israels voraus."

86 Pola 1995, 272f.

87 Vgl. u. a. Nihan 2007, 66 Anm. 240; Schmidt, L. 2008, 482 Anm. 6.

88 Gleiches gilt für die These von Zenger et al. 2012, 199, dass die Sinaioffenbarung auf eine „bleibende Offenheit" der Landverheißung (vgl. hierzu auch Schmid 1999, 258) als „ewiger Bundesstiftung" verweise.

89 Vgl. oben Anm. 14.

90 Vgl. auch Num 14,8 P^S (vgl. Schmidt, L. 2004, 46), wo im futurischen perf. cons. von Jahwes zukünftiger Landgabe gesprochen wird.

91 Vgl. u. a. Noth 1966, 134; Weimar 2008, 348f.; Schmidt, L. 2004, 99 (die abweichende Abgrenzung dieser Redaktion und die entsprechende Erklärung der perfektischen Landgabeaussagen in Num 20,12. 24 bei Schmitt 2003b, 416f. und 418 Anm. 54 (in diesem Band, S. 294f. und S. 297 Anm. 54), bewähren sich nicht).

92 Vgl. u. a. Schmidt, L. 2004, 90.93.

93 Angesichts der starken redaktionellen Überarbeitung von 20,12 ist eine Rekonstruktion der P^G-Fassung (und damit eine Bestimmung der Schuld von Mose und Aaron in der P^G) nicht mehr möglich.

auf eine nachpriesterliche Redaktion[95] hin. Der nachpriesterliche Charakter von Num 27,12ff. wird sich schließlich unten[96] in einer Kurzexegese von Num 27,12ff. zeigen.

4.2

Außerdem ergeben sich entgegen K. Schmids Auffassung,[97] mit Ex 29,45f. *ende* das priesterschriftliche „System von literarischen Verweisen von Gen 17 aus und zurück auf Gen 17", mehrere von Gen 17 und Ex 6f. ausgehende Linien, die über den Sinai hinausführen:

a. Dies gilt zum einen für die Altersangaben in der P^G: So wird in der P^G die Beauftragung Moses und Aarons in Ex 7,7[98] folgendermaßen datiert: „Und Mose war achtzig Jahre und Aaron dreiundachtzig Jahre alt, als sie mit dem Pharao redeten." Das hier vorliegende Datierungsschema (NN Sohn von x Jahren + Inf. mit *b^e*) weist einerseits auf Gen 17 und die priesterschriftliche Abraham- und Isaakdarstellung zurück (vgl. Gen 16,16; 17,24. 25; 25,20). Das gleiche Datierungsschema[99] findet sich andererseits aber auch in Dtn 34,7 „Und Mose war hundertundzwanzig Jahre alt, als er starb." Damit wird von Gen 17 über Ex 7 ein Bogen geschlagen, der erst im Bericht über den Mosetod endet.

b. Eine weitere chronologische Besonderheit der P^G verbindet ebenfalls den P^G-Abrahambund in Gen 17, die P^G-Exodusdarstellung und die Mosetoddarstellung von Dtn 32,48–52*: Die Tage des Abrahambundes, des Exodus und des Mosetodes werden mit der Bezeichnung *b^e'æṣæm hayyôm hazzæh* „an ebendiesem Tag" als

---

94 Vgl. u. a. Schmitt 2001j, 229f.

95 Nicht überzeugend ist, wenn Schmidt, L. 2009, 482f., die Vorstellung der nachpriesterschriftlichen Stelle Num 20,24, dass Jahwe den Israeliten das Land bereits übereignet hat, in 20,12 und 27,12 als *Charakteristikum der P^G* ansieht. Für die Annahme, dass in der P^G die Landübereignung durch Jahwe in Num 13f.* geschehen sei, gibt es keinen Beleg (vgl. die Bedenken von Lohfink 2005, 291, gegen diese von ihm selber vorgeschlagene Lösungsmöglichkeit). Zum nachpriesterlichen Charakter dieser Stellen vgl. auch Levin 1993, 378.

96 Vgl. Abschnitt 6.

97 Schmid 1999, 263.

98 Zur Zugehörigkeit von Ex 7,7 zur ältesten P-Schicht vgl. zuletzt Berner 2010, 164.

99 Abweichende Datierungsschemata aufgrund des Lebensalters der handelnden Personen (NN Sohn von x Jahren + andere syntaktische Konstruktionen) finden sich sowohl bei der P^G (z. B. in Gen 7,6; 17,1) als auch im DtrG (z. B. in Jos 24,29; Ri 2,8: Josua starb, als er 110 Jahre alt war). Die Unterschiede der dtr. Belege zum Schema von Ex 7,7 und Dtn 34,7 werden von Perlitt 1994, 78, leider nicht thematisiert. Dass Dtn 34,7 von Gen 6,1–4 (R^P) abhängig sei (so Nihan 2007, 22), ist kaum wahrscheinlich zu machen.

„hervorgehobene Tage" der priesterschriftlichen Geschichtsdarstellung heraus-gestellt. Dabei ist diese Formel immer auf ein genaues Datum mit einer Jahres-angabe bezogen: Gen 17,1.23; 17,24.25.26; Ex 12,40.41.51; Dtn 1,3*;[100] 32,48. Schließlich wird über diese Formel auch noch in Gen 7,11.13 eine Verbindung mit der Urgeschichte, mit dem Tag der Rettung in der Arche, hergestellt. Somit ist ihr Gebrauch in Dtn 32,48 wohl ein bewusstes Kompositionselement der P^G.[101] Da-gegen spricht nicht, dass „an ebendiesem Tag" auch noch im Josuabuch und in anderen nachpriesterschriftlichen Stellen[102] vorkommt. Hier verfolgt der Begriff nämlich nur die Intention, eine Datierung von *Festterminen* (vgl. bes. die Belege in Lev 23) vorzunehmen, was sich schon daran zeigt, dass im Gegensatz zu den P^G-Stellen jeweils eine *Jahres*angabe fehlt.[103]

c. Dieser Bezug von Dtn 32,48 – 52* auf zentrale Texte der P^G-Darstellung spricht nun für die alte These, dass Dtn 32,48 – 52* einen Teil der P^{G104} bildet. Zwar hat die neuere Forschung im Gefolge von M. Noth[105] fast einhellig die Auffassung vertreten, dass Dtn 32,48 – 52* gegenüber Num 27,12ff.* sekundär sei, so dass bestenfalls Num 27,12ff.* für die P^G in Frage komme. Doch hat C. Frevel[106] starke Argumente für die Priorität von Dtn 32,48 – 52* beigebracht. Für die Zuweisung zur P^G sind dabei neben der oben genannten Formel „an ebendiesem Tag" noch folgende Befunde zu nennen: Erstens die Bezeichnung des „Landes Kanaan" als *ʾaḥuzzāh*[107] in Dtn 32,49,[108] zweitens das Verständnis des Todes als „Versam-meltwerden zu seinen Verwandten" in Dtn 32,50[109] und vor allem drittens die Num

---

100 Nach u.a. Otto 2000b, 224 Anm. 290; Frevel 2000, 298f.; Veijola 2004, 12, knüpft Dtn 32,48 „an ebendiesem Tage" an das Datum von Dtn 1,3* *„es geschah im vierzigsten Jahr am ersten Tage des elften Monats"* an. Ein Bezug auf Dtn 32,45 – 47 (so Perlitt 1994, 73f., und Schmidt, L. 1993, 215) entspricht nicht dem sonstigen Gebrauch der Formel.

101 Bei Pola 1995, 13f.41f., und Nihan 2007, 23, bleiben diese Textbezüge leider unberücksichtigt.

102 Vgl. Jos 5,10.11 und Lev 23,16.21; 23,27.28.29.30; auch Ex 12,17.

103 Wie in der P^G wird die Formel auch im Ezechielbuch gebraucht: Ez 24,1.2; 40,1.

104 Vgl. vor allem Wellhausen 1963, 113.116, und dazu Perlitt 1994, 66f.

105 Noth 1966, 185; vgl. u.a. Seebass 2007, 221f.; Schmidt, L. 2009, 482 – 488; Schäfer-Lichten-berger 1995, 150f.; Kratz 2000, 111; Ziemer 2005, 345.

106 Frevel 2000, 290 – 306. Für die Priorität von Dtn 32,48 – 52* vgl. auch Lux 1987, 404 – 406; Schmitt 2003b, 418f. (in diesem Band, S. 296 – 298); Otto 2000b, 222 – 225; Achenbach 2003, 558 – 561.

107 Perlitt 1994, 75, stellt zu Recht fest, dass „Land Kanaan" und *ʾaḥuzzāh* an sich keine pries-terliche Termini sind. Entscheidend ist jedoch, dass sich die Vorstellung vom „Land Kanaan *als ʾaḥuzzāh*" nur bei P findet.

108 Vgl. *ʾaḥuzzat ʿôlām* in Gen 17,8; 48,4 und auch *ʾaḥuzzat qæbær* in Gen 23,4.9.20; 49,30; 50,13.

109 Vgl. für „zu Verwandten versammelt werden" die P^G-Stellen Gen 25,8.17; 35,29; 49,29.33; Num 20,26; Dtn 32,50. Allerdings finden sich im Pentateuch auch nachpriesterschriftliche Belege, z.B.

13,2a P^G entsprechende Ankündigung der Landgabe durch Jahwe mit part. qal *noten* in Dtn 32,49. 52. Entscheidend für die Priorität gegenüber Num 27,12 – 23* ist dabei das für die P^G charakteristische Zeitverständnis von Dtn 32,48 – 52*, das im Folgenden kurz entfaltet werden soll.

5 Das Zeitverständnis der P in „Moses Landschau bei seinem Tode" (Dtn 32,48 – 52*; 34,1*.7 – 9*)

Die hier als Ende der P^G vorgeschlagene „Landschau des Mose bei seinem Tode" (Dtn 1,3*; 32,48 – 50*. 52; 34,1*.7 – 9*[110]) wird eingeleitet mit einem Jahwebefehl, in dem Jahwe erklärt, er werde den Israeliten das Land Kanaan als den verheißenen „Besitz" (32,49*. 52) geben.[111] Die 34,9 abschließende Bemerkung über das Hören des Volkes auf den von Josua wahrgenommenen Jahweauftrag an Mose zeigt, dass diesmal[112] kein Ungehorsam den Plan Jahwes verzögern wird. Dabei dürfte Dtn 34,9aα „Josua wird von *rûᵃḥ ḥåkmāh*[113] erfüllt" einen Kontrast zu Ex 6,9 darstellen, wo die Israeliten „wegen Kürze an *rûᵃḥ*" nicht auf die Jahwebotschaft des Mose hörten.[114]

Die bevorstehende Landgabe Jahwes wird von der P^G als Erfüllung der Landverheißung von Gen 17,8 dargestellt, nach der Gott den Nachkommen Abrahams das „Land Kanaan" als *ᵃḥuzzat ʿōlām* geben wird.[115] Der Abrahambund ist dabei wie in Gen 17,7.19 als *bᵉrît ʿōlām* verstanden, dessen letztliche Erfüllung unabhängig ist von menschlichem Verhalten. Gleichzeitig wird beim Blick auf die Landverheißung des Abrahambundes auch deutlich, wieso bei der P^G zwei Zeiten der Landgabe vorausgesetzt werden: Gen 17,8 verheißt das Land Kanaan einerseits an Abraham als Land, in dem er ein Fremdling ist, und andererseits ohne diese

---

in Num 27,13; 31,2 (vgl. Schmidt, L. 2004, 186). Nachpriesterschriftlich ist wahrscheinlich auch Num 20,24 (vgl. oben bei Anm. 91).

110 Für diese Abgrenzung siehe Schmitt 2003b, 418 – 422 (in diesem Band, S. 296 – 302).

111 Hier spiegelt sich wohl die Situation in Babylonien vor der großen Rückkehrwelle der 20er Jahre des 6. Jh., in der die P^G die Bereitschaft der Exulanten zur Rückkehr in das verheißene Land stärken wollte. Vgl. ähnlich Kaiser 1992a, 61; Zenger et al. 2012, 203; Frevel 2000, 382f. Schmid 2008, 149f., weist darauf hin, dass das negative Ägyptenbild der P^G bei gleichzeitiger perser-freundlichen Einstellung eine Situation vor der Eingliederung Ägyptens in das persische Reich unter Kambyses 525 v. Chr. voraussetzt.

112 Anders als in Num 13,1f.*

113 *rûᵃḥ ḥᵃkmāh* ist im Sinne der einzigen Parallele im Pentateuch (Ex 28,3 P^S) als „Sachverstand" zu übersetzen. Vgl. Braulik 1997, 262f.

114 Vgl. Weimar 1973, 182 – 186. Anders Schmidt, L. 2009, 490 Anm. 72.

115 Vgl. auch Gen 48,4.

Einschränkung an seine Nachkommen – eine Differenzierung, die entsprechend auch bei Jakob (Gen 28,4; 35,12) und bei der Ankündigung des Exodus in Ex 6,4.8 vorgenommen wird. Einen Rückbezug auf den Abrahambund von Gen 17 (vgl. V. 23.26) und den Exodus (vgl. Ex 12,41.51) stellt in V. 48 auch die Formel „an ebendiesem Tag" her. Die Formel macht die strenge Gliederung der von der P^G dargestellten Geschichte deutlich, in der sich die absolute Geschichtsmacht Gottes spiegelt. Bemerkenswert ist, dass diese Formel auch einen Bezug zur Urgeschichte herstellt: In Gen 7,13 wird durch sie der Tag der Besteigung der Arche Noahs zu den Tagen der Geschichte Israels in Beziehung gesetzt. Schließlich schwingt auch bei „Land Kanaan" in V. 49, das in Num 14,7 als „sehr sehr gut" bezeichnet wurde, ein Bezug auf die Schöpfung mit.[116] Bei der P^G bildet somit Gottes Heilshandeln (Schöpfung, Urgeschichte, Abrahambund, Exodus, Sinaioffenbarung, Weg ins Land Kanaan) einen Gottes Macht und Treue zeigenden strengen zeitlichen Zusammenhang, der dem Bundesvolk Israel die Gewissheit der Erfüllung der Verheißungen vermittelt. Demgegenüber treten bei der P^G Einzelschicksale zurück. Mose und Aaron sind Werkzeuge Gottes ohne eigene Entfaltungsmöglichkeit. So geschieht nach Dtn 32,50 sogar Moses Tod als Erfüllung eines göttlichen Sterbebefehls.[117]

6 Ausblick: Nachpriesterschriftliches Zeitverständnis in Num 27,12 – 23*

Von diesem die Alleinmächtigkeit Gottes über die Geschichte betonenden Zeitverständnis der P^G, wie es in Dtn 32,48 – 52* vorliegt, weicht nun der Einsetzungsbericht Josuas in Num 27,12.13 – 14*.15 – 17.18 – 20.22 – 23a[118] deutlich ab.

---

116 Vgl. oben bei Anm. 76 und 77.

117 Gegen Schmidt, L. 1993, 212f., entspricht der „Sterbebefehl an Mose" der Theologie der P^G und stellt nicht das Ergebnis „mechanischer" redaktioneller Arbeit dar.

118 In Num 27,12 – 23 macht einen eindeutig sekundären Eindruck nur V. 21 (vgl. Schäfer-Lichtenberger 1995, 145 – 162; zum sekundären Charakter von V. 21 vgl. auch Frevel 2000, 277 – 280; Schmidt, L. 2009, 485 [anders Achenbach 2003, 564 – 567, aber auch Seebass 2007, 218f.]). In V. 21 liegt eine deutliche Unterordnung Josuas unter den Priester Eleasar vor, während im übrigen Text von V. 12 – 23* Eleasar gleichberechtigt neben Josua steht. Eventuell gilt Entsprechendes für V. 23b: Durch den Zusatz „wie Jahwe durch Mose geredet hatte" soll V. 23 so verstanden werden, dass nicht Mose, sondern *Eleasar* Josua *einsetzt* (so Frevel 2000, 278; Schmidt, L. 2009, 485 Anm. 50; anders Seebass 2007, 230, der V. 23b übersetzt: wie Jahwe „um Moses willen" geredet hatte). Die Übertragung königlicher Funktionen auf Josua in V. 16 – 20.22.23a fügt sich dagegen gut in den Duktus von V. 12 – 23* ein (vgl. besonders Schmidt, L. 2004, 169; anders Seebass 2007, 230, der V. 17 wegen des Bezugs auf Königsaussagen des DtrH als sekundär ansieht).

Daher ist zu prüfen, ob man diesen Text, der fast durchgängig der P^G zugeschrieben wurde,[119] nicht nachpriesterlich einordnen muss.

Im Unterschied zu Dtn 32,48 – 52* geht Num 27,12ff.* davon aus, dass Jahwe den Israeliten das Land *bereits übereignet* hat (V. 12 *ntn* perf.). So geht es hier nicht mehr wie im P^G-Text Dtn 32,48 – 52* um die unmittelbar bevorstehende Landgabe Jahwes. Vielmehr stehen hier die Erfahrungen Israels *nach der Landnahme* im Fokus. Dabei ist für die Stellen, die von einem schon übereigneten Land sprechen, wie Num 27,12 und vorher Num 20,12f.* 23aβb. 24 eine bereits *nachexilische* Entstehungssituation anzunehmen.[120] Dies wird durch die in V. 18 – 20. 22 – 23a berichtete Einsetzung Josuas als gleichberechtigt neben dem Priester Eleasar stehenden politischen Führer bestätigt, bei der wohl die frühnachexilische „Erwartung Sacharjas, dass Israel von zwei Ämtern geleitet werden wird, [...] auf die Verfassung Israels in der Zeit unmittelbar nach dem Tod des Mose" zurückprojiziert wird.[121]

Das von Dtn 32,48ff.* abweichende Zeitverständnis zeigt sich in Num 27,12ff.* jedoch auch am Vorausblick auf die Bücher Josua bis Könige,[122] so dass hier eine nicht zur P^G passende *Enneateuchperspektive* vorliegt: In V. 15 – 17 bittet Mose Jahwe um einen weltlichen Anführer der *ªdat Yhwh*,[123] dessen Aufgabe mit Formulierungen beschrieben wird, wie sie über die Könige in den Samuel- und Königsbüchern gemacht werden (1 Sam 18,16; 2 Sam 5,2; 1 Kön 22,17). Auch steht die Vorstellung von der Einsetzung Josuas in der *ʿedāh* in Num 27,16. 19f. 22 wohl in Verbindung mit dem nachpriesterlichen Zusatz in 1 Kön 12,20, wo von der Königserhebung Jerobeams I. in der *ʿedāh* berichtet wird.[124]

Besonders auffällig ist in Num 27,12ff.* jedoch, dass hier die Initiative zur Einsetzung eines Amtsträgers der Gemeinde nicht – wie man bei der P^G erwartet hätte[125] – von Jahwe, sondern von der Fürbitte des Mose[126] ausgeht.[127] An die

---

119 Vgl. schon Wellhausen 1963, 113. 116.

120 Vgl. oben Abschnitt 4.1.

121 Schmidt, L. 1993, 260.

122 Vgl. Noth 1966, 185, nach dessen Meinung Num 27,15 – 23 „erst im Zuge der Vereinigung des Pentateuch mit dem deuteronomistischen Geschichtswerk hinzugekommen ist". Anders Seebass 2007, 219f., der diesen Bezug auf das DtrG nur bei V. 17 erkennen will. Zum nicht mehr priesterlichen Charakter von Num 27,15 – 23* vgl. u. a. auch Perlitt 1994, 81f.; Frevel 2000, 280 – 283; Schmitt 2003b, 418f. (in diesem Band, S. 296 – 298); Nihan 2007, 22f.

123 Dieser Begriff findet sich sonst in den nachpriesterschriftlichen Belegen Num 31,16; Jos 22,16, die *Krisensituationen* der „Gemeinde Jahwes" darstellen.

124 Vgl. Würthwein 1985, 151. Auch die Vorstellung vom *hôd* des Mose in 27,20 nimmt Königsprädikationen auf (vgl. Ps 21,6; 45,4 und dazu Saur 2004, 103).

125 Vgl. besonders Num 20,25f.; aber auch schon Ex 7,1f.; Num 13,1ff.*.

Stelle einer Geschichtsdarstellung, in der Gott seine Verheißungen unabhängig vom Ungehorsam der Menschen unbezweifelbar durchsetzt, wie sie die P^G in Dtn 32,48–52* mit Rückbezügen auf Exodus, Abrahambund, Urgeschichte und Schöpfung entwickelt, tritt in Num 27,12ff.* ein Geschichtsverständnis, das das Scheitern der Heilsgeschichte in den Königsbüchern durch den Unglauben des Volkes reflektiert und das nur in einem „Glauben wider allen Augenschein" (wie bei Abraham in Gen 15,6)[128] an Gottes Macht festhalten kann. In diesem Sinne ist hier als Hauptsünde der „Unglaube" verstanden, dem auch Mose und Aaron verfallen (Num 20,12*).

Somit zeigt die Geschichtsdarstellung der P-Texte in Ex 6,2–9* und Dtn 1,3*; 32,48–52*; 34,1*.7–9* gegenüber den spätdtr. nachpriesterschriftlichen Texten von Num 20,12f.*23aβb.24; 27,12ff.* ein so unterschiedliches Verständnis von Zeitperspektive und Moseauftrag, dass – entgegen der Mehrheitsmeinung der neueren Forschung – die P-Schicht in Numeri und Deuteronomium deutlich von den spätdtr. Texten zu unterscheiden ist.

---

126 Vgl. u. a. die Fürbitte des Mose in den nachpriesterschriftlichen Texten in Ex 32–34* und in Num 14,11ff.*

127 Vgl. auch zum nachpriesterlichen Hintergrund des Gottestitels „Gott der Geister für alles Fleisch" in 27,16 (vgl. 16,22) Witte 1998, 299.

128 Zum Bezug auf Gen 15,6 vgl. Frevel 2000, 333f.

Nomadische Wurzeln des Päsach-Mahls? – Aporien bei der Rekonstruktion einer Vorgeschichte der Päsach-Feier von Ex 12,1–13*.28

Abstract: It is difficult to find old nomadic traditions in the Passover story of Exod 12: the text of the Priestly *Grundschrift* in Exod 12:1, 3aα.b–5, 6b–8a.b*, 9–13, 28 presupposes sedentary conditions (cf. Exod 12:4, 7). Nor is it possible to reconstruct a pre-Priestly nomadic „ritual" in Exod 12:1–13*. Finally, Exod 12:21–23, (24–27) form a post-Priestly expansion (cf. in Exod 12:23 the post-exilic conception of a „destroyer" angel).

1 Nomadische Herkunft des Päsach-Ritus?

Die Auslegung der Päsach-Darstellung von Ex 12,1–13.28 ist in den letzten Jahrzehnten stark von der These bestimmt worden, dass die Wurzeln der Päsach-Feier in der Nomadenkultur Israels zu suchen seien. So habe das Päsach ursprünglich eine Feier von (Halb-)Nomaden dargestellt. Besonders einflussreich war dabei die Studie von Leonhard Rost[1], die die Päsach-Feier zurückführt auf einen Ritus von Transhumanz vollziehenden Nomaden beim Aufbruch zur Sommerweide im Kulturland während der Vollmondnacht vom 14. bis 15. Nisan.[2] Dieser Ritus habe zur Abwehr eines als Dämon zu verstehenden „Verderbers" (*mašḥît*) gedient, wie vor allem die Ex 12,1–13 vorgegebene Päsach-Überlieferung von Ex 12,21–23 zeige.[3] In diese Situation passe auch, dass die Israeliten nach Ex 12,11 das Päsach-Tier verzehren sollen *„eure Hüften gegürtet, eure Sandalen an euren Füßen und euren Stab in eurer Hand"* wie für den Aufbruch zu einer Wanderung.[4] Des Wei-

---

1 Rost 1965, 101–112. Vgl. ähnlich unter vielen anderen Noth 1959, 69; Laaf 1970, 116f.; Jeremias 2015, 93 Anm. 31; Schmidt, W.H. 2019, 490–492.
2 Rost 1965, 105f., rechnet damit, dass die Datierung der Feier in Ex 12,6 schon für das nomadische Päsach zutreffe. Vgl. Schmidt, W.H. 2019, 491 Anm. 34. Ähnlich auch Otto 1989, 659–682, besonders 672: Allerdings bezieht Otto den Ritus dieser Vollmondnacht nicht auf einen Weidewechsel im Rahmen einer nomadischen Transhumanz, sondern denkt an eine „ortsgebundene Hirtenkultur des Kulturlandes" und nimmt an, dass auch im Kulturland Vollmondnächte „besonders im Frühjahrsmonat als besonders gefährlich gelten" können.
3 Rost 1965, 104f. Vgl. ebenso Noth 1959, 71, mit Hinweis auf Ex 12,23b.
4 Rost 1965, 106. Vgl. ähnlich Noth 1959, 71; Laaf 1970, 136.

https://doi.org/10.1515/9783110724448-010

teren könnte das Essen des Päsach-Tiers mit bitteren Kräutern (Ex 12,8), die Pflanzen der Wüste sind, auch auf eine nomadische Feier-Situation hindeuten.[5] W. H. Schmidt betrachtet darüber hinaus die in Ex 12,3 bzw. 12,21 angeordnete Beschränkung auf Schafe und Ziegen als Päsach-Tiere (aus den üblichen Klein-vieh-Herden der Nomaden) als ein aus dem Nomadentum stammendes Ritual-element. Schließlich werde das Schlachten nicht von Priestern des Heiligtums vollzogen, sondern noch – wie in der Hirtenkultur üblich – von Sippenvätern.[6]

Für diese nomadische Tradition scheint auch zu sprechen, dass sich aus Ex 12,1–13* eine „Ritual"-Vorlage rekonstruieren lässt, die P^G bei der Komposition von Ex 12* benutzt habe. Diese Vorlage hebe sich durch unpersönliche Formu-lierungen in der 3. Pers. Plur. (in Sätzen der Form w-qatal-x) von ihrem in der 2. Pers. Plur. formulierten Kontext ab und wird von E. Otto folgendermaßen herge-stellt: *„Sie nehmen ein Lamm für jede Familie und schlachten es am Abend. Und sie nehmen vom Blut und bestreichen damit die beiden Türpfosten und den Türsturz, und sie essen das Fleisch in dieser Nacht. Es ist ein Passa für JHWH"* (Ex 12,3b*.6b.7a.8a.11bβ).[7] Hierbei handelt es sich nach Otto um ein von den Sippen-Repräsentanten durchzuführendes „Päsach-Ritual",[8] bei dem Päsach nicht am Heiligtum, sondern noch in der Familie gefeiert wird.[9] Weil nach Ottos Auffassung Juda bis ins 8. Jh. als vor allem aus Kleinviehzüchtern bestehender Tribalstaat existierte,[10] vermutet Otto, dass dieses Päsach-„Ritual" aus judäischen Hirten-gruppen stammt. Dieses „Ritual" enthalte somit einen „apotropäischen Famili-enritus", der „aus der protoisraelit., familiär strukturierten, im stationären No-madisieren ortsgebundenen Hirtenkultur des Kulturlandes ableitbar"[11] sei. Nach Otto gibt dieses aus Ex 12,1–13* rekonstruierte „Ritual" zusammen mit dem Kernbestand von Ex 12,21b–23* das älteste im Alten Testament belegte Päsach-Verständnis wieder, bei dem Päsach noch keinerlei Beziehung zum Exodus be-sitze. In Ex 12,23bβ sei dabei sogar noch eine „vorjahwistische" Darstellung des die Kleinviehnomaden bedrohenden „Verderbers" zu erkennen. Er sei hier noch

---

5 Rost 1965, 106; Laaf 1970, 136.

6 Vgl. Schmidt, W.H. 2019, 487.

7 So Otto 2000c, 87; vgl. Gertz 2000, 32–34. Ähnlich Schmidt, W.H. 2019, 494.

8 Man kann diese Vorlage als „Ritual" bezeichnen, allerdings ist damit keine spezifische alt-testamentliche Gattung gemeint.

9 Vgl. dazu vor allem Otto 1989, 672.

10 So Otto 2000c, 88.

11 Otto 1989, 672.

als eigenständiger „Dämon"[12] verstanden, dem jeder nicht durch den Blutritus Geschützte ausgeliefert ist (vgl. 12,22b).

In der folgenden Studie soll nun geklärt werden, inwieweit die genannten literarkritischen Rekonstruktionen nomadischer Überlieferungsfragmente der literargeschichtlichen Struktur des vorliegenden Textes von Ex 12,1–28 gerecht werden.[13] Wir beginnen mit dem priesterschriftlichen Päsach-Bericht in Ex 12,1–13*.28.

2 Zur Literargeschichte von Ex 12,1–13.28

2.1

2.1.1 Zuweisung von Ex 12,1–13*.28 an P^G

Der Päsach-Einsetzungsbericht in Ex 12,1–13*.28 wird traditionell[14] auf die priesterliche Grundschrift zurückgeführt. Voraus geht in P^G die Feststellung der Wirkungslosigkeit der P-Plagen (Ex 7–9*) in 11,10. Der Päsach-Feier folgen in P^G Aufbruch von Ramses in 12,37.40–41 und das Meerwunder in 13,20; 14,1ff.[15] In 12,11 bereitet dabei die Aufbruchhaltung beim Päsach-Mahl den Aufbruch zum Exodus von 12,37*.40–42* vor. Durch 12,12f. wird außerdem mitgeteilt, dass Jahwes Tötung der ägyptischen Erstgeburt diesen Aufbruch auslösen wird.

Stilistisch spricht bei Ex 12,1–13.28 für P^G, dass die Gottesrede (12,1.28) gleichzeitig an Mose und Aaron ergeht (vgl. 7,8; 9,8). Auch Gottes Selbstbezeichnung „*Ich bin Jahwe*" in 12,12 ist typisch für P^G (6,6.8). Gleiches gilt für die Bezeichnung des Volkes als „Gemeinde Israels bzw. der Israeliten" (12,3.6; vgl. Ex 16,1.2.9; 17,1).[16] Bemerkenswert sind auch zwei stilistische Übereinstimmungen mit

---

12 Vgl. Otto 1989, 671f. Wenn Rost 1965, 208 Anm. 10, als Beleg für einen „Dämon-Verderber" auf Jer 51,1 (Jahwe sendet den „Geist des ‚Verderbers' gegen Babel") verweist, dann bezieht er sich allerdings auf einen von Jahwe beauftragten „Verderber". Vgl. dazu Schmidt, W.H. 2013, 323; auch unten bei Anm. 71–73.

13 H.W. Jüngling, den ich mit diesem Beitrag herzlich zu seinem 80. Geburtstag grüße, hat bei seiner Untersuchung von „Richter 19" eine teilweise ähnliche Problemsituation festgestellt: „Angesichts so verschiedener, vornehmlich auf literarkritischem Wege erreichter Ergebnisse empfiehlt es sich, möglichst [...] von dem im Laufe der Exegesegeschichte vorgetragenen Hypothesen unbelastet sich dem Text zu nähern" und dabei von Stil und Struktur des vorliegenden Textes auszugehen (Jüngling 1981, 81).

14 Vgl. besonders Elliger 1966b, 174: Elliger ordnet P^G Ex 12,1.3–14.28 zu.

15 Zur Abgrenzung von P^G vgl. auch Lohfink 1988b, 213–253, besonders 222 Anm. 29, und dazu auch unten bei Anm. 18.

16 Zu den für P sprechenden Stilmerkmalen von 12,1–13.28 vgl. schon Baentsch 1903, 92.

der Mannaerzählung von P^G: Wie in Ex 12,4 soll auch in Ex 16,16.18 jeder erhalten, *„so viel er zum Essen braucht"*. Und auch das Verbot in 12,10, „nichts übrigzulassen bis zum Morgen", findet in Ex 16,19 eine Entsprechung.[17]

2.1.2 Zuweisung von Ex 12,1 – 13.28 an P^S (J.-L. Ska)?

Gegen die Zuweisung von Ex 12,1 – 13*.28 an P^G hat allerdings J.-L. Ska[18] Bedenken erhoben: Vor allem weist er darauf hin, dass P^G die im Zentrum von 12,1ff.* stehende Tötung der Erstgeburt nicht erwähne: Die Ankündigung des Exodus in der Priestergrundschrift in Ex 7,1 – 5* nennt weder die Tötung der Erstgeburt noch ein Päsach-Mahl. Zudem findet sich in der priesterlichen Grundschrift auch kein direkter Bericht über diese Ereignisse. Von daher scheint Ex 12,1ff.* nicht zur priesterlichen Grundschrift zu gehören und vielmehr P^S zuzuordnen zu sein.[19]

Entgegen der Meinung von Ska bleiben jedoch Ex 7,1 – 5* bei ihrer Ankündigung des Exodus so allgemein, dass nicht unbedingt eine Erwähnung der Tötung der Erstgeburt erwartet werden kann.[20] Aber auch ein Bericht von P^G über die Tötung der Erstgeburt ist nicht zu erwarten: Ex 12,1ff* enthält in 12,12 eine Ankündigung der Tötung der Erstgeburt durch Jahwe, die den Vollzug der Plage so detailliert beschreibt, dass sich ein Bericht über die Erfüllung der Ankündigung erübrigt. Jedenfalls setzen Ex 14,4.8 voraus, dass bei P^G dem Meerwunder das Wunder der Erstgeburtstötung vorausging. Nur nach einem solchen Wunder in Ex 12* P^G kann in Ex 14,4.8 P^G von einem erneuten „Verhärten des Herzens des Pharao" gesprochen werden.[21]

2.1.3 Verständnis von P als Bearbeitungsschicht (C. Berner[22])?

Aus dem Fehlen eines direkten priesterlichen Berichts über die Tötung der Erstgeburt zieht C. Berner[23] einen anderen Schluss: Er beurteilt die priesterschriftliche

---

17 Vgl. Schmidt, W.H. 2019, 497f., und dazu unten bei Anm. 106 – 108.

18 Ska 1979, 23 – 35, besonders 32. Auch bei Lohfink (Lohfink 1988b, 222 Anm. 29) fehlt Ex 12,1 – 13* in der priesterlichen Grundschrift. Zur Zugehörigkeit von Ex 12,12 (wohl zusammen mit Ex 12,1 – 13*) zu P^G vgl. jetzt jedoch Ska 2000, 302.

19 Ähnlich auch Levin 1993, 336, und Kratz 2000, 244.

20 Immerhin kündigt P^G in Ex 6,6; 7,4 das Gericht Jahwes über Ägypten an, von dem auch 12,12 spricht.

21 So u. a. Schmidt, L. 1993, 29 – 31; Köckert 2004, 73 – 107, besonders 89 Anm. 69; Gertz 2000, 33 Anm. 14.

22 Berner 2010, besonders 283 – 285. Vgl. ähnlich u. a. Van Seters 1994, 119.122f.; Blum 1990, 250f.; Albertz 2012, 202; Tucker 2017, 205 – 219.

23 Berner 2010, 284.

Päsach-Darstellung in Ex 12,1–13*.28 als literarisch unselbständige Bildung, die von vornherein mit Blick auf die vorpriesterliche ältere Erzählung von der Tötung der Erstgeburt in Ex 12,29ff.* gestaltet wurde. Bei P handelt es sich nach Berner daher um keine Quelle, sondern um eine Redaktionsschicht.

Gegen diese These von Berner spricht, dass in Ex 12,1–13*.28 P keine Kenntnis der vorpriesterlichen Schicht von 12,29ff.* nachzuweisen ist. Wenn Ex 12,1ff.* eine Bearbeitungsschicht von Ex 12* darstellte, wären entsprechende Bezugnahmen vorauszusetzen. Dagegen stehen die in P^G angeordnete Päsach-Feier und die detaillierte Ankündigung der Tötung der ägyptischen Erstgeburt in 12,12f. im Widerspruch zum Erzählungsverlauf in Ex 12,29–33*, der keinerlei Raum für eine entsprechende Mahlfeier lässt. Vielmehr verfolgt P mit der Einführung der Päsach-Feier Ex 12,1–13* ein eigenständiges Thema, das nur in dem Element der Tötung der Erstgeburt einen Schnittpunkt mit dem vorpriesterlichen Erzählfaden aufweist. Doch auch dabei unterscheidet sich P von der vorpriesterlichen Darstellung in Ex 12,29ff.*: Die Priestergrundschrift handelt nämlich in Ex 12,12 von der Tötung der Erstgeburt von Mensch *und Vieh*, während der von Zusätzen bereinigte vorpriesterliche Bericht in 12,29ff.* nur von der Tötung der *menschlichen* Erstgeburt spricht.[24]

2.2 Erweiterung von Ex 12,1ff.*P^G durch P^S (V. 2. 3aβ.6a.8bα*.18–20)

Auch wenn Ex 12,1–13* der Priesterschrift zuzuordnen ist, so stellt der vorliegende Text doch keine literarische Einheit dar. Vielmehr ist hier P^G offensichtlich durch P^S bearbeitet worden.[25] Auf diese P^S-Bearbeitung zurückzuführen sind in Ex 12,1–13* vor allem die Datumsangaben: Sekundär in P^G eingefügt ist dabei zunächst die Angabe zum ersten Monat des Jahres in V.2 (*„Dieser Monat soll für euch der Anfang der Monate sein; der erste soll er für euch sein unter den Monaten des Jahres"*), die die Redeeinleitung V. 1 und den Redeauftrag V. 3aα auseinanderreißt.[26] Sekundär sind dann auch die Hinweise auf „diesen Monat" in V. 3aβ und V. 6a, die sich auf den „ersten Monat" von V. 2 beziehen. In V. 6a passt auch die Anweisung für ein viertägiges Aufbewahren des Päsach-Tieres nicht zu der bei P^G vorausgesetzten Situation am Abend des Auszugs und dürfte daher ebenfalls auf P^S zurückgehen. Nicht aus P^G stammt des Weiteren in V. 8 das „und Massot", das

---

24 Gegen Ex 12,1–13* als Bearbeitungsschicht vgl. u. a. Gertz 2000, 87–97.
25 Vgl. vor allem Gertz 2000, 35–37. Anders Schmidt, W.H. 2019, 496.
26 Vgl. u. a. Gertz 2000, 35.

schon aufgrund seiner ungewöhnlichen Syntax auffällt und wie später dann die Massotbestimmungen von Ex 12,18 – 20 auch auf P[S] zurückzuführen ist.[27] Es fällt auf, dass P[S] die Päsach-Feier auf Termine festlegt, die mit dem 10. Tag des ersten Monats (= 10. Nisan) als Vorbereitungstag beginnen (Ex 12,3) und dabei wohl eine Korrespondenz zum Versöhnungstag am 10. Tag des siebenten Monats herstellen (vgl. z. B. Lev 23,27). Die Päsach-Feier als solche wird von P[S] in 12,6* auf die Vollmondnacht vom 14. Nisan (Tagesende am Morgen[28]) gelegt. Zur gleichen P[S]-Schicht gehören auch Ex 12,18 – 20, wo das gleiche Datierungsschema wie in 12,3*.6* vorliegt.[29] Dabei schließt der Hinweis auf den ersten Monat in 12,18 gut an die entsprechenden Monats- und Tageshinweise in 12,2ff.* P an. Außerdem zeigt Ex 12,18 – 20 (Mazzenessen vom 14. – 21. Nisan) noch keinen Bezug zum Heiligkeitsgesetz (H), das in Lev 23,6 – 8 von einem erst am 15. Nisan beginnenden Mazzenfest ausgeht.

Schließlich bezieht sich auch in V. 14[30] „dieser Tag" auf V. 2 zurück. Zudem passt die in Ex 12,14 vorliegende Vorstellung von Päsach als einem Wallfahrtsfest am Zentralheiligtum (ḥag), wie sie Dtn 16,1 – 8 vertritt, nicht zur Priestergrundschrift, die eine lokale Päsach-Feier voraussetzt. Ex 12,14 gehört wohl zusammen mit 12,15 – 17 zu einer späten Redaktion, die P und Dtn miteinander verbindet und gleichzeitig vom Heiligkeitsgesetz abhängig ist. Letzteres zeigt sich daran, dass Ex 12,14 – 17 wie H (Lev 23,6 – 8) „eine heilige Versammlung" am ersten und am siebten Tag des Mazzenfestes fordert (vgl. V. 16).

Als Fazit der Literarkritik ist somit festzuhalten, dass in Ex 12,1 – 28 für P[G] verbleiben: Ex 12,1.3aα.b – 5.6b – 8a.b*.9 – 13.28.[31] Für die Frage nach archaischen

---

27 Zu „und Massot" in 12,8bα* vgl. u. a. Kutsch 1986a, 46 Anm. 2; Weimar 1995b, 7f.; Gertz 2000, 34; Berner 2010, 280. Anders Grünwaldt 1992, 73. Nach Köckert 2004, 94 (vgl. auch Kohata 1986, 265) soll auch 12,5 nicht zu P[G] gehören, da bei P[G] das Päsach-Tier nicht als Opfer verstanden ist und daher die in V. 5 genannten Anforderungen an ein Opfer P[G] widersprächen. Obwohl die Priesterschrift das Päsach-Lamm nicht als Opfer versteht, muss es nach ihrer Meinung doch wie ein Opfertier ein wertvolles Tier sein, d. h. ein männliches Tier, ein Jahr alt, an dem kein Fehler ist (vgl. u. a. Lev 1,3.10; 9,3; Dtn 17,1). Vgl. Grünwaldt 1992, 86f., auch Gertz 2000, 37 Anm. 36.
28 Vgl. dazu Utzschneider/Oswald 2013, 251 Anm. 17.
29 Gertz 2000, 36f.; Grünwaldt 1992, 94f. Vgl. Laaf 1970, 109f.; Utzschneider/Oswald 2013, 287. Anders Berner 2010, 324.
30 V. 14 kann nicht Abschlussvers von 12,1 – 13* P[G] sein, da bei P[G] Päsach nie wie in V. 14 als „Wallfahrtsfest (ḥag)" verstanden ist. Auch eine Abtrennung von 12,14aα (so Köckert 2004, 93 Anm. 83) ist nicht sinnvoll, da das in V. 14aα geforderte Gedenken ohne die in V. 14aβ genannten Konsequenzen „wenig sinnvoll" ist (Berner 2010, 323; ähnlich Gertz 2000, 35). Somit gehört V. 14 wohl insgesamt zu 12,14 – 17, einem von H abhängigen „nachendredaktionellen" Stück (Gertz 2000, 396).
31 So Gertz 2000, 35 – 37.

Wurzeln des Päsach-Ritus ist nun von entscheidender Bedeutung, inwieweit man in dieser P^G-Schicht eine von P^G benutzte alte „Ritual"-Vorlage nachweisen kann.

3 Das Problem der These einer „Ritual"-Vorlage von Ex 12,1ff.* P^G

Wie bereits im Eingangsabschnitt dieses Beitrags dargestellt, hat man oft zum Nachweis einer alten Päsach-Tradition eine Vorlage von Ex 12,1–13* rekonstruiert, die P^G bei der Komposition von Ex 12* benutzt habe. In dieser „Ritual"-Vorlage liege noch ein Päsach-Verständnis ohne Bezug auf den Exodus und die Situation von Ex 12 in Ägypten vor.[32] E. Otto nimmt dabei an, dass der Ritus der Vorlage noch Bezüge zur nomadischen Kultur zeige.[33]

Für eine solche vorpriesterliche Vorlage wird angeführt, dass sich in der Jahwerede von 12,1–13* zwei unterschiedliche Ausführungen zum Päsach-Ritus finden. Zum einen werden die rituellen Handlungen unpersönlich in der 3. Pers. Plur. und dabei in *w-qatal x*-Sätzen dargestellt, zum andern finden sich in V. 1–13* Aufforderungen in der 2. Pers. Plur. zur Vornahme von rituellen Aktivitäten, wobei die Passagen im Anredestil durchweg die Aussagen in der 3. Pers. Plur. voraussetzen. Die unpersönlich formulierten Passagen scheinen daher die Grundschicht darzustellen, die durch eine oder mehrere Ergänzungsschichten erweitert bzw. kommentiert wurde. Für die Grundschicht ergibt sich somit in etwa folgender Bestand:

> „(3*) Sie nehmen ein Lamm für jede Familie (6b) und schlachten es am Abend. (7a) Und sie nehmen vom Blut und bestreichen damit die beiden Türpfosten und den Türsturz, (8a) und sie essen das Fleisch in dieser Nacht. (11bß) Es ist ein Passa für JHWH."[34]

Aufgrund der formalen Unterschiede lässt sich die Schicht relativ eindeutig von V. 1–13* abheben.[35] Allerdings bleiben dabei trotzdem viele Fragen offen. Bei dem in 3. Pers. formulierten Vers 4a („*wenn ein Haus zu klein ist für ein Lamm, soll er es*

---

32 Vgl. u. a. Laaf 1970, 15; Kohata 1986, 262: Köckert 2004, 90f.; Schmidt, L. 1993, 29 (für ihn liegt in V. 3aβ–10 kein Bezug auf die Situation in Ägypten vor); Gertz 2000, 33.

33 Otto 1989, 669 (vgl. auch oben bei Anm. 7–12), nimmt an, dass dieses Ritual „weder dtn noch priesterschriftlichen Einfluß, wohl aber enge Parallelität mit Ex 12,21b–23" zeige und wie diese alte Päsach-Überlieferung auf eine „im stationären Nomadisieren ortsgebundene Hirtenkultur des Kulturlandes" zurückgehe (ebd., 672). Anders Laaf 1970, 131f., der mit einer Entstehung der „Ritual"-Vorlage von Ex 12,1ff.* in Priesterkreisen des babylonischen Exils rechnet.

34 So Otto (siehe oben bei Anm. 7): Ex 12,3b*.6b.7a.8a.11bß.

35 Wie Otto auch Köckert 2004, 90f.; Gertz 2000, 32; ähnlich Schmidt, W.H. 2019, 494.

zusammen mit seinem Nachbarn, der seinem Haus am nächsten wohnt, entspre-chend der Zahl der Personen nehmen") wird im allgemeinen schon eine Zuordnung zur Kommentierungsschicht vorgenommen, da er durch V. 4b („*Einem jeden sollt ihr, so viel er zum Essen braucht, den Anteil an dem Lamm berechnen*") der Schicht im Anredestil zugeordnet werden kann.[36] Eventuell lässt sich V. 4a aber auch als eigenständig verstehen und somit dem Grundtext im unpersönlichen Stil zuwei-sen. Ähnliches gilt für V. 8b:[37] Hier könnte „*sie essen es mit Bitterkräutern*" der unpersönlichen Schicht der „Ritual"-Vorlage zuzuweisen sein.[38]

Auch sonst spricht einiges dafür, dass der rekonstruierte Text keinen voll-ständigen[39] Ritualtext bildet.[40] So besitzt er keine Einleitung.[41] Und auch bei der Deklaration „*ein Päsach ist es für Jahwe*" (V. 11bβ) bleibt unklar, ob sie als Ritu-alschluss gewertet werden kann.[42] Überhaupt erweist es sich als schwierig, den rekonstruierten Text historisch einzuordnen. Die Auffassung, dass diese Vorlage ein Päsach-Verständnis zeige, das noch in keiner Beziehung zur Exodustradition stehe, ist daher nur mit großen Schwierigkeiten wahrscheinlich zu machen.

Unklar bleibt jedenfalls, ob sich die Hinweise in der rekonstruierten „Ritual"-Vorlage auf die Abenddämmerung (12,6) bzw. auf die Nacht (12,8) nicht schon auf die „Nacht des Auszugs" beziehen. Auch bei den „Häusern" von V. 7 kann man schon an Häuser der Israeliten in Ägypten denken.[43] Der P-Text von 12,1–13* lässt

---

36 So Laaf 1970, 12f.; Köckert 2004, 91 Anm. 75; Otto 1989, 669; Gertz 2000, 32–34. Anders Kohata 1986, 262, die V. 4a zur unpersönlich formulierten Grundschicht rechnet.

37 Köckert 2004, 91 Anm. 71, weist darauf hin, dass 12,8b „erst nachträglich aus V. 9 und aus der Verbindung mit 12,15f. gebildet worden" ist. Dies gilt jedoch nur für „und Massot". „*Sie essen es mit Bitterkräutern*" könnte dann als ursprünglicher Bestand der „Ritual"-Vorlage angesehen werden (so Laaf 1970, 15).

38 Damit läge in der unpersönlich formulierten Schicht ein Bezug zu P[G] vor (vgl. Ex 1,14 und unten bei Anm. 109).

39 Anders Gertz 2000, 32, der den rekonstruierten Text als „vollständige Beschreibung des Passaritus" ansieht.

40 Vgl. Schmidt, W.H. 2019, 494, der damit rechnet, dass der rekonstruierte Text möglicherweise nur „Teile" eines Rituals enthält.

41 Grünwaldt 1992, 72.

42 So lässt die Deklaration „*ein Päsach ist es für Jahwe*" (vgl. zu ihr auch unten Anm. 44) eine Erklärung des Begriffs „Päsach" und seiner Beziehung auf Jahwe erwarten, die erst in der Ätio-logie der Päsach-Bezeichnung in 12,12–13 gegeben wird. Müsste daher nicht auch der Kern von V. 12–13* als Teil des „Rituals" verstanden werden?

43 Schon Schreiner 1977, 82, hat darauf hingewiesen, dass bereits die älteste Päsach-Überliefe-rung (Schreiner denkt dabei an Ex 12,21–23, doch gilt dies auch für die aus Ex 12,1ff.* rekon-struierte „Ritual"-Vorlage) von Häusern mit Türpfosten und Türsturz spricht und nicht von Zelten, Herden und Aufbruch. Gegen einen nomadischen Hintergrund der ältesten Päsach-Überlieferung auch Van Seters 1994, 114f., und Wambacq 1976, 209, die den Blutritus aufgrund von religions-

sich somit zwar in eine Grundschicht und in eine Kommentierungsschicht differenzieren. Allerdings gelingt es nicht, diesen Schichten unterschiedliche Päsach-
Verständnisse zuzuordnen. Jedenfalls ist nicht auszuschließen, dass die unpersönlich formulierten Teile von Ex 12,1–13* bereits die priesterliche Exodustradition voraussetzen.

Zu einem eindeutigen Ergebnis kommt es, wenn wir in 12,6b auch das Subjekt
des Satzes in der 3. Pers. Plur. in die zu rekonstruierende „Ritual"-Vorlage auf-
nehmen, wie dies in der folgenden Rekonstruktion von W.H. Schmidt[44] geschieht:
„*(3ba) Ein jeder soll sich ein Schaf für ein Haus/eine Familie nehmen, ein Tier für
jedes Haus. (6b) Die ganze Versammlung der Gemeinde Israels soll es in der
Abenddämmerung schlachten. (7a) Dann sollen sie (etwas) von dem Blut nehmen
und es an den beiden Türpfosten und der Oberschwelle an den Häusern anbringen.
(8a) Sie sollen aber das Fleisch (noch) in dieser Nacht essen, am Feuer gebraten.*"

Geht man von dieser Rekonstruktion aus, so ist die sog. „Ritual"-Vorlage nur
im Zusammenhang von P verständlich: Die Rede von der „Gemeinde Israels/der
Israeliten" (V. 6b) verweist nämlich eindeutig auf die Priesterschrift (vgl. Ex 12,3.6;
16,1.2.9; 17,1). Neuere Untersuchungen interpretieren den unpersönlich formulierten Text von Ex 12,1–13* daher weniger als ein P^G vorgegebenes „Ritual",
sondern sehen in ihm einen der „priesterlichen Literatur" zuzuordnenden Text
(vgl. u. a. Utzschneider/Oswald;[45] L. Schmidt;[46] auch W.H. Schmidt[47]).[48]

Der dreifache Wechsel zwischen einer unpersönlich formulierten Ritusbe-
schreibung und einer in 2. Pers. Plur. formulierten Kommentierung könnte daher

---

geschichtlichen Parallelen bei den Arabern nicht als „rite de départ", sondern eher als einen Ritus
zum Schutz von Orten verstehen, an denen man sich niederlässt. Vgl. auch Kaiser 1993, 319f.;
Houtman 1996, 155.
44 Schmidt, W.H. 2019, 494. Zu V. 11bβ „*ein Päsach ist es für Jahwe*" merkt Schmidt an, dass diese
deklaratorische Formel „Teil des alten Rituals gewesen und dessen Abschluss gebildet haben" könnte. Vgl. aber auch oben Anm. 42.
45 Utzschneider/Oswald 2013, 286, vertreten die Meinung, dass die sog. „Vorlage" „nicht ver-
muteten alten Quellen, sondern der priesterlichen Literatur" zuzuweisen sei.
46 Schmidt, L. 1993, 29–31, rechnet die unpersönlich formulierten Sätze nicht zu einer vorpriesterlichen „Vorlage" , sondern zur Grundschicht von P^G: 12,1.3aαb.4a.6b.7.8.11–13.
47 Schmidt, W.H. 2019, 495, stellt sogar die grundsätzliche Frage, „wieweit eine literarkritische
Zerlegung des priesterschriftlichen Anteils angemessen" sei.
48 Vgl. auch Weimar 1995a, 199, der bei der (unpersönlich formulierten) „Grundschicht" von Ex
12,1–13* an ein „Traditionsstück aus dem Umfeld ‚priesterschriftlicher' Theologie" denkt. Zu
erwähnen ist schließlich noch der Vorschlag von Tucker 2017, 216, dass Ex 12,1–13 P die unpersönlich formulierten Ritualanweisungen dem seiner Meinung nach vorpriesterlichen Bericht Ex
12,21–23 entnommen habe (dabei muss er seiner Rekonstruktion allerdings 12,21–22. 27 zugrunde
legen).

ein bewusstes Stilmittel von P sein. S. Gesundheit[49] hat vorgeschlagen, den Wechsel zwischen 3. Pers. Plur. und 2. Pers. Plur. wie in Ex 25,1ff. zu verstehen. In Ex 25 wechseln in einer Jahwerede an Mose Formulierungen in 3. Pers. Plur., die sich an die Israeliten richten, und Anweisungen in der 2. Pers., bei der Mose (mit) angeredet ist (vgl. Ex 25,2a: 3. Pers. Plur.; 25,2b–7: 2. Pers.; 25,8: 3. Pers. Plur.; 25,9: 2. Pers.; etc.). Kann in 12,1–13* mit einer ähnlichen stilistischen Struktur gerechnet werden? Jedenfalls dürfte die sog. „Ritual"-Vorlage kaum einen Beleg für ein noch nomadisches Verständnis des Päsach-Ritus darstellen.

4 Vorpriesterliche Päsach-Überlieferung in Ex 12,21ff.?

4.1 Ex 12,21–23 als archaische Überlieferung?

Eine weitere alte Päsach-Überlieferung wird nun in dem Textstück Ex 12,21–23* vermutet, das jetzt im Rahmen der Moserede 12,21–27 vorliegt. Innerhalb dieser (in den Rahmen der priesterlichen Jahwerede 12,1–13*.28 eingeschobenen) Moserede hat die traditionelle Pentateuchkritik in 12,21–23.27b ein Fragment der Päsach-Erzählung des Jahwisten gefunden.[50] Nach L. Schmidt[51] spricht für den Jahwisten vor allem, dass in 12,21 Mose (wie in Ex 4,29–31 J) sich an die Ältesten wendet und abschließend in V. 27b das Volk (wie in 4,31 J) sich verneigt und niederfällt. Auch trete Mose hier wie in Ex 14,13ff.* J als Prophet auf, ohne dass Mose der genaue Wortlaut seiner Rede von Jahwe übermittelt worden ist. Von daher könnten nach Auffassung von L. Schmidt auch die Differenzen zwischen den Aussagen von 12,21–23 und 12,29ff.* J erklärt werden.

Demgegenüber hat J. Schreiner deutlich gemacht, dass die vorliegende Gestalt von 12,21–23 kaum für die alte – traditionell als Jahwist bezeichnete – Schicht der Plagenerzählung in Frage komme: Dagegen spreche schon der Widerspruch von 12,22b („keiner soll aus dem Eingang seines Hauses herausgehen bis zum Morgen") zu der alten vorpriesterlichen Schicht der Plagenerzählung (entspricht J), in der in 12,29ff.* mitten in der Nacht Pharao den Mose zu sich ruft (entsprechend Jahwes Ankündigung in Ex 11,4–8* J). Zudem macht Schreiner auf Unterschiede zwischen 12,21–23 und der Theologie des Jahwisten aufmerksam: Im Gegensatz zu 12,21–23 werden beim Jahwisten die Israeliten ohne ihr Zutun

---

49 Gesundheit 2012, 49 Anm. 13.
50 Vgl. u. a. Baentsch 1903, 99–102; Schmidt, W.H. 2019, 512–518.
51 Vgl. Schmidt, L. 2005, 171–188, besonders 174–180, der in Ex 11f. folgende Verse J zuweist: 11,8b; 12,21–23.27b; 12,29a.30aα*.31aα*.b.32.33.37.38b.

von Jahwe gerettet. Daher denkt Schreiner bei 12,21–23* an eine spätere vor-priesterliche Schicht: den Jehowisten.[52]

Schließlich hat E. Blum in seinen „Studien zur Komposition des Pentateuch" die Auffassung vertreten, dass Ex 12,21–23 einen „schon fest formulierten Ab-schnitt" darstelle, der von der deuteronomistischen Komposition in 12,24ff.* in-tegriert worden sei.[53]

Unter der Annahme, dass es sich bei 12,21–23 um einen vordeuteronomischen Abschnitt handele, versteht E. Otto[54] den Text als einen Zeugen der ältesten alt-testamentlichen Päsach-Überlieferung, die in 12,21b–22.23* noch einen alten „Familienritus" erkennen lasse und von einer „archaischen Religionsstufe"[55] geprägt sei. In V. 23 werde nämlich nicht wie in Ex 12,13 davon gesprochen, dass Jahwe einen „Schlag zum Verderben"[56] über Ägypten kommen lässt, sondern dass Gott einen „Verderber" (*mašḥît*) als Werkzeug einsetzt, dem er aber den Zugang zu den durch den Blutritus geschützten israelitischen Häusern verwehrt. Dabei sei in V. 23* auf einer vorjahwistischen Religionsstufe ursprünglich der eine „Verkör-perung vernichtender Macht" darstellende dämonische „Verderber" das Subjekt gewesen, vor dem in der Päsach-Nacht die Familie zu schützen sei und der dann an der apotropäischen Macht des Blutes „zurückpralle".[57]

Allerdings hat Otto die von ihm herausgestellten „Spuren" vorjahwistischen Denkens mehr postuliert, als am Text belegt. Von einer „Täuschung" des „Ver-derbers" durch das Blut[58] steht nichts im Text. Auch dass der Schutz in der Kraft

---

[52] Schreiner 1977, 75–80; vgl. auch Otto 1989, 669; Grünwaldt 1992, 78f.

[53] Blum 1990, 38f.

[54] Otto 1989, 670–674. Für die Rekonstruktion einer vorjahwistischen Vorlage von Ex 12,21–23 ergeben sich allerdings keine literarkritischen Anhaltspunkte (vgl. Kohata 1986, 270 Anm. 43; Schmidt, L. 2005, 175; Gertz 2000, 46 Anm. 77).

[55] Otto 1989, 672.

[56] Vgl. für ein abstraktes Verständnis von *mašḥît* im Kontext von Ex 12,13 u.a. Wellhausen 1963, 72; Laaf 1970, 104; Kohata 1986, 273; Grünwaldt 1992, 75 Anm. 31; Schmidt, W.H. 2019, 517; Berner 2010, 283; Utzschneider/Oswald 2013, 254f.

[57] Otto 1989, 667, leitet dabei unter Aufnahme der Argumentation von Gerleman 1976, 409–413 die Bezeichnung „Päsach" von der Verbwurzel *psḥ* „auf-gegen-zurückstoßen" mit Hinweis auf vor allem 2 Sam 4,4 her. Diese Herleitung ist u.a. übernommen worden von Utzschneider/Oswald 2013, 255f., und Dohmen 2015, 282f. Demgegenüber hat Donner 2007, 1065a, gezeigt, dass alle hebräischen Belege von *psḥ* sich überzeugender von der Grundbedeutung „hinken", „hüpfen" (vgl. 1 Kön 18,21.26) verstehen lassen (vgl. ähnlich Keel 1972, 428–433; Dozeman 2009, 269; Al-bertz 2012, 208), wobei sich in 2 Sam 4,4 für die Nifalform die Bedeutung „lahm werden" nahelegt. Für Ex 12,13.23.27 ergibt sich daraus die Bedeutung „überspringen", „übergehen" (so auch die Vulgata), „verschonen" (so besonders in Jes 31,5). Zur Kritik an Gerlemans Herleitung vgl. auch Wambacq 1981, 510f. Anm. 22.

[58] Otto 1989, 671.

des Blutes gründe, hat am Text keinen Anhalt, vielmehr hindert in 12,23b Jahwe den „Verderber" am Eindringen in die Häuser der Israeliten.

4.2 Ex 12,21–23 als nachpriesterlicher Teil der Moserede 12,21–27[59]

Bevor man im vorliegenden Text mit der Aufnahme archaischer Traditionen rechnet, wird man daher zunächst klären müssen, inwieweit innerhalb der Moserede 12,21–27 sich ein vordeuteronomisches und vorpriesterliches Überlieferungsstück 12,21–23 literarkritisch überhaupt herauslösen lässt. 12,21–23 muss nämlich zunächst als Teil der Moserede 12,21–27 verstanden werden. Dabei ist die Darstellung des Päsach-Ritus in 12,21–23[60] auf die Erklärung von „Päsach" im Rahmen der „Katechese" von 12,26–27a bezogen: So fokussiert 12,21–23 die Darstellung der Päsach-Feier in V. 22 auf den Blutritus unter Nichterwähnung des Päsach-Mahls. Damit kann die Erklärung des Namens „Päsach" in 12,27a unmittelbar auf diesen Blutritus und auf das durch ihn ausgelöste „Übergehen" (*psḥ*) der Häuser der Israeliten durch Jahwe (vgl. V. 23bα) Bezug nehmen. Dass die Moserede 12,21–27 das Päsach-Mahl (entsprechend 12,8) trotzdem stillschweigend voraussetzt,[61] zeigt sich schließlich in 12,27a, wo „Päsach" als ein „Päsach-Mahlopfer" (vgl. Dtn 16,1f.) verstanden wird.[62]

12,21ff. scheint dabei 12,1–13* vorauszusetzen. Dies zeigt sich vor allem daran, dass 12,21–23 nur bei Kenntnis von 12,1–13* verstanden werden kann: So setzt die allgemein formulierte Feststellung Moses in 12,23aα, dass Jahwe Ägypten „schlagen" werde, voraus, dass der genaue Sachverhalt der Tötung der Erstgeburten aus Ex 12,12 bekannt ist.[63] In ähnlicher Weise ist in 12,21 die Bezugnahme auf die israelitischen Sippen als Empfänger des Päsach-Tieres nur auf dem Hintergrund von Ex 12,3–4 zu verstehen.[64] Schließlich weist in V. 21b das „*schlachtet*

---

59 Zu Ex 12,21–27 als Einheit (Rahmung durch 12,21a und 12,27b) vgl. Gertz 2000, 38; Utzschneider/Oswald 2013, 281.

60 Für die Annahme von Albertz 2012, 211, dass sich hier Formen eines auf die Familien beschränkten Kults aus der Zeit nach der Reform von Dtn 16,1–8 spiegeln (lokale Feiern in den Familienhäusern mit Blutritus im Mittelpunkt), findet sich m. E. kein überzeugender Beleg.

61 Vgl. auch Utzschneider/Oswald 2013, 263.

62 Zur Vorstellung eines Päsach-Mahlopfers vgl. unten bei Anm. 86.

63 Vgl. schon Jacob 1992, 329, mit der Feststellung, dass Ex 12,23 Ex 12,12f. voraussetzt: „We should notice that this segment (sc. 12,23) alone told us nothing of God's final blow against Egypt." Ähnlich Berner 2010, 288.

64 Vgl. auch Berner 2010, 287.

das Päsach" („Päsach" mit Artikel[65]) darauf hin, dass im vorausgehenden Kontext (vgl. V. 11) „Päsach" bereits erwähnt wurde.[66]

Da die Moserede in 12,21–23 somit von der vorhergehenden Jahwerede in Ex 12,1–13* abhängig ist, haben B.N. Wambacq[67] und J. Van Seters[68] den Gesamtzusammenhang von 12,21–27 einer priesterlichen Schicht[69] zugewiesen, die unmittelbar an die Ausführungen von 12,1ff.* P anschließt.

Dass in 12,21ff. allerdings nicht – wie von Van Seters u.a. angenommen – die gleiche priesterliche Schicht wie in 12,1–13* vorliegt, zeigt sich schon an den bewussten Abweichungen, die zwischen 12,21ff. und 12,1ff.* bestehen und die für eine nachpriesterliche Schicht in 12,21ff. sprechen. Schon die Anweisung „*keiner von euch soll aus der Tür seines Hauses hinausgehen bis zum Morgen*" in V. 22b, die kein Pendant in 12,1–13* besitzt, lässt erkennen, dass 12,22–23 eine größere Bedrohung der Israeliten beschreiben will als die Priesterschrift in 12,1–13*: In 12,23 richtet sich der Blutritus nämlich nicht nur wie in 12,13 gegen die Gefährdung Israels durch Jahwes Vernichtungsgericht über die Ägypter, sondern vielmehr gegen die Bedrohung durch die *personalisierte* Vernichtungsmacht des „Verderbers".

Bei dieser Vorstellung darf angesichts des nachpriesterlichen Kontextes jedoch nicht primär an archaische Traditionen gedacht werden. So hat S.I.L. Norin[70] bereits 1977 darauf hingewiesen, dass eine sprachliche Untersuchung von 12,21–23 zunächst zu nachexilischen Vorstellungen hinführt. Vor allem macht er darauf aufmerksam, dass die Vorstellung von einem „Verderber" im Alten Testament sich nicht auf einen eigenständigen Dämon bezieht, sondern auf eine Gestalt, die im Rahmen der nachexilischen Engellehre[71] als Werkzeug Jahwes Verderben bringt (vgl. u.a. Jer 51,1;[72] 2 Sam 24,16[73] und 1 Chr 21,15). Dabei zeigen 2

---

65 Unwahrscheinlich ist hier ein kataphorischer Gebrauch des Artikels, der erst auf 12,27 verweisen würde. Vgl. zum Verständnis des Artikels bei Päsach in V. 21b vor allem Utzschneider/ Oswald 2013, 262f., und Gesundheit 2012, 66 Anm. 47 (gegen Gertz 2000, 50).

66 Zum Rückbezug von 12,21 auf 12,11 vgl. u.a. Van Seters 1994, 117f.; Berner 2010, 287, aber auch Schmidt, L. 2005, 174, der postuliert, dass den israelitischen Ältesten die „Päsach"-Feier bereits bekannt war.

67 Wambacq 1976, 316–322.

68 Van Seters 1994, 116–119.

69 Ähnlich auch Gesundheit 2012, 58–66.

70 Norin 1977, 171–179.

71 Norin 1977, 175f.

72 Vgl. die Übersetzung von Schmidt, W.H. 2013, 323: „Siehe ich (Jahwe) erwecke gegen Babel [...] den Geist eines Verderbers (*mašḥît*)."

73 Auch Wambacq 1976, 210; Schreiner 1977, 82; Dozeman 2009, 274; Utzschneider/Oswald 2013, 255, sehen in dem „Verderber-Engel" von 2 Sam 24 und 1 Chr 21 die nächste biblische Parallele

Sam 24 und 1 Chr 21, dass der „Verderber"-Engel das Volk Israel wegen der Sünde Davids schlägt, wenn Jahwe ihn nicht daran hindert (vgl. 2 Sam 24,16; 1 Chr 21,15.27). Auf diesem Hintergrund erklärt sich auch die Aussage von V. 27aβ, dass Jahwe die Häuser der Israeliten (vor dem „Verderber"-Engel) errettete. Des Weiteren kann auch von den „Ältesten" als Repräsentanten des Gottesvolkes (vgl. 12,21) in nachpriesterlichen Schichten die Rede sein.[74] Auch der Ausdruck „das Päsach(-Tier) schlachten" (12,21) findet sich sonst vor allem in späten alttestamentlichen Texten des Esrabuches (6,20) und der Chronikbücher (2 Chr 30,15; 35,1.6.11).[75] Dies lässt die Annahme von W.H. Schmidt,[76] dass das Verständnis von „Päsach" als Päsach-*Tier* besonders alt sei, kaum als wahrscheinlich erscheinen.[77]

4.3 Ex 12,24 – 27 als Teil der nachpriesterlichen Moserede 12,21ff.

Bei 12,25 – 27 rechnete – wie wir oben sahen – E. Blum in seinen 1990 erschienenen „Studien zur Komposition des Pentateuch"[78] mit einer deuteronomistischen Komposition, die in Ex 12,21 – 23 einen „schon fest formulierten Abschnitt" integriert habe. 12,21 – 23 hat sich nun aber als bereits nachpriesterlicher Text herausgestellt, der offensichtlich von Anfang an Teil der Moserede 12,21 – 27 war. Nun dürfte auch bei 12,24 – 27 nicht mit einer vorpriesterlichen D-Komposition, sondern mit einem nachpriesterlichen Text zu rechnen sein. Bei 12,24 räumte Blum[79] bereits ein, dass der Vers durch seine auch priesterlich beeinflusste Sprache aus der D-Komposition herausfalle[80] und daher auf eine nachpriesterliche Bearbeitung zurückgehe. Nun weisen jedoch auch die von Blum seiner D-

---

zum „*mašḥît*" von Ex 12,23. Ähnlich auch Van Seters 1994, 114. Eine solche Neuinterpretation von Ex 12,13 P, die mit Jahwes strafendem Handeln durch „Verderber"-Engel rechnet, ist typisch für nachexilische Schichten des Enneateuch (vgl. u. a. die sog. Mal'ak-Fortschreibung und dazu Blum 2010c, 262 – 274, und Schmitt 2015a, 281 – 284 (in diesem Band, S. 195 – 197). In dem zu dieser Mal'ak-Fortschreibung gehörenden „Privilegrecht" Ex 34,10 – 27 wird im Übrigen in 34,25 Päsach als ein „Wallfahrtsfest" bezeichnet, was der Vorstellung in Ex 12,27 von Päsach als einem am Zentralheiligtum zu feiernden Mahlopfer entspricht.

74 Vgl. Wambacq 1976, 317, und auch Schmitt 2008, 57 – 72 (in diesem Band, S. 253 – 267).
75 Norin 1977, 175.
76 Vgl. Schmidt, W.H. 2019, 512.
77 Vom Päsach-Tier ist im AT nur die Rede in Ex 12,21.27; Dtn 16,2.5.6; 2 Chr 30,15.18; 35,1.6.11.13; Esr 6,20; im Plural in 2 Chr 30,17; 35,7.8.9.
78 Blum 1990, 38f. Vgl. aber unten bei Anm. 83 (Korrektur dieser Auffassung durch Blum).
79 Blum 1990, 39 Anm. 149.
80 Vgl. zum differenzierten Befund von V. 24 Gertz 2000, 40.

Komposition zugeordneten Verse 12,25–27 nicht nur die für die deuteronomistische Literatur typischen „Katechesen" auf (vgl. Dtn 6,20–22; Jos 4,6–7.21–24; auch Ex 13,14–16), sondern ebenfalls auch Vorstellungen aus dem priesterlich-chronistischen Bereich.[81] So findet sich der Schlüsselbegriff der Katechese von V. 25–27a für „Gottesdienst" *ᶜabodāh* u.a. auch in Ex 13,5; 35,24; Num 4,4.9; 1 Chr 6,33; 2 Chr 35,10.16. Wichtig für das Verständnis von *ᶜabodāh* im Exoduskontext ist jedoch auch, dass *ᶜabodāh* in P^G die von den Ägyptern auferlegte Fronarbeit bezeichnet (Ex 1,14; 2,23; 6,6.9; auch in R^P in 5,9.11), die dann nach dem Exodus durch den „Dienst" gegenüber Jahwe ersetzt wird.[82] Dies spricht dafür, dass auch in 12,24–27 eine nachpriesterliche Schicht vorliegt.[83]

Dass die beiden Teile der Moserede 12,21–23 und 12,24–27 eng aufeinander bezogen sind, zeigt sich dabei vor allem am Verhältnis von V. 27 und V. 23: Die Antwort auf die Frage der Söhne in 12,26–27a bemüht sich um eine möglichst genaue Wiedergabe der Darstellung der Folgen des Blutritus von V. 23. Zu Umformulierungen kommt es nur wegen des neuen Themas von V. 27 (Erklärung des Päsach-Begriffs im Rahmen der Katechese der Söhne): Voran steht daher der zu erklärende Begriff *„Es ist das Päsach-Mahlopfer für Jahwe"*, dem die Erklärung des Begriffs mit Jahwes „Übergehen" (*psḥ*) der Häuser der Israeliten aus V. 23bα folgt. Danach wird Jahwes Schlagen (*ngp*) der Ägypter aus 12,23a übernommen. Schließlich wird (allerdings nur dem Inhalt nach) Jahwes Verhindern des Eindringens des „Verderber"-Engels in die Häuser der Israeliten aus 12,23bß aufgenommen. Es wird dabei mit Hilfe der „Errettungs"-Formel (vgl. Ex 5,23 R; 6,6 P; 3,8, auch 2,19) in „lehrformelhafter" Akzentuierung mit *„Jahwe errettete (nṣl hi.) unsere Häuser"* neu formuliert.

Ziel des zweiten Teils der Moserede 12,24–27 ist es nun, die generationenübergreifende Bedeutung der Päsach-Feier für Israel herauszustellen. Dies führt dazu, dass in 12,24.25 das Halten des Päsach gleich zweimal in fast der gleichen Formulierung gefordert wird (nur wird in 12,24 der Päsach-Ritus mit *dābār* bezeichnet, in 12,25a mit *ᶜabodāh* „Dienst"):[84] zunächst in V. 24 als eine ewig geltende Anordnung, die dann in V. 25 konkretisiert wird für die Zeit nach der Landnah-

---

81 Vgl. für Einzelheiten Gertz 2000, 41–43.
82 Vgl. dazu Weimar 1997, 426f.; Gertz 2000, 42; Berner 2010, 292 Anm. 75; auch Dozeman 2009, 278; Utzschneider/Oswald 2013, 264.
83 So jetzt auch Blum 2002a, 119–156, besonders 135. Vgl. schon Levin 1993, 336, und Gertz 2000, 54f.
84 Berner 2010, 292, will daher 12,24 einer jüngeren Überarbeitung von 12,25–27a zuweisen. Doch 12,25 ist als Konkretisierung von 12,24 zu verstehen (vgl. Utzschneider/Oswald 2013, 264).

me.[85] Auf die Weitergabe an eine weitere Generation bezieht sich danach die Katechese in V. 26.27a. Bei dieser Weitergabe für die Generationen nach der Landnahme wird in V. 27a bemerkenswerterweise ein von 12,1–13* abweichendes Verständnis von Päsach als ein am Zentralheiligtum zu feierndes Mahlopfer (V. 27aα) vertreten. Die so am Ende der Moserede hervorgehobene Vorstellung eines Päsach-Mahlopfers nimmt dabei das Päsach-Verständnis von Dtn 16,1f. auf und bezieht dabei Ex 12,1ff.* auf Dtn 16,1–8. In Ex 12,21–27 dürfte daher eine nachpriesterliche Schicht vorliegen, die als priesterliche und deuteronomistische Vorstellungen vermittelnde Pentateuchredaktion zu verstehen ist.[86]

5 Ist die Überlieferung vom „Päsach-Mahlopfer" in Dtn 16,1–8 älter als die priesterschriftliche Päsach-Ätiologie in Ex 12,1–13* P^G?

Die nachpriesterschriftliche Moserede Ex 12,21–27 leitet in V. 27a die Bezeichnung „Päsach" von Jahwes psḥ „Übergehen"[87] her, mit dem er in der Nacht der Tötung der ägyptischen Erstgeburt die durch den Blutritus geschützten Häuser der Israeliten „übergeht". Dabei greift Ex 12,27a zunächst auf Ex 12,23b zurück, wo Jahwe die Türen der Israeliten „übergeht" und den „Verderber"-Engel nicht in ihre Häuser lässt (an beiden Stellen ist davon die Rede, dass Jahwe die Ägypter „schlägt" [ngp]). Abhängig sind beide Päsach-Erklärungen von der priesterschriftlichen Päsach-Ätiologie Ex 12,11–13, nach der Jahwe ebenfalls die Israeliten „überging", so dass ihnen die Plage (nægæp) „zum Verderben" nicht widerfahre. „Päsach" ist somit an allen drei Stellen als eine Feier verstanden, die benannt ist nach Jahwes „Übergehen der Israeliten" bei der Plage der Tötung der ägyptischen Erstgeburt. Da sich im Alten Testament keine alte Päsach-Überlieferung findet, die eine andere Erklärung von „Päsach" belegt, könnte es sich dabei um das ursprüngliche alttestamentliche Päsach-Verständnis handeln. Päsach wäre dann von Anfang an eine auf Israels Heilsgeschichte bezogene Feier, die an Jahwes „Verschonung" der Israeliten beim Exodus erinnert.

Nun wird zwar in der alttestamentlichen Forschung meist angenommen, dass in Dtn 16,1–8* ein älteres Päsach-Verständnis vorliegt als in der P^G-Darstellung

---

85 Inwieweit Ex 12,21–27 in Beziehung steht mit den Landnahme-Texten Jos 1–5 (vgl. u.a. Jos 5,10–12), ist umstritten. Zur Diskussion vgl. Krause 2014, 425–441.
86 So Gertz 2000, 54f.; vgl. Albertz 2012, 200f.; auch Utzschneider/Oswald 2013, 281.
87 Vgl. oben Anm. 57.

von Ex 12,1–13*.[88] Bemerkenswert ist jedoch, dass in Ex 12,1–28* erst in der nachpriesterlichen Redaktion von Ex 12,21–27 in V. 27a auf das Päsach-Verständnis von Dtn 16* Bezug genommen wird, wenn hier von einem am Zentralheiligtum zu feiernden „Päsach-Mahlopfer" die Rede ist.

Ob und wie in Dtn 16* ein älteres (vorpriesterliches) Päsach-Verständnis zu fassen ist, ist angesichts der sehr umstrittenen Literargeschichte von Dtn 16 nur schwer zu entscheiden. Einerseits wird nämlich angenommen, dass Dtn 16 ursprünglich Massotbestimmungen enthielt, in die erst nachträglich Päsach-Vorschriften eingefügt wurden.[89] Andere Forscher sind der Meinung, dass bereits die älteste Schicht von Dtn 16 sich auf Päsach bezog und die Massotvorschriften sekundäre Bestandteile darstellen.[90] Wieder andere rechnen mit einer Grundschicht, in der Päsach- und Massotbestimmungen von Anfang an miteinander verbunden waren.[91] Umstritten ist auch, inwieweit bereits priesterliche Vorstellungen in die vorliegende Gestalt von Dtn 16,1–8 eingegangen sind. Angesichts dieser völlig konträren Ergebnisse der literarkritischen Analyse von Dtn 16 ist es verständlich, dass zahlreiche Forscher auf eine literarkritische Differenzierung von Dtn 16,1–8 verzichten[92] und von einer mehr oder weniger „einheitlichen" Endgestalt ausgehen. Da jedoch gleichzeitig die neuere Forschung zunehmend auf Befunde gestoßen ist, die in Dtn 16,1–8 für eine von priesterlichen Vorstellungen beeinflusste Fortschreibung sprechen (vgl. T. Veijola, P. Weimar, E. Otto), stellt sich die Frage, ob man die Endgestalt von Dtn 16,1–8 angesichts dieses priesterlichen Einflusses nicht erst nachexilisch datieren muss. Einigermaßen gesicherte Ergebnisse zur vorpriesterlichen Gestalt von Dtn 16,1–8 sind daher kaum zu erwarten. Es erweist sich somit als äußerst schwierig, im Alten Testament eine Päsach-Vorstellung nachzuweisen, die älter ist als das in P^G in Ex 12,1–13* belegte Verständnis.

---

88 Communis opinio ist, dass die Päsach-Bestimmungen von Dtn 16,1ff.* der priesterschriftlichen Päsach-Darstellung von Ex 12,1ff.* vorgegeben waren. Dabei wird oft angenommen, dass der gesamte Festkalender von Dtn 16 noch aus vorexilischer Zeit stammt und vom deuteronomischen Gesetzgeber verfasst ist. Vgl. v. a. Gertz 1996, 56–80, besonders 79f.

89 So v. a. Weimar 1999, 61–72. Vgl. auch Utzschneider/Oswald 2013, 284.

90 So v. a. Veijola 2000, 131–152. Vgl. auch Gesundheit 2012, 138–140.

91 So v. a. Otto 2016, 1390–1393. Vgl. auch Berner 2010, 309f.

92 So Gertz 1996, 79f.; Braulik 1988, 95–121; Levinson 1997, 72–89. Vgl. auch Kreuzer 1996, 85f.

6 Das Päsach-Mahl in Ex 12,1ff.* als Ausdruck der Theologie von P[G]

Der Befund, dass die Päsach-Darstellung der P[G] (Ex 12,1.3aαb–5.6b–8a.b*.9–13.28[93]) die älteste literarisch eindeutig greifbare Päsach-Überlieferung des Alten Testaments darstellt, zwingt zu der Frage: Ist somit die Päsach-Feier in den Kreisen der Verfasser der Priesterschrift entstanden? Oder muss doch mit einem älteren Hintergrund der Päsach-Riten gerechnet werden?

Für einen archaischen nomadischen Hintergrund ist in der Auslegungsgeschichte häufig die besondere Stellung des Blutritus in Ex 12,1–28 angeführt worden. Für das Verständnis des Blutritus bei P[G] ist jedoch nicht von der Moserede Ex 12,21–27 auszugehen, die von einem Ritus gegen einen im Auftrag Jahwes wirkenden „Verderber"-Engel spricht, dabei aber ein erst nachpriesterschriftliches Päsach-Verständnis mit einer nachexilischen Strafengel-Vorstellung vertritt. Vielmehr ist vom P[G]-Text auszugehen: Hier versteht Ex 12,13 das Blut an den Haustüren als „Zeichen" für den Schutz Israels vor Jahwes Gericht, das „Verderben" (mašḥît ist in 12,13 ein „Abstraktbegriff"[94]) über die Ägypter bringt. In die gleiche Richtung weist auch die Bezeichnung des Ritus mit dem Begriff „Päsach", der – wie oben bereits ausgeführt – vom Verb psḥ qal mit der Bedeutung „übergehen", „überspringen", „verschonen" abzuleiten ist.[95] Es handelt sich somit um einen Ritus, der angesichts von Jahwes Gericht über die ägyptischen Götter (12,12[96]) „zeichenhaft" die Verheißung[97] der „Verschonung" Israels durch Jahwe zum Ausdruck bringt.[98]

---

93 So Gertz 2000, 35–37.
94 S. oben Anm. 56.
95 S. oben Anm. 57.
96 Albertz 2012, 199 (vgl. ähnlich Berner 2010, 281f.), ordnet 12,12b* einer jüngeren P-Schicht zu, da sich sonst in der Grundschicht von P keine direkte Abgrenzung von Fremdgöttern finde. Doch vertritt P[G] auch sonst einen andere Götter abwertenden Monotheismus (vgl. u. a. Gen 1,2.14f.), so dass 12,12b* wohl doch zu P[G] gehören dürfte. So u. a. Baentsch 1903, 96; Köckert 2004, 92f.; Gertz 2000, 35; Utzschneider/Oswald 2013, 280; Schmidt, W.H. 2019, 505f. Vgl. dazu unten bei Anm. 99.
97 Vgl. bei P[G] das „Zeichen" der Beschneidung in Gen 17 als Zeichen für die Verheißungen Jahwes an die Erzväter und dazu Dozeman 2009, 270; Schmidt, W.H. 2019, 506: In gleicher Weise stellt die Päsach-Feier ein Zeichen für die Verheißung der Verschonung der Israeliten bei Jahwes Gericht dar.
98 Berner 2010, 285, weist zu Recht darauf hin, dass nach Ex 12,1–13* (und auch nach dem davon abhängigen nachpriesterlichen Text 12,21–23) der Blutritus nur an den israelitischen Häusern in *Ägypten* vorzunehmen war und somit ausschließlich eine *erzählerische* Funktion (zur Veranschaulichung der Verschonung der Israeliten) im Rahmen der priesterschriftlichen Exodusdarstellung besitzt. Vgl. auch unten Anm. 102.

Ex 12,12–13 *„An allen Göttern Ägyptens werde ich Gerichte vollziehen. Ich bin Jahwe"* muss dabei im Rahmen der *Verheißung* an Mose in Ex 6,6 (vgl. 7,4) verstanden werden: *„Ich bin Jahwe, und ich führe euch hinaus aus den von den Ägyptern auferlegten Frondienstlasten und errette euch von ihrer Sklavenarbeit, und ich löse euch aus mit ausgestrecktem Arm und mit großen Gerichten."*[99] Für dieses Gericht über Ägypten und seine Götter, durch das er die ägyptischen Erstgeburten vernichtet, gibt Jahwe seinem Volk mit der Päsach-Feier die Verheißung der Verschonung und der Erlösung.

Diese Verschonung bedeutet gleichzeitig Israels Erwählung.[100] In Ex 12,3 ist daher zum ersten Mal bei P^G von der „Gemeinde Israel"[101] die Rede. Durch die Päsach-Mahlgemeinschaft werden die Israeliten zur „Gemeinde Israel" (vgl. auch 12,6, wo „die ganze Versammlung der Gemeinde Israel" die Schlachtung der Päsach-Tiere vornimmt). Zwar wird in Ex 12,1–13*.28 angesichts der Situation in Ägypten[102] das Päsach als häusliche Familien-Feier[103] begangen, trotzdem ist „Päsach" für P^G eine Feier der „Gemeinde Israel".[104] So stellen – auch wenn die Hausväter für die Auswahl und den Verzehr der Tiere zuständig sind – die Päsach-Mahlgemeinschaften die eigentlich Handelnden dar. Diese werden nicht immer von den Familien direkt gebildet, sondern können sich auch aus mehreren Familien zusammensetzen, falls das Päsach-Tier für den Verzehr durch eine Familie zu groß ist (12,4). Auch das Verbot, das Päsach-Tier zu teilen (12,9f.), macht auf die Familien übergreifende Einheit der „Gemeinde Israel" aufmerksam.[105] Dass hier als Päsach-Tier nur Kleinvieh, d. h. Schafe und Ziegen (vgl. 12,5), in Frage kommen (und nicht Rinder wie in Dtn 16), hängt auch nicht mit einem nomadischen Hintergrund zusammen. Vielmehr kann nur bei Kleinvieh das Verzehren des

---

99 Vgl. Köckert 2004, 92f.; Gertz 2000, 35.

100 Vgl. Köckert 2004, 93.

101 Vgl. Utzschneider/Oswald 2013, 250.

102 Dass die Priesterschrift in ihrer Päsach-Darstellung von Ex 12,1–13* Päsach auf die Situation der Israeliten in Ägypten vor der Existenz des Begegnungszeltes bezieht und von daher zu einer Feier in Häusern macht, zeigt schon der Hinweis in Ex 12,1, nach dem die Päsach-Riten von Ex 12,1–13* *im Lande Ägypten"* offenbart wurden. Vgl. dazu auch Houtman 1996, 150f. 155; Propp 1999, 448–450.

103 Möglicherweise erklärt sich die Päsach-Feier in den Häusern auch aus der Situation der Exilszeit, in der der Jerusalemer Tempel zerstört war. Vgl. u. a. Laaf 1970, 131–139; Schreiner 1977, 89; Köckert 2004, 92f.; Grünwaldt 1992, 102; Gertz 2000, 52f.

104 Vgl. Köckert 2004, 93, und vor allem Utzschneider/Oswald 2013, 250: Es ist bei Ex 12* „nicht das Hauptanliegen, die Familie als kultische Einheit herauszustellen. Wichtiger ist der Päsach-Ordnung, dass das Tier vollständig verzehrt wird." Es geht somit bei P^G nicht primär um ein in der Familie zu feierndes Päsach. Vgl. auch Jacob 1992, 295.297.303–305.

105 Das ungeteilte Tier symbolisiert die Einheit der Gemeinde. Vgl. Baentsch 1903, 95; Houtman 1996, 180; Propp 1999, 396, auch Utzschneider/Oswald 2013, 253.

ganzen Tieres durch eine Mahlgemeinschaft von einer bzw. mehreren Familien gefordert werden.

Dass die Vorstellungen von Ex 12,1–13* darüber, wie mit der Päsach-Mahlzeit umzugehen ist, weniger auf alte rituelle Traditionen zurückgehen als auf theologische Auffassungen der Priesterschrift, zeigt sich vor allem an den Übereinstimmungen mit der Manna-Erzählung[106] von P^G in Ex 16,1–3.6–7.9–27.30.35a.[107] So muss die Forderung von 12,4, jedes Mitglied der Mahlgemeinschaft müsse vom Päsach-Lamm erhalten, *„so viel er zum Essen braucht"*, auf dem Hintergrund der priesterschriftlichen Manna-Erzählung von Ex 16* verstanden werden. Nach ihr erhält beim Manna-Sammeln jeder, *„so viel er zum Essen braucht"* (16, 16a.18b). Wahrscheinlich handelt es sich daher auch bei der Vorschrift, von der Päsach-Mahlzeit nichts bis zum Morgen übrigzulassen (12,10a), nicht nur um die – schon im Bundesbuch in Ex 23,18 (*„und das Fett von meinem Fest soll nicht über Nacht bleiben bis zum Morgen"*) gebotene – Vermeidung von Profanierung, sondern vielmehr im Sinne von Ex 16,19 um den Verzicht auf Vorsorge für den kommenden Tag.[108] Auch im Zusammenhang der Päsach-Feier geht es somit um das Vertrauen, dass Jahwe sein Volk nicht nur schützt, sondern auch für die notwendige Nahrung sorgt.

Noch eine weitere Bestimmung zum Verzehren des Päsach-Tieres geht auf eine für P^G typische Vorstellung zurück. Wenn beim Päsach-Mahl „Bitterkräuter" gegessen (Ex 12,8) werden sollen, dann erklärt sich dies daraus, dass die Priesterschrift in Ex 1,14 von der Verbitterung (*mrr*) des Lebens der Israeliten durch die Unterdrückung in Ägypten spricht. Das Päsach-Mahl übernimmt hier nicht Wüstennahrung von Nomaden, sondern will an die „bittere" Erfahrung Israels in Ägypten und an die Befreiung von dieser Erfahrung durch Jahwe erinnern.[109]

Charakteristisch für die das Päsach-Mahl feiernde „Gemeinde Israel" ist nach Ex 12,1–13* vor allem die Bereitschaft zum unverzüglichen Aufbruch. Die Gemeinde soll sich hier so verhalten, wie es der bevorstehenden göttlichen Schutz- und Befreiungstat angemessen ist. Wenn Ex 12,11 vorschreibt *„ihr sollt es essen: eure Hüften gegürtet, eure Sandalen an euren Füßen und euren Stab in eurer Hand: In Eile*[110] *sollt ihr es essen."*[111] sind damit nicht Rückgriffe auf Nomadenriten ge-

---

106 Vgl. Schmidt, W.H. 2019, 497f.

107 Zur Abgrenzung der Mannaerzählung der Priesterschrift vgl. Köckert 2004, 97; ähnlich Lohfink 1988b, 222 Anm. 29. Anders Schmidt, L. 2007, 483–498.

108 So Propp 1999, 397.

109 So Jacob 1992, 308; Propp 1999, 394; Dozeman 2009, 269; Schmidt, W.H. 2019, 484.

110 Zur Alliteration zwischen *ḥippāṣôn* und *pæsaḥ* vgl. u. a. Laaf 1970, 135; Köckert 2004, 92; Weimar 1995b, 9 Anm. 37; Propp 1999, 398; Berner 2010, 281; Utzschneider/Oswald 2013, 253. Anders Gertz 2000, 34 Anm. 21.

meint. Vielmehr geht es hier um die Vergegenwärtigung der durch das göttliche Befreiungshandeln geforderten Situation.[112] Dieser Eile der Aufbruchsituation entspricht wohl auch die Forderung, das Fleisch des Päsach-Tieres nicht zu kochen, sondern nur zu braten.[113]

Diese Beobachtungen zeigen: Bevor man das Päsach-Mahl auf nomadische oder andere archaische Traditionen zurückführt, sollte man zunächst die Bedeutung der Päsach-Riten im Zusammenhang der Exodus-Darstellung der Priesterschrift untersuchen und fragen, ob diese Riten nicht primär aus ihrem geschichtstheologischen Bezug zu erklären sind. Erst wenn die Bedeutung des Päsach-Mahls im Rahmen der Theologie der Priesterschrift ernstgenommen ist, darf man fragen, inwieweit es Elemente dieser Feier gibt, die nur durch die Annahme archaischer Traditionen zu verstehen sind.

---

111 Schmidt, W.H. 2019, 487, führt die Wanderausstattung der Teilnehmer am Päsach-Mahl auf einen nomadischen Hintergrund zurück. Näher liegt jedoch der „heilsgeschichtliche" Bezug auf den unmittelbar bevorstehenden Exodus: 12,37 P^G nimmt diese Reisebereitschaft von 12,11 unmittelbar auf.

112 Anders als in Ex 6,9 erweisen sich die Israeliten in Ex 12,28 als gehorsam gegenüber den Anordnungen Jahwes (vgl. Houtman 1996, 195) und nehmen daher sofort die ihnen aufgetragenen Vorbereitungen für den Exodus vor.

113 Vgl. Dohmen 2015, 294, der das Rösten des Päsach-Tieres auch mit der Eile des Aufbruchs zum Exodus erklärt. Dabei gehört das Rösten des Päsach-Tieres evtl. auch mit der Forderung zusammen, das Tier nicht zu zerteilen (Wambacq 1976, 312 Anm. 54).

Wie deuteronomistisch ist der nichtpriesterliche Meerwunderbericht von Exodus 13,17–14,31?

Abstract: Some essential parts of the non-Priestly story of Exod 13:17–22 (the frame 13:17–19; 14:11–12.31; the pillar of cloud sections 13:21–22; 14:19b, 20, 24aγ, and the songs of Moses and of Miriam 15:1–21) go back to a post-Priestly late Deuteronomistic redaction. This redaction (1) combines a Priestly with a pre-Priestly version of the story, and (2) tries to unite the Pentateuch with the Deuteronomistic history in an *Enneateuch*. The pre-Priestly core of Exod 14:5–30* does not show any Deuteronomistic features, but is dependent on pre-exilic cultic and prophetic traditions.

1 Die These von der Homogenität der nichtpriesterlichen Schichten des Meerwunderberichts

Im vorliegenden Aufsatz[1] „Gab es einen vorpriesterschriftlichen Meerwunderbericht?" beurteilt Christoph Berner die nichtpriesterschriftliche Schicht von Exodus 14 als „konzeptuell [...] trotz aller Wachstumsspuren erstaunlich homogen". Die Schicht würde „durchweg im dtr Traditionsraum wurzeln", so dass man den Eindruck erhielte, dass vorpriesterschriftliche und nachpriesterschriftliche Elemente nicht deutlich voneinander zu unterscheiden sind.[2]

Berner macht dabei zu Recht darauf aufmerksam, dass in der Plagendarstellung des Exodusbuches die nachpriesterliche spätdeuteronomistische Redaktion eine „theozentrische *relecture* der priesterschriftlich überformten Exoduserzählung" vornimmt. Durch sie wird die „im priesterschriftlichen Wunderwettstreit vorgegebene Rolle des menschlichen Wundertäters [...] in eine Konzeption der Plagen als göttlicher Machterweise" eingefügt. Gleiches ist nun auch in der nachpriesterlichen spätdeuteronomistischen Fassung des Meerwunderberichts festzustellen, „deren Verfasser" nach Berner „großen Wert auf Jhwhs unmittelbare Beteiligung an allen Phasen des Geschehens

---

[1] Der Aufsatz bildet eine Stellungnahme zu dem Aufsatz von Christoph Berner „Gab es einen vorpriesterschriftlichen Meerwunderbericht?" (Berner 2014) und geht auf einen Kurzvortrag zurück, der auf dem IOSOT-Kongress in München am 8.8.2013 im Rahmen eines zusammen mit C. Berner und J.C. Gertz durchgeführten *workshops* gehalten wurde.
[2] So Berner 2014, 8.

https://doi.org/10.1515/9783110724448-011

legte".[3] Mit dieser theologischen Einordnung der nachpriesterlichen Redaktion von Exodus 14 hat Berner sicherlich Recht.[4]

Berner ist dabei allerdings der Meinung, dass angesichts der durchgängigen Prägung der nichtpriesterlichen Schicht durch dieses theologische Profil Kriterien fehlen, mit denen man aus diesen nachpriesterlichen Bestandteilen ihnen vorgegebene nichtpriesterliche Elemente abgrenzen könne. Von daher ist im Folgenden zunächst das theologische Profil der redaktionellen Elemente von Exodus 14 zu bestimmen. Erst im Anschluss daran kann gefragt werden, inwieweit sich dieses jüngere Profil einem älteren vorpriesterlichen Meerwunderbericht verdankt und inwieweit sich das Profil dieses älteren vorpriesterlichen Berichts noch von dem Profil der nachpriesterlichen Redaktion abheben lässt.

2 Das Profil der nachpriesterlichen spätdeuteronomistischen Redaktion

Bei der Analyse von Exodus 14 ist mit dem *Rahmen* des Meerwunderberichts Ex 13,17–14,31 zu beginnen, an dem der redaktionelle nachpriesterliche Charakter am deutlichsten zu erkennen ist.[5] Dabei geht es der Redaktion von Ex 13,17–14,31 nicht nur um die Verbindung der priesterlichen Darstellung mit nichtpriesterlichen Meerwundervorstellungen.[6] Gleichzeitig beabsichtigt diese Redaktion auch, die Exodusdarstellung mit Bezügen in den Pentateuch und in das Deuteronomistische Geschichtswerk zu versehen. Für solche Bezüge werde ich im Folgenden abgekürzt von „Enneateuchzusammenhängen" (Zusammenhänge im Rahmen von Genesis 1– 2 Könige 25) sprechen. Dabei ist mit mehreren Händen zu rechnen, die solche Enneateuchzusammenhänge herstellen, allerdings lassen sich diese Hände m. E. meist nicht mehr eindeutig voneinander differenzieren. Solche Enneateuchbezüge zeigen sich schon beim Rahmen der Erzählung.

---

3 Berner 2014, 23.

4 Vgl. schon Schmitt 2001i, 203 – 219.

5 Zur priesterlichen Schicht des Meerwunderberichts gehören m. E. folgende Verse von Ex 13,17–14,31: 13,20; 14,1–2a.3–4.8a.10abβ.15.16a*.16b–18.21aα1b.22–23.26.27aα₁.28–29.

6 Vgl. dazu Krüger 1996, 519–533, der jedoch zu Recht gleichzeitig auch den Enneateuchbezug dieser Redaktion hervorhebt (ebd. 531).

2.1 Der Rahmen von Ex 13,17 – 19; 14,11 – 12 und 14,31

2.1.1 Ex 13,17 – 19: Gebeine Josefs und Schilfmeer

Schon die Einleitung in Ex 13,17 – 19,[7] die Jahwes „Führen" des Volkes thematisiert, stellt gleichzeitig Bezüge in die Genesis und in das Deuteronomistische Geschichtswerk her. So steht der Bericht über die Mitnahme der *Gebeine Josefs* in Ex 13,19 in Beziehung sowohl zu Josefs Tod in Gen 50,25 – 26 als auch zur Grablegung Josefs in Jos 24,32. Bei allen drei Stellen handelt es sich um nachpriesterlich zu datierende Belege.[8]

Aufgrund des Bezugs zum Josuabuch ist hier eine kriegerische Landnahme im Blick, so dass auch der Hinweis auf das Gerüstetsein der Israeliten in 13,18b und die göttliche Reflexion über mögliche kriegerische Verwicklungen in 13,17 sich in diesen Enneateuchzusammenhang einfügen.

Auch die Vorstellung vom Wunder am Schilfmeer,[9] wie sie in Ex 13,18, im nachpriesterlichen Meerlied in Ex 15,4 und in dem Itinerarzusatz in 15.22aα vorliegt, findet sich häufig im Verlauf des weiteren Enneateuchs (vgl. Dtn 11,4;[10] Jos 2,10; 4,23;[11] 24,6,[12] auch hier immer in nachpriesterlichen Schichten).

---

7 Nach Gertz 2000, 207 – 209, gehören 13,17 – 19 zur nachpriesterlichen Redaktion. Auch nach Berner 2010, 400 – 403, sind 13,17 – 19 nachpriesterlich, dabei jedoch auf verschiedene Hände aufzuteilen. Ähnlich auch Schmidt, L. 1993, 33 Anm. 105, und Schmidt, L. 2012, 30 Anm. 54. Auch die Kommentare von Albertz 2012, 224, und Utzschneider/Oswald 2013, 305, weisen 13,17 – 19 nachpriesterlichen Schichten zu. Anders Blum 2010f, 151, der nur 13,19 für nachpriesterlich hält (ebenso wie 14,19a und 14,31b). Dozeman 2009, 303f., weist sogar nur 13,18b der priesterlichen Redaktion zu.
8 Zu Josua 24 vgl. unten Anm. 12.
9 Beim Schilfmeer dürfte dabei wie in 1 Kön 9,26 und wie in Ex 10,19 in der Heuschreckenplageerzählung an den Golf von Aqaba gedacht sein (so Berner 2010, 352.367); vgl. schon Lamberty-Zielinski 1993, 190 – 194, nach der die Exodusbelege von Ex 10,19 abhängig sind, und Schmidt, W.H. 2019, 431. Gertz 2000, 207, sieht „Schilfmeer" in 13,17 als späten Zusatz an, der von 15,4.22 abhängig ist. Allerdings spricht auch bei Ex 15,22aα vieles für einen nachpriesterlichen Nachtrag (die Phrase fällt syntaktisch aus dem Zusammenhang heraus: Mose ist innerhalb des Itinerars sonst nie Subjekt).
10 Zur nachpriesterlichen Ansetzung von Dtn 11,3 – 4 vgl. Lamberty-Zielinski 1993, 141 – 144; Schorn 2000, bes. 254 – 257, und Otto 2012, 1029f.
11 Zur nachpriesterlichen Ansetzung von Jos 2,10 und 4,23 (m. E. gehört zu dieser Schicht auch 1 Kön 8,41 – 43) vgl. zuletzt Krause 2012, bes. 397 – 400. Anders Van Seters 1994, 142 – 145, der die Durchquerung des Jordans von Josua 3 – 4 als Modell sowohl für die jahwistische als auch die priesterliche Meerwunderdarstellung ansieht.
12 Für eine nachpriesterliche Ansetzung von Josua 24 vgl. schon Blum 1984, 45 – 61. Zur nachpriesterlichen und auf den Enneateuch bezogenen Schicht in Josua 24 gehören nach Nentel 2000, 262: Jos 24,1 – 13*.14b – 17a*.18 – 26*.32 – 33. Anders als Nentel zuletzt Römer 2006a, 523 – 548, der

2.1.2 Ex 14,31: Furcht und Glaube gegenüber Jahwe und seinem Repräsentanten

Enneateuchbezüge liegen schließlich auch am Ende der Meerwundererzählung in 14,31 vor: „Und Israel sah die große ‚Hand‘, die Jahwe an den Ägyptern erwiesen hatte, und das Volk fürchtete Jahwe und glaubte an Jahwe und an Mose, seinen Knecht." Zunächst wird hier eine Parallelisierung zwischen Mose und Samuel vorgenommen. So spricht 1 Sam 12,18 im Zusammenhang der Abschiedsrede Samuels davon, dass „das ganze Volk Jahwe und Samuel sehr fürchtete". In ähnlicher Weise berichtet Ex 14,31 davon, dass Israel Jahwe und seinem Knecht Mose glaubte. Auslöser ist jeweils eine außergewöhnliche Tat Jahwes (1 Sam 12,16 / Ex 14,13).[13]

Schließlich stellt auch das in Ex 14,31 gleichzeitig angesprochene Thema des „Glaubens an Jahwe und an Mose" ein im nachpriesterlichen Enneateuch immer wieder auftauchendes Leitmotiv dar.[14] Nun zeichnen sich die Belege des Exodusbuches (4,1–9; 14,31 und 19,9) dadurch aus, dass sie vom gleichzeitigen „Glauben an Jahwe und an Mose" sprechen. Dabei ist in Ex 19,9 in den „Glauben an Mose" das „Bewahren des Jahwebundes und seiner Gebote" (Ex 19,3b–6) eingeschlossen. Die späteren Enneateuchbelege (Num 14,11; 20,12; Dtn 1,32; 9,23; 2 Kön 17,14) thematisieren dagegen die Normalsituation des „Nichtglaubens" Israels.

2.1.3 Ex 14,11–12: Das Murren der Israeliten angesichts der Bedrohung durch die Ägypter

Von dieser Normalsituation des *Murrens Israels* gegenüber Jahwe und Mose spricht auch schon die ebenfalls nachpriesterliche Stelle Ex 14,11–12. Zunächst formulieren die Äußerungen des Volkes in 14,11–12 die Fragen, auf die der Schluss der Meerwundererzählung in 14,31 antwortet: Angesichts der Rettungserfahrung von Exodus 14 sind die in 14,11–12 erhobenen Vorwürfe gegen Mose und seinen jahwegegebenen Auftrag widerlegt, so dass das Volk jetzt Jahwe und seinem Knecht Mose glauben kann.

Gleichzeitig wird in 14,11–12 auf die in der nachpriesterlichen Einleitung der Meerwundergeschichte in Ex 13,17 vorausgesetzte Neigung Israels, sich eine Rückkehr nach Ägypten zu wünschen („Gott dachte: Das Volk könnte es bereuen,

---

Josua 24 als Abschluss eines Hexateuchs interpretiert, dabei aber die auf eine Fortsetzung in den weiteren Büchern des Enneateuch hinweisenden V. 19–20.23.31 unberücksichtigt lässt.

13 Vgl. Blum 1984, 30–32.

14 Vgl. zum Enneateuchbezug des „Glaubensmotivs" Schmitt 2001b, bes. 285–287, auch Berner 2010, 383.

wenn es Krieg vor sich sähe, und sie könnten nach Ägypten zurückkehren wollen") Bezug genommen: Diese Neigung wird dann angesichts der militärischen Bedrohung durch die Ägypter Wirklichkeit in dem Wunsch zur Rückkehr nach Ägypten in 14,11–12:[15] „Sie (die Israeliten) sagten zu Mose: Hast du, weil es keine Gräber in Ägypten gab, uns hergebracht, damit wir in der Wüste sterben? [...]. Ist dies nicht die Rede, die wir zu dir sagten in Ägypten: Lass uns in Ruhe, wir wollen Ägypten dienen, denn es ist besser für uns, Ägypten zu dienen, als dass wir in der Wüste sterben."

Bestätigt wird die nachpriesterliche Ansetzung von Ex 14,11–12 auch durch die enge Verwandtschaft mit den nachpriesterlichen Murrgeschichten der Wüstenwanderungsdarstellung.[16] Zu vergleichen ist vor allem die Argumentation des Volkes Israel gegenüber Mose in Ex 14,11: „Hast du, weil es keine Gräber in Ägypten gab, uns hergebracht, damit wir in der Wüste sterben? Was hast du uns dies angetan, dass du uns aus Ägypten herausgeführt hast?" mit dem R^P zuzuordnenden Halbvers Num 21,5a: „Warum habt ihr uns aus Ägypten heraufgeführt, dass wir sterben in der Wüste?".[17]

2.2 Weitere nachpriesterschriftliche spätdeuteronomistische Elemente des Meerwunderberichts

Während die unter 1. angeführten Stellen von der neuesten Forschung mehrheitlich der nachpriesterlichen Redaktion zugeschrieben werden, sind m. E. zwei weitere Elemente des Meerwunderberichts von Ex 13–15* nachpriesterschriftlich und spätdeuteronomistisch anzusetzen. Meine Argumente für eine nachpriesterliche Herkunft dieser Erzählzüge decken sich dabei teilweise mit denen des vorliegenden Aufsatzes von C. Berner.

2.2.1 Die Wolken- und Feuersäule in Ex 13,21–22; 14,19b.20 und 14,24aγ

Zentrale Motive des nachpriesterlichen Stücks Ex 13,17–19 werden auch in Ex 13,21–22 aufgenommen: „Jahwe aber zog vor ihnen her, bei Tag in einer Wolkensäule, um sie den Weg zu führen, und bei Nacht in einer Feuersäule, um ihnen zu leuchten, damit sie bei Tag und bei Nacht ziehen konnten. Und es wich nicht

---

15 Vgl. Gertz 2000, 218.

16 Schmidt, L. 1993, 24.33 Anm. 5, weist zu Recht darauf hin, dass 14,11–12 auf den nachpriesterlichen Redaktor zurückgehen, der Exodus 14 bereits der Wüstenwanderung zuweist. Zu ihm gehört nach Schmidt auch 13,17–18.

17 Zur nachpriesterlichen Ansetzung von Num 21,5 siehe Schmidt, L. 2004, 102f.

bei Tag die Wolkensäule und bei Nacht die Feuersäule von der Spitze des Volkes." Besonders zu erwähnen ist, dass 13,21 wie 13,17 von Jahwes „Führen" des Volkes auf seinem Weg spricht.[18] Ex 13,21–22 sind dabei so zu verstehen, dass hier durch Einführung der Wolken- und Feuersäule erläutert wird, wie die in 13,17 berichtete Führung des Volkes durch Jahwe während des Wüstenzuges sich vollzieht.[19]

Insofern ist Berners These zuzustimmen, dass das Motiv von Wolken- und Feuersäule in Exodus 14 (vgl. auch Num 14,14 R[P]) eine *Weiterentwicklung* des priesterschriftlichen Konzepts darstellt, nach dem „Jhwh in Gestalt einer Wolke auf dem Sinai bzw. bei der Stiftshütte" (vgl. u. a. bei P Ex 16,10; 24,15–18; 40,34–35[20]) erscheint:[21] „Diese Erscheinungsweise wird nachpriesterlich durch die Wolken- und Feuersäule verstetigt und zum Modus der Führung erhoben, in dem Jhwhs Mitziehen manifest wird."[22]

Zwar hat sich in den letzten Jahren ein Konsens gebildet, dass bereits in der *vorpriesterlichen* Meerwundererzählung von der *Wolken*säule die Rede war, während die *Feuer*säule erst durch die *nachpriesterliche* Redaktion eingeführt wurde.[23] Um in Ex 13,17–14,31 Feuersäule und Wolkensäule voneinander zu trennen, ist man aber zu methodisch nicht überzeugenden literarkritischen Eingriffen gezwungen. Dabei hat vor allem E. Blum gezeigt, dass in der Meerwundererzählung die Vorstellung der *Feuersäule* nicht von der der Wolkensäule zu trennen ist: Sowohl in Ex 13,20–21 als auch in 14,24a wird von Wolken- und Feuersäule als einem zusammengehörigem Phänomen gesprochen, bei der sich die Wolkensäule bei Anbruch der Nacht in eine Feuersäule wandelt (13,21), um dann bei Anbruch des Tages wieder in eine Wolkensäule zu mutieren (14,24: daher hier Reihenfolge „Feuer- und Wolkensäule").[24] Auch 14,20 geht offensichtlich von einem miteinander verbundenen In-Erscheinung-Treten als Wolken- und als Feuersäule aus. Der Vers ist nämlich mit einer schon im Targum Onkelos belegten Auslegungstradition wohl folgendermaßen zu verstehen: „Sie (sc. die Wolkensäule) kam zwischen das Heer Ägyptens und das Heer Israels, und wurde dort die

---

18 Vgl. auch Gertz 2000, 209.

19 Vgl. die in 13,21–22 vorliegenden iterativen Aussagen und dazu Blum 2010f, 140.

20 Zu Ex 40,34–35 als P vgl. Frevel 2000, 380.

21 Die Vorstellung von der Gegenwart Gottes in der „Wolke" findet sich auch noch in nachpriesterlichen Schichten des Enneateuch. Vgl. u. a. Num 12,10; 14,14; Dtn 1,33; 1 Kön 8,10–11. Dabei zeigen Num 12,5.10 und 14,14, dass hier „Wolke" für „Wolkensäule" stehen kann (vgl. auch Ex 14,20).

22 Berner 2014, 11f.

23 Vgl. hierzu vor allem Groß 1993, bes. 148f.152 und Gertz 2000, 211–213. Zur Einordnung der „Feuersäule" in Num 14,14 in den Zusammenhang der nachpriesterlichen „Glaubens-Redaktion" Num 14,11–25 vgl. auch Schmitt 2001j, bes. 228–233.

24 Vgl. Blum 2010f, 140f.144f.

Wolke und die Finsternis und erleuchtete hier die Nacht, so dass sie in der ganzen Nacht sich einander nicht näherten".[25]

Wenn man die Feuersäule einer nachpriesterlichen Redaktion zuschreibt, muss man somit auch die Wolkensäule entsprechend spät ansetzen.[26] Berner hat daher Recht, wenn er Feuer- *und* Wolkensäule für nachpriesterlich hält. Alle Stellen, die in 13,21–22;14,19b.20.24ay von der Wolken- und der Feuersäule sprechen, sind daher als nachpriesterlich anzusehen.[27] Dafür spricht zudem, dass sonst im Pentateuch von der Wolkensäule auch nur in nachpriesterlichen Stellen die Rede ist (vgl. Ex 33,9–10; Num 12,5; Dtn 31,15; vgl. zusammen mit der Feuersäule Num 14,14).[28] Diese nachpriesterliche Schicht zeigt im Übrigen auch wieder Beziehungen in den Enneateuch (vgl. „Wolke" = „Wolkensäule" in Ex 14,20 und 1 Kön 8,10 – 11).

2.2.2 Mirjamlied Ex 15,20 – 21 und Meerlied Ex 15,1 – 18

Auch das Mirjamlied (mit seiner Einleitung) in Ex 15,20 – 21 ist indirekt vom spätdeuteronomistischen Rahmen der Meerwundererzählung abhängig und bezeugt keine vorpriesterliche Meerwunderdarstellung. Von zentraler Bedeutung für das Verständnis von Ex 15,20 – 21 ist die Klärung der Frage, wie sich das sogenannte Mirjamlied in 15,21 zu dem Meerlied von 15,1 – 18 verhält. Geht man von dem jetzt vorliegenden Text von Ex 15,20 – 21 aus, so ist Mirjam hier als Vorsängerin einer den Sieg über die Ägypter feiernden Gruppe von singenden und tanzenden Frauen dargestellt, die den Anfangsvers des Meerlieds Ex 15,1 – 18 als Refrain wiederholt.[29] Die Darstellung der Frauen orientiert sich dabei an den

---

25 Vgl. Houtman 1996, 267; Utzschneider/Oswald 2013, 318; ähnlich auch Ska 1986, 17f. Zu „Finsternis für die Ägypter" vgl. auch Jos 24,7 und Ex 10,22–23. Die von Blum 2010f, 142–144, vorgeschlagene Änderung des masoretischen Textes (ähnlich Albertz 2012, 226), statt „die Finsternis" zu lesen: „bewirkte die Finsternis", kann sich auf keine Textüberlieferung berufen.

26 Anders Blum 2010f, 142–147, der die zusammengehörende Wolken- und Feuersäulenvorstellung vorpriesterlich ansetzt (vgl. ebenso Albertz 2012, 226; Utzschneider/Oswald 2013, 305). Gegen Blums vorpriesterliche Datierung von Ex 13,21–22 spricht jedoch schon, dass ein Ziehen Israels bei Nacht erst bei R[P] angenommen wird (vgl. vor allem Groß 1993, 146.152).

27 Berner 2014, 13, weist zu Recht darauf hin, dass die Notiz in Ex 14,20b, nach der die beiden Heere durch die Wolken- und Feuersäule daran gehindert wurden, sich während der Nacht einander zu nähern, nur im Zusammenhang der R[P]-Vorstellung vom nächtlichen *Durchzug* durch das Meer zu verstehen ist.

28 Zur nachpriesterlichen Ansetzung der genannten Belege für die Wolkensäule vgl. u. a. Weimar 1985, 151 mit Anm. 6 und 7; Achenbach 2003, 550; für die Numeristellen auch Schmidt, L. 2004, 28f.30 – 32.36f.48f.

29 Zum Verständnis von 15,21a vgl. Houtman 1996, 295; Utzschneider/Oswald 2013, 330.

beiden Enneateuchtexten Ri 11,34; 1 Sam 18,6 – 7 (Herausgehen mit Pauken und im Reigen zu einer Siegesfeier).

Dass dabei das Meerlied in seiner vorliegenden Gestalt Ex 15,1b–18 nachpriesterlich einzuordnen ist, ist kaum zu bestreiten: V. 4 – 5.8 – 10 weisen zurück auf die nachpriesterliche Lokalisierung am „Schilfmeer" in Ex 13,18, wobei V. 10a („Du bliesest mit deinem Windhauch") wohl auf die vorpriesterliche Darstellung von Ex 14,21aβ und V. 8 („[...] türmte sich das Wasser, Ströme stellten sich auf wie ein Damm, Fluten gerannen inmitten des Meeres") auf den priesterschriftlichen Bericht von Ex 14,15 – 18 Bezug nimmt.[30]

Dafür, dass das Mirjamlied Ex 15,20 – 21 aus diesem Kontext als Teil einer vorpriesterlichen Darstellung herauspräpariert werden könnte, spricht nichts: Die in 15,20 vorliegende Bezeichnung von Mirjam als „Prophetin und Schwester Aarons",[31] für deren Ausscheidung aus 15,20 es – wie Berner zu Recht betont – keine literarkritischen Argumente gibt,[32] kann nur nachpriesterschriftlich sein. Die genealogische Verknüpfung Mirjams mit Aaron und Mose findet sich erst in den nachpriesterlichen bzw. chronistischen Texten von Num 26,59 und 1 Chr 5,29.[33]

Aber auch die Inhalte des „Mirjamliedes" von Ex 15,21b sprechen nicht dafür, dass es sich bei ihm um ein altes Überlieferungsstück handelt.[34] Ein höheres Alter von 15,21b (und 15,1b) gegenüber dem Meerlied 15,1 – 18* ist somit nicht wahrscheinlich zu machen. Näher liegt daher, dass das Mirjamlied eine Wiederholung des Eingangsverses des Meerliedes darstellt.[35]

---

30 Vgl. zur nachpriesterlichen Datierung der *Endgestalt* von Ex 15,1b–18 u. a. Jeremias 1987, 105f.; Schmidt, W.H. 1995b, 66f.; Bartelmus 2004, 80. Auch das Meerlied Ex 15,1 – 18 zeigt dabei eine deutliche *Enneateuchorientierung*: Ziel des Exodus ist hier die Landnahme mit dem Ziel der Ankunft Jahwes auf dem Zion (V. 17 – 18). In V. 14 – 16 liegen zudem enge Bezüge zu Texten des Deuteronomistischen Geschichtswerks vor (vgl. Dtn 2,25b; Jos 2,9.24). Vgl. Schmitt 2010, 140.143f. (in diesem Band, S. 279; 281 – 283).

31 Levin 1993, 342 Anm. 4, hält „Schwester Aarons" für sekundär.

32 Berner 2014, 18.

33 Dabei dürfte hinter der Zuordnung nur zu Aaron eine Weiterentwicklung dieser spätpriesterlich-chronistischen Vorstellung vorliegen, die die gegenüber Mose untergeordnete Stellung Aarons und Mirjams – ähnlich wie Num 12,1 – 16 – herausstellen will. Die Annahme, dass in der alttestamentlichen Traditionsentwicklung Mirjam zunächst nur als Schwester Aarons angesehen worden sei, die u. a. Scharbert 1989, 66, und Albertz 2012, 254, vertreten, ist durch alttestamentliche Befunde nicht zu stützen.

34 Zu den fehlenden Anhaltspunkten für ein hohes Alter von Ex 15,21b vgl. Schmitt 2010, 139f. (in diesem Band, S. 277f.).

35 Vgl. Scharbert 1989, 62f., Weimar 1985, 107 Anm. 2, und vor allem Utzschneider/Oswald 2013, 343.

Schließlich ist auch die Annahme, dass Mirjam in Num 20,1b in einer vor-priesterlichen Quelle bezeugt sei,[36] kaum wahrscheinlich zu machen. Eher stellt 20,1b einen nachpriesterlichen Zusatz dar.[37] Wahrscheinlich hat die Mirjamtra-dition überhaupt erst in nachexilischer Zeit größere Bedeutung erlangt, wobei Mirjam – gegenüber Mose als Repräsentanten der Tora Jahwes – wohl als Re-präsentantin der „Prophetie" verstanden ist.[38] Berner hat daher Recht, wenn er im Mirjamlied keinen Beleg für einen vorpriesterlichen Meerwunderbericht sieht.

3 Vorpriesterliche Textbestandteile

3.1 Das Problem einer vorpriesterlichen Schicht in Exodus 14

Durch diese umfangreichen nachpriesterlichen Zufügungen wird die priesterliche Exodusdarstellung einer eingehenden „*theo*zentrischen relecture" unterzogen, so dass an die Stelle einer primären Orientierung an Mose in P es im vorliegenden Text von Ex 13,17–15,21 zu einer Mittelpunktstellung der „Machterweise" *Jahwes* kommt (wie schon in Ex 7,3; 11,9). Allerdings ergibt sich aus dieser theologischen Einordnung noch nicht die von C. Berner gezogene Konsequenz, dass der nicht-priesterliche Text von Exodus 14 *insgesamt* erst nachpriesterlich entstanden sei. In Ex 14,5–30* zeigt sich ein Kernbestand der nichtpriesterlichen Meerwunderer-zählung, der sich deutlich von seinem spätdeuteronomistischen und nachpries-terschriftlichen Kontext abhebt. Von einer durchgehenden *homogenen* Verwur-zelung der nichtpriesterlichen Schicht von Exodus 14 in der Spätdeuteronomistik kann m. E. keine Rede sein.

3.2 Exodus 14* als vordeuteronomistische Jahwekriegserzählung

C. Berners Hauptargument für die Spätdatierung des nichtpriesterlichen Textes von Exodus 14 besteht darin, dass Ex 14,13–14 erst als eine Beispielerzählung für das spätdeuteronomistische Kriegsgesetz Dtn 20,1–4 gebildet worden sei.[39] Ein Vergleich der von Berner angeführten Übereinstimmungen zwischen Exodus 14 und Deuteronomium 20 zeigt jedoch, dass der Kernbestand der nichtpriesterli-

---

36 So u. a. Levin 1993, 343.
37 Vgl. Schmidt, L. 2004, 89.
38 Vgl. Utzschneider/Oswald 2013, 341–343.
39 So Berner 2014, 9f.

chen Schicht von Exodus 14 nicht von Deuteronomium 20 abhängig ist. Vielmehr bildet Exodus 14* eine *vordeuteronomistische* Jahwekriegserzählung,[40] die von Deuteronomium 20 aufgegriffen wird, wobei es zu einer Umgestaltung der Prophetenrede Ex 14,13 – 14 zu einer deuteronomistischen Kriegsansprache kommt: Während in Ex 14,13 – 14 Mose kurze Anweisungen mit kurzen Begründungen gibt, wird das Stück in Dtn 20,3 zu einer Kriegsansprache in deuteronomistischem didaktischem Stil erweitert:[41] „Euer Herz verzage nicht, fürchtet euch nicht und ängstigt euch nicht und erschreckt nicht vor ihnen". Dass das Kriegsgesetz von Deuteronomium 20 von der Exodusüberlieferung und vor allem von Exodus 14* abhängig ist, wird schließlich schon durch Dtn 20,1 bestätigt: „Wenn du in einen Krieg ziehst [...] und siehst Rosse und Wagen, ein Kriegsvolk, das größer ist als du, so fürchte dich nicht vor ihnen; denn Jahwe, dein Gott, der dich aus dem Land Ägypten heraufgeführt hat, ist mit dir."

Auch Berners These, dass die Feststellung der Ägypter, „Jahwe kämpft für Israel" (14,25b) nachpriesterlich eingeordnet werden müsse, ist kaum überzeugend. Dass 14,25b sich auf Ex 14,17 – 18 zurückbeziehe und von daher als Erfüllung der priesterschriftlichen Ankündigung von 14,17 – 18, Ägypten werde Jahwe erkennen,[42] zu deuten sei, ist im Text von 14,25 nirgends angedeutet. Wenn Ägypten feststellt, dass Israel von Jahwe unterstützt wird, dann ist damit keine Gotteserkenntnis der Völker im Sinne der spätdeuteronomistischen Theologie gemeint,[43] die z. B. in den nachpriesterlichen Stellen Jos 2,9 – 11 und 4,22 – 24 vorliegt und mit der Übernahme der Jahweverehrung durch die Völker rechnet[44] (vgl. in der gleichen Enneateuchschicht 1 Kön 8,41 – 43). Vielmehr ist V. 25b im Kontext von V. 14 und V. 24* zu lesen. Zunächst geht es bei der Feststellung der Ägypter um die Folge des in V. 24* geschilderten Gottesschreckens und somit um das Motiv,[45] weshalb die Ägypter vor Israel fliehen und dabei ihren eigenen Untergang hervorrufen.[46]

---

40 Levin 1993, 341 – 344.

41 Braulik 1992, 146.

42 Gegen eine solche Deutung der Erkenntnisaussagen aus 14,4.18 P vgl. Schmidt, L. 1993, 26 – 28; auch Gertz 2000, 204 Anm. 67: Bei P geschieht die „Erkenntnis/Erfahrung" der Macht Jahwes im Untergang der Ägypter.

43 Gegen Berner 2014, 14.

44 Vgl. zum Verständnis dieser Josuastellen Krause 2012, 397 – 400.

45 Dass die Erfahrung des Gottesschreckens Jahwes zur Flucht der Feinde Israels führt, findet sich mehrfach in der Jahwekriegstradition. Für ein vordeuteronomistisches Beispiel vgl. Ri 4,15a und dazu zuletzt Groß 2009, 263; auch Kratz 2000, 210f.. Dass diese Vorstellung in die deuteronomistische Geschichtsschreibung über Jahwekriege aufgenommen wurde (vgl. Jos 10,10; 1 Sam 7,10), widerlegt nicht ihren vordeuteronomistischen Ursprung.

46 Berner 2014, 13, hat zwar Recht, dass in der Plagenerzählung die Erwartung der Jahweerkenntnis der Ägypter erst nachpriesterlich anzusetzen ist. Eine Jahwes Eingreifen feststellende

Gleichzeitig bestätigt die Feststellung „Jahwe kämpft für Israel" die Heilsankündigung Moses von Ex 14,14.[47] Beim „Kämpfen Jahwes für Israel" in 14,14.25 handelt es sich dabei um ein vordeuteronomistisches Textelement.[48] Wie Reinhard Müller gezeigt hat, war Jahwes Kampf gegen die Feinde Israels schon Gegenstand vorexilischer Königstradition, die hier in der vorpriesterlichen Moseüberlieferung nach dem Untergang des israelitischen Staates auf ein Israel ohne militärische Macht übertragen wird.[49]

Überhaupt ist die Moserede von Ex 14,13 – 14 stark von vorexilischer kultischer Tradition geprägt. Zwar hat die alttestamentliche Forschung seit der Arbeit von Fritz Stolz von 1972 über „Jahwes und Israels Kriege" den deuteronomistischen Charakter dieser Moserede betont herausgestellt.[50] Doch hat Stolz selbst darauf hingewiesen, dass hier auch Bezüge zur vorexilischen Jerusalemer Tradition vorliegen.[51] Eine genauere Untersuchung zeigt, dass sich bei 14,13 – 14 tatsächlich stärkere Bezüge in den vorexilischen kultischen Bereich ergeben als in die Deuteronomistik, worauf schon Christoph Levin aufmerksam gemacht hat.[52]

Hier ist zunächst das von Mose geäußerte „Fürchtet euch nicht" anzusprechen. Nächste Parallele ist die aus dem kultischen Erhörungsorakel stammende „Beruhigungsformel", wie sie vor allem durch Klgl 3,57 belegt ist.[53] Auch beim „Sehen der Rettung Jahwes" ergeben sich Bezüge zur kultischen (Jerusalemer) Tradition (vgl. Ps 98,3):[54] Das Motiv der „Rettung Jahwes" stammt jedenfalls aus

---

Reaktion Pharaos auf die Plagen gehört jedoch schon zur narrativen Grundstruktur der *vorpriesterlichen* Plagenerzählungen in Ex 7,26 – 8,10* und 8,16 – 28*. Zur Datierung der „Erkenntnisformel" vgl. Schmitt 2001l, 38 – 58, bes. 54 – 57.

47 So noch Berner 2010, 348.

48 Ska 1983, 459f. Bei der vordeuteronomistischen Grundschicht von Exodus 14* handelt es sich um die frühe Stufe einer Jahwekriegserzählung, in der die Umwandlung von königlichen Jahwevorstellungen auf prophetische Vorstellungen noch erkennbar ist.

49 Müller, R. 2009, bes. 268 – 272.

50 Stolz 1972, 94 – 97; vgl. auch Blum 1984, 369f. Kritisch dagegen Ska 1983; auch Lamberty-Zielinski 1993, 97f.

51 Vgl. Stolz 1972, 96.

52 Levin 1993, 341 – 344.

53 Vgl. dazu Kaiser 1992b, 169, der als weitere Belege auf die deuterojesajanischen Heilsorakel verweist. Anders als in Ex 14,13 wird im Deuteronomistischen Geschichtswerk die „Beruhigungsformel" meist verbunden mit parallelen Aufforderungen wie „erschrecket nicht" (vgl. Dtn 20,3; Jos 10,25) bzw. „lasst euch nicht grauen" (vgl. Dtn 31,6; auch 1,21). Oder es wird der Gegenstand der Furcht mit aufgeführt: „Fürchtet euch nicht vor ihnen" (vgl. Dtn 1,29; 3,22; auch 3,2; 7,18; 20,1; Jos 10,8; 11,6). Vgl. Ska 1983, 459.

54 In Jes 52,10 – und entsprechend in Ps 98,3 – findet sich dann eine spätere eschatologisierte Version dieser Tradition, nach der nun aller Welt Enden die Rettung Jahwes sehen. Vgl. auch das „geht hin und schaut die Werke Jahwes" in Ps 46,9.

dem Klage- und Danklied,[55] und hier unter anderem auch wieder aus der vorexilischen Königstradition (vgl. Ps 21,2).[56]

Auch die Ankündigung Moses von 14,13b[57] („wie ihr die Ägypter heute seht,
werdet ihr sie in Ewigkeit nie wieder sehen") führt in den Bereich der Psalmen-
tradition. Entgegen der Auffassung von Berner verweist 14,13b nicht „auf die
Analogielosigkeit der folgenden Ereignisse" und stellt somit auch keinen Zusammenhang mit den „nachpriesterschriftlichen Plagenprogrammatiken" in Ex
9,18.24; 10,6 her.[58] Vielmehr spricht Ex 14,13b von der Endgültigkeit des göttlichen
Gerichts (zum Sehen des Endes der Gottlosen vgl. Ps 52,7–8; 91,8; auch 37,34; zur
„Ewigkeit" des göttlichen Gerichts vgl. Ps 9,6).[59]

3.3 Verhältnis von Exodus 14 und Exodus 10

Aber auch die Annahme von C. Berner,[60] dass die nichtpriesterliche Schicht in Ex
14,21–27* eine nachpriesterliche Einfügung sei, die sich an der Darstellung der
Heuschreckenplage in Ex 10,1–20 als Vorlage orientiere,[61] erweist sich als unwahrscheinlich. Wäre V. 21aα*β eine von vorneherein auf die P-Darstellung bezogene nachpriesterliche Erweiterung, so hätte sie angesichts von VV. 16.21b P von
der *Spaltung* des Meeres durch den jahwegewirkten Ostwind sprechen müssen.
Stattdessen wird aber die *Trockenlegung* des Meeres berichtet, was eine eindeutige
Dublette zur P-Darstellung und *keine bloße Bearbeitung* der P-Darstellung bildet,
wie Berner selber feststellt.

Berner versucht das Vorliegen einer solchen Dublette nun dadurch zu erklären, dass der nichtpriesterliche Text von Exodus 14 die Darstellung der Heuschreckenplage in Ex 10,1–20 als Vorlage benutze. Dabei seien vor allem der

---

55 Vgl. Levin 1993, 341 unter Hinweis auf Ps 13,6; 21,2; 35,3.9; 118,14 u. ö.
56 Vgl. dazu Saur 2004, 107, auch Müller, R. 2009, 269. Zu „Jahwe *rettete* Israel" in Ex 14,30 ist
auch „Jahwe *rettete* den König" in 2 Sam 8,6.14 zu vergleichen.
57 Lamberty-Zielinski 1993, 70, nimmt an, dass Ex 14,13b einen nachpriesterlichen Zusatz darstelle, doch liegen dafür keine hinreichenden literarkritischen Hinweise vor (vgl. Gertz 2000, 218).
58 Gegen Berner 2014, 10. Vgl. auch Gertz 2000, 186f.395f., der die genannten Verse der Plagenerzählung zwar nachpriesterlich ansetzt, im Unterschied zu Berner Ex 14,13b aber *nicht* diesen
Versen zuordnet.
59 Vgl. hierzu auch Levin 1993, 342.
60 Das Folgende in Berner 2014, 22–24.
61 Als besondere Parallele zwischen Ex 10,1–20 und Exodus 14 stellt Ska 1986, 110f., die Übereinstimmungen zwischen Ex 10,13 und Ex 14,21 heraus. Diese Übereinstimmungen sprechen jedoch nicht unbedingt für die Annahme, dass 14,21 von 10,13 abhängig sei. So hatte Berner 2010,
232, noch die *umgekehrte* Abhängigkeit angenommen. Vgl. auch Weimar 1985, 128f.

analog 10,19b formulierte Hinweis auf die restlose Vernichtung der ägyptischen Streitkräfte in 14,28b, das Windmotiv und das Motiv der Rettung am Morgen von Exodus 10 übernommen worden. Diese Abhängigkeiten sind jedoch kaum wahrscheinlich zu machen.

So stellt die Notiz in Ex 10,19b, dass keine Heuschrecke in Ägypten übrig bleibt, kaum die Vorlage für Ex 14,28b dar, dass keiner der Ägypter die göttliche Vernichtung der Feinde Israels überlebt: 10,19 ist mit 8,7 bzw. 8,27b zusammen zu sehen: Es geht hier jeweils um die völlige Befreiung der Ägypter von den Plagen (Frösche bzw. Ungeziefer). Trotz der sprachlichen Ähnlichkeiten liegt hier somit – allein schon vom Thema her – kein Zusammenhang mit der völligen Vernichtung der Ägypter in Ex 14,28b vor.[62]

Ebenso wenig legt sich eine Abhängigkeit der Rettung Israels am Morgen in Ex 14,21*.23* von Ex 10,12 nahe: Ex 10,12 spricht von keiner *Hilfe* Gottes *am Morgen*, sondern im Gegenteil von einem *morgendlichen* Einfall der Heuschreckenplage. Vor allem wegen der schon bisher beobachteten Verwandtschaft von Ex 14,13 – 30* mit der altorientalischen Königstheologie ist es wahrscheinlicher, die morgendliche Rettung vor den Ägyptern in Ex 14,24*.27* auf das altorientalische und von dort in das Alte Testament übernommene Theophanie-Motiv des Eingreifen Gottes am Morgen (vgl. bes. Ps 46,6; aber auch Ex 19,16) zurückzuführen, wie dies R. Müller vorgeschlagen hat.[63]

Auch eine Abhängigkeit des Windmotivs in Ex 14,21 von Ex 10,13.19 ist kaum wahrscheinlich. In Exodus 14 besitzt der heiße Ostwind (vgl. Gen 41,6; Hos 13,15) nur die Funktion, das Meer auszutrocknen. In Ex 10,13.19 liegt demgegenüber eine sehr viel *entwickeltere* Form des Windmotivs vor, insofern der Wind sowohl für den Transport der Heuschrecken als auch für ihren Abtransport eingesetzt wird und dabei auch noch eine Drehung der Windrichtung notwendig wird.[64] Da der Wind als Werkzeug Jahwes eine sehr verbreitete Vorstellung ist (vgl. Ps 18,11.16; 104,4; Gen 8,1P; auch Num 11,31), ist eine Herleitung der Windvorstellung der nichtpriesterlichen Meerwundererzählung (Ex 14,21*.27*) von Ex 10,1 – 20 somit kaum plausibel zu machen. Am nächstliegenden ist auch hier wieder ein Rückgriff auf königszeitliche kultische Jahwetraditionen (vgl. z. B. Ps 18,11.16[65]).

---

62 Gegen Lamberty-Zielinski 1993, 193.

63 Müller, R. 2009, 271.

64 Dies spricht dafür, dass Ex 10,1 – 20 hier eher der nehmende Part gewesen ist. Berner 2010, 235, hatte daher noch für die umgekehrte Abhängigkeit der Heuschreckenplagendarstellung von der vorpriesterlichen Meerwunderdarstellung plädiert: In Ex 10.13 wurden „der Wind und das tageszeitliche Schema […] aus Ex 14,21.24.27 übernommen" (vgl. auch Levin 1993, 338). Mit einem Bezug des „Ostwindes" in 10,13 auf 14,21 rechnet auch Schmidt, W.H. 2019, 431.

65 Zur vorexilischen Datierung von Ps 18,4 – 20* vgl. Adam 2001, 229f., und Saur 2004, 57 – 62.

3.4 Fazit

Zusammenfassend ist festzustellen, dass der Kernbestand des nichtpriesterlichen Textes von Ex 14,5 – 30* keine eindeutig nachweisbaren Abhängigkeiten von deuteronomistischen Vorstellungen aufweist. Vielmehr liegen hier durchweg Übertragungen von königszeitlichen „Jahwekriegs- und Theophanievorstellungen" vor auf eine Situation, in der Israel ohne König und ohne Militärmacht ist.[66]

Entwirft die vorpriesterliche Meerwundergeschichte somit ein Bild Israels in der Situation nach dem Untergang des israelitischen Königtums, in der Israel hofft, dass Jahwe selbst für die Existenz eines Israel ohne militärische Macht kämpfen wird? R. Müller rechnet dabei im Anschluss an C. Levin mit einem vorpriesterlichen Meerwunderbericht, der in die vorexilische Zeit nach dem Untergang des Nordreiches zurückreichte und zu einem vorexilischen Erzählzyklus über Israels Auszug gehörte.[67] In der Exilszeit hat dieser Bericht dann noch vorpriesterliche redaktionelle Erweiterungen (bei Levin vor allem eine „jahwistische Redaktion") erfahren.[68] Ein entsprechender Befund ist auch sonst in der vorpriesterlichen Schicht des Exodusbuches zu beobachten.[69] Allerdings lässt sich m. E. innerhalb des *Meerwunderberichts Ex 14,5 – 30** literarkritisch nicht mehr zwischen einer jüngeren und einer älteren vorpriesterlichen Schicht differenzieren. Überhaupt ist angesichts der starken Eingriffe der nachpriesterlichen Redaktion damit zu rechnen, dass die vorpriesterlichen Schichten nur noch in fragmentarischer Gestalt erhalten geblieben sind.

4 Die Einbettung des nichtpriesterlichen Meerwunderberichts in die Darstellung des Exodusbuches

4.1 Itinerarzusammenhang

In der neuesten Forschung hat sich die Vorstellung von einem zusammenhängenden vorpriesterlichen Itinerar für die Stationen des Weges der Israeliten von Ägypten in das verheißene Land weitgehend durchgesetzt, so dass man meist Ex 12,37*; 13,20 der vorpriesterlichen Schicht zuweist.[70] Doch spricht bei den Iti-

---

66 Auf eine solche Situation weist u. a. die Betonung der Inaktivität Israels in Ex 14,14.

67 Müller, R. 2009, 270 – 272, unter Aufnahme von Levin 1993, 343 – 344.

68 Levin 1993, 341f., der diese Erweiterung auf seine „jahwistische" Redaktion zurückführt.

69 Vgl. unten Abschnitte 4.2 und 4.3.

70 Vgl. u. a. Levin 1993, 338; Gertz 2000, 207 – 209; Berner 2010, 343; Albertz 2012, 192.217.224.237; Utzschneider/Oswald 2013, 298.305.

nerartexten von Ex 12,37 und 13,20 mehr dafür, dass beide Texte Ex 12,37 und 13,20 erst zur priesterlichen Schicht gehören.[71] Dies zeigt sich besonders deutlich an 12,37: „Die Israeliten brachen aus Ramses nach Sukkot auf, etwa sechshunderttausend Mann zu Fuß, die Männer allein ohne Frauen und Kinder." Eine entsprechende Zahl für die durch die Wüste ziehenden Israeliten finden sich im Pentateuch nur im Zusammenhang priesterlicher und nachpriesterlicher Schichten (Num 1,46; 11,21; 26,51; vgl. Ex 38,26). Zwar wird oft die Auffassung vertreten, 12,37b sei ein später literarischer Zusatz,[72] doch gibt es für diese Annahme keine literarkritischen Argumente. Versteht man 12,37 als Einheit, dann kann dieser Vers keiner vorpriesterlichen Schicht zugeordnet werden. Entsprechendes gilt dann auch für die Fortsetzung dieses Itinerars in Ex 13,20 und in 15,22a* (V. 22aα ist nachpriesterlicher Zusatz).[73]

4.2 Zusammenhang mit der vorpriesterlichen Plagenerzählung

Den Beginn des oben vorausgesetzten vorpriesterlichen Berichts über das Meerwunder bildet – nachdem Itinerar und Führung durch Wolkensäule nicht als Elemente des vorpriesterlichen Berichts in Frage kommen – Ex 14,5a mit der Meldung an den König von Ägypten, dass Israel „geflohen" sei. Von einer solchen Flucht Israels ist im bisherigen Exodusbuch nicht *expressis verbis* die Rede. Ist damit ein Wegziehen Israels aus Ägypten ohne offizielle Entlassung durch den Pharao gemeint, so dürfte Ex 14,5a an das Ende der vorpriesterlichen Plagenerzählung von Ex 12,33 anknüpfen, wo die Ägypter nach dem Tod der Erstgeburt die Israeliten aus dem Land drängen.[74]

Für eine vorpriesterliche Meerwundererzählung, die an die *vorpriesterliche Plagenerzählung* anschließt, spricht nun auch das Vorliegen von Übereinstimmungen zwischen beiden Erzählungen. So entsprechen die tageszeitlichen Beziehungen der Meerwundererzählung (vgl. Ex 14,21.24.27: in der Nacht Trockenlegung des Meeres, am Morgen Rückkehr des Meeres) dem tageszeitlichen Bezug des Auftretens Moses in der vorpriesterlichen Plagenerzählung (vgl. Ex 7,15: Auftreten Moses beim Pharao am Morgen; ähnlich 8,16, etc.). Auch in der Zeichnung Moses als Propheten (vgl. Ex 14,13–14) stimmen vorpriesterliche Meerwundererzählung und vorpriesterliche Plagenerzählung überein (die *Boten*formel

---

71 Zur Zuweisung von Ex 13,20 zu P vgl. u. a. Lohfink 1988b, 222 Anm. 29; Kohata 1986, 278.
72 Vgl. u. a. Gertz 2000, 396.
73 Vgl. oben Anm. 9 und auch die Argumente für den sekundären Charakter von Ex 15,22aα bei Berner 2010, 350f., der hierbei allerdings an eine vorpriesterliche Einfügung denkt.
74 Zur Zugehörigkeit von Ex 12,33 zur vorpriesterlichen Schicht vgl. Berner 2010, 269.

findet sich allerdings nur bei den vorpriesterlichen *Plagen:* vgl. Ex 7,17.26; 8,16 etc.).

4.3 Ein noch älterer Zusammenhang mit Moses Jugendgeschichte?

Nun deuten einige Befunde in der Exoduserzählung darauf hin, dass es eine noch ältere vorpriesterliche Mosegeschichte gab, in der die Plagenerzählung mit ihren Verhandlungen über eine Entlassung Israels noch fehlte.[75] Unter Aufnahme dieser Beobachtungen führt Jan Christian Gertz die Fluchtvorstellung von Ex 14,5a auf eine solche ursprüngliche Mosegeschichte ohne Plagenerzählung zurück.[76] Zu ihr gehörte wohl die Jugendgeschichte des Mose von Exodus 2*, die in 2,15 auch von einer Flucht Moses vor Pharao berichtet. Auch zeigen sich terminologische Beziehungen zwischen der Geschichte von der Aussetzung des neugeborenen Mose in 2,1–10* und der vorpriesterlichen Meerwundererzählung von Exodus 14* (vgl. u. a. Ex 14,30 mit Ex 2,3.5: „Sehen am Ufer")[77]. Somit deutet auch die Jugendgeschichte des Mose darauf hin, dass es bereits einen vorpriesterlichen Bericht über das Meerwunder gegeben hat.

Dass das Fluchtmotiv von Ex 14,5–10* schon *in vorpriesterlicher und vordeuteronomistischer Zeit* bekannt war, zeigt sich schließlich auch an einem Abschnitt der Jakobgeschichte. Der Beginn der vorpriesterlichen Meerwundergeschichte Ex 14,5a.6.9aα („Es wurde dem König von Ägypten gemeldet, dass das Volk geflohen sei. Da spannte er seinen Streitwagen an und nahm sein Kriegsvolk mit sich. Und Ägypten jagte ihnen nach und holte sie ein, wie sie am Meer lagerten") ist nämlich in der vorpriesterlichen und vordeuteronomistischen Jakobgeschichte „zitiert" worden: Hier heißt es in Gen 31,22.23.25: „Es wurde Laban [...] gemeldet, dass Jakob geflohen sei. Und er nahm seine Verwandten mit sich und jagte ihnen nach [...] Und Laban holte Jakob ein [...]". Hier wird – wie Axel Graupner zu Recht feststellt – „Jakobs Flucht vor Laban als Vorausdarstellung des Exodus" gestaltet.[78] C. Berner ist mit C. Levin zwar der Meinung, dass zwischen Ex 14,5–10* und Gen 31,22–25* enge literarische Bezüge vorliegen. Doch nehmen

---

75 Vgl. dazu u. a. Levin 1993, 76, 326–329.334–336.341f.; Kratz 2000, 296. Diese Befunde legen nahe, dass es nicht zwei *selbständige* vorpriesterliche Quellen des Exodusbuches wie Jahwist und Elohist gab, sondern dass eine ältere vorpriesterliche Schicht durch eine jüngere vorpriesterliche „Plagenschicht" erweitert wurde.
76 Vgl. Gertz 2000, 229–231.303f.394–396; ähnlich, aber mit anderer literarischer Abgrenzung Berner 2010, 345.349f.430–433.
77 Vgl. Berner 2010, 349f.
78 So Graupner 2002, 310; vgl. schon Weimar/Zenger 1975, 52; auch Ska 1986, 102f.

beide an, dass umgekehrt der Meerwunderbericht Ex 14,5 – 10* in Anlehnung an die Jakobtradition gestaltet worden sei,[79] in der das Fluchtmotiv fest verankert sei (zu nennen seien hier Gen 27,43; 31,21 – 22). Nun ist jedoch die vorpriesterliche Mosetradition in gleicher Weise vom Fluchtmotiv bestimmt (vgl. Ex 2,15; 14,5),[80] so dass die Moseüberlieferung ohne weiteres die gebende Seite sein kann. Für die Abhängigkeit der Jakobdarstellung von der Exodusüberlieferung spricht vor allen Dingen, dass in der vorpriesterlichen Jakobgeschichte „die Perspektive der Exodustradition, die mit einer Herkunft Israels von außen rechnet", durchgängig in die Darstellung der ursprünglich autochthonen Jakobtradition eingetragen wird.[81]

Allerdings sind von dieser vorpriesterlichen Schicht nur noch Fragmente zu erkennen,[82] in denen jedoch eine Theologie der geheimen göttlichen Führung festzustellen ist. Diese Theologie verbindet Exodus- und Jakobgeschichte, wie u. a. die Bezüge zwischen Ex 14,5 – 10* und Gen 31,22 – 25 zeigen, so dass in diesem Zusammenhang schon eine vorpriesterliche Verbindung von Genesis und Exodus zu vermuten ist.[83]

5 Die inneralttestamentliche Rezeption des Meerwunderberichts und ihr Verhältnis zur Literargeschichte von Exodus 14

Ausgangspunkt für die These C. Berners, dass es keinen vorpriesterlichen Meerwunderbericht gab, war folgender Befund bei der Untersuchung der inneralttestamentlichen Rezeptionsgeschichte: „Wenn die nichtpriesterliche Fassung des Meerwunders überwiegend, wenn nicht ausschließlich, in vergleichsweise späten Texten und nicht anders als in ihrer vorliegenden Verbindung mit dem P-Text rezipiert wird, wird man fragen müssen, ob sie überhaupt jemals in anderer Form existierte. Gab es wirklich einen selbstständigen vorpriesterlichen Meerwunderbericht, der endredaktionell mit seinem priesterlichen Pendant verknüpft bzw. von P-Tradenten bearbeitet wurde?".[84]

M. E. deutet dieser rezeptionsgeschichtliche Befund keineswegs auf die Nichtexistenz eines vorpriesterlichen Meerwunderberichts hin. Hätte Berner

---

79 Berner 2014, 15, unter Berufung auf Levin 1993, 239 Anm. 9. Anders noch Berner 2010, 344 Anm. 6: Ex 14,5a.6ff.* „scheint [...] die Gestaltung der Verfolgung Jakobs durch Laban in Gen 31,22 – 25 beeinflußt zu haben".
80 So noch Berner 2010, 344 Anm. 5.
81 Vgl. Schmitt 2009b, bes. 256 – 258 (in diesem Band, S. 19 – 22).
82 Für Einzelheiten vgl. Schmitt 2009b, 253 – 262 (in diesem Band, S. 17 – 27).
83 Vgl. bes. Schmitt 2009b, 258f. (in diesem Band, S. 22f.).
84 Berner 2014, 6.

recht, würde dieser Befund auch beweisen, dass es keine eigenständige *priesterliche* Meerwunderdarstellung, sondern nur einen kombinierten priesterlich-nachpriesterlichen Meerwunderbericht gegeben habe, was jedoch der Intention der Argumentation von Berner kaum entsprechen dürfte.

Berner hat nur insofern Recht, als die alttestamentliche Rezeption der Meerwunderüberlieferung sich sehr stark an der priesterlichen Darstellung eines Durchzugs Israels durch das Meer orientiert. Auch zeigen alle Stellen, die von einem solchen Durchzug sprechen, dass sie gleichzeitig die nichtpriesterliche Darstellung voraussetzen. Deutlich wird dies beispielsweise daran, dass sie diesen Durchzug mit der nachpriesterlichen Lokalisierung des Meerwunders *am Schilfmeer* kombinieren (vgl. Ex 15,4.9; Dtn 11,3–4; Jos 2,10; 4,23[85]; Ps 106,7.9[86].22; 136,13–15; Neh 9,9.11). In vergleichbarer Weise wird in Ps 78,13–14; Neh 9,11–12 der Durchzug durch das zerteilte Meer mit der nachpriesterlichen Vorstellung von der göttlichen *Führung durch die Wolken- und Feuersäule* und in Jes 10,24–26 mit der nachpriesterlichen Vorstellung vom wunderwirkenden *Stab des Mose* verbunden.[87]

Schließlich unterscheiden sich auch die von einem Durchzug Israels sprechenden Meerwunderbelege in Ps 66,6; 77,20; Jes 43,16–17; 51,10; 63,11; Sach 10,11 dadurch von der P-Darstellung, dass sie die *alleinige* Wirksamkeit Jahwes bei der Ermöglichung des Durchzugs betonen. Dass die P-Darstellung des Meerwunders hier nicht als *eigenständige* Größe rezipiert wird, wird dabei vor allem daran deutlich, dass die besondere Rolle, die Mose in Exodus 14* P als im Auftrag Jahwes wirkender Wundertäter wahrnimmt, nirgendwo aufgenommen wurde, sondern durch „Jhwhs unmittelbare Beteiligung an allen Phasen des Geschehens",[88] wie sie die nichtpriesterliche Darstellung betonte, ersetzt wurde (nur in Jes 63,11–12 und Ps 77,21 findet neben der Betonung von Jahwes Machttaten Mose noch Erwähnung).

Dass der Durchzug Israels durch das Meer in der exilisch-nachexilischen Rezeptionsgeschichte eine so große Bedeutung erhält, liegt daher nicht an einem unmittelbaren Rückgriff auf die priesterliche Darstellung. Vielmehr erhält der von Jahwe ermöglichte *Durchzug* Israels *durch das Meer* diese Bedeutung, weil er zum

---

85 Die Parallelisierung von Jordan und Meer findet sich auch in Ps 114,3.5. Vgl. zu der damit verbundenen spätnachexilischen Geschichtstheologie Witte 2003, bes. 306–311.
86 Hier wird auch die nachpriesterliche Vorstellung vom Glauben Israels in Ex 14,31 und von Israels Lobgesang in Ex 15,1–18 aufgenommen.
87 Zum Verständnis von Jes 10,26 vgl. Kilian 1986, 85.
88 Berner 2014, 23.

Bild für die *Rückkehr* Israels *aus dem Exil* wurde.[89] Gleichzeitig findet jedoch unter dem Gesichtspunkt der Betonung der „Alleinwirksamkeit" Jahwes auch die theologische Botschaft des vorpriesterlichen Meerwunderberichts gebührende Berücksichtigung in der nachexilischen Rezeptionsgeschichte.[90] Beachtenswert ist, dass sich vor allem in den Prophetenbüchern Anspielungen auf das Meerwunder mit dieser theozentrischen Perspektive zeigen, ohne dass dabei eine direkte Abhängigkeit von den *nachpriesterlichen spätdeuteronomistischen* Elementen von Ex 13,17–14,31 erkennbar wird.[91] Dies deutet wohl darauf hin, dass es neben der Überlieferung von Exodus 13–14* auch andere nicht- bzw. vorpriesterliche Meerwunderüberlieferungen gab.

Fehlende Rezeption von bestimmten Elementen der Meerwundertradition ist somit nicht unbedingt ein Zeichen für ihr erst junges Alter. Vielmehr weist das Fehlen dieser Elemente auf ihre geringere Bedeutung für die tradierende *nachexilische* Gemeinde. So wurden aus der P-Darstellung die Rolle Moses als Wundertäter und aus dem vorpriesterlichen Meerwunderbericht die Rolle eines völlig inaktiven Israel in der nachexilischen Situation als weniger angemessen empfunden. Beide Vorstellungen blieben daher bei nachexilischen Neuformulierungen der Meerwundertradition weitgehend unberücksichtigt. Diese Beobachtungen sprechen nun aber eher *für* als gegen die Existenz eines *vorpriesterlichen* Meerwunderberichts (und auch *für* eine eigenständige *priesterliche* Meerwunderdarstellung).

Jedenfalls passt der oben rekonstruierte vorpriesterliche Meerwunderbericht Ex 14,5–30* besser zu einer Situation *unmittelbar* nach dem Untergang des Königtums, in der Israel über eine Existenz ohne militärische Macht *neu* nachdenken musste.

---

89 Vgl. hierzu bes. die Anspielungen auf das Meerwunder bei Deuterojesaja (Jes 43,16–19; 51,10–11).
90 Vgl. u. a. das Zitat von Ex 14,14 in Dtn 1,30; 3,22; 20,4 und Neh 4,14.
91 Vgl. z. B. Jes 43,16–17.

„Das Gesetz aber ist neben eingekommen" – Spätdeuteronomistische nachpriesterschriftliche Redaktion und ihre vorexilische Vorlage in Ex 19–20*

Abstract: In Exod 19–20 there appears a basic layer consisting of Exod 19:2b, 3a, 10–15*, 16–17, 19; 20:18*, 19–21 which arose after the fall of the Northern kingdom of Israel 722/720 BCE. In this layer scribes who criticize the monarchy underline the importance of the fear of God and the trust in the divine guidance through Moses. The combination of the description of the theophany with the proclamation of the law is the result of the implementation of the Book of the Covenant through a post-Priestly and post-Deuteronomistic Pentateuch-redaction. This redaction is also responsible for the addition of Exod 19:3b–9 and 20:22–23. Special features of this redaction are the concept of the whole Israel as a priesthood (cf. Exod 24:3–8) and the motif of the belief in Yhwh and in Moses (Exod 19:2b, 3a, 10–15*, 16–17, 19; 20:18*, 19–21).

In seinem Beitrag zum 44. Colloquium Biblicum Lovaniense im August 1995 hat der Jubilar für die Pentateuchforschung eine Reihe programmatischer Forderungen erhoben: „Die Pentateuchforschung sollte ihre Fundamente in den Rechtskorpora des Pentateuch zurückgewinnen und die Reduktion auf die erzählenden Überlieferungen überwinden ... die Fülle der Rechtskorpora von Bundesbuch, Deuteronomium, Dekalogen, Priesterschriftlichen Gesetzen und Heiligkeitsgesetz ist in ihren jeweiligen Auslegungs- und Fortschreibungsverhältnissen zu erfassen und so das Gerüst zu erstellen, in das die Literaturgeschichte des Pentateuch einzuzeichnen ist."[1] Dabei versteht Eckart Otto Lev 17–26, das sog. „Heiligkeitsgesetz", als „Auslegung von Deuteronomium, Bundesbuch und Dekalog im Rahmen der vornehmlich Deuteronomium und Priesterschrift ausgleichenden Pentateuchredaktion."[2] Für die Redaktionsgeschichte von Ex 19–20 nimmt Otto in diesem Zusammenhang an,[3] dass „Bundesbuch und Dekalog im Zuge dieser

---

1 Otto 1996, 65 Anm. 19, nimmt dabei zu Recht an, dass das Heiligkeitsgesetz von Lev 17–26 keine von P unabhängige Überlieferungsgeschichte gehabt hat, sondern im Anschluss an Elliger 1966a, 14ff. als Zusatz zu P zu verstehen ist (vgl. auch Otto 1994, 234–256). Vgl. neuerdings auch Achenbach 2008, 145–175.
2 Otto 1996, 63–65.
3 Otto 1996, 65.

https://doi.org/10.1515/9783110724448-012

Pentateuchredaktion in die Sinaiperikope eingefügt wurden, die ihre vorliegende Gestalt dieser Pentateuchredaktion verdankt". Aber auch die Grundschicht von Ex 14 – 34* ist nach Otto bereits vom Bezug auf Gesetzesmaterialien geprägt. In der von ihm vorgenommenen Rekonstruktion[4] enthält diese Grundschicht Berichte über den Exodus und die Theophanie am Gottesberg und endet mit der Verkündung der Fest- und Opferordnung von Ex 34* durch Jahwe und dem Hinweis auf einen diese Ordnung zugrunde legenden Bundesschluss.

Im Folgenden wird nun zum einen zu klären sein, ob sich diese den nachpriesterlichen Charakter wesentlicher Teile der Sinaiperikope betonende These Ottos bewährt. Zum andern ist zu klären, inwieweit an seiner Rekonstruktion der Grundschicht von Ex 19 – 34* festgehalten werden kann. Wir konzentrieren uns dabei auf folgende zwei Probleme der Auslegung von Ex 19 – 20:

1. Wie ist der für Ex 19 – 20 zentrale redaktionelle Text von Ex 19,3b–9 literarisch einzuordnen? Können Bundesbuch und Dekalog der in Ex 19,3b–9 vorliegenden Redaktion zugeordnet werden?
2. Was ist in Ex 19 – 20 als vorpriesterschriftliche Grundschicht zu rekonstruieren? Wie ist bei ihr das Verhältnis von Theophaniedarstellung und Gesetzesmitteilung zu bestimmen?[5]

1 Die literarische Einordnung von Ex 19,3b–9

Im Anschluss an die aus der Priesterschrift stammenden Itinerarnotizen von Ex 19,1.2a, nach denen Israel in der Wüste Sinai lagert, sprechen die wohl zur vorpriesterlichen Grundschicht des Sinaiberichts gehörenden Halbverse 19,2b.3a davon, dass Mose – als Israel sich gegenüber dem Berg lagert – zu Gott hinaufsteigt. Ohne diesen Aufstieg Moses zu berücksichtigen, berichtet dann Ex 19,3b von einer Rede Jahwes vom Berg herunter zu Mose – ein eindeutiges Zeichen dafür, dass hier ein redaktioneller Einschub vorliegt. Mose erhält dabei den Auftrag, dem Haus Jakobs, den Israeliten, eine bedingte Verheißung Jahwes mitzuteilen: Jahwe erinnert in diesem Zusammenhang daran, dass er beim Exodus die Ägypter bekämpft und dass er die Israeliten auf Geiersflügeln zu sich (= an den Berg) gebracht habe. Unter der Bedingung, dass die Israeliten auf Jahwes Stimme hören und seinen Bund halten, verheißt ihnen Jahwe, dass sie für ihn ein „Son-

---

4 Vgl. hierzu vor allem Otto 1998, 53 – 56, der der Grundschicht von Ex 14 – 34* folgenden Text zuweist: 14,5a.6.9aα.19a.20*.21aβ.25a.27aβ.30; 19,2b.3a.18; 34,(1a.)18 – 23.25 – 27, vgl. etwas anders u. Anm. 57.

5 Um den vorgegebenen Umfang des Beitrags nicht zu überschreiten, bleiben Ex 19,10 – 15.20 – 25 und 20,1 – 17 im Folgenden unbehandelt.

dereigentum" sein werden vor allen Völkern und gleichzeitig ein „Königreich von Priestern" und ein „heiliges Volk" (Ex 19,5f.). Mose richtet die Botschaft Jahwes an die das Volk Israel repräsentierenden Ältesten aus, und das Volk sagt zu, dass es die Bedingungen Jahwes erfüllen will. Nachdem Mose diese Antwort des Volkes an Jahwe übermittelt hat, sagt Jahwe dem Mose zu, dass er zu ihm „im Gewölk der Wolke" kommen werde, damit das Volk Mose als dem Verkünder der *Tora* für immer glaubt. 19,10 scheint dann mit einem *auf* dem Gottesberg an Mose übermittelten Befehl Jahwes wieder auf Ex 19,3a zurückzukommen, so dass allgemein angenommen wird, dass mit 19,9 der redaktionelle Einschub endet.

Das Problem der literarischen Einordnung von Ex 19,3b–9 hat nun eine breite Diskussion hervorgerufen. So hat Lothar Perlitt[6] bereits 1969 auf den deuteronomistischen Charakter von Ex 19,3b–8 aufmerksam gemacht (V. 9 versteht er als eine noch spätere Erweiterung). Für Erhard Blum[7] gehört der Text von daher zur vorpriesterlichen deuteronomistischen Komposition der Moseüberlieferung K[D].[8] Eine ähnliche Zuweisung vertritt neuerdings wieder Erik Aurelius.[9] Demgegenüber weist Otto[10] Ex 19,3b–8/9 einer nachdeuteronomistischen und nachpriesterlichen Pentateuchredaktion zu.

Die Frage, ob hier eine noch nicht priesterlich beeinflusste deuteronomistische Hand am Werke ist oder eine nachpriesterschriftlich anzusetzende Pentateuchredaktion vorliegt, entscheidet sich im Wesentlichen an den folgenden drei Befunden, die bei Ex 19,3b–9 zu klären sind.

1.1 Beziehung zum Heiligkeitsgesetz

Für die nachpriesterschriftliche Ansetzung des Abschnittes 19,3b–9 sprechen zunächst seine Beziehungen zum Heiligkeitsgesetz Lev 17–26 (HG). Schon das Verständnis Israels als „heiliges Volk" verbindet 19,6 mit der zentralen Vorstellung des HG.[11] Auch entspricht der Abschluss der göttlichen Mitteilung Ex 19,6 „dieses sind die Worte, die du den Israeliten kundtun sollst" dem Kolophon des HG in Lev

---

6 Perlitt 1969, 167–181.
7 Blum 1990, 46–48.98f.
8 Auch Oswald 1998, 154–167, weist Ex 19,3b–8 einer nachexilischen, aber noch nicht priesterlich beeinflussten Vertrags-Bearbeitung zu.
9 Aurelius 2003, 3.141–154.
10 Vgl. u. a. Otto 1996, 76–80. Eine ähnliche Auffassung wie Otto vertreten u. a. Weimar 1980, 343f. Anm. 24; Schmitt 2001j, 226–232 u. ö.; Ska 1996; Groß 1998, 129–132; Steins 2001.
11 Ska 1996, 308–310: Dabei fordert HG nicht nur die Heiligkeit des Volkes (vgl. Lev 19,2; 20,7), sondern geht auch davon aus, dass Jahwe es heiligt (vgl. Lev 20,8).

26,46; 27,34.[12] Die göttliche Absonderung Israels „aus allen Völkern" in 19,5 hat
zudem ihre nächste Parallele in Lev 20,24.26.[13] Vor allem zeigt auch die Bundesvorstellung von Ex 19,5 enge Verwandtschaft mit der von Lev 26: Wie Ex 19
macht 26,14 eine bedingte Bundesaussage. Außerdem erinnert 26,42 an die un-
bedingte Väterbundaussage von Gen 17, auf die Ex 19,5 mit seiner Formulierung
„den Bund bewahren" (vgl. Gen 17,9.10) ebenfalls Bezug nimmt.[14] Schließlich geht
Lev 26,45 wie Ex 19,4f.; 24,8 von einem „Bund" mit der Exodusgeneration aus.[15]
Wie dem HG geht es Ex 19,3b–9 somit um einen Ausgleich zwischen priesterlichen
(vgl. Gen 17) und deuteronomistischen (vgl. Sinaibund) Vorstellungen.

1.2 Das Verständnis von „Königreich von Priestern" in Ex 19,6

Für eine nachpriesterschriftliche Ansetzung von Ex 19,3b–9 spricht auch, dass
Jahwe in 19,5f. den Israeliten verheißt, sie werden für ihn ein „Königreich von
Priestern" sein. In der Auslegung von 19,6 ist nun strittig, ob mit „Königreich von
Priestern" die Israel bestimmende Regierungsform einer Herrschaft von Priestern[16] gemeint ist oder ob mit ihm ausgesagt werden soll, dass das Volk Israel als
ganzes einen priesterlichen Status besitzt.[17] Zu beachten ist jedoch, dass 19,3b–6
als Paränese zu verstehen ist, bei der V.5b.6a der Motivierung des Kerns der
Paränese in V. 5a dienen.[18] Mit „Königreich von Priestern" kann daher nicht eine
weitere Forderung wie die nach einer Form der Regierung durch Priester gemeint
sein, sondern vielmehr nur eine Explikation der Verheißung, dass Israel ein
„Sondereigentum für Jahwe" sein wird, einer Verheißung, die „einen Stand und
eine Würde" von ganz Israel[19] ankündigt. Von daher kann hier nur gemeint sein,
dass Israel als ganzes Volk priesterliche Würde besitzen wird, eine Konzeption,
die sich auch bei Tritojesaja in Jes 61,6 findet.[20]
  Aurelius weist nun darauf hin, dass damit in Ex 19,3b–8 eine Vorstellung
vorliege, die nicht in Einklang zu bringen sei mit der Priesterschrift, der es um

12 Vgl. aber auch Lev 7,37f.; Num 26,63; 36,13. Vgl. Otto 1996 (s.o. Anm. 1), 76; auch Ska 1996, 297.
13 Vgl. Ska 1996, 296.
14 Vgl. Groß 1998, 130–132; anders Ska 1996, 305–307. Vgl. auch unten Anm. 37.
15 Vgl. Ska 1996, 304f.
16 So zuletzt u.a. Schenker 1996, 367–374; Graupner 2007, 40–44.
17 So zuletzt u.a. Dozeman 1989, 96 Anm. 29; Blum 1990, 51 Anm. 22; Oswald 1998, 157.164–167;
Schmidt, L. 2001, 170; Steins 2001, 20–36; Aurelius 2003, 146–151.
18 Vgl. Mosis 1978, 8–10: „VV. 5.6a sind also nicht als bedingte Heilsverheißung, sondern als
eine durch eine Heilszusage motivierte Forderung zu verstehen" (ebd., 10).
19 Mosis 1978, 25.
20 Vgl. besonders Steins 2001, 33–35.

einen Sonderstatus des Priestertums innerhalb Israels geht. Von daher könne hier entgegen der Auffassung von Otto keine nachpriesterliche Bearbeitung vorliegen, die einen Ausgleich zwischen priesterlichem und deuteronomistischem Denken herzustellen versuche.

Dies würde nun jedoch nur dann gelten, wenn Ex 19,6 eine bewusst antipriesterliche Position verträte. Ein solches antipriesterliches Verständnis von Ex 19,3b–8 nimmt Wolfgang Oswald[21] an, der hier das „Konzept einer Gesellschaft ohne Priesterklasse und ohne tempelorientiertem Großkult" zu finden meint. Dafür liegen aber im Text von Ex 19,3b–8 keinerlei Anhaltspunkte vor. Vielmehr zeigt dieser Text – wie Rudolf Mosis[22] zu Recht herausstellt – keinerlei Polemik gegen ein Amtspriestertum.

Dass hier ganz Israel das Priestertum verheißen wird, wird im Abschnitt Ex 24,3–8 bestätigt, der der gleichen Schicht wie 19,3b–8 zuzuweisen ist:[23] In 24,8 wird davon berichtet, dass Mose das Volk Israel mit Blut besprengt, wobei der von der Priesterschrift beschriebene Ritus der Priesterweihe (Ex 29,20f.; Lev 8,22–24.30) auf das Volk Israel übertragen wird.[24] So zeigt sich, dass Ex 19,3b–8; 24,3–8 Vorstellungen der Priesterschrift aufgreifen und sie gleichzeitig uminterpretieren.

Somit hat Otto durchaus Recht: In Ex 19,3b–8 ist zwar das ganze Volk Israel als „Priester" verstanden, doch ist dies nicht als Gegensatz zur priesterschriftlichen Priestervorstellung gedacht. Vielmehr wird die eine Differenzierung von Priestern und Laien voraussetzende Vorstellung der Priesterweihe aufgegriffen und auf das Volk als ganzes übertragen, ohne dass dadurch die Möglichkeit der Weihe eines besonderes Priesterstandes ausgeschlossen würde.[25] Daher spricht alles dafür, dass in 19,3b–8 die nachpriesterschriftliche Endredaktion vorliegt.

---

21 Oswald 1998, 166.
22 Mosis 1978, 22. Vgl. ähnlich Schmidt, L. 2001, 183 Anm. 64; Steins 2001, 35.
23 Vgl. u. a. Blum 1990, 51f.; Gertz 2000, 302; Schmidt, L. 2001, 168–172. Anders Schenker 1996, 367f.; Groß 1998, 14–20; Graupner 2007, 47 Anm. 88; auch Aurelius 2003, 160–162, der jedoch mit einer *sekundären* Deutung des Ritus von 24,6–8 auf eine Priesterweihe des Volkes durch 19,3b–8 rechnet.
24 So v. a. Ruprecht 1980, 165–168. Vgl. auch Schmidt, W.H. 1995b, 88f.
25 Otto 1996, 101, ist der Auffassung, dass diese „Ausdifferenzierung von Priesterschrift und Volk" durch den Pentateuchredaktor „im Versagen des Volkes, das selbst nicht heilig sein konnte" (vgl. Ex 32) begründet wird.

1.3 Die Zugehörigkeit von Ex 19,9 zu 19,3b–8

Für eine nachpriesterschriftliche Ansetzung der in Ex 19,3b–9 vorliegenden Redaktionsschicht spricht auch Ex 19,9, der m. E. der gleichen Redaktionsschicht wie 19,3b–8 zuzuordnen ist.[26] Aurelius[27] hat demgegenüber den Zusatzcharakter von 19,9 betont und es abgelehnt, Ex 19,3b–8 zusammen mit 19,9 zu interpretieren. Nun hat Oswald[28] gezeigt, dass sich der Zusammenhang von 19,3b–9 durchaus „sinnvoll verstehen" lässt. Er entscheidet sich jedoch auch für 19,9 als Zusatz, weil er eine Explikation vermisst, „inwiefern das Vertrauen auf Mose mit dem Halten des Vertrags zusammenhängt". Dieser Zusammenhang wird jedoch deutlich, wenn man Ex 19,7–9 von Ex 4,29–31 her liest.[29] Auch in Ex 4,29ff. überbringt Mose Jahwes Botschaft an das Volk Israel, das auch hier durch die Ältesten repräsentiert wird.[30] Auch hier nimmt das Volk die Botschaft an, was sich im „Glauben" an diese Botschaft zeigt. Nach Ex 4,1ff. und Ex 14,31 ist dabei der Glaube an die Botschaft Jahwes untrennbar mit dem Glauben an Mose verbunden. Zur Annahme der Botschaft Jahwes gehört daher nach Ex 4 der Glaube an Mose unabdingbar hinzu. Es spricht daher alles dafür, dass 19,3b–8 und 19,9 der gleichen nachpriesterlichen spätdeuteronomistischen Schicht angehören.[31]

Dass Ex 19,9 von P abhängt, zeigt sich nun an folgenden Beobachtungen: Der Glaube an Mose soll hier dadurch hervorgerufen werden, dass Jahwe zu Mose „im Gewölk der Wolke (*'nn*)" kommt. Dabei wird auf die priesterschriftliche Vorstellung zurückgegriffen, dass der *kᵉbôd Yhwh* auf dem Berg Sinai in der Wolke (*'nn*) präsent ist und Mose aus der Wolke (*'nn*) anspricht (Ex 24.15b–18).[32] Auch hier ist zur Vorstellung vom „Glauben an Jahwe/Mose" in Ex 19,9 zum einen Gen 15,6 zu

---

26 So noch Otto 1996, 76. Anders neuerdings in Otto 2000b, 70f.93.103–109, wo Otto 19,3b–8 seiner das Land als Heilsgut betonenden Hexateuchredaktion und 19,9 der späteren die Tora herausstellenden Pentateuchredaktion zuweist. Zur Kritik vgl. Aurelius 2003, 142 Anm. 5. Im Übrigen ordnet Achenbach 2008, 156, 19,3bff. weiterhin der Pentateuchredaktion zu.
27 Aurelius 2003, 3 Anm. 3.
28 Oswald 1998, 34f.
29 Vgl. auch Dohmen 2004, 64f.
30 Für die literarkritische Ausscheidung einer „Ältesten-Schicht" (Ex 19,7b.; 24,13–14*), wie sie Oswald 1998, 167–169 vertritt, besteht kein Anlass. Wie in Ex 4 sind auch in Ex 19 und 24 in der spätdeuteronomistischen nachpriesterschriftlichen Schicht die Ältesten die Ansprechpartner Moses, wenn er sich an das Volk Israel wendet (vgl. Schmitt 2008, 59–62 [in diesem Band, S. 255–257]).
31 Zur zentralen Bedeutung von 19,9 für den Zusammenhang von 19,3bff. vgl. Van Seters 1994, 91. Vgl. auch Gertz 2000, 228, der 19,9 zwar als nachendredaktionelle Fortschreibung beurteilt, aber gleichzeitig empfiehlt, „den Vers nicht zu weit von V. 3b–8 abzurücken".
32 Zu Ex 24,15b–18 als P vgl. zuletzt Graupner 2002, 138 Anm. 125. Zu dem Bezug von 19,9 auf 24,15b–18 vgl. Dohmen 2004, 64f.

vergleichen, wo von Abrahams „Glaube an Jahwe" in einer nachpriesterschriftlichen Schicht[33] gesprochen wird. Zum andern ist Num 14,11b–23 heranzuziehen,
wo Israel das „Nichtglauben" (14,11b) trotz der Zeichen und des Sehens der
„Herrlichkeit Jahwes" vorgeworfen wird, und zwar – wie die Aufnahme des
priesterschriftlichen Terminus $k^e b\hat{o}d$ $Yhwh$ in 14,21f. zeigt – ebenfalls wieder in
einer nachpriesterschriftlichen Schicht.[34]

1.4 Bezüge von Ex 19,3b–9 innerhalb des Enneateuch Gen – 2 Kön

Gegen die Annahme, dass Ex 19,3b–8 auf eine nachpriesterschriftliche Pentateuchredaktion zurückzuführen ist, führt Aurelius schließlich auch die Übereinstimmungen an zwischen Ex 19,5 und 2 Kön 18,12 (Israel wird exiliert, weil es nicht
auf Jahwes Stimme gehört und seinen Bund und alles, was Mose geboten hatte,
nicht bewahrt hat): Für Aurelius liegt hier ein Text vor, der mit seinen beiden
zentralen Vorstellungen „auf Jahwes Stimme hören" und „Jahwes Bund bewah-
ren/übertreten" in engster Beziehung zu dem Epilog auf den Untergang des
Nordreiches in 2 Kön 18,1–12 (vgl. V. 12) stehe und insofern einer von Ex 1 – 2 Kön
25 reichenden Schicht des Deuteronomistischen Werkes angehöre.[35] In 19,3b–8
fehlten daher jegliche Bezüge zur Genesis und zur Priesterschrift.

Aurelius kann diese Auffassung jedoch nur vertreten, weil er die in Ex 19,3b–8
zur Genesis bestehenden Verbindungen (vgl. „auf Jahwes Stimme hören" in Gen
22,18 und „Jahwes Bund bewahren" in Gen 17,9) ausklammert und diese – ohne
hinreichende Anhaltspunkte – auf *spätere* literarische Entwicklungen zurückführt. Dieses Ausscheiden der Genesisbezüge stellt jedoch einen willkürlichen Akt
dar.

---

33 Zur nachpriesterschriftlichen Ansetzung von Gen 15 vgl. vor allem Schmid 1999, 172–186.
Anders Gertz 2002a, der nur den Geschichtsvorblick Gen 15,11.13–16 für nachpriesterschriftlich
hält. Vgl. dagegen jedoch Schmidt, L. 2006b, nach dem schon die Grundschicht in Gen
15,7–11.17–18 der nachpriesterschriftlichen Pentateuchredaktion zugewiesen werden muss,
während 15,1–6*.12–16.19–21 auf einen noch späteren nachpriesterschriftlichen Bearbeiter zurückzuführen sind.
34 Vgl. hierzu Schmitt 2001j, 231f.
35 Für die These von Aurelius 2003, 190, dass die in Gen 1–2 Kön 25 vorliegenden Beziehungen
zwischen den Aussagen über „auf Jahwes Stimme hören" und „Jahwes Bund bewahren/über-
treten" in sechs Etappen entstanden sein sollen, fehlen m. E. hinreichende literarkritische Begründungen. Soll exegetische Willkür vermieden werden, muss sich der Ausleger mit der Interpretation der vorliegenden Endgestalt dieser Bezüge begnügen.

Alle Befunde in Ex 19,3b–9 sprechen demgegenüber für einen die Priesterschrift einbeziehenden Zusammenhang von Gen –2 Kön. Wie bereits oben[36] angedeutet, verweist die Bundesvorstellung von Ex 19,5 nicht nur auf 2 Kön 18,12, sondern auch auf die priesterliche Darstellung des Bundes mit Abraham in Gen 17,9.10, die ebenso das „Bewahren des Bundes Jahwes" thematisiert wie Ex 19,5.[37] Den gleichen Horizont eröffnet die Vorstellung vom „Hören auf die Stimme Jahwes",[38] die sich im Enneateuch Gen–2 Kön von Gen 22,18; 26,5 angefangen über Ex 5,2; 19,5; Num 14,22 und Dtn 9,23 bis hin zu 2 Kön 18,12 findet. In einen „enneateuchischen" Horizont weist schließlich auch die Vorstellung vom „Glauben an Mose und an Jahwe" in Ex 19,9. Diese Vorstellung wird sowohl in Gen 15,6 als auch in 2 Kön 17 zur Erklärung der Geschichte Jahwes mit Israel von Abraham bis zum Untergang von Israels Staatlichkeit herangezogen. In Ex 19,5.9; Num 14,11b.22 und Dtn 9,23 wird im Übrigen dieses „Glauben an Mose und an Jahwe" mit dem „Hören auf die Stimme Jahwes" in Beziehung gesetzt.

Wesentliche Teile der Sinaiperikope sind somit nicht – wie dies in der neueren Forschung immer wieder betont wurde – auf einen „vorpriesterlichen" deuteronomistischen Kompositor[39] zurückzuführen. Vielmehr sind die Texte, die man als „deuteronomistisch" beurteilt hat, mit Otto als eine Schicht zu verstehen, in die neben deuteronomistischen Elementen auch priesterliche Vorstellungen eingegangen sind. Diese Texte müssen daher der – eventuell mehrschichtigen[40] – nachpriesterlichen Pentateuchredaktion zugeordnet werden.

---

36 Vgl. bei Anm. 14.
37 Die Aussage vom Bewahren des Bundes Jahwes von 19,5a blickt zum einen auf den Sinaibund von Ex 24,3–8 voraus (und in diesem Zusammenhang auch auf den Bundesbruch, der in 2 Kön 18,12 als Grund für den Untergang des israelitischen Staates genannt wird). Zum anderen blickt sie aber auch zurück über Ex 2,23–25* P auf die Abrahamberit von Gen 17 P (17,9.10; zur Zugehörigkeit von 17,9–14 zu P vgl. Ruppert 2002, 338f.; anders Seebass 1997, 111f.). Vgl. Gertz 2000, 228, auch Groß 1998, 130–132; Graupner 2007, 48.
38 Vgl. „auf die Stimme (b\u1e17qol) Gottes hören" in Gen 22,18; 26,5; Ex 5,2; 19,5; 23,21.22 (auf die Stimme des Israel begleitenden Engels bezogen); Num 14,22; Dtn 4,30; 8,20; 9,23; 13,19; 15,5; 26,14.17; 27,10; 28,1.2.15.45.62; 30,2.8.10.20; Jos 5,6; 24,24; Ri 2,2.20; 6,10; 1 Sam 12,14.15; 15,19.20.22; 28,18; 1 Kön 20,36; 2 Kön 18,12; Jer 3,13.25; 7,23.28; 9,12; 11,4.7; 18,10.19; 22,21; 26,13; 32,23; 38,20; 40,3; 42,6.13.21; 43,4.7; 44,23; Hag 1,12; Sach 6,15; Ps 95,7; 106,25; Dan 9,10.11.14. Im Zusammenhang mit „glauben" steht der Ausdruck in Ex 19,5.9; Num 14,11b.22; Dtn 9,23.
39 Vgl. vor allem Perlitt 1969, 156–238, und Blum 1990, 45–99.
40 Vgl. Otto 1995, 181 Anm. 16.

1.5 Bundesbuch und Dekalog in ihrem Zusammenhang mit der redaktionellen Schicht von Ex 19,3b–9

Durch diese in Ex 19,3b–9 vorliegende Endredaktion ist nun – wie die Hinweise auf das Bundesbuch in Ex 24,4.7 in dem zur gleichen nachpriesterschriftlichen Redaktionsschicht gehörenden Abschnitt 24,3–8[41] zeigen – das Bundesbuch Ex 20,22–23,19 in die Sinaiperikope eingefügt worden. In gleicher Weise zeigt die zur gleichen Schicht Ex 19,3b–9 gehörende Einleitung des Bundesbuches in Ex 20,22–23 (vgl. v. a. die Übereinstimmung zwischen dem „Ihr habt gesehen" in 19,4 und in 20,22[42]) in V. 22, dass auch der von Jahwe direkt dem Volk mitgeteilte[43] Dekalog[44] von dieser das Bundesbuch einfügenden Redaktionsschicht schon vorausgesetzt[45] wird.

Demgegenüber vertreten Oswald,[46] Kratz,[47] Matthias Köckert[48] und Aurelius[49] zwar die Auffassung, dass das Bundesbuch (Bb) bereits in einem Frühstadium der Entstehung von Ex 19–24* in die Sinaidarstellung aufgenommen wurde. Sie müssen dazu allerdings annehmen, dass sowohl die Einleitung des Bb in Ex 20,22–23 als auch der Bericht über die Verpflichtung auf das Bb in Ex 24,3–8 literarkritisch relevante Brüche aufweisen. Für die Annahme solcher Inkohären-

---

41 Vgl. oben bei Anm. 23.

42 Vgl. Schmidt, L. 2001, 172.

43 Dass Ex 20,22 von einem Reden Jahwes vom Himmel spricht, während in Ex 19,3b mit einem Reden Jahwes vom Berg herab gerechnet wird, stellt – wie Oswald 1998, 90f. gezeigt hat – keinen Widerspruch dar (vgl. die altorientalische Vorstellung, nach der die Spitze eines Berges als Wohnung der Gottheit mit dem Himmel identifiziert wird). Dies gilt besonders, wenn in Ex 19,3b–9; 20,22f. die gleiche „Pentateuch/Enneateuchredaktion" vorliegt wie in Dtn 4,1–40 (vgl. Schmid 1999, 164f. Anm. 660; Otto 2000b, 156–175), wo in 4,11f.36 die Stimme Jahwes sowohl aus dem auf dem Berg auflodernden Feuer als auch vom Himmel zu hören ist (vgl. Krüger 2000, 89).

44 Umstritten ist allerdings, ob der Dekalog ursprünglich in Ex 20 zu Hause ist – wie dies die gegenwärtige Mehrheitsmeinung vertritt (vgl. dazu Veijola 2004, 128 Anm. 34) – oder ob er von seinem ursprünglichen Ort in Dtn 5 erst durch die spätdeuteronomistisch-priesterliche Redaktion nach Ex 20 gebracht wurde (vgl. v. a. Hossfeld 1982, und Otto 1996, 82). Jedenfalls stellt der Dekalog eine Zusammenstellung aus Kurzreihen dar, die u. a. aus der prophetischen Tradition (vgl. Jer 7 und Hos 4) stammen (vgl. Levin 2003b, 63f.). Außerdem dürfte er (sekundär?) als Zusammenfassung des Bundesbuches verstanden worden sein (vgl. v. a. Kaiser 2003a, 49–51).

45 Vgl. Schmidt, L. 2001, 172 Anm. 28, und Levin 2003b, 72, und Otto 1996, 75–78, der allerdings mit einer gleichzeitigen Einfügung von Bundesbuch und Dekalog in die Sinaiperikope rechnet.

46 Oswald 1998, 119–149.

47 Kratz 2000, 139–155.

48 Köckert 2004, 173–175.

49 Aurelius 2003, 158–163.

zen 20,22–23[50] bzw. in 24,3–8[51] fehlen jedoch hinreichende Gründe. Auch sonst zeigt sich, dass der Rahmen des Bb in Ex 20,22f. erst auf eine spätdeuteronomistische nachpriesterschriftliche Bearbeitung[52] zurückgeht. Im Folgenden wird zu überprüfen sein, ob für die vorpriesterliche Grundschicht der Sinaierzählung überhaupt bereits mit gesetzlichen Materialien zu rechnen ist.

2 Die vorpriesterschriftliche Grundschicht von Ex 19f.

2.1 Theophaniedarstellung ohne Gesetz

Zur Frage, ob bereits in der vorpriesterschriftlichen Grundschicht der Sinaiperikope göttliche gesetzliche Anweisungen zu finden sind, stellt Christoph Levin fest: „Eine Sinai-Theophanie ohne Gesetz käme auf den bloßen Theaterdonner bei leerer Szene hinaus. Man ließe Jahwe sich umständlich räuspern – und nähme ihm dann das Wort, das zu empfangen Mose eigens auf den Berg gestiegen ist."[53] Levin zieht daraus den Schluss, dass die Theophanie von 19,10–19*[54] von Anfang an auf eine Gesetzesverkündigung (bei ihm auf den Dekalog) bezogen sein muss. Oswald, Kratz und Aurelius nehmen dagegen an, dass in einer solchen frühen Entstehungsphase von Ex 19–24 nicht der Dekalog, sondern das Bundesbuch in die Sinaiperikope aufgenommen wurde, was sich jedoch – wie wir oben[55] sahen – literarkritisch nicht bewährt. Erich Zenger[56] und Otto[57] gehen ebenfalls von einer

---

50 Vgl. hierzu u. a. Schmidt, L. 2001, 172–174.
51 In Ex 24,3–8 stellt 24,3 zwar eine Doppelung von 24,7 dar, doch erweist sich diese Doppelung als sachlich notwendig: In 24,3 ist die Zustimmung des Volkes die Voraussetzung für die schriftliche Fixierung des Bundesbuches, in 24,7 die Zustimmung zu der fixierten Gestalt des Bundesbuches die Voraussetzung für die „Priesterweihe" des Volkes. Vgl. Schmidt, L. 2001, 173 Anm. 31 und 181, auch Schenker 1996, 378–380.
52 Zu dieser mit Lev 17–26 verwandten Bearbeitungsschicht gehören nach Otto 1996, 70–75: Ex 20,22f.; 21,2; 22,19b.20*.21.23.24b.30; 23,9.13.14–19. M. E. ist es auch innerhalb des Altargesetzes des Bundesbuches Ex 20,24–26 zu spätdeuteronomistischen nachpriesterschriftlichen Zusätzen gekommen. Vgl. Schmitt 2003a (in diesem Band, S. 217–227).
53 Levin 2003b, 75.
54 Levin 2003b, 76: ursprünglicher Kern der Theophanie: Ex 19,3a.10–11a.14.16.20*; 20,1.
55 S. o. bei Anm. 46–49.
56 Zenger 1996, 280–282 mit Anm. 49 und 50, rechnet in der Sinaierzählung mit folgender Grundschicht: Ex 19,2b.3abα. 10a*.12aα.14.15a.16–18; 20,18.20; 24,4–5*; 32,1–6.16ff.; 34,1a.b*.2. 4–7. 14*.18–23.25–27.28b*.
57 Otto 1996, 99f., nimmt als älteste Sinaierzählung an: Ex 19,2b.3a.10–20*.34,(11a.) 18–23.25–27. Es handelt sich nach ihm um eine „mit der Gottesbergtheophanie eingeleitete Bundesschlußerzählung", die vordtn. anzusetzen ist. Vgl. auch o. Anm. 4.

göttlichen Gesetzesmitteilung als Höhepunkt der Sinaiperikope aus, suchen dieses Gesetz jedoch in Ex 34, was sich aber ebenfalls literarkritisch nicht verifizieren lässt.[58]

Überhaupt erweist sich die These, dass die Theophanie auf eine Gesetzesmitteilung hinführen muss, als unbegründet. So macht schon Köckert[59] darauf aufmerksam, dass in der rekonstruierten Grundschicht von Gen 28,10 – 22* eine Theophanie vorliegt, die noch auf keine Gottesrede hin angelegt war. Dieser Hinweis von Köckert bestätigt sich, wenn man die zahlreichen anderen Theophanietexte in Gen 12 bis Ex 14[60] betrachtet. Thema dieser Berichte über göttliche Erscheinungen ist nie die Übermittlung göttlicher Gesetze, vielmehr geht es ihnen meist um die Verheißung göttlicher Führung (vgl. Gen 31; 46 und Ex 3). Gen 20,8b; 28,17; Ex 3,6 zeigen zudem, dass das Erscheinen Gottes oft zu (Gottes-)Furcht führt. Von daher spricht vieles dafür, dass die in Ex 20,18 – 21* angesprochene „Gottesfurcht" das Ziel der Theophanie von Ex 19f. ist.

2.2 Die Ursprünglichkeit der Theophaniedarstellung

Levin hat allerding *auch* gegen die Zugehörigkeit der *Theophanie* zur ursprünglichen Schicht der Sinaidarstellung Bedenken erhoben. Der sekundäre Charakter der Theophanieschilderung zeigt sich nach ihm vor allem darin, dass „die für die Theophanie unerlässliche Vorstellung vom Kommen Jahwes" nicht mit der ursprünglichen Auffassung harmoniert, nach der Elohim ständig auf dem Gottesberg weilt und Mose „hinaufsteigen muß, um mit ihm reden zu können" (v. 3a)".[61]

Dass dies kein hinreichender literarkritischer Grund für die Ausscheidung der Theophaniedarstellung aus dem ältesten Sinaibericht darstellt, hat nun bereits Oswald[62] gezeigt. Die Grundschicht geht nämlich davon aus, dass Gott permanent auf dem Berg präsent ist. Von daher kann Mose zu Gott hinaufsteigen (Ex 19,3a) und von ihm wieder herabsteigen (19,14). Gleichzeitig wird jedoch auch bei der Theophanie, wie Ex 19,16 – 17 zeigen, davon ausgegangen, dass Gott permanent auf dem Berg ist (Mose führt das Volk Gott, der auf dem Berg ist, entgegen) und sich in der Theophanie dem Volk in Blitzen, Donner und im Ton des Schofarhorns

---

58 Zur nachpriesterschriftlichen Ansetzung von Ex 34,10 – 28 vgl. u. a. Schmitt 2002 (in diesem Band, S. 239 – 252).
59 Köckert 2004, 169.
60 Meist handelt es sich bei ihnen um Texte, die in ihrem Grundbestand als Gottesbezeichnung „Elohim" verwenden.
61 Levin 2003b, 76; vgl. ähnlich auch Aurelius 2003, 155 – 158.
62 Oswald 1998, 67f.

erkennbar macht. So harmoniert das Hinaufsteigen Moses zu dem auf dem Berg anwesenden Gott durchaus mit der Theophanie vor dem Volk. Dieses Sicherkennbarmachen in Blitzen, Donner und dem Schall des Schofars kann die Grundschicht nun auch mit „Kommen zum Volk" (20,20) bezeichnen, ohne dass dadurch eine andere Vorstellung von der Lokalisation Gottes anzunehmen ist.

Für die Zusammengehörigkeit spricht auch die Tatsache, dass im Zusammenhang beider Vorstellungen als Gottesbezeichnung „Elohim"[63] gebraucht wird, während die späteren Schichten von Jahwe sprechen. Auch zeigt sich in Ex 19,3b–15*.20–25 der Einfluss priesterlicher und deuteronomistischer Literatur, so dass anzunehmen ist, dass in den noch nicht von dieser Literatur geprägten Stellen noch vorexilische Schreiber am Werke sind.

Bei der Rekonstruktion der vorpriesterlichen Grundschicht von Ex 19f. ist nämlich die Beobachtung von David M. Carr[64] zu berücksichtigen, dass in altorientalischen und antiken Kulturen bei der Ausbildung der Schreiber das Memorieren von zum „Bildungskanon" gehörenden Texten eine zentrale Rolle spielt. Zu diesem Bildungskanon dürfte in nachexilischer Zeit sowohl die deuteronomistische Geschichtsdarstellung als auch die Priesterschrift gehört haben. Von daher erklärt sich, dass die nachexilischen Redaktoren des Pentateuch bzw. des „Enneateuch" sowohl deuteronomistische als auch priesterliche Vorstellungen aus ihrem „Bildungskanon" aufgreifen und miteinander verbinden. Bei früheren vorexilischen literarischen Schichten ist dagegen damit zu rechnen, dass sie durch Bildungsinhalte aus der vorexilischen weisheitlichen und prophetischen Literatur geprägt sind: Bei der Ausbildung der vorexilischen israelitischen und judäischen Schreiber besaßen Weisheitsschriften wie in Mesopotamien und Ägypten eine prägende Rolle. In Israel und Juda rezipierten die Schreiberkreise wohl außerdem vorexilische Sammlungen von Prophetenworten.

Allerdings ist die Rekonstruktion dieser Grundschicht von Ex 19f. nicht mehr eindeutig möglich, da sie überformt worden ist durch eine Schicht, in der Jahwe (vom Himmel) auf den Berg Sinai heruntersteigt (19,11.18.20)[65] und bei der das

---

63 Von daher rechnet u. a. Mittmann 1975, 145–159 mit einer „elohistischen" Grundschicht von Ex 19–24. Vgl. auch Achenbach 2004, 57, der eine vorexilische „*Gottesberg*"-Erzählung als Grundschicht annimmt. Zur Rekonstruktion der „elohistischen" Schicht von Ex 19–24 vgl. auch Graupner 2002, 113–137.
64 Carr 2005, 111–173.
65 Zum Herabkommen Jahwes finden sich Parallelen in der Urgeschichte (vgl. Gen 11,5.7), in der Abrahamgeschichte (Gen 18,21) und in der Exodusgeschichte (Ex 3,7f.), in Gen 11,7 (vgl. Witte 1998, 290f.) und in Ex 3,7f. (vgl. Schmitt 2008, 59f. [in diesem Band, S. 255f.]) jeweils in einer nachpriesterschriftlichen Schicht.

Volk davor gewarnt werden muss, dem Berg zu nahe zu kommen (19,12–13).[66] Zur Grundschicht gehört dabei auf jeden Fall die Vorstellung, dass Gott dauernd auf dem Gottesberg anwesend ist (19,3a.16–17.19). Jörg Jeremias[67] rechnet auch mit Fragmenten dieser Schicht in 19,10–15*. Vor allem dürfte die von Mose als göttlichem Auftrag an das Volk vermittelte Anweisung, für den dritten Tag bereit zu sein, auf die Grundschicht zurückgehen.[68] Gleiches gilt für die Aussage, dass Mose vom Berg herabsteigt, in 19,14.

2.3 Literarische Einheitlichkeit von Ex 20,18–21*

Die Theophaniedarstellung der vorpriesterlichen Schicht wird nach einer Unterbrechung durch 19,20–25 und durch den Dekalog in 20,1–17 in 20,18ff. fortgesetzt. Auch hier muss mit einer Überarbeitung gerechnet werden. Dabei zeigen sich in dem Abschnitt jedoch nur wenige eindeutige Ansatzpunkte für eine literarische Schichtung.[69] 20,21a ist zwar eine Wiederaufnahme von V. 18b, doch erweist sie sich als stilistisch notwendig. So kann die Aussage von V. 21b, dass Mose sich dem Wolkendunkel nähert, nur auf dem Hintergrund von V. 21a ver-

---

66 Wahrscheinlich geht die Überarbeitung von 19,10–19* auf die in Ex 19,20–25 vorliegende nachpriesterschriftliche Bearbeitungsschicht zurück. Diese Schicht unternimmt es, die Struktur des Begegnungszelts und damit des nachexilischen Jerusalemer Tempels bereits in den verschiedenen Heiligkeitszonen des Sinai vorzubilden (vgl. vor allem Dohmen 2004, 73–76). Aufgeteilt wird der Sinai in den Gipfelbereich (19,20), wo Mose und Jahwe sich begegnen und der dem Allerheiligsten entspricht, in den mittleren Bereich, in den die Priester und Ältesten vordringen dürfen (19,24; 24,1) und in den Vorhofbereich, in dem das Volk zu warten hat (19,21.23).
67 Jeremias 1977, 195.
68 Zur Zugehörigkeit des „am dritten Tag" in V. 16 zur E-Schicht vgl. Gen 22,4 und dazu Jeremias 2006, 72.
69 Der Abschnitt hat in der neueren Forschungsgeschichte stark unter literarkritischem Übereifer leiden müssen. Nach Graupner 2002, 113–137, gehören zum (dem Elohisten zuzuschreibenden) Kern des Abschnitts nur 20,18b.20. Demgegenüber sehen R.G. Kratz und M. Köckert 20,19f. als einen von Dtn 5,28f. abhängigen Zusatz an, der durch die Wiederaufnahme von V. 18b in V. 21a in den jetzigen Kontext integriert wurde. Auch Jeremias 1977, 195 hat erwogen, dass 20,19 erst durch die Redaktion, die den Dekalog in der Sinaiperikope aufnahm, eingefügt wurde (unter Hinweis darauf, dass hier wie in der Dekalogeinleitung als Gottesbezeichnung „Elohim" ohne Artikel verwendet wird). Eine literarische Atomisierung des Abschnitts findet sich bei Oswald 1998, 258f.: Grundschicht: 20,18b.21b; Dekalogschicht: 20,19.21a; Rpd: 20,18a; Mose-Redaktion: 20,20. Zu 20,18b–21 als literarische Einheit vgl. jedoch Schmidt, L. 1998c, 162–166 (vgl. dazu Schmidt, L. 2001, 174f.). Vor allem zeigt L. Schmidt, dass Ex 20,19 älter als Dtn 5,25ff. ist, da er noch nicht mit einer göttlichen Verkündigung des Dekalogs an das Volk rechnet, und dass der Gebrauch von „Elohim" ohne Artikel hier nicht als literarkritisches Kriterium taugt.

standen werden, dass das Volk in der Ferne blieb. V. 21a ist somit im Zusammenhang von V. 21 unentbehrlich und setzt gleichzeitig als Begründung für den hier dargestellten Gegensatz die Bitte des Volkes von V. 19 voraus. In gleicher Weise ist die erste Aussage, dass das Volk in der Ferne blieb, in V. 18b im Kontext von V. 18 als Konsequenz der Furcht des Volkes, ebenso unverzichtbar. Schließlich kann man auch 20,19f. nicht als von Dtn 5,28f. abhängig verstehen: Vielmehr sind die Abhängigkeitsverhältnisse umgekehrt zu bestimmen: 20,19f. ist der schwierigere Text, den Dtn 5,28f. zu erläutern versucht. Blum hat daher Recht, wenn er Dtn 5 als von Ex 20,18 – 21* abhängig versteht.[70] Der Grundschicht sind somit neben 19,2b.3a.10 – 15*.16 – 17.19 auch 20,18*[71].19.20 – 21 zuzuordnen.

2.4 Die Intention der vorpriesterlichen Grundschicht der Sinaiperikope

Geht man von der oben rekonstruierten Grundschicht aus, so könnte 20,18b ursprünglich direkt an 19,19 angeschlossen haben. Dabei ist der MT von 20,18b („als das Volk [das] sah") als lectio difficilior beizubehalten.[72] Im Unterschied zu den späteren Schichten von Ex 19f. (vgl. u. a. 19,12.13a) braucht hier das Volk nicht verwarnt zu werden, um die angemessene Distanz zu Gott einzuhalten. Das Volk zeigt nach Ex 20,20 vielmehr die rechte „Gottesfurcht", die hier noch nicht wie in den deuteronomistischen Texten im Befolgen der Gebote Jahwes besteht,[73] sondern in dem in einer langen Geschichte gewonnenen „Wissen von Gott, das Vertrauen zu Gott ermöglicht auch angesichts seiner Fremdheit und Verborgenheit".[74] Dadurch hat das Volk die ihm auferlegte „Versuchung" (nsh)[75] bestanden.

---

70 Blum 1990, 93f., besonders Anm. 215. Zudem hat Blum (ebd., 50) darauf hingewiesen, dass das Ziel der Sinaitheophanie in 20,18 – 21* zu finden ist: Die Theophanie soll Israel erziehen und die Mittlerrolle des Mose herausstellen.
71 In 20,18 ist die Vorstellung vom „durch das Herabsteigen Jahwes rauchenden Berg" (vgl. 19,18) nicht ursprünglich.
72 Vgl. Zimmer 1999, 172 Anm. 53, und Graupner 2002, 127f.
73 Für die in der neueren Forschung stark rezipierte „deuteronomistische" Einordnung von Ex 20,20 vgl. v. a. Veijola 1988, 151f.
74 Jeremias 2005, 77. Zur Zusammengehörigkeit von „Gottesfurcht" und „Gottvertrauen" in der hier vorliegenden „elohistischen" Pentateuchschicht vgl. auch Schorn 2006, 101 – 105.
75 nsh „versuchen" wird sowohl in Gen 22,2 als auch in Ex 20,20 von Veijola 1988, 150f., als deuteronomistischer Terminus verstanden wie in Ex 15,25; 16,4; Dtn 8,2.16; 13,4; Ri 2,22; 3,1.4. In Gen 22,2 werde dabei wie in 2 Chr 32,31 (Versuchung Hiskias durch Gott) ein Einzelner von Gott versucht. Bei 2 Chr 32,31 mit seiner Formulierung „Gott versucht, damit er erkenne alles, was in seinem Herzen war" zeige sich, dass hier Bezug genommen wird auf die dtr. Vorstellung von Dtn 8,2: Gott will Israel „versuchen, um zu erkennen, was in deinem Herzen ist, ob du seine Gebote wahrest oder nicht". Entsprechende Hinweise auf ein nachdtr. Verständnis von „Versuchung"

Auch bei dem Terminus „Versuchung" liegt hier noch kein deuteronomistisches Verständnis vor, bei dem Gott das Volk versucht, um zu prüfen, ob es seine Gebote bewahrt (vgl. z. B. Dtn 8,2). Vielmehr prüft in Ex 20,20 Gott das Volk auf seine „Gottesfurcht", die hier konkret darin besteht, dass das Volk sich Mose als Mittler erbittet[76]. Mose wird dabei weder als königliche Gestalt noch als Gesetzesgeber (d. h. als „Verkünder göttlicher Gebote") dargestellt, sondern in einer priesterlichen (vgl. 20,21, wo Mose sich dem Wolkendunkel, in dem Gott war, wie ein *Priester* naht[77])/prophetischen (vgl. 19,10) Mittlerfunktion.[78] Dabei zeigt die Theophaniedarstellung von Ex 19f., dass Gott zwar im Gottesdienst (vgl. Mose als Priester, Schofar als kultisches Musikinstrument,[79] „Wolkendunkel"[80] wie im Jerusalemer Tempel) präsent ist[81], *aber als Mittler nicht* mehr der König eine Rolle

---

fehlen nun jedoch in Gen 22,1 und Ex 20,20. Zwar führt auch die „Versuchung" von Gen 22,1 und Ex 20,20 dazu, dass „Gott erkennt". Doch geht es hier noch nicht um die Erkenntnis, ob Abraham bzw. Israel die *Gebote Jahwes* wahrt, sondern allein darum, ob Abraham bzw. Israel „gottesfürchtig" ist. Von daher legt sich an diesen beiden Stellen ein vordeuteronomistisches Verständnis von „Versuchung" nahe (vgl. dazu Ps 26,2, wo wohl bereits vorexilisch von der „Prüfung" eines Einzelnen im Zusammenhang des Tempelkultes die Rede ist). Aufgrund des Begriffs nsh kann somit nicht auf eine nachexilische Entstehung von Ex 20,20 geschlossen werden. Vielmehr liegt hier ein nsh-Verständnis vor, das in vorexilische weisheitliche und kultische Zusammenhänge weist, wie schon die Verbindung mit dem weisheitlichen Terminus „Gottesfurcht" belegt.

76 Dabei erkennt das Volk die Funktion an, die Mose schon in 19,19 wahrnimmt: „Mose redete, und Gott antwortete ihm in einer Stimme." Zum Verständnis als menschenähnliche Stimme vgl. Jeremias 1977, 108; Oswald 1998, 43; Graupner 2002, 123 Anm. 459.

77 ngš ni. ist auch in Ex 19,22 als priesterliche Aufgabe verstanden. Während in dieser nachpriesterschriftlichen Schicht vom „sich Jahwe nahen" gesprochen wird (vgl. auch Ex 24,2), gebraucht Ex 20,21 noch den ungewöhnlichen und nur hier im AT belegten Ausdruck „sich dem Wolkendunkel nahen, in dem Gott ist". Die priesterliche Zeichnung von Mose in 20,21 passt zur „elohistischen" Grundschicht, wo in der gleichen Schicht in Ex 2,1 mit einer levitischen Abstammung des Mose gerechnet wird.

78 Vgl. das Mose-Verständnis des Hoseabuches (v. a. Hos 12,14), bei dem Mose noch nicht Gesetzgeber, sondern prophetischer Führer ist, und dazu Jeremias 1983, 157; auch Utzschneider 1980, 208f.

79 Vgl. u. a. 2 Sam 6,15; Ps 47,6; 81,4; 98,6; 150,3; 2 Chr 15, 28 und dazu Van Seters 1994, 268.276 – 278.

80 Zu 'rpl vgl. Ex 20,21; Dtn 4,11; 5,22. Ein Bezug auf die Jerusalemer Tradition liegt wohl in 1 Kön 8,12 text.emend.; 2 Chr 6,1; Ps 18,10; 2 Sam 22,10; Ps 97,2; Jes 60,2 vor (vgl. auch Köckert 2004, 174). Mit dem Jahwetag verbunden ist der Terminus in Ez 34,12; Joel 2,2; Zef 1,15. Vgl. auch Jer 13,16; Hi 22,13; 38,9. Zur *vorexilischen* Jerusalemer Entstehung der Theophanieschilderung von Ps 18,8 – 16* vgl. Saur 2004, 57– 60. Zu den in Ex 19,16 – 19* vorliegenden Nordreichbezügen der Theophanievorstellung vgl. Jeremias 1977, 199.

81 Die Theophanie ist in der Grundschicht von Ex 19 – 24 somit primär kultisch verstanden. Was hier geschieht, stellt daher wohl das Zeichen des „Gottesdienstes" am Gottesberg dar, das in Ex 3,12 angekündigt worden war: „Ihr werdet an diesem Berge Gott dienen".

spielt, sondern vielmehr Mose, der Israel aus Ägypten geführt und vom pharao-
nischen Königtum befreit hat.[82]

2.5 Die Entstehungssituation der Grundschicht von Ex 19f.

Auf Grund dieses Befundes spricht alles dafür, dass die Grundschicht von Ex 19f.
in einer nachstaatlichen Situation entstanden ist, worauf Oswald[83] zu Recht
hingewiesen hat. Die in der Grundschicht vertretene monarchiekritische Begründung der Identität Israels kann daher kaum als Werk von dem Königtum
verpflichteten Schreibern entstanden sein. Oswald denkt deshalb an eine Entstehung dieser Grundschicht in der Zeit nach 587, und zwar als Reformprogramm
Gedaljas. Für ein solches Programm gibt es allerdings angesichts des wohl nur
wenige Monate dauernden Wirkens Gedaljas kaum Anhaltspunkte.[84]

Näher liegt m. E. die Annahme, dass die Grundschicht in der Zeit nach dem
Untergang des Nordreiches, also nach 722 v.Chr., entstanden ist, und zwar in
Schreiberkreisen, die aus der assyrischen Provinz Samarien stammten[85] und
gleichzeitig in Kontakt mit dem assyrischen Vasallenstaat Juda standen.[86] Dafür,
dass die hier vorliegende Moseüberlieferung aus dem Nordreich stammt, spricht
schon die Tatsache, dass die Bindung der Jahwetradition an die Mosegestalt ihre
Heimat im Nordreich hat und erst nach dem Untergang des Nordreiches in das
Südreich gekommen ist.[87] In Ex 19f. wird nun in der Krise des Nordreichs anhand
der Jahwetheophanie und der Antwort des Volkes am Gottesberg das Wesen des
israelitischen Glaubens neu dargestellt. Dieses Wesen besteht in der Haltung der
Gottesfurcht, die auf die göttliche Führung durch Mose vertraut und sich damit

---

82 Vgl. Otto 2000d, 64: „Die Funktion der Führung des Volkes wird, aller imperialen Züge der
Herrschaft über die Völker entkleidet, nicht dem König, sondern Mose als einer Führungsgestalt
in Israels fiktiver Frühgeschichte zugewiesen und damit dem assyrischen König und seinem judäischen Vasall entzogen".
83 Oswald 1998, 128f.
84 Zur Unwahrscheinlichkeit einer „Reformschrift" aus der Zeit der Statthalterschaft Gedaljas
vgl. Stipp 2000 und dazu Otto 2000b, 43 Anm. 132.
85 Vgl. Gertz 2002b, 14f., aber auch die Datierung der von Otto rekonstruierten vorexilischen
Quelle der Exodus-Sinai-Darstellung in das 7. Jh. nach 672 v.Chr., Otto 1998, 61–63. Otto denkt an
eine Entstehung in *judäischen* königlichen Schreiberkreisen der Zeit Josias (vgl. hierzu auch Otto
2000d, 66f.). Allerdings zeigen die im Juda der Josiazeit entstandenen Texte (vgl. u. a. Arneth
2001, 214) sonst ein positiveres Königsverständnis als die Grundschicht der Mosegeschichte.
86 Vgl. Schmitt 2004a, 268f. (in diesem Band, S. 38–40).
87 Vgl. hierzu zuletzt Keel 2007, 210f.

nicht mehr an Königtum und Staat, sondern an der mosaischen Überlieferung orientiert.

Auch wenn Otto den Umfang der Grundschicht von Ex 1–34* anders bestimmt, als es im vorliegenden Beitrag[88] geschieht, so ist sein Hinweis auf die Entstehung der ältesten Mose-Exodus-Gottesberg-Darstellung in der Auseinandersetzung mit der assyrischen Herrschaft doch von wegweisender Bedeutung. In diesem Gegenüber hat Israel nach dem Untergang des Nordreiches seine für die weitere Geschichte des alttestamentlichen Glaubens grundlegende Identität definiert.

---

[88] Vgl. dazu auch Schmitt 2007, 20–23 (in diesem Band, S. 314–317).

Die „Sinai-Ouvertüre" in Ex 19,3b – 9 als nachpriesterliche Verbindung zwischen Pentateuch und Vorderen Propheten – Mal'ak-, Hexateuch- oder Enneateuch-Fortschreibung?

Abstract: Exod 19:3b–9 is a characteristic example for the post-Priestly and post-Deuteronomistic *Enneateuch-redaction*. Special features of this redaction are the synopsis of the traditions of the ancestors and the Sinai and the combination of Priestly and Deuteronomistic theologies. The theological alignment of this redaction is late prophetic (compare Exod 19:6 with Isa 61:1). This or a related redaction is also responsible for texts like Gen 26:3b–5; Exod 4:1–31*; 14:31; 20:22–23; 33:7–11; Num 11:16–29; 12:2–8; 14:11b–25*; Deut 9:22–29; 31:14–15; 34:10–12; Joshua 24; Judg 6:7–10; 1 Samuel 12 und 2 Kgs 17:7–20, which underline the „hearing of Yhwh's voice,", the „keeping of the covenant," the „belief in Yhwh and Moses" and the importance of Moses as a unique prophet.

Einleitung: J.L. Skas These von Ex 19,3 – 6 als Ausdruck nachpriesterlicher „Abgrenzungskultur" („resistance culture")

Dass die „Ouvertüre zur Sinaitheophanie" Ex 19,3b–9 zentrale Bedeutung für das Verständnis der atl. Bundestheologie besitzt, ist allgemein anerkannt. Strittig ist allerdings, in welchen Kontext Ex 19,3b–9 einzuordnen ist. Häufig wird Ex 19,3b–9 als noch vorpriesterlicher deuteronomistischer Text verstanden. Demgegenüber hat sich J.-L. Ska für einen nachpriesterlichen Charakter von Ex 19,3–6 ausgesprochen. In seinem Aufsatz „Exodus 19:3–6 and the Identity of Post-exilic Israel" beschreibt Ska[1] die theologische Position von Ex 19,3–6 folgendermaßen: „The theology that emerges from this ‚overture' to the Sinai pericope is close to the one that takes shape in Trito-Isaiah, in various parts of the book of Zechariah, and is found later in the books of Ezra and Nehemiah. The people develop a ‚resistance culture' so as not to be absorbed and disappear. They seek their identity in a new definition of their relationship with the nations starting with the theological traditions of *b^{e}rît* and the exodus. Their new frontiers are [...] of the order of the ‚sacred' and ‚holiness', qualities extended to all the people. In this it is possible to

---

[1] Vgl. vor allem Ska 2009c.

https://doi.org/10.1515/9783110724448-013

recognize primarily the mark [...] of the community of the *gôlâ*."[2] Ska[3] versteht
dabei die Betonung des Exodus in Ex 19,3 – 6 im Zusammenhang des in Ez
33,24 – 25 angesprochenen Konflikts zwischen den israelitischen Exulanten (Gola)
und den im Lande Gebliebenen: Die Erfahrung des „Neuen Exodus aus der Gola"
ist die Legitimation für die rückkehrenden Exulanten gegenüber den im Lande
Gebliebenen, die sich auf Abraham berufen, aber nach Meinung der Exulanten
mit den Kanaanäern zu identifizieren sind und sich nicht am Gesetz orientieren.[4]
Dabei erklärt Ska die Vorstellung des heiligen Volkes in Ex 19,4 – 5 als Übernahme
von Gedanken des Heiligkeitsgesetzes, in denen die Abgrenzung des Volkes Israel
durch das Verb *bdl* hif. („separate", „absondern") zum Ausdruck gebracht wird
(vgl. Lev 20,24.26: „Ich bin Jahwe, der euch von den Völkern abgesondert hat").[5]
Bei der Auslegung von Ex 19,6 vertritt Ska die Auffassung, dass mit „Königreich
von Priestern" die Israel bestimmende Regierungsform einer Herrschaft von
Priestern gemeint ist. Weniger wahrscheinlich sei, dass mit „Königreich von
Priestern" ausgesagt wird, das Volk Israel solle im Sinne von Jes 61,6 als Ganzes
einen priesterlichen Status besitzen.[6] In Ex 19,3 – 6 sei anders als in Jes 61 von
einem priesterlichen Auftrag Israels gegenüber den Völkern keine Rede.[7] Ska
entscheidet sich daher für ein Verständnis von „Königreich von Priestern" als
„kingdom governed by priests" bzw. „priestly kingdom".[8] Nach Ska beinhaltet
daher in Ex 19,3 – 6 die Wahrung der Identität Israels vor allem die am „Bundes-
Gesetz" orientierte Abgrenzung gegenüber den anderen Völkern. Die mit Jes 61
angesprochenen prophetischen Wurzeln der Verheißung von V. 5 – 6 treten bei der
Auslegung von Ex 19,5 – 6 durch Ska demgegenüber in den Hintergrund.

Ska[9] weist nun darauf hin, dass jede Auslegung immer nur Teilaspekte eines
so komplexen Textes erfassen kann, wie Ex 19,3 – 6 ihn darstellt. Er kommentiert
dies mit einem Zitat von Oscar Wilde. „Diversity of opinion about a work of art
shows that the work is new, complex, and vital." Angesichts dieser Bemerkung
von Ska wagt es der folgende Aufsatz, den zahlreichen Interpretationen von Ex
19,3 – 6 und auch der des Jubilars eine weitere hinzuzufügen.

---

2 Ska 2009c, 164.
3 Ska 2009c, 162.
4 Ska 2009c, 161f., unter Berufung auf Jes 63,7 – 64,11 und Ez 33,24 – 25. Eine gegenteilige Auffassung vertritt Oswald 1998, 163 – 167, der Ex 19,3b – 8* auf altjudäische Kreise zurückführt, die die
Golarückkehrer bekämpfen.
5 Vgl. Ska 2009c, 156.
6 So auch die Auslegung von Jes 61,6 durch Ska 2009c, 151f.
7 Vgl. Ska 2009c, 150: „Exod 19:5 – 6 speaks of Israel's privileges, and not of a universal mission",
wobei „Israel's privileges" nach Skas Meinung „in part a form of government" darstellen würden.
8 Ska 2009c, 152.
9 Ska 2009c, 139.

Hierbei versucht die folgende Auslegung – anders als Ska, der Ex 19,3–6 als Einzeltext behandelt – 19,3b–9 als Teil einer Gen 1–2 Kön 25 umfassenden Enneateuch-Fortschreibung zu verstehen und somit Bezüge zu berücksichtigen, auf die besonders E. Aurelius hingewiesen hat.[10] Vor allem soll der im Enneateuch eine zentrale Bedeutung besitzende Leitbegriff „auf Jahwes Stimme hören" eingehende Berücksichtigung finden. Stärker als bei den neueren Auslegungen soll auch die Frage diskutiert werden, inwieweit die Forderungen von Ex 19,5 „auf Jahwes Stimme hören" und „Jahwes Bund bewahren" und die Verheißungen von 19,5–6 „Israel wird Jahwes Sondereigentum, ein Reich von Priestern und eine heilige Nation sein" im Zusammenhang mit der Aussage von Ex 19,9 steht, Jahwe wolle bewirken, dass das Volk Mose „ewiglich glaube"[11]. In der neueren Auslegung wird 19,9 fast durchweg als sekundärer Zusatz zu 19,3–8 interpretiert.[12] Im Folgenden soll demgegenüber versucht werden, V. 9 als Teil der Ouvertüre 19,3b–9 zu verstehen, wie dies noch M. Noth[13] und J. Van Seters[14] getan haben.

Wir beginnen in einem *ersten* Abschnitt mit der Forschungsdiskussion über die den Pentateuch übergreifenden Beziehungen der Forderung, „auf Jahwes Stimme zu hören", in Ex 19,5. Wir fragen dann in einem *zweiten* Abschnitt nach dem Zusammenhang dieser Forderung mit der Mal'ak-Fortschreibung in den Texten zwischen Ex 3,1–6* und Ri 2,1–5. Ein *dritter* Abschnitt versucht danach eine Rekonstruktion der Genesis – 2. Könige umfassenden Enneateuch-Fortschreibung. Inwieweit in dieser Enneateuch-Fortschreibung das „Glauben"[15] an Jahwe und an Mose" (vgl. Ex 4,1–31*; 14,31; 19,9) eine zentrale Bedeutung besitzt, soll schließlich in Abschnitt *vier* geklärt werden. Ein *fünfter* Abschnitt versucht abschließend aus diesen Untersuchungen Konsequenzen zu ziehen für das Verständnis von Ex 19,3b–9.

---

10 Vgl. zu ihnen Aurelius 2003, 95–206.

11 Zu den Enneateuchbezügen von „Glauben" vgl. Schmitt 2001b, 285–287. Kritisch dazu Lohfink 2009.

12 Vgl. u. a. Aurelius 2003, 3 Anm. 3. Für eine Abgrenzung Ex 19,3–8* auch Ska 2009c, 139 Anm. 1. Ska setzt dabei wohl voraus, dass mit 19,9 bereits eine neue Perikope beginnt (ähnlich auch Dozeman 2009, 447, der 19,8b als Beginn der Theophanieperikope ansieht).

13 Noth 1959, 126f.

14 Van Seters 1994, 249f. Zu den Argumenten für eine Zusammengehörigkeit von Ex 19,3b–9 vgl. unten Abschnitt 4.1.

15 Im Folgenden wird ʾmn hif., (Bedeutungsspektrum „vertrauen", „glauben") zur sprachlichen Vereinfachung durchgehend mit dem Begriff „glauben" wiedergegeben.

1 Das „Hören auf die Stimme Jahwes" (Ex 19,5) und seine redaktionsgeschichtlichen Bezüge

1.1 Die These von E. Aurelius

E. Aurelius[16] hat in seiner Monographie *Zukunft jenseits des Gerichts* die These vertreten, dass die Leitvorstellung von Ex 19,3b–6 „Hören auf die Stimme Jahwes"[17] für die Komposition des (Pentateuch und Deuteronomistisches Geschichtswerk verbindenden) „Enneateuch" eine zentrale Bedeutung besitzt: Nach Ex 19,5 stellen „auf Jahwes Stimme hören und Jahwes Bund bewahren" die Grundelemente des am Sinai in Ex 19–24* konstituierten Wesens des Gottesvolkes dar. Dies zeigt sich nach Aurelius daran, dass diese Bestimmung des Wesens des Gottesvolkes beim Urteil über den Untergang des Nordreichs in 2 Kön 18,12 aufgegriffen wird, wo dieser Untergang begründet wird mit dem „Nicht-Hören der Israeliten auf die Stimme Jahwes" und dem „Übertreten seines Bundes" und von allem, „was Mose, der Knecht Jahwes geboten hatte".[18]

1.2 Der Widerspruch von E. Blum

Die redaktionsgeschichtliche Signifikanz dieses Bezugs zwischen Ex 19,5 und 2 Kön 18,12 ist allerdings von E. Blum[19] in Frage gestellt worden. „Hören auf die Stimme Jahwes" käme im AT mehr als 60mal vor. Auch „Bund übertreten" finde sich in „diversen deuteronomistischen [...] Belegen".[20] Einen redaktionsgeschichtlichen Zusammenhang könne man daher zwischen den genannten Stellen nicht herstellen. Die Kritik Blums an einer isolierten Beziehung zwischen Ex 19,5 und 2 Kön 18,12 ist zweifellos berechtigt. Anders sieht dies allerdings aus, wenn

---

16 Vgl. Aurelius 2003.
17 Zu „Hören auf Jahwes Stimme" innerhalb Gen – 2 Kön vgl. Gen 22,18; 26,5; Ex 4,1.9 (auf Moses Stimme); 5,2; 19,5; 23,21.22 (auf die Stimme des Engels Jahwes); Num 14,22; Dtn 4,30; 8,20; 9,23; 13,19; 15,5; 26,14.17; 27,10; 28,1.2.15.45.62; 30,2.8.10.20; Jos 5,6; 24,24; Ri 2,2.20; 6,10; 1 Sam 12,14.15; 15,19.20.22; 28,18; 1 Kön 20,36; 2 Kön 18,12. Zu Bezügen zwischen Ex 19,5; 24,7 (ohne das Präpositionalobjekt); Dtn 8,20; 28,1.15; Jos 24,24; Ri 2,2; 6,10; 1 Sam 12,14–15; 2 Kön 17,14 (ohne das Präpositionalobjekt) vgl. auch Groß 2009 (mit Karten von E. Gass), 396.
18 Auch Graupner 2007, 49, nimmt an, dass Ex 19,5–7 auf 2 Kön 18,12 bezogen ist und hier eine Verklammerung von Pentateuch und Deuteronomistischem Geschichtswerk vorliegt. Vgl. auch Konkel 2008, 275–278, der allerdings 2 Kön 18,12 für einen älteren Text hält, auf den sich Ex 19,3b–8 nachträglich bezieht.
19 Blum 2010g, 381–386.
20 Blum 2010g, 382.

man die anderen mit Ex 19,5 und 2 Kön 17–18* vernetzten spätdeuteronomistischen und nachpriesterschriftlichen Belege für „Hören auf die Stimme Jahwes" einbezieht.

Dass es Pentateuch und Vordere Propheten verbindende redaktionelle Bezüge gibt, wird allerdings auch von Blum nicht bestritten. Doch rechnet er *zum einen* nicht mit einem Enneateuch Gen 1–2 Kön 25, sondern nur mit einen Hexateuch Gen 1–Jos 24.[21] Dabei können allerdings die Argumente für den *Abschluss* eines den Pentateuch übergreifenden Werkes in Jos 24 nicht überzeugen. *Zum anderen* nimmt Blum eine Mal'ak-Fortschreibung an, bei der Ex 23,20–22 und Ri 2,1–5 aufeinander bezogen sind. Im Gegensatz zu seiner Hexateuch-Hypothese wird dabei seine Rekonstruktion der Mal'ak-Fortschreibung den Texten weitgehend gerecht. Im Folgenden soll daher zunächst auf diese Mal'ak-Fortschreibung eingegangen werden.

2 Die Mal'ak-Fortschreibung und das „Hören auf die Stimme des Engels Jahwes"

2.1 Die Forderungen der „Stimme des Engels" an Israel in der Mal'ak-Fortschreibung

Zur Mal'ak-Fortschreibung sind vor allem folgende Texte zu rechnen: Ex 3,1bβ*.2a; 23,20–33*; 32,34aβ; 33,1–6*; 34,10–27*; Ri 2,1–5[22]. In ihr findet sich schon das

---

21 Blum 2010c, 262–274. Zu der Annahme einer Hexateuch-Bearbeitung vgl. u. a. auch Römer 2006a, 543f.547; Römer 2011, 474f., und Otto 2000b, 6f.

22 Blum 2010c, 257, rechnet zur Mal'ak-Fortschreibung Ex 14,19a; 23,20–33*; 32,34aβ; 33,2.3b*; 34,11–27; Ri 2,1–5. Etwas anders Fischer 2007, 91, der dieser Engel-Redaktion Ex 3,2a; 14,19a; 23,20–33*; 32,34*; 33,2.3b–4; Ri 2,1–5 zuweist. Auch wenn in Ex 34,10–27 der *mal'ak yhwh* nicht erwähnt wird, dürfte Blum Recht haben, dass das sog. „Privilegrecht Jahwes" wegen der mit Ri 2,1–5 übereinstimmenden Thematik zu dieser Fortschreibung gehört. Dabei bildet Ex 33,1–6* wohl die Einleitung von 34,10–28* (vgl. Blum 2010b, 171). Zusammengehalten werden diese Texte auch durch den gemeinsamen Gebrauch des hebr. Verbs *grš* für „vertreiben" (vgl. Ex 23,28–31; 33,2; 34,11; Ri 2,3): Die Aufgabe des Engels besteht in diesen Texten darin, dass er Israel in das verheißene Land führen wird, wobei Jahwe die dort wohnenden Völker vertreiben soll. Demgegenüber ist nicht sicher, dass Ex 14,19a zu dieser Mal'ak-Fortschreibung gehört. Dagegen spricht schon, dass hier vom „Engel *Gottes*" und nicht wie sonst in der Mal'ak-Fortschreibung vom „Engel *Jahwes*" die Rede ist. In Ex 3,1bβ*.2a liegt demgegenüber durch die Bezeichnung „Horeb" für den Gottesberg ein thematischer Bezug zu Ex 33,1–6* vor (vgl. Fischer 2007, 82). Auch könnte innerhalb von Ex 3,1–12* der Zusatz der Völkerliste von Ex 3,8* in einem thematischen Bezug zu Ex 23,23; 33,2 und 34,11 stehen. Zum „Engel Jahwes" in Ex 33,1–6 vgl. auch Konkel 2008, 168–170.

oben angesprochene Leitwort „auf die göttliche Stimme hören", das bereits hier eine über den Pentateuch hinausreichende Beziehung aufweist: So schlägt das Leitwort „auf die Stimme des Engels Jahwes hören" eine Brücke zwischen der Mal'ak-Fortschreibung im Epilog des Bundesbuches in Ex 23,20 – 33* und Ri 2,1– 5: In Ex 23,20 – 22 ergeht der Auftrag, auf die Stimme des Engels zu hören. Ri 2,1– 5 stellt demgegenüber fest, dass Israel bei der Landnahme nicht auf die Forderung Jahwes gehört hat, die hier durch die Stimme des Engels Jahwes repräsentiert wird.[23]

Als zentrale Forderung des Engels Jahwes, auf die Israel nicht gehört hat, stellt die Mal'ak-Fortschreibung das Verbot, einen Bund mit den Bewohnern des Landes zu schließen,[24] heraus. Mit diesem Bündnisverbot[25] ist verbunden ein Konnubiumsverbot,[26] vor allem in Ex 34,15 – 16 im sog. „Privilegrecht Jahwes" von Ex 34,10 – 27. Im gleichen Zusammenhang wird in Ex 34,12 – 14 die Zerstörung von Masseben und Ascheren gefordert, die hier der Verehrung fremder Götter zugeordnet werden. „Auf die Stimme des Engels hören" bedeutet hier somit vor allem *Abgrenzung* von den Landesbewohnern und ihren Kulten.

2.2 Die Datierung der Mal'ak-Fortschreibung

Nun dürfte die Mal'ak-Fortschreibung allerdings zu einer relativ frühen nachexilischen Bearbeitung von Pentateuch und Vorderen Propheten gehören. Jedenfalls scheint Ri 2,1– 5 die in Sichem lokalisierte Erzählung von Jos 24 und auch die spätpriesterliche Silo-Schicht von Jos 18 noch nicht vorauszusetzen, so dass in Ri 2,1 das Israel der Josuazeit wie in Jos 3 – 10 noch in Gilgal lokalisiert werden

---

23 Begründet wird die Autorität des Engels mit dem – deuteronomistische Namenstheologie modifizierenden – Hinweis, dass „Jahwes Name" in ihm ist (Ex 23,21). Auch in Ri 2,5 geht es um die Anwesenheit des Namens Jahwes, die hier die Durchführung von Jahwopfern in Bochim ermöglicht (anders Van Seters 2003, 75, der in Ri 2,1– 5 das Motiv der „divine presence" vermisst und Ri 2,1– 5 daher einer gegenüber Ex 23,20 – 33* jüngeren Schicht zuweist; vgl. aber Blum 2010c, 260, und Aurelius 2003, 179f.). Auch ermöglicht in Ex 32,34*; 33,1– 6* die Anwesenheit des Engels (anstelle der direkten Anwesenheit Jahwes) eine indirekte göttliche Begleitung Israels auf seinem Weg in das Gelobte Land. Der Engel ist dabei die „Personifikation des Israel zugewandten Gottes, präziser gesagt: des Gottes ohne Zorn." Er ist somit „die personifizierte Selbstbeschränkung Gottes" (Jeremias 2009, 158f.).
24 Vgl. Ex 23,32; 34,12.15; Ri 2,2; auch Dtn 7,2; Jos 23,12.
25 Als Beispiel eines solchen Bruchs des Bündnisverbotes durch Israel denkt Ri 2,1– 2 wohl an Jos 9,15 (Bundesschluss mit den Gibeoniten).
26 Vgl. Ex 34,16 und auch Dtn 7,3 – 4; Jos 23,12.

kann.[27] Andererseits zeigt Ri 2,1 mit seiner Vorstellung, dass Jahwe seinen Bund „ewiglich nicht brechen" wird, enge Verwandtschaft mit dem Schluss des Heiligkeitsgesetzes in Lev 26,40 – 45[28], wo in Lev 26,44 Jahwe erklärt, dass er seinen Bund mit den Israeliten nie „brechen" wolle.[29] Dies deutet darauf hin, dass es sich bei Ri 2,1 – 5 wie bei Lev 26,40 – 45 schon um einen nachpriesterschriftlichen Text handelt. Bei der Situation, auf die dieses Verbot von Bündnissen mit den Landesbewohnern verweist, ist wohl mit E. Blum an die Auseinandersetzungen zwischen den *Rückkehrern aus der Gola* und der im *Lande verbliebenen* judäischen und nordisraelitischen Bevölkerung zu denken.[30] Plausibel ist diese Rekonstruktion der Mal'ak-Fortschreibung vor allen Dingen deshalb, weil sie in überzeugender Weise in die vom Esra- und Nehemia-Buch dargestellte Situation passt. Die Mal'ak-Fortschreibung dürfte daher auf Kreise zurückgehen, die hinter den Überlieferungen des Esra- und Nehemiabuchs stehen und auf die J.-L. Ska auch Ex 19,3 – 6 zurückführt.[31] Im Folgenden ist allerdings zu prüfen, ob für Ex 19,3b–9 nicht andere Bezüge näher liegen.

3 Enneateuch-Fortschreibung statt Hexateuch-Fortschreibung

3.1 Bearbeitung der Mal'ak-Fortschreibung durch Jos 24 und durch Ri 6,7 – 10

Als Pentateuch und Vordere Propheten verbindende Bearbeitung rechnet E. Blum[32] neben der Mal'ak-Fortschreibung mit einer Gen 1 – Jos 24 umfassenden „Hexateuch-Fortschreibung", die von ihm aufgrund von Jos 24,26 als Fortschreibung der „Tora" durch Josua verstanden wird. In Jos 24,24 wird nun gleichzeitig auch die Forderung von Ex 19,5 aufgegriffen, dass Israel „auf die Stimme Jahwes

---

27 Auch Aurelius 2003, 180, ist der Meinung, dass Jos 24 und Ri 6,7 – 10 später als die Mal'ak-Texte Ex 23,21 und Ri 2,1 – 5 anzusetzen sind. Gegen Aurelius 2003, 164, ist jedoch auch Ex 19,3b–9 später als die Mal'ak-Texte von Ex 23,20 – 33; 34,10 – 27 zu datieren.

28 Vgl. hierzu Groß 1998, 85 – 103.

29 Vgl. Groß 2009, 172f.

30 Die Mal'ak-Fortschreibung bezieht sich nach Blum auf die „Perspektive von Judäern der frühnachexilischen Zeit [...], deren bestimmender Teil sich ja als ‚Rückwanderer' verstand". In diese Situation passe auch das Problem der „Legitimität von Heiratsbeziehungen", das sich im Konnubiumverbot zeige (Blum 2010b, 172f.; vgl. hierzu vor allem Esr 9,1 – 10,44 und Neh 13,23 – 29 und dazu Hieke 2005, 139 – 154.254 – 258). Auch die starke Betonung der Exodustradition kann in diesem Zusammenhang für eine Herkunft aus Kreisen der Gola-Rückkehrer sprechen. Vgl. besonders Blum 2010b, 172f., aber auch Ska 2009c, 160 – 162, allerdings im Hinblick auf Ex 19,4.

31 Ska 2009c, 160 – 162.

32 Blum 2010c, 262 – 274.

zu hören" habe: Hier verpflichten sich die Israeliten gegenüber Josua, auf „Jahwes Stimme hören" zu wollen. In Entsprechung zu Jos 24,24 stellt dann die von einem Propheten übermittelte Jahwerede Ri 6,7–10 in V. 10 fest, dass die Israeliten zu Beginn der Richterzeit dieser Verpflichtung nicht nachgekommen sind.

In der Forschung ist nun umstritten, inwieweit Jos 24,24 in der Jahwerede Ri 6,7–10 seine Fortsetzung findet. E. Aurelius u. a.[33] sehen in Ri 6,7–10 das zu der Verpflichtung von Jos 24,24 gehörige negative Pendant. Demgegenüber weisen Blum und J.-L. Ska auf den textkritisch problematischen Charakter von Ri 6,7–10 hin: In der Richterbuchhandschrift von Qumran 4Q Ria ist Ri 6,7–10 nämlich nicht bezeugt. Offensichtlich ist diese postdeuteronomistische Erweiterung von einem Teil der Textüberlieferung nicht tradiert worden.[34] Für Blum und Ska stellen Ri 6,7–10 daher eine sehr späte Einfügung dar, die nicht mehr als unmittelbares Pendant zu Jos 24,24 verstanden werden kann.

Auf diesem Hintergrund lässt Blum[35] Ri 6,7–10 als Fortsetzung von Jos 24 unberücksichtigt und versteht Jos 24 als *Abschluss* seiner Hexateuch-Fortschreibung.[36] Das „Buch der Tora Gottes", von dem 24,26 spricht, ist nach Blum mit einem in Jos 24 endenden Hexateuch zu identifizieren, der mit Josua als Ergänzer der Tora Gottes rechnet. Allerdings ist gegenüber Blum darauf hinzuweisen, dass dem Bericht in Jos 24,25–26, Josua schreibe „dies alles" in das „Gesetzbuch Gottes", keineswegs zu entnehmen ist, dass durch das Schreiben Josuas dieses Gesetzbuch zum *Abschluss* kommt. Es ist nicht auszuschließen, dass dieses die „Tora" fortschreibende Buch auch nach Jos 24 fortgesetzt wird.[37]

3.2 Der Enneateuchbezug von Jos 24 und Ri 6,7–10 und die Struktur der Enneateuch-Fortschreibung

Gegen den Abschluss einer „Hexateuch-Fortschreibung" in Jos 24* und für eine Fortsetzung von Jos 24 in Ri 6,7–10 spricht vor allem, dass Jos 24,24 *und* Ri 6,10 zu

---

33 Aurelius 2003, 177–180. Vgl. auch Groß 2009, 395f.

34 Vgl. Ska 2009a, 237; Blum 2010a, 243.

35 Blum 2010c, 271–273.

36 So auch Römer 2006a, 543.

37 In Jos 24,26 liegt wohl die Vorstellung vor, dass „prophetische Leser der Tora" wie Josua auch ihre „Fortschreiber" sind (Knauf 2008, 198). Damit sind aber weitere „prophetische" Leser der „Tora" nicht auszuschließen. Eventuell kann es sich bei dem in 1 Sam 10,25 genannten Buch, das im Heiligtum deponiert wurde, auch um das „Buch des Gesetzes Gottes" handeln, das hier von *Samuel* fortgeschrieben wurde. In diesem Zusammenhang ist ebenfalls zu beachten, dass auch 1 Sam 7,3–4 die „spätdeuteronomistische" Bearbeitung von Jos 24,23 fortsetzt (vgl. u. a. Nentel 2000, 122–124). Gegen die Konstruktion eines „Hexateuch" vgl. auch Van Seters 2013, 352f.

einer festen Struktur der Geschichtsdarstellung der Bücher des Enneateuch gehören, bei der der Terminus „Hören auf die Stimme Jahwes" innerhalb von Gen–2 Kön an allen zentralen Wendepunkten der Geschichtsdarstellung gebraucht wird.[38] An diesen Wendepunkten wird in jeweils paarweisen Formulierungen zunächst von der Aufgabe Israels, auf die Stimme Jahwes zu hören, und dann vom Scheitern an dieser Aufgabe berichtet. Eine Ausnahme stellt dabei nur die Abrahamgeschichte dar, in der die nachpriesterlichen Stellen Gen 22,18 und 26,5 davon sprechen, dass Abraham (als Einziger im gesamten Enneateuch) tatsächlich „auf die Stimme Jahwes gehört hat".

Schon in der Mosezeit macht diese nachpriesterliche Enneateuch-Fortschreibung nach der Darstellung der Aufgabe Israels am Sinai in Ex 19,4–5 auf das Scheitern an dieser Aufgabe aufmerksam, und zwar bei der Wüstenwanderung in Num 14*: Hier stellt Jahwe in den nachpriesterlichen Versen 22–23 fest: „alle die Männer, die auf meine Stimme nicht gehört haben, von denen soll keiner das Land sehen." Dieses „Nicht-Hören auf die Stimme Jahwes" in der Wüste, bei dem es um den Ungehorsam Israels gegenüber dem Befehl Jahwes zur Inbesitznahme des Landes geht, ist für die Enneateuch-Fortschreibung so wichtig, dass sie sowohl in Dtn 9,23[39] als auch in 2 Kön 17,14[40] darauf zurückkommt.[41]

Nach der Mosezeit wird – wie oben bereits ausgeführt – die Verpflichtung des Gottesvolkes zum „Hören auf die Stimme Jahwes" beim Abschluss der Landnahme am Ende des Josuabuches[42] in Jos 24,24 erneut ausgesprochen und dann in der Jos 24 zugeordneten Prophetenrede von Ri 6,7–10 festgestellt, dass Israel auch dieser Verpflichtung nicht gerecht wurde. Dabei kritisiert Ri 6,7–10, dass trotz Josuas Mahnung in Jos 24,15, den Göttern der Amoriter nicht zu dienen, Israel trotzdem die Götter der Amoriter gefürchtet[43] hat.[44]

---

38 Vgl. Aurelius 2003, 102; auch 105–107 mit dem Hinweis, dass die gleiche Struktur in dem jerdtr. Text Jer 7,22–28a vorliegt (vgl. Schmidt, W.H. 2008, 184; zur Einheit 7,21–29 vgl. auch Wanke 1995, 92–94).

39 Zu Dtn 9,23 vgl. unten Abschnitt 4.4.

40 Zu 2 Kön 17,14 vgl. unten Abschnitte 3.4 und 4.4.

41 Eine wohl noch später anzusetzende Bezugnahme auf Num 14,22–23 liegt in Jos 5,6 vor. Blum 2010a, 248, weist Jos 5,2–9 einer auf das Josuabuch beschränkten nachpriesterlichen Bearbeitung zu. Vgl. dazu jetzt auch Krause 2014, 297–329.

42 Der jetzt vorliegenden nachpriesterlichen spätdeuteronomistischen Fassung von Jos 24 dürfte eine relativ knappe DtrH-Fassung zugrunde liegen, die allerdings kaum noch rekonstruierbar ist. Vgl. dazu u. a. Nentel 2000, 66–87; Kratz 2000, 206f.; Aurelius 2003, 172f.. Anders vor allem Römer 2006a.

43 Zu „andere Götter fürchten" vgl. auch 2 Kön 17,7 (auch 17,37–38) und dazu Aurelius 2003, 81.

44 Zu den zwischen Jos 24 und Ri 6,7–10 bestehenden Gemeinsamkeiten vgl. vor allem Groß 2009, 395f.; auch Blum 2010a, 243 Anm. 83; und Aurelius 2003, 177–179. Beachtenswert ist dabei

Schließlich wird am Ende der Richterzeit beim Übergang zum Königtum in dem ebenfalls nachpriesterlich anzusetzenden Kapitel 1 Sam 12 das Volk noch einmal durch Samuel zum Hören auf die Stimme Jahwes verpflichtet: „Möchtet ihr doch Jahwe fürchten und ihm dienen und auf seine Stimme hören." (V. 14). Dass auch der erste König Israels Saul an dieser Verpflichtung scheitert, stellt dann das Kapitel von der Verwerfung Sauls in 1 Sam 15 fest – mit dem von Samuel erhobenen Vorwurf: „Warum hast du nicht auf die Stimme Jahwes gehört?" (V. 19). Die hier vorliegende Struktur scheint in der spätdeuteronomistischen und wohl ebenfalls nachpriesterlichen Erklärung des Untergangs der beiden israelitischen Staaten in 2 Kön 17,7–20; 18,12 ihr Ziel zu finden, vor allem in 17,13–14[45], wo unter Rückgriff auf Ri 6,7–10 und 1 Sam 12,14 darauf hingewiesen wird, dass Jahwe Israel durch seine Propheten gewarnt hatte, Israel aber nicht gehört hat.

Im Rahmen dieser Struktur, in der in Ex 19 – 1 Sam 15 an allen Wendepunkten der Geschichte des Gottesvolkes zunächst die „Aufgabe, auf Jahwes Stimme zu hören" genannt wird und anschließend festgestellt wird, dass die Israeliten „nicht auf Jahwes Stimme gehört haben", ist nun Ri 6,7–10 unverzichtbar. Blum hat zwar grundsätzlich Recht, dass man bei solchen nachpriesterlichen Einschüben zunächst an ad hoc-Einschreibungen oder an intertextuelle Bezugnahmen denken muss. Doch zeigt die von Ex 19 – 2 Kön 17/18 durchlaufende Struktur, dass hier ein Pentateuch und Vordere Propheten verbindender Zusammenhang vorliegt.[46] Das Fehlen von Ri 6,7–10 in einem Teil der Textüberlieferung spricht m. E. nicht gegen Ri 6,7–10 als ursprünglichen Teil dieser Enneateuchstruktur. Vielmehr erklärt es sich am einfachsten als späte bewusste Auslassung nach der Abtrennung des Richterbuches vom Josuabuch, als der Zusammenhang von Ri 6,7–10 mit Jos 24 nicht mehr deutlich wurde und so Ri 6,7–10 als überflüssig erschien.

3.3 Die Entstehung der Enneateuch-Fortschreibung

M. E. sind die oben angesprochenen Texte der Enneateuch-Fortschreibung so stark aufeinander bezogen, dass sie nur bei gleichzeitiger Entstehung verstanden

---

der Gebrauch von hebr. *grš* für „vertreiben" in Jos 24,12.18 und Ri 6,9 (unter Rückgriff auf den Sprachgebrauch der Mal'ak-Fortschreibung (Ex 23,28–31; 33,2; 34,11; Ri 2,3).

45 In 2 Kön 17,14 fehlt zwar zu „Hören" das Präpositionalobjekt „auf Jahwes Stimme", doch hat Groß 2009, 395f., wahrscheinlich gemacht, dass von Ex 19,5a über Jos 24 und 1 Sam 12 die Linie nicht nur – wie Aurelius 2003 annimmt – nach 2 Kön 18,12, sondern auch nach 2 Kön 17,14 führt.

46 Blum 2010g, 379f., relativiert diesen Zusammenhang aufgrund der Kanongrenze zwischen Tora und Vorderen Propheten. Allerdings gab es einen eigenständigen Pentateuch wohl nicht vor dem 3. Jh. v.Chr. Vgl. dazu Van Seters 1999, 16f.; auch Utzschneider/Oswald 2013, 53.

werden können. Die von E. Aurelius angeführten Gründe für eine sukzessive Entstehung überzeugen demgegenüber weniger.[47] So ergibt schon eine Untersuchung der beiden meist unterschiedlichen Schichten zugewiesenen Geschichtsrückblicke von Jos 24 und 1 Sam 12 – wenn man vom Kontextbezug[48] absieht – durchgehende Gemeinsamkeiten: 1. Beide beginnen ihren Geschichtsrückblick mit der Väterzeit (Jos 24,2–13 beginnt wegen des Themas „fremde Götter" bereits mit Terach, 1 Sam 12,6–12 wegen des Schwerpunkts in der Richterzeit erst mit Jakob); 2. Beide thematisieren den Exodus und sprechen dabei davon, dass Jahwe für den Exodus Mose und Aaron[49] gemeinsam „gesandt"[50] (gebraucht wird der prophetische Terminus šlḥ) habe (Jos 24,5; 1 Sam 12,8); 3. In beiden Darstellungen wird *nicht* von der Offenbarung am *Horeb* oder am *Sinai* gesprochen. 4. Auch wird beide Male Mose (zusammen mit Aaron) als Führer beim Exodus und bei der Landnahme herausgestellt. Seine Rolle als Gesetzgeber tritt dagegen an den Rand. Dabei steht im Mittelpunkt sowohl von Jos 24 als auch von 1 Sam 12 die Einschärfung der alleinigen Orientierung an Jahwe. Alle diese Gemeinsamkeiten sprechen für eine gemeinsame Verfasserschaft von Jos 24[51] und 1 Sam 12 und damit wohl von allen Texten der Enneateuch-Fortschreibung, die durch die oben dargestellte Struktur aufeinander bezogen sind.

---

47 Vgl. in exemplarischer Weise die Diskussion über das Abhängigkeitsverhältnis der beiden Geschichtsberichte von Jos 24 und 1 Sam 12: So meint Aurelius 2003, 180, der Geschichtsrückblick Jos 24,2–13 sei jünger als 1 Sam 12, weil er „tiefer in den Brunnen der Geschichte zurückreiche". Müller, R. 2004, 184f., zeigt demgegenüber, dass Jos 24 von 1 Sam 12 vorausgesetzt wird: 1 Sam 12,8 ist nur verständlich, wenn man die ausführliche Geschichtsdarstellung von Jos 24,2–13 kennt. M. E. spricht daher alles dafür, dass der spätdeuteronomistische Verfasser von Samuels Rede 1 Sam 12* direkt an die auch von ihm verfasste Gottesrede bei Josuas Abschied Jos 24,2–13 anknüpft.

48 Jos 24 thematisiert die Herausforderungen der Landnahme und muss dabei die Zeit vor der Landnahme einbeziehen, weil bereits die Vorfahren Israels sich nicht am Ersten Gebot orientiert haben (24,2). 1 Sam 12 stellt die Richterzeit und den Übergang zur Königszeit in den Mittelpunkt und aktualisiert dabei das Erste Gebot für diese Situation (vgl. 1 Sam 12,17.19).

49 Schon die Nennung Aarons legt die nachpriesterschriftliche Entstehung beider Texte nahe. Zur nachpriesterschriftlichen Ansetzung von Jos 24 und 1 Sam 12 vgl. besonders Schmid 1999, 225–230.

50 „Sendung von Mose und Aaron durch Jahwe" sonst nur in Ps 105,26 (vgl. in abweichender Formulierung Ps 77,21) und Mi 6,4 (hier zusammen mit Mirjam). Bei der „Sendung Moses und Aarons" wird auf den auch zur Enneateuch-Fortschreibung gehörenden Text Ex 4,14–16.27–31 zurückgegriffen. In ihm ist Aaron als „Mund Moses" verstanden und damit wie auch sonst in der Enneateuch-Fortschreibung (vgl. vor allem Num 12,2–11*) Mose deutlich untergeordnet.

51 Mit seinem Pendant Ri 6,7–10.

3.4 Theologische Intentionen der Enneateuch-Fortschreibung

3.4.1

Zentrales Anliegen der Enneateuch-Fortschreibung ist der Versuch, die ihr vorgegebenen Traditionen in einer Synthese so zusammenzufassen, dass sie von den verschiedenen Kreisen des nachexilischen Israel gemeinsam vertreten werden können. Bei der Zusammenarbeitung der verschiedenen Traditionen erhält die *Exodusüberlieferung* und dabei das *Erste Gebot* eine Art Zentralstellung: So bezieht sich in Ri 6,7–10 das „Hören auf die Stimme Jahwes" auf die alleinige Orientierung an Jahwe als Gott des Exodus: Jahwe hat Israel durch den Exodus aus der Knechtschaft befreit. Israel realisiert diese Freiheit nicht, wenn es nicht Jahwe, sondern die „Götter der Amoriter" fürchtet (vgl. Jos 24,15). Ähnlich meint in Jos 24,16–17.24 das „Hören auf die Stimme Jahwes" vor allem „Jahwe als dem Gott des Exodus dienen" und damit den fremden Göttern absagen (auch hier wird besonders auf die „Götter der Amoriter" hingewiesen; vgl. Jos 24,15). Auch in 1 Sam 12 wird von Israel vor allen Dingen gefordert, dass es allein Jahwe als dem Gott des Exodus dient.[52] Schließlich beginnt auch die Reflexion über den Untergang der israelitischen Staaten in 2 Kön 17,7–20 wie die Geschichtsrückblicke in Jos 24 und 1 Sam 12 mit dem Hinweis auf den Exodus und kritisiert, dass gegen die Exoduserfahrung die Israeliten trotzdem „fremde Götter gefürchtet"[53] haben.[54]

3.4.2

Die Betonung der *Zusammengehörigkeit der Traditionen des Gottesvolkes* wird auch deutlich in der Behandlung der *Nordreichtraditionen.* Schon Blum[55] hatte für Jos 24 und für seine Hexateuch-Fortschreibung die Tendenz vermutet, in der nachexilischen judäischen Situation nordisraelitische Traditionen herausstellen

---

52 Vgl. besonders 1 Sam 12,6.20–21.

53 Aurelius 2003, 81, sieht in 2 Kön 17,7b „sie fürchteten andere Götter" einen von 17,34b–40 abhängigen sekundären Einschub. Nicht berücksichtigt wird von ihm allerdings der Bezug auf Ri 6,10.

54 Vgl. Würthwein 1984, 396, zu 2 Kön 17,7: Verstoß „gegen das Grundgebot der ausschließlichen Verehrung Jahwes"; ähnlich Werlitz 2002, 276. In diesem Zusammenhang ist darauf hinzuweisen, dass *auf die Enneateuch-Fortschreibung* auch die Einfügung von Ex 20,22–23* und dabei die *Vorschaltung des Dekalogs* 20,1–17 vor das Bundesbuch zurückgeht. Jedenfalls stellt der Dekalog eine Zusammenstellung aus Kurzreihen dar, die u. a. aus der prophetischen Tradition (vgl. Jer 7 und Hos 4) stammen (vgl. Levin 2003b, 63f.; zur Diskussion über die Entstehung des Dekalogs vgl. auch Blum 2011). Zum Verständnis des Dekalogs als „Vorwort zum Bundesbuch" vgl. Kaiser 2013, 99.

55 Blum 2010c, 266–271. So auch Römer 2006a, 545.

zu wollen.[56] Die gleiche Tendenz ist nun wohl auch hinter 1 Sam 12 zu erkennen, wenn hier die Einführung des Königtums an dem Nordreichkönig Saul thematisiert wird. Wie in Jos 24 und 1 Sam 12 werden schließlich auch in 2 Kön 17,7–20 die Gemeinsamkeiten zwischen Juda und Israel betont. Wie vor allem Aurelius[57] und J. Werlitz[58] gezeigt haben, kann in 17,7–20 nicht zwischen der Anklage gegen das Nordreich und der gegen das Südreich literarkritisch differenziert werden. Deutlich wird dies vor allem daran, dass die in 2 Kön 17,7–11 genannten Sünden in den Königsbüchern in der Regel von Juda berichtet werden (zu V. 9–10 vgl. 1 Kön 14,23; zu V. 11 vgl. 1 Kön 22,44; 2 Kön 12,4; 14,4 etc.):[59] 17,7–12 sind daher nicht auf die Sünden des Nordreichs zu beziehen, sondern auf die „Sünden des noch ungeteilten Gottesvolkes".[60] Entsprechendes gilt nun von den Sünden, die in 17,16–17 genannt sind. Einerseits sind es die Sünden, die in 2 Kön 21 vom Südreichkönig Manasse berichtet werden (vgl. 21,3–7[61]): Aschera- und Astralkult,[62] Baalskult, „Kinderopfer", Wahrsagerei und Zauberei. Andererseits wird in diesem Zusammenhang (V. 16) als Verstoß gegen das Bilderverbot auch der Stierkult des Nordreichs (vgl. 1 Kön 12) thematisiert.[63] 2 Kön 17,7–20 ist daher wohl als eine die Sünden Judas und des Nordreichs gleichzeitig ansprechende schon ursprünglich zusammenhängende Einheit anzusehen.[64]

---

56 Anders Aurelius 2003, 215, der hinter der Enneateuch-Fortschreibung die Absicht erkennen will, zu erklären, weshalb das Nordreich Israel im Unterschied zu Juda endgültig untergegangen ist – und zwar unter besonderem Hinweis auf 2 Kön 18,12. Allerdings ist in 2 Kön 18,12 von einem *endgültigen* Untergang Israels nirgends die Rede. Zudem gehört 2 Kön 18,12 zur gleichen Schicht wie 17,7–20 (vgl. Würthwein 1984, 410: DtrN), wo es auch nach Aurelius 2003, 214f., zu einer „Gleichstellung Judas mit Israel in Schuld und Strafe" kommt.

57 Aurelius 2003, 80–92, unterscheidet die dtr. Schicht 17,7a.8–11.18 und die DtrN-Schicht 17,13–17.19–20 (vgl. den Bezug auf Gesetz in 17,13.16 und 17,19). *Beide* Schichten thematisieren dabei die Schuld von Israel *und* von Juda.

58 Mit Werlitz 2002, 275–277, werden hier 17,7–20 als Einheit verstanden, die sowohl die Sünden von Israel als auch die von Juda thematisiert.

59 Vgl. Aurelius 2003, 80, besonders Anm. 41.

60 Der Autor von 17,7–20 differenziert allerdings zwischen Kulten der aus Kanaan vertriebenen Völker (17,8.11) und Kulten, die von Israels Nachbarvölkern praktiziert werden (17,15). Diese Unterscheidung weist jedoch nicht auf verschiedene Schichten hin (anders Würthwein 1984, 396f.; auch Aurelius 2003, 82).

61 Vgl. Aurelius 2003, 83, und Werlitz 2002, 277.

62 Dass die Ascheren sowohl in V. 10 als auch in V. 16 genannt sind, deutet nicht auf eine literarkritisch aufzulösende Doppelung (so Aurelius 2003, 83). Vielmehr gehören die Ascheren sowohl in den Kontext von V. 10 (Masseben und Ascheren) als auch in den von V. 16 (Trias: Baals-, Aschera-. und Astralkult).

63 So Aurelius 2003, 84.

64 So Werlitz 2002, 275–277, aber auch schon Noth 1943, 85, der in 17,7–20 bereits Juda eingeschlossen sieht und dabei den Zusammenhang von 17,18b–20 betont.

3.4.3

Die Tendenz zur Synthese unterschiedlicher Traditionen zeigt sich auch im *Prophetenverständnis* von 2 Kön 17,13, bei dem *Prophetie und Gesetzesverkündigung zusammengesehen* wird. Dabei dürfte der schwierige Vers 2 Kön 17,13 mit Würthwein[65] folgendermaßen zu lesen sein: „Jahwe hatte aber Israel und Juda durch alle ‚seine'[66] Propheten [alle Seher][67] mit den Worten verwarnt: Kehrt um von euren bösen Wegen und haltet meine Gebote [meine Satzungen nach dem ganzen Gesetz][68], die ich euren Vätern befohlen habe und die ich durch meine Knechte, die Propheten, euch habe sagen lassen." Nun hebt sich 2 Kön 17,13 vom ältesten Teil des Epilogs zum Ende des Nordreiches in 2 Kön 17,21–23[69] dadurch ab, dass hier die Propheten nicht als Gerichtsverkündiger verstanden sind (so noch 2 Kön 17,23), sondern wie auch sonst in der Enneateuch-Fortschreibung (z. B. in Ri 6,7–10[70] und 1 Sam 12) als Rufer zur Umkehr und Verkünder von Jahwes Geboten. So wird hier indirekt der Gesetzesmittler Mose den Propheten zugerechnet. Auch Josua ist in Jos 24,25–26 als Fortschreiber der Tora „Prophet".[71]

3.4.4

Ein besonders wichtiges Ziel dieser nachpriesterlichen Redaktion besteht darin, *zwischen den priesterlichen und den deuteronomistischen Vorstellungen* der nachexilischen Theologie zu vermitteln.[72] Besonders deutlich ist eine solche Synthese von priesterlicher Gnaden-Theologie und deuteronomistischer Gesetzes-Theologie in der nachpriesterlichen Verheißung an Isaak Gen 26,3b–5 zu erken-

---

65 Würthwein 1984, 392.

66 So ist mit LXX zu lesen.

67 Erläuternder Zusatz.

68 Erläuternder Zusatz.

69 Zu 2 Kön 17,21–23 als älteste Schicht (DtrH bzw. DtrP) innerhalb von 17,7–23 vgl. u. a. Würthwein 1984, 395f.; Hentschel 1985, 79.81; Aurelius 2003, 71–73.

70 Zum Bezug von 2 Kön 17,7 auf Ri 6,7–10 vgl. auch Hentschel 1985, 79.

71 Von den anderen Belegen für „Knechte Jahwes, die Propheten," in den *Königsbüchern* (vgl. 2 Kön 9,7; 17,23; 21,10; 24,2; ähnlich Am 3,7) unterscheidet sich 2 Kön 17,13 dadurch, dass die Propheten hier Umkehrprediger und Gesetzesverkünder wie im Jeremiabuch sind (vgl. Jer 7,25; 25,4; 26,5; 29,19; 35,15; 44,4; im Jeremiabuch wird dabei die Prophetensendung mit der „Unermüdlichkeitsformel" verbunden; vgl. besonders Werner 1997, 101). Vgl. hierzu auch Würthwein 1984, 396f.; Hentschel 1985, 80. Zu Josua als Prophet vgl. Schmid 1999, 224.

72 Die Kombination von priesterlicher und deuteronomistischer Theologie ist *nicht* die Folge einer „persischen Reichsautorisation" (gegen Blum 1990, 345–360), sondern das Ergebnis *schriftgelehrter* Arbeit. Diese zielte auf die Formulierung einer israelitischen Identität, die von den unterschiedlichen Kreisen des nachexilischen Israel gemeinsam akzeptiert werden konnte. Vgl. auch Ska 2000, 310–321.

nen: Gen 26,3b–5 bewahrt nämlich die Substanz beider Theologien. *Einerseits* betont Gen 26,5 die deuteronomistische Vorstellung, dass die Verheißungen Gottes abhängig sind vom „Hören auf die Stimme Jahwes" und dem Gehorsam gegenüber den göttlichen Gesetzen: So *erfüllt Abraham die göttlichen Gesetze* als Repräsentant seiner Nachkommen. Der Gehorsam Abrahams ist dabei als *stellvertretender Gehorsam* verstanden: Weil Abraham stellvertretend für seine Nachkommen auf Jahwes Stimme gehört hat,[73] gilt die Verheißung auch für Abrahams Nachkommen. *Andererseits* nimmt Gen 26,3b–5 die priesterliche Vorstellung auf, dass die Verheißungen des Bundes mit Abraham ewig gültig sind und bedingungslos gelten. So bleiben in Gen 26,3b–5 wegen des stellvertretenden Gehorsams Abrahams (vgl. entsprechend „um meines Knechtes Abraham willen" in Gen 26,24) die Verheißungen für Israel *gültig trotz des Ungehorsams* der Nachkommen Abrahams.[74] Somit gibt bereits die Abrahamgeschichte die Antwort darauf, weshalb am Ende des Enneateuch trotz der permanenten Unfähigkeit Israels, auf die Stimme Jahwes zu hören, nur die *Bestrafung* und *nicht* die *endgültige Verwerfung* Israels steht.[75]

Die im Enneateuch dargestellte Geschichte des Gottesvolkes ist somit gleichzeitig ein Spiegel der nachexilischen Erfahrung, dass auch das Israel der Nachexilszeit immer wieder an der Aufgabe versagt, „auf Jahwes Stimme zu hören". Um das Festhalten an der Hoffnung auf die Verheißungen an Abraham trotz dieser negativen Erfahrungen geht es nun beim Thema „Glauben", das in einigen Texten der Enneateuch-Fortschreibung besonders reflektiert wird und dem wir uns im folgenden Abschnitt 4 zuwenden wollen.

4 Der Zusammenhang von „Glauben" und „Hören auf die Stimme Jahwes" in der Enneateuch-Fortschreibung

Auffällig ist, dass an den Stellen der Enneateuch-Fortschreibung, an denen davon gesprochen wird, dass das „Nicht-Hören auf die Stimme Jahwes" die Existenz des Gottesvolkes in Frage stellt (vgl. Num 14*; Dtn 9,23*; auch 2 Kön 17,14), besonders auf das Fehlen des „Glaubens" hingewiesen wird (Num 14,11b*; Dtn 9,23; 2 Kön

---

73 Zum stellvertretenden Gehorsam Abrahams vgl. Van Seters 1992, 240–242; Aurelius 2003, 196–200.

74 Vgl. für dieses Verständnis von Gen 22,15–18 und 26,3b–5 Van Seters 1975, 239.273; Blum 1984, 363–365.

75 Vgl. die entsprechende Unterscheidung in Num 14, wo differenziert wird zwischen der endgültigen *Verwerfung* Israels, von der Jahwe auf die Fürbitte Moses hin Abstand nimmt (V. 11–20), und der *Bestrafung* der Exodusgeneration, die Jahwe nicht erlässt (V. 21–23).

17,14; vgl. Gen 15,6). Es ist nun zu vermuten, dass der hier vorausgesetzte Zusammenhang von Glauben und Hören auch bei der Bestimmung des Wesens des Gottesvolkes in Ex 19,3b–8 reflektiert wird. Zu fragen ist daher, ob die Thematisierung des „Glaubens an Mose" von Ex 19,9 nicht als Teil von Ex 19,3b–8 verstanden werden kann.

4.1 Ex 19,3b–9 als Zusammenhang?

Für M. Noth[76] bildeten Ex 19,3b–9 einen *thematischen* Zusammenhang, der einschließlich von V. 9 die Ouvertüre der Sinaiperikope darstellte, in der in V. 3 – 8 die Erwählung des Gottesvolkes unter der Voraussetzung des Bundesgehorsams und in V. 9 die Legitimierung Moses durch die Theophanie[77] angesprochen werden. Wenn die neuere Forschung mehrheitlich die Auffassung vertritt, dass V. 9 mit dem Thema der Legitimierung Moses sekundär sei, so beruft sie sich meist darauf, dass es sich bei V. 9b um eine Dublette von V. 8b handele und V. 9b daher als Wiederaufnahme[78] zu deuten sei.[79] Doch ergibt eine genauere sprachliche Untersuchung, dass V. 8b und V. 9b keine direkten Dubletten darstellen:[80] V.8b spricht vom *Vorgang* der Berichterstattung Moses über die Antwort des Volkes (*šwb* hif.), V. 9b dagegen von der *Mitteilung des Inhaltes* dieser Antwort (*ngd* hif.):[81] Dass Jahwe ankündigt, er wolle das Glauben des Volkes an Mose durch seine Theophanie vor Mose auf Dauer ermöglichen, bevor ihm die Bereitschaft des Volkes zum Bundesgehorsam übermittelt wird, will wohl diesen Glauben an Mose als Voraussetzung des vom Volk zugesagten Bundesgehorsams herausstellen.[82]

---

76 Noth 1959, 126f.

77 Vgl. auch Scharbert 1989, 81, der 19,9a als Vorbereitung auf die *Theophanie*vorgänge der Sinaiperikope versteht.

78 Vgl. u. a. Aurelius 2003, 3 Anm. 3.

79 Zurückhaltend gegenüber einer literarkritischen Lösung der stilistischen Besonderheiten von Ex 19,9 Zenger 1971, 59. Vgl. aber auch J.-L. Ska, der vor allem in seiner Studie Ska 2011 im Zusammenhang einer Kriteriologie literarkritischer Entscheidungen darauf hinweist, „that the rules of Hebrew grammar and stylistics, on the one hand, and of narrative coherency, on the other, may put some clear limits on literary-critical operations" (ebd., 122).

80 Vgl. schon Van Seters 1994, 249f., der V. 8b auf die Rückkehr Moses und V. 9b auf die Mitteilung der Antwort des Volkes bezieht, dabei allerdings Textänderungen in V. 8b annehmen muss. Zum Nichtvorliegen von direkten Dubletten vgl. auch Jacob 1992, 531f.; Dohmen 2004, 65. Zur Möglichkeit, 19,3b–9 als Einheit zu verstehen, vgl. auch Oswald 1998, 34f.

81 Die Wiedergabe der hebräischen Verben durch die LXX weist auf ein entsprechendes Verständnis des Zusammenhangs von 19,8 – 9 in der LXX hin. Vgl. auch das Verständnis von Nachmanides und dazu Houtman 1996, 449.

82 Vgl. Dohmen 2004, 65; ähnlich auch Jacob 1992, 531f.

Zum Wesen des Gottesvolkes gehört das Glauben, das Vertrauen auf Jahwe und seinen Repräsentanten Mose, als entscheidendes Element hinzu.

4.2 Glauben an Mose als Voraussetzung des „Hörens auf die Stimme Jahwes" im Exodusbuch (Ex 4,1–31*; 14,31; 19,3b–9)

Dieses Verständnis des Glaubens an Mose als Voraussetzung des Hörens auf Jahwe bestätigt sich an den anderen „Glaubens"-Stellen des Exodus-Buches. Der für Ex 19,3b–9 vermutete Zusammenhang von „Glauben" und „Hören auf die Stimme Jahwes" findet sich schon bei der Einführung des Glaubensthemas im Exodusbuch in Ex 4,1–31* (vgl. besonders V. 1 und V. 31). Dabei ist hier und in Ex 14,31 (wie in Ex 19,9) „Glauben an Jahwe" immer mit „Glauben an Mose als den Repräsentanten Jahwes" verbunden. Zudem wird bereits in Ex 4* darauf aufmerksam gemacht, dass das Glauben an Mose mit den von Mose im Auftrag Jahwes gewirkten Zeichen zusammenhängt. Um die Notwendigkeit des „Glaubens" (an Mose) als Voraussetzung für das „Hören auf die Stimme Jahwes" geht es nun auch in Num 14,11b–25*; in Dtn 9,22–29 und schließlich in 2 Kön 17,14.

4.3 Der „Unglaube Israels" in Num 14,11b–25*

In der nachpriesterlichen Schicht[83] der Kundschaftergeschichte von Num 13–14* konstatiert 14,11b zunächst, dass die Israeliten „nicht glaubten". Wie in Ex 4,1–31* ist hier „Glauben" bezogen auf die Erfahrung von „Zeichen"[84], für die Jahwe Mose die Macht gegeben hat. Das Verständnis von Glauben in Num 14,11b fügt sich von daher in die Aussage von Ex 19,9 ein, wonach es beim Glauben an Jahwe immer auch um den Glauben an Mose geht. Als Folge des Nicht-Glaubens stellt Num 14,22 das „Nicht-Hören auf die Stimme Jahwes" fest. Dabei wird hier der Zusammenhang von Unglauben und Ungehorsam gegenüber der Stimme Jahwes dadurch besonders betont, dass auch beim „Nicht-Hören auf die Stimme Jahwes" auf die Nichtbeachtung der „Zeichen" Jahwes in Ägypten und in der Wüste verwiesen wird (14,21–23).

Konsequenz des hier thematisierten „Nichtglaubens" ist in 14,12 der Beschluss Jahwes, sein Volk vollständig zu vernichten. Dieser Beschluss kann nur

---

83 Vgl. hierzu u. a. Schmitt 2001j, 232.
84 Vgl. u. a. Ex 4,9; Num 14,11; Dtn 34,11; Jos 24,17; 1 Sam 10,7.9.

durch Moses Fürbitte in Num 14,13 – 19[85] aufgehoben werden, die Moses – Ex 19,9 entsprechende – außergewöhnliche Nähe zu Jahwe voraussetzt. Dabei zeigt sich, dass die Stellen der Enneateuch-Fortschreibung, die von der Notwendigkeit des Glaubens[86] sprechen, eine Situation reflektieren, in der Israels Existenz aufs höchste bedroht ist. Hier wird auf ein „Glauben" wie in Gen 15,6 verwiesen, das gegen allen Augenschein an der Verheißung Jahwes festhält.[87]

4.4 Der „Unglaube Israels" in Dtn 9,22 – 29 und in 2 Kön 17,14

Die Kombination beider Leitbegriffe „Glauben" (Ex 19,9) und „Hören auf die Stimme Jahwes" (Ex 19,5) findet sich in Aufnahme von Num 14,11b.22 auch in dem in den Horebbericht von Dtn 9 eingeschobenen nachpriesterlichen Abschnitt 9,22 – 29. Hier stellt Mose in V. 23 in einem Kurzbericht über die Kundschaftergeschichte fest: „Ihr wart widerspenstig gegenüber dem Befehl Jahwes, eures Gottes, und glaubtet ihm nicht und hörtet nicht auf seine Stimme." Dabei ist Dtn 9,22 – 29 als Einheit[88] anzusehen, in dem die beiden Teile 9,22 – 24 und 9,25 – 29 durch das Thema „Fürbitten des Mose" aufeinander bezogen sind und eine Zusammenfassung der fürbittenden Tätigkeit Moses geben:[89] So führt

---

[85] Beim ersten Teil der Fürbitte des Mose geht es in 14,13 – 16 um eine Klage, die vor allem die Wirkung der Vernichtung Israels auf die Völkerwelt thematisiert. Bemerkenswert ist, dass hier (vgl. auch Dtn 9,28) die Völker als Zeugen der Macht Jahwes besondere Bedeutung besitzen: Jahwe darf Israel nicht vernichten, weil er sich sonst dem Vorwurf der Völker aussetzen würde, Jahwe sei machtlos. Vgl. hierzu auch Otto 2012, 985.

[86] Von „Unglauben" spricht auch der nachpriesterliche Zusatz Num 20,12 (vgl. zu ihm Schmitt 2014a, 147f. [in diesem Band, S. 123f.]): „Jahwe aber sprach zu Mose und Aaron: Weil ihr nicht an mich geglaubt habt […], darum sollt ihr [die Israeliten] nicht ins Land bringen, das ich ihnen gegeben habe." Jahwe wirft in 20,12 Mose und Aaron vor, dass sie das Wasserwunder nicht im Sinne von Ex 4,1 – 31* als göttliches Beglaubigungszeichen verstanden haben.

[87] Wenn in Gen 15,6 vom „Glauben" Abrahams die Rede ist, dann ist dieses Glauben bezogen auf negative „Erfahrungen, welche […] nur durch einen Glauben wie den Abrahams zu transzendieren waren" (Blum 1984, 370). Aber auch in Ex 4*; 14,31; 19,9; Num 14,11b; Dtn 9,23 und 2 Kön 17,14 liegt gegen Blum 1984, 370, kein anderes Glaubensverständnis als in Gen 15,6 vor. Auch hier gründet Glauben nicht „auf greifbaren Wundern" (gegen Blum 1984, 370). Vielmehr geht es trotz des Bezugs auf „Zeichen" auch hier um ein „eschatologisches" allein an Jahwe orientiertes „Glauben".

[88] Meist werden 9,22 – 24 und 9,25 – 29 verschiedenen Händen zugewiesen (vgl. Braulik 1986, 80 – 81; Veijola 2004, 236 – 239). Doch spricht der gemeinsame Bezug auf eine Zusammenfassung der fürbittenden Tätigkeit Moses für einen gemeinsamen Verfasser.

[89] Vgl. Otto 2012, 942: „Die Wiederaufnahme der Fürbitte in Dtn 9,25 – 29 bezieht sich […] nicht nur auf die Episode der Rebellion am Horeb, sondern auf die gesamte Geschichte der Rebellionen

9,22–24 zusätzlich zum Horeb die Wüstenstationen auf (Tabera, Massa, Kibrot Taawa; Kadesch-Barnea), an denen nach Num 11,2; Ex 17,4; Num 11,11–13; Num 14,13–17 auch eine Fürbitte des Mose notwendig war.[90] Gleichzeitig stellt 9,26–28 eine Kombination von Moses Fürbitten am Horeb und in der Wüste dar: So greift Dtn 9,26 („dein Volk, [...] das du durch deine große Kraft freigekauft und das du mit starker Hand aus Ägypten geführt hast") auf die Horebfürbitte des Mose[91] von Ex 32,11 („dein Volk, das du mit großer Kraft und starker Hand aus Ägyptenland geführt hast") zurück. Auch dürfte 9,27 „Gedenke an deine Knechte Abraham, Isaak und Jakob!" wohl Ex 32,13 („Gedenke an deine Knechte Abraham, Isaak und Israel") zitieren.[92] Dtn 9,28 („damit das Land [...] nicht sage: Jahwe vermochte sie nicht in das Land bringen, das er ihnen zugesagt hatte, und hat sie darum herausgeführt, [...] um sie zu töten in der Wüste") bezieht sich demgegenüber nicht mehr auf Ex 32*, sondern auf Num 14,11–25*, auf die Fürbitte Moses bei dem in Dtn 9,23 erwähnten Ungehorsam von Kadesch-Barnea (vgl. Num 14,16 mit dem Vorwurf der Völker: „Jahwe vermochte es nicht, dies Volk in das Land zu bringen, das er ihnen zugeschworen hatte; darum hat er sie hingeschlachtet in der Wüste").[93] In der die mosaischen Fürbitten am Horeb und in der Wüste (vor allem von Ex 32* und Num 14*) zusammenfassenden Bericht des Mose von Dtn 9,22–29 kommt es dabei in 9,23 und 9,27 zu einer Parallelisierung von „Unglauben"[94] und

---

vom Exodus bis Kadesch-Barnea." Zu Dtn 9,25–29 als *Zusammenfassung* der Fürbitten Moses am Horeb und in Kadesch-Barnea vgl. auch Braulik 1986, 80f.

90 Vgl. Braulik 1986, 80.

91 In der nachpriesterlichen Schicht von Ex 32,7–14 hat zwar die Fürbitte Moses für das von Jahwes Zorn von der Vernichtung bedrohte Volk eine ebenso entscheidende Bedeutung wie in Num 14,11–25* und in Dtn 9,22–29. Allerdings werden das „Hören auf die Stimme Jahwes" und das „Glauben an Jahwe und Mose" noch nicht thematisiert. Insofern dürfte es sich hier um eine gegenüber Ex 19,3b–9; Num 14,11–25* und Dtn 9,22–29 ältere Schicht handeln, was auch für die in Ex 32–34* vorliegende Mal'ak-Fortschreibung gilt. Vgl. hierzu auch Konkel 2011, 169–184.

92 Bei Ex 32,13 kann es sich aber möglicherweise auch um einen späten Zusatz innerhalb von Ex 32,7–14* handeln, der von Dtn 9,27 abhängig ist (so u. a. Veijola 2004, 237 Anm. 682, und Aurelius 2003, 165f.; anders dagegen Konkel 2008, 59f., für den Ex 32,13 den Höhepunkt der Fürbitte Abrahams darstellt).

93 Vgl. auch Otto 2012, 985.

94 Der Unglaube von Kadesch-Barnea wird im Deuteronomium auch in Dtn 1,32 innerhalb der nachpriesterlichen Redaktion von 1,28–33 reflektiert (zur Abgrenzung vgl. Perlitt 2013, 90f., und Rüterswörden 2006, 31f.; anders Veijola 2004, der Dtn 1,23–31a.32 insgesamt DtrH zuweist). Dabei sprechen Dtn 1* und Dtn 9* unterschiedliche Aspekte des Ereignisses von Kadesch-Barnea an: Im Mittelpunkt von Dtn 1,28–33 stehen die zum Glauben auffordernde Rede des Mose 1,29–31 (zur Abgrenzung vgl. Lohfink 2009, 40f.) und die ungläubigen Reaktionen des Volkes darauf. Dagegen geht es in Dtn 9,22–29 um die Fürbitte Moses *nach* dem ungläubigen Verhalten des Volkes.

„Halsstarrigkeit", wie sie auch in 2 Kön 17,14 vorliegt.[95] Gleichzeitig geht es auch hier wieder wie in Num 14,11b–25* um die Gewissheit, dass Mose mit seiner außergewöhnlichen Nähe zu Jahwe Israel vor dem „Verderben" bewahrt.

Der Hauptinhalt der Fürbitten des Mose in Dtn 9,26–27 besteht dabei in der Bitte an Jahwe, um seiner Knechte Abraham, Isaak und Jakob willen darauf zu verzichten, Israel zu „verderben" (*hišḥît*). Hier greift auch Dtn 9,26–27 auf die nachpriesterschriftliche Vorstellung von Gen 26,3b–5 zurück, wonach wegen des stellvertretenden Gehorsams Abrahams die Väterverheißungen trotz der Schuld seiner Nachkommen grundsätzlich gültig bleiben.[96] Um die endgültige „Verderbung" Israels durch den Zorn Jahwes abzuwehren, kann sich Mose daher auf die Erzväter und auf die an sie ergangene bedingungslose Verheißung berufen.

Die in der abschließenden Moserede in 10,10 – 11 bestätigte Erhörung der Bitte Moses besteht in einer Gnadenzusage Jahwes, Israel nicht „verderben" zu wollen.[97] Diese findet dann im 2. Königebuch eine vorläufige Erfüllung: In 2 Kön

---

Auch in Dtn 1,28 – 33 ergeben sich mehrere Bezüge zu Ex 19,3b – 9: So zeigt 1,31 mit dem Motiv des Getragenwerdens des Volkes durch Jahwe Ähnlichkeiten mit dem Geschichtsrückblick von Ex 19,4. Auch entspricht 1,32 („Unglauben gegenüber der Rede Moses") der Vorstellung von Ex 19,9, dass Nichtglauben an Jahwe gleichzeitig Nichtglauben an Mose bedeutet. Gegen Lohfink 2009, 55, besteht auch kein Gegensatz zwischen dem Glaubensverständnis von Num 14,11 und dem von Dtn 1,32: Wie Dtn 1,32 – 33 zeigt, bezieht auch hier das „Nicht-Glauben" den Unglauben im Verlauf der Wüstenwanderung mit ein. Angesichts der Übereinstimmungen mit Ex 19,3b – 9; Num 14,11 – 25* und Dtn 9,22 – 29 im Hinblick auf das Glaubensverständnis und der Vorstellung von Jahwes Führung in der Wüste kann hier durchaus die *gleiche* nachpriesterschriftliche Hand vorliegen, auch wenn in dem redaktionellen Einschub 1,28 – 33 das Leitwort „auf Jahwes Stimme hören" nicht genannt und die Vorstellung von der Fürbitte des Mose nicht thematisiert wird.

95 Bemerkenswert ist, dass zentrale Vorstellungen von Num 14,11 – 25* und Dtn 9,22 – 29 in Ps 106 aufgenommen sind: so die Glaubensvorstellung in 106,12.24, auch das Hören auf die Stimme Jahwes in 106,25; schließlich in 106,23 die zentrale Rolle Moses als Fürbitter für sein Volk, der in besonderer Nähe zu Jahwe steht (vgl. „Jahwes Erwählter") und dem es gelingt, Jahwe davon abzuhalten, sein Volk zu „verderben" (wie Dtn 9,26; 10,10), wobei am Ende des Psalms diese Verschonung auf die Zeit des Exils bezogen wird (vgl. 106,44f. Gedenken Jahwes an den Erzväterbund im Exil, auch 106,46 mit Aufnahme von 1 Kön 8,46 – 50). Sind hier verwandte nachpriesterliche Kreise am Werk? Vgl. auch Gärtner 2012, 215f., die darauf hinweist, „dass das Stichwort ,verderben' […] aus Ps 106,23 nicht nur in Ez 22,30 belegt ist, sondern auch Moses Fürbitte in Dtn 9,26 sowie die Erhörung der Fürbitte aus Dtn 10,10 aufnimmt." Dabei wird in die Bundesbeziehung „die Möglichkeit von Verfehlung integriert, so dass Israel durch Mose vor dem auflodernden Zorn Jhwhs grundsätzlich sicher ist" (unter Hinweis auf Jeremias 2009, 152f.).

96 Vgl. dazu oben Abschnitt 3.4.4. und zur Unterscheidung zwischen endgültiger „Verderbung" Israels und nur zeitweiliger Bestrafung vor allem Anm. 75.

97 Otto 2012, 982 – 985, weist zu Recht auf die Parallele in der eschatologischen Rede Moses in Dtn 4,29 – 31 hin, in der damit gerechnet wird, dass Gott in der Zeit des Exils seine Gnade zeigen und Israel nicht „verderben" (*hišḥît* hif.) wird.

13,23[98] wird die letzte Blütezeit des Nordreichs damit erklärt, dass Jahwe sich Israel gnädig zuwendet und das Volk „um seines Bundes mit Abraham, Isaak und Jakob willen"[99] nicht „verderben" will.[100] Begründet wird das Erbarmen Jahwes in 2 Kön 13,23 somit ebenso wie in Dtn 9,22–29 (besonders in V. 27) mit Jahwes Gedenken an den Erzväter-Bund.[101]

Mit 2 Kön 13,23 und Dtn 9,22–29; 10,10–11 zusammenzusehen ist 2 Kön 17,14 („Aber sie hörten nicht, sondern verhärteten ihren Nacken gleich dem Nacken ihrer Väter, die Jahwe, ihrem Gott, nicht geglaubt hatten."). Hier ist die Vorstellung der im Unglauben begründeten Halsstarrigkeit Israels aus Dtn 9,22–29 (V. 23.27) aufgenommen. Zu beachten ist gleichzeitig, dass in Dtn 9–10* Moses Fürbitte bereits Jahwes Zusage der Weiterexistenz des Gottesvolkes trotz seines Unglaubens und seiner Halsstarrigkeit erreicht hatte (vgl. 9,23.27 und 10,10). Diese grundsätzliche Zusage kann durch die Sünden von 2 Kön 17,7–20[102] nicht in Frage gestellt werden: In gleicher Weise hatte ja auch bereits 2 Kön 13,23 darauf hingewiesen, dass Jahwe sein Volk wegen der bedingungslosen Gültigkeit der Erzväterverheißung nicht endgültig „verderben" will.

5 Ex 19,3b–9 im Rahmen des Enneateuch

Durch die Einbeziehung von 19,9 und durch die Bezüge zu den Leitworten „auf Jahwes Stimme hören" und „an Jahwe und an Mose glauben" im Enneateuch erhält die Darstellung der Identität Israels in Ex 19,3–9 folgende neue Akzente:

---

98 Für eine nachpriesterliche Datierung von 2 Kön 13,23 vgl. Römer 1990, 387f. Römer verweist auf die Abhängigkeit von priesterschriftlichen Texten wie Ex 2,24 (vgl. auch Schmitt 1972, 132: „nachdeuteronomistisch"). Zu hišḥît mit Subjekt Jahwe vgl. Dtn 4,31; 9,26; 10,10; 2 Kön 8,19; 13,23; Ps 78,38; 106,23b; auch Gen 18,28.31.32 etc.; Ez 9,8; 22,30 etc. und auch noch Gen 6,17; 9,11.15.
99 Vgl. die entsprechende Aussage für Juda in 2 Kön 8,19 („Jahwe wollte Juda nicht verderben", diesmal allerdings nicht um der Erzväter, sondern „um seines Knechts David willen"). Vgl. zum Bezug von 2 Kön 13,23 zu 2 Kön 8,19 auch Hentschel 1985, 62.
100 Vgl. „um Davids willen" auch in 1 Kön 15,4 und dazu Aurelius 2003, 197f.
101 Vgl. auch das für Abrahams Nachkommen geltende „um Jahwes Knechts Abraham willen" in Gen 26,24.
102 Das Bezogensein von 2 Kön 13,23 („Jahwe verwarf die Israeliten nicht von seinem Angesicht bis dahin") auf 2 Kön 17,7–20* (V. 20 „bis Jahwe sie von seinem Angesicht verwarf"; vgl. dazu Würthwein 1984, 369) bestätigt die oben in Abschnitt 3.2. vorgenommene nachpriesterliche Einordnung von 2 Kön 17,7–20*.

5.1 Zusammenschau von Sinai- und Erzväterbund

Wie die oben dargestellte Enneateuch-Fortschreibung, der es um eine Synthese zwischen unterschiedlichen israelitischen Überlieferungen geht, bemüht sich auch Ex 19,3b–9 um eine Zusammenschau verschiedener Traditionen (u. a. Sinai- und Erzvätertradition, deuteronomistische und priesterliche Theologie): So dürfte in Ex 19,5a das mit „Hören auf Jahwes Stimme" gleichgesetzte „Jahwes Bund Bewahren" zunächst an den Bundesschluss von Ex 24 (vgl. V. 4–8) denken, dessen Bundesforderungen Mose im Bundesbuch niedergeschrieben hat (vgl. V. 4.7). Da sich die Enneateuch-Fortschreibung aber auch um eine Zusammenschau von priesterlicher und deuteronomistischer Theologie bemüht, dürfte „das Bewahren des Bundes" nicht nur auf die Bestimmungen des Bundesbuches vorausblicken, sondern „januskopfartig" (Dohmen[103]) auch zurückblicken auf das die gleichen Termini benutzende „Bewahren des Abrahambundes",[104] von dem die Priesterschrift in Gen 17,9–10 spricht. Beim „Bewahren des Bundes" geht es hier somit gleichzeitig um das Festhalten an den Verheißungen des Abrahambundes.[105] Dass Ex 19,3b–9 die Erzvätertradition einbeziehen will, zeigt im Übrigen auch schon die Anrede der Israeliten in 19,3b mit „Haus Jakobs".[106]

5.2 Mose als „Prophet"

In der Enneateuch-Fortschreibung wird Mose vor allem als prophetischer Führer und dabei als Retter des in seiner Existenz bedrohten sündigen Israels herausgestellt (Entsprechendes gilt für Josua und Samuel). Auffällig ist, dass dabei in Num 14,11–25*; Dtn 9,22–29, aber auch in Jos 24 (vgl. V. 5) und 1 Sam 12 (vgl. V. 8)

---

103 Dohmen 1993, 76; vgl. Lohfink 1990, 355f.; Groß 1998, 130–132; Gertz 2000, 227f.; auch Graupner 2007, 46.
104 Anders Ska 2009c, 154f.
105 Zur Kombination von Sinai- und Väterbund vgl. Lev 26,40–45 und dazu Hieke 2014, 1089–1098. Besonders deutlich wird die Verbindung der beiden Bundesschlüsse in Lev 26,45; nach Groß 1998, 98f. ist 26,45 folgendermaßen zu übersetzen: „Und ich werde zu ihren Gunsten, die ich aus dem Land Ägypten herausgeführt habe vor den Augen der Völker, um ihnen Gott zu sein, einer Vorfahren-Berit / einer Berit mit Früheren gedenken." Der Bund mit „Früheren" (Indetermination), an den Jahwe zugunsten der Exodusgeneration gedenken wird, ist in diesem Kontext sowohl auf die Väter-Berit als auch auf die Sinai-Berit zu beziehen (vgl. Hieke 2014, 1097). Wie in Ex 19,4f. wird auch in Lev 26 die Exodusgeneration gleichzeitig mit dem Väterbund in Beziehung gesetzt. Zu Lev 26 vgl. auch Ska 2009c, 154.
106 Vgl. auch Ska 2009c, 160.

die *Gesetzes*mittlerschaft Moses nicht besonders betont wird.[107] Dem entsprechen die Aussagen des Epitaphs zu Moses Tod in Dtn 34,10 – 12,[108] wo Mose auch nicht als Gesetzgeber herausgestellt wird,[109] sondern als Urbild eines *Propheten*, der sich durch die Zeichen und Wunder beim Exodus und durch besondere Nähe zu Gott auszeichnet. In entsprechender Weise betont Jahwe in Ex 19,9 die besondere Nähe Moses zu ihm und will dadurch „ewiges" Glauben Israels an Jahwe und Mose hervorrufen („ich werde in der Dichte der Wolke zu dir kommen, damit es das Volk hört, wenn ich mit dir rede, und auch dir ewiglich glaubt"). Das, was durch die Zeichen in Ex 4,1 – 31* und durch das Meerwunder in Ex 14,31 bewirkt wurde, soll jetzt „auf Dauer" gestellt werden. Die Identität des Gottesvolkes besteht neben dem Hören auf die Stimme Jahwes und dem Bewahren der Bestimmungen des Sinaibundes auch im Vertrauen auf die Führung Jahwes (vgl. Ex 19,4: „Ihr habt gesehen, was ich mit den Ägyptern getan und *wie* ich euch auf Adlerflügeln getragen[110] und euch zu mir gebracht habe"), und dabei vor allem auf seinen *prophetischen* Führer Mose (19,9).[111]

---

107 So tritt auch in der Reflexion über den Untergang der *beiden* israelitischen Reiche in 2 Kön 17,7 – 20* Mose nicht als Gesetzgeber in den Vordergrund. Vielmehr spricht 17,13 vom „Gesetz, das Israel mitgeteilt worden ist durch Jahwes Knechte, die *Propheten*" (17,13). In der Enneateuch-Fortschreibung ist Mose primär Prophet (Dtn 34,10 – 12) und hat als solcher unter anderem auch die Aufgabe der Gesetzesmitteilung (Ex 19,5; 24,3; 2 Kön 18,12 etc.).

108 Zur Beziehung zwischen Ex 19,9 und Dtn 34,10 – 12 vgl. Oswald 1998, 231 – 234. Die Betonung der außerordentlichen Nähe Moses zu Jahwe findet sich in entsprechender Weise in den Ohel Mo'ed-Texten wie Ex 33,7 – 11; Num 11,16 – 29*; 12,2 – 8*; Dtn 31,14f. Auch diese Texte dürften der späten nachpriesterlichen Enneateuch-Fortschreibung zuzuweisen sein (gegen Blum 1990, 73 – 88). Vgl. Schmitt 2001h, 270 – 275, und Hartenstein 2008, 267f. Dabei zeigt sich an Ex 33,7 – 11, dass die Ohel Mo'ed-Texte jünger als die Mal'ak-Fortschreibung von Ex 33,1 – 6* anzusetzen sind (vgl. auch Achenbach 2003, 178 – 181).

109 Dies spricht im Übrigen gegen die Annahme, dass Dtn 34,10 – 12 den redaktionellen Schluss des Pentateuch als einer aus einem Hexateuch bzw. einem Enneateuch herausgetrennten eigenständigen „Tora" darstelle (vgl. u.a. Oswald 1998, 233; Römer 2006a, 541). Dtn 34,10 – 12 *verbindet* vielmehr den Pentateuch mit den Vorderen Propheten.

110 Vgl. zum Getragenwerden durch Adler Dtn 32,11, zum Getragenwerden durch Gott auch Dtn 1,31.

111 Anders als in der Mal'ak-Fortschreibung, wo statt Jahwe der „Bote Jahwes" Israel führt (vgl. Ex 33,2.5), tritt Mose – trotz des intensiven Gesprächskontaktes zwischen Mose und Jahwe – nicht an die Stelle Jahwes. So betont Ex 19,4 die unmittelbare und gleichzeitig fürsorgliche Führung des Volkes durch Jahwe selbst.

5.3 Gottesvolk als „gôy qādôš" und als Königreich über Priester

In den Bereich der Prophetie weist schließlich auch das Gottesvolkverständnis von Ex 19,3b–9. In 19,5b–6a wird Israel verheißen, dass – wenn Israel die Forderungen Jahwes erfüllt – es unter allen Völkern „Jahwes Sondereigentum" und gleichzeitig „eine heilige Nation" und ein „Reich von Priestern" sein wird. Die hier dargestellte Sonderstellung Israels unterscheidet sich – trotz gewisser Ähnlichkeiten – deutlich von den Absonderungsforderungen des Heiligkeitsgesetzes.[112] Auch weichen die in Ex 19,5–6 gebrauchten Würdetitel Israels von den Bezeichnungen ab, die Israel in der deuteronomisch-deuteronomistischen Tradition gegeben werden. So spricht Ex 19,5 nur von s^egullāh („Sondereigentum"), nicht wie Dtn 7,6; 14,2; 26,18 vom „Volk des Sondereigentums".[113] Außerdem wird der im Deuteronomium (vgl. 7,6; 14,2.21; 26,19) übliche Begriff „heiliges Volk ('am)" durch „gôy qādôš" ersetzt, was wohl auf prophetische Wurzeln (vgl. Jer 7,28a[114]) zurückgeht.[115]

Auch in der stark umstrittenen Frage, ob in 19,6 mit „Königreich von Priestern" die Israel bestimmende Regierungsform einer Herrschaft von Priestern gemeint ist[116] oder ob mit dem Begriff ausgesagt werden soll, dass das Volk Israel als Ganzes einen priesterlichen Status besitzt,[117] wird man sich für eine Herleitung dieses Verheißungsinhalts aus der Prophetie entscheiden müssen. Da im vorliegenden Kontext „Königreich von Priestern"[118] nur im Rahmen der Verheißung

---

112 Vgl. Ska 2009c, 157, mit dem Hinweis, dass Ex 19,3–6 das für das Heiligkeitsgesetz typische Verb bdl hif. „absondern" (vgl. Lev 20,24–26; auch Esr 6,21; 8,24; 9,1; 10,8.11.16; Neh 9,2; 10,29; 13,3) nicht benutzt.

113 Ska 2009c, 144.

114 So Aurelius 2003, 105f.149.164, der auf Jer 7,22–28a und den dortigen „prophetischen" Gebrauch von gôy für Israel verweist („dies ist der gôy, der nicht auf die Stimme Jahwes gehört hat"); vgl. aber auch Ska 2009c, 146.

115 Auf prophetische Tradition verweist auch der Satz in Ex 19,5 „zwar gehört mir die ganze Erde" (so die Übersetzung von Oswald 1998, 256; ähnlich Dohmen 2004, 44), der „Yhwh's universal sovereignty" über alle Völker betont (so Ska 2009c, 146). Als Parallelen zu diesem Satz sind vor allem Jes 45,12.18 zu nennen.

116 Vgl. zuletzt u. a. Graupner 2007, 40–44.

117 Vgl. u. a. Blum 1990, 51 Anm. 22; Oswald 1998, 157.164–167; Schmidt, L. 2001, 170; Steins 2001; Aurelius 2003, 146–151; Dozeman 2009, 445f.

118 „koh^anîm" kann in der hier vorliegenden Konstruktion entweder genitivus subiectivus oder genitivus obiectivus sein (vgl. Graupner 2007, 42f.). Im Kontext von 19,5–6 spricht m. E. entgegen der Meinung von Graupner alles für einen genitivus obiectivus (vgl. 1 Sam 24,21: „Königtum über Israel"): „Königtum über Priester".

„eines Standes und einer Würde" von *ganz* Israel sinnvoll ist,[119] dürfte hier eine
Jes 61,6 entsprechende Verheißung gemeint sein,[120] dass nämlich Israel als ganzes
Volk priesterliche Würde (in der Beziehung zu anderen Völkern) besitzen wird.[121]
In den tritojesajanischen Texten von Jes 60–61 bedeutet das Priestersein der Israeliten nämlich keine Abgrenzung von den Völkern. Vielmehr erwartet Jes 60 „a
kind of conversion of the nations to the God of Israel" im Rahmen einer Völkerwallfahrt nach Jerusalem.[122] Dabei sind auch hier wie in den Fürbitten Moses in
Num 14,13–16 und in Dtn 9,28 die Völker als „Zeugen" verstanden, die an Israel
die Macht Jahwes erkennen können.[123] Von einer israelitischen „resistance culture" gegenüber der Völkerwelt – wie sie sich in den Esra/Nehemia-Büchern, aber
auch in der der Enneateuch-Fortschreibung vorausgehenden Mal'ak-Fortschreibung[124] zeigt – wird man daher im Rahmen der Enneateuch-Fortschreibung nicht
mehr sprechen können.

---

119 Vgl. besonders Mosis 1978, 25. Dies spricht gegen „Regierungsform einer Priesterherrschaft",
die kaum als besondere Würde zu verstehen ist.
120 Zur Übereinstimmung zwischen Ex 19,6 und Jes 61,6 vgl. besonders Steins 2001, 33–35; Zapff
2006, 393; auch Ska 2009c, 152, der allerdings Jes 61 einer früheren „völkerfreundlicheren" Zeit
zuordnet: „Isa 61:5–6 belongs to the ‚optimistic' era when relations between Israel and the nations are viewed positively. Exod 19:3–6 [...] insists more on what must distinguish Israel from the
other ‚peoples'."
121 Zur gleichen Schicht wie Ex 19,3b–9 gehören auch Ex 20,22f. (und damit wohl auch der
Dekalog von Ex 20,1–17; vgl. dazu oben Anm. 54) und Ex 24,4–8. Vgl. besonders Oswald 1998,
89–95. 256.261f. (Oswald weist zu Recht darauf hin, dass „die gleichzeitige Lokalisierung Gottes
im Himmel und auf der Spitze des Gottesberges" in der altorientalischen Literatur „breit belegt"
ist, vgl. Oswald 1998, 90f.). Wenn Ex 24,8 davon berichtet, dass Mose das Volk Israel mit Blut
besprengt, dann soll dieser Ritus wohl ein „vorläufiges" Zeichen der für die Zukunft verheißenen
priesterlichen Würde darstellen. Mit diesem Ritus wird dabei – trotz der bestehenden Unterschiede (vgl. zu ihnen u. a. Aurelius 2003, 161; Konkel 2008, 271–274) – auf den von der Priesterschrift beschriebenen Ritus der Priesterweihe (Ex 29,20–21; Lev 8,22–24.30) angespielt. Ex
19,3b–9; 24,4–8 greifen somit Vorstellungen der Priesterschrift auf und interpretieren sie neu.
122 Vgl. Ska 2009c, 158, und dazu allerdings auch oben Anm. 120.
123 Zum Zusammenhang von Ex 19,5f. mit der Vorstellung von der Völkerwallfahrt zum Zion vgl.
auch Hieke 2014, 1098.
124 Vgl. zu ihr oben Abschnitt 2.

Das Altargesetz Ex 20,24 – 26 und seine redaktionsgeschichtlichen Bezüge

Abstract: The altar law in Exod 20:24 – 26 consists of a basic layer in Exod 20:24aα, 25aβ*, 26 and later additions in Exod 20:24aβb, 25b, 26b. These additions are related to the post-Priestly and late Deuteronomistic redaction of the *Enneateuch* (Genesis 1 – 2 Kings 25). In the immediate context of the altar law the *Enneateuch-redaction* is also responsible for the supplement of Exod 19:3 – 9; 20:22 – 23; 23:13 and 24:3 – 8 (also compare Deut 12:1 – 7, 29 – 31).

1 Die alte vordeuteronomische Schicht des Altargesetzes von Ex 20,24 – 26

In seinen grundlegenden „Studien zum Altargesetz Ex 20,24 – 26" hat Diethelm Conrad zu Recht auf die komplexe Entstehungsgeschichte der gegenwärtig in Ex 20,24 – 26 vorliegenden Fassung des Altargesetzes hingewiesen. Zwar liegt seiner Auffassung nach in Ex 20,24 – 26* ein altes israelitisches Gesetz vor: „Das Gesetz stammt aus der Frühzeit des israelitischen Volkes. Bis auf Salomo hat es seinen Dienst getan. Dann ist es nur noch historische Reminiszenz. So wird es auch nicht, wie das doch bei vielen anderen apodiktischen Gesetzen der Fall ist, in einem der späteren Gesetzeskorpora wiederholt".[1] Doch weist Conrad gleichzeitig darauf hin, dass das Altargesetz „in seiner jetzigen Form kaum ursprünglich und kaum einheitlich entstanden" ist[2]. Vielmehr habe „eine Zerdehnung des Gesetzes stattgefunden, die auf eine längere Zeit mündlicher Überlieferung als auch auf Bearbeitung schließen läßt".[3] Nach Conrad besteht der Kern des Altargesetzes ausschließlich aus Ex 20,24aα.25aβ*.26a und damit aus einem Gebot und zwei Prohibitiven: „Einen Altar von Erde sollst du mir machen. – Du sollst meinen Altar nicht bauen als Behauenes. – Du sollst nicht auf Stufen auf meinen Altar hinaufgehen".[4] Diese literarkritische Analyse von Ex 20,24 – 26 durch Conrad unter-

---

1 Conrad 1968, 136.
2 Conrad 1968, 8.
3 Conrad 1968, 9.
4 Conrad 1968, 9 – 20. Zu fragen ist allerdings, ob man für die Rekonstruktion der ursprünglichen Schicht des Altargesetzes nicht stärker am überlieferten Text von Ex 20,24a*.25a.26a festhalten muss: „Einen Altar von Erde sollst du mir machen, und du sollst auf ihm schlachten dein Kleinvieh und deine Rinder. Wenn du mir aber einen Altar aus Steinen machst, sollst du sie nicht bauen als Behauenes. Und du sollst nicht auf Stufen auf meinen Altar hinaufsteigen".

https://doi.org/10.1515/9783110724448-014

scheidet in sachgemäßer Weise zwischen ursprünglichen Geboten und sekundären Gebotsmotivierungen und ist daher von der weiteren Forschung zu Recht weitgehend übernommen worden.[5]

Auch können unter Berücksichtigung des in den letzten Jahrzehnten reichlich gewachsenen archäologischen Materials die von Conrad eruierten ältesten Elemente des Altargesetzes Ex 20,24aα.25a.26a als in die vorstaatliche Zeit zurückreichende Bestimmungen verstanden werden: Mit dem hier geforderten Altar aus Erde ist offensichtlich eine aus ungebrannten Lehmziegeln errichtete Opferstätte gemeint.[6] Nach Zwickel ist hier vor allem an gestufte Podiumsaltäre zu denken, bei denen man sowohl die Oberfläche des Podiums als auch die Stufen für Deponierungen nutzte und es von daher für die Priester verboten war, die Stufen zum Hinaufgehen zu gebrauchen.[7] Solche Podien sind in spätbronzezeitlichen und früheisenzeitlichen Tempeln des syrisch-palästinischen Raumes nachzuweisen, doch scheint man in der Eisen-II-Zeit auf sie verzichtet zu haben.[8]

2 Die unterschiedlichen Datierungen der Verbindung der alten Altarbestimmungen mit dem Bundesbuch

Stark umstritten ist in der neueren Forschung allerdings die Einordnung der sekundären Bestandteile des Altargesetzes Ex 20,24 – 26 in die Schichtung des Pentateuch und damit die Datierung der Verbindung des Altargesetzes mit den folgenden Bundesbuchstücken Ex 21,1ff. Während Jörn Halbe Ex 20,24aβγ*.b.25a zur Ausbaustufe I des Bundesbuches rechnet, die sich vor allem in V. 24b „dem politisch wie kultisch immer spürbarer wirksamen Geltungsanspruch Jerusalems als Zentrum der ... Reichsgewalt" entgegensetzt,[9] führt Eckart Otto die Erweiterungen Ex 20,24aβ*.b.25b.26b dagegen auf Jerusalemer Tempeltheologie des 8.

---

5 Vgl. u. a. Halbe 1975, 441 – 444, der allerdings nur Ex 20,24aα und 26a zur ältesten Schicht rechnet (ebd., 442); Otto 1988, 54 – 56; Zwickel 1994, 291. Anders Dohmen 1987, 161 – 163, der als älteste Schicht des Altargesetzes Ex 20,23b.24aα ansieht, dabei aber die 2. plur. in V. 23b in die 2. sing. ändern muss. Problematisch sind auch die Auffassungen von Osumi 1991, 80 – 83, und von Oswald 1998, 111 Anm. 92, die eine literarische Einheitlichkeit von Ex 20,24 – 26 postulieren.
6 Vgl. schon Conrad 1968, 40f. unter Hinweis auf den Altar im Tempel von Arad (Stratum X). Ähnlich Fritz 1977, 47; Görg 1991, 81f.; Haak 1991, besonders 163; Zwickel 1994, 270f.
7 Vgl. Zwickel 1994, 291 und dazu ebd., 150f. mit Hinweis auf den Podiumsaltar von Tell Mubārak Stratum XI, der allerdings bereits aus dem 15. Jh. v. Chr. stammt.
8 Zwickel 1994, 291f. Vgl. aber auch Houtman 1997, 73f., der auf die Unsicherheit der archäologischen Erklärung der ursprünglichen Bestimmungen von Ex 20,24 – 26* verweist.
9 Halbe 1975, 379f.

Jh.s zurück.[10] Mit der gleichen Herkunft rechnet auch Joachim Schaper.[11] Ludger Schwienhorst-Schönberger weist dagegen Ex 20,24b.26b einer protodeuteronomischen Redaktion zu, die im Horizont hoseanischer Aussagen zu verstehen sei.[12] Allerdings geht seiner Meinung nach der „Nachtrag der Opferarten in 20,24aβ auf das Konto des dtr. Redaktors ..., der das Altargesetz zu einer einmaligen Anweisung an Mose herabstuft, die dieser in Ex 24,4f. ausführt".[13] Auf diese deuteronomistische Redaktion sind nach ihm auch Ex 20,22 – 23* zurückzuführen.[14] Besonders zu erwähnen ist schließlich der Vorschlag von Christoph Levin, den Zusatz zum Altargesetz Ex 20,24b als „antideuteronomische" Überarbeitung zu verstehen.[15] In diesen Zusammenhang gehört auch die These von Wolfgang Oswald, dass schon das ursprüngliche Altargesetz, das er in der Exilszeit ansetzt, eine gegen eine Kultzentralisation und die priesterliche Theologie gerichtete Pointe besitzt.[16]

3 Der Prolog des Bundesbuches Ex 20,22f. und das Altargesetz

Da in der soeben dargestellten neueren Diskussion das Verhältnis von Ex 20,22 – 23 zum Altargesetz 20,24 – 26 eine zentrale Rolle spielt, sollen daher im folgenden die Verse 22 – 23 und ihr Verhältnis zum Altargesetz in die Analyse von 20,24 – 26 einbezogen werden.

Wir setzen ein mit einer Übersetzung von Ex 20,22 – 26:

> 22. Jahwe sprach zu Mose: So sollst du sprechen zu den Israeliten: Ihr habt gesehen, dass ich vom Himmel mit euch gesprochen habe.

---

10 Otto 1988, 54 – 56.

11 Schaper 1999, besonders 123 – 127.

12 Schwienhorst-Schönberger 1990, 297f. Vgl. ähnlich Crüsemann 1992, 203f., der das Altargesetz als eine nach 722 v. Chr. zu datierende Frühform der deuteronomischen Zentralisationsforderung versteht.

13 Crüsemann 1992, 296. Ähnlich schon Hossfeld 1982, 182f., und Scharbert 1989, 87.

14 Schwienhorst-Schönberger 1990, 291.298f.

15 Levin 1985, 96 Anm. 94; Levin 1993, 430 – 432; Levin 2003a, besonders 97 – 102.

16 Oswald 1998, 195f. Innerhalb der exilischen Grundschicht der Exodus-Gottesberg-Erzählung, zu der auch das Bundesbuch gehörte, will das Altargesetz nach Oswald (ebd., 143) darauf aufmerksam machen, dass „ein Volk seinem Gott auch ohne Heiligtum und Priester begegnen kann".

23. Ihr sollt nichts neben mir machen:[17] silberne Götter und goldene Götter sollt ihr euch nicht machen.

24. Einen Altar von Erde sollst du mir machen, und du sollst auf ihm schlachten deine Brandopfer und deine Heilsopfer, dein Kleinvieh und deine Rinder. An jedem Ort,[18] an dem ich meines Namens gedenken lassen werde, werde ich zu dir kommen und dich segnen.

25. Wenn du mir aber einen Altar aus Steinen machst, sollst du sie nicht bauen als Behauenes; denn du würdest deinen Meißel über es schwingen und es dadurch entweihen.

26. Und du sollst nicht auf Stufen auf meinen Altar hinaufsteigen, damit deine Blöße nicht auf ihm enthüllt wird.

Betrachtet man den das Altargesetz einleitenden Prolog des Bundesbuches Ex 20,22 – 23, so ergibt sich in der neueren Forschung insofern ein Konsens, als man diese Verse weitgehend deuteronomistischen bzw. spätdeuteronomistischen Schichten zuordnet.[19]

So hat schon Erich Zenger[20] die von Ex 20,22b gebrauchte Anschauung, dass Jahwe vom Himmel her redet, mit der Gottesvorstellung von Dtn 4,36 in Verbindung gebracht und damit in den Rahmen der (Spät)deuteronomistik eingeordnet.[21] Gleichzeitig hat Frank-Lothar Hossfeld[22] gezeigt, dass die in 20,22 vorliegende Struktur der Jahwerede: „Rede Jahwes an Mose – Befehl der Weitergabe der Rede an die Israeliten – direkte Jahwerede" typisch für die priesterliche Gesetzesliteratur ist.[23] Beide Beobachtungen brauchen sich nicht auszuschließen,[24] da es sich bei der Vorstellung von Dtn 4,36, dass Jahwe den Dekalog vom Himmel her verkündet, um eine spätdeuteronomistische Anschauung handelt, die nachpriesterschriftlich anzusetzen ist und zu einer Schicht gehört, die priesterliche

---

17 Zur Übersetzung vgl. Houtman 1997, 50 – 52: „Ihr sollt nichts machen (zur Aufstellung) in meiner Gegenwärtigkeit".
18 Die ältere Forschung (vgl. u. a. Jepsen 1927, 12) emendiert den MT (*bkl hmqwm* „am ganzen Ort") in *bkl mqwm* „an jedem Ort". Conrad 1968, 5f.; Levinson 1997, 32 Anm. 18, u. a. weisen jedoch zu Recht darauf hin, dass in Gen 20,13 und Dtn 11,24 *bkl hmqwm* auch „an jedem Ort" bedeutet, so dass eine Änderung des MT unnötig ist.
19 Anders nur Dohmen 1987, 161–163, der als Grundschicht von 20,23 einen mit 20,24aα zusammenhängenden Prohibitiv „silberne und goldene Gottesbilder sollst du mir nicht machen" rekonstruiert, allerdings den jetzt vorliegenden Text mit Pluralanrede „ihr" ändern muss, was die Wahrscheinlichkeit dieser Rekonstruktion nicht erhöht. Schließlich räumt auch Dohmen ein, dass die vorliegende Fassung von 20,23 erst deuteronomistisch ist.
20 Zenger 1971, 109f.
21 Vgl. ähnlich Schmidt, L. 2001, 167–185, besonders 177f.
22 Hossfeld 1982, 176 – 179.
23 Vgl. auch Schwienhorst-Schönberger 1990, 291.
24 Gegen Hossfelds Annahme vom Vorliegen zweier Schichten in Ex 20,22f. (einer deuteronomistischen und einer priesterlichen) vgl. auch Schmidt, L. 2001, 173 Anm. 33.

Vorstellungen in sich aufgenommen hat.[25] Für die ursprüngliche Zusammengehörigkeit von Ex 20,22–23 spricht auch, dass in V. 22–23 keine literarischen
Spannungen zu beobachten sind.[26] Der spätdeuteronomistische Verfasser des
Prologs des Bundesbuches will offensichtlich mit V. 23 am Beginn des Bundesbuches die grundlegende Bedeutung des Fremdgötter- und Bilderverbotes ein-
schärfen.

4 Spätdeuteronomistische Elemente in Ex 20,24 – 26

Im folgenden stellt sich die Frage, ob der das Altargesetz einleitende Verfasser des
Bundesbuchprologes auch in das Altargesetz Ex 20,24–26 eingegriffen hat. Ob-
wohl eine literarkritische Differenzierung des Altargesetzes von einer Reihe von
Forschern[27] abgelehnt wird, sprechen doch einige deutliche Indizien für eine
Überarbeitung von älteren Bestimmungen: So liegen jedenfalls in V. 24a literarische Spannungen vor, die eine nachträgliche Ergänzung wahrscheinlich machen.
Vor allem enthält das „Du sollst schlachten" mit „deine Brandopfer und deine
Gemeinschaftsopfer" und „dein Kleinvieh und deine Rinder" zwei unterschiedliche Objektangaben. Diese Spannung ist auch vom Samaritanus bemerkt worden, der beim zweiten Objektpaar die Akkusativpartikel ’æt durch *min* („von")
ersetzt und so den Satz zu glätten versucht. Diese Doppelung der Objektangaben
ist am einfachsten dadurch zu erklären, dass hier ein Ergänzer die Opferarten in
das Altargesetz aufnahm, die in Ex 24,5 vorausgesetzt werden.[28] Da Ex 24,5 mit der
Bundesschlussszene von Ex 24,3–8 zur spätdeuteronomistischen Schicht von Ex
20,22–23 gehört,[29] besteht eine hohe Wahrscheinlichkeit, dass hier der spätdeuteronomistische Verfasser des Bundesbuchprologs Ex 20,22–23 und der Bundesschlussszene Ex 24,3–8 einen Zusatz in das Altargesetz eingefügt hat. Dass er

---

25 Zu Dtn 4,36–40 als spätdeuteronomistische Schicht vgl. Knapp 1987, 106–111 (dabei ist
4,36abα entgegen Knapp als ursprünglich innerhalb von 4,36–40 zu verstehen, vgl. Schmidt, L.
2001, 177 Anm. 49). 4,36ff. setzt dabei schon die nachpriesterlich zu datierende spätdeuteronomistische Schicht von 4,29–35 voraus (zur Abhängigkeit von P vgl. u. a. die bei Knapp [ebd., 99]
genannten Bezüge). Auf den nachpriesterlichen Charakter der spätdeuteronomistischen Schicht
von Dtn 4* macht auch Nentel 2000, 232f., aufmerksam.
26 Vgl. u. a. Halbe 1975, 441 und Schmidt, L. 2001, 173.
27 Vgl. u. a. Noth 1959, 142; Osumi 1991, 80–83; Oswald 1998, 111f. Anm. 92.
28 Für diesen spätdeuteronomistischen Bezug des Altargesetzes Ex 20,24–26 auf Ex 24,3–8 (V. 5
nennt ‘lt „Brandopfer" und *zbḥym šlmym* „Heilsmahlopfer", letzteres in leichter Abwandlung
gegenüber Ex 20,24, wo die „Heilsmahlopfer" nur mit *šlmym* bezeichnet sind) vgl. auch u. a.
Hossfeld 1982, 182f. und Scharbert 1989, 87.
29 Vgl. zuletzt Schmidt, L. 2001, 168–178.

hier anders als in 20,22 – 23 in der 2. Person Singular formuliert, liegt offensichtlich daran, dass er das Altargesetz in spezieller Weise als zu Mose gesprochen versteht.[30]

Auf diesen spätdeuteronomistischen Redaktor, der wahrscheinlich Pentateuch und Deuteronomistisches Geschichtswerk miteinander verbunden hat[31], geht wahrscheinlich auch die Erweiterung von V. 25 zurück. Die Vorstellung, dass bei Heiligtumsbauten keine behauenen Steine gebraucht werden dürfen, findet sich sonst im Alten Testament zum einen im Bericht über den Bau des Salomonischen Tempels in 1 Kön 6,7. Der Vers lautet in der Übersetzung von Ernst Würthwein:[32] „Als das Haus (sc. der Jerusalemer Tempel) gebaut wurde, wurde er aus unbehauenen Bruchsteinen gebaut; Hämmer und Steinhaue, irgendwelche Eisenwerkzeuge, wurden im Tempel während seines Baus nicht gehört". Dieser Vers stellt innerhalb des Tempelbauberichts 1 Kön 6,1 – 13 einen nachträglichen Zusatz dar, der offensichtlich auf die wohl alte Bestimmung des Altargesetzes Ex 20,25a Bezug nimmt.[33]

Zum andern findet sich die Vorstellung, dass Altäre aus unbehauenen Steinen zu erbauen sind, in der Anordnung Moses zur Errichtung eines Altars auf dem Berg Ebal in Dtn 27,1 – 7* und im Bericht über deren Realisierung in Jos 8,30 – 35*.[34] John Van Seters[35] hat die Auffassung vertreten, dass das seiner Meinung nach auf den spätexilischen Jahwisten zurückzuführende Altargesetz bei der Bestimmung über die Verwendung unbehauener Steine in Ex 20,25 in Anlehnung an die Vorstellungen von Dtn 27,5f. und Jos 8,30f. formuliert worden sei. Dagegen spricht jedoch, dass die Bestimmung von Ex 20,25a („Wenn du mir aber einen Altar aus Steinen machst, dann sollst du sie nicht bauen als Behauenes [gzyt]") keine direkten terminologischen Beziehungen zu Dtn 27,5f. und Jos 8,30f. aufweist, die von ’bnym šlmwt sprechen. Engere terminologische Beziehungen zwischen dem Altargesetz und Dtn 27,5 – 7/Jos 8,30f. liegen nur in den Teilen von Ex 20,24 – 26 vor, die nach Diethelm Conrad als sekundäre Zufügungen anzusehen sind: So gebraucht 20,25b die Formulierung des „Schwingens" (nwp hif.) von

---

30 Vgl. Schwienhorst-Schönberger 1990, 296. Zur Auffassung, dass sich das Altargesetz direkt an Mose richtet, vgl. schon Hossfeld 1982, 182f. Anders Sprinkle 1994, 40, der das „du" in 20,24 – 26 damit erklärt, dass sich das Altargesetz nicht an die einzelnen Israeliten, sondern an „Israel as a totality" richtet.

31 Vgl. Schmitt 2001b, 277 – 294.

32 Würthwein 1985, 60.

33 Vgl. Würthwein 1985, 64. Entgegen der Auffassung von Otto 1988, 54f. kann dem späten Zusatz 1 Kön 6,7 jedoch nicht entnommen werden, dass das Altargesetz bereits im 8. Jh. v. Chr. „in das kultische Leben des Jerusalemer Tempels integriert" wurde.

34 Zu diesen Bezügen vgl. vor allem Van Seters 1996, besonders 327 – 329. Vgl. auch Olyan 1996.

35 Van Seters 1996, 327 – 329.

Eisen (in Ex 20,25b allerdings „Eisenwerkzeug" *ḥrb*) über den Steinen, wie dies Dtn 27,5 und Jos 8,31 tun. Auch sprechen Ex 20,24aα$_2$ wie Dtn 27,6f. und Jos 8,31 von „Brandopfern" und „Heilsopfern", die auf dem Altar dargebracht werden. Da sowohl Jos 8,30 – 35[36] als auch Dtn 27,1 – 7[37] einer spätdeuteronomistischen Schicht[38] zuzuordnen sind, deutet alles darauf hin, dass auch in Ex 20,25b die nachpriesterschriftlich[39] anzusetzende Redaktion vorliegt, die das spätdeuteronomistische Geschichtswerk Gen 1 – 2 Kön 25 geschaffen hat. Im Rahmen dieser Schicht richtet Jahwe die Altargebote zunächst nur an Mose,[40] der aufgrund von ihnen in Ex 24,3 – 8 Altarbau und Opfer durchführt. Bei seinem Tod gibt er sie in Dtn 27,1 – 8 an die kommende Generation weiter, in der sie durch Josua auf dem Berg Ebal realisiert werden (Jos 8,30 – 35).[41]

Schließlich existieren auch bei der Erweiterung von V. 26b Anzeichen für das Vorliegen einer spätdeuteronomistischen Hand. Die sekundäre Erläuterung von „du sollst nicht auf Stufen auf meinen Altar hinaufsteigen" mit „damit deine

---

36 Jos 8,30 – 35 unterbricht die Darstellung von DtrH, bei dem auf die Eroberung von Ai (Jos 8,1 – 29*) der Vertragsschluss mit den Gibeoniten (Jos 9,1 – 27*) folgte. Der Bericht über den Altarbau auf dem Ebal „paßt nach Ort und Inhalt nicht in den erzählerischen Zusammenhang und erweist sich damit als Einschub" (Fritz 1994, 94). Bemerkenswert ist, dass in diesem Text priesterliche Vorstellungen aufgenommen sind (vgl. u. a. *qhl* als Bezeichnung der Gemeinschaft der Kultteilnehmer in V. 35 und dazu ebd., 98f.; auch *'zrḥ* „Einheimischer" in V. 33.35 und dazu trotz seines gegenteiligen Urteils auch Van Seters 1996, 327 Anm. 33).

37 Bei Dtn 27 handelt es sich um eine nachexilische Erweiterung der zweiten Moserede des Deuteronomium, die die Darstellung von Dtn 26; 28 unterbricht (vgl. Braulik 1992, 8.199). Beachtenswert ist, dass die in V. 7 genannten „Heilsopfer" (*šlmym*) sonst innerhalb des Deuteronomiums nicht vorkommen (vgl. ebd., 200).

38 Vgl. Van Seters 1996, 327f., der Dtn 27 und Jos 8,30 – 35 als „post-Deuteronomistic additions" ansieht, allerdings eine spätdeuteronomistische Redaktion in Gen 1 – 2 Kön 25 ablehnt. Zur nachexilischen Datierung von Dtn 27* und Jos 8,30 – 35 vgl. auch Na'aman 2000. Gegenüber Na'aman ist jedoch zu betonen, dass sich Dtn 27,1 – 8 und Jos 8,30 – 35 im Rahmen der nachpriesterschriftlichen spätdeuteronomistischen Schicht nicht gegen Jerusalem als einzige Kultstätte richten, sondern nur von einem „Übergangsheiligtum" sprechen.

39 In Ex 20,25b ist zu beachten, dass *ḥll* pi. („entweihen") im AT meist in exilisch-nachexilischen Texten vorkommt (besonders im Heiligkeitsgesetz, bei Ezechiel und in exilisch-nachexilischen prophetischen Texten). Vgl. vor allem Maass 1971.

40 Vgl. dazu oben bei Anm. 30.

41 Dass in Dtn 27 nicht wie in Ex 20,24 – 26 Jahwe, sondern Mose die Vorschriften für den Altarbau verkündet, spricht somit – gegen Van Seters 1996, 328 – nicht gegen das Vorliegen einer gemeinsamen spätdeuteronomistischen Schicht. Vgl. Braulik 1992, 8, der zu Recht darauf hinweist, dass Dtn 27 nur „Vorschriften für eine einmalige Kulthandlung in Sichem" enthält. Zur Parallelität von Ex 24,3 – 8 und Dtn 27,1 – 8/Jos 8,30 – 35 vgl. auch Anbar 1985, besonders 306, und Noort 1997, besonders 177.

Blöße nicht auf ihm enthüllt wird" setzt – wie bereits Diethelm Conrad[42] gezeigt hat – die priesterschriftliche Vorstellung von Ex 28,42 voraus, nach der eine Entblößung des Priesters im Heiligtum unbedingt zu vermeiden ist und daher Priester Hosen tragen müssen. Da die spätdeuteronomistische Schicht die Priesterschrift voraussetzt,[43] spricht auch hier alles dafür, dass die Endfassung von Ex 20,26 erst von einem nachpriesterschriftlichen spätdeuteronomistischen Redaktor hergestellt wurde.

Auf diesem Hintergrund kann nun auch gewagt werden, den sehr umstrittenen Vers Ex 20,24b im Rahmen des spätdeuteronomistischen Geschichtswerks Gen 1–2 Kön 25 zu interpretieren. Die traditionelle alttestamentliche Forschung hat die Aussage, dass Jahwe an jedem Ort, an dem er seines Namens gedenken lässt, zu Israel kommt und es segnet als eine „vordeuteronomische" Aussage interpretiert, die die deuteronomische Forderung nach Kultzentralisation in Jerusalem noch nicht kennt.[44]

Nun hat jedoch Christoph Levin[45] darauf hingewiesen, dass die als communis opinio vertretene Auffassung, die Zentralisationsformel von Dtn 12,13f. („nicht an jedem Ort, den du siehst") sei von Ex 20,24b („an jedem Ort, an dem ich meines Namens gedenken lasse") abhängig, nicht aus sich heraus plausibel ist, sondern dass auch eine umgekehrte Abhängigkeit nicht ausgeschlossen werden kann.[46] Er hat daher vorgeschlagen, Ex 20,24b nicht „vordeuteronomisch", sondern als gegen das Zentralisationsgesetz des Deuteronomium gerichtet zu interpretieren – und zwar auf der Grundlage der Bedürfnisse der Exilssituation, in der die jüdische Diaspora auch im Exil am Jahwekult festhalten wollte.[47] An eine exilische Datierung des Altargesetzes denkt auch Wolfgang Oswald.[48] Allerdings bezieht er die Bestimmungen auf die Exilssituation im Land Juda, in der „die Pluralität der

---

42 Conrad 1968, 55. Otto 1988, 54, will Ex 20,26b demgegenüber auf die vorexilische Jerusalemer Tempeltheologie zurückführen; Schwienhorst-Schönberger 1990 denkt an eine Herkunft aus dem Umkreis Hoseas. Belegt ist jedoch die in 20,26b vertretene Vorstellung erst in der Priesterschrift (Ex 28,42: Bedecktsein der ʿrwh wie in Ex 20,26b).

43 Vgl. oben bei Anm. 25.

44 Vgl. vor allem Wellhausen 1905, 29f. In der neueren Forschung wird zudem die deuteronomische Zentralisationsformel als „Auslegung" des vorgegebenen Altargesetzes des Bundesbuches (vor allem von Ex 20,24b) verstanden: Vgl. u. a. Rad 1968, 65; Lohfink 1991; Reuter 1993, 123 – 127; Levinson 1997, 28 – 43; Otto 1999, 341 – 351; Schaper 1999, 115 – 117; Kratz 2000, 124.147.269.

45 Vgl. die oben in Anm. 15 genannten Publikationen.

46 Levin 2003a.

47 Levin 2003a, 100f.

48 Oswald 1998, 142f. Vgl. auch Van Seters 1996, 329: Ex 20,24 „allows for the simple construction of an altar in Jerusalem after the temple's destruction and the continuation of the cult there. It does not restrict worship to that place".

Kultorte" eine Selbstverständlichkeit gewesen sei. Für die Annahme einer selbstverständlichen Pluralität von Kultorten in der Exilszeit fehlt allerdings in der alttestamentlichen Literatur jeder Hinweis. Vielmehr gibt es deutliche Anzeichen für eine auch in der Exilszeit fortbestehende zentrale Bedeutung der Tempelstätte in Jerusalem (vgl. nur Jer 41,5). Zweifelhaft ist auch, ob es – wie Levin annimmt – in der exilischen Diaspora zu einer Relativierung des Status Jerusalems als einzigem legitimen Heiligtum gekommen ist.[49]

Es ist daher fraglich, ob Ex 20,24b die deuteronomische Zentralisationsforderung überhaupt in grundsätzlicher Weise aufheben will. Vielmehr ist der Halbvers von der Aussage „des Namens eines Gottes gedenken zu lassen" = „den Namen eines Gottes kundmachen" (so Levin[50] unter Berufung auf Johann Jakob Stamm[51]) her zu verstehen. Dabei muss Ex 20,24b im Zusammenhang mit Ex 23,13 gesehen werden, wo verboten wird, im israelitischem Kult den Namen *anderer* Götter kundzumachen. Ex 23,13 ist nun – wie die Arbeiten von Hossfeld,[52] Otto[53] und Schwienhorst-Schönberger[54] ergeben haben – der nachpriesterlichen spätdeuteronomistischen Schicht des Bundesbuchprologes Ex 20,22 – 23 zuzuordnen. Es spricht somit viel dafür, dass auch 20,24b mit seinem gleichen Gebrauch des Verbs *zkr* hif. dieser Schicht zuzuordnen[55] und im Rahmen ihres Verständnisses des Altargesetzes als Betonung des ersten Gebotes zu interpretieren ist. Ex 20,24b will also wie Ex 23,13 (und auch 20,22 – 23) darauf hinweisen, dass Jahwe nur da mit seiner Anwesenheit und seinem Segen im israelitischen Kult präsent sein will, wo er seines eigenen Namens gedenken lässt.

Dass Ex 20,24b in diesen spätdeuteronomistischen Kontext gehört, ist auch von Alfred Marx in seiner Studie über den Opferort im alten Israel unterstrichen worden.[56] In ihr zeigt er, dass in Ex 20,24b als zentraler Inhalt des israelitischen Kultes das Kommen (*bw'*) Gottes herausgestellt wird. Dies entspricht der zentralen Aussage der die Sinaiperikope eröffnenden Jahwerede Ex 19,3b–9a (vgl. Ex 19,9a

49 Vgl. nur die Bedeutung Jerusalems für die Exilsprophetie Ezechiels und Deuterojesajas.
50 Levin 2003a, 101.
51 Stamm 1945, besonders 306.
52 Hossfeld 1982, 183 – 185.
53 Otto 1988, 5f.
54 Schwienhorst-Schönberger 1990, 394 – 400.
55 Vgl. *zkr* hif. mit *šm* auf Fremdgötter bezogen auch in der spätdeuteronomistischen Abschiedsrede Jos 23 in 23,7.
56 Marx 1997, besonders 209 – 213. Vgl. auch Marx 2000, besonders 131 – 133, wo im übrigen Ex 20,22 – 26 als zusammengehörig verstanden ist.

mit Ex 20,24b), die auch zu der im Prolog des Bundesbuches vorliegenden nachpriesterschriftlichen spätdeuteronomistischen Schicht gehört.[57]

5 Das heilsgeschichtliche Verständnis des Altargesetzes in seinem spätdeuteronomistischen Kontext

Ex 19,3b–9a mit seinem heilsgeschichtlichen Rückblick in V. 4 und seiner besonderen Betonung der Rolle Moses in V. 3b.7–9[58] zeigt nun auch, dass innerhalb der hier vorliegenden spätdeuteronomistischen Schicht gesetzliche Bestimmungen wie das Altargesetz primär in ihrem heilsgeschichtlichen Kontext verstanden werden. Dies wird bestätigt durch die oben bereits festgestellte Besonderheit der spätdeuteronomistischen Interpretation des Altargesetzes:[59] Der spätdeuteronomistische Verfasser des Bundesbuchprologs Ex 20,22 – 23 lässt das Altargesetz nämlich nicht an ganz Israel, sondern nur an Mose (2. Person Singular) gerichtet sein und historisiert damit seine Bestimmungen.[60] Es geht bei Ex 20,24b somit nicht primär um eine Aussage zu Jahweheiligtümern der exilischen und nachexilischen Zeit, wie dies Levin und Oswald vermutet haben. Vielmehr ist zu berücksichtigen, dass die sich auf Gen 1 – 2 Kön 25 erstreckende spätdeuteronomistische Redaktion hier auch Bezug nimmt auf das Deuteronomistische Geschichtswerk mit seinen Berichten über Heiligtümer in Gilgal, Sichem und Silo. Diesen historischen Heiligtümern soll für ihre damalige Zeit ihre theologische Bedeutung nicht genommen werden, insofern sie Orte waren, an denen Jahwe seines Namens hatte gedenken lassen. Dass es bei der Frage nach dem richtigen Kultort in der spätdeuteronomistischen Schicht primär um die Alleinverehrung Jahwes geht, zeigt sich auch in der spätdeuteronomistischen Erweiterung des Kultzentralisationsgesetzes in Dtn 12,1 – 7.29 – 31, in der der zentrale Zweck der Kultzentralisation in der Verhütung *fremdreligiöser* Verehrungspraktiken (vgl. Dtn 12,1 – 3.29 – 31) besteht.

Somit wird in dieser nachexilischen spätdeuteronomistischen Schicht ein wohl vorstaatliches Altargesetz als eine Sammlung von Rechtssätzen verstanden,

---

57 Vgl. zur Abgrenzung von Ex 19,3b–9a Schmitt 2001j, besonders 226f. Zum nachpriester-schriftlichen Charakter von Ex 19,3ff.* vgl. auch Ska 1996, zur literarischen Zugehörigkeit von Ex 19,3ff.* zum Prolog des Bundesbuches auch Schmidt, L. 2001, 175 – 181.
58 Zur Rolle Moses im Spätdeuteronomistischen Geschichtswerk Gen 1– 2 Kön 25 vgl. Schmitt 2001h, besonders 274f.
59 Vgl. oben bei Anm. 30.
60 Vgl. für diese historisierende Tendenz auch beim spätdeuteronomistisch einzuordnenden „Privilegrecht" Ex 34,10 – 28 Schmitt 2002, besonders 164 – 167 (in diesem Band, S. 246 – 249).

die der Wahrung der Identität Israels dient. Gleichzeitig gibt das Spätdeuteronomistische Geschichtswerk Gen 1 – 2 Kön 25 zu erkennen, dass es zur Wahrung der Identität Israels in unterschiedlichen geschichtlichen Situationen unterschiedliche Vorschriften zum Kultort geben kann, wenn der in Ex 20,24b formulierte Grundsatz eingehalten ist: Nur der Kultort ist legitim, an dem Jahwe seines Namens gedenken lässt.[61]

---

61 Vgl. für das postdeuteronomische Verständnis des Zentralisationsgesetzes von Dtn 12* im Rahmen eines Ex 20,24 und Dtn 12* gleichzeitig umfassenden Werkes auch Otto 1999, 348f.

„Reue Gottes" im Joelbuch und in Exodus 32–34

Abstract: The late Deuteronomistic layer in Exod 32–34 (compare especially Exod 32:7–14) and in Joel 2:12–17 goes back to the same late Deuteronomistic circles. In the 4th century BCE, these circles combine Priestly and Deuteronomistic theologies in a prophetic spirit. The motifs of God's repentance and the appeal to reverse judgement are characteristic concerns.

1 Reue Gottes aus Gnade und Reue Gottes aufgrund von Umkehr?

Die alttestamentliche Forschung hat in den letzten Jahrzehnten zunehmend den großen Einfluss der Schriftprophetie auf den Pentateuch herausgearbeitet. Auf eine wichtige Vorstellung, in der sich dieser Einfluss zeigt, hat Jörg Jeremias bereits 1975 aufmerksam gemacht. In seiner Studie über „Die Reue Gottes" wies er nach, dass in der sekundären Erweiterung der Erzählung vom Goldenen Kalb in Ex 32,7–14* mit seiner theologischen Aussage, dass Jahwe trotz des todeswürdigen Verbrechens des Götzendienstes auf die Vernichtung des Volkes verzichtet und sich „des Bösen gereuen lässt, das er seinem Volk angedroht hatte" (32,14), „Hoseas Botschaft von Jahwes Liebe und Selbstbeherrschung … nachgewirkt" hat.[1] Und in der Neuauflage dieser Studien aus dem Jahr 1997 hat er auch für die Reflexion von Gen 6,6f., dass es Jahwe „reute", den Menschen geschaffen zu haben, die Meinung vertreten, sie setze „die Botschaft der klassischen Propheten des 8. Jh.s. v.Chr. schon voraus".[2]

Allerdings hält Jeremias daran fest, dass die genannten Pentateuchtexte deutlich zu unterscheiden sind gegenüber den Aussagen von der „Reue Gottes" in den exilisch-nachexilischen Stellen der prophetischen Literatur (Jeremias denkt hier vor allem an Jer 18,7–10; 26,3.13.19; 42,10; Joel 2,12–14 und Jona 3,9–10; 4,2), die die „‚Reue' bzw. ‚Selbstbeherrschung' Gottes von der vorgängigen menschlichen Umkehr von Gott abhängig machen".[3] Ex 32,7–14* (und auch Gen 6,6f.) gehen nach Jeremias nämlich im Gegensatz zu diesen späten prophetischen

---

1 Jeremias 1975 und Jeremias 1997, 59.
2 Jeremias 1997, 153, unter Bezugnahme auf Krüger 1997, besonders 73–76.
3 Jeremias 1997, 142.

https://doi.org/10.1515/9783110724448-015

Stellen „von der Prämisse einer Unfähigkeit Israels zu entschiedenem Willenswandel" aus.[4]

Jeremias hat sicherlich insofern Recht, als gegenüber diesen exilisch-nachexilischen Prophetentexten Ex 32,7–14* stärker den Gesichtspunkt betont, dass
das Weiterleben Israels allein an Jahwes „Reue" liegt. Allerdings stellt sich die
Frage, ob die oben genannten Texte des Jeremia-, Joel- und Jonabuches nicht
ebenfalls von einer allein in Jahwes Gnade begründeten „Reue" Jahwes sprechen.

2 Reue Gottes allein aus Gnade in Joel 2,12–17

Im folgenden kurzen Beitrag kann dies nur exemplarisch anhand der Exegese
eines der genannten prophetischen Texte aufgewiesen werden. Die Verwandtschaft von Ex 32–34* mit dieser prophetischen Theologie lässt sich dabei am
deutlichsten an den Aussagen von Joel 2,12–17 erkennen.

2,12 Doch auch jetzt noch ist Jahwes Spruch:
   Kehrt um zu mir mit eurem ganzen Herzen,
   mit Fasten und mit Weinen und mit Klagen!

13 Zerreißt euer Herz, und nicht eure Kleider,
   und kehrt um zu Jahwe, eurem Gott,
   denn er ist gnädig und barmherzig,
   langsam im Zorn und reich an Güte
   und bereut das Unheil.

14 Vielleicht kehrt er um, und er bereut es,
   und er lässt hinter sich Segen,
   Speis- und Trankopfer für Jahwe, euren Gott.

15 Stoßt ins Horn in Zion,
   heiligt ein Fasten, ruft aus eine Versammlung.

16 Versammelt das Volk, heiligt die Gemeinde,
   bringt zusammen die Alten, versammelt die Kinder,
   auch die, die an Brüsten saugen,
   der Bräutigam komme aus seiner Kammer,
   die Braut aus ihrem Gemach.

17 Zwischen Vorhalle und Altar sollen weinen die Priester,
   die Diener Jahwes, sie sollen sagen:
   Hab Mitleid, Jahwe, mit deinem Volk,
   und gib nicht dein Erbe der Schande preis,

---

4 Jeremias 1997, 142. Für die Orientierung von Ex 32, 7–14* an Hos 11 vgl. auch Hartenstein 2001,
besonders 167.

dass Fremdvölker über sie spotten[5]!
Warum soll man sagen unter den Völkern:
Wo ist ihr Gott?

Der vorliegende „Aufruf zur Buße"[6] knüpft an die Ankündigung des Tages Jahwes in Joel 2,1–11 an und weist darauf hin, dass die einzige dem Volk Israel verbleibende Reaktionsmöglichkeit auf die Unheilsdrohung des Tages Jahwes die Hinwendung zu Jahwe ist. Das Ziel dieser Umkehr zu Jahwe (šwb ʿd) besteht darin, Jahwe dazu zu bewegen, seine Unheilsankündigung über Israel zurückzunehmen. Dies zeigt die Fürbitte der Priester in V. 17, die Jahwe zum „Mitleid" (ḥws) mit seinem Volk auffordert. Gebraucht ist hier das Verb ḥws, das in Ez 20,15–17 das völlig grundlose Mitleid Jahwes über sein ganz und gar abtrünniges Volk bei der Wüstenwanderung zum Ausdruck bringt:[7] „Ich erhob meine Hand in der Wüste und schwor ihnen, sie nicht in das Land zu bringen [...], weil sie meine Gesetze verachtet und nicht nach meinen Geboten gelebt hatten [...]. Doch mein Auge zeigte Mitleid (ḥws), dass ich sie nicht vertilgte."

Beachtenswert ist, dass in Ez 24,14 dieses ḥws „Mitleid haben" in synonymen Parallelismus mit nḥm nif. „reuen", „die Strafe zurückhalten" bezeugt ist. Aufgrund dieser Bezüge kann kaum davon gesprochen werden, dass in unserem Text die „Reue Gottes" in Abhängigkeit vom menschlichen Verhalten der „Umkehr" gedacht sei. Aaron Schart[8] hat zu Recht festgestellt, dass von der Leseperspektive her „innerhalb von Joel ... Jahwe zum Erbarmen mit seinem Volk findet (Joel 2,18), obwohl nichts davon berichtet wird, dass Israel auf den Aufruf des Joel hin tatsächlich umgekehrt sei... Jahwe wendet sich unabhängig von der Reaktion Israels, ganz aus innerem Antrieb heraus, Israel wieder zu!". Zwar dürfte im „dramatischen" Aufbau des Joelbuches diese Umkehr vorausgesetzt sein, doch heißt hier „Umkehr zu Jahwe" das Sich-Wenden an Jahwe im gottesdienstlichen Gebet und nicht die Erfüllung einer Bedingung, die Voraussetzung für eine Verschonung durch Jahwe ist. Israels Gebet zu Jahwe garantiert in Joel 2 ebenso wenig die „Reue Jahwes" wie Moses Fürbitte in Ex 32,7ff. Schließlich macht das „vielleicht" in Joel

---

5 Zur Übersetzung vgl. Müller, H.-P 1965/66, 237 Anm. 26, und Rudolph 1971, 51.53: Für diese Übersetzung spricht vor allem Joel 2,19, wo Israel als „Gespött unter den Völkern" angesehen wird und damit ein Spotten der Völker über Israel in 2,17 vorausgesetzt wird. Anders unter Berufung auf die alten Übersetzungen (G, V) Wolff 1969, 44f. Mit einer „zweisinnigen" Bedeutung rechnet Deissler 1981, 77.
6 Deissler 1981, 76. Dabei ist der Sprecher in 2,12 Jahwe und in 2,13–17 der Prophet (vgl. Weiser 1956, 114–116).
7 Vgl. Zimmerli 1979, 447f.; Pohlmann 2001, 305. Vgl. hierzu auch Jeremias 1997, 72.
8 Schart 1998, 267.

2,14[9] eindeutig darauf aufmerksam, dass Jahwes Abstandnehmen von einer Bestrafung der Schuld des Volkes nicht als direkte Folge der Umkehr des Volkes
verstanden ist, sondern eine freie Willensentscheidung Jahwes darstellt.

3 Das Sündenverständnis von Joel 2,12 – 17

Zwar wird im Joelbuch von Israels Schuld nicht gesprochen, doch setzt Joel mit
der Vorstellung vom Gerichtstag Jahwes das Sündenverständnis der von ihm
aufgegriffenen Prophetenstellen voraus (vgl. nur Jes 13,6 – 9: Jahwes Tag kommt,
die Sünder zu vertilgen[10]). Auch liegt in Joel 2,13f. in der Verbindung von „Umkehr" und „Reue Gottes" ein Rückbezug auf die deuteronomistische Schicht des
Jeremiabuches vor,[11] wo von „Umkehr vom bösen Wege" (Jer 26,3) bzw. von
„Umkehr von der Bosheit" (Jer 18,8) die Rede ist. Dieser Rückbezug zeigt, dass Joel
hier auf Sündenvorstellungen zurückgreift, die nicht näher spezifiziert sind. Dass
Joel dabei vom „Bewusstsein einer allgemeinen Sündhaftigkeit" ausgeht,[12] obwohl
dies dem Text des Joelbuches nicht direkt zu entnehmen ist, hat daher einige
Wahrscheinlichkeit für sich.[13]

Die Wahrscheinlichkeit, dass Joel eine die Vernichtung Israels heraufbe-
schwörende Sünde des Volkes voraussetzt, ergibt sich auch aus der „Gnadenformel"[14] in Joel 2,13. In allen Zusammenhängen, in denen dieses Bekenntnis zu
Jahwe als „gnädig und barmherzig, langsam an Zorn und reich an Güte" angesprochen wird, geht es um Hoffnung angesichts hoffnungsloser Sündenverfal-
lenheit.

---

9 Zu *mî yôde^{a}* als Frageform der skeptischen Weisheit im Sinne von „vielleicht" vgl. Wolff 1969,
59. Dieses „vielleicht" bezeichnet „die Freiheit Gottes gegenüber denen, die sich ihm zuwenden"
(ebd., vgl. auch Jona 3,9; 2 Sam 12,22; aber auch das *'ûlay* „vielleicht" von Am 5,15; Zeph 2,3; Ex
32,30). Ähnlich auch Jeremias 1997, 93: „Jahwes Willenswandel, seine Möglichkeit, sein Volk als
ganzes auch in letzter Stunde zu retten, ruht letztlich allein in ihm selber".
10 Zur Abhängigkeit Joels von Jes 13 vgl. Bergler 1988, 132 – 153. – Mit einer der Tag Jahwe-Tra-
dition zugrunde liegenden Vorstellung von einem göttlichen Gericht über menschliche Sünden
rechnet Kutsch 1986b, besonders 243.
11 Vgl. Wolff 1969, 58f. und Jeremias 1997, 96.
12 So Müller, H.–P 1965/66, 238 Anm. 27; auch Deissler 1981, 73. Vgl. zu der Vorstellung einer
„allgemeinen Sündhaftigkeit" im Bereich der spätdeuteronomistischen Theologie u. a. 1 Kön 8,46:
„es gibt keinen Menschen, der nicht sündigt". Anders Jeremias 1997, 91.
13 Vgl. Deissler 1981, 73, und Simkins 1991, 175 – 184, die auf die durchgehende schriftprophe-
tische Tradition von der Sündhaftigkeit Israels verweisen, auch Weiser 1956, 115: „Es geht hier
nicht mehr um diese oder jene konkrete Einzelsünde, sondern um den ganzen Menschen und
seine grundsätzliche Hinwendung zu Gott überhaupt."
14 Vgl. zu ihr zuletzt Schmidt, L. 1976, 89 – 101; Spieckermann 2001; auch Scoralick 2001.

Besonders deutlich wird dies in Neh 9,30 – 31,[15] wo in einem Bußpsalm das Bekenntnis der Gnade und Barmherzigkeit Jahwes angesichts des Ungehorsams Israels ausgesprochen wird. Auch in Ps 103,8 – 10[16] wird die Gnade Jahwes angesichts der Sünden und der Missetat der Beter betont. In gleicher Weise gilt dies für Jona 4,2,[17] wo Jahwes Gnade sich auf den in den Untergang führenden bösen Weg der Niniviten (Jona 3,8) bezieht.

Ähnliches gilt für die erweiterte Gnadenformel in Ex 34,6 und Num 14,18, die Hoffnung auf Gnade angesichts der Sünde des Volkes zum Ausdruck bringt, obwohl Jahwe Missetat, Übertretung und Sünde nicht völlig ungestraft lässt. Anders ist dies nur in Ps 86,15[18] und 145,8[19]; doch stellen beide Psalmen Anthologien dar, so dass es sich bei diesen Stellen um partielle Zitate von Ex 34,6 handelt (bei Ps 86,15 legt dies auch die Gestalt des letzten Gliedes der Gnadenformel „reich an Güte *und Treue*" nahe).

Zu Recht hat daher die neuere Forschung als ursprünglichen Sitz im Leben dieser „Gnadenformel" auf die Sünde des Volkes bezogene Bußfeiern der exilisch-nachexilischen Zeit angenommen.[20]

Dass Joel 2 die Sünde des Volkes nicht konkretisiert, hat dabei durchaus Entsprechungen im Sündenverständnis der spätdeuteronomistischen Darstellung von Bußfeiern. Auch in der spätdeuteronomistischen Erweiterung des Tempelweihgebetes von 1 Kön 8[21] wird in 1 Kön 8,30 – 53* im Zusammenhang von Bußfeiern am bzw. in Richtung auf den Jerusalemer Tempel wie in Joel 2,12 von einer „Umkehr" zu Jahwe „von ganzem Herzen" (1 Kön 8,48) gesprochen. Bemerkenswert ist, dass auch hier stärker die Abkehr von der Jahweferne und die Hinwendung zu Jahwe (*šwb 'l* wie in Joel 2,13) betont werden als die Bekehrung von einzelnen Sünden (dies nur in 1 Kön 8,35, allerdings auch in sehr allgemeiner Formulierung).[22]

---

15 Vgl. zuletzt Pröbstl 1997, 86.

16 Vgl. u. a. Seybold 1996, 404.

17 Vgl. u. a. Wolff 1977, 139 – 141. Dabei dürfte entgegen der Auffassung von Bergler 1988 Jona 3,9 – 4,2 von Joel 2,12 – 14 abhängig sein (vgl. u. a. Jeremias 1997, 106 – 108; Kaiser 1992a, 156; Schart 1998, 287 – 289).

18 Vgl. zuletzt Hossfeld/Zenger 2000, 546: Zitat von Ex 34,6.

19 Vgl. Seybold 1996, 534: Zitat von Ex 34,6.

20 So Jeremias 1997, 96. Vgl. Schmidt, L. 1976, 89; Spieckermann 2001, 18 und schon Scharbert 1957, besonders 132. – Hinzuweisen ist jedoch auch auf die Beobachtungen von Dentan 1963, der die vorliegenden Fassungen der „Gnadenformel" mit späten weisheitlichen (= schriftgelehrten?) Redaktionen in Verbindung bringt.

21 Vgl. hierzu zuletzt Nentel 2000, 189 – 191.259.

22 Vgl. Bergler 1988, 242f.

Auch der in Jo 2,12 vorliegende Ausdruck *šwb* + *ᶜd* betont in besonderer Weise die Notwendigkeit, sich *zu Jahwe* hinzuwenden[23]. Auch hierbei steht Joel im Traditionszusammenhang der Spätdeuteronomistik, wie vor allem Dtn 30,2[24] (*šwb* + *ᶜd*, ebenfalls mit der Näherqualifizierung „mit ganzem Herzen"); Hos 14,2–4 (*šwb* + *ᶜd* Hos 14,2 wie Joel 2,12 und *šwb* +*ʾl* Hos 14,3 wie Joel 2,13) und Am 4,6–11 (*šwb* + *ᶜd* in 4,6.8.9.10.11) zeigen.[25] Wie in Joel 2 werden in allen diesen spätdeuteronomistischen Texten die über Israel kommenden Katastrophen und Plagen als Anlass einer Umkehr zu Jahwe gesehen, die sich offensichtlich im Rahmen eines kultischen Geschehens vollzieht.[26]

Schließlich dürfte auch die Aufforderung von Joel 2,13 „Zerreißt eure Herzen und nicht eure Kleider" eine Parallele im Bereich der Spätdeuteronomistik besitzen. So hat bereits Hans Walter Wolff[27] als nächste Parallele dazu Jer 4,4 genannt: „Beschneidet euch für Jahwe und entfernt die ‚Vorhaut' eures Herzens",[28] ein Text, der nach Gunther Wanke „in das Umfeld der deuteronomistischen Theologie"[29] gehört.

4 Die theologischen Gemeinsamkeiten zwischen Ex 32–34* und Joel 2,12–17

Ist Joel 2,12–17 in diesem Sinne zu interpretieren, so zeigt sich eine engere Verwandtschaft zur Endfassung der Erzählung vom Goldenen Kalb Ex 32–34 und vor allem zu ihrer die Fürbitte des Mose darstellenden Szene 32,7–14* (bei der eine

---

23 Vgl. Wolff 1973, 145: „die Umkehr, die die Propheten vermissen, verheißen oder fordern, ist Rückkehr zu Jahwe, nicht nur *in Richtung* auf ihn hin (אֶל – Hos. 6,1), sondern betont *bis* zu ihm selber hin (עַד – Amos 4,6ff.)".

24 Zur Einordnung von Dtn 30,1–10 (und Dtn 4,29–31) in die spätdeuteronomistische Schicht des DtrG vgl. Schmidt, L. 1996, besonders 138–140.

25 Zur literarhistorischen Einordnung von Hos 14,2–4 vgl. Jeremias 1983, 169f. und Schart 1998, 173–176, und zu der von Am 4,6–11 vgl. Jeremias 1995, 49–54, und Schart 1998, 70–72.160–162. 230.

26 Vgl. Jeremias 1995, 51: Dabei „ist die aufgrund der Plagen erhoffte Umkehr in 1 Kön 8 eingebunden in einen liturgischen Ablauf, wie er bei den Lesern von Am 4,6ff. offensichtlich als ihnen geläufig vorausgesetzt wird". Zu den hier vorliegenden Vorstellungen vgl. auch 1 Sam 7,3f. („Umkehr zu Jahwe von ganzem Herzen" in einer kultischen Versammlung), einen Text, der wohl auch als spätdeuteronomistisch anzusehen ist (vgl. zuletzt Nentel 2000, 262.283).

27 Wolff 1969, 58.

28 Übersetzung nach Wanke 1995, 57.

29 Wanke 1995, 57f. unter Hinweis auf Dtn 10,16; 30,6.

deutliche „terminologische Nähe zu dtr. Phraseologie" vorliegt),[30] als dies die theologiegeschichtliche Einordnung durch Jörg Jeremias bisher nahelegte.[31] Am deutlichsten wird die theologische Übereinstimmung zwischen der „spätdeuteronomistischen" Schicht von Ex 32 – 34[32] und dem Bußaufruf des Joelbuches im Inhalt der Fürbitten für das Volk. So motiviert Joel 2,17 die von den Priestern vorzutragende Bitte an Jahwe um Gnade für das Volk damit, dass die Völker nicht über Jahwes Verheißungen gegenüber seinem Volk spotten sollen. Ähnlich argumentiert die Fürbitte des Mose in Ex 32,12f. und auch in der zur gleichen „spätdeuteronomistischen" Schicht gehörenden Parallele in Dtn 9,26 – 29. Beachtenswert ist, dass in diesem Zusammenhang sowohl in Dtn 9,26 – 29 als auch in Joel 2,17 Israel als „Erbe" (nḥlh) Jahwes bezeichnet wird, um damit Jahwes Verheißung an die Erzväter und seine Herausführung aus Ägypten in Erinnerung zu rufen (vgl. auch 1 Kön 8,51).

Als Ergebnis dieser Fürbitte erhofft sich Joel 2,14 die „Reue", die Zurückhaltung Jahwes gegenüber dem von ihm geplanten Unheil. Entsprechend führt in Ex 32,14 die Fürbitte Moses dazu, dass sich Jahwe des Bösen „reuen" lässt, das er seinem Volk angedroht hatte. Gleichzeitig findet sich in beiden Zusammenhängen das Bekenntnis zu Jahwes Gnade und Barmherzigkeit, Langmut und Güte (vgl. Ex 34,6 und Joel 2,13). Unterschiedlich sind dabei nur die Reihenfolge der ersten beiden Elemente der „Gnadenformel" (Joel 2,13: „gnädig und barmherzig"; Ex 34,6: „barmherzig und gnädig") und verschiedenen Erweiterungen dieser Formel. Joel 2,13 fügt als weitere Aussage über Jahwe das „Bereuen des Unheils" hinzu, wodurch die Hoffnung auf die „Reue Jahwes" in 2,14 vorbereitet wird (Jona 4,2 hat dies übernommen). Ex 34,6 ergänzt das „reich an Güte" zu „reich an Güte und Treue" und fügt an die Formel an, dass Jahwe sowohl ein die Sünde vergebender als auch ein die Sünde strafender Gott (allerdings nur „bis ins dritte und vierte Glied") ist (vgl. Ex 20,6f.).[33]

Gerade dieser Hinweis darauf, dass Jahwe zwar primär ein gnädiger, aber doch auch ein strafender Gott ist, zeigt, dass auch in der „spätdeuteronomistischen" Schicht von Ex 32 – 34* das menschliche Verhalten nicht als bedeutungslos betrachtet wird. Die Aufforderung an das Volk, das Gebot Jahwes zu halten (34,11), entspricht insofern dem Umkehrruf von Joel 2,12f. Dass dabei auch in Ex 32 – 34* wie in Joel 2,12b an Bußriten gedacht ist, zeigt Ex 33,4 – 6,[34] wo es um das die Buße

---

30 Jeremias 1997, 140. Mit einer sukzessiven Entstehung von Ex 32,7 – 14* rechnet Gertz 2001, besonders 96.
31 Vgl. oben bei Anm. 4.
32 Schmitt 2001e.
33 Zur literarhistorischen Einordnung von Ex 34,6 – 7 vgl. vor allem Aurelius 1988, 116f.125.130.
34 Vgl. Schmitt 2001e, 321f.

zum Ausdruck bringende Ablegen des Schmuckes geht. Beachtenswert ist, dass in Ri 2,1– 5,[35] der spätdeuteronomistischen Parallelstelle zu Ex 33,1– 6, auch wie in Joel 2,12.17 vom „Weinen des Volkes" als Äußerung der Buße die Rede ist.

5 Gemeinsame nachexilische Tradentenkreise für Pentateuch und Schriftprophetie?

Diese Beobachtungen zeigen, dass die „spätdeuteronomistische" Schicht von Ex 32– 34* wohl auf die gleichen schriftgelehrten Kreise, die auch für Joel 2,12– 17 verantwortlich sind, zurückzuführen ist: Ex 32– 34* steht daher nicht nur – wie Jörg Jeremias zu Recht herausgestellt hat – unter dem Einfluss der frühen Schriftprophetie, sondern auch der (Reue Gottes und Umkehrforderung miteinander verbindenden) spätprophetischen Theologie, wie sie u. a. im Joelbuch vorliegt. Damit bestätigt sich die Vermutung, dass die „spätdeuteronomistische" Schicht" von Ex 32– 34* erst in das 4. Jh. zu datieren ist und dass sie im Zusammenhang der Endredaktion des „Spätdeuteronomistischen Geschichtswerks" Gen 1– 2 Kön 25, die nachpriesterlichen Pentateuch und Deuteronomistisches Geschichtswerk miteinander verbindet, angesetzt werden sollte[36]. Dadurch erklären sich auch die sonstigen Beziehungen, die zwischen dem Joelbuch und den spätdeuteronomistischen Stellen innerhalb von Gen 1– 2 Kön 25[37] bestehen.[38] Gleichzeitig spricht auch dieser Befund gegen die Auffassung, dass der Pentateuch unter antiprophetischer Zielsetzung kanonische Bedeutung erhalten ha-

---

35 Vgl. Schmitt 2001e, 322.

36 Vgl. hierzu Schmitt, 2001b. Zur Datierung des im wesentlich als literarische Einheit zu verstehenden Joelbuches in das 4. Jh. v.Chr. vgl. Jeremias 1988, besonders 92 (anders zuletzt Seybold 2001, der Joel 3f. als Fortschreibung der aus dem 5./4. Jh. stammenden Grundschicht Joel 1f. versteht).

37 Zur Beziehung zwischen Joel und dem Pentateuch vgl. auch Joel 2,3 mit Gen 2,8ff.; Joel 2,19.23 mit Dtn 11,14; Joel 3,1 mit Num 11,29; 12,6 (vgl. hierzu Wolff 1969, 79: Joel „ist dabei … durch die … Tora bestimmt, in der Träume wie Gesichte legitime Offenbarungsmittel sind").

38 Etwas genauer thematisiert werden soll die Beziehung des Joelbuches zur spätdeuteronomistischen Schicht des Pentateuch hier nur anhand der Erwartung einer „Geistausgießung auf ganz Israel" in Joel 3,1. Diese Erwartung findet sich ebenfalls in der nachpriesterschriftlichen spätdeuteronomistischen Pentateuchschicht in Num 11,29 (zur literarhistorischen Einordnung vgl. Schmitt 2001h, besonders 270 – 274). Beide Stellen erwarten „das Ende aller Prophetie": „Wo der prophetische Geist allen unterschiedslos zuteil wird, bedarf es keiner gesonderten Prophetie mehr" (Jeremias 1993, besonders 38). Angesichts dieser Verwandtschaft stellt sich die Frage, ob der Geist Jahwes nicht eventuell in Joel 3,1ff. ebenso wie in Num 11,16ff. die Aufgabe besitzt, die Tora zu vergegenwärtigen (vgl. die entsprechenden Vorstellungen der prophetischen Tradition in Ez 36,37 und in Jer 31,31– 34).

be.[39] Die Kanonteile „Tora" und „Nebiim" haben sich nie als Gegensätze verstanden. Kanonische Bedeutung haben beide nur in ihrem Bezogensein aufeinander erlangt.[40]

---

39 Diese Auffassung findet sich vor allem bei Crüsemann 1992, 402. Zur Diskussion über diese Auffassung vgl. Millard 2001, 64–67.
40 Vgl. hierzu auch Schmitt 2001b, 293f. E. Blum (2002b, besonders 240–244) hat allerdings in Frage gestellt, dass in der nachpriesterschriftlichen spätdeuteronomistischen Schicht von Gen 1 – 2 Kön 25 ein theologischer Vermittlungsprozess zwischen priesterlichen und prophetischen Konzepten zu erkennen ist. Dabei übersieht Blum jedoch, dass die „konkurrenzlose Autorität Moses als Offenbarungsmittler" nicht nur als Legitimationsbasis für alle im Pentrateuch sich artikulierenden Stimmen dient, sondern dass es durch sie gleichzeitig zu einer Relativierung der jeweiligen Stimmen kommt. So werden beispielsweise die kultischen Ansprüche des Priestertums durch Mose zwar legitimiert, gleichzeitig aber auch seine priesterlich-theokratischen Konzeptionen durch den die prophetische Tradition repräsentierenden Mose gesprengt und unter eschatologischen Vorbehalt gestellt. – Die gleiche Intention ist nun auch der eschatologischen Erwartung des Joelbuches zu entnehmen: „Diese Erwartung warnt davor, in der kultischen Restauration und im Leben unter der kanonisierten Tora im Jerusalem des 4. Jh.s das Ende der Wege Gottes zu sehen" (Wolff 1969, 79; gegenüber Wolff ist allerdings darauf hinzuweisen, dass die nachpriesterliche spätdeuteronomistische Bearbeitung der Tora ebenfalls diese Warnung vermittelt).

Das sogenannte jahwistische Privilegrecht in Ex 34,10 – 28 als Komposition der spätdeuteronomistischen Endredaktion des Pentateuch

Abstract: Exod 34:10 – 28 must be understood as an original composition of the late-deuteronomic final redaction of the Pentateuch which presumes the whole scope of Genesis 1 – 2 Kings 25 Yahweh's „right of privilege" in Exod 34:10 – 26 repeats material from the book of the covenant (Ex 20:22 – 23:33), referring to Israel's deviant cultic practice in Exodus 32 (as the prototype of the „sin of Jeroboam"), in order to focus on the prohibition of foreign gods and images and on laws for feasts and sacrifices (in the order determined by salvation history: Exodus and the conquest of the land). The „renewal of the covenant" in Exod 34 is thus informed by two covenantal documents: the rewritten tablets of the Decalogue (34:1, 28b) *and* the right of privilege put into writing by Moses (34:10 – 26).

1

Die von Rudolf Smend vorgeschlagene exegetische Vorgehensweise, sich zunächst um das synchrone Verständnis der vorliegenden Endgestalt der alttestamentlichen Texte zu bemühen, bevor man diachron nach zugrundeliegenden Schichtungen oder Quellen fragt,[1] hat sich in der alttestamentlichen Forschung bewährt. Sie soll daher auch im Folgenden bei der Untersuchung des Berichts über die Bundeserneuerung nach dem Abfall zum Goldenen Kalb in Ex 34,10 – 28 zugrundegelegt werden.

Kritisch betrachtet werden sollen im Folgenden die in der gegenwärtigen Forschung vertretenen Versuche, eine vordeuteronomistische Grundschicht von Exodus 34 zu rekonstruieren. Dabei denkt man zum einen in der Nachfolge von Julius Wellhausen[2] an einen frühkönigszeitlichen Jahwisten wie bei Martin Noth[3] und Franz-Elmar Wilms[4] oder an ein „Jerusalemer Geschichtswerk" aus dem 7. Jh.

---

1 Smend 1989, 11.
2 Wellhausen 1963, 329 – 335 (anders noch 83 – 86.94 – 96: JE).
3 Noth 1959, 214.
4 Wilms 1973, 232f. Vgl. auch Kilian 1999, besonders 148.

https://doi.org/10.1515/9783110724448-016

wie bei Erich Zenger[5]. Zum andern rechnet man mit einem zunächst allein tra-
dierten Privilegrechtsdokument Ex 34,10 – 26 entweder aus vorstaatlicher Zeit wie
bei Jörn Halbe[6] oder aus dem 9. Jh. wie bei Frank Crüsemann[7]. Aber auch der
Versuch von Eckart Otto, die Festgesetze von Ex 34,18ff. als Vorlage der Bundes-
buchbestimmungen von Ex 23,14 – 19 zu deuten und sie einer vorexilischen Sinaierzählung zuzuweisen,[8] ist hier einzubeziehen. Um diese Thesen zu überprüfen, setzen wir im Folgenden ein mit der Frage nach der Struktur des vorliegenden
Textes von Ex 34,10 – 26 (Abschnitt II). Als nächstes werden die Übereinstimmungen und Unterschiede zwischen Exodus 34,10 – 26 und dem Bundesbuch und
die Intention der unterschiedlichen Darstellung untersucht (Abschnitt III). Erst
dann kann die Frage geklärt werden, wie dieser Text literargeschichtlich einzuordnen ist und ob hier eine vordeuteronomistische bzw. vorpriesterliche Schicht
vorliegt (Abschnitt IV).

2

Zunächst ist die Abgrenzung Ex 34,10 – 28 kurz zu begründen. Erhard Blum
rechnet nämlich mit der Texteinheit Ex 34,11 – 27, die er als sekundären Einschub
in die von ihm angenommene frühnachexilische D-Komposition des Pentateuch
versteht und auf eine Mal'ak-Bearbeitung zurückführt[9]. Zur Begründung seiner
Ausgrenzung von Ex 34,11 – 27 führt Blum „Kohärenzstörungen" zwischen
34,11 – 27 und seinem Kontext an: So wechsle zwischen V. 10 und V. 11 unvermittelt
die Gottesrede an Mose in eine an das Volk. Dieser Wechsel findet jedoch bereits
innerhalb von V. 10 statt, da mit dem „wunderbar wird sein, was ich an *dir* tun
werde" wohl doch schon das Volk angeredet sein dürfte. Dass überhaupt in Ex
34,10 – 28 immer gleichzeitig Israel und Mose im Blick sind und von daher ein
solcher Adressatenwechsel nicht ungewöhnlich ist, zeigt Ex 34,27, wo Gott mit
Mose und mit Israel einen „Bund" schließt: Auch wenn es sich bei „und mit Israel" um eine Glosse handeln sollte, so weist diese doch darauf hin, dass das „mit

5 Zenger 1998, 163f.167 – 171. Ähnlich Dohmen 1989; Zwickel 1994, 303 – 308 und Hossfeld 1999,
die 34,10 – 26* dem im 7. Jh. v. Chr. zu datierenden „Jehowisten" zuweisen.
6 Halbe 1975, 254f. Nach Halbe ist dieses vorstaatliche Privilegrechtsdokument vom Jahwisten
aufgenommen worden (vgl. 314f.).
7 Crüsemann 1992, 138 – 170.
8 Vgl. u. a. Otto 1996, besonders 92 – 96.
9 Blum 1996. Vgl. gegenüber Blum jedoch Aurelius 1988, 116 – 121, der das Privilegrecht Ex
34,10 – 27 als Fortsetzung von Ex 33,12 – 17 versteht und 34,1 – 9.28 als spätere Erweiterung ansieht.

dir" sich sowohl auf Mose als auch auf Israel bezieht.[10] Zu vergleichen ist auch der Wechsel zwischen der Anrede Moses und der des Volkes in der 2. pers. sing. innerhalb des Textes Ex 33,1– 6 (33,1: „du" = Mose; 33,2f.: „du" = Volk), der – wie unten zu zeigen sein wird – zur gleichen spätdeuteronomistischen Schicht wie Ex 34 gehört: Die Anrede an das Volk geht hier immer über den Mittler Mose (33,5: „Jahwe sagte zu Mose: Sprich zu den Israeliten"), so dass das „du" teils Mose, teils Israel meinen kann.[11]

Die zweite Kohärenzstörung, die Blum für seine literarkritische Abtrennung von 34,11– 27 angibt, ist die Nichtexplizierung des Subjekts „Jahwe" in 34,28.[12] Dass es in 34,28 Jahwe ist und nicht Mose, der die Zehn Gebote auf die zwei Steintafeln schreibt, darauf macht Blum unter Hinweis auf die Ankündigung Jahwes von Ex 34,1, dass er die zwei Tafeln erneut beschreiben werde, zu Recht aufmerksam. Der Subjektwechsel tritt jedoch zwischen V. 28a und V. 28b und nicht zwischen 34,27 und 34,28 auf, so dass durch eine Ausscheidung von 34,11– 27 die Nichtexplikation des Subjekts von V. 28b nicht verständlicher wird. Zudem erwartet der aufmerksame Leser der vorliegenden Gestalt der Sinaiperikope bei der Wiederherstellung des Bundes zwei Bundesdokumente: ein von Mose geschriebenes Dokument, das dem in Ex 24,4 von Mose niedergeschriebenen „Bundesbuch" entspricht, und die von Jahwe beschriebenen zwei Tafeln mit dem Dekalog.[13] Da in Ex 24 beide Dokumente nebeneinander vorkommen, besteht auch in Ex 34 keine Notwendigkeit, das von Mose geschriebene „Bundesdokument" und die von Gott geschriebenen „Bundestafeln" unterschiedlichen Schichten zuzuweisen.[14] Dies gilt vor allem deshalb, weil das Nebeneinander von göttlich vermitteltem Dekalog und von durch Mose vermittelter Gesetzessammlung ein grundlegendes Element deuteronomisch-deuteronomistischen Gesetzesverständnisses darstellt[15] (vgl. nur das Nebeneinander von „Dekalog" Dtn 5,6 – 21 und deuteronomischem Gesetz Dtn 12 – 26* im Deuteronomium).

---

10 Vgl. auch Dohmen 1993, besonders 67.70.

11 Mit dem Beginn des Privilegrechts in Ex 34,12 rechnet Gertz 2001, besonders 104f. Allerdings ist Ex 34,10f. als „Prolog" des Privilegrechts zu verstehen. Zudem zeigen Ex 23,28 – 32, dass die Vertreibung der palästinischen Urbevölkerung durch Jahwe und das Verbot des Bündnisses mit ihr durchaus zusammengehören.

12 Vgl. Blum 1996, 357.

13 Dies wird von Zenger 1998, 164, übersehen, wenn er in 34,27 und 34,28 unterschiedliche Bundeskonzeptionen annimmt, die auf verschiedene Hände zurückgehen müßten. Gegen die Annahme von Fugen zwischen 34,27 und 34,28 bzw. zwischen 34,10 und 34,11 vgl. auch Hossfeld 1999, 55.

14 Vgl. Van Seters 1994, 327.356; auch Moberly 1983, 101– 106, und Utzschneider 1988, 113 – 116.

15 Vgl. Blum 1990, 198 – 201. Zur Differenzierung zwischen Dekalog und Bundesworten (Ex 34,10ff.) vgl. auch Kaiser 1992a, 49.

Somit ist Ex 34,10 – 28 als das Thema „Bundeserneuerung" behandelnde Einheit anzusehen, wobei in 34,10 – 26 das von Mose niederzuschreibende Bundesdokument vorliegt. Wie man den Aufbau dieses Dokuments zu verstehen hat, ist allerdings in der Forschung stark umstritten: Die ältere Forschung lässt sich weitgehend von der Angabe in Ex 34,28 bestimmen, dass als „Worte des Bundes" 10 Worte niedergeschrieben worden sind. Dabei hat die These des jungen Goethe, dass die älteste Fassung der Zehn Gebote in Ex 34 vorliege, großen Einfluß ausgeübt.[16]

Welche Schwierigkeiten jedoch der Versuch macht, in Ex 34,10ff. zehn Gebote zu finden, zeigt sich schon bei Julius Wellhausen.[17] Zwar lassen sich in V. 14 und in V. 17 mit einiger Sicherheit das Fremdgötter- und das Bilderverbot erkennen. Auch liegen in V. 25 – 26 deutlich vier opferbezogene Gebote vor, übrigens die gleichen, die am Ende des Bundesbuches Ex 23,18 – 19 stehen. Außerdem werden in V. 18 das Massotfestgebot und in V. 19 – 20 die Erstgeburtsforderung von Wellhausen durchgehend als Dekalogsgebote angesehen.

Schwierigkeiten hat er jedoch damit, dass in V. 21 – 23 vier Festgebote und somit insgesamt zwölf Gebote vorliegen. Während er in der ersten Fassung seiner „Composition des Hexateuchs" (1876) dadurch zur Zehnzahl der Gebote kommt, dass er die beiden Bestimmungen von V. 22 über das Wochen- und das Lesefest ausscheidet,[18] distanziert er sich in der dritten Auflage von 1899 von dieser Entscheidung und erklärt: „Die Art, wie ich vor 24 Jahren den Dekalog von Exod. 24 rekonstruiert habe .., ist nicht genug überlegt."[19] Jetzt räumt er ein, dass in Ex 34,14 – 26 tatsächlich zwölf Gebote vorliegen, die jedoch durch die Ausscheidung von V. 21 („Sechs Tage sollst du arbeiten und am siebten Tage ruhen") und von V. 23 („Dreimal im Jahre sollen alle deine Männer vor dem Herrn Jahwe, dem Gotte Israels, erscheinen") auf zehn reduziert werden könnten[20], und zwar mit folgender Begründung: Das Sabbatgebot von V. 21 dränge sich störend zwischen das Osterfest und die beiden anderen Feste ein. Und das Gebot der dreimaligen Wallfahrt sei eine vollkommen überflüssige Wiederholung der Festgesetze von V. 18 und V. 22.

Beachtenswert ist, dass sich die weitere Forschung teils auf Wellhausens frühere, teils auf seine spätere Dekalogrekonstruktion bezogen hat. So übernimmt Otto Eißfeldt in seiner Hexateuch-Synopse die Ausscheidung von V. 21 und V. 23,[21]

---

16 Vgl. hierzu Levinson 2002.
17 Wellhausen 1963, 84 – 86 und 332 – 335.
18 Vgl. Wellhausen 1963, 85 Anm. 1.
19 Wellhausen 1963, 333 Anm. 2.
20 Wellhausen 1963, 333f.
21 Eißfeldt 1922, 158*–159*.

während Georg Beer in seinem Kommentar im Handbuch zum Alten Testament auf die frühe Dekalogrekonstruktion Wellhausens durch Auslassung von V. 22 zurückgreift.[22]

Eine gegenüber Wellhausens Vorschlägen modifizierte Form der Rekonstruktion eines Dekalogs in Ex 34 vertritt Georg Fohrer. Auch er rechnet wie Wellhausen damit, dass jetzt in Ex 34,14 – 26 zwölf Bestimmungen vorliegen. Wie Wellhausen scheidet er dabei aus ihnen das Gebot der dreimaligen Wallfahrt in 34,23 als nicht ursprünglich aus. Außerdem stellt für ihn die Bestimmung „alle Erstgeburt ist mein" in 34,19 keinen apodiktischen Satz dar, so dass sie als späterer Zusatz zu werten sei.[23]

Diese völlig unterschiedliche Rekonstruktion der Zehnzahl von Geboten in Ex 34,10 – 26 gibt nun August Dillmann recht, der bereits 1880 zu der These von einem „jahwistischen Dekalog" in Ex 34 feststellte: „Dass die Gesetze von V. 14.17ff. gerade 10 seien oder sein sollen, hat man mit Unrecht aus V. 28 geschlossen; jeder derer, welche 10 zählen, zählt auf andere Weise [...] Das Ganze mit Goethe's Auctorität gestützte Gerede von einem von Ex 20 und Dt 5 verschiedenen Zweitafelgesetz zerfällt schon damit [...] in nichts [...]."[24]

Ein gewisser Konsens der zitierten Rekonstruktionen besteht lediglich darin, dass in Ex 34,10 – 26 mit deutlich mehr als zehn Gebotsbestimmungen zu rechnen ist, wobei allein in V. 25 – 26 normalerweise mit vier Opfergeboten und in der jetzigen Fassung von V. 21 – 23 mit vier Festgeboten zu rechnen ist.

Wenn sich somit auch schließlich die Auffassung von Albrecht Alt durchgesetzt hat, dass es sich bei Ex 34 nicht um einen Dekalog, sondern um ein „sekundäres Mischgebilde" handelt[25], eine Auffassung, die auch in den Arbeiten von Lothar Perlitt über die „Bundestheologie im Alten Testament"[26] und von Erik Aurelius über „Der Fürbitter Israels"[27] aufgenommen wurde, so bleibt doch die Aufgabe, die Struktur dieses „Mischgebildes" zu bestimmen.

Für die Klärung der „Struktur" von Ex 34,10 – 26 wird man die Arbeit von Jörn Halbe, „Das Privilegrecht Jahwes Ex 34,10 – 26",[28] als einen wesentlichen Forschungsfortschritt anzusehen haben, auch wenn man die von ihm vertretene Frühdatierung von Ex 34* nicht teilt. Halbe hat gezeigt, dass es sich bei V. 10f.* um

---

22 Beer 1939, 160 – 163.
23 Vgl. Fohrer 1969, besonders 141 – 143.
24 Dillmann 1880, 352. So auch Wilms 1973, 208 – 213.
25 Alt 1953, 317 Anm. 1. Vgl. Smend 1989, 108; auch Schmidt, W.H. 1995a, 77.120.
26 Perlitt 1969, 216 – 238. Wie Perlitt betrachtet auch schon E. Kutsch (1986a, besonders 33 – 36) 34,11 – 26 als späten deuteronomistischen Text.
27 Aurelius 1988, 116 – 126.
28 Vgl. für das folgende besonders Halbe 1975, 95.147.

den die „Herrschermacht" Jahwes zum Ausdruck bringenden „Prolog" des Bundesdokumentes Ex 34,10 – 26 handelt, dem in V. 11 – 26* die sich aus der Beziehung zu Jahwe ergebenden Verpflichtungen folgen: V. 11b–16* thematisieren dabei das Hauptgebot an Israel, „in seinem Verhalten zu dem Nachbarn das spezifische Verhältnis zu seinem Gott zu bewähren". In V. 18 – 26 folgen dann Einzelbestimmungen, die in die zwei Teile V. 18 – 20 und V. 21 – 26 gegliedert sind. Beide Teile behandeln jeweils am Anfang das Thema „Heilige Zeit" (in V. 18: Massot-Woche und in V. 21ff. wöchentlicher Ruhetag und sonstige „Festbestimmungen"). Ihnen folgen jeweils Bestimmungen über „Gaben an Jahwe" (in V. 19 – 20: Erstgeburtsopfer; in V. 25 – 26: Opferbestimmungen).

Somit ergibt sich für die Gliederung von Ex 34,10 – 26 folgendes Schema:[29]

Prolog:	V. 10 (f.)	
Verpflichtungen:	V. 11 – 26*	
1. Hauptgebot:		V. 11 – 17*
2. Einzelbestimmungen:		V. 18 – 26*
a.α Heilige Zeit		V. 18*
β Gaben		V. 19 – 20*
b.α Heilige Zeit		V. 21f.*
β Gaben		V. 25 – 26*

Auch wenn damit die Grundstruktur von Ex 34,10 – 26 sachgemäß erfasst ist, so bleiben wichtige Details der Strukturierung dieses „Bundes-Dokuments" jedoch weiterhin ungeklärt. Vor allem wird nicht einsichtig, weshalb V. 18 – 26 in die zwei Teile V. 18 – 20 und V. 21 – 26 gegliedert ist.

Zunächst wird man eine genauere Untersuchung der Struktur der Darstellung des Hauptgebotes in V. 12 – 17 vornehmen müssen. Besonders fällt auf, dass das Verbot, einen Bund mit den kanaanäischen Landesbewohnern zu schließen, in V. 15a in einer Formulierung mit der Einleitung *pæn* (ohne die Einleitung „hüte dich" von V. 12) wiederholt wird. Außerdem wird das Bündnisverbot in V. 13 – 14a durch vier Gebote zu Fremdkulten erläutert: Drei sind dabei (möglicherweise in Anlehnung an Dtn 7,5 und 12,3) in der 2. pers. plur. mit „ihr" formuliert: „ihre Altäre sollt ihr umstürzen, ihre Masseben zerbrechen und seine Ascheren umhauen", das vierte Gebot „du sollst keinen anderen Gott anbeten" ist dagegen wie der übrige Kontext an ein „du" gerichtet. In gleichem Sinne ist auch V. 17 „du sollst dir keine gegossenen Götterbilder machen" als ein weiteres erläuterndes Verbot zu Fremdkulten zu verstehen.

Von besonderer Bedeutung für das Verständnis der Struktur der Gebote von Ex 34,12ff. ist jedoch, dass zwischen den vier Gebotsstellen jeweils motivierende

---

29 Vgl. Halbe 1975, 223 und 212.

Aussagen eingefügt sind: So in V. 12b: „damit sie dir nicht zum Fallstrick werden in deiner Mitte" (vgl. Ex 23,33). Ebenso in V. 14b: „Jahwe heißt ein Eiferer, ein eifernder Gott ist er". Und schließlich in V. 15b–16: „damit sie... dich nicht einladen und du von ihrem Opfer essest und damit du für deine Söhne ihre Töchter nicht zu Frauen nehmest und ... sie machen, dass deine Söhne auch ihren Göttern nachlaufen". Durch diese Motivierungen wird herausgestellt, dass es bei all diesen kultischen Vorschriften um das alttestamentliche Zentralgebot der Alleinverehrung Jahwes geht.

In V. 18 – 26 sind dann jeweils Fest- und Opfergebote aus dem vorhergehenden Exodusbuch (Ex 13 und 23) zusammengestellt. Auch hier sind zwischen die Gebote wieder Motivierungen eingefügt, von denen her sich die Struktur der V. 18 – 26 erschließt. Die erste zwischen dem Massotfestgebot von V. 18a und der Erstgeburtsforderung von V. 19f. gestellte motivierende Aussage nimmt auf den Exodus Bezug. Offensichtlich sollen hier zunächst in V. 18 – 20 die auf den Exodus bezogenen Fest- und Opfergebote (vgl. Ex 12 und 13) aufgeführt werden.[30]

Dagegen nimmt die zwischen den Festgeboten in V. 21 – 23 und den Gaben- bzw. Opfergeboten von V. 25 – 26 stehende motivierende Aussage V. 24 auf Jahwes Vertreibung der Fremdvölker aus dem Gelobten Land Bezug. Offensichtlich sollen hier Gebote zusammengestellt werden, die in besonderer Weise mit der Landgabe Jahwes in Beziehung stehen.

Dies zeigt sich auch bei den einzelnen Festgeboten von V. 21 – 23. So wird hier das Sabbatgebot in V. 21 auf das bäuerliche Pflügen und Ernten im Lande bezogen. Auch Wochenfest und Lesefest werden bewusst als auf das Land bezogene Erntefeste verstanden. Und auch die mit dem Bundesbuch Ex 23,18 – 19 übereinstimmenden Opfergebote von Ex 34,25 – 26 weisen mit der Forderung nach den Erstlingsfrüchten des Ackers in V. 26a einen spezifischen Landgabebezug auf.

Zur Struktur von V. 18 – 26 ist somit zusammenfassend festzustellen, dass hinter der Zweiteilung in V. 18 – 20 und in V. 21 – 26 eine Gliederung steht, die zwischen auf den Exodus bezogenen und auf die Landgabe bezogenen Geboten unterscheidet.

A. Prolog: Jahwes Verheißung wunderbarer Heilstaten:		V. 10 – 11
B. Hauptgebot: Bündnisverbot mit Kanaanäern:		V. 12 – 17
I. Bündnisverbot I:	V. 12	
II. Erläuterung durch vier Gebote gegen Fremdkulte:	V. 13 – 14	
III. Bündnisverbot II:	V. 15 – 16	
IV. Erläuterung durch Bilderverbot:	V. 17	

---

30 Zur Aufnahme der Erstgeburtsbestimmungen wegen des Bezugs zum Exodus vgl. Schreiner 1994, besonders 208.

3

Dass die hier vertretene Gliederung von Ex 34,10 – 26 sich aus dem Kontext von Ex 32 – 34 erklärt, findet eine Bestätigung durch den Vergleich dieses Privileg-rechtsdokuments mit dem Bundesbuch von Ex 20,22 – 23,33. Während anzuneh-men ist, dass die in Ex 34,28 von Jahwe neu beschriebenen Gesetzestafeln die gleichen zehn Worte enthalten wie die Tafeln von Ex 24,12; 31,18, stellt die von Mose niederzuschreibende neue Bundesurkunde gegenüber dem „Bundesbuch" von Ex 20* trotz einiger Übereinstimmungen doch ein im wesentlichen neues Dokument dar. Die These, dass es sich hier lediglich um eine „Epitome", eine Zusammenfassung, des „Bundesbuches" von Ex 20 – 23* handele, wie sie zuletzt Erhard Blum vertreten hat,[31] kann nicht ohne weiteres übernommen werden.

Entgegen der Meinung von Blum[32] können schon die Ausführungen zum Hauptgebot („Fremdgötterverbot") in Ex 34,11ff. nicht einfach als ein Text ver-standen werden, der dem Abschluss des Bundesbuches Ex 23,20 – 33 materialiter entspricht. Entsprechungen liegen hier nämlich zum einen nur im Verbot des Bündnisses mit der kanaanäischen Urbevölkerung vor (vgl. 34,12 mit 23,32) mit dem Hinweis, dass sie sonst für Israel zum „Fallstrick" werden (vgl. 34,12 mit 23,33). Zum andern entsprechen sich das Gebot, kanaanäische Masseben zu zerstören (vgl. 34,13 mit 23,24), und schließlich die Verheißung, dass Jahwe bzw. sein Engel die kanaanäische Urbevölkerung ausstoßen wird (vgl. 34,11 mit 23,23). Dabei werden in beiden Fällen die sechs Völker Amoriter, Kanaaniter, Hethiter, Perisiter, Hiwiter, Jebusiter genannt, allerdings finden sich in 23,23 die Kanaaniter erst an vierter Stelle hinter den Perisitern.

Nicht aufgenommen sind in Ex 34,11ff. dagegen die Segensverheißungen von Ex 23,25ff. Auch die Verheißung, dass Israels Land bis an den Euphrat reichen wird (vgl. Ex 23,31; vgl. auch Gen 15,18), fehlt in Ex 34,11ff. Andererseits unter-

---

31 Vgl. Blum 1996, 358f. Ähnlich auch Körting 1999, 34 – 38.
32 Blum 1996.

scheidet sich Ex 34,11 – 16 von Ex 23,20ff. dadurch, dass es in besonderer Weise vor der Teilnahme an gemeinsamen Opfermahlen mit der kanaanäischen Urbevölkerung warnt.

Aus Ex 23,20ff. wird somit in Ex 34,11ff. nur das aufgenommen, was der zentralen Thematik „Götzendienst" von Ex 32 – 34 entspricht: das Verbot des Bündnisses mit den Landesbewohnern und das Gebot, kanaanäische Kultgegenstände zu zerstören. Auch von den in Ex 23,20ff. erwähnten Verheißungen wird in Ex 34,11 nur die Verheißung angesprochen, die in engstem Zusammenhang mit der Götzendienstthematik steht: Die Ankündigung des Ausstoßens der götzendienerischen Urbevölkerung Kanaans durch Jahwe (vgl. die Aufnahme dieser Thematik auch in Ex 33,2). Schließlich steht auch die in Ex 34,11ff. gegenüber Ex 23,20ff. neu aufgenommene Warnung vor gemeinsamen Opfermahlen mit der Thematik von Ex 32 – 34 in Verbindung, wie die Opfer bei der Verehrung des Goldenen Kalbes in 32,6 zeigen.

Bestätigt wird der durchgehende Kontextbezug von Ex 34,11ff. auf Ex 32 – 34 auch durch die Form der Aufnahme des Bilderverbotes in Ex 34,17. Blum versteht Ex 34,11 als Zitat des Anfangs des Bundesbuches von Ex 20,23 („Götter aus Silber und Götter aus Gold sollt ihr euch nicht machen"). Doch passt zu diesem Verständnis schlecht, dass Ex 34,17 das Bilderverbot in der Formulierung bringt: „ʾlhy mskh sollst du dir nicht machen". Die Formulierung ʾlhy mskh will offensichtlich nicht primär auf den Beginn des Bundesbuchs verweisen, sondern wieder auf den engeren Kontext von Ex 32, wo das von Aaron gemachte Gottesbild sowohl in V. 4 als auch in V. 8 als ʿgl mskh bezeichnet wird.[33]

In gleicher Weise wird man nun jedoch auch den zweiten Teil der Bundesurkunde von Ex 34, wie er in V. 18 – 26 vorliegt, in Bezug auf den Kontext von Ex 32 – 34 verstehen müssen. Schon die Tatsache, dass es hier ausschließlich um Fest- und Opfergesetze geht, dürfte mit Ex 32 zusammenhängen, wo in Zusammenhang mit dem Kult des Goldenen Kalbs in Ex 32,5 Aaron ein Fest Jahwes ausrufen lässt und in Ex 32,6 die Israeliten Opfer darbringen und an Opfermahlzeiten teilnehmen.

Auch in Ex 34,18 – 26 geht es somit nicht um eine Kurzfassung des Bundesbuches. Ansonsten bliebe das Fehlen von Sozialgesetzen völlig unerklärt. Vielmehr greift Ex 34 ausschließlich die Fest- und Opfergesetze von Ex 23,12 – 19 auf, wobei Ex 23,12a und 23,15 – 19 nahezu wörtlich aufgenommen werden. Bestätigt wird dies dadurch, dass gegenüber Ex 23,12 bei Ex 34,21 auf jede soziale Motivierung des Sabbats verzichtet wird. Ex 34,11ff. beschränkt sich somit auf Gebote,

---

33 Zum Bezug von Ex 34,17 auf Ex 32,4.8 vgl. vor allem auch Levin 1993, 369; ebenso Schreiner 1994, 210 und Gertz 2001, 105.

die durch die Sünde des Volkes von Ex 32 (und damit von 1 Kön 12,26 – 33) tangiert wurden. Der Text des sog. Privilegrechtes ist somit nur von seiner Funktion im Rahmen der Bundeserneuerung nach dem Bundesbruch von Ex 32 sachgemäß zu verstehen.

Dass die Gliederung von Ex 34,10 – 28 auch auf die heilsgeschichtliche Akzentsetzung des spätdeuteronomistischen Bearbeiters von Ex 32[34] zurückgeht, wird auch noch an folgender Beobachtung deutlich: Auffällig ist, dass in Ex 34 – anders als in Ex 23,15 – 16 – das Massotfestgebot in V. 18 getrennt von den Bestimmungen für das Wochen- und das Lesefest in V. 22 behandelt wird. Zwischen beide ist u. a. in V. 21 das Sabbatgebot eingefügt. Dies ist nun – gegen Eckart Otto – nicht mit einer in Ex 34,18.21 – 23 vorliegenden alten Festordnung zu erklären, die noch zeige, dass sich der Sabbat aus dem Massotfest entwickelt habe[35]. Vielmehr werden hier die auf den Exodus bezogenen Fest- und Gabebestimmungen von den auf die Landnahme bezogenen Fest- und Gabebestimmungen getrennt. Während der Abschnitt Ex 23,10 – 19 des Bundesbuches nach den Themen „Sabbat" (23,10 – 13*), „Wallfahrtsfeste" (23,14 – 17) und „Opfer" gegliedert ist (23,18 – 19), ordnet 34,18 – 26 die gleichen Bestimmungen nach den beiden heilsgeschichtlichen Daten Exodus und Landgabe, wie an den beiden Gebotsmotivierungen in V. 18 und V. 24 zu sehen war. Beim Exodus werden dabei noch die im Zusammenhang der Exoduserzählung Ex 12 – 13 von Jahwe gebotenen Erstgeburtsbestimmungen (vgl. Ex 34,19 – 20 mit Ex 13,1 – 2.11 – 16) aufgenommen.

Auf diesem Hintergrund erklärt sich auch, weshalb Ex 34,18 beim Sabbatgebot anders als die Bundesbuchparallele in Ex 23,12 die Kulturlandsituation der Zeit des Pflügens und des Erntens hervorhebt. Auch bei den Opferbestimmungen liegt ja mit dem Gebot, die Erstlinge des Ackers in das Haus Jahwes zu bringen, ein deutlicher Kulturlandbezug vor, der allerdings bereits im Bundesbuch vorhanden war.

Diese heilsgeschichtliche Gliederung in auf den Exodus und auf die Landgabe bezogenen Bestimmungen geht auf den spätdeuteronomistischen Verfasser von Ex 32 – 34 zurück. Für ihn sind nämlich Exodus und Landgabe die beiden entscheidenden heilsgeschichtlichen Ereignisse, an denen aufgrund der Verheißung an die Erzväter Jahwes Macht und Jahwes Erwählung erkennbar werden. Hier ist nur an die spätdeuteronomistische Fürbitte Moses in Ex 32,11 – 13 zu erinnern: „Warum, Jahwe, entbrennt dein Zorn über dein Volk, das du aus dem Lande Ägypten geführt hast [...] Gedenke doch an deine Knechte Abraham, Isaak und

---

34 Vgl. hierzu Schmitt 2001e, besonders 317 – 325.
35 Otto 1996, 94, besonders Anm. 149.

Israel, denen du geschworen [...] hast: [...] dieses ganze Land will ich deinem Samen geben."

4

Im Hinblick auf die Datierung von Ex 34,10ff. hat nun Erich Zenger – wie bereits eingangs erwähnt – die These vertreten, dass das „Privilegrecht" Jahwes von Ex 34 im Zentrum seines im 7. Jh. v. Chr. datierten „Jerusalemer Geschichtswerks" stehe, das von Gen 12 bis Num 32 reicht.[36]

Diesem für das Jerusalemer Geschichtswerk zentralen „Privilegrechtstext" weist er im einzelnen in Ex 34 die Verse 6 – 7.12.14.18 – 26* zu.[37] Allerdings kann Zenger kaum wahrscheinlich machen, dass V. 6 – 7 und V. 12.14 älter als ihr Kontext sind. Dass es sich bei der Gnadenformel von Ex 34,6 – 7 um ein relativ junges Element alttestamentlicher Tradition handelt, ist weitgehender Konsens der neueren Forschung. Um die Grundschicht von Ex 34 dem „Jahwisten" zuordnen zu können, hat schon Martin Noth daher die Gnadenformel als späteren Zusatz verstanden.[38] Erik Aurelius hat demgegenüber jedoch gezeigt, dass V. 6 – 7 fest im vorliegenden Kontext verankert sind und gleichzeitig mit ihrem spätdeuterono-mistischen Kontext entstanden sein müssen.[39]

Gleiches gilt nun für Ex 34,12.14. Hier ergeben sich deutliche Parallelen zu den spätdeuteronomistischen Texten von Ri 2,2 („Ihr sollt keinen Bund schließen mit den Bewohnern dieses Landes"; vgl. Dtn 7,2) und von Dtn 4,24 („Jahwe ist ein eifernder Gott"). Auch V. 12 – 14 sind somit fest im spätdeuteronomistischen Kontext von Ex 34 verankert.[40]

Schwieriger ist der Befund bei den Fest- und Opferbestimmungen von Ex 34,18 – 26. Ludger Schwienhorst-Schönberger hat unter Berufung auf Jörn Halbe[41] die Auffassung vertreten, dass Ex 23,14 – 19 „in der Verbindung von fas, jus und ethos" ein gegenüber Ex 34 mit seinem Beschränktsein auf das Gottesrecht

---

36 Zenger 1998, 167 – 171. Eventuell reicht nach Zenger das „Jerusalemer Geschichtswerk" sogar von Gen 11,27 – 32* bis Jos 24,32.

37 Vgl. besonders Zenger 1996, besonders 282 und auch Gertz 2001, 104f.

38 Noth 1959, 213.215. Zur Gnadenformel vgl. auch Schmidt, L. 1976, 87 – 102; Spieckermann 2001; Scoralick 2001.

39 Aurelius 1988, 116f.125. Nach Aurelius 121 ist allerdings 34,1 – 9.28 jünger als 34,10 – 27.

40 Vgl. Aurelius 1988, 120. Entsprechendes gilt für alle Versuche, durch Ausscheiden größerer Textbestandteile einen vordeuteronomistischen Text herzustellen, obwohl es für diese Ausscheidung keine stringenten literarkritischen Argumente gibt.

41 Halbe 1975, 449.

„fortgeschrittenes Stadium der Traditionsbildung darstellt".[42] Diese Argumentation ist jedoch insofern nicht in sich schlüssig, als wir bei der Untersuchung der Komposition von Ex 34,10 – 26 festgestellt haben, dass der spätdeuteronomistische Verfasser von Ex 34 aufgrund des Kontextbezuges zu Ex 32 sich bei der Gestaltung von V. 10 – 26 bewusst auf das Gottesrecht konzentriert.

Schließlich hat Eckart Otto die These vertreten, dass Ex 23,14 – 19 vom Endredaktor des Pentateuch mit Blick auf die Priesterweihe des Volkes in Ex 24,3 – 8 komponiert sei. Daher müsse Ex 23,14 – 19 später als Ex 34,18 – 26* datiert werden.[43] Die Frage stellt sich jedoch, ob es nicht möglich ist, dass sowohl die Endgestalt von Ex 23,14 – 19 als auch Ex 34,18 – 26 eine Komposition des spätdeuteronomistischen Pentateuchredaktors darstellen können, wobei Ex 23 auf den Bundesschluß von Ex 24 hin angelegt ist, während Ex 34 das Gottesrecht von der Erfahrung des Bundesbruches von Ex 32 und der damit gegebenen Notwendigkeit der Bundeserneuerung her formuliert.

Jedenfalls findet sich nicht nur in Ex 23 Sondergut gegenüber Ex 34,[44] sondern umgekehrt liegt auch gegenüber Ex 23 Sondergut in Ex 34,21b.24 vor, wo der Landgabebezug im Sinne der oben dargestellten Kompositionsabsicht des spätdeuteronomistischen Verfassers besonders betont wird.

Auch sind sowohl in Ex 23,14 – 19 als auch in Ex 34,18 – 20 spätdeuteronomistische Elemente zu erkennen. Dies zeigt besonders der Vergleich der beiden Bestimmungen über das Wochen- und das Lesefest in Ex 23,16 und 34,22. Während in Ex 23,16 die Formulierung „Erstlinge deiner Früchte" (m'śyk) einen jüngeren Eindruck gegenüber „Erstlinge der Weizenernte" (qṣyr ḥṭym) in Ex 34,22 macht, scheinen andererseits die Formulierungen „Wochenfest" und „Wende des Jahres" in Ex 34,22 spätere Begriffe darzustellen. Gleiches gilt für die Formulierung zbḥ ḥg hpsḥ in 34,25 statt des ursprünglichen „Fett von meinem Fest" in 23,18. Eine spätdeuteronomistische Erweiterung in Ex 34 stellt schließlich auch das „Gott Israels" in V. 23 dar (vgl. Ex 23,17 nur: „Herrscher Jahwe" ohne „Gott Israels"). In einer 1998 erschienenen Studie zum Festkalender von Ex 34[45] hat Shimon Bar-On darüber hinaus darauf aufmerksam gemacht, dass eine Reihe von Formulierungen von Ex 34,18 – 26 sich am ehesten durch die Berücksichtigung priesterlicher Gesetzesbestimmungen erklärt. So findet sich der Begriff für „Erstgeburt" pṭr rḥm (Ex 34,19f.) nicht in Ex 22,28 – 29 und in Dtn 15,19 – 23, sondern nur in den P-Texten Num 3,12 und 18,15

---

42 Schwienhorst-Schönberger 1990, 405.
43 Otto 1996, 95. Vgl. auch Otto 1999, 324 – 340, wo Otto mit der Abhängigkeit der Festgesetze Dtn 16,1– 17 von Ex 34,18 – 26* rechnet.
44 Vgl. dazu Halbe 1975, 448f.
45 Bar-On 1998. Zur nachpriesterlichen Ansetzung von Ex 34,11– 26 vgl. auch Carr 2001b.

und in dem wahrscheinlich nachpriesterlichen Text von Ex 13,1–2.11–16. Des Weiteren entspricht die Einbeziehung des Sabbats in Festbestimmungen, wie sie in Ex 34,21–23 vorliegt, den priesterlichen Festkalendern in Lev 23 und Num 28–29. Außerdem könnte sich die Ersetzung von *zbḥ* durch *šḥṭ* in Ex 34,25 (gegenüber Ex 23,18) durch den priesterschriftlichen Sprachgebrauch erklären, wo *zbḥ* nur im Zusammenhang von *zbḥ šlmym* vorkommt, ansonsten für rituelles Schlachten jedoch *šḥṭ* gebraucht wird. Auch die Formulierung des Bilderverbotes in Ex 34,17 „Gegossene Götter sollst du dir nicht machen" entspricht dem Bilderverbot des Heiligkeitsgesetzes (Lev 19,4: „Gegossene Götter sollt ihr euch nicht machen").

Zwar hat Reinhard G. Kratz[46] gegen eine Zuweisung von Ex 34 an die nachpriesterliche Pentateuchredaktion eingewandt, Ex 34 sei als Überleitung zum Bericht über den Heiligtumsbau von Ex 35ff. kaum vorstellbar. Doch zeigen die mit Ex 34 in engem Zusammenhang stehenden Vorstellungen von Dtn 10,1–5, dass die Erneuerung der Dekalogtafeln durchaus einen Bezug zur Herstellung des Heiligtums und der heiligen Lade besitzt. Somit spricht alles für eine nachpriesterschriftliche Entstehung von Ex 34,10–28.

Beachtenswert sind auch die in Ex 34,10–28 vorliegenden Bezüge zur Genesis, zum Richterbuch und zu den Königsbüchern. Die in Ex 34,10f. entwickelte Bundesvorstellung mit der Verheißung der Landgabe durch die Vertreibung der Völker der palästinischen Urbevölkerung entspricht weitgehend der spätdeuteronomistischen nachpriesterschriftlichen Bundeskonzeption von Gen 15,18–21.[47] Zu erwähnen ist auch der Gebrauch des Verbs *br'* „schaffen durch Gott" in Ex 34,10, der wohl einen Rückbezug auf die priesterschriftliche Schöpfungsgeschichte von Gen 1,1–2,4a darstellt. Des Weiteren weist Ex 34,11.15 mit dem Verbot des Bundesschlusses mit den palästinischen Urbewohnern (vgl. schon Ex 23,31f.) auf die von DtrS berichtete Übertretung dieses Gebotes nach der Erfüllung der den Erzvätern gegebenen Bundesverheißung des Landes bei der Landnahme in Ri 2,1–2. Der wohl ebenfalls von DtrS stammende Bericht über die Nichtvertreibung der palästinischen Urvölker durch Salomo in 1 Kön 9,20f. will wohl auch auf die Übertretung des hier gegebenen Gebotes hinweisen.[48] Insofern ist deutlich, dass Ex 34,10–28 im Rahmen eines von Gen 1 bis 2 Kön 25 reichenden spätdeuteronomistischen Geschichtswerks zu verstehen ist.

---

46 Kratz 2000, 140.
47 Vgl. Schmid 1999, 183.
48 Zur Bedeutung der Liste der palästinischen Urbevölkerung im Rahmen des spätdeuteronomistischen Geschichtswerks vgl. Schmitt 2001b, besonders 283–285; zur spätdeuteronomistischen Abgrenzung von den Nichtisraeliten vgl. auch Schorn 1997, 223.

Diese aus den Kontextbezügen gewonnene nachexilische Ansetzung des Privilegrechtstextes von Ex 34 wird nun bestätigt durch die historischen Bezüge, die der Text zur nachexilischen Situation Judas aufweist. Schon Blum hat zu Recht darauf hingewiesen, dass die Fest-, Opfer- und Abgabebestimmungen von Ex 34,18 – 26 sich gut in die Zeit des Zweiten Tempels einfügen (vgl. die in Mal 1,6ff.; 3,8ff. und Neh 13,4ff. angesprochenen Missstände).[49] Während Blum dabei an die frühnachexilische Zeit des Endes des 6. oder Anfangs des 5. Jh.s denkt, spricht doch etwas mehr für eine spätere nachexilische Situation.[50] So findet sich die strenge Form der Ablehnung jeder Art von Mischehe, wie sie in Ex 34,15 – 16 vorliegt, erst in den chronistischen Stellen des Esrabuches (Esr 9,1ff.) und erst hier werden neben Ammonitern und Moabitern (vgl. Neh 13,23) auch Kanaaniter, Hethiter, Perisiter und Jebusiter genannt, von denen sich Israel fern zu halten habe.

Auf diesem Hintergrund spricht alles dafür, dass es sich bei dem „Privileg-recht" von Ex 34 um einen Entwurf der Endredaktion des Pentateuch handelt und damit der Redaktion des spätdeuteronomistischen Geschichtswerks Gen 1 – 2 Kön 25. Angesichts des Bundesbruchs von Ex 32, den sie offensichtlich als eine be-sondere Gefahr ihrer spätnachexilischen Zeit ansieht, lässt sie Jahwe nicht nur die zwei Gesetzestafeln erneut mit den Zehn Geboten beschriften, sondern auf Jahwes Befehl auch Mose noch einmal zentrale Inhalte israelitischer Existenz in einer besonderen Verpflichtungsurkunde zur Wiederherstellung des „Bundes" zusam-menfassend formulieren: Es kommt darauf an, dass Israel seine Sonderstellung unter den Völkern bewahrt. Von zentraler Bedeutung ist dabei eine richtige Jah-weverehrung (Monolatrie, Feste, Opfer), bei der der Gottesdienst Zeugnis von Gottes heilsgeschichtlichem Handeln in Exodus und Landgabe bleibt.

---

49 Blum 1996, 362 – 366. Vgl. ähnlich Oswald 1998, 173f., und Renaud 1998, 80f.
50 Zur Zuweisung von Ex 34,10 – 26 (zusammen mit der von Blum angenommenen Mal'ak-Be-arbeitung) an die spätdeuteronomistische Endredaktion des Pentateuch vgl. schon Schmitt 2001h, besonders 257f. Zum theologischen Ort der spätdeuteronomistischen Schicht vgl. auch Nentel 2000, 304 – 310. Für die Datierung der Endredaktion des Pentateuch ins 4. Jh. v.Chr. vgl. Witte 1998, 315 – 324.

Die „Ältesten" in der Exodusüberlieferung und im Aramäischen Briefbericht von Esra 4,8 – 6,15

Abstract: The mention of Israel's elders (*zqny yśr'l*) in the Moses tradition of the Pentateuch does not stem from a pre-Priestly or a pre-exilic layer. On the contrary, the concept of the elders in Exod 3:16, 22; 4:29; 12:21; 17:5 – 6; 24:1, 9 – 11; Num 11:16ff. and 16:25 is related to the post-exilic constitutional concept of the *Aramaic letter-report* in Ezr 4:8 – 6:15 and is derived from late Deuteronomistic circles. Analogous ideas to this late Deuteronomistic concept of the elders are found in late prophetic texts like Joel 1:2ff. and in Isa 24:23.

1 „Älteste" im Alten Testament

In seiner Darstellung der Religionsgeschichte Israels hat der Jubilar immer wieder auf die besondere Bedeutung der Institution der „Ältesten" für die Sozialgeschichte Israels hingewiesen. So rechnet er bereits für die vorstaatliche Zeit mit einer politischen Leitungsfunktion der Ältesten als der Familien- oder Sippenoberhäupter eines Ortes, einer Region oder eines Stammes.[1] Während der Königszeit waren dann seiner Meinung nach die Ältesten vor allem verantwortlich für die im Tor durchgeführte Ortsgerichtsbarkeit.[2] Auch sind nach ihm als Träger der deuteronomischen Bewegung neben Priestern, Beamten und Propheten vor allem Älteste anzunehmen.[3] Des Weiteren findet er im Buch Threni[4] Hinweise, dass es den Bewohnern Judas in der Exilszeit gelang, unter der babylonischen Provinzverwaltung „eine beschränkte Selbstverwaltung auf der Basis von Ältesten" aufzubauen.[5] Dies galt seiner Meinung nach auch für die babylonische Gola, in der die Ältesten ebenfalls die Leitungsfunktion übernahmen.[6]

---

1 Albertz 1996, 114. Neben den Ältesten steht dabei allerdings als letztlich entscheidende Instanz die Versammlung der „rechtlich freien, ökonomisch selbständigen und darum Waffen tragenden Männer". Zu dieser vorstaatlichen Stellung von „Stadtältesten" und „Männern der Stadt" vgl. besonders Schäfer-Lichtenberger 1983, 290 – 302.
2 Albertz 1996, 140.
3 Albertz 1996, 349.
4 Vgl. Klgl 1,19; 2,10; 5,12.14.
5 Albertz 1997, 378; vgl. auch ders. 2001, 84.
6 Albertz beruft sich dafür auf Ex 8,1; 14,1; 20,1 und vor allem auf Jeremias Brief an die Ältesten der Gola in Jer 29; vgl. Albertz 1997, 380, und auch Albertz 2001, 88.

https://doi.org/10.1515/9783110724448-017

Aufgrund der „positiven Erfahrungen", „die man während der Exilszeit mit vorstaatlichen Organisationsformen gemacht hatte,"[7] nimmt Rainer Albertz auch für die Zeit der Perserherrschaft das Festhalten an judäischen Selbstverwaltungsgremien an, zu denen neben dem Priesterkollegium und der Volksversammlung ein „Ältestenrat"[8] gehörte.[9] Die Mitglieder dieses Ältestenrates tragen nach Albertz in der aramäischen Quelle von Esr 1–6 die Bezeichnung „Älteste Judas" (Esr 5,5.9; 6,7.8.14) und sind mit den „Häuptern der Vaterhäuser" (vgl. Esr 2,68; 4,2.3; 8,1; Neh 8,13; 11,13 u. ö.) und wohl auch mit den „Vornehmen"[10] der Nehemiadenkschrift (Neh 2,16; 4,8.13; 5,7; 6,17; 7,5; 13,17) gleichzusetzen.[11]

Schließlich rechnet Albertz für die hellenistische Zeit mit einem Weiterbestehen dieses Nebeneinanders von einem Laiengremium der Ältesten und einem Priesterkollegium.[12] Da allerdings die Ptolemäer keinen Statthalter mehr einsetzten, wurde jetzt der Hohepriester auch zum politischen Repräsentanten des jüdischen Gemeinwesens.[13]

Keinen historischen Hintergrund sieht Albertz demgegenüber zu Recht hinter der Erwähnung von „Ältesten" in der Moseüberlieferung (vgl. u. a. Ex 3,16.18; 4,29; 12,21).[14] Die Ältesten besitzen hier keine selbständige Funktion, und ihr Auftreten „wirkt schematisch".[15] Zur Erklärung dieses Befundes vertritt Albertz die beachtenswerte These, mit der Erwähnung der Ältesten beabsige der nachexilische dtr. Redaktor des Pentateuch, dem in der Nachexilszeit Regierungsfunktionen wahrnehmenden „Ältestenrat" besondere Autorität zu verleihen.[16]

Diese These soll nun im Folgenden an einigen ausgewählten Beispielen, die vom Auftreten der Ältesten in der Exodusüberlieferung berichten, überprüft werden. Dabei ist vor allem zu klären, inwieweit die in den Exodusbelegen zu

---

7 Albertz 2001, 114.

8 Albertz 1997, 472–475.

9 Gleichzeitig mussten alle Mitglieder des Gemeinwesens in „Vaterhäusern" (Bet Abot, vgl. Esr 2,59 = Neh 7,61), d. h. in den unter den Exulanten geschaffenen neuen Sippenverbänden, registriert sein; vgl. hierzu Albertz 1997, 473, und Albertz 2001, 111.

10 Vgl. schon 1 Kön 21,8.11.

11 Albertz 1997, 473. Vgl. für die Bedeutung des Ältestenrats auch Albertz 2003, 327–333.

12 Vgl. hierzu v. a. 1 Makk 14,20, wo als Repräsentanten des jüdischen Volkes der Hohepriester, die Ältesten und die Priester genannt sind. Anders allerdings 1 Makk 12,35 und 13,36, wo neben dem Hohenpriester nur die Ältesten das jüdische Volk repräsentieren, und dazu unten Anm. 90.

13 Albertz 1997, 593, bes. Anm. 4.

14 Vgl. demgegenüber Conrad 1977, 647f., der die Meinung vertritt, dass hinter der jetzt unselbständigen Rolle der Ältesten noch eine eigenständige Bedeutung in der alten Exodus- und Sinaiüberlieferung zu erkennen sei (unter Berufung auf Noth 1948, 178f.196), was allerdings angesichts des literarischen Befundes nur schwer zu verifizieren sein dürfte.

15 Albertz 1996, 74.

16 Albertz 1996, 74 Anm. 18; vgl. dazu auch a.a.O., 514ff.

beobachtenden Vorstellungen über die „Ältesten Israels" und ihre Funktionen sich mit nachexilischen Auffassungen von der Aufgabe der „Ältesten" in Beziehung setzen lassen.

2 Die Ältesten in der Exodusüberlieferung

2.1 Ex 3,16ff.

Schon beim Beginn der Darstellung der Volkwerdung Israels im Exodusbuch wird davon ausgegangen, dass die Israeliten durch „Älteste" repräsentiert werden.[17] So erhält Mose nach Ex 3,16.18; 4,29 den Auftrag, die „Ältesten Israels" als die Repräsentanten des Gottesvolkes zu versammeln, um mit ihnen zusammen mit dem Pharao zu verhandeln.

Fragt man nach der literarhistorischen Einordnung der genannten „Ältesten"-Stellen, so geben sich Ex 3,18–22 deutlich als Schicht zu erkennen, die auf die Endredaktion des Pentateuch zurückgeht:[18] Hier wird das, was im vorliegenden Endtext von Ex 5–12 geschieht, von Jahwe im Detail vorhergesagt.[19] Besonders die Vorstellung, dass die Israeliten aus Ägypten Gold und Silber mitnehmen, ist typisch für diese Schicht[20] – wie vor allem die der Endredaktion des Pentateuch zuzuordnende Stelle Gen 15,14b[21] zeigt. Auch in Ex 11,2–3 und in 12,35–36 liegt die gleiche Vorstellung[22] im Zusammenhang dieser nachpriesterlichen Schicht vor.[23] Von dem hierbei gewonnenen Reichtum der Israeliten ist schließlich auch in den nachpriesterlichen Aussagen von Ex 32–33* die Rede (vgl. Ex 33,5–6). Be-

---

17 Als wichtigste Pentateuchstellen sind zu nennen: Ex 3,16.18; 4,29; 12,21; 17,5f.; 18,12; 19,7; 24,1.9; Num 11,14–17.24b–30; 16,25; Dtn 31,9. Entsprechende Vorstellungen finden sich im DtrG v. a. in Dtn 31,9; Jos 7,6; 8,10.33; 23,2; 24,1.31; Ri 2,7; 1 Sam 8,4; 1 Kön 8,1.3; 2 Kön 23,1. Die „Ältesten" erscheinen somit in einem literarischen Horizont, der den – erst nachexilisch entstandenen – Zusammenhang von Pentateuch und Deuteronomistischem Geschichtswerk voraussetzt.

18 Vgl. vor allem Schmidt, L. 1998a, 234–236, aber auch schon Schmidt, W.H. 1988, 180f., und zu 3,18–20 Gertz 2000, 299–303, anders Blum 1990, 33, der 3,19f. seiner *vorpriesterlichen* deuteronomistischen Komposition zuweist.

19 Hier ist Mose als Prophet im deuteronomistischen Verständnis von Am 3,7 dargestellt. Vgl. Blum, Studien, 33.

20 Anders Gertz 2000, 303f.

21 Vgl. L. Schmidt, L. 2006b, 263f., auch Gertz 2002a, 71–74.

22 Es besteht nur der Unterschied, dass in Ex 11,2f.; 12,35f. die „Israeliten" sich silberne und goldene Gegenstände ausleihen, während in 3,21f. die israelitischen *Frauen* dazu aufgefordert werden.

23 Vgl. hierzu auch Weimar 1980, 55–59, und Otto 1996, 107.

achtenswert ist, dass in dieser endredaktionellen Deutung des Exodus die Ältesten als diejenigen dargestellt sind, die Israel gegenüber fremden Herrschern repräsentieren und mit ihnen verhandeln.

Es legt sich nun nahe, dass Ex 3,16f., die auch vom Zusammenwirken Moses mit den Ältesten Israels berichten, der gleichen Endredaktionsschicht zuzuweisen sind.[24] Dafür spricht vor allen Dingen, dass sich auch in diesen Versen wieder eine Reihe von Vorstellungen finden, die für diese Schicht charakteristisch sind, wie die triadische Vätergottformel[25] oder die Völkerliste[26] der Ureinwohner des Gelobten Landes.[27] Gleiches gilt im Übrigen für 3,7f., die in enger Beziehung zu 3,16f. stehen[28] und in der vorliegenden Form sich daher auch der Endredaktion des Pentateuch[29] verdanken dürften.[30]

Gegen die Zuweisung der „Ältestenschicht" von Ex 3,16f. an die Pentateuchredaktion hat Jan Christian Gertz jedoch eingewandt, dass für die nachpriesterliche Schicht von Ex 3–4* die Einbeziehung Aarons von zentraler Bedeutung ist und von daher die Erwähnung der Ältesten (ohne Aaron)[31] auf eine frühere Schicht zurückgeführt werden müsse.[32] Wie die endredaktionelle Schicht in 4,27–31 zeigt, gehören die Ältesten jedoch in die gleiche Schicht wie Aaron:[33]

---

24 Vgl. zuletzt Achenbach 2003, 254 (er ordnet Ex 3,16.18 seiner Hexateuchredaktion zu). Anders Gertz 2000, 295.297.299, der im Kernbestand von 3,16f. eine vorexilische Schicht meint erkennen zu können.

25 Zum nachpriesterlichen Charakter der triadischen Vätergottformel in Ex 3,16 vgl. Weimar 1980, 114f.; auch Gertz 2000, 297.299.

26 Zur Stellung dieser Völkerliste in einem nachpriesterlichen spätdeuteronomistischen Zusammenhang, der Genesis bis Königsbücher umfasst, vgl. Schmitt 2001b, 282–285.

27 Für Zusammenhänge von Ex 3,16–18 mit dem Endreaktor von Gen 1–11* vgl. auch Witte 1998, 277–279.

28 Zu diesen Beziehungen vgl. Gertz 2000, 287 Anm. 243. Gertz meint allerdings auch bei 3,7f. eine alte Schicht rekonstruieren zu können.

29 Jedenfalls liegt in Ex 3,7–8 ein Horizont vor, der in für die nachpriesterliche Endredaktion charakteristischer Weise Pentateuch und Deuteronomistisches Geschichtswerk miteinander verbindet; vgl. Schmid 1999, 194f.

30 Nicht der Endredaktion zuzuordnen ist u. a. der „elohistische" Kernbestand der Dornbuscherzählung von Ex 3,1–6* (vgl. hierzu zuletzt Schmitt 2003c, 1–11 [in diesem Band, S. 87–97]) und der Berufungserzählung von Ex 3,9–15* (vgl. hierzu Schmidt, W.H. 1988, 112–134, und zuletzt Graupner 2002, 20–25). Er zeichnet sich durch einen Horizont aus, der sich anders als die Endredaktionsschicht auf im Pentateuch berichtete Ereignisse beschränkt.

31 Zu Recht hat allerdings Otto 1996, 101 Anm. 175, darauf hingewiesen, dass eine Erwähnung Aarons in Ex 3,18–22 noch nicht erwartet werden kann, da seine Einsetzung erst die Folge des Widerspruchs Moses gegen seine Berufung in Ex 4,10–13 ist.

32 Gertz 2000, 309 Anm. 350.

33 Auch nach Gertz 2000, 334, stellt der Abschnitt Ex 4,27–31 eine literarische Einheit dar (vgl. hierzu auch Levin 1993, 333; Van Seters 1994, 68f.), die der Endredaktion zuzuordnen ist. Seine

Aaron übermittelt hier die Botschaft und die Zeichen, die ursprünglich dem Mose aufgetragen waren, an die Ältesten.

Der Befund, dass ursprünglich sowohl in Ex 4,1ff. als auch in Ex 3,16f. Mose direkt zu den Ältesten[34] gesandt wird, deutet nicht darauf hin, dass hier noch eine aaronfreie Ältestenschicht vorliegt, vielmehr gehen Ex 4,1ff. und Ex 3,16f. davon aus, dass Mose seinen Auftrag an die Ältesten durch Aaron vollziehen lassen wird.[35] Dabei beziehen sich die Ältesten von Ex 3ff. nicht auf einen Ältestenrat als Laiengremium, dem ein Priesterkollegium gegenübersteht, vielmehr sind sie als Repräsentanten Gesamtisraels verstanden, die die durch Mose und Aaron vermittelte Offenbarung Jahwes entgegenzunehmen und zu bewahren haben.[36]

Die Ältesten sind somit Zeugen des komplexen Überlieferungsvorgangs des Moseworts, wie es durch Aaron weitergegeben wird. Gleichzeitig sind sie jedoch auch als Repräsentanten dieses Moseworts gegenüber Pharao gedacht.

2.2 Ex 12,21ff.

Dass die Ältesten dabei auch Repräsentanten der *Neuinterpretation* der Offenbarung an Mose werden, zeigt sich in Ex 12,21ff., wo die Ältesten Israels von Mose Anweisungen zur Durchführung der Passa-Riten erhalten. Martin Noth[37] meint ihre Einbeziehung in diesem Zusammenhang damit erklären zu können, dass sie bei J „die für das in den Familien (‚Sippen') vorzunehmende Handeln zuständigen Mittelsmänner" bildeten. Doch ist hier mit komplexeren Aufgaben der Ältesten zu

---

Annahme, dass der Endredaktion eine Darstellung vorgelegen habe, die noch nicht Aaron und nur die Ältesten erwähnt habe (zur Rekonstruktion vgl. Schmidt, W.H. 1988, 235 – 237), ist – wie Gertz selber einräumt – literarkritisch nicht zu verifizieren. Beachtenswert ist auch, dass in Ex 18,12 *gleichzeitig* „Aaron und alle Ältesten Israels" von der Endredaktion in den „elohistischen" Grundtext eingefügt werden.

34 Die 3. Plural Maskulinum in Ex 4,1.5.8 – 9 kann innerhalb des vorliegenden Kontextes nur auf die „Ältesten Israels" bezogen werden.

35 Dies räumt Gertz 2000, 313, für Ex 4,1ff. ein. Allerdings gilt dies in gleicher Weise auch für Ex 3,16 – 17.

36 Für eine Differenzierung zwischen einer Hexateuchredaktion und einer Pentateuchredaktion innerhalb von Ex 4, wie sie zuletzt Achenbach 2003, 253f., vornimmt, besteht somit keine Notwendigkeit. Zur Schwierigkeit, zwischen Vorstellungen einer Hexateuchredaktion über die Funktionen der Ältesten und denen einer Pentateuchredaktion zu unterscheiden vgl. auch Otto 2000b, 187 – 191.

37 Noth 1959, 76.

rechnen: So stellt die Rede Moses an die Ältesten in Ex 12,21–27[38] dar, in welcher Form Mose das ihm und Aaron in Ex 12,1ff. von Jahwe Mitgeteilte weitergibt und weitertradieren lässt. Dabei nimmt er – wie Jan Christian Gertz[39] gezeigt hat – eine Neuinterpretation der Passa-Bestimmungen von P (Ex 12,1ff.) vor: So wird hier im Gegensatz zu P, die das Passa als einen in der Familie zu feiernden Ritus ansieht, das Passa im Sinne von Dtn 16,1–8 als Schlachtopfer verstanden, das selbstverständlich nur am Zentralheiligtum dargebracht werden kann. In 12,21–27 geht es somit um eine Vermittlung von priesterlichen und deuteronomisch-deuteronomistischen Vorstellungen. Somit muss die Funktion der Ältesten im Rahmen dieser nachexilischen Vermittlungsaufgabe verstanden werden:[40] Sie sind hier als die vorgestellt, die die mosaische Tradition dem nachexilischen Juda (vor allem auch der jüngeren Generation: 12,26–27a) zu tradieren und (den jeweiligen Herausforderungen entsprechend neu) auszulegen haben.[41]

Auch die Darstellung der am Sinai und in der Wüste neben Mose auftretenden Ältesten, von denen wieder durchgängig in Zusammenhängen der spätdeuteronomistischen (End-)Redaktionsschicht des Pentateuch die Rede ist,[42] ist bezo-

---

38 Dass es sich bei Ex 12,24–27a um einen späten (end-)redaktionellen Text handelt, ist weitgehend anerkannt; vgl. u. a. Noth 1959, 76; Weimar 1980, 289 Anm. 126; Buchholz 1988, 47; Gertz 2000, 39–46; auch Otto 2000b, 190.

39 Gertz 2000, 54–56.

40 Auch hier versucht Gertz 2000, 38–50, eine vorpriesterliche Vorlage Ex 12,21–23.27b zu rekonstruieren (mit einer entsprechenden Vorlage rechnen u. a. auch Noth 1959, 76; Blum 1990, 38f.; Otto 2000b, 190), wobei Gertz 2000, 49f., allerdings die Schwierigkeiten dieser Rekonstruktion nicht verschweigt. Gegen die Annahme einer solchen vorpriesterlichen Vorlage hat Van Seters 1994, 115f., zurecht darauf hingewiesen, dass das Gebot, in Ägypten Schafe zu schlachten, im Widerspruch zu der vorpriesterlichen Plagendarstellung steht, in der es Israel verboten ist, in Ägypten Opfer zu schlachten (Ex 8,22–26). Auch das Gebot, während der Nacht der Tötung der ägyptischen Erstgeburt das Haus nicht zu verlassen, steht im Widerspruch zur vorpriesterlichen Darstellung von 12,29ff. und schon 11,8. Des Weiteren macht Van Seters darauf aufmerksam, dass die Beschreibung des Blutritus in 12,21–22 weitestgehend der in der priesterlichen Darstellung von 12,6b–7 entspricht. Ähnliche Entsprechungen bestehen zudem zwischen der Deutung des Ritus in Ex 12,23 und 12,13 (Blut verhindert das Geschlagenwerden durch den Maschchit). Allerdings kann diesem Befund nur entnommen werden, dass 12,21ff. von priesterlichen Vorstellungen geprägt ist und nicht, dass es sich hier – wie Van Seters annimmt – um P selbst handelt. Dafür sind die Unterschiede zwischen 12,1–14 (in der Familie zu feiernder Ritus ohne Opfercharakter) und 12,21–27 (Passa-Opfer, das nur am Zentralheiligtum gefeiert werden kann) zu groß. Dies alles spricht für eine Abhängigkeit des Stückes 12,21–27 von 12,1–14, wobei 12,21–27 eine weiterführende Neuinterpretation von 12,1–14 bildet.

41 Vgl. dazu Dtn 32,7: „Frage deine Ältesten, die werden dir's sagen". Zur Aufgabe der Ältesten, die religiöse Tradition zu vergegenwärtigen, vgl. auch Dtn 31,9–13 und auch Jos 24,31 und Ri 2,7.

42 Zu Ex 17,5–6; Num 11,16.24ff.; 16,25 vgl. Schorn 2000, 260f. Zu beachten ist auch die Beobachtung von Oswald 1998, 167–169, dass es sich bei den „Ältesten-Texten" von Ex 19–24 um

gen auf die Frage, wie Israel mit der Mosetora zu regieren ist. Beachtenswert sind hier besonders die Ausführungen über die 70 Ältesten in Ex 24,1.9 – 11[43] und Num 11,16ff.,[44] die zeigen, dass bei der Toraauslegung der Ältesten auch die prophetische Tradition zu berücksichtigen ist.

3 Nachexilische Vorstellungen über die Leitungsfunktionen in Juda und das Amt der Ältesten

3.1 Älteste in der Nachexilszeit?

Wie eingangs erwähnt, hat Rainer Albertz die These vertreten, dass durch die deuteronomistische Darstellung der Moseüberlieferung der „Ältestenrat" des nachexilischen Juda als Träger der mosaischen Tradition legitimiert werden sollte.

In einer in der Zeitschrift für die Alttestamentliche Wissenschaft des Jahrgangs 2002 publizierten Untersuchung zum Ältestenamt im alttestamentlichen Israel kommt Volker Wagner[45] zu einem Ergebnis, das im Widerspruch zur These von Albertz steht. Für Wagner ist das Ältestenamt im wesentlichen auf die Königszeit begrenzt: „Ob es das Amt der Ältesten Israels bereits in der Landnahme- und Richterzeit gab, lässt sich nicht mit Sicherheit feststellen; die Dürftigkeit der Belege sowie die archäologischen Befunde zur Geschichte der Stadttore, mit denen die Ältesten sprachbildlich gern verknüpft werden, dürften dagegen sprechen."[46] Auch betont Wagner, dass das Ältestenamt im alttestamentlichen Israel „ausnahmslos auf städtische Gemeinschaften bezogen" und „eine Herleitung aus

---

redaktionelle Einfügungen handelt, die die „Ältesten" als die Repräsentanten des Volkes Israel herausstellen wollen.

43 Auf die Beziehung der in Ex 24,1.9 – 11 vorliegenden Vorstellung der 70 Ältesten zur Deuteronomistik weist Dozeman 1989, 177 – 192, hin. Allerdings macht er gleichzeitig darauf aufmerksam, dass es Ex 24,1.9 – 11 um einen Kompromiss zwischen deuteronomistischen und priesterlichen Konzeptionen geht. Vgl. auch Blum 1990, 88 – 91, der in 24,9 – 11 sowohl prophetische (Gottesschau, auch Gemeinsamkeiten mit den 70 prophetischen Ältesten von Num 11) als auch priesterliche Vorstellungen (Einbeziehung von Aaron, Nadab und Abihu) feststellt. Ähnlich auch Oswald 1998, 59 – 61, und Dohmen 2004, 205f., die beide die prophetischen Bezüge des Textes betonen.

44 Vgl. zur Legitimation der Prophetie als Auslegung der Tora durch den Hinweis auf die 70 Ältesten als prophetische Träger des Geistes des Mose Schmitt 2001h, 270 – 274; dazu auch Römer 1997, und Achenbach 2003, 246 – 259, anders Schmidt, L. 2004, 20f.

45 Wagner, V. 2002a und 2002b.

46 Wagner, V. 2002a, 411.

den Strukturen rezenter Gentilverfassungen ... als methodisch unzulässig abzulehnen" ist.[47] Für den Anfang des 6. Jh. v.Chr. rechnet Wagner unter Hinweis auf die negativen Aussagen über die Ältesten in Ez 7,22–26; 8,11–13; 14,1–2[48] mit dem Niedergang und dem Verschwinden des Ältestenamtes, so dass beim Aufbau der jüdischen Gemeinde nach dem Exil „dieses Amt nicht restauriert"[49] wird. Die Belege für „Älteste der Judäer" in Esr 5–6 (vgl. Esr 5,5.9; 6,7.8.14 im MT) sind dabei nach Wagner durchgehend als textkritisch sekundär (ursprünglich stand hier: „Exulanten der Judäer") anzusehen.[50]

Nun dürfte Wagner mit seinen Ausführungen über die Funktion der „Ältesten" in der israelitischen *Königszeit* weitgehend Recht haben:[51] Im Rahmen der Torgerichtsbarkeit üben die Ältesten als Repräsentanten ihrer Stadt vor allem „exekutive" und „notarielle" Aufgaben aus.[52] Allerdings sind im Rahmen ihrer repräsentativen Aufgabe richterliche (vgl. Dtn 22,13ff.)[53] und gottesdientliche Funktionen nicht ausgeschlossen.[54] Wagner bestreitet zwar eine Zuständigkeit der Ältesten für kultische Aufgaben,[55] doch ist wohl nicht in Frage zu stellen, dass z.B. die Autoren von Ex 12,21ff.; 24,9–11 und Dtn 21,1–9* den Ältesten auch Verantwortung im kultischen Bereich zuschreiben.[56] Auch die Kritik des Ezechielbuches[57] an den „siebzig Männern von den Ältesten des Hauses Israel" in Ez 8,11ff. richtet sich nicht gegen die Versammlung der Ältesten im Tempel und gegen

---

47 Wagner, V. 2002a, 411.
48 Wagner, V. 2002a, 401.
49 Wagner, V. 2002a, 411.
50 Wagner, V. 2002a, 401f., unter Hinweis auf den Text von Esr 5,5 in den Handschriften A und S der LXX.
51 Vgl. die Rezeption der Untersuchungsergebnisse von Wagner, V. 2002a und 2002b, bei Kessler 2006, 109 Anm. 95.
52 Wagner, V. 2002b, 561–569.
53 Vgl. auch Wagner, V. 2002b, 565–567.
54 Zu den richterlichen Aufgaben der Ältesten im Deuteronomium vgl. jedoch Gertz 1994, 158–233, nach dem die in Dtn 21,18–21; 22,13–21; 25,5–10 vorliegenden „Ältestengesetze" sich als Nachträge zum deuteronomischen Gesetz erweisen, die nicht mehr der Rechtsprechung, sondern als religiöse Texte zur Erbauung und Ermahnung dienen.
55 Wagner, V. 2002b, 569–576.
56 Vgl. Buchholz 1988, 33–38.47f.69–71.77. Zu Ex 12,21ff. und 24,9ff. vgl. auch oben 2.2.
57 Nach Pohlmann 1996, 134–138.195–201, geht die Darstellung der „Ältesten von Juda" in Ez 8,1 bzw. der „Ältesten von Israel" in Ez 14,1–6 und 20,1–3 allerdings erst auf gola- bzw. diasporaorientierte Redaktionen des Ezechielbuches aus dem 5./4. Jh. v.Chr. zurück. Die Aussagen dieser Ezechieltexte können somit jedenfalls nicht ohne weiteres für einen Niedergang der Ältesten in der Exilszeit ausgewertet werden.

ihr dortiges kultisches Agieren an sich,[58] sondern dagegen, dass sie nicht mehr mit Jahwe rechnen und *Götzen* verehren[59] (vgl. den gleichen Vorwurf gegen die Ältesten Israels auch in Ez 14,1ff. und 20,1ff.). Somit kann Ez 8,11ff. nicht einen Niedergang des Ältesten*amtes* dokumentieren,[60] der die Ursache eines Verschwindens dieses Amtes in exilisch-nachexilischer Zeit gewesen sein soll.[61] Von daher ist auch die Auffassung von Joachim Buchholz[62] zu hinterfragen, dass die Institution der Ältesten sich in frühexilischer Zeit nicht bewährt habe und dass daher in spätexilischer und nachexilischer Zeit „die Ältesten als eine herausgehobene Gruppe von Funktionsträgern keine Rolle" mehr spielen und es keine „Anzeichen gibt, die auf ein weiterhin mit ihnen verbundenes theologisches Interesse schließen lassen".

Wenn auch Buchholz und Wagner zu Recht darauf aufmerksam machen, dass die Belege für die Funktionen der Ältesten in nachexilischer Zeit nicht mehr so eindeutig sind wie die für die Königszeit, so ist es doch schwer vorstellbar, dass die Ältesten als Repräsentanten Israels an entscheidenden Stellen von Gen – 2 Kön aufgenommen wurden, wenn sich mit dem Ältestenamt durchweg negative Wertungen verbanden und man es daher in nachexilischer Zeit völlig aufgab. Die Erklärung Wagners für die nachexilische Einfügung der „Ältesten" in die alttestamentlichen Geschichtsdarstellungen durch den Hinweis auf die notarielle Funktion der Ältesten während der Königszeit ist nur dann überzeugend, wenn diese notarielle – die Tradition ihres Gemeinwesens bewahrende – Funktion der Ältesten weiterhin positiv beurteilt wurde. Näherliegend ist doch die Annahme, dass sich auch in nachexilischer Zeit mit der Institution der Ältesten positive Erwartungen verbanden.

---

58 Gegen Wagner, V. 2002b, 574f. Dass das kultische Handeln der Ältesten im Tempel an sich von Ez 8 als „Anmaßung" verstanden worden sei (so Wagner, V. 2002b, 576), ist dem Ezechieltext nicht zu entnehmen.
59 Buchholz 1988, 31.
60 Jedenfalls dokumentiert Jer 29,1, dass „in den babylonischen Deportiertensiedlungen in der Gegend von Nippur die alten Dorfstrukturen beibehalten wurden, die Ältesten als Dorfvorsteher also die selbstverständlichen Ansprechpartner des Propheten waren" (Wanke 2003, 260; zum literarischen Befund von Jer 29,1 vgl. auch Werner 2003, 42f.).
61 Zur Bedeutung der Institution der Ältesten in exilisch-nachexilischer Zeit vgl. u. a. Dozeman 1989, 180–183; Rüterswörden 1998, 371; Achenbach 2003, 251–259; Gerstenberger 2005, 88; Kessler 2006, 150.
62 Buchholz 1988, 104.

3.2 Der Aramäische Briefbericht von Esr 4,8 – 6,15[63]

Nun ist die sozialgeschichtliche Stellung der Ältesten in der nachexilischen Zeit deshalb nur schwer zu bestimmen, weil von einer eindeutigen politischen Funktion der Ältesten nur in dem Esr 1 – 6* zu Grunde liegenden Aramäischen Briefbericht Esr 4,8 – 6,15[64] (vgl. Esr 5,5.9; 6,7.8.14) die Rede ist. Dabei ist die von Volker Wagner vertretene These, an allen diesen Stellen statt „Älteste der Juden" ein ursprüngliches „Exulanten der Juden" zu lesen, bei strenger textkritischer Methodik nicht zu rechtfertigen,[65] so dass die neuere Forschung an diesem Punkte Wagner zu Recht nicht gefolgt ist.[66] Dennoch kann die in dem Aramäischen Bericht vorausgesetzte Führung der Juden durch die Ältesten, die hier für den Bau des Zweiten Tempels verantwortlich sind, nicht ohne weiteres als historische Tatsache gewertet werden. Vielmehr finden sich im Esra-Nehemiabuch – wie vor allem die Untersuchung von Christiane Karrer[67] gezeigt hat – deutlich voneinander *abweichende* Vorstellungen über die Verfassungsstruktur des nachexili-

---

63 Im Folgenden wird davon ausgegangen, dass der Aramäische Briefbericht 4,8 – 6,15 eine dem Verfasser des Esra-Nehemia-Buches vorgegebene Quelle darstellt, die in Stil, Inhalt und deuteronomistischer Theologie sich deutlich von seiner hebräischen Rahmung abhebt. Aufgebaut ist sie nicht chronologisch, sondern unter thematischen Gesichtspunkten, so dass die Vorordnung des Berichts aus der Zeit Artaxerxes I. (4,8 – 24) vor den Bericht über die Zeit Darius I. (5,1 – 6,15) keine Textstörung darstellt; vgl. Gunneweg 1985, 85 – 88, anders Becker 1990, 8, und Hieke 2005, 36f., die auch die aramäischen Texte von Esr 1 – 6 auf den Verfasser von Esra-Nehemia zurückführen, wieder anders Blenkinsopp 1988, 42, und Williamson 2004, 257 – 263, die zwar auch Esr 4 – 6 dem Verfasser von Esra-Neh (bei Blenkinsopp dem Chronisten) zuschreiben, allerdings mit ihm vorgegebenen einzelnen aramäischen Dokumenten rechnen.
64 Zur Konzeption von Esr 4,7 – 6,15 vgl. Karrer 2001, 111. Zur Abtrennung der aramäisch formulierten Verse Esr 6,16 – 18, die bereits die Terminologie des Rahmens von Esr 1 – 6 verwenden (vgl. die Bezeichnung der nachexilischen Judäer mit „die Israeliten, die Priester, die Leviten und die übrigen Angehörigen der Exulantenschaft" in 6,16), als Überleitung des Verfassers des Esra-Nehemiabuches vgl. besonders Karrer 2001, 108 Anm. 103, und schon Albertz 1997, 483 Anm. 13. Etwas anders Gunneweg 1985, 113, und Grätz 2006, 406, die 6,15 – 18 dieser späten Rahmung zuweisen. Auch sonst rechnet Gunneweg mit weiteren Eingriffen des Verfassers von Esr 1 – 6 in seine aramäische Vorlage. Vor allem gehe 4,24 – 5,5 weitgehend auf ihn zurück; vgl. Gunneweg 1985, 93.95f.). Einen noch kürzeren aramäischen „Briefroman" Esr 5,6 – 6,13 rekonstruiert Grätz 2006, 405 – 414.
65 Im Rahmen des Esrabuches stellt „Älteste der Judäer" die *lectio difficilior* dar. Die in Esr 5,5 LXX [A S] vorliegende und von Wagner übernommene Lesung „die Exulanten der Judäer" (Wagner, V. 2002a, 402f.) bildet eine Angleichung an die Konzeption des hebräischen Rahmens. Problematisch ist auch, dass die beiden LXX-Handschriften diese von Wagner vertretene Lesung lediglich für Esr 5,5 bezeugen, ansonsten aber wie MT von „Ältesten der Judäer" sprechen.
66 Vgl. Grätz 2006, 407 Anm. 10; Kessler 2006, 150.
67 Karrer 2001.

schen Israel.[68] So fehlt in der Nehemiadenkschrift eine Erwähnung der Ältesten vollständig.[69] Auch wenn Rainer Albertz[70] und in seinem Gefolge Rainer Kessler[71] der Auffassung sind, dass sich in der Nehemiaüberlieferung die Bezeichnung „Vornehme" auf die gleiche Gruppe der „Ältesten" beziehe, wird man doch die verschiedenen nachexilischen Konzeptionen differenziert behandeln müssen und im Aramäischen Briefbericht nicht die gleichen Verfassungskonzepte wie in der Nehemiadenkschrift voraussetzen dürfen.[72] Im Folgenden soll daher die spezifische Vorstellung von den Ältesten, wie sie im Aramäischen Briefbericht vorliegt, im Einzelnen entfaltet werden.

Hier sind als Führer des nachexilischen Juda ausschließlich „die Ältesten der Judäer" (vgl. Esr 5,5.9; 6,7.8.14) herausgestellt. Sie sind für den Tempelbau verantwortlich, und sie verhandeln mit den persischen Behörden (vgl. die Ältesten Israels in Ex 3,18). Dabei zeigt ihre Rede in Esr 5,11–17, dass sie ihr politisches

---

68 So werden im Haggaibuch als Leitungspersonen der nachexilischen Gemeinde Serubbabel als politischer Statthalter von Juda und Joschua als Hoherpriester genannt (1,1; 2,1–2). Eine entsprechende Dyarchie von politischer und priesterlicher Führung wird auch im Sacharjabuch (für die eschatologische Zukunft) erwartet (Sach 4* und Sach 6,9ff.). Aufgegriffen wird diese Zukunftsvorstellung dann in der frühjüdischen Literatur, vor allem in den Testamenten der Zwölf Patriarchen, in der Damaskusschrift und in den Qumranschriften; vgl. Hieke 2005, 107.

Auch der Endtext von Esr 1–6 nimmt eine Dyarchie eines politischen Führers und eines Priesters an (vgl. das durchgehende Nebeneinander von Serubbabel und Priester Jeschua in Esr 3,1ff. und 3,7ff. beim Beginn des nachexilischen Opferkultes und beim Beginn des Tempelbaus). Von einer ähnlichen Doppelspitze scheint auch der zweite Teil des Esra-Nehemia-Buches in Esra 7–10 zusammen mit Neh 8–10 auszugehen. Auch hier scheinen Esra als Priester, der gleichzeitig noch Schriftgelehrter ist, und Nehemia als Statthalter zusammenzuwirken. Beachtenswert ist, dass innerhalb dieser Konzeption in Esr 10,8.14 für den Ortsbereich noch mit „Stadtältesten" gerechnet wird.

69 Gleichzeitig schweigt die Nehemiaschrift auch über „Vaterhäuser" und deren Führer: „Betont wird hier die ‚verwandtschaftliche' Einheit aller Judäer ... und nicht die Verwandtschaftsbeziehungen innerhalb einzelner Gruppen" (Karrer 2001, 211 Anm. 233).

70 Zuletzt Albertz 2003, 328f.

71 Kessler 2006, 150. Gleichzeitig identifiziert er auch die „Häupter der Vaterhäuser" der Rahmenkonzeption des Esra-Nehemiabuches (vgl. Esr 1,5; 2,68; 3,12 u. ö.) mit den „Ältesten"; so auch Albertz 1997, 473. Anders Wagner, V. 2002a, 408, der davon ausgeht, dass in exilisch-nachexilischer Zeit das auf die Städte bezogene Ältestenamt durch das genealogisch orientierte Amt der Häupter der Vaterhäuser ersetzt worden sei.

72 Der Differenziertheit dieser Verfassungsentwürfe wird es auch nicht gerecht, wenn man die politische Wirklichkeit des Juda der Perserzeit primär aus den Elephantinepapyri (vgl. v. a. TAD [Porten/Yardeni 1986] A 4.7 und A 4.8 = AP 30. 31, jeweils Z. 17–19) zu rekonstruieren versucht (vgl. Kratz 2004, 100f.104). Das dort genannte Laiengremium der „Noblen der Judäer" (vgl. die entsprechende Bezeichnung in der Nehemiadenkschrift Neh 2,16; 4,8.13; 5,7; 6,17; 7,5; 13,17 und dazu Galling 1964, 162f.) kann nicht ohne weiteres mit den „Ältesten der Judäer" von Esr 5–6 identifiziert werden.

Handeln als Wahrung der religiösen Tradition Israels verstehen. Allerdings schließt dieses Verständnis nach Auffassung des Aramäischen Briefberichts eine Differenzierung bei den Funktionen der Leitung Israels nicht aus. So hat sich Israel in Esr 6,9 an der Weisung der Priester zu orientieren (wie in Ex 4 die Ältesten Israels an den die Moseoffenbarung weitergebenden Worten Aarons). Von daher ist es m. E. nicht zu rechtfertigen, wenn alle oder die meisten Erwähnungen von jüdischen Einzelpersonen in Esr 5,1ff. als Zusätze literarkritisch ausgeschieden werden: So sind vor allem in 5,1 die Aussagen über Haggai und Sacharja und in 5,2 die über Serubbabel und Jeschua und schließlich auch die über den „Statthalter der Juden" in 6,7 als sekundäre Zufügungen angesehen worden.[73] Problematisch sind diese literarkritische Operationen vor allem deswegen, weil es für sie keinerlei stilistische Anhaltspunkte gibt und ihr Ausscheiden zu Lücken im jeweils betroffenen Textzusammenhang führt.

Von daher legt es sich nahe, Christiane Karrer zu folgen und die entsprechenden Stellen im Rahmen der *spezifischen Leitungskonzeption* des Aramäischen Berichts zu verstehen: Für diese Konzeption grundlegend ist die Antwort, die in Esr 5,9 – 11 die Ältesten der Judäer auf die Frage der persischen Behörden nach der Spitze des Gottesvolkes geben, indem sie sich als „Knechte des Gottes des Himmels" bezeichnen. Hiermit will der Verfasser des Aramäischen Briefberichts betonen, dass „Gott die einzige ‚Spitze' über dem kollektiven Leitungsgremium der Ältesten ist".[74] Innerhalb dieses Rahmens ist allerdings nicht ausgeschlossen, dass die Ältesten durch andere Gruppen wie durch die Priester (6,9) und durch die Propheten[75] Haggai und Sacharja (5,1; 6,14) in ihrer Aufgabe, das Gottesvolk und seine religiöse Tradition zu vertreten, unterstützt werden. In ähnlichem Sinne können dann auch der „Statthalter" in 6,7, Scheschbazar[76] in 5,16 und Serubbabel und Jeschua in Esr 5,2 verstanden werden, die als Verantwortliche für verschiedene Phasen des Tempelbaus[77] dargestellt sind. Dass Letztere ohne Titel erwähnt sind, könnte dabei dafür sprechen, dass sie als Teil der in 5,5 genannten Ältesten

---

73 Vgl. besonders Gunneweg 1985, 94–96.103f. Noch weitergehende literarkritische Eingriffe finden sich bei Grätz 2006, 405–414.
74 Karrer 2001, 111. Vgl. hierzu auch die Vorstellung von Jes 24,23 und dazu unten bei Anm. 89.
75 Vgl. in der Moseüberlieferung die Zuordnung der die Prophetie repräsentierenden 70 Ältesten zu den das Gesamtvolk repräsentierenden Ältesten und dazu oben bei Anm. 43 und 44.
76 Zu Scheschbazar als erstem persischen Statthalter bzw. Unterstatthalter von Juda vgl. Schaper 2002, 163–165, und Hieke 2005, 111. Weniger zuversichtlich in der Bestimmung der Funktion Scheschbazars sind wohl zu Recht Willi 1995, 71 Anm. 15, und Grabbe 2004, 276f.
77 Zur Intention des Berichts, dass Scheschbazar die Fundamente des Tempels gelegt habe, vgl. Rudolph 1949, 52f.

gedacht sind,[78] zumal sie später bei der Vollendung des Tempelbaus nicht mehr gesondert genannt werden.[79]

Der Aramäische Briefbericht ist somit als eigenständiger theologischer Verfassungsentwurf[80] zu würdigen und kann daher nicht als bloße Sammlung „persischer" Dokumente[81] verstanden werden. Bestätigt wird dies im übrigen auch durch seine sich deutlich von seinem hebräischen Rahmen abhebende Prägung durch die (Spät-)Deuteronomistik[82] (vgl. u. a. Esr 6,12 und seine dtr. Namenstheologie, aber auch das Verständnis der Zerstörung Jerusalems als Gericht Jahwes in 5,12 und wohl auch in 4,15 und schließlich auch das idealisierte Bild der Herrschaft Davids[83] und Salomos in 4,20 und 5,11).[84]

4 Fazit

Von daher zeigt sich, dass in diesem spätdeuteronomistisch geprägten Aramäischen Briefbericht[85] eine ähnliche Ältestenvorstellung vorliegt wie in den ein-

---

78 So Karrer 2001, 111 Anm. 109. Beachtenswert ist, dass auch in der Sinaiüberlieferung Anhaltspunkte für ein Verständnis Aarons als Mitglied der „Ältesten" vorliegen; vgl. Utzschneider 1988, 98f.

79 Albertz 2003, 325f., nimmt an, dass Serubbabel wegen der mit ihm verbundenen messianisch-restaurativen Erwartungen von der politischen Bühne verschwinden musste. Die Tatsache, dass bei der Tempelvollendung nicht auf den Hohenpriester Jeschua Bezug genommen wird, dürfte allerdings kaum darauf zurückzuführen sein, dass die Perser damals auch das Priestertum entmachtet hatten. Näher legt sich daher die oben referierte Annahme von Karrer, in Esr 6 seien Serubbabel und Jeschua nicht besonders erwähnt, weil sie als in den „Ältesten" einbezogen gedacht sind.

80 Dies bedeutet, dass die Darstellung der Ältesten im Aramäischen Briefbericht nicht historische Wirklichkeit spiegeln will, sondern ein theologisches Ideal wiedergibt. Vgl. Grabbe 2004, 150f., der nur mit einer realen politischen Funktion von Ortsältesten (unter Verweis auf Esr 8,14) rechnet. Anders Gerstenberger 2005, 88, der die Auffassung vertritt, dass in Esr 5,1–6,15* „Zustände durchscheinen …, in denen die Ältesten der Jahwegemeinschaft ohne Führergestalten auskommen" und dass diese Darstellung „einer mindestens zeitweise gültigen geschichtlichen Wirklichkeit" entspricht.

81 Zum Problem der Authentizität der Briefe Esr 5,7–17* und 6,6–12 vgl. zuletzt Grätz 2006, 408–410, zum Briefformular auch Schwiderski 2000, 378f.361f.

82 Vgl. hierzu zuletzt Grätz 2006, 410.

83 Vgl. die in Esr 4,20 vorausgesetzte Vorstellung eines bis an den Euphrat reichenden israelitischen Großreiches, wie es spätdeuteronomistisch u. a. in Gen 15,18; 1 Kön 5,1 vorliegt.

84 Zur Vorstellung vom Gnade schenkenden Auge Gottes in Esr 5,5 sind auch 1 Kön 8,29 und Dtn 11,12 zu vergleichen.

85 Weil es für einen Gesamtisrael repräsentierenden „Ältestenrat" (Presbyteroi, Gerousia) eindeutige Belege aus hellenistischer Zeit gibt, will Grätz 2006, 419–421, den Aramäischen Brief-

gangs untersuchten Stellen des Pentateuch. Somit legt sich nahe, dass in der Moseüberlieferung keine vorpriesterliche oder sogar vorexilische „Ältestenschicht" zu greifen ist, sondern dass sich in den Ältesten von Ex 3ff. eine mit der des Aramäischen Briefberichts verwandte Verfassungskonzeption für das *nachexilische* Israel spiegelt.

Dass ähnliche Vorstellungen von den Ältesten Israels auch sonst in der Nachexilszeit vertreten werden, zeigt sich u. a. im Joelbuch. Hier werden in Joel 1,2 zusammen mit den Landesbewohnern als führende Gruppe des Volkes die Ältesten angeredet. Sie sind hier – wie Jörg Jeremias[86] zu Recht betont – als politische Führer angesprochen, die als solche die Haupt-Verantwortlichen sind. Beachtenswert ist, dass es bei Joel 1,2ff. auch darum geht, dass die Ereignisse der Heuschreckenplage durch die Ältesten den kommenden Generationen weitertradiert werden, so wie in Ex 10,2ff. Mose von Jahwe den Auftrag erhält, die Ereignisse der Heuschreckenplage in Ägypten von Ex 10 an Kinder und Kindeskinder zu verkündigen.[87] In Joel 1,13 werden dann die Priester als die Ältesten unterstützende Gruppe zum Klagen und zur Ausrufung eines Fastens aufgefordert, zu dem alle Landesbewohner unter der Führung der Ältesten (1,14) sich versammeln sollen.[88] Hier scheint daher wie in der Moseüberlieferung und im Aramäischen Briefbericht auch von einer gemeinsamen Repräsentanz des nachexilischen Juda durch Älteste (denen das Priestertum zugeordnet ist) ausgegangen zu werden. Eindeutig liegt dieses Verständnis der Ältesten in der Jesajaapokalypse vor (Jes 24,23): Nach dem Endgericht des Königs Jahwe bedarf es „nur der Ältesten, welche das Volk vor Gott vertreten".[89]

Angesichts dieses Befundes wird man wohl die These des Jubilars, den ich mit diesem Beitrag herzlich grüßen möchte, dahingehend modifizieren dürfen, dass die Erwähnung der Ältesten in der dtr. Redaktion der Mosebücher nicht nur die Leitung des nachexilischen Juda durch den die Laien repräsentierenden „Ältes-

---

bericht erst in hellenistische Zeit datieren. Zwar ist eine Entstehung dieses Berichts erst in hellenistischer Zeit nicht auszuschließen, doch gibt es auch in hellenistischer Zeit unterschiedliche Vorstellungen über das Verhältnis von Ältestenrat und Priesterkollegium; vgl. dazu unten Anm. 90.

86 Jeremias 2007b, 13.

87 Zu den Beziehungen zwischen der spätdeuteronomistischen Pentateuchschicht und der Joelschrift, wobei mit gemeinsamen Traditionsbezügen zu rechnen ist, vgl. zuletzt Schmitt 2004b, 303–305 (in diesem Band, S. 234–236), und auch Jeremias 2007b, 12f.24.30–32; Beck 2005, 169.185.

88 In Joel 1,8 wird gleichzeitig auch Zion insgesamt im Bild einer jungen Frau zur Klage aufgefordert; vgl. Jeremias 2007b, 15.

89 Kaiser 1983, 158, ebenso Kilian, 147. Beide weisen zudem auf den Bezug von Jes 24,23 zu Ex 24,9–11 (vgl. dazu oben bei Anm. 43) hin.

tenrat" (im Gegenüber zum Priesterkollegium) besonders legitimieren möchte, sondern dass sie auf Kreise zurückgeht, die sich für die zentrale Rolle eines das nachexilische *Gottesvolk insgesamt* repräsentierenden *Ältestengremiums*[90] einsetzen.

---

90 Vgl. 1 Makk 12,35, wo nur die Ältesten (vgl. ähnlich Gerousia in 2 Makk 1,10; 11,27) das jüdische Volk repräsentieren (dem entspricht in 13,36 die Briefadressatenformel: „dem Hohenpriester, den Ältesten und dem jüdischen Volk"). Hengel 1973, 48–50, rechnet daher damit, dass in hellenistischer Zeit der „Ältestenrat" eine das Priestertum einschließende Gesamtrepräsentanz Judas bildete (wie später auch das Synhedrion). Allerdings finden sich auch Belege für ein damals noch bestehendes Nebeneinander von Ältestenrat und Priesterkollegium (vgl. u. a. die Absenderformel: „Der Hohepriester, die Ältesten des Volks, die Priester und das jüdische Volk" in 1 Makk 12,6).

„Eschatologie" im Enneateuch Gen 1–2 Kön 25 – Bedeutung und Funktion der Moselieder Dtn 32,1–43* und Ex 15,1–21*

Abstract: The songs of Moses in Exod 15:1b–18* and in Deut 32:1–43* are originally independent didactic poems with a textual focus on the justice of God. By means of Exod 15:1a, 19–21 and Deut 31:16–22, 28–30; 32:44–47, they are integrated in the canonical context through a prophetic orientated *Enneateuch-redaction*. In combination with the songs of Hannah (1 Samuel 22*) and of David (2 Samuel 22*), the songs of Moses prove the prophetic, eschatological and messianic character of the late Deuteronomistic historical work in Genesis 1–2 Kings 25.

In der Darstellung des Pentateuch finden sich zwei „Lieder", die dem Mose zugeschrieben werden: zum einen nach der Meerwundererzählung Ex 14 der oft als Meerlied bezeichnete Psalm Ex 15,1–18[1], zum anderen kurz vor dem Bericht über den Tod des Mose in Dtn 34 der sog. „Schwanengesang des Mose" von Dtn 32,1–43. Es stellt sich die Frage, mit welcher Intention dem Mose solche „Lieder" zugeordnet worden sind. Dabei ist zunächst zu fragen, ob beide Lieder mit der gleichen Absicht eingefügt wurden: Geht ihre Einfügung eventuell auf eine „prophetische"[2] („eschatologische"[3]) Pentateuchredaktion zurück? Sind sie dabei für ihren jetzigen Kontext verfasst worden?[4] Schließlich kann auch die Frage nicht ganz unberücksichtigt bleiben, ob in diese Redaktion nicht auch die ähnliche Einfügung von Liedern in die Samuelbücher in 1 Sam 2* (Lied der Hanna) und 2 Sam 22* (Lied Davids) einzubeziehen ist.[5]

---

1 Nach Ex 15,1 sollen ihn Mose *und die Israeliten* gesungen haben, in 15,1b wird er aber von einem Einzelnen vorgetragen („ich will Jahwe singen"). Der Beginn dieses Psalms wird in 15,20–21 außerdem in modifizierter Form von Mirjam und den Frauen wiederholt. Vgl. dazu unten bei Anm. 61–65.

2 Nach Schmid 1999, 238–241, ist Ex 15* als ein prophetischer Psalm zu verstehen, der sich thematisch mit dem Lied der Hanna in 1 Sam 2* berührt.

3 Zum Verständnis von „Eschatologie" im AT vgl. vor allem Wanke 1970 und Werner 1982, 13–16.

4 So Schmid 1999, 238–241 für Ex 15*.

5 Vgl. hierzu vor allem Beck 2006, 244–251, zu den Liedern in den Samuelbüchern auch schon Mathys 1994, 126–164, der dieser Schicht der Samuelbücher auch 2 Sam 23,1–5 zuweist. Inwieweit innerhalb des Enneateuch Gen 1–2 Kön 25 (vgl. hierzu u.a. Schmitt 2001b) auch das Deboralied von Ri 5 und der Mosesegen von Dtn 33 (vgl. zur Einordnung in diesen Zusammenhang Mathys 1994, 165–180) und eventuell auch der Jakobsegen von Gen 49 (vgl. zur nachexilischen Datierung der vorliegenden Fassungen von Gen 49; Dtn 33 und Ri 5 Schorn 1997, 115.135.262f.)

https://doi.org/10.1515/9783110724448-018

Wir beginnen die Bearbeitung der gestellten Fragen mit einer Untersuchung des Moseliedes von Dtn 32*. In einem zweiten Teil dieses Beitrages sollen dann die Ergebnisse der Untersuchung von Dtn 32* mit den Befunden von Ex 15* verglichen werden. Kurz wird am Schluss noch auf den Zusammenhang mit den Liedern in 1 Sam 2* und 2 Sam 22* einzugehen sein.

1 Dtn 32

1.1 Zur Literargeschichte von Dtn 32

Für die Untersuchung von Dtn 32 gehen wir aus von der Analyse des Jubilars zu „Struktur, Sprechakte und Redeintentionen" des Proömiums dieses „Moselieds" (32,1– 3).[6] Dabei nimmt H. Irsigler an, dass Dtn 32* ein ursprünglich selbständiges Lied darstellt.[7] Für die ursprüngliche Selbständigkeit spricht vor allem, dass Dtn 32,1– 43* durch eine – sich von dem Inhalt des Liedes deutlich abhebende – redaktionelle Schicht sekundär in den Zusammenhang von Dtn 31f. eingeschoben ist. Dieser Schicht sind 31,16 – 22.28 – 30; 32,44 – 47 zuzuordnen:[8] Während diese redaktionellen Verse sich bemühen, den Zusammenhang zwischen dem Mose-Lied und dem *deuteronomischen Gesetzbuch* zu betonen, tritt die Bedeutung des Gesetzes im Lied von Dtn 32* weitgehend zurück. Durch die Gleichsetzung des „Ich" von 32,1– 3 mit dem „Tora-Lehrer" Mose ist dann allerdings die Auffassung dieser redaktionellen Verse auch in das jetzt vorliegende Lied Dtn 32* übernommen worden.

In der neueren Forschung hat man erwogen,[9] dass das noch selbständige Moselied Dtn 32* ursprünglich nur V. 1– 25[10] umfasst habe: In der Redaktions-schicht Dtn 31,16 – 22.28 – 30 werden nämlich nur die drohenden Elemente des Liedes gegen Israel ohne die für Israel Verheißung bedeutenden Drohungen gegen

---

dieser nachpriesterschriftlichen Redaktionsschicht zuzuordnen sind, muss im Rahmen des vor-liegenden Aufsatzes ungeklärt bleiben.

6 Irsigler 1990.

7 Irsigler 1990, 161f. Auf die ursprüngliche Selbständigkeit von Dtn 32,1– 43* deutet auch die Tatsache hin, dass Dtn 32* in Qumran als selbständige Einheit tradiert werden konnte (vgl. Irsigler 1990, 162 mit Anm. 12; auch Braulik 1992, 227).

8 Irsigler 1990, 162. Nach Preuss 1982, 163, ist dem Redaktor, der Dtn 32 einfügte, Dtn 31,16 – 30 insgesamt zuzuordnen.

9 Vgl. u. a. Braulik 1992, 225.

10 Braulik 1992, 227, datiert 32,1– 25* in die spätvorexilische Zeit, während er 32,26ff. auf späte nachexilische Erweiterungsarbeit zurückführt.

die Feinde Israels in 32,26ff. vorausgesetzt.[11] Gegen eine Ausscheidung von 32,26ff. spricht jedoch, dass – wie H. Irsigler überzeugend herausgearbeitet hat[12] – bereits das Proömium 32,1–3 mit einem verheißenden Grundton des Liedes rechnet, der zur Ermutigung Israels und zum Preis Jahwes führen will. Von daher dürfte 32,1–43* eine Einheit darstellen. Eventuell ist mit kleineren Zusätzen zu rechnen.[13]

Zu datieren ist das noch selbständige Lied Dtn 32* nach H. Irsigler[14] frühestens in das 6. Jh. v. Chr. Für eine Abfassung des ursprünglichen Liedes in exilisch-nachexilischer Zeit spricht, dass es Verwandtschaft mit Deuterojesaja zeigt und außerdem den Zusammenhang von Gen 1–2 Kön 25* voraussetzt.[15] Aufgegriffen wird auch die Thematik der Buß- und Bekenntnisgottesdienste der exilisch-nachexilischen Zeit (vgl. Klgl; Jes 63–64*; Mi 7; Sach 7; 8).[16]

1.2 Zu Gattung und Sitz im Leben von Dtn 32*

H. Irsigler weist für den noch selbständigen Text Dtn 32,1–43* zu Recht darauf hin, dass er sich nicht, wie dies sein jetziger Kontext tut, als „Lied" versteht, sondern „als Rede (V. 1–2), die ein anonymer Sprecher mit auktorialem Anspruch hält".[17] Er nimmt dabei an, dass Dtn 32* seinen ursprünglichen Sitz im Leben in Buß- und Bekenntnisgottesdiensten der exilisch-nachexilischen Zeit mit einem „prophetischen" Sprecher (vgl. Ps 50; 81; 78) gehabt hat.[18]

Trotz eines solchen Sitzes im Leben in Bekenntnis*gottesdiensten* der nachexilischen Zeit wird man bei der Gattungsbestimmung auch die *lehrhaften* Bezüge von Dtn 32,1–43* berücksichtigen müssen. So stellt H.-P. Mathys[19] die These auf,

---

11 In Dtn 31,16–22.28–30 liegt jedoch – wie oben (vgl. bei Anm. 8) gezeigt wurde – eine andere Theologie vor als in dem Lied Dtn 32*.

12 Irsigler 1990, 169–171.173f. Vgl. unten bei Anm. 36.

13 Vgl. Irsigler 1990, 162 Anm. 13, der V. 30 und 31 als sukzessiv eingefügte nachinterpretierende Zusätze ansieht. Zusätze sind nach ihm wahrscheinlich auch das letzte Kolon von V. 14, die Sätze 15e.f.g und der MT-Satz 43c.

14 Irsigler 1990, 174. Vgl. ähnlich Preuss 1982, 167; Rose 1994, 566.

15 Vgl. dazu unten Abschnitt I.6. „Zur traditionsgeschichtlichen Verortung von Dtn 32*".

16 Irsigler 1990, 174 Anm. 46. Dies spricht *gegen* eine vorexilische Datierung des Liedes, wie sie in der Forschung häufig vertreten worden ist (vgl. dazu Irsigler 1990, 161 Anm. 4). Zurückhaltend Rütersworden 2006, 190f.

17 Irsigler 1990, 161.

18 Vgl. Irsigler 1990, 174 Anm. 46. Ähnlich Braulik 1992, 227.

19 Vgl. Mathys 1994, 168.248–251.

dass es sich hier gleichzeitig um „learned psalmography"[20] handelt, um theologische Lehrdichtungen, die auf geschichtliche und prophetische Überlieferungen sammelnde weisheitliche Kreise zurückgehen.[21]

1.3 Zur Intention von Dtn 32*

Für diese Gattungsbestimmung von H.-P. Mathys spricht das Proömium in Dtn 32,1 – 3. Nach Dtn 32,2 besteht die Intention von Dtn 32* darin, Lehre[22] zu vermitteln, die für das Gottesvolk belebend wie der Regen[23] und damit ermutigend wirken soll. Es geht dabei um eine Lehre über Jahwe, die die Geschichte Jahwes mit Israel von der Urzeit bis in die Exilszeit als eine Geschichte der Treue Jahwes in Erwählung, Strafe und göttlichem Erbarmen deutet. Ziel ist nach 32,3 der („eschatologische") universale Preis des Namens Jahwes.[24] Die universale Dimension dieser prophetisch-weisheitlichen Lehre[25] wird auch daran deutlich, dass sich das „Ich" von Dtn 32* nach 32,1 an einen universalen Zuhörerkreis wendet,[26] der Himmel und Erde einschließt.[27]

---

20 Mowinckel 1962, 104ff.

21 Stolz 1983, 18 – 29, spricht von „Psalmen im nachkultischen Raum". Zum auch „kultischen" Sitz im Leben solcher „lehrhaften" Psalmen vgl. Mathias 1993, 72; Oorschot 1994b, 71 – 73.86; Irsigler 1997, 61.94f.; Schmitt 2004c, 127f.

22 „Lehre" lqḥ in V. 2 ist ein weisheitlicher Begriff (vgl. Prov 1,5; 4,2; 7,21). Im Dtn findet er sich nur hier (Rüterswörden 2006, 191). Auch sonst zeigen V. 1 – 2.6.15.28f. weisheitliche Vorstellungen (vgl. dazu Mathys 1994, 168). Zur Mischung von Weisheitslehre, Prophetie, Geschichtsüberlieferung und Hymnus in Dtn 32* vgl. Braulik 1992, 226.

23 Vgl. zum Bild des Regens für die prophetische Botschaft Jes 55,10f., für die Rede eines Weisen auch Hi 29,22f.

24 Vgl. Irsigler 1990, 169 – 171.173f.

25 Vgl. ähnlich die prophetisch-weisheitliche *universale* Lehreröffnungsformel von Ps 49,2 „Hört dies an, ihr Völker alle" und dazu Oorschot 1994a, 426 Anm. 46; Irsigler 1997, 93; Witte 2000, 544.

26 Vgl. hierzu Irsigler 1990, 162f.168f. In Dtn 32* fungieren dabei Himmel und Erde nicht wie in Dtn 4,26; 30,19; 31,28 als „Zeugen gegen Israel im Vertragsformular", sondern ausschließlich als universaler Zuhörerkreis.

27 Der Aufforderung von 32,3 entspricht der Schluss der Rede von Dtn 32* in der – im Anschluss an die LXX rekonstruierten – Urfassung von Dtn 32,43a: „Jubelt, ihr Himmel, mit ihm, und werft euch nieder vor ihm, ihr Göttersöhne" (Rekonstruktion und Übersetzung von Kaiser 2003a, 369, vgl. auch Braulik 1992, 235).

1.4 Zur Struktur von Dtn 32*

Dass es in Dtn 32* um Lehre geht, zeigt sich auch an der Struktur der gesamten Dichtung. So kündigt das Proömium V. 1–3 mit einer weisheitlich-prophetischen Ich-Rede[28] eine Lehre an, deren Thema in V. 4–5 (in denen sowohl von Jahwe als auch vom Gottesvolk in 3. Person gesprochen wird) einleitend formuliert wird: „die Untreue des Volkes V. 5 ist die dunkle Folie, auf der sich das eigentliche Kernthema, die Verlässlichkeit und Gerechtigkeit Gottes V. 4 (als Ausführung zu V. 3) um so deutlicher profiliert."[29] Die Verse 6–14 thematisieren die Wohltaten Jahwes im geschichtlichen Rückblick: Dabei ist V. 6–7 in paränetischer Form als Anrede an Israel formuliert, V. 8–14 in Berichtsform über Israel in 3. Person. V. 15–18 (Israel in 3. Person) behandelt die Untreue des Volkes in der Vergangenheit.[30]

Die Folgen der Untreue legt dann die prophetische Elemente aufnehmende Gottesrede in V. 20–35 (ohne die sekundären Einschübe V. 30–31[31]) dar.[32] Besonders zu beachten ist, dass die Verse 26–35 zu Schelt- und Drohworten *gegen die Feinde* Israels überleiten[33] und dass schließlich in V. 36–42 *Verheißungen für Israel* folgen, in V. 37–42 wieder als Gottesrede.[34] Der Schluss V. 43[35] bezieht sich zurück auf das Proömium V. 1–3 und ruft wie V. 3b auf zum *universalen Lob Jahwes.*[36]

---

28 Im Anschluss an Irsigler 1990, 174 Anm. 46, ist das „Ich" von Dtn 32* auf einen prophetisch inspirierten Sprecher zu beziehen, wie er in Ps 50 und 81 auftritt. Zu vergleichen sind auch Ps 78,1–2 (vgl. dazu Hieke 1995) und vor allem Ps 49,4–5 (vgl. dazu Oorschot 1994a, 426 Anm. 49; Irsigler 1997, 93; Witte 2000, 544; anders Seybold 1996, 200). Aufgrund der Verwandtschaft zwischen Dtn 32*, Ps 49 und Ps 78 (vgl. Hossfeld/Zenger 2000, 432, und Witte 2006, 25) ist bei den Verfassern dieser Lieder an „weisheitliche" Lehrer zu denken, die sich als prophetisch inspiriert betrachten. Auch ist dieses Ich wie in Ps 78,1–2 als Prophet verstanden, der den Götzendienst Israels im Kulturland, die Strafe Jahwes für den Abfall und das eschatologische Eintreten Jahwes *für* sein Volk ankündigt. Für die Deutung des Ichs von Ps 78 auf die *personifizierte Weisheit* (so Spieckermann 1989, 140) spricht dagegen wenig. Vgl. Hossfeld/Zenger 2000, 419; auch Witte 2006, 25.

29 Irsigler 1990, 164.

30 Vgl. Irsigler 1990, 164.

31 Vgl. zu V. 30–31 Irsigler 1990, 162 Anm. 13, und oben Anm. 13.

32 Irsigler 1990, 164f.

33 Irsigler 1990, 165.

34 Irsigler 1990, 165.

35 Vgl. dazu oben Anm. 27.

36 Die vom Proömium gemachte Ankündigung einer Verheißung beinhaltenden Lehre, die zur Ermutigung Israels und zum Preis Jahwes führen will, findet somit – entgegen der Auffassung von

1.5 Die Inhalte der Lehre von Dtn 32*

Inhaltlich geht es Dtn 32* um eine Theodizee Jahwes,[37] die die Wahrheit der „Gotteslehre in nuce"[38] von der Gerechtigkeit und Treue Jahwes in V. 4 anhand der Geschichte Israels mit Jahwe nachweist.

Die Verlässlichkeit Jahwes wird dabei durch seinen Namen „Fels" (vgl. in Dtn 32* noch in V. 15.18.30.31.37) zum Ausdruck gebracht,[39] der gleichzeitig einen Bezug auf das Jerusalemer Felsheiligtum herstellt.[40]

Grundlegend für die Beziehung Jahwes zu seinem Volk ist die Vorstellung von der *urzeitlichen* Erwählung Israels als Volk Jahwes in 32,8f.:[41] Nach ihr erwählte Jahwe, als er die Menschen voneinander schied und die Gebiete der Völker nach der Zahl der Söhne Gottes[42] festlegte, Jakob als seinen Erbbesitz.

Beachtenswert ist, dass der Exodus und die Landnahme Israels,[43] aber auch Bund und Gesetz nicht erwähnt[44] werden. An ihre Stelle tritt in Dtn 32,10ff. die Vorstellung, dass Jahwe Israel in der Wüste fand. Diese Vorstellungen lassen die Grundsünde des *Abfalls* Israels zu anderen Göttern als besonders verwerflich erscheinen (vgl. schon am Anfang der Dichtung V. 5). Der Theodizee von Dtn 32* geht es dabei um die Widerlegung von „Zweifel und Einwänden",[45] wie sie u. a. in der Rede der Feinde in 32,27b zum Ausdruck kommen: „Unsere Hand war siegreich, es war nicht Jahwe, der dies alles vollbracht hat."[46]

Der Betonung der alleinigen Mächtigkeit Jahwes dient auch der Nachweis der Unvergleichlichkeit Jahwes in 32,39.[47] Die Lehre enthält dabei „eschatological

---

Braulik 1992, 225 – erst im Abschluss des Moselieds mit Verheißungen Jahwes und einem Aufruf zum universalen Lob Jahwes ihre Erfüllung. Vgl. oben bei Anm. 12.

37 Irsigler 1990, 174.

38 Mathys 1994, 169.

39 Vgl. Woude 1976, Sp. 542f.; Braulik 1992, 228. Zu ṣwr als theophorem Element in Eigennamen vgl. Fabry 1989, Sp. 975.

40 Vgl. u. a. Braulik 1992, 228; Seybold 1996, 80. Zu den Belegen, die für den Zusammenhang der Jahwebezeichnung „Fels" mit dem Zion sprechen, vgl. vor allem Fabry 1989, Sp. 980f. Dabei dürfte wohl auch die vorexilische Vorlage von Ps 18 / 2 Sam 22, ein vorexilisches Danklied des Einzelnen, bereits die Gottesbezeichnung „Fels" Ps 18,3 bzw. in 2 Sam 22,2 benutzt haben (vgl. Saur 2004, 61).

41 Vgl. Mathys 1994, 167; auch Kaiser 2003a, 367– 369. Von der *„Erschaffung* Israels" sprechen Dtn 32,6 (zur Übersetzung von qnh vgl. Schmidt, W.H. 1976, Sp. 655f.) und Dtn 32,15.18.

42 Lies mit 4QDtn, LXX: ʾlhym statt yśrʾl. Vgl. McCarthy 2007, 93.

43 Vgl. Mathys 1994, 166.

44 Vgl. Rüterswörden 2006, 191.

45 Irsigler 1990, 172. Vgl. das ähnliche Motiv in Ex 15,9.

46 Zur Übersetzung vgl. Rose 1994, 565.

47 Irsigler 1990, 172.

overtones",[48] die sich in der Erwartung der Strafe Jahwes an den Feinden seines Volkes in 32,34–42 und in der Erwartung des universalen Lobes Jahwes in 32,43 zeigen. [49]

1.6 Zur traditionsgeschichtlichen Verortung von Dtn 32*

Dtn 32* setzt zum einen für seine Geschichtsdarstellung den Zusammenhang des Enneateuch[50] von Gen–2 Kön voraus, d. h. die Geschichtsdarstellung von Ur- und Vätergeschichte (vgl. 32,8f.32[51]) über die Führung in der Wüste (32,10–12) und die Landgabe (32,13–14[52]) mit Abfall zu fremden Göttern und göttlicher Strafe[53] bis zur Katastrophe der Exilierung durch die Babylonier (vgl. 32,19–25).

Zum andern zeigt Dtn 32* auch Abhängigkeit von der Schriftprophetie,[54] vor allem von Deuterojesaja. Zu nennen ist hier besonders die Betonung der Einzigkeit Jahwes[55] in 32,39a (vgl. Jes 43,10.13). Ebenfalls erinnert die Frage „Wo sind ihre Götter?" in Dtn 32,37 an Jes 41,21–24.[56] Schließlich entspricht der Vergleich des prophetischen Wortes mit dem Regen in Dtn 32,2 der deuterojesajanischen Vorstellung von Jes 55,10f.[57] Auch die Tradition von Dtn 32,10, dass Jahwe Israel in der Wüste gefunden hat, ist der Schriftprophetie entnommen (Hos 9,10).

---

48 Vgl Irsigler 1990, 174 Anm. 46 unter Hinweis auf Luyten 1985. Mathys 1994, 167, betont den „prophetisch-eschatologischen Charakter" von Dtn 32*. Vgl. auch Kaiser 2003a, 369; Beck 2006, 247–249.

49 Die vorliegenden Geschichtsüberlieferungen werden in Dtn 32* zum Nachweis der „Gerechtigkeit" Gottes neu interpretiert. Mathys 1994, 179, spricht von „Interpretation, Verallgemeinerung, Lehre" als den Intentionen von Dtn 32* (und Ex 15*).

50 Vgl. Ps 78, der wohl auch den Zusammenhang von Gen–2 Kön voraussetzt.

51 In Gen 32,32 findet sich ein Rückgriff auf Gen 19 (Sodom und Gomorra).

52 Vgl. Rose 1994, 569.

53 Gen 32,30 „Kommt's nicht daher, dass ihr Fels sie verkauft hat und Jahwe sie dahingegeben hat?" nimmt Ri 2,14; 3,8 etc. auf. Vgl. Braulik 1992, 233; Rose 1994, 571.

54 Vgl. zum Folgenden den Überblick zu den Beziehungen zwischen Dtn 32* und der Schriftprophetie bei Beck 2006, 248 Anm. 72.

55 Vgl. zur Bedeutung dieser Vorstellung in Dtn 32* Irsigler 1990, 173.

56 Vgl. Rose 1994, 571. Zu beachten ist auch der Dtn 32* und Jes 41* verbindende universale Adressatenkreis.

57 Vgl. Rose 1994, 567, und schließlich auch Dtn 32,40b mit Jes 49,18b und dazu Rose 1994, 572.

1.7 Redaktionelle Einfügung von Dtn 32* in den Pentateuch

Indem dieses an der Prophetie orientierte Lehrgedicht auf Mose bezogen und in Dtn 32 eingefügt wird, wird der Pentateuch im Geist der Prophetie ergänzt[58] und erhält eine eschatologische Dimension. Der Redaktion geht es in Dtn 32* dabei um eine Theologie, die „Tora" und „Nebiim" (einschließlich der Heilsprophetie) miteinander verbindet.[59]

2 Ex 15

2.1 Zur Literargeschichte von Ex 15

Auf den ersten Blick scheint das Moselied von Ex 15*, das andere „Lied", das (offensichtlich auch von einem späten Pentateuchredaktor) dem Mose in den Mund gelegt worden ist, andere Akzente als Dtn 32* zu setzen: Anders als in Dtn 32* ist hier von der Sünde des Volkes keine Rede. Thema ist der Sieg Jahwes über Israels Feinde beim Schilfmeerwunder und die Gründung seines Heiligtums in Jerusalem: Dabei orientiert sich der Psalm am Baalsmythos.[60] Auch unterscheidet sich die Struktur der Dichtung: Während in Dtn 32* Lehre *über* Jahwe in 3. Person vermittelt wird, stellt Ex 15* in seinen zentralen Teilen ein Jahwe anredendes hymnisches Gebet eines Einzelnen dar.

Nun ist gelegentlich die Auffassung vertreten worden, dass Ex 15,1–18* – anders als Dtn 32* – für seinen jetzigen Kontext verfasst wurde.[61] Dagegen spricht jedoch, dass seine Einfügung in Ex 14f. zu deutlichen redaktionellen Brüchen geführt hat:[62] So passt die Anbindung des Liedes in 15,1a an 14,31 mit dem Hinweis, dass „Mose *und die Israeliten*" dieses Lied sprachen, nicht zur Einleitung des Liedes, die mit einem einzelnen Sprecher des Liedes rechnet. Hinzu kommt, dass das Lied von Ex 15* sich inhaltlich nicht auf den jetzigen Kontext konzentriert,

---

58 Vgl. zu solchen Ergänzungen des Pentateuch im Geist der Prophetie Schmitt 2001j; Schmid 1999, 299–301; Bartelmus 2004, 81 Anm. 98.

59 Vgl. hierzu besonders Otto 2007, 209, und zu den Gemeinsamkeiten zwischen Dtn 32*, dem Lied der Hanna in 1 Sam 2,1–10 und dem Davidlied von 2 Sam 22* Beck 2006, 244–250. Zur Beziehung zwischen Dtn 32* und 2 Sam 22* vgl. auch Veijola 1975, 123; Preuss 1982, 165, und Waschke 2006, 228–230.

60 Vgl. vor allem Jeremias 1987, 99–105, und Spieckermann 1989, 107–115.

61 Vgl. Houtman 1996, 242; Schmid 1999, 239f.

62 Vgl. auch Gertz 2000, 191f.; Zenger 1981, 461.474–477.

sondern dass sein Horizont weit über die Mosezeit hinausreicht und bis in die Königszeit führt.

Zur Redaktion, die das selbständige Lied Ex 15,1b–18* in den jetzigen Kontext eingefügt hat, gehört neben Ex 15,1a wahrscheinlich auch 15,19[63]–21. In V. 20f. ist Mirjam als Vorsängerin einer den Sieg über die Ägypter feiernden Gruppe von singenden und tanzenden Frauen[64] dargestellt, die den Anfangsvers des von Mose und den Israeliten gesungenen Lieds als Refrain wiederholt.[65]

Die (im Rahmen der traditionellen Quellentheorie) oft vertretene Auffassung, dass Ex 15,20f. Teil der alten Pentateuchquellen sei, lässt sich nicht wahrscheinlich machen. Das in 15,20 vorliegende Verständnis von Mirjam als Schwester Aarons ist kaum vorpriesterschriftlich. Die genealogische Verknüpfung Mirjams mit Aaron und Mose findet sich erst in den spätpriesterlichen und chronistischen Texten von Num 26,59 und 1 Chr 5,29. Dabei dürfte hinter der Zuordnung Mirjams nur zu Aaron eine Weiterentwicklung dieser spätpriesterlichen Vorstellung vorliegen, die die gegenüber Mose untergeordnete Stellung Aarons und Mirjams – ähnlich wie Num 12,1ff. – herausstellen will. Die Annahme, dass in der atl. Traditionsentwicklung Mirjam zunächst nur als Schwester Aarons angesehen wurde und erst danach Aaron und Mirjam zu Geschwistern Moses geworden seien,[66] ist nicht zu belegen. Jedenfalls wird in Num 12 schon die Geschwisterschaft von Mose, Aaron und Mirjam vorausgesetzt und nicht nur die von Aaron und Mirjam.[67] Gleiches dürfte auch für Ex 15,20f. gelten.[68] Dies alles spricht dafür, dass in Ex 15,20f. eine erst nachexilische redaktionelle Schicht vorliegt.

---

63 Die Bedeutung von V. 19 für den Kontext ist unklar, vor allem wegen des Anfangs von V. 19 mit der begründenden Partikel „denn" (*ky*). Am besten versteht man V. 19 als Wideraufbau der „Exoduskulisse" für die in V. 20f. berichteten Siegesfeierlichkeiten Mirjams. Vgl. Spieckermann 1989, 100; auch Gertz 2000, 192f. Beachtenswert ist, dass 15,19 zwar stark auf P-Formulierungen von Ex 14 (vgl. V. 16.22–23.29) Bezug nimmt, allerdings nicht wie P Moses Handeln, sondern wie Ex 15,1b–18* das Handeln Jahwes in den Mittelpunkt stellt.

64 Das für Ex 14f. allerdings nicht ganz passende Vorbild für Gesang und Tanz von Frauen bei Siegesfeiern findet sich in 1 Sam 18,6f. und auch in Ri 11,34.

65 Ex 15,21a geht davon aus, dass Mirjam auf das „Lied Moses und der Israeliten" (vgl. *lhm*) von Ex 15,1–18 mit dem Refrain 15,21b „antwortet", und schließt damit an die das Moselied von Ex 15* in den vorliegenden Kontext einfügende redaktionelle Schicht von Ex 15,1a an. Vgl. Bartelmus 2004, 61f., aber auch schon Gertz 2000, 191–193. Dass für diesen Refrain altes Traditionsgut eines „Mirjamliedes" benutzt wurde, ist – auch wenn die Mehrheit der gegenwärtigen Forschung dies annimmt – kaum wahrscheinlich zu machen (vgl. unten).

66 So Scharbert 1989, 66.

67 Vgl. Bartelmus 2004, 66f.

68 So auch Gertz 2000, 193 Anm. 22.

Aber auch aus den Inhalten des „Mirjamliedes" von V. 21b („Singt Jahwe, denn er erwies sich als hoch erhaben, Ross und seinen Reiter[69] warf er ins Meer") ergeben sich keine Anhaltspunkte für die traditionelle Vorstellung, bei ihm handele es sich um eines der ältesten Lieder des AT.[70] Die Einleitung mit *šyrw lyhwh* ist die typische Einführung eines Hymnus, die sich auch in exilisch-nachexilischen Psalmen (vgl. u. a. 96,1; 98,1) findet. Entsprechendes gilt für den Gebrauch der Wurzel *g'h* für Taten Jahwes.[71] Auch die Aussage über „Ross und seinen Reiter" spricht kaum für eine frühe Entstehungszeit.[72] Somit lässt sich ein höheres Alter von 15,21b (und 15,1b) gegenüber dem Moselied nicht wahrscheinlich machen. Es spricht daher viel dafür, bei dem Verständnis des vorliegenden Textes von 15,20f. zu bleiben, dass es sich beim Mirjamlied um eine in eine pluralische Aufforderung konvertierte Wiederholung des Eingangsverses des Moseliedes Ex 15,1b–18 handelt.[73]

Wenn auch mit einem allmählichen Wachstum von Ex 15,1b–18* zu rechnen ist,[74] so handelt es sich bei den an Ex 15,1b–18 literarkritisch zu erkennenden

---

69 Zur Übersetzung vgl. die Parallelen in Jer 51,21; Hag 2,22; Sach 12,4; Hi 39,18 und dazu Weimar/Zenger 1975, 76–78; Bartelmus 2004, 62.

70 Für das hohe Alter von Ex 15,21b vgl. z. B. Crüsemann 1969, 19–24.

71 Die Wurzel *g'h* für Taten Jahwes, deren Gebrauch hier wohl kanaanäische Wurzeln hat (vgl. Ps 93,1), findet sich u. a. auch wieder in nachexilischen eschatologischen Texten wie Jes 24,14; 26,10 und vor allem in Jes 12,5 (dort in 12,2b auch in Verbindung mit dem Vertrauensbekenntnis von Ex 15,2a).

72 Nach Zenger 1981, 470 Anm. 36, ist angesichts der Tatsache, dass es Reitertruppen im Alten Orient erst seit dem 9. Jh. gab, frühestens mit einer Entstehung von Ex 15,1b.21b in der mittleren Königszeit zu rechnen. Ein späteres Datum ist nicht auszuschließen.

73 Vgl. Reventlow 1986, 109f.; Scharbert 1989, 62f.; Brenner 1991, 80–84, und schon Mowinckel 1922, 111f. Anm. 6.

74 Allerdings hat die exegetische Forschung sehr unterschiedliche Auffassungen zur Frage der Einheitlichkeit von Ex 15,1b–18 vertreten. Während man früher meist mit einer ursprünglichen Einheit des Meerliedes rechnete (vgl. u. a. Fohrer 1964, 110–116; Zenger 1978, 151 für 15,2–18), mehren sich in der neueren Forschung die Stimmen, die mit umfangreichen Zusätzen zu einem ursprünglichen Psalm rechnen. So hat Zenger 1981, 460–465.474–477, nachzuweisen versucht, dass in Ex 15* V. 2–4.8b-9.14.15b als nachexilische Ergänzungen zu verstehen seien (die Urform des Meerliedes aus der Zeit Jesajas setzte sich nach Zenger 1981, 468–473, sogar nur aus V. 1b.5–7.11–12 zusammen und bezog sich ausschließlich auf das Meerwunder). Ähnlich sieht Jeremias 1987, 98f.106, die geschichtlichen Rückbezüge in V. 2.4–5.14.15b als späte Zufügungen an. Schließlich scheidet Spieckermann 1989, 105–107, V. 11b.14–16, die sich nicht in eine vorexilische Datierung des ursprünglichen Psalms fügen, als exilische Ergänzungen aus. – Starke Gründe für eine spätere Zufügung ergeben sich vor allem bei V. 2: Hier fällt auf, dass „die Formensprache eines individuellen Dankliedes verwendet" ist, die den sonst Ex 15* bestimmenden Geschichtsaussagen nicht entspricht. Durch V. 2 ist das Meerlied offensichtlich als Danklied auch für individuelle Hilfeerfahrungen interpretiert worden (vgl. Jeremias 1987, 98). Ex 15,2a benutzt dabei

Erweiterungen doch wohl um Zuwächse, die am noch selbständigen Meerlied geschahen. Auch die Stilisierung des „Liedes" als Werk eines „Ich" in V. 1b–2 geht noch auf die *vom* jetzigen *Kontext* (der mit einem Lied von Mose *und den Israeliten* rechnet) *unabhängige* Form der Dichtung zurück. Diese Endform des noch selbständigen Meerliedes soll im Folgenden genauer betrachtet werden.

In dieser Endform kann Ex 15,1b–18 wie Dtn 32* auch erst – wie die gleichzeitige Abhängigkeit von der priesterschriftlichen und der nichtpriesterlichen Meerwunderdarstellung von Ex 14 zeigt[75] – in die (exilisch-)nachexilische Zeit datiert werden.

2.2 Zu Gattung und Sitz im Leben von Ex 15*

Ex 15,1b–18 zeigt Verwandtschaft mit einem „Jahwe-anredenden Hymnus des Einzelnen".[76] Allerdings spricht der Rahmen des Psalms (V. 1–5.18) von Jahwe im Er-Stil, nur das Korpus (V. 6–17) ist in der Anrede an Jahwe formuliert.[77] Für die Form des Hymnus des Einzelnen hat H. Irsigler anhand von Ps 8 wahrscheinlich gemacht, dass ein solcher Psalm „im Munde eines Einzelbeters, der sich mit der Israel-Gemeinde solidarisiert", vorzustellen ist.[78] Bei den Verfassern von Ps 8 denkt Irsigler an „einen Kreis weisheitlich-religiöser Dichter und ‚geistlicher Sänger'",[79] primär am nachexilischen Tempel in Jerusalem. Er erwägt allerdings auch, dass der Psalm „in jeder synagogalen Gemeinde seinen Platz haben konnte".[80]

Somit ist auch hier wie bei Dtn 32* im Anschluss an H.-P. Mathys[81] damit zu rechnen, dass es sich bei Ex 15* um „learned psalmography"[82] handelt, d. h. von

---

Formulierungen, wie sie auch in den wohl aus den gleichen Kreisen stammenden redaktionellen Texten Jes 12,1–6 (V. 2b); Ps 118 (V. 14) vorkommen. Wahrscheinlich verfolgt diese Zufügung auch die Absicht, einen Bezug zur Gotteserfahrung der Erzväterzeit herzustellen (vgl. „Gott meines Vaters" in V. 2b und unten Anm. 97). Außerdem sind V. 14.15b eventuell Zusätze aufgrund von Dtn 2,25b und Jos 2,9.24.

75 Vgl. unten Anm. 98.
76 Vgl. die formale Verwandtschaft von Ex 15,1–18* mit den Schöpfungspsalmen Ps 8 und Ps 104 und dazu Crüsemann 1969, 286–291; Irsigler 1997, 25–27.
77 Jeremias 1987, 96.
78 Irsigler 1997, 36.
79 Irsigler 1997, 38.
80 Irsigler 1997, 38.
81 Vgl. Mathys 1994, 248–251.

schriftgelehrten Schreibern verfasste theologische Lehrdichtung. Diese Schriftgelehrten verstanden sich als prophetisch inspirierte Weisheitslehrer, wodurch es
in V. 1f. zu einer Stilisierung des Psalms als Gesang eines Einzelnen kommt.

2.3 Zur Intention von Ex 15*

Bei der Frage nach der Intention von Ex 15* ergeben sich wieder deutliche Ähnlichkeiten mit Dtn 32*. Auch in Ex 15* geht es offensichtlich um Lehre mit dem Ziel
einer Theodizee, die im Sinne von „Ermutigung, Stärkung, Trost"[83] wirken soll. So
wird auch in 15,9f. die die Macht Jahwes in Frage stellende Rede der Feinde Israels
breit dargestellt, um gegenüber diesen Infragestellungen die Machterweise Jahwes zu betonen (vgl. V. 3.11.18).

2.4 Zur Struktur von Ex 15*

Diese Intention des Psalms, Lehre zu vermitteln, die die Zweifel an der Macht
Jahwes widerlegt, ist auch an der Struktur des Psalms zu erkennen: Wie in Dtn 32*
setzt Ex 15* in V. 1b–2 mit einem Proömium ein, in dem das „Ich" sich selbst zum
Lob Jahwes auffordert. Gegliedert ist der Psalm zunächst durch den Wechsel der
Sprechrichtung: V. 1–5 und V. 18 sprechen von Jahwe in 3. Person. Die Verse 3–5
geben dabei als Thema des Psalms die beim Meerwunder gezeigte Mächtigkeit
Jahwes als Kriegsmann[84] über die Militärmacht der Ägypter an. Zentrale Aussage
des Psalms ist schließlich in V. 18 das eschatologische[85] Bekenntnis zur „ewigen
Königsherrschaft Jahwes".

  Im Korpus des Psalms V. 6–17 wird dagegen Jahwe mit Du angeredet. Dabei
fallen die bekenntnisartigen Formulierungen („confessional speech of praise"[86]),
in V. 6–7 und in V. 11[87] auf, in denen es zu einer Wiederholung der jeweiligen

---

82 Vgl. hierzu Mowinckel 1962, 104ff., und Stolz 1983, 18–29, auch Houtman 1996, 245 und
überhaupt oben bei Anm. 19–21. Der lehrhafte Charakter von Ex 15* wird auch von Brenner 1991,
187, betont.
83 Irsigler 1990, 174 zu Dtn 32*.
84 MT versteht hier (anders als die LXX) Jahwe als Herrn des Krieges (vgl. 1 Sam 17,45–47 und
dazu Houtman 1996, 280).
85 In Abhängigkeit von Jes 52,7 scheint in V. 18 ein eschatologisches Verständnis der Königsherrschaft Jahwes vorzuliegen (vgl. Bartelmus 2004, 75 Anm. 79.81; Beck 2006, 247). Vgl. u. a. auch
Zef 3,15 und dazu Irsigler 2002, 407–417.
86 Vgl. Muilenburg 1966, 237, und dazu Jeremias 1987, 96.
87 Vgl. Jeremias 1987, 96f.

zentralen Aussage kommt.[88] Von daher gliedert sich das Korpus in zwei Strophen:
V. 6 – 10 und V. 11 – 17[89] (jeweils eingeleitet durch die Bekenntnisformulierungen).
Innerhalb dieser Strophen werden in V. 8 – 10 und in V. 12[90] – 17 in Erzählungsstil
(„narrative concerning the enemy"[91]) diese Bekenntnisaussagen anhand der Erzählung des Meerwunders bzw. der Landnahme belegt.

2.5 Die Inhalte der Lehre von Ex 15*

Geschichtsdarstellung dient somit auch hier wie in Dtn 32* der Theodizee. Vor
allem geht es um die Macht (Ex 15,3 – 5.6f.9f. vgl. ähnlich Dtn 32,26 – 27.34 – 43) und
die Unvergleichlichkeit Jahwes (Ex 15,11; vgl. ähnlich Dtn 32,39). Dabei werden
auch hier wie in Dtn 32* die Aussagen über die Mächtigkeit Jahwes in der Geschichte Israels in Beziehung gesetzt zu seinem urgeschichtlichen Handeln (vgl.
in Ex 15,5.8 die Aufnahme der Tehom-Vorstellung aus der Urgeschichte von Gen 1
und 7 – 8).[92] Gleichzeitig ergeben sich auch hier eschatologische Bezüge (V. 18):
„Jahwe wird König sein immer und ewig."[93]

---

88 Die Wiederholung einer Aussage findet sich in V. 16b auch in den erzählenden Teilen des
Psalms. Vgl. Jeremias 1987, 97 Anm. 10.
89 Anders Jeremias 1987, 96f., der das Korpus in folgende zwei Strophen gliedert: V. 6 – 12 (ge-
rahmt durch die Bekenntnisformulierungen) und V. 13 – 17 (Thema Hineinführung in das Gelobte
Land). Doch räumt Jeremias selbst ein, dass V. 11 durch das Thema Heiligtum mit V. 13 und mit V.
17 in Beziehung steht. Auch liegt in 15,12 bereits narrativer Stil vor. Die Verse 11 – 17 gehören daher
zusammen (vgl. u. a. Crüsemann 1969, 193f.; Lohfink 1988a, 86).
90 Entgegen der Auffassung von Jeremias 1987, 97 Anm. 11 (vgl. Noth 1959, 99), ist 15,12 nicht als
„deutender Abschluss von V. 6ff." und damit des Meerwunders zu interpretieren. Vielmehr bezieht
sich „da verschlang sie die Erde" (*bl'*, *'rṣ*) auf die Datan-Abiram-Erzählung (Num 16,32.34; auch
26,10; Dtn 11,6; Ps 106,17). Hier geht es um die Macht Jahwes, die auch die *inner*israelitischen
Feinde Jahwes erfahren werden (vgl. Zenger 1981, 466f.; Scharbert 1989, 64f.). Vgl. auch Houtman
1996, 286, und vor allem Bartelmus 2004, 70 – 75. Anders Spieckermann 1989, 103 Anm. 20.
91 Muilenburg 1966, 237.
92 Vgl. Gen 1,2; 7,11; 8,2. – Wie in Dtn 32,6 wird auch in Ex 15,16 von einer „Erschaffung" (*qnh*)
Israels ausgegangen. Vgl. Durham 1987, 208; auch Jeremias 1987, 195. Zudem hat Jacob 1992, 418,
darauf aufmerksam gemacht, dass Ex 15,1b – 18 als „,historic' parallel to the ,creation' story" zu
verstehen ist.
93 Zum eschatologischen Verständnis von V. 18 vgl. oben Anm. 85.

2.6 Zur traditionsgeschichtlichen Verortung von Ex 15*

Die Eschatologisierung kommt vor allem dadurch zustande, dass auch hier wie in Dtn 32* Traditionen der Schriftprophetie aufgegriffen werden. Für Ex 15* hat K. Schmid[94] daher von einem prophetischen Psalm gesprochen, der vor allem auf die Botschaft Deuterojesajas Bezug nimmt.[95]

Die Orientierung des Psalms an Deuterojesaja ist verbunden mit einer Kenntnis der geschichtlichen Überlieferungen des nachpriesterschriftlichen Enneateuch Gen 1 – 2 Kön 25. Im Einzelnen wird dabei auf die Urgeschichte,[96] die Vätergeschichte[97] und die Exodusdarstellung[98] Bezug genommen. Ebenso werden Vorstellungen aus Numeri[99], Deuteronomium[100] und dem Josuabuch[101] aufge-

---

94 Schmid 1999, 238ff. Die Bezüge von Ex 15* zur exilisch-nachexilischen prophetischen Tradition stellt auch Brenner 1991, 187, heraus.

95 Bartelmus 2004, 79–81, hat u. a. auf folgende Beziehungen aufmerksam gemacht: Die Aussagen über Jahwe als Kriegsmann und den Namen Jahwes in Ex 15,3f. stellen „eine geraffte Zusammenfassung von Jes 42,8–13" dar. Die Darstellung des Meerwunders in Ex 15,5f. setzt wie Jes 51,9f. Meerwunder und Schöpfung zueinander in Beziehung. Wie in Jes 51,10f. wird hier g'l als Bezeichnung für Befreiung gebraucht. Auch erinnert die Vorstellung von der „Rechten Jahwes" in Ex 15,6.12 (vgl. Hand Jahwes in 15,9) an die deuterojesajanische Aufforderung an den Arm Jahwes in Jes 51,9f. Zu beachten ist auch, dass in Ex 15* wie in Jes 51,11 Exodus und Zion in unmittelbarer Beziehung zueinander stehen.

96 So werden in Ex 15* Begriffe aus Gen 1,2 P wie thwm und rwḥ (Ex 15,5.8) aufgegriffen.

97 Mit dem Hinweis auf den „Gott meines Vaters" in 15,2b wird die Zeit der Erzväter angesprochen. Vgl. Beer 1939, 81; Hyatt 1971, 164; Durham 1987, 206; Houtman 1996, 279; Schmid 1999, 239f. Für den Bezug von 15,2b auf den Gott der Erzväter spricht, dass angesichts der oben aufgezeigten Beziehungen zwischen Ex 15* und Jes 40–55 in Ex 15,2 auch die Vorstellungen von Jes 40–55 über die Gotteserfahrungen der Erzväter (vgl. u. a. Jes 43,27 und 51,2) aufgegriffen worden sein dürften. Anders Schmidt, W.H. 1995b, 69 Anm. 99; Spieckermann 1989, 96f. Anm. 2.

98 In Ex 15,4b werden Begriffe aus Ex 14,7 aufgenommen (bḥr, šlš). 15,8–10 setzen die Meerwunderdarstellung von Ex 13,17–14,31 voraus, wobei Ex 15,10a („Du bliesest mit deinem Windhauch") auf die jahwistische Darstellung von Ex 14,21aβ und Ex 15,8 („... türmte sich das Wasser, Ströme stellten sich auf wie ein Damm") auf den priesterschriftlichen Bericht von Ex 14,15ff. Bezug nehmen. Vgl. schon Noth 1959, 99; Schmidt, W.H. 1995b, 66f.; Strauß 1985, 106 Anm. 18; Levin 1993, 347; Van Seters 1994, 147f. Die Annahme von Spieckermann 1989, Ex 15* setze die priesterliche Darstellung noch nicht voraus, wird dem Textbefund nicht gerecht. Vgl. Schmid 1999, 240; Bartelmus 2004, 80 Anm. 95, und auch die Erwägung von Gertz 2000, 192 Anm. 14.

99 Ex 15,12 bezieht sich auf die Datan-Abiram-Erzählung von Num 16. Vgl. oben Anm. 90.

100 Die Auffassung von Ex 15,14–16, dass Israel das Gebiet der Edomiter (vgl. 'lwpym für die Stammeshäupter der Edomiter sonst in der nachpriesterlichen Edomiterliste von Gen 36,15–30*.40–43; auch 1 Chr 1,51–54) und der Moabiter (vgl. 'ylym „Führer" noch in 2 Kön 24,15). durchzieht ('br), ist Dtn 2,4.18 entnommen. Ebenso setzt die Vorstellung von Ex 15,14, dass bei der Ankunft Israels im verheißenen Land „die Völker es hören, erzittern und von Wehen ergriffen werden", Dtn 2,25b voraus.

griffen. Schließlich sind dem Verfasser von Ex 15* wohl auch die Samuelbücher (vor allem 2 Sam 7[102]) bekannt.[103]

All dies spricht dafür, dass Ex 15,1b–18* sich neben seiner Orientierung an Deuterojesaja auf ein Werk stützt, das von der Genesis bis in die Königszeit reicht. In dieses Geschichtswerk ist schließlich Ex 15* wohl gemeinsam mit Dtn 32* – und (wie abschließend noch kurz herausgestellt werden soll) wohl auch 1 Sam 2* und 2 Sam 22* – eingefügt worden.

2.7 Redaktionelle Einfügung von Ex 15* in den Pentateuch

Durch die Einfügung des Psalms Ex 15,1b–18* wird der Pentateuch um zentrale Aspekte der eschatologischen Schriftprophetie, wie sie vor allem bei Deuterojesaja vorliegen, ergänzt. Entsprechendes hatten wir oben schon für die Einfügung von Dtn 32* festgestellt. Wie Dtn 32* vermittelt auch Ex 15* dem Pentateuch eschatologische Bezüge. Die auch sonst in den späten Schichten des Pentateuch zu beobachtende Beeinflussung „im Geiste der Prophetie"[104] wird durch die Einfügung der beiden jetzt dem Mose zugeschriebenen Lieder von Ex 15* und Dtn 32* deutlich verstärkt.

Eine solche „Redaktion im Geiste eschatologischer Prophetie", die zur Einfügung von Ex 15* und Dtn 32* geführt hat, findet sich nun nicht nur im Pentateuch. Vielmehr kommt es auch in den Samuelbüchern zu einer ähnlichen Einfügung von „eschatologischen Lehrdichtungen". Es handelt sich hierbei um das Lied der Hanna in 1 Sam 2,1–10* und um das Lied Davids in 2 Sam 22*.[105] Diese

---

101 Die Aussage von Ex 15,15b, dass sich die Bewohner des verheißenen Landes ängstigen (*mwg* nif.), stammt aus Jos 2,9.24. Aus Jos 2,9f. hat Ex 15,16 entnommen, dass wegen des Hörens vom Wunder am Schilfmeer „Schrecken" (*'ymh*) auf diese Bewohner fällt. Ähnlich auch in dem spätdtr. Text Ex 23,27.

102 Die Vorstellung von Ex 15,17, dass Jahwe sein Volk auf den Berg seines Eigentums „einpflanzt", nimmt wohl auf die Natanverheißung von 2 Sam 7 (vgl. V. 10) Bezug. Dass sich Ex 15 dabei auf die spätdtr. Endfassung von 2 Sam 7 bezieht, wird daran deutlich, dass in Ex 15,13–17 wie im Gebet Davids in 2 Sam 7,23 Jahwe Israel durch die Befreiung aus Ägypten (Ex 15,13 spricht allerdings wie Ex 6,6 P von *g'l*, während 2 Sam 7,23 *pdh* gebraucht) zu seinem Volk macht und durch „furchtbare Dinge" (*nwr'wt*, vgl. 2 Sam 7,23 mit Ex 15,11) die Landnahme gegen die Völker durchsetzt. Beachtenswert ist auch, dass in Ex 15,11 wie in 2 Sam 7,22 („es ist keiner wie du und kein Gott außer dir") die Unvergleichbarkeit Jahwes herausgestellt wird.

103 Zur Bezeichnung des Jerusalemer Tempels als *nwh* Jahwes in Ex 15,13b ist auch 2 Sam 15,25 (und wohl auch Jer 25,30) zu vergleichen.

104 Vgl. hierzu u. a. Schmitt 2001j, 220–237; auch Schmitt 2001c, 241–244.

105 Vgl. zu ihnen Beck 2006, 237–250, und schon Mathys 1994, 126–164.

Dichtungen entstammen gemeinsam einer weisheitlichen Schriftgelehrsamkeit, die sich an der eschatologischen Prophetie orientiert.[106]

Im Widerspruch zu dem soeben referierten Befund hat K. Schmid die These vertreten, dass es erst durch die Abtrennung von Gen – Dtn von den Büchern Jos – 2 Kön am Ende des 4. Jh.s v.Chr. zu einer „Reprophetisierung des Pentateuch" gekommen sei:[107] Vorher im Zusammenhang von Gen – 2 Kön habe Gen – Dtn primär heilsgeschichtliche *Vergangenheit* ohne Zukunftsbezug dargestellt. Allerdings bleibt bei K. Schmid unklar, ob Ex 15,1–21 dieser Reprophetisierung des *Pentateuch* zuzuordnen ist.[108]

Nach den oben angeführten Befunden sind dagegen Ex 15* und Dtn 32* – zusammen mit 1 Sam 2* und 2 Sam 22 – auf den *Enneateuch* bezogen, so dass die mit ihnen verbundene Prophetisierung, Eschatologisierung und Messianisierung im Rahmen des von Gen 1 – 2 Kön 25 reichenden Geschichtswerks geschah. In diesem Rahmen bildet 2 Kön 25 nicht den Abschluss einer Unheilsgeschichte, vielmehr steht 2 Kön 25,27–30 im Licht der eschatologischen Erwartungen von Ex 15*; Dtn 32*; 1 Sam 2* und 2 Sam 22: Nach der Katastrophe von 587 v.Chr. wird Jahwe seinen „Gesalbten" wieder einsetzen (1 Sam 2,10; 2 Sam 22,47–51), die Feinde Israels besiegen (Dtn 32,26–42) und damit seine universale und ewige Königsherrschaft (Dtn 32,43; Ex 15,18) erweisen. Im *Pentateuch* bleibt dann auch nach der Abtrennung von Jos–2 Kön angesichts von Ex 15* und Dtn 32* diese eschatologische Dimension erhalten.

---

106 Die Darstellung der Gemeinsamkeiten würde den Rahmen des vorliegenden Beitrags sprengen. Vgl. dazu jedoch Beck 2006, 249f. Besonders hingewiesen werden soll nur auf Folgendes: Am Anfang beider Lieder steht ähnlich wie bei Ex 15,2 eine Äußerung des Vertrauens auf die „Rettung" (yš꜄) Jahwes (1 Sam 2,1b; 2 Sam 22,3b) bzw. wie bei Dtn 32,4 (auch 32,18.30.31.37) auf Jahwe als Felsen (1 Sam 2,2; 2 Sam 22,2f.; auch 22,31f.). Vorausgesetzt ist in allen Fällen, dass Jahwe der einzige Gott ist (Ex 15,11; Dtn 32,39; 1 Sam 2,2; 2 Sam 22,32) und Macht über Tod und Leben besitzt (Dtn 32,39; 1 Sam 2,6; 2 Sam 22,5–7; auch Ex 15,4–6). Gleichzeitig wird in allen vier Texten herausgestellt, dass die Macht Jahwes in der Endzeit endgültig sichtbar werden wird (Ex 15,18; Dtn 32,43; 1 Sam 2,10; 2 Sam 22,47–51), wobei 1 Sam 2 und 2 Sam 22 „protomessianische" Erwartungen (vgl. hierzu Saur 2004, 22f.; Beck 2006, 233) zeigen.
107 Schmid 1999, 290f.299–301. Nach Schmid zeige der Pentateuch jedoch Skepsis gegenüber der *eschatologischen* Prophetie, was dem Befund von Ex 15 widerspricht.
108 Eine solche Zuordnung von Ex 15 schlägt Bartelmus 2004, 81 Anm. 98, vor. Doch ist nach Schmid 1999, 238–241, Ex 15* als ein prophetischer Psalm zu verstehen, der sich thematisch mit dem Lied der Hanna von 1 Sam 2,1–10 berührt (vgl. ebd., 241 Anm. 403). Diese gemeinsame prophetische Tendenz von Ex 15 und 1 Sam 2 ist allerdings schwer mit der These einer „Prophetisierung" durch *Begrenzung auf den Pentateuch* in Übereinstimung zu bringen.

Spätdeuteronomistisches Geschichtswerk und Priesterschrift in Deuteronomium 34

Abstract: In Deuteronomy 34 are reflected substantial stages of the redaction history (1) of the Tetrateuch, (2) of an older Deuteronomistic historical work in Deuteronomy – 2 Kings and (3) of the late Deuteronomistic historical work in Genesis 1 – 2 Kings 25. Deut 34:1*, 7–9 contains the original conclusion of the Priestly work (P^G), which is preceded by the Priestly note in Deut 32:48–52* and the Priestly story in the basic layer of Numbers 20*. In Deut 34:5–6* we find the rest of the exilic base layer of the Deuteronomistic historical work as identified by Martin Noth. In Deut 34:10–12 there appears the *Enneateuch-redaction*, which created the late Deuteronomistic historical work. The understanding of Moses as a unique prophet is characteristic for this redaction.

1 Hexateuch oder Deuteronomistisches Geschichtswerk?

Martin Noths Verständnis von Pentateuch und Vorderen Propheten, das in der zweiten Hälfte des 20. Jh.s grundlegende Bedeutung für die alttestamentliche Wissenschaft gewonnen hat, beruhte auf zwei Grundannahmen, die mit einem auf die Exilserfahrung bezogenen Sündenverständnis in Zusammenhang standen. Die erste bestand darin, dass in Dtn 1–34* der Beginn eines Geschichtswerks vorliegt, das die Bücher Deuteronomium, Josua, Richter, 1 und 2 Samuel und 1 und 2 Könige umfasst und das Ziel verfolgt, den Untergang der Königreiche von Israel und Juda in den Jahren 722 und 587 als gerechtes Gericht JHWHs verstehbar zu machen.[1] Bei der zweiten Grundannahme ging es um die Beobachtung, dass die die Grundschicht des Pentateuch bildende Priesterschrift mit der Darstellung des Todes des Mose und seiner Generation in Dtn 34,7–9 endet. Von entscheidender Bedeutung für dieses Verständnis des Endes der Priesterschrift war dabei, dass Mose und seine Generation das Gelobte Land wegen ihres Ungehorsams gegen-über JHWH nicht sehen durften, was den babylonischen Exilanten einen Spiegel ihrer eigenen Situation fern des Gelobten Landes vorhalten sollte.[2] Nach Noth kam es dann erst in nachexilischer Zeit zu einer Verbindung des von der Pries-terschrift und den anderen Pentateuchquellen gebildeten Tetrateuch mit dem Deuteronomistischen Geschichtswerk. Einen auf Genesis bis Josua begrenzten

---

1 Vgl. Noth 1943, 100–110.
2 Vgl. Noth 1943, 180–211. Zur theologischen Intention der Priesterschrift vgl. Elliger 1966b.

https://doi.org/10.1515/9783110724448-019

Hexateuch, wie er in der gegenwärtigen Forschung wieder verstärkt angenommen wird,[3] kann es daher nach Noth nicht gegeben haben.

Beide Grundannahmen Noths sind nun in einer Reihe von Forschungsbeiträgen der letzten Jahre in Frage gestellt worden. So wird einerseits u. a. von Ernst Würthwein[4] angenommen, dass der Zusammenhang von Dtn 1–2 Kön 25 nicht ein exilisches Werk darstellt, sondern sich einem komplexen Entstehungsprozess verdankt, der mit der Abfassung einer deuteronomistischen Darstellung der Könige von Israel und Juda von Salomo bis Zedekia (1 Kön 4,1–2 Kön 25,7*) einsetzt. Spätere Deuteronomisten (DtrP,[5] DtrN u. a.) ergänzen dieses Werk und fügen vor es in den Samuelbüchern die Überlieferungen über Saul und David. Auch entstehen eine spätdtr. Geschichte der Richterzeit und ein spätdtr. Landnahmebericht,[6] die beide schließlich den dtr. Samuel- und Königsbüchern[7] vorangestellt werden.[8]

Andererseits wird damit gerechnet, dass die Priesterschrift bereits mit der Sinaiperikope abschließt (entweder in Lev 9,24[9] oder sogar schon in Ex 40,33[10] bzw. in Ex 29,46[11]). Im Deuteronomium und im Buch Numeri seien die Texte, die man traditionell der Priesterschrift zugewiesen hatte, einer Redaktion zuzuschreiben, die priesterliche und deuteronomistische Vorstellungen miteinander verbindet.

Diese neuesten Forschungsbeiträge machen zu Recht darauf aufmerksam, dass die traditionellen Hypothesen über den Umfang der Priesterschrift bzw. des Deuteronomistischen Geschichtswerks der Differenziertheit der Textbefunde nicht voll gerecht werden. Allerdings berücksichtigen die in den letzten Jahrzehnten entwickelten neuen Theorien über die Entstehung des Pentateuch und der Vorderen Propheten zu wenig die übergreifenden theologischen Zusammen-

---

3 Vgl. u. a. die unten in Anm. 24 genannten Autoren und dagegen Noth 1943, 206–216.

4 Würthwein 1994.

5 Zu den Problemen, die mit der Annahme eines DtrP verbunden sind, vgl. jedoch Beck 1999, 38–49.

6 Mit einem spätexilischen dtr. Werk, das nur das Deuteronomium und das Josuabuch umfasst (DtrL: Dtn 1–30*; Jos 1–11*; 23*; Ri 2,6–9*) rechnet u. a. auch E. Otto (2000b, 12–74.129–155); vgl. Otto 2001, 45–48.

7 Eine spätere Entstehung der dtr. Grundschicht des Josua- und Richterbuches gegenüber der dtr. Grundschicht der Samuel- und der Königsbücher nimmt auch R.G. Kratz (2000, 193–218, besonders 198) an, wobei er einen Zusammenhang dieser späteren dtr. Schicht mit den Büchern Ex – Dtn vermutet.

8 Zur Bestreitung eines „Deuteronomistischen Geschichtswerkes" vgl. auch Rösel 1999.

9 So Zenger 1998, 142–162.

10 So Pola 1995; auch Kratz 2000, 226–248.

11 So Otto 1997. Beachtenswert ist, dass in der neuesten Diskussion zur P-Schicht des Pentateuch weitgehend mit einer priesterlichen Grundschrift gerechnet wird (entgegen dem Verständnis von P als „Kompositionsschicht" bei Blum 1990, 219–360). Vgl. hierzu auch Carr 1996, 43–140.

hänge, von denen die traditionellen Theorien ausgegangen waren. Neben den neuen Differenzierungen dürfen daher – wenn es nicht zu einer unfruchtbaren Atomisierung von Textzusammenhängen kommen soll – auch die Befunde nicht aus den Augen verloren werden, die den traditionellen Auffassungen zugrunde lagen.

Wir setzen im folgenden ein mit der Frage nach der Beziehung von Dtn 1– 34* zu den folgenden Büchern der Vorderen Propheten: Zwar ist nicht zu bestreiten, dass wesentliche Teile der Bücher Dtn – 2 Kön erst auf spätdeuteronomistische Bearbeitungen zurückgehen.[12] Dennoch bleibt die traditionelle von Noth herausgestellte Beobachtung bestehen, dass die dtr. Grundschicht des Buches aus der Exilszeit stammt und der theologischen Deutung des Exilsgeschicks Israels dienen will. Dabei ist davon auszugehen, dass im Mittelpunkt der ursprünglichen dtr. Schicht des Deuteronomiums (die ich im Anschluss an Rudolf Smend[13] mit DtrH bezeichne) das deuteronomistische Gesetz in seiner exilischen Fassung steht. Das deuteronomistische Gesetz ist hier als Norm verstanden, die an die Geschichte des Volkes Israel gelegt wird und von deren Nichtbeachtung her das Exilsgeschick Israels als Strafe JHWHs zu verstehen ist.

Besonders deutlich wird dies an der dtr. Fassung des Kultzentralisationsgesetzes in Dtn 12,8 – 28: Hier wird in 12,25.28 darauf hingewiesen, dass es Israel nur gut gehen wird, wenn es tut, was „recht" (yšr) ist „in den Augen JHWHs". In direkter Bezugnahme auf diesen DtrH-Text stellen sowohl das Richterbuch (Ri 2,11; 3,7.12; 4,1; 6,1; 10,6) als auch die Königsbücher fest – und zwar jeweils in ihren dtr. Grundschichten –, dass Israel bzw. der Großteil der Könige von Israel und Juda tun, was nicht recht, sondern „böse" (rʻ) „in den Augen JHWHs" (vgl. 1 Kön 11,6; 14,22; 15,26.34 etc.; nur bei wenigen Königen wird auf Taten hingewiesen, die „recht" (yšr) sind „in den Augen JHWHs" [vgl. 1 Kön 11,33.38; 15,5.11 etc.]). Dabei ist die Nichteinhaltung des Kultzentralisationsgebotes in gleicher Weise als Götzendienst verstanden wie der Abfall zu anderen Göttern in der Richterzeit.[14] Beachtenswert ist, dass dabei für die Josuazeit festgestellt wird, dass Israel JHWH diente, solange Josua und die Ältesten, die die Taten JHWHs gesehen hatten,

---

12 Vgl. Kratz 2000, 219f., auch Schmitt 2001b.

13 Smend 1989, 115.

14 Gegen Kratz 2000; 196f., der in der dtr. Grundschicht des Richterbuches ein anderes Sündenverständnis als in der DtrH-Schicht der Königsbücher annimmt. Zum von Kratz postulierten Unterschied zwischen einem zyklischen Geschichtsverständnis im Richterbuch und einem linearen in den Königsbüchern vgl. schon Smend 1989, 113.

lebten (Jos 24,31 DtrH).[15] Dagegen wird für die Richterzeit konstatiert, dass Israel immer wieder von JHWH abfiel und nur während der Tätigkeit der von JHWH berufenen Richter am Dienst JHWHs festhielt (Ri 2,11–16.18–19). Schließlich finden sich für die Königszeit überwiegend negative Urteile über die Könige und über Israel und Juda. Diese vom Josuabuch über das Richterbuch und die Samuelbücher bis hin zu den Königsbüchern zunehmende Tendenz Israels zum Abfall von JHWH[16], die Israels Weg in die Katastrophe als unaufhaltsam erscheinen lässt, legt eindeutig einen ursprünglichen Zusammenhang der Bücher Dtn – 2 Kön nahe.

In einer weiteren zentralen Vorstellung zeigt sich ein innerer Zusammenhang der dtr. Grundschichten vom Deuteronomium bis in die Königsbücher. So fordert die DtrH-Schicht des Kultzentralisationsgesetzes von Dtn 12,8–28, Opfer auf das Zentralheiligtum im verheißenen Land zu begrenzen. Wichtig ist, dass in dieser Schicht das verheißene Land auf das Westjordanland beschränkt gedacht ist und dass in diesem Zusammenhang davon gesprochen wird, dass JHWH Israel in diesem Land Ruhe geben wird vor allen seinen Feinden (Dtn 12,9f.). Von der Erfüllung dieser Verheißung wird dann im Josuabuch in Jos 21,43–45 DtrH berichtet.[17] Nachdem das ganze Westjordanland erobert war, wird davon gesprochen, dass JHWH Israel ringsum Ruhe gegeben hatte und dass nichts von der Verheißung JHWHs hingefallen war. Aufgenommen wird diese Feststellung schließlich in der dtr. Grundschicht des Tempelweihgebets Salomos in 1 Kön 8,56, in der auf die endgültige Errichtung des Zentralheiligtums Bezug genommen wird. „Gelobt sei JHWH, der seinem Volk Israel Ruhe gegeben hat, wie er es zugesagt hatte. Es ist nicht eine dahingefallen von allen seinen Verheißungen, die er gegeben hatte durch seinen Knecht Mose".[18] Auch hier zeigt sich somit eine Konzeption der dtr. Grundschicht, die vom Deuteronomium über das Josuabuch bis in die Königsbücher hinein zu verfolgen ist.[19]

---

15 Erst in den spätdtr. Schichten des Deuteronomiums und des Josua- und Richterbuches wird dann gezeigt, dass auch das Israel der Mose- und Josuazeit sich zum Abfall zu fremden Göttern verführen ließ (vgl. nur Dtn 1 und Ri 2,1–5).

16 Vgl. Kaiser 1984, 172–178.

17 Vgl. hierzu zuletzt Nentel 2000, 97f. Anders Kratz 2000, 199f., der Jos 21,43–45 als sekundär gegenüber dem seiner Meinung nach zur ursprünglichen dtr. Schicht gehörenden Stück Jos 11,16–23 versteht, dabei aber den nachpriesterlichen Charakter von Jos 11,16–23 (vgl. nur in 11,20 das „Verhärten" [ḥzq pi.] des Herzens der Feinde Israels durch JHWH wie in Ex 9,12 P) übersieht (vgl. auch Fritz 1994, 124f.).

18 Zur Ruhe Vorstellung bei DtrH im Unterschied zu DtrS vgl. Nentel 2000, 265–270.

19 Für die Nothsche These eines „Deuteronomistischen Geschichtswerks" auch Levin 2001, 55–59. Zur Diskussion vgl. auch Römer 2000.

2 Dtn 34 als Teil eines spätdeuteronomistischen Geschichtswerks Gen 1– 2 Kön 25

Auf diesem Hintergrund ist nun die Analyse von Dtn 34 vorzunehmen. Zunächst ist zu beachten, dass in Dtn 34 eindeutige auf stilistische Brüche bezogene „textimmanente Kriterien" für eine literarkritische Differenzierung des Textes fehlen, wie Christoph Dohmen[20] zu Recht feststellt. Allerdings räumt Dohmen ein, dass die V. 10 – 12 aus inhaltlichen Gründen („allgemeine Charakterisierung des Mose nach dem Abschluss, den V. 9 durch den Vollzug der Sukzession auf Josua setzt") „an eine spätere Hand denken" lassen könnten.[21] Somit ist zunächst von der Einheitlichkeit von Dtn 34,1– 12 auszugehen. Erst danach ist zu fragen, ob sich Hinweise auf eine inhaltliche Differenzierung der hier gemachten Aussagen zum Tod des Mose ergeben. Die beiden neuesten Forschungsbeiträge zur Analyse von Dtn 34 von Thomas C. Römer und Marc Z. Brettler[22] einerseits und Eckart Otto[23] andererseits stimmen darin überein, dass sie wesentliche Teile von Dtn 34 auf eine das Buch Josua einbeziehende nachpriesterschriftliche „Hexateuchredaktion" zurückführen,[24] während sie die abschließenden Verse 34,10 – 12 für den „Pentateuchredaktor" reklamieren, der für die heutige Begrenzung der „Tora" auf die Bücher Gen – Dtn verantwortlich ist.[25]

Trotz der gegenwärtigen Beliebtheit der Hypothesen einer „Hexateuchredaktion" und einer „Pentateuchredaktion" haben diese Annahmen keinen Anhalt am Textbefund. So ergeben sich in Dtn 34,1– 9* keine Hinweise auf einen Hexateuchbezug, vielmehr stößt man auf eine Reihe von Beziehungen, die nicht nur mit den dem Deuteronomium vorausgehenden Büchern des Pentateuch, sondern auch mit den im folgenden Büchern des Deuteronomistischen Geschichtswerks Verbindungen herstellen: Von der bisherigen Forschung[26] ist sehr stark der Rückgriff von 34,4 auf die Abrahamüberlieferung (vor allem auf Gen 12,7 und auf

---

20 Vgl. dazu vor allem Dohmen/Oeming 1992, 57– 68, besonders 60.

21 Dohmen/Oeming 1992, 60.

22 Römer/Brettler 2000.

23 Otto 2000b, 211– 233.

24 Otto weist seiner „Hexateuchredaktion" 34,1– 6.8 zu. Nach Römer/Brettler 2000 gehören zu ihr 34,1*.7– 9. Hinzuweisen ist schließlich darauf, dass Kratz 2000, 304– 313, mit einem bereits vordtr. Existierenden „Hexateuch", der allerdings zunächst nur Exodus bis Josua umfasste, rechnet.

25 Zur „Pentateuchredaktion" gehören nach Römer/Brettler 2000 34,1– 3*.4*.10 – 12. Otto ordnet ihr 34,7.10 – 12 zu; 34,9 ist nach ihm als noch spätere Ergänzug der Pentateuchredaktion zu verstehen.

26 Vgl. zuletzt u.a. García López 1994, 54– 56; Rose 1994, 585; Römer/Brettler 2000, 405f.; Otto 2000b, 21.

13,10) betont worden. Gleichzeitig muss man auch die ebenso starken Beziehungen zur Landnahmeüberlieferung des Josuabuches beachten.[27] Allerdings beschränken sich die hier festzustellenden Bezugnahmen nicht auf den Hexateuch Genesis bis Josua,[28] vielmehr werden hier eine ganze Reihe von Vorstellungen, die uns ansonsten aus dem Richterbuch (vgl. für die „Palmenstadt" Ri 1,16; 3,13) bzw. aus den Samuelbüchern (vgl. für „Gilead bis nach Dan" von 34,1 vor allem 2 Sam 24,6) und den Königsbüchern (vgl. für „ganz Naftali" von 34,2 vor allem 2 Kön 15,29) bekannt sind, aufgenommen. Entgegen der Auffassung von Otto und Römer/Brettler lassen die Textbezüge von Dtn 34,1–9* somit nicht an eine Hexateuchredaktion, sondern an eine Enneateuchredaktion denken.

Zu einem ähnlichen Ergebnis führt die Analyse von Dtn 34,10–12. Auch hier ist offensichtlich nicht nur der Pentateuch im Blick. Der Hinweis, dass JHWH mit „Zeichen" (’wtwt) gegen Israels Feinde wirkt, ist nicht nur auf Moses Auftreten gegen Pharao bezogen (vgl. Ex 4,30; 7,3; 10,1f.; Num 14,22; Dtn 4,34; 6,22; 7,19; 26,8; 29,2; 34,11), sondern auch auf die Zeichen bei der Landnahme (Jos 24,17).[29] In gleicher Weise findet sich die Vorstellung von JHWHs Eingreifen „mit starker Hand" (byd ḥzq), wie es in Ägypten unter Mose geschah (vgl. Ex 3,19; 6,1; 13,9; 32,11; Num 20,20; Dtn 3,24; 4,34; 5,15; 6,21; 7,8.19; 9,26; 11,2; 26,8; 34,12), auch im späteren Deuteronomistischen Geschichtswerk, wie das Tempelweihgebet Salomos in 1 Kön 8,42 zeigt. Trotz der Betonung der einzigartigen Stellung des Mose in Dtn 34,10–12 trennt dieses „Epitaph" auf Mose den Pentateuch nicht ab,[30] sondern teilt die Geschichte des Enneateuch in ein „Vorher und Nachher" (Christian Frevel[31]): Die einzigartige durch Mose vermittelte Offenbarung JHWHs wird hier zum unübertreffbaren Leitbild für die gesamte weitere Geschichte Israels, wie es für das spätdeuteronomistische Geschichtswerk Gen 1–2 Kön 25 (DtrS) charakteristisch ist[32]. Die im weiteren Enneateuch auftretenden Propheten müssen sich daher am Urpropheten Mose, mit dem JHWH „von Angesicht zu Angesicht" verkehrte, als unüberbietbarem Maßstab messen lassen.

---

27 Vgl. vor allem Otto 2000b, 218–221.

28 Gegen Otto 2000b, 219, reicht die Kette der Landschwurtexte – wie Ri 2,1 zeigt – durchaus über Jos 24 hinaus.

29 Vgl. Stoellger 1993, 48, der zu Recht darauf hinweist, dass in Dtn 34,10–12 „zum Auftakt der Landnahme die Wundertaten in Ägypten vergegenwärtigt werden."

30 Vgl. für Dtn 34,10–12 als Überleitung zu den „Vorderen Propheten" auch Lux 1987, 395–409; O'Brien 1989, 66.

31 Frevel 2000, 379.

32 Zum spätdtr. Charakter des Enneateuch und zum spätdtr. Moseverständnis vgl. Schmitt 2001b, 277–294, besonders 293.

Auch liegt in dieser spätdeuteronomistischen Schicht die Auffassung vor – wie die in enger Beziehung zu Dtn 34 stehende spätdeuteronomistische Stelle Dtn 3,23 – 29 zeigt –, dass Mose stellvertretend für das Volk die Strafe für dessen Sünde auf sich zu nehmen hat und aus diesem Grund nicht den Jordan überschreiten darf (Dtn 3,25ff.). Besonders zu beachten ist, dass hier Mose nicht das Betreten des Gelobten Landes, sondern nur (vgl. ebenso Dtn 4,21f. DtrS) das Betreten „des guten Landes" jenseits des Jordan verwehrt wird. Nach den spätdeuteronomistischen Vorstellungen von Dtn 2 – 3 wird ja der ostjordanische Teil des verheißenen Landes bereits von Mose erobert, so dass es durchaus zu den Vorstellungen dieses spätdeuteronomistischen Werkes Gen 1 – 2 Kön 25 passt, wenn in Dtn 34,1b auch das ostjordanische Gilead von Mose als Teil des verheißenen Landes geschaut wird. Dtn 34 ist somit als Scharnierstelle innerhalb des spätdeuteronomistischen Enneateuch Gen 1 – 2 Kön 25 sowohl auf das Deuteronomistische Geschichtswerk als auch auf den Tetrateuch bezogen. Es stellt sich daher die Frage, ob in diesem Kapitel auch noch Elemente des Deuteronomistischen Geschichtswerks bzw. des Tetrateuch (Priesterschrift) in Dtn 34 enthalten sind.

3 Deuteronomistisches Geschichtswerk und Priesterschrift in Dtn 34?

Nachdem die Endgestalt von Dtn 34 Mose als einzigartigen Propheten versteht, der stellvertretend die Sünde des Volkes auf sich zu nehmen hat und daher das verheißene Land in seiner das Ost- und Westjordanland umfassenden Größe nur in der (prophetischen?) Schau wahrnehmen darf, zeigen sich in Dtn 34 auch Aussagen, die zu dieser Sicht in Spannung stehen.

Zunächst fällt auf, dass sich nach Dtn 34,1.4 – 6.8 Mose noch nicht im verheißenen Land, sondern noch im Land Moab befindet.[33] Dabei liegen in dieser den Tod Moses in Moab betonenden Versen zwei unterschiedliche Vorstellungen vom Tod Moses vor. Während 34,4 – 6* betonen wollen, dass die genaue Lage des Mosesgrabes in der Gegend des moabitischen Bet-Peor unbekannt ist, gehen

---

[33] Wenn auch die vorliegende Form von Dtn 34,4 spätdeuteronomistisch ist (vgl. u. a. Landschwur an „Abraham, Isaak und Jakob" und dazu Römer 1990, 251– 256), so könnte sich in der Vorstellung vom „Hinübergehen in das verheißene Land" doch noch ein aus einer älteren Schicht entnommenes Element finden, das Moses Aufenthaltsort noch auf Moab bezieht. Zur davon abweichenden Vorstellung vom Ostjordanland als Teil des verheißenen Landes bei DtrS vgl. Schorn 1997, 223.

34,1a*.8 offensichtlich vom Berg Nebo[34] als Ort des Todes und des Begräbnisses[35] des Mose aus.

Diese Vorstellung vom Tod und Begräbnis Moses auf dem Berg Nebo findet sich nun in den Versen Dtn 34,1a*.7–9*, die traditionellerweise der Grundschrift der Priesterschrift (P[G]) zugewiesen werden. Seit dem Aufsatz von Lothar Perlitt im Jubiläumsheft der ZAW 100[36] sind von einem Großteil der Exegeten diese Verse der Priesterschrift abgesprochen und einer nachpriesterschriftlich-deuteronomistischen Bearbeitung zugeordnet worden.

Von Perlitt sind vor allem stilistische Argumente gegen die Zugehörigkeit dieser Verse zur Priesterschrift angeführt worden. Doch hat Christian Frevel in seiner Bonner Habilitationsschrift „Mit Blick auf das Land die Schöpfung erinnern. Zum Ende der Priestergrundschrift" gezeigt, dass aus sprachlichen Gründen die Zugehörigkeit dieser Verse zu P[G] nicht ausgeschlossen werden kann.[37] Zu entscheiden ist die Zugehörigkeit aber nur anhand einer Klärung der Frage, inwieweit sich Dtn 34,1*.7–9 in die Struktur der Priestergrundschrift einfügt.

Von großer Bedeutung ist dabei das im letzten Jahrzehnt intensiv diskutierte Problem, ob mit einem Ende der Priesterschrift im Zusammenhang der Sinaioffenbarung gerechnet werden muss oder ob an der traditionellen Sicht, dass die Priesterschrift sich auch in den Murrgeschichten nach der Sinaioffenbarung (vgl. vor allem Num 13–14* und Num 20*) findet, festzuhalten ist.

Nun ist zwar nicht zu bestreiten, dass es Texte im priesterlichen Sprachstil auch nach Num 10 gibt. Allerdings ist umstritten, ob diese priesterlichen Texte eine eigenständige Schicht darstellen oder nur von ihrem Bezug auf den jetzt vorliegenden nichtpriesterschriftlichen Kontext verstehbar sind. Dass P von Num

---

34 In 34,1a stellt „Gipfel des Pisga" (r'š hpsgh) einen sekundären spätdeuteronomistischen Zusatz dar. In eindeutig spätdeuteronomistischem Zusammenhang kommt (r'š hpsgh in Dtn 3,27 vor. Älter ist wohl die Erwähnung des „Gipfel des Pisga" in der Bileamerzählung in Num 23,14 E. Ansonsten findet sich Pisga noch in nachexilischen schriftgelehrten Ortsnotizen: Num 21,20; Dtn 3,17; 4,49; Jos 12,3; 13,20.

35 Eine enge Parallele zum Tod Moses auf einem Berg stellt der Bericht über den Tod Aarons auf dem Berg Hor dar (Num 20,28). Die hier fehlende Erwähnung eines Begräbnisortes lässt mit der Auslegungstradition vermuten, dass Aaron auch auf dem Berg Hor sein Grab fand. In gleicher Weise dürfte wohl auch mit der Vorstellung vom Tod Moses auf dem Berg Nebo die Vorstellung von einem Mosegrab auf diesem Berg verbunden gewesen sein.

36 Perlitt 1994.

37 Frevel 2000, 66. Für das Vorliegen von priesterlichem Stil in Dtn 34,1a*.7–9 vgl. u. a. zu 'rbt mw'b. („Gefilde von Moab") in 34,1: Num 22,16; zu wybkw ... šlwšym ywm in 34,8: Num 20,29; zu ml' rwḥ ḥḥkm in 34,9: Ex 28,3; 31,3; 35,31. Auch entspricht die Altersangabe Moses in Dtn 34,7 der Altersangabe in Ex 7,7 (vgl. Frevel 2000, 52–67 und vor allem Schmidt, W.H. 1995b, 332, der darauf hinweist, dass Ex 7,7 P eine weitere Aussage über das Alter Moses innerhalb der Priesterschrift, wie sie in Dtn 34,7 vorliegt, erwarten lässt).

10ff. ab als eine Redaktion des nichtpriesterlichen Kontextes interpretiert werden muss, begründet Reinhard G. Kratz[38] mit der auch in den priesterlichen Texten des Numeribuches vorliegenden Ausrichtung auf eine Landnahme von Osten her. Die priesterlichen Texte von Num 10ff. verständen sich somit als Überleitung zum Deuteronomium und Josuabuch, wo die Landnahme vom Land Moab vom unteren Jordangraben her ihren Ausgang nimmt.

Nun ist dieses Argument nicht unbedingt schlüssig, da auch alle nichtdtr. Darstellungen der Wüstenwanderung Israels mit einem Aufenthalt Israels im Ostjordanland rechnen (vgl. u. a. die „elohistische" Fassung der Bileamerzählung in Num 22–23*[39]).

Eine genauere Analyse der priesterlichen Texte des Numeribuches zeigt darüber hinaus, dass der Bezug auf nichtpriesterliche dtr. Kontexte nicht Teil der ursprünglichen priesterlichen Textstellen sind, sondern einer davon deutlich zu unterscheidenden nachpriesterschriftlichen spätdeuteronomistischen Redaktion zugeschrieben werden muss.

4 Die Priestergrundschrift in Num 20*

Wir setzen ein mit der priesterlichen Murrerzählung vom Wasser aus dem Felsen Num 20,1–13*, die begründet, weshalb Aaron und Mose die „Gemeinde" Israel nicht in das verheißene Land bringen werden. Reinhard G. Kratz betrachtet diese Erzählung als Beleg dafür, dass die priesterlichen Texte von Num 10ff. ihren nichtpriesterlichen Kontext voraussetzen. So sei das Ziel der Erzählung, der Erweis der Heiligkeit JHWHs bei den Wassern von Meriba („Haderwasser"), „nichts anderes als eine theologische Ortsätiologie der Oase Kadesch, wo Israel gemäß dem vorgefundenen, nichtpriesterschriftlichen Text 20,1aβ.b lagert", wie dies Num 20,12 („JHWH aber sprach zu Mose und Aaron: Weil ihr nicht an mich geglaubt habt und mich nicht geheiligt habt an den Israeliten, deshalb sollt ihr diese Gemeinde nicht ins Land bringen, das ich ihnen geben werde") und 20,13 („Das ist das Haderwasser [Wasser von Meriba], wo die Israeliten mit JHWH haderten und mit dem er sich heilig erwies") zeigten.[40]

Demgegenüber hat jedoch Ludwig Schmidt[41] nachgewiesen, dass Num 20,13 nicht zur ursprünglichen priesterschriftlichen Erzählung gehört hat. Num 20,1–13 weist nämlich starke Spannungen und Dubletten auf, die am leichtesten dadurch

---

38 Kratz 2000, 108–117. Vgl. ähnlich Otto 1997, 13–18.
39 Zur „elohistischen" Schicht der Bileamerzählung vgl. Schmitt 2001c, 249 Anm. 75.
40 Kratz 2000, 111.
41 Schmidt, L. 1993, 45–72. Zu P^G gehören nach ihm nur Num 20,1aα.2.3b.4.6.7.8aα²β.10.11b.12.

zu erklären sind, dass Num 20 im Sinne der nichtpriesterlichen Wasserwundererzählung von Ex 17,1–7* überarbeitet wurde. So erklärt sich die störende Einführung des Stabes des Mose in Num 20,8–9*.11a am einfachsten als Angleichung an Ex 17,5f. Auch die Anspielung auf Meriba in Num 20,13 geht auf diesen erst sekundären Bezug auf Ex 17,7 zurück. Von daher spricht alles dafür, dass auch der Bezug auf Kadesch in Num 20,13 erst sekundär in die Erzählung eingeführt wurde. Jedenfalls lässt sich in 20,12 kein sicherer Bezug auf Kadesch wahrscheinlich machen.[42] Somit kann man sich entgegen der Auffassung von Kratz die ursprüngliche priesterliche Schicht der Erzählung durchaus als Teil einer separaten priesterschriftlichen Quelle vorstellen.

Gleiches gilt nun von den Argumenten, die Kratz[43] gegen eine ursprüngliche Selbständigkeit der priesterlichen Schicht von Num 20,22–29 anführt: Seiner Meinung nach setzt Num 20,22–29 die nichtpriesterschriftliche Ortsnotiz 20,1aβb voraus. Doch auch hier spricht alles dafür, dass es sich bei 20,1aβ um einen nachpriesterschriftlichen Zusatz handelt.[44] Bei ihm scheint nämlich die Vorstellung von Mirjam als Schwester Aarons und Moses vorzuliegen, die sonst im Alten Testament nur in nachpriesterschriftlichen Pentateuchschichten vorkommt.[45]

Wenn nun in Num 20,22–29 ein separater priesterlicher Bericht über den Tod Aarons vorliegt, dann dürfte auch mit einem ihm entsprechenden separaten priesterlichen Bericht über den Tod Moses zu rechnen sein. Die Forschung ist nämlich schon immer eine starke Parallelität zwischen der priesterlichen Darstellung des Todes Aarons und der des Todes Moses aufgefallen.[46]

---

42 Vgl. Noth 1966, 129. Das Argument von Otto 1997, 15f., dass auch die ursprüngliche Schicht von Num 20,12* bereits Ex 17,1–7 und verwandte spätdeuteronomistische Texte voraussetze (so beziehe sich Num 20,11b auf Ex 17,6; vgl. ähnlich auch Schart 1990, 111f.), ist m. E. nicht zwingend – In Num 20,12 geht jedoch das h'mntm wohl auch auf die sekundäre Überarbeitung durch DtrS zurück (vgl. Schmitt 2001j, besonders 229f.; auch Seebass 1994, 224). Die Schuld Moses und Aarons, die zu ihrem Ausschluss von der Landnahme führt (Num 20,12) besteht hier in ihrem fehlenden Vertrauen auf die Macht JHWHs (20,10) und seiner Zusage (20,8aα₂b; vgl. Noth 1966, 219; anders Frevel 2000, 306–336, der 20,12 der P^G abspricht und die Aussage über ein Fehlverhalten Moses und Aarons erst der Pentateuchredaktion zuweist; zur Kritik an Frevel vgl. Otto 2000b, 24 Anm. 56).
43 Kratz 2000, 111.
44 Vgl. Schmidt, L. 1993, 72, Anm. 110.
45 Gegen Kratz 2000, 301f., handelt es sich auch bei dem sog. „Mirjamlied" von Ex 15,20f. um den Refrain des Meerliedes von Ex 15,1ff. und damit um einen nachpriesterschriftlichen Text. Vgl. u. a. Scharbert 1989, 62–66.
46 Vgl. u. a. Noth 1948, 195; Schmidt, L. 1993, 211; aber auch Weimar 1993, 345 Anm. 4. Allerdings darf daraus nicht der Schluss gezogen werden, dass Num 20,22–29 eine späte Nachbildung von Dtn 34,1*.7–9 darstelle (gegen Lux 1987, 403; zur Kritik dieser These vgl. Weimar 1993, 345).

Allerdings sind ebenso wie in Num 20,1–13* auch in Num 20,22–29 Überarbeitungen durch nachpriesterliche spätdeuteronomistische Redaktoren anzunehmen.[47] Peter Weimar[48] hat zu Recht auf den Konsens der neueren Forschung hingewiesen, dass in Num 20,22a („die Israeliten brachen auf von Kadesch") und in 23aβb.24 („JHWH redete mit Mose und Aaron am Berg Hor an der Grenze des Landes der Edomiter: Aaron soll nicht in das Land kommen, das ich den Israeliten gegeben habe, weil ihr meinem Mund ungehorsam gewesen seid bei dem Wasser von Meriba") Zusätze einer nachpriesterschriftlichen Redaktion vorliegen, die eine Verbindung zu den nichtpriesterlichen Texten Num 20,14–21 und 20,13 herstellen. Ursprünglich wurde in 20,23–26 nur Mose angesprochen, wie V. 25f. zeigen. 20,22a nimmt mit dem Aufbruch von Kadesch auf die nachpriesterschriftlich Lokalisierung des Wasserwunders von Num 20,1ff. in 20,13 und auf 20,14 (Botschaft aus Kadesch an die Edomiter) Bezug. Gleiches gilt für den Bezug auf die in Kadesch zu lokalisierenden *„Wasser von Meriba"* in 20,24b. Wahrscheinlich gehört jedoch der nicht die Anrede von Mose *und Aaron* voraussetzende Teil von 20,24 noch zur ursprünglichen priesterlichen Schicht (20,24a: „Aaron soll versammelt werden zu seinen Vätern; denn er soll nicht in das Land kommen, das ich den Israeliten gegeben hab"). So hat Frevel deutlich gemacht, dass 20,24a nicht unbedingt als Dublette von 20,26b („Aaron soll dort seinen Vätern versammelt werden") verstanden werden muss. Vielmehr bildet 20,24a* eine zusammenfassende Vorwegnahme der folgenden Ankündigungen V. 25f.[49]

Ähnliches gilt für die Beurteilung von 20,29. Perlitt[50] will auch 20,29 („als die ganze Gemeinde sah, dass Aaron tot war, beweinten sie ihn dreißig Tage, das ganze Haus Israel") insgesamt den nachpriesterlichen Zusätzen zurechnen. Als Argument für diese Beurteilung kann er allerdings nur auf den nichtpriesterlichen Sprachcharakter des Ausdrucks „das ganze Haus Israel" hinweisen. Weimar[51] hat jedoch zu Recht darauf aufmerksam gemacht, dass damit nur dieser Ausdruck, nicht aber der ganze Vers 29 als nachpriesterschriftlich angesehen werden muss. 20,29 (ohne „das ganze Haus Israel") gehört also noch zur priesterschriftlichen Grundschrift, was für die Beurteilung von Dtn 34,8 von großer Bedeutung ist.

---

47 Vgl. u. a. Schmidt, L. 1993, 251f., der in Num 22,22–29 nur V. 22b. 23aα. 25–28.29* (ohne „das ganze Haus Israel") der Priestergrundschrift zuweist.
48 Weimar 1993, 346, ebenso Schmidt, L. 1993, 208f., anders Otto 1997, 18f.
49 Frevel 2000, 239f. Zur priesterschriftlichen Vorstellung vom „Sterben" als „Versammeltwerden zu den Vätern" vgl. Gen 25,8.17; 35,29; 49,33; Num 20,24; Dtn 32,50 (außerdem Num 20,26; 27,13; 31,2).
50 Perlitt 1994, 135f.
51 Weimar 1993, 346 Anm. 10; ebenso Schmidt, L. 1993, 209. Für die ursprüngliche Zugehörigkeit von „das ganze Haus Israel" zu P vgl. allerdings wieder Frevel 2000, 240.

Entscheidend für die Frage nach der priesterschriftlichen Darstellung des Todes des Mose ist die Klärung der Struktur des vorliegenden priesterschriftlichen Berichts über den Tod Aarons. Besonders bemerkenswert ist hierbei, dass der Bericht auf enge Entsprechungen zwischen dem Befehl JHWHs und dem Ablauf des Todes Aarons Wert legt. So befiehlt JHWH in 20,25f., dass Mose Aaron und seinen Sohn auf den Berg Hor hinaufsteigen lassen, dort Aaron seine Amtskleider ausziehen und sie seinem Sohn Eleasar anziehen soll. Dann soll Aaron zu seinen Vätern versammelt werden und dort sterben.

Mit genau den gleichen Aussagen wird nun in 20,27–28 berichtet, dass Mose so handelte, wie JHWH befohlen hatte. Er stieg mit Aaron und Eleasar auf den Berg Hor, zog Aaron seine Amtskleider aus und zog sie Eleasar an. Danach wird festgestellt, dass Aaron starb. Hier wird nur das im Befehl JHWHs enthaltene „Versammeltwerden zu den Vätern" nicht aufgegriffen, was eventuell darauf hindeuten könnte, dass das auch sprachlich etwas ungewöhnliche *ye'āsep* in 20,26b eine Glosse darstellt, die auf die Einleitung der JHWHrede in 20,24a („Aaron soll zu seinen Vätern versammelt werden") rückverweisen will. Zu beachten ist schließlich auch, dass die Darstellung des Todes Aarons ohne Angabe eines Begräbnisortes bleibt. Offensichtlich rechnet P hier mit einem Aarongrab auf dem Berg Hor. Beendet wird die Todeserzählung mit einem Hinweis auf eine 30 tägige Beweinung Aarons durch die ganze Gemeinde. Für die priesterschriftliche Darstellung des Todes Moses ist somit eine entsprechende Strukturierung des Berichts zu erwarten.

5 JHWHs Anweisungen zum Tod Moses in der Priestergrundschrift (Dtn 32,48–52*)

Nun finden sich in den Mosebüchern zwei in priesterlichem Stil formulierte Berichte über eine Ankündigung JHWHs zum Tod Mose: Der erste Bericht liegt in Num 27,12ff. vor, der zweite in Dtn 32,48–52. In der alttestamentlichen Forschung ist jedoch seit Jahrzehnten strittig, welcher der beiden Berichte der ursprünglichen Priesterschrift zuzuschreiben ist.

Ludwig Schmidt[52] versteht Dtn 32,48–52 als eine sekundäre Wiederholung von Num 27,12–14, die das Ziel hat, einen Ausgleich mit der dtr. Darstellung des Mosetodes in Dtn 34,1–6* herzustellen. So spreche Dtn 32,48 nicht nur wie Num 27,12 vom Abarimgebirge als dem Ort des Todes Moses, sondern füge den „Berg Nebo im Lande Moab gegenüber Jericho" hinzu. Allerdings überzeugt diese Ar-

---

52 Schmidt, L. 1993, 212f.

gumentation nicht ganz, da es sich bei dieser Näherbestimmung der Lokalisierung im Abarimgebirge durchweg um Ortsangaben handelt, die typisch für die Lokalisierung des Endpunktes der ostjordanischen Wanderung durch die priesterliche Überlieferung sind (vgl. für die Lokalisierung in Moab gegenüber Jericho Num 22,1). Auf die für die dtr. Darstellung des Mosetodes typische Lokalisierung „auf dem Gipfel des Berges Pisga" (vgl. Dtn 34,1aβ; 3,17.27; 4,49; Jos 12,3; 13,20; vgl. Num 21,20; 23,14) wird – was bei einer zwischen P und Dtr vermittelnden Schicht zu erwarten wäre – gerade nicht Bezug genommen.[53]

Außerdem meint Ludwig Schmidt,[54] dass Dtn 32.52 („du sollst das Land vor dir sehen, das ich den Israeliten gebe, aber du sollst nicht hineinkommen") auf die dtr. Darstellung in Dtn 34,4b bezogen sei, wo JHWH zu Mose sagt: „du hast es mit deinen Augen gesehen, aber du sollst nicht hinübergehen". Aber auch hier lässt sich Dtn 32,52 eher von Bezügen zu priesterlichen Texten erklären. Während Dtn 34,4b im dtr. Stil vom Nicht-Hinübergehen (ʿbr) in das verheißene Land spricht, gebraucht Dtn 32,52, wie sonst P (vgl. Num 20,24) den Ausdruck „Nicht-Hineinkommen" (bwʾ).

Auch der etwas ungewöhnliche Sterbe-Befehl[55] an Mose spricht nicht gegen die Ursprünglichkeit von Dtn 32,50. Charakteristisch für die P-Darstellung des Todes Aarons war ja gewesen, dass der gesamte spätere Ablauf des Todesgeschehens vorher von JHWH befohlen war.

Typisch für die priesterliche Grundschrift ist auch die Formulierung von 32,49 „das Land Kanaan, das ich den Israeliten zum Erbbesitz (ʾḥzh) geben werde" (vgl. vor allem Gen 17,8). Der hierbei vorliegende Rückbezug auf die Landverheißung des Abrahambundes (Gen 17,8) passt hervorragend an den Schluss der Priesterschrift. Der einzige Hinweis auf eine nichtpriesterliche Vorstellung in Dtn 32,48–52 liegt in 32,51a vor, wo von der Versündigung Moses und Aarons *am Wasser von Meribat Kadesch* (vgl. Num 20,13 DtrS) gesprochen wird. 32,51a unterbricht jedoch deutlich den Zusammenhang zwischen 32,50 und 32,51b, so dass hier ein nachpriesterlicher spätdeuteronomistischer Einschub anzunehmen ist.[56]

---

53 Auch liegt in Dtn 32,48 in der Wendung „genau an diesem Tag" kein Rückbezug auf 32,45–47 (so Schmidt, L. 1993, 215) vor. Vielmehr gehört diese Wendung durchaus zum priesterschriftlichen Sprachgebrauch (vgl. u. a. Gen 7,13; Ex 12,17.41), vgl. dazu auch Frevel 2000, 298f.
54 Schmidt, L. 1993, 215. Vgl. dazu jedoch Frevel 2000, 297. Vor allem besteht – gegen Perlitt 1994, 131 – auch kein Gegensatz zwischen den partizipialen Landgabeformeln in Dtn 32,49.52 (vgl. Num 13,2) und den „perfektischen" Landgabeformeln in Num 20,12.24*P^G: Beide beziehen sich auf JHWHs Landzuweisung, die schon in der Vergangenheit ausgesprochen wurde, aber in Dtn 32,49.52 unmittelbar vor der konkreten Realisierung steht (ähnlich schon Num 13,2).
55 Vgl. Schmidt, L. 1993, 214.
56 In 32,51a stellt die Begründung „weil ihr euch inmitten der Israeliten beim Wasser von Meribat-Kadesch in der Wüste Zin an mir vergangen habt" eine Dublette zu der Begründung von

Demgegenüber weist alles darauf hin, dass es sich bei Num 27,12–14* um einen nachpriesterschriftlichen spätdtr. Text handelt. Für diese Einordnung spricht zunächst V. 14, der deutlich auf die nachpriesterlichen Zusätze in Num 20,1–13 Bezug nimmt, vor allem auf die Vorstellung, dass die Israeliten vor dem Wasserwunder „gehadert" (*ryb*) haben (vgl. Num 20,3a) und dass von daher dieses Wunder am Wasser von Meriba („Haderwasser") bei Kadesch lokalisiert ist (vgl. 20,13 mit 20,1aβ).[57]

In Num 27,12–13 liegt eine Kurzfassung der ursprünglichen priesterschriftlichen Ankündigung des Todes Moses vor, die zur Begründung der in 27,15–23* folgenden Einsetzung Josuas als Nachfolger des Mose notwendig war.[58] In dieser Kurzfassung sind dabei die Rückbezüge auf die Landverheißung des Abrahambundes, wie sie in Dtn 32,49 zu erkennen waren, bewusst ausgelassen.[59]

Dass die Einsetzung Josuas zum Nachfolger Moses Num 27,15–23[60] nicht zur ursprünglichen Priesterschrift gehörte, hat schon Noth[61] in seinem Numerikommentar gezeigt. Perlitt[62] und Frevel[63] haben dieses Verständnis von Num 27,15–23 bestätigt.

Allerdings vertreten Perlitt[64] und Frevel[65] die Auffassung, dass die priesterliche Grundschrift überhaupt noch nicht mit Josua als Nachfolger des Mose rechne. Demgegenüber hat jedoch Ludwig Schmidt[66] zu Recht darauf hingewiesen, dass die besondere Stellung, die Josua in der priesterschriftlichen Kund-

---

32,51b („weil ihr mich nicht inmitten der Israeliten geheilt habt") dar. Zu sekundären Bestandteilen in Dtn 32,51 vgl. auch Rose 1994, 574; Frevel 2000, 301f. (Rose und Frevel sehen allerdings ohne zureichende literarkritische Begründung 32,51 insgesamt für sekundär an; zu der Annahme Frevels, Num 20,12 sei sekundär, vgl. oben Anm. 42) und Lux 1987, 403 (nach Lux soll die gesamte Aaronnotiz 32,50aβb–51 nachträglich zugefügt sein, was angesichts der Parallelen zwischen der Aaron- und Mosetoddarstellung nicht wahrscheinlich ist).

57 Zum nachpriesterschriftlichen Charakter von Num 27,14 vgl. vor allem Schmidt, L. 1993, 215f., auch Mittmann 1975, 109f.

58 Vgl. Frevel 2000, 273–280; auch Schmidt, L. 1993, 220.

59 Vgl. Frevel 2000, 303.

60 Nach Schmidt, L. 1993, 226, gehören zu 27,15–23 ursprünglich nur 27,15–18.20.22.23a. Schmidt weist diese Verse P^G zu, doch sprechen die im Folgenden darzustellenden Befunde für eine nachpriesterschriftliche Ansetzung dieser Darstellung der Einsetzung Josuas zum Nachfolger Moses.

61 Noth 1966, 185–187.

62 Perlitt 1994, 137–139.

63 Frevel 2000, 283. Nach Frevel stellen allerdings Num 27,17*.21.23b noch spätere Zusätze zu 27,12–23 dar.

64 Perlitt 1994, 136–139.

65 Frevel 2000, 64–67.272–290.

66 Schmidt, L. 1993, 221–239.

schaftergeschichte einnimmt (vgl. Num 14,6f.9* und dabei besonders die Vorordnung vor den durch die Tradition vorgegebenen Kaleb), auf Josua als Nachfolger des Mose verweise.

Allerdings lässt die besondere Bedeutung Josuas in der Kundschaftererzäh-
lung nicht unbedingt auf einen Bericht über die Einsetzung Josuas, wie er in Num
27,15 – 23 vorliegt, schließen. Vielmehr wird auch die Feststellung von Dtn 34,9,
dass Josua das erfüllt, was JHWH Mose befohlen hatte, dieser besonderen Funktion Josuas in der Kundschaftergeschichte gerecht.

In Num 27,15 – 23 wird demgegenüber kein spezifisch priesterschriftliches Bild
von Josua entwickelt. Noth[67] hat vielmehr gezeigt, dass „in diesem Zusammenhang ... speziell der Josua des deuteronomistischen Geschichtswerks ins Auge
gefasst" ist. Vor allem die kriegerische Funktion, die hier Josua zugeschrieben
wird,[68] widerspricht der Zeichnung Josuas in Dtn 34,9, in der Josua als „Träger des
Geistes der Weisheit" – also gerade nicht kriegerisch (vgl. Jes 11,2[69]) – die Landnahme durchführt.

Auch dass in Num 27,15 – 23* die politische Situation der frühen Nachexilszeit
mit dem Nebeneinander von Hohempriester und einem politischen Führer (vgl.
z. B. das Nebeneinander des Hohenpriesters Jeschua und des politischen Führers
Serubbabel in Sach 1– 6) vorausgesetzt wird – wie Ludwig Schmidt[70] gezeigt hat –,
spricht m. E. für eine nachpriesterschriftliche Entstehung dieses Textes.[71]

6 Dtn 34,1*.7 – 9* als Schluss der Priestergrundschrift

Damit liegt der priesterschriftliche Bericht über den Tod des Mose in Dtn
32,48 – 50.51b.52 und in Dtn 34,1*.7 – 9* vor.[72] Auch wenn die priesterschriftliche
Darstellung in Dtn 34 nicht vollständig erhalten ist,[73] ist bei ihr doch die dem
Bericht über den Tod Aarons in Num 20,22 – 29* entsprechende Struktur deutlich
zu erkennen.

Auch hier findet sich zu Beginn in Dtn 32,48 – 52 ein detaillierter göttlicher
Befehl zum Ablauf des Sterbens Moses. Dtn 34,1ff.* spricht dann von der Ausführung dieses Befehls. Von diesem Ausführungsbericht ist allerdings nur noch

---

67 Noth 1966, 186.
68 Vgl. hierzu Schmidt, L. 1993, 222 – 229.
69 Zur Beziehung von Dtn 34,9 auf Jes 11,2 vgl. Perlitt 1994, 137, und Schmidt, L. 1993, 247.
70 Schmidt, L. 1993, 231 – 236.
71 Vgl. auch Frevel 2000, 282; auch 355f.
72 So schon Rad 1964, 144.150.
73 Vgl. Schmidt, L. 1993, 241 – 243.

Dtn 34,1a.bα erhalten geblieben: „Mose stieg aus den Steppen Moabs auf den Berg Nebo [...], der gegenüber von Jericho liegt und JHWH zeigte ihm das ganze Land." Wie in Num 20,29 wird der Bericht – hier anders als in Num 20,22ff.* – nach einer Angabe über das Alter und den Gesundheitszustand Moses bei seinem Tode durch eine Notiz über seine 30 tägige Beweinung durch die Israeliten abgeschlossen. Beide Berichte stimmen auch insofern überein, als beide keine Angaben über das Begräbnis enthalten, sondern mit Tod und Begräbnis auf einem Berg rechnen.[74]

Beachtenswert ist, dass in dem eigentlichen Bericht über den Tod Moses Dtn 32,48 – 52*; 34,1*.7 – 8* nicht von der Einsetzung eines Nachfolgers gesprochen wird. Darin unterscheidet sich Dtn 32,48ff.* am deutlichsten von dem Aarontodbericht in Num 20,22 – 29, in dem die Einsetzung des Aaronnachfolgers Eleasar zentrale Bedeutung besitzt. Die Priesterschrift geht offensichtlich davon aus, dass es – anders als bei dem von Aaron repräsentierten Priesteramt – bei Mose keine unmittelbare amtliche Nachfolge geben kann. Die Funktion Josuas beschränkt sich darauf, im „Geist der Weisheit" (Dtn 34,9) die Landgabe JHWHs, die Mose verwehrt wurde, in Empfang zu nehmen.[75]

Allerdings wird in der neueren Forschung mit einem engen Bezug von Dtn 34,9 auf Num 27,15 – 23 gerechnet.[76] Auffällig ist vor allem, dass „nur in diesen beiden Texten das Aufstemmen (*smk*) der Hände für die Einsetzung in ein Amt belegt ist."[77] Problematisch ist jedoch, dass dieses Aufstemmen der Hände in Dtn 34,9aβ keine richtige Funktion besitzt. Dass der „Geist der Weisheit" durch das Aufstemmen der Hände übermittelt wird, ist nirgendwo im Alten Testament belegt. Vielmehr wird in der Priesterschrift damit gerechnet (vgl. die P^S-Stellen Ex 28,3; 31,3; 35,31), dass JHWH von ihm beauftragte Menschen unmittelbar mit dem „Geist der Weisheit" erfüllt. Wahrscheinlich liegt somit in Dtn 34,9aβ ein sich auf Num 27,15 – 23 zurückbeziehender redaktioneller Einschub vor, der die Geistbegabung Josuas auf Mose zurückführen will. Dieser Einschub passt gut in die die nachpriesterliche Redaktion von Dtn 34 bestimmende Tendenz, Mose zu dem Urpropheten Israels zu machen, von dem alle Geistbegabung in Israel herzuleiten ist.[78]

Sieht man von diesem nachpriesterlichen redaktionellen Einschub in Dtn 34,9a ab, so wird man Lothar Perlitt[79] Recht geben müssen, wenn er feststellt, dass

---

74 Vgl. oben bei Anm. 35.
75 Vgl. Schmidt, L. 1993, 234 – 239.
76 Vgl. Schmidt, L. 1993, 246 – 249; Frevel 2000, 65; auch Schäfer-Lichtenberger 1995, 188f.
77 Schmidt, L. 1993, 246.
78 Vgl. oben anbei Anm. 32.
79 Perlitt 1994, 137f.

Dtn 34,9* „weder eine Fortführung oder Wiederaufnahme noch auch ein Extrakt aus Num 27,15–23" darstellt.

Allerdings hat man auch in Dtn 34,9b einen deutlichen Rückbezug auf Num 27,20 gefunden.[80] In Num 27,20 befiehlt JHWH Mose, dass er von seiner Hoheit auf Josua legen solle, „damit die Gemeinde der Israeliten auf ihn höre". In Dtn 34,9b mit seiner Feststellung, dass die Israeliten auf Josua hörten, liege nun die Realisierung dieses Befehls JHWHs an Mose vor.

Wie wir oben sahen, ist jedoch im ursprünglichen priesterlichen Text von Dtn 34,9* nicht von einer Hoheitsübertragung von Mose auf Josua die Rede. Insofern kann auch Dtn 34,9b nicht als Erfüllung des Befehls von Num 27,20 verstanden werden. Vielmehr muss man Dtn 34,9 – wie Peter Weimar[81] gezeigt hat – auf dem Hintergrund von Ex 6,2–9, der priesterschriftlichen Darstellung der Berufung Moses, verstehen. Dort kündigt JHWH dem Mose die Herausführung aus Ägypten und das Hineinbringen in das den Erzvätern verheißene Land an. Als Mose diese Verheißung den Israeliten weitergibt, hören sie nicht auf ihn, und zwar wegen „Geistes Kürze"[82] und wegen harter Arbeit (Ex 6,9). Am Ende der Mosezeit stellt P nun in Dtr 34,9* fest, dass die Israeliten – anders als in Ex 6,9 – jetzt tun, was JHWH Mose befohlen hat, indem sie unter der Führung Josuas der Landverheißung JHWHs an Mose vertrauen. Auch der Hinweis, dass Josua mit dem „Geist ($r\hat{u}^a\d{h}$) der Weisheit" erfüllt ist, stellt dabei einen Kontrast zu Ex 6,9 dar, wo festgestellt wird, dass das Volk an „Kürze des Geistes", d. h. an „Verzagtheit" leidet. Ludwig Schmidt[83] hat zu Recht darauf aufmerksam gemacht, dass die Geistbegabung Josuas als Gegenbild zu dieser „Kürze an Geist" zu verstehen ist.[84]

Im Gegensatz zur Auffassung von Eckart Otto und Reinhard Kratz zeigt sich somit, dass in Num 20*; Dtn 32* und 34* eine priesterschriftliche Darstellung des Endes der Mosezeit vorliegt, die sich in spezifischer Weise von den Vorstellungen des Deuteronomistischen Geschichtswerks unterscheidet und daher nicht einer Schicht zugeordnet werden kann, die auf das Deuteronomistische Geschichtswerk hin konzipiert ist.

Von zentraler Bedeutung für diese priesterschriftliche Darstellung ist nicht nur der Rückverweis auf die in Gen 17,8 in der Abraham-Berit gegebene Landverheißung,[85] sondern vor allem der Hinweis darauf, dass die Erfüllung dieser

---

80 Vgl. Schmidt, L. 1993, 247.
81 Weimar 1973, 182–186.
82 Zu dieser Übersetzung vgl. Buber/Rosenzweig 1954, 166.
83 Schmidt, L. 1993, 229f.
84 Vgl. auch oben bei Anm. 75.
85 Dies hat Frevel 2000, 349–371, gegenüber der neueren Tendenz, P^G am Sinai enden zu lassen, zu Recht betont. Zur Bedeutung des Landes für P vgl. auch Köckert 1995.

Verheißung durch die Sünde des Volkes und ihrer Führer[86] von Gott für eine kurze Zeit des Gerichts, nicht aber grundsätzlich aufgehoben wird.

Dass sich ein Schluss der Priesterschrift in Dtn 34,1*.7–9* gut aus der Exilserfahrung verstehen lässt, war lange Zeit Konsens der Ausleger der Priesterschrift. So hat bereits Karl Elliger[87] in seiner grundlegenden Studie zur Theologie der Priestergrundschrift die Frage gestellt: „Sollte sich nicht gerade der eigentümliche Schluß, der unüberhörbar warnend und mahnend die alte Generation in der Wüste sterben und die junge ebenfalls noch nicht ins Land der Verheißung kommen lässt, daraus erklären, dass er die eigene Lage des Zeugen und seiner Gemeinde widerspiegelt?" Rudolf Kilian[88] hat dies in seiner Darstellung der priesterschriftlichen Theologie aufgenommen und betont, dass – um den Schluss von P^G in Dtn 34,9 zu verstehen – „mitbedacht werden muß", dass P^G im Exil entstanden ist: „So endet Pg nicht mit der erwarteten Landnahme, sondern mit dem Tod des Moses auf dem Nebo. Zurückgenommen ist freilich die Landzusage nicht … So muß Moses nicht nur sehnsüchtig ins verheißene Land blicken, er kann es auch voll Hoffnung und Zuversicht tun, denn er weiß, die Verheißung besteht noch, und es wächst bereits eine neue Generation heran, an der Gott sein Heilswerk vollenden wird. Es werden jene Israeliten sein, die gehorchen und so tun, wie JHWH es dem Mose geboten hat [Dtn 34,9]."

Dass für die Priestergrundschrift – gerade wegen ihres Exilsbezugs – das Thema Sünde eine zentrale Bedeutung hat, darauf hat schon Norbert Lohfink[89] unter Hinweis auf die drei Texte Gen 6,9–13; Num 13f.* und Num 20,1–13* aufmerksam gemacht: „Das priesterliche Geschichtswerk spricht also in einer sehr überlegten Weise von der Sünde. Es führt keinen alles umfassenden Sündenbegriff ein, sondern jeder der drei geschilderten Sünden erhält ihren eigenen Namen. Es gibt die Sünde aller Menschen …: die Gewalttat der Menschen untereinander. Es gibt dann eine besondere, auch material bestimmbare Sünde im auserwählten Volk Gottes. Das ist für die politischen Führer und das ganze Volk die Geringachtung der angebotenen Heilsgabe, die Verleumdung des ganzen Landes Kanaan. Und es ist für die geistlichen Führer das Versagen angesichts der

---

86 Die spezifisch priesterliche Darstellung von der individuellen Schuld der Führer Israel ist bei Frevel 2000, 306–348, nicht hinreichend berücksichtigt worden. Die spätdtr. Darstellung nimmt nämlich gerade nicht eine individuelle Schuld Moses an.

87 Elliger 1966b, 196. Zur Ansetzung der mit Dtn 34,9 endenden Priestergrundschrift in der Situation der babylonischen Diaspora vgl. auch Weimar 1977, 171. In der babylonischen Diaspora wird P^G neuerdings auch von O. Kaiser (1992a, 61), Carr (1996, 133–140) und Zenger (1998, 153) lokalisiert.

88 Kilian 1967, 229.

89 Lohfink 1988c, 189.

Aufgabe, an JHWHs Wunderkraft zu glauben und ihn dem Volke als den Heiligen zu zeigen."

Peter Weimar[90] hat zudem gezeigt, dass diese drei Sündenfallerzählungen unverzichtbare Elemente im Aufbau der Priestergrundschrift darstellen: So sind in P^G die den ersten Teil des Werkes eröffnende Urgeschichte Gen 1,1–11,26* und die den zweiten Teil des Werkes abschließende Landgabeerzählung Num 10,11 – Dtn 34,9* chiastisch aufeinander bezogen: Dabei entsprechen sich zunächst der erste Abschnitt der Urgeschichte Gen 1,1–5,32* mit seiner Thematik „Schöpfung und Leben" und der letzte Abschnitt der Landgabeerzählung Num 20,22 – Dtn 34,9*, der um das Thema „Tod und Nachfolge" kreist. Dagegen geht es im zweiten Abschnitt der Urgeschichte Gen 6,9–11,26* um „Gericht und fortlaufende Verheißung Gottes angesichts der Sünde der Menschheit" und im ersten Abschnitt der Landgabeerzählung Num 10,11–20,12* um „Gericht und fortdauernde Verheißung Gottes angesichts der Sünde Israels und seiner Führer". Gerade angesichts dieser engen Entsprechung zwischen Urgeschichte und Landgabeerzählung Num 10 – Dtn 34* kann der Versuch der neueren Priesterschriftforschung, Num 10,11 – Dtn 34,9* aus der Priestergrundschrift zu streichen, nur als ein Irrweg betrachtet werden.

---

90 Weimar 1984, besonders 24, 158 und 144 Anm. 163.

Mose, der Exodus und der Monotheismus – Ein Gespräch mit Jan Assmann

Abstract: The tradition historical and redaction historical analysis of the Old Testament Moses-tradition demonstrates the variety and complexity of the biblical experience of God. At the beginning of the Moses-tradition stands the experience of Yhwh as a liberating god. This experience is modified to the idea of an inclusive Yhwh-monolatry by wise scribes in the late 8th century BCE. Under the impact of the destruction of Jerusalem and the deportation of the Judean elites to Babylonia, priestly-theocratic circles developed the concept of an exclusive Yhwh-monotheism. The prophetic-orientated final redaction of the Pentateuch expanded this idea with the aspect of an eschatological hope for all nations.

1 Die These Jan Assmanns von der Mosaischen Unterscheidung

Es ist eine Binsenweisheit, dass Theologie in jeder Generation neu auf die jeweils neu gestellten Fragen antworten muss. Dass dabei Kirche und Theologie „die Gestalt ihrer Botschaft" nicht „dem Wechsel der jeweils herrschenden weltanschaulichen … Überzeugungen überlassen"[1] dürfen, ist ebenso klar. Wie schwierig sich diese theologische Aufgabe jedoch im Einzelnen gestaltet, zeigt ein Rückblick auf die *Auslegung des Alten Testaments*, die ich während meines eigenen nun bald fünfzigjährigen Studiums dieses Teils der Bibel miterlebt habe. Was in der Diskussion über das Alte Testament bloß vorübergehender Zeitgeist und was berechtigte Fragen sind, ist oft schwer zu unterscheiden.

Nach Zeiten relativ großer Hochschätzung des Alten Testaments vertritt nun in den letzten Jahrzehnten u. a. der Heidelberger Ägyptologe Jan Assmann[2] die These, dass es das Alte Testament gewesen sei, das den *Monotheismus* hervorgebracht und dadurch einen kulturellen Raum der *Intoleranz* und der *Gewalt* geschaffen habe. Assmann hat mit dieser These, mit der er auf eine ins 19. Jh. zurückreichende philosophische Diskussion zurückgreift, eine für geisteswissenschaftliche Veröffentlichungen kaum zu überbietende publizistische Wirkung erzielt. Einen Höhepunkt bildete ein vor sechs Wochen erschienener Artikel in der

---

1 These 3 der Barmer Theologischen Erklärung.
2 Vgl. für das Folgende vor allem Assmann 1998, 17ff.; neuerdings auch Assmann 2006.

https://doi.org/10.1515/9783110724448-020

Weihnachtsausgabe des Spiegel,[3] bei dem sich Assmann allerdings zu einer öffentlichen Gegendarstellung gezwungen sah: In dieser Distanzierung stellt Assmann klar, dass die Sprache der Gewalt, die er als typisch für den Monotheismus des Alten Testaments ansieht, vom Spiegel *fälschlicherweise* auch auf das Judentum bezogen worden sei. Demgegenüber weist Assmann daraufhin, dass es dem Judentum gelungen sei, die Hassbotschaften der entsprechenden alttestamentlichen Texte zu humanisieren und zu marginalisieren.

Trotz solcher Zugeständnisse in Einzelfragen verbindet Assmann jedoch weiterhin den exklusiven Monotheismus von Altem Testament, Christentum und Islam *generell* mit einer seiner Meinung nach problematischen Revolution der Religionsgeschichte, die er als „Mosaische Unterscheidung" bezeichnet. Bei dieser Unterscheidung handelt es sich um – ich zitiere – „die Unterscheidung zwischen wahr und unwahr in der Religion, die spezifischeren Unterscheidungen zugrunde liegt wie die zwischen Juden und gojim, Christen und Heiden, Muslimen und Ungläubigen". Diese einmal getroffene Unterscheidung führt nun nach Assmann zu immer neuen und immer kleinräumigeren Unterscheidungen: „Wir fangen an mit Christen und Heiden und enden bei Katholiken und Protestanten, Lutheranern und Calvinisten, Sozinianern und Latitudinaern und Tausenden ähnlichen Bezeichnungen und Unterbezeichnungen". Dabei konstruieren diese Unterscheidungen „nicht nur eine Welt, die voller Bedeutung, Identität und Orientierung, sondern auch die voller Konflikt, Intoleranz und Gewalt ist".

Doch ist diese Unterscheidung zwischen wahr und falsch nur für den *Monotheismus* charakteristisch? „Erscheinen nicht vom Standpunkt *jeder* Religion aus die anderen als ‚Heiden', so wie vom Standpunkt jeder Kultur aus die anderen als ‚Barbaren' erscheinen?" Assmann verneint diese Frage: Es sei „ein Irrtum, zu glauben, dass diese Unterscheidung so alt sei wie die Religion selbst"[4]. Vielmehr habe – auch wenn man nach Assmann „nicht sicher sein" kann, „ob Moses jemals gelebt hat" – erst die Überlieferung über Mose diesen kulturellen Raum geschaffen, der durch die Mosaische Unterscheidung strukturiert wird: den Raum des jüdisch-christlich-islamischen Monotheismus.

Bevor die Mosaische Unterscheidung und die damit verbundene Intoleranz sich im Raum jüdisch-christlich-islamischen Welt durchsetzte, herrschten dort polytheistische Religionen, die sich nach Assmanns Auffassung durch die *Übersetzbarkeit* von Gotteserfahrungen auszeichneten: Ihre Besonderheit bestand darin, dass sie „Götter nach Name, Gestalt und Funktion oder ‚Ressort' unterschieden", wobei die meisten Gottheiten „kosmische Aspekte und Funktionen"

---

3 Spiegel Nr. 52/2006, 111–123.
4 Assmann 1998, 18.

besaßen. Im Rahmen dieses sich als „Kosmotheismus" verstehenden Polytheismus ließ sich leicht „der Sonnengott der einen Religion... mit dem Sonnengott der anderen Religion gleichsetzen". Und auch sonst ließen sich aufgrund dieser funktionalen Entsprechungen die Götternamen verschiedener Religionen übersetzen. So gehe in Mesopotamien die Übersetzung von sumerischen in akkadische Götterbezeichnungen bis ins 3. Jahrtausend zurück, und diese „als eine große kulturelle Leistung" zu wertende Praxis werde im 2. Jahrtausend auf viele Kulturen des Alten Orients ausgedehnt: „Die Gottheiten waren international, weil sie kosmisch waren"[5]. In diesem Rahmen galten die Götter fremder Religionen nicht als falsch und fiktiv, sondern wurden vielmehr in vielen Fällen als eigene Götter unter fremden Namen verstanden.

Die Mosaische Unterscheidung zwischen wahrer und falscher Religion stellte somit etwas radikal Neues dar, das den Polytheismus, der „die verschiedenen Kulturen einander transparent und kompatibel" gemacht hatte, generell als „Götzendienst" („Idolatrie") abwertete.[6] Sie „blockierte" damit „interkulturelle Übersetzbarkeit", so dass der Monotheismus eine permanente Geschichte der Intoleranz begründete.[7]

Soweit dieses in dem Buch „Moses, der Ägypter" 1997/1998 publizierte Verständnis der Mose-Überlieferung. Jan Assmann hat allerdings diese These in einem 2003 veröffentlichten Bändchen über „Die Mosaische Unterscheidung oder der Preis des Monotheismus"[8] noch einmal modifiziert. In ihm verdeutlicht er sein Verständnis der Mosaischen Unterscheidung mit Hilfe der Unterscheidung von primärer und sekundärer Religion. Die polytheistischen Religionen des Altertums werden dabei als Ausdrucksformen einer „naturwüchsigen" *primären* Religion verstanden, die sich in einer organischen historischen Entwicklung herausgebildet hat und der man als Mitglied eines Volkes *selbstverständlich* angehört. Der biblische Monotheismus sei dagegen als *sekundäre* Religion anzusehen, die sich einer besonderen *Offenbarung* verdankt und der man sich durch einen besonderen *Bekenntnisakt*, einer *Konversion*, anschließen muss. Gleichzeitig macht Assmann darauf aufmerksam, dass im Alten Testament sich beide Formen der Religiosität noch durchdringen. Trotzdem hält Assmann an der These fest, dass im Zentrum des Alten Testaments „die Unterscheidung von wahrer und falscher Religion" stehe und dass somit der alttestamentliche Gottesglaube zu einem primären Auslöser von „Konflikt, Intoleranz und Gewalt" geworden sei.

---

5 Assmann 1998, 19.
6 Assmann 1998, 269.
7 Assmann 1998, 19ff.
8 Assmann 2003. Vgl. besonders S. 19ff.

Bei dieser These von Jan Assmann ergeben sich vor allen Dingen Anfragen an die von ihm angewandte historische Methode. So konzentriert sich Assmann auf die *Wirkungsgeschichte* der Mose-Überlieferung – oder wie Assmann dies bezeichnet – auf ihre „Gedächtnisgeschichte". Er übergeht dabei bewusst die Frage nach der historischen Entstehung der Mose-Überlieferung und dem Verständnis ihrer verschiedenen literarischen Schichten. Für unwichtig hält er auch die Tatsache, dass das Thema *einzelner* Moseüberlieferungen „nicht die Unterscheidung zwischen der wahren und falschen Religion, sondern die Unterscheidung von Knechtschaft und Freiheit"[9] ist. Und noch weniger interessiert ist er an der Frage, ob „Moses jemals gelebt hat", wie dies das oben vorgetragene Zitat formulierte. Begründet wird dies alles mit der grundsätzlichen Feststellung, dass der „gedächtnisgeschichtliche Ansatz" eben „hochgradig selektiv"[10] sei. Die äußerst komplexen historischen Befunde, die die Bibelwissenschaft in einer jahrhundertelangen Forschungsgeschichte über die Entstehung der alttestamentlichen Mose-Überlieferung herausgearbeitet hat, werden dadurch bei Assmann einer radikalen *Reduktion* unterzogen: Der biblische Mose schrumpft zusammen auf die *eine* wirkungsgeschichtliche Linie der „Mosaischen Unterscheidung".

Assmann greift dabei das stärkere Interesse der Theologie an der kanonischen Gestalt der biblischen Texte und ihrer Wirkungsgeschichte auf, das m. E. durchaus zu begrüßen ist. Was mir unverständlich ist, ist allerdings, dass man bei der Aufnahme dieser *neuen* Fragen die *bewährten historischen* Fragestellungen weitgehend in den Hintergrund treten lässt.

In den folgenden Überlegungen möchte ich daher versuchen, die Thesen von Jan Assmann über die *Wirkungsgeschichte* der Moseüberlieferung ins Gespräch zu bringen mit einer Sicht der alttestamentlichen Texte, die deren *Entstehungsgeschichte* theologisch fruchtbar zu machen versucht. Ich konzentriere mich dabei auf die für die Mosetradition grundlegende *alttestamentliche Exodus-Überlieferung*, mit der ich mich in meinem letzten exegetischen Hauptseminar beschäftigt habe. Die Mosaische Gesetzesüberlieferung muss – wegen ihrer noch größeren Komplexität – im Rahmen dieser Vorlesung leider unberücksichtigt bleiben.

Bei der exegetisch-historischen Untersuchung der Exodus-Überlieferung zeigt sich vor allem, dass diese keinen monolithischen Block darstellt, sondern in einem langen Wachstumsprozess entstanden ist. Um die Komplexität dieser Überlieferung zu verdeutlichen, möchte ich Ihnen in dieser Vorlesung einige *Etappen dieses Wachstumsprozesses* exemplarisch vorstellen. Im Mittelpunkt der Betrachtung der *einzelnen Überlieferungsstadien* sollen dabei die von Assmann

9 Assmann 2003, 65.
10 Assmann 1998, 28.

aufgeworfenen Fragen stehen: Worin wird das Wesen der alttestamentlichen Gotteserfahrung gesehen? Geht es um die Unterscheidung von wahrer und falscher Religion? Wird eine Sprache der Intoleranz und Gewalt vermittelt?

2 Überlieferungsgeschichtliche Fragen zum Historischen Mose und zur frühen Jahweverehrung (Mose und Echnaton)

Angesichts der großen Bedeutung, die in den Thesen Assmanns das Verhältnis Moses zu dem Monotheismus des ägyptischen Ketzerkönigs Echnaton besitzt, kann im Folgenden auf die Frage nach dem Historischen Mose und seiner Beziehung zu Echnaton nicht verzichtet werden. Zwar wird die Frage nach dem Historischen Mose heute häufig als sinnlos bezeichnet. So stellt der bedeutende amerikanische Alttestamentler John Van Seters[11] lapidar fest: „The quest for the historical Moses is a futile exercise. He now belongs only to legend." Begründet ist diese Skepsis in der Tatsache, dass die erste literarische Fassung der Moseüberlieferung erst über ein halbes Jahrtausend nach der für den Historischen Mose anzunehmenden Zeit um 1200 v.Chr. anzusetzen sein dürfte. Auch dass Mose bei Schriftpropheten des 8. Jh.s v.Chr. wie Jesaja und Amos noch unerwähnt bleibt, könnte den Schluss nahe legen, dass Mose eine bloße Legendengestalt darstellt.

Weniger überzeugend ist das Argument des renommierten israelischen Archäologen Israel Finkelstein in dem Bestseller „Keine Posaunen vor Jericho", das Fehlen von *archäologischen* Befunden für den Exodus spreche gegen die Historizität des Mose und des Exodus. Gehen wir von der *ältesten* Mose-Überlieferung aus, so hat die nomadische Mosegruppe wohl nur aus wenigen Personen bestanden, die bei ihrer Wüstenwanderung kaum archäologische Spuren hinterlassen haben dürften. Zudem lassen solche publikumswirksamen archäologischen Bestseller zur Bibel die Differenziertheit der biblischen Aussagen weitgehend unberücksichtigt. Je nach Zeitgeist konnte daher vor 50 Jahren die „archäologische Wahrheit über die Bibel" unter dem Schlagwort „Und die Bibel hat doch recht!" verkauft werden, so wie heute die Archäologie unter dem ebenso pauschalen Motto „Und die Bibel hat doch nicht recht!" für die *Unhistorizität* der alttestamentlichen Überlieferung von Abraham bis Salomo in Anspruch genommen wird. Wie die Bibelwissenschaft in den 50er Jahren der *pauschalen* archäologischen *Euphorie* entgegenzusteuern hatte, so hat sie auch heute die Aufgabe, gegen eine *pauschale* archäologische *Skepsis* Einspruch zu erheben.

---

11 In: Eliade 1987, 116.

Hinzu kommt, dass die Frage nach dem Historischen Mose – ebenso wie die Frage nach dem Historischen Jesus oder dem Historischen Buddha – eine religionsgeschichtliche Grundfrage darstellt, der man nicht einfach ausweichen kann. So sieht der Begründer der Psychoanalyse, Sigmund Freud, einen engen Zusammenhang zwischen der Geschichte des Judentums und ihrem Ursprungsimpuls im Historischen Mose. Zudem stellt die Frage nach dem Verhältnis von Mose und dem Monotheismus des ägyptischen Ketzerkönigs Echnaton ein so gewichtiges religionshistorisches Problem dar, dass sich selbst Jan Assmann im Rahmen seines gedächtnisgeschichtlichen Ansatzes davon nicht völlig dispensieren konnte.

In diesem Zusammenhang nimmt Sigmund Freud in dem kurz vor seinem Tode 1939 veröffentlichten Werk „Der Mann Moses und die monotheistische Religion" an, dass Mose ein ägyptischer Anhänger der Religion des Echnaton gewesen sei. Dadurch erklärt sich seiner Meinung nach am einfachsten der ägyptische Name des Mose, der – wie philologisch allgemein anerkannt – eine auch sonst im antiken Ägypten belegte Kurzform der bekannten ägyptischen Namen „Thutmose", „Ramose", „Ahmose" darstellt. Verbunden ist bei Freud damit die Auffassung, dass Mose den Israeliten auch eine *ägyptische* Form von *Religion* vermittelt habe, nämlich die des Pharao Echnaton, der während seiner Regierungszeit um 1350 v. Chr. in Ägypten einen konsequenten Monotheismus eingeführt hatte: Einzige Gottheit ist der Sonnengott Aton, andere Götter sind nichtexistent und damit Lug und Trug. Ihre Tempel werden von Echnaton durch Polizei und Militär geschlossen, ihre Bilder zerstört und ihre Namen ausgehackt.[12] Dieser von Echnaton propagierte Monotheismus hat sich in Ägypten nicht durchsetzen können. Die Ägypter kehrten bald nach dem Tode des Echnaton zu ihrem angestammten Polytheismus zurück.

Sigmund Freud vertritt nun die These, dass dieser von den Ägyptern abgelehnte Monotheismus Echnatons durch Mose an die Israeliten vermittelt worden sei, die nach Übernahme der Lehre Echnatons aus Ägypten ausziehen mussten. Allerdings seien die Israeliten dann in der Wüste – wie die biblischen Geschichten vom Murren der Israeliten gegen Mose zeigten – mit der monotheistischen Religion des Mose unzufrieden geworden und hätten Mose getötet – ein typischer Freudscher Vatermord! Erst danach hätten die Israeliten unter dem Einfluss der Midianiter die Verehrung des Wüstengottes Jahwe übernommen und dabei auch primitive nomadische Opfer, Riten und Gesetze. Das alte konsequent monotheistische Erbe des Echnaton-Anhängers Mose sei zunächst in den Hintergrund getreten. Erst nach Jahrhunderten, die einer auch in der Individualpsychologie zu

---

12 Assmann 1996, 246.

beobachtenden Latenzzeit entsprechen, sei der ethische Monotheismus Echnatons bei den alttestamentlichen Propheten wieder ins Bewusstsein Israels zurückgekehrt.

Man kann diese Ausführungen Freuds zwar mit der Bemerkung kommentieren, mit der der berühmte Historiker Eduard Meyer schon vor hundert Jahren ähnliche Konstruktionen eines Historischen Mose abgelehnt hat: es sei „nicht Aufgabe der Geschichtsforschung, Romane zu erfinden"[13]. Dennoch wirft diese Geschichtskonstruktion von Sigmund Freud Fragen auf, die mit historischen Methoden zu bearbeiten sind, so besonders die Frage, ob *alle* Elemente des von Freud vertretenen Mosebildes romanhaft sind oder ob sich unter ihnen nicht doch historisches Urgestein findet.

Eine methodisch stringente überlieferungsgeschichtliche Analyse dieser Elemente kann dabei durchaus zu eindeutigen Ergebnissen kommen: So ist ein Verständnis des Mose als *Schüler des Echnaton* historisch auszuschließen, was auch Jan Assmann immer wieder betont. Weshalb er trotzdem der Meinung ist, dass es sich bei Echnaton um den ersten Vertreter der Mosaischen Unterscheidung handelt, bleibt sein Geheimnis. Vielleicht löst sich dieses Geheimnis so auf, dass der Idealtypus des gewalttätigen Monotheismus, den Assmann kritisieren will, für ihn zunächst durch Echnaton repräsentiert wurde.

Gegen Freuds Annahme einer historischen Beziehung zwischen Mose und Echnaton spricht jedenfalls, dass zwischen Echnatons Tod um 1330 v. Chr. und der um 1200 v. Chr. anzusetzenden Zeit des Mose mehr als ein Jahrhundert liegt, in denen in Ägypten eine völlige *damnatio memoriae* des Echnaton und seiner Reformreligion herrschte. Mose konnte daher zu seiner Zeit nicht mehr unter den Einfluss Echnatons und seines Monotheismus geraten. Zudem steht Echnatons Vorstellung von der alleinigen Göttlichkeit der Sonnenscheibe Aton in diametralem Gegensatz zum Gottesverständnis der alten Moseüberlieferung, nach der Jahwe gerade *nicht* im *Bild* einer irdischen Wirklichkeit erfahrbar ist. Auch findet sich in der gesamten alttestamentlichen Überlieferung bis zur Exilszeit um 550 v. Chr. nirgends die von Echnaton vertretene strenge monotheistische Vorstellung, dass es nur einen einzigen Gott gebe. Vielmehr geht es in der älteren Mose-Überlieferung ausschließlich um Monolatrie, also um das Erste Gebot, dass Israel trotz der *Existenz anderer Götter* allein seinen Gott Jahwe zu verehren habe. Insofern urteilt Assmann durchaus zutreffend, wenn er feststellt: „Zwischen Echnatons und Moses' Monotheismus liegen Welten"[14].

---

13 Meyer 1906, 451 Anm. 1.
14 Assmann 1998, 268. Vgl. hierzu im Einzelnen auch die Unterscheidung auf S. 57–59.

Wenn auch die These einer historischen Beziehung zwischen Mose und Echnaton nicht zu halten ist, so hat Sigmund Freud dagegen Recht mit seiner Annahme, dass der ägyptische Name des Mose zum historischen Urgestein der Mose-Überlieferung gehört. Dabei braucht nicht vorausgesetzt zu werden, dass Mose ein Ägypter gewesen sei. Vielmehr zeigen ägyptische Dokumente, dass auch nach Ägypten eingewanderte Asiaten nach einiger Zeit ägyptische Namen annehmen. Somit erklärt sich der ägyptische Name des Mose am einfachsten dadurch, dass Mose einer in Ägypten eingewanderten Nomadengruppe entstammte, die später zurückwanderte und in Israel aufging, wobei sie die Exodustradition in Israel einbrachte. Dass solche asiatische Gruppen während Dürreperioden in Südpalästina in das ägyptische Ostdelta aufgenommen und dort auch zu Frondiensten herangezogen wurden, ist durch ägyptische Quellen hinreichend belegt[15]. Die Annahme, dass die Flucht einer solchen Nomadengruppe aus der Fronknechtschaft zurück in die Steppen der Sinaihalbinsel unter der Führung eines Mose stattfand, kann daher durchaus eine gewisse historische Wahrscheinlichkeit für sich in Anspruch nehmen.

Urgestein der Mose-Überlieferung dürfte mit Sigmund Freud auch die Verschwägerung des Mose mit einer Priesterfamilie des Nomadenstammes der Midianiter darstellen. Angesichts der Feindschaft zwischen Israel und den Midianitern während der gesamten Geschichte Israels gibt es keinen Anhaltspunkt dafür, dass dieses Element erst als späteres Interpretament in die Mose-Überlieferung eingeführt worden wäre. Dabei hat Sigmund Freud durchaus zu Recht angenommen, dass die Verehrung des mit dem Sinai verbundenen Gottes *Jahwe* nicht auf einen Religionsstifter Mose zurückgeht, sondern durch die *Midianiter* vermittelt wurde. Mose hat also die Jahweverehrung nicht neu gestiftet, sondern sie von Nomaden der Sinaihalbinsel übernommen. Dafür sprechen auch ägyptische Inschriften, die den Namen „Jahwe" bereits für das 14. Jh. v. Chr. im Nomadengebiet der nördlichen Sinaihalbinsel belegen.

Auf der Grundlage der beiden genannten Urelemente der Mose-Überlieferung, die nicht aus späterer Traditionsentwicklung zu erklären sind, wird man dem Göttinger Alttestamentler Rudolf Smend zustimmen dürfen, wenn er in seiner Theodor-Schieder-Gedächtnisvorlesung 1993 in München für den historischen Mose Folgendes vermutet: „Mose war ... am *Auszug* aus Ägypten führend beteiligt, wahrscheinlich so, dass er in priesterlicher Funktion den Ausziehenden die Hilfe des *Jahwe vom Sinai* verhieß, des Gottes, den sie fortan verehrten und für dessen Verehrung sie in Palästina ihre Mitisraeliten gewannen"[16].

---

15 Vgl. hierzu zuletzt Otto 2006, 27–30.
16 Smend 1997, 18.

Weitertradiert wurde die Mose- und Exoduserinnerung in Palästina wohl an den beiden wichtigsten Heiligtümern der israelitischen Nordstämme, den Heiligtümern von Bethel und Dan. Dafür sprechen eine ganze Reihe von alttestamentlichen Zeugnissen, vor allem auch die Tatsache, dass bei den Schriftpropheten des 8. Jh.s auf Exodus und Mose nur von dem Nordreichpropheten Hosea Bezug genommen wird. Hos 12,14 spricht hier von Mose als dem Propheten, der Israel aus Ägypten befreit hat.

In dieser alten Mose-Überlieferung besteht somit die spezifische Gotteserfahrung des Mose entgegen der These Assmanns nicht in der Unterscheidung einer wahren von einer falschen Religion. Vielmehr geht es hier um die Erfahrung eines Gottes, der Israel beim Exodus aus der Knechtschaft befreit. Assmann räumt dies für die Exodus-Überlieferung zwar selbst ein, meint jedoch gleichzeitig darauf hinweisen zu müssen, dass auch die Exodusthematik mit der Abgrenzung von Götzendienst und damit mit der Unterscheidung von wahrer und falscher Religion verbunden sei.[17] Hierbei übersieht Assmann jedoch, dass die älteste Mosetradition die *Gemeinsamkeit* des Mose mit seinem *midianitischen* Schwiegervater herausstellt und somit von einer Abgrenzung gegenüber fremder Religiosität nicht die Rede sein kann. Am Anfang des biblischen Glaubens steht somit gegen Assmann nicht die Stiftung einer neuen Form von Religion („sekundäre Religion"), sondern vielmehr die Erfahrung eines Gottes, der sich dadurch auszeichnet, dass er in die Freiheit führt.

Dieser mit der ältesten Exodus-Überlieferung verbundene Grundimpuls der Erfahrung eines befreienden Gottes ist nun im Laufe der Geschichte Israels in sehr unterschiedlicher, ja sogar gegensätzlicher Weise entfaltet worden. Auszugehen ist dabei davon, dass es in Israel zwei für die Schriftkultur wichtige Stände gab, auf der einen Seite die Beamten der staatlichen Verwaltung, in deren Kontext sich in Israel wie im gesamten Alten Orient eine sog. „weisheitliche" Kultur herausbildete, und auf der anderen Seite die Priesterschaft, in deren Reihen es oft zur Entwicklung theokratischer Herrschaftsvorstellungen kam. Von daher finden sich in der biblischen Mose-Überlieferung sowohl „weisheitlich-schriftgelehrte" als auch „priesterlich-theokratische" Mose-Darstellungen. Außerdem ist für die exilisch-nachexilische Zeit auch noch mit Mose-Darstellungen in prophetisch-eschatologischen Kreisen zu rechnen.

---

17 Assmann 2003, 65–67.

3 Die weisheitliche Exodusüberlieferung und die assyrische Religion (die Geburtslegende des Mose)

Ich setze ein mit einem aus weisheitlichen Kreisen stammenden Mosetext, der offensichtlich auf eine assyrische Königslegende Bezug nimmt. So gibt es in der assyrischen Überlieferung der Zeit um 700 v. Chr. einen Text über die Abstammung des bedeutendsten mesopotamischen Königs des 3. Jahrtausends, Sargons des Großen von Akkad. Diese sog. Sargonlegende wurde von dem zweiten großen Sargon der mesopotamischen Geschichte, dem von 722–705 regierenden assyrischen König Sargon II., der sich nicht auf eine normale Thronfolge berufen konnte, zur Legitimation seiner Herrschaft verwendet. Die Legende will vor allem deutlich machen, dass die mesopotamischen Weltherrscher ihre Herrschaft nicht ihrer Abstammung, sondern der Erwählung der mesopotamischen Götter, vor allem der Göttin Ischtar verdanken. Ich zitiere kurz die wichtigsten Passagen dieser Legende, wobei Sie sofort die Verwandtschaft mit einem Mose-Text bemerken werden:

> „Ich bin Sargon, der starke König, der König von Akkad.
> Meine Mutter war eine Priesterin[18],
> Meinen Vater kenne ich nicht; ...
> Die Priesterin, meine Mutter, empfing mich und gebar mich insgeheim,
> Legte mich in einen Schilfkorb, machte meinen Deckel mit Asphalt dicht,
> (Und) setzte mich im Fluss aus, der mich nicht überspülte.
> Der Fluss trug mich zu Akki, dem Wasserschöpfer.
> Akki, der Wasserschöpfer, holte mich heraus, als er seinen Eimer eintauchte.
> Akki, der Wasserschöpfer, machte mich zu seinem Gärtner.
> Als ich Gärtner war, schenkte mir (die Göttin) Ischtar ihre Liebe.
> Und für vierund[fünfzig][19] Jahre übte ich die Königsherrschaft aus [...]."[20]

Die Ähnlichkeit dieser assyrischen Königslegende mit der Geschichte von der Geburt des Mose in Ex 2 ist nun nicht zu übersehen: Wie der mesopotamische Großherrscher wird der Moseknabe als Neugeborener in einem mit Asphalt abgedichteten Schilfkorb in einen Fluss ausgesetzt und auf wunderbare Weise gerettet und steigt danach zum politischen Führer auf. Dabei dürfte diese Ähnlichkeit keinen Zufall darstellen. Die bewusste Anlehnung der Mosegeschichte an die Sargonlegende ist noch deutlicher zu erkennen, wenn man feststellt, dass in

---

18 Die Übersetzung von *enitu* ist umstritten. Vom Kontext her legt sich der Bezug auf eine zur Kinderlosigkeit verpflichtete Priesterin nahe. Vgl. Hecker 2001, 56 Anm. 2a. Anders Gerhards 2006, 171ff.
19 Vgl. Hecker 2001, 56 Anm. 13a.
20 Übersetzung im Anschluss an H. Schmökel, in: Beyerlin 1975, 123f.

der literarisch ursprünglichen Geburtsgeschichte des Mose die Erzählmotive „Überwachung des ausgesetzten Kindes durch seine ältere Schwester" und „Versorgung durch die Mutter des Kindes in den ersten Lebensjahren" noch nicht vorhanden waren. Eine ältere Schwester passt nämlich schon deswegen nicht in die ursprüngliche Erzählung, weil ihr Anfang davon berichtete, Mose sei das erste Kind seiner Eltern gewesen.

Die ursprüngliche Erzählung von der Geburt des Mose (Ex 1,22 – 2,10*) ist somit folgendermaßen zu rekonstruieren:

1,22. Der Pharao aber befahl seinem ganzen Volk: Jedes männliche Kind, das geboren wird, werft in den Nil. Und jedes weibliche Kind lasst am Leben.[21]

2,1. Nun ging ein Mann vom Hause Levi hin und nahm die Tochter Levis zur Frau.

2. Die Frau wurde schwanger und gebar einen Sohn. Als sie sah, dass er schön war, versteckte sie ihn drei Monate lang.

3. Nachdem sie ihn nicht mehr verstecken konnte, da beschaffte sie sich für ihn einen Schilfkasten, verpichte ihn mit Asphalt und Pech, legte in ihn das Kind und legte ihn in das Schilf am Rand des Nils.

5. Nun stieg die Tochter des Pharaos hinab, um sich am Nil zu waschen, während ihre Dienerinnen am Ufer des Nils entlanggingen. Wie sie den Kasten mitten im Schilf sah, schickte sie ihre Magd hin, und sie holte ihn.

6. Als sie ihn öffnete, sah sie es – das Kind –, und siehe, es war ein weinender Knabe.

Sie hatte Mitleid mit ihm und sagte: Dies ist eines von den Kindern der Hebräer.

10aβb. Da nahm sie ihn als Sohn an und nannte seinen Namen „Mose" („Retter"), denn sie sagte: Aus dem Wasser habe ich ihn gerettet.

Diese Erzählung ist wahrscheinlich in schriftkundigen „weisheitlichen" Beamtenkreisen nach dem Vorbild der Sargonlegende geformt worden. Ihrer diplomatischen Aufgaben wegen besaßen solche Schreiber gute Kenntnisse der Nachbarkulturen, vor allem auch der der Assyrer, die ja in dem Jahrhundert von ca. 730 – 630 die Oberherrschaft über Juda ausübten. Die assyrische Sargonlegende dürfte den judäischen Schreibern somit bekannt gewesen sein. Diese Beobachtung zwingt nun zu einer Korrektur von zwei grundlegenden Aussagen Jan Assmanns: Erstens findet sich die *Übersetzbarkeit* von fremden Gotteserfahrungen, die Assmann auf den Polytheismus beschränken wollte, hier somit auch im Alten Testament: Was die assyrische Überlieferung über die Erwählung politischer Führer durch mesopotamische Götter glaubte, kann auch auf den biblischen Gott

---

21 Zu Ex 1,22 als Einleitung der Aussetzungsgeschichte vgl. Schmidt, W.H. 1988, 46; Gertz 2000, 374ff. Anders Levin 1993, 317– 320; Otto 2006, 37ff.

übertragen werden. Zweitens liegt daher hier auch nicht – wie Assmann für die Mose-Überlieferung annahm – ein *exkludierender,* sich gegen heidnisches Denken *abgrenzender* Monotheismus vor. Ganz im Gegenteil handelt es sich um eine *integrierende* Monolatrie, bei der Erfahrungen der Nachbarreligionen für den biblischen Gott in Beschlag genommen werden.

Dafür, dass hier eine Mose-Überlieferung vorliegt, die im Widerspruch steht zu der Assmannschen These vom biblischen Glauben als einer Abgrenzung gegenüber fremder Religiosität, spricht auch der Kontext der Geburtslegende des Mose: Sie bildet die Fortsetzung der Erzählung von Ex 1, in der der Pharao die Tötung der israelitischen Knaben befiehlt und die Hebammen sich aus Gottesfurcht diesem Befehl widersetzten. Dabei ist diese Erzählung wohl der sogenannten „elohistischen" Pentateuchschicht (ihre Besonderheit besteht darin, dass sie als Gottesbezeichnung das hebräische „Elohim" = „Gott" benutzt) zuzuweisen, zu der auch die zentralen theologischen Texte der Josefsgeschichte Gen 37–50* gehören. So wie Gott auf geheime Weise die bösen Pläne der Brüder Josefs dazu nutzt, um Josef zum Retter seiner Familie aufsteigen zu lassen, so gebraucht auch hier Gott den Tötungsbefehl Pharaos für seinen Befreiungsplan: Angesichts des Befehls ihres Vaters empfindet die Tochter Pharaos Mitleid mit dem vom Tode bedrohten Moseknaben, so dass dieser Tötungsbefehl letztlich dazu führt, dass Mose am Hofe Pharaos aufwachsen kann. Angesichts solcher geheimer Führungen Gottes fordern die „elohistischen" Pentateuchtexte dazu auf, „Gottesfurcht" zu üben,[22] was nach diesen Texten heißt, die *Unverfügbarkeit* des *göttlichen* Handelns und damit gleichzeitig auch die *Unverfügbarkeit des Mitmenschen* anzuerkennen.

Dabei geht die elohistische Pentateuchschicht davon aus, dass es diese Mitmenschlichkeit übende Gottesfurcht auch bei Nichtisraeliten gibt. Als Beispiel dafür dient ihr u. a. die bereits genannte Erzählung von den Hebammen, die hier als „gottesfürchtige" Ägypterinnen[23] gedacht sind und als solche sich der Unmenschlichkeit des Pharao widersetzen. An diesem wichtigen theologischen Text der Mose-Überlieferung zeigt sich somit, dass die Orientierung an dem *einen* biblischen Gott gerade nicht zu Intoleranz gegenüber Fremden führt. Zwar grenzt sich eine solche monolatrische Gottesfurcht ab von unmenschlicher staatlicher Allmacht, wie sie hier vom Pharao repräsentiert wird. In der Konsequenz solcher biblischer Vorstellungen ist in der abendländischen Geistesgeschichte der biblische Monotheismus zu einer Wurzel der Gewissensfreiheit gegenüber staatlichem Zwang geworden. Doch da diese Gottesfurcht sich sowohl bei Israeliten *als auch*

---

22 Zur Theologie dieser „elohistischen" Texte vgl. zuletzt Jeremias 2006; Schorn 2006.
23 Vgl. besonders Zimmer 1999, 167ff.

bei Heiden findet, steht in dieser weisheitlichen Schicht der Mose-Überlieferung nicht die Abgrenzung gegenüber Heiden im Mittelpunkt, sondern das Festhalten an *Mitmenschlichkeit* auch im Widerstand gegenüber staatlicher Allmacht.

4 Die priesterliche Darstellung des Schilfmeerwunders als Sieg des biblischen Monotheismus

Neben solchen weisheitlichen Mosetexten, die die *Gemeinsamkeiten* zwischen dem Gottes- und dem Menschenverständnis Israels und der Völker betonen, gibt es allerdings auch sich deutlich davon unterscheidende *priesterlich-theokratische* Mose-Überlieferungen, die die Frage nach der *Macht* des biblischen Gottes in den Mittelpunkt stellen. Als Beispiel dafür möchte ich hier nur die priesterschriftliche Schicht der Erzählung vom Schilfmeerwunder anführen[24], in der Mose als einziger – priesterlicher – Mittler zwischen Gott und Mensch verstanden ist.

Diese priesterschriftliche Schilfmeererzählung von Ex 14 wird bestimmt von dem göttlichen Plan, das Herz Pharaos zu verstocken, um Gottes alleinige Macht zu demonstrieren. U. a. findet sich im Zentrum der Erzählung der Entschluss Gottes: „...ich aber will das Herz Ägyptens verhärten, dass sie hinter ihnen hineingehen, und will mich verherrlichen am Pharao und an all seiner Kriegsmacht, an seinen Streitwagen und an seinen Gespannen. Und Ägypten soll erfahren, dass ich Jahwe bin, wenn ich mich an Pharao, seinen Streitwagen und seinen Gespannen verherrliche" (Ex 14,17–18). So folgt Pharaos Streitmacht – von Gott gleichsam gezwungen – den Israeliten in das von Mose gespaltene Meer. Auf den Auftrag Gottes hin lässt Mose dann die Wasser über die Ägypter zurückkehren, so dass sie in ihrem Untergang die Allmacht des biblischen Gottes erfahren.

Wie stark es hier um den Nachweis der Macht des biblischen Gottes und der Machtlosigkeit der fremden Götter geht, zeigt sich in der vorangestellten priesterschriftlichen Plagenerzählung. In ihr kündigt Jahwe an, dass er „Strafgerichte halten will über die Götter der Ägypter" (Ex 12, 12). Hier ist nun im Sinne Assmanns Ägypten tatsächlich Repräsentant der falschen Religion, deren Machtlosigkeit gegenüber dem allmächtigen biblischen Schöpfergott durch den Untergang demonstriert wird.

Wie kommt es in der Bibel zu solchen Bildern von der gottgewollten Vernichtung von Heiden? Es sind die wehrlosen ins Babylonische Exil deportierten Israeliten und ihre priesterlichen Repräsentanten, in deren Mitte solche Erzählungen entstanden sind: In ihnen erweist sich der biblische Gott als mächtiger als

---

24 Zur priesterschriftlichen Schicht der Schilfmeererzählung vgl. Schmitt 2001i.

die Völker, die durch ihre überlegene militärische Macht Israel ins Exil geführt und versklavt haben. Von daher geht es zwar in diesen alttestamentlichen Texten um Hoffnung auf Gott für sich passiv verhaltende Opfer und nicht um Legitimierung von menschlicher Gewaltanwendung. Dennoch hat Jan Assmann insofern Recht, dass sich in ihnen eine Sprache der Gewalt herausbildet, die in ihrer Wirkungsgeschichte zu einer Legitimierung der Vernichtung von Heiden missbraucht werden konnte.

5 Die Komplexität der Mose-Überlieferung und das eschatologische Gottesverständnis des Alten Testaments

Wie gehen wir nun mit diesen gegensätzlichen Gottesverständnissen der Mose-Überlieferung um, die teils die These Assmanns von einem monotheistischen Kampf gegen heidnische Religionen bestätigen, die teils aber auch eine dialogische Haltung gegenüber den Heiden zeigen? Wie ist die Verbindlichkeit dieser verschiedenen Aussagen zu beurteilen?

Jan Assmann hat darauf hingewiesen, dass es dem Judentum gelungen ist, diese von Gewalt gegen die Gottlosen sprechenden Texte „in der Auslegungsgeschichte so zu humanisieren, dass sie keinen Schaden anrichteten"[25]. Entsprechendes gilt auch für weite Bereiche der christlichen Auslegungsgeschichte. Unterstützung für eine solche humanisierende Auslegung findet man dabei an der kanonischen Endgestalt der Mosebücher, wie sie jetzt in unserer Bibel vorliegt. Im Gesamtzeugnis der alttestamentlichen Exodusüberlieferung ist nicht zu übersehen, dass es beim Exodus nicht nur um die *völkervernichtende Macht* des *einen* Gottes, sondern auch – wie oben gezeigt – um die von dem *einen* Gott geschenkte *Freiheit* und um die Wahrung der in der Furcht des *einen* Gottes begründeten *Mitmenschlichkeit* geht.

Bemerkenswert ist dabei die Beobachtung, dass die kanonische Endgestalt des Pentateuch nicht aus den *theokratischen priesterlichen* Kreisen stammt, auf die die Erzählung von der gottgeplanten Vernichtung der Ägypter zurückgeht. Vielmehr wurde sie in stärker eschatologisch orientierten Gruppen konzipiert, die sich der *prophetischen* Überlieferung verpflichtet fühlten. Bei ihnen findet sich ein Monotheimus, bei dem die Heidenvölker in den Heilsplan Gottes einbezogen sind (Gen 12,3). Dieser Monotheismus geht davon aus, dass die Macht des biblischen Gottes erst eschatologisch endgültig zu erkennen ist und hofft dabei im „Glauben" an Gott (Ex 14,31) auf ein göttliches Friedensreich, in dem alle Völker

---

25 Assmann 2000, 138.

am Segen Israels werden teilnehmen können (Gen 12,3). Der Kampf um dieses eschatologische Friedensreich wird dabei allein als Aufgabe Gottes gesehen: „Jahwe wird für euch streiten, ihr aber werdet stille sein" (Ex 14,14).[26]

Mein Lehrer Otto Kaiser hat in seiner Theologie des Alten Testaments die Kritik Jan Assmanns (und auch Odo Marquards) am Monotheismus insofern positiv aufzunehmen versucht, indem er ihr eigentliches Anliegen in der Kritik an einem Monotheismus sieht, der diesen eschatologischen Vorbehalt vergisst: So gelte ihr „Lob des Polytheismus nicht der Repristination einer versunkenen Welt, sondern ihres Modells aspekthafter Deutungen der Wirklichkeit, weil ... der Mensch mit seinem wie immer begründeten Anspruch auf eine ausschließliche Auslegung die Wirklichkeit der Geschichte und des konkreten je einzelnen Lebens vergewaltigt."[27]

Sofern es Assmann darum geht, eine von der Sprache der Intoleranz und der Gewalt bestimmte Vereinseitigung der Gotteserfahrung in Frage zu stellen, wird man Assmann Recht geben müssen. Widersprechen muss man ihm jedoch, sofern er selbst zu einer Vereinseitigung und Engführung der biblischen Gotteserfahrung beiträgt. Jedenfalls wird es Aufgabe der Bibelexegese sein, von deren aktiver Vertretung ich heute Abschied nehme, die *Vielfalt und Komplexität* der biblischen Gotteserfahrung immer wieder neu zu vergegenwärtigen und so zu einem theologischen Bibelverständnis zu führen, das sich den gegenwärtigen geistigen Herausforderungen zu stellen vermag und gleichzeitig der Bibel als Zeugnis einer lebendigen und sehr wechselvollen Geschichte des Glaubens gerecht wird.

---

26 Vgl. dazu Schmitt 2001i, 213–219.
27 Kaiser 2003a, 347.

Bibliographie

Achenbach 2003. Achenbach, R.: *Die Vollendung der Tora. Studien zur Redaktionsgeschichte des Numeribuches im Kontext von Hexateuch und Pentateuch*, BZAR 3, Wiesbaden 2003.

Achenbach 2004. Achenbach, R.: Grundlinien redaktioneller Arbeit in der Sinai-Perikope, in: ders./Otto, E. (Hg.): *Das Deuteronomium zwischen Pentateuch und Deuteronomistischem Geschichtswerk*, FRLANT 206, Göttingen 2004, 56–80.

Achenbach 2008. Achenbach, R.: Das Heiligkeitsgesetz und die sakralen Ordnungen des Numeribuches im Horizont der Pentateuchredaktion, in: Römer, T. (Hg.): *The Books of Leviticus and Numbers*, ETL 215, Leuven 2008, 145–175.

Achenbach 2015. Achenbach, R.: How to Speak about GOD with Non-Israelites: Some Observations about the Use of Names for God by Israelites and Pagans in the Pentateuch, in: Giuntoli, F./Schmid, K. (Hg.): *The Post-Priestly Pentateuch. New Perspectives on Its Redactional Development and Theological Profiles*, FAT 101, Tübingen 2015, 35–51.

Adam 2001. Adam, K.-P.: *Der königliche Held. Die Entsprechung von kämpfendem Gott und kämpfenden König in Psalm 18*, WMANT 91, Neukirchen-Vluyn 2001.

Albertz 1992. Albertz, R.: *Religionsgeschichte Israels in alttestamentlicher Zeit. Bd. 1. Von den Anfängen bis zum Ende der Königszeit. mit 2 Schaubildern im Text*, GAT 8,1, Göttingen ¹1992.

Albertz 1996. Albertz, R.: *Religionsgeschichte Israels in alttestamentlicher Zeit. Bd. 1. Von den Anfängen bis zum Ende der Königszeit*, GAT 8,1, Göttingen ²1996.

Albertz 1997. Albertz, R.: *Religionsgeschichte Israels in alttestamentlicher Zeit. Bd. 2. Vom Exil bis zu den Makkabäern*, GAT 8,2, Göttingen 1997.

Albertz 2001. Albertz, R.: *Die Exilszeit. 6. Jahrhundert v. Chr.*, BE 7, Berlin u. a. 2001.

Albertz 2003. Albertz, R.: Die verhinderte Restauration, in: ders., *Geschichte und Theologie. Studien zur Exegese des Alten Testaments und zur Religionsgeschichte Israels*, Unter Mitarbeit von G. Kern, hg. von I. Kottsieper/J. Wöhrle, BZAW 326, Berlin 2003, 321–333.

Albertz 2012. Albertz, R.: *Exodus. Bd. 1. Ex 1–18*, ZBK.AT 2.1, Zürich 2012.

Alt 1953. Alt, A.: Die Ursprünge des israelitischen Rechts, in: ders., *Kleine Schriften zur Geschichte des Volkes Israel*, Bd. 1, München 1953, 278–332.

Anbar 1985. Anbar, M.: The Story about the Building of an Altar on Mount Ebal. The History of Its Composition and the Question of the Centralization, in: Lohfink, N. (Hg.): *Das Deuteronomium. Entstehung, Gestalt und Botschaft*, BETL 68, Leuven 1985, 304–309.

Arneth 2001. Arneth, M.: Die antiassyrische Reform Josias von Juda. Überlegungen zur Komposition und Intention von 2 Reg 23,4–15, *ZABR* 7 (2001), 189–216.

Assmann 1996. Assmann, J.: *Ägypten. Eine Sinngeschichte*, München ²1996.

Assmann 1998. Assmann, J.: *Moses der Ägypter. Entzifferung einer Gedächtnisspur*, München u. a. 1998.

Assmann 2000. Assmann, J.: Monotheismus und Ikonoklasmus als politische Theologie, in: Otto, E. (Hg.): *Mose. Ägypten und das Alte Testament*, SBS 189, Stuttgart 2000, 121–139.

Assmann 2003. Assmann, J.: *Die Mosaische Unterscheidung oder Der Preis des Monotheismus*, München u. a. 2003.

Assmann 2006. Assmann, J.: *Monotheismus und die Sprache der Gewalt*, Wien 2006.

Aurelius 1988. Aurelius, E.: *Der Fürbitter Israels. Eine Studie zum Mosebild im Alten Testament*, CB.OT 27, Stockholm 1988.

https://doi.org/10.1515/9783110724448-021

Aurelius 2003. Aurelius, E.: *Zukunft jenseits des Gerichts. Eine redaktionsgeschichtliche Studie zum Enneateuch*, BZAW 319, Berlin u. a. 2003.

Axelsson 1987. Axelsson, L.E.: *The Lord Rose up from Seir. Studies in the History and Traditions of the Negev and Southern Judah*, CB.OT 25, Stockholm 1987.

Baden 2009. Baden, J.S.: *J, E, and the Redaction of the Pentateuch*, FAT 68, Tübingen 2009.

Baentsch 1903. Baentsch, B.: *Exodus – Leviticus – Numeri*, HK 1,2, Göttingen 1903.

Bar-On 1998. Bar-On, S.: The festival calendars in Exodus XXIII 14 –19 and XXXIV 18 – 26, *VT* 48 (1998), 161–195.

Bartelmus 2004. Bartelmus, R.: „Schriftprophetie" außerhalb des corpus propheticum – eine unmögliche Möglichkeit? Das Mose-Lied (Ex 15,1– 21) als deuterojesajanisch geprägtes „eschatologisches Loblied", in: Hartenstein, F./Krispenz, J./Schart, A. (Hg.): *Schriftprophetie. FS Jörg Jeremias*, Neukirchen-Vluyn 2004, 55– 82.

Bauks 2004. Bauks, M.: Die Begriffe מוֹרָשָׁה und אֲחֻזָּה in Pᵍ. Überlegungen zur Landkonzeption der Priestergrundschrift, *ZAW* 116 (2004), 171–188.

Bauks 2014. Bauks, M.: Blutbräutigam, *Das Wissenschaftliche Bibellexikon im Internet (www.wibilex.de)* (2014) (Zugriffsdatum: 20.8.2019).

Beck 1999. Beck, M.: *Elia und die Monolatrie. Ein Beitrag zur religionsgeschichtlichen Rückfrage nach dem vorschriftprophetischen Jahwe-Glauben*, BZAW 281, Berlin u.a. 1999.

Beck 2005. Beck, M.: *Der „Tag YHWHs" im Dodekapropheton. Studien im Spannungsfeld von Traditions- und Redaktionsgeschichte*, BZAW 356, Berlin u.a. 2005.

Beck 2006. Beck, M.: Messiaserwartung in den Geschichtsbüchern? Bemerkungen zur Funktion des Hannaliedes (I Sam 2,1– 10) in seinen diversen literarischen Kontexten (vgl. Ex 15; Dtn 32; II Sam 22), in: ders./Schorn, U. (Hg.), *Auf dem Weg zur Endgestalt von Genesis bis II Regum. FS Hans-Christoph Schmitt*, BZAW 370, Berlin u.a. 2006.

Becker 1990. Becker, J.: *Esra, Nehemia*, NEB.AT 25, Würzburg 1990.

Beer 1939. Beer, G.: *Exodus. Mit einem Beitrag von K. Galling*, HAT I/3, Tübingen 1939.

Bergler 1988. Bergler, S.: *Joel als Schriftinterpret*, BEAT 16, Frankfurt a.M., 1988.

Berner 2010. Berner, C.: *Die Exoduserzählung. Das literarische Werden einer Ursprungslegende Israels*, FAT 73, Tübingen 2010.

Berner 2014. Berner, C.: Gab es einen vorpriesterlichen Meerwunderbericht?, in: *Bib. 95* (2014), 1– 25.

Beyerlin 1975. Beyerlin, W. (Hg.): *Religionsgeschichtliches Textbuch zum Alten Testament*, GAT 1, Göttingen 1975.

Bieberstein 1995. Bieberstein K.: *Josua-Jordan-Jericho. Archäologie, Geschichte und Theologie der Landnahmeerzählungen Josua 1– 6*, OBO 143, Fribourg u.a. 1995.

Blenkinsopp 1988. Blenkinsopp, J.: *Ezra-Nehemiah. A Commentary*, OTL, Philadelphia 1988.

Blum 1984. Blum, E.: *Die Komposition der Vätergeschichte*, WMANT 57, Neukirchen-Vluyn 1984.

Blum 1990. Blum, E.: *Studien zur Komposition des Pentateuch*, BZAW 189, Berlin u.a. 1990.

Blum 1996. Blum, E.: Das sog. „Privilegrecht" in Exodus 34,11– 26. Ein Fixpunkt der Komposition des Exodusbuches?, in: Vervenne, M. (Hg.): *Studies in the Book of Exodus*, BETL 126, Leuven 1996, 347–366.

Blum 2002a. Blum, E.: Die literarische Verbindung von Erzvätern und Exodus. Ein Gespräch mit neueren Endredaktionshypothesen, in: Gertz, J.C./Schmid, K./Witte, M. (Hg.): *Abschied vom Jahwisten. Die Komposition des Hexateuch in der jüngsten Diskussion*, BZAW 315, Berlin 2002, 119–156.

Blum 2002b. Blum, E.: Esra, die Mosetora und die persische Politik, in: Kratz, R.G. (Hg.): *Religion und Religionskontakte im Zeitalter der Achämeniden*, VWGTh 22, Gütersloh 2002, 231–256.

Blum 2010a. Blum, E.: Beschneidung und Passa in Kanaan. Beobachtungen und Mutmaßungen zu Jos 5, in: ders., *Textgestalt und Komposition. Exegetische Beiträge zu Tora und Vorderen Propheten*. Hg. von W. Oswald, FAT 69, Tübingen 2010, 219–248.

Blum 2010b. Blum, E.: Das sog. „Privilegrecht" in Exodus 34, 11–26. Ein Fixpunkt der Komposition des Exodusbuches? (1996), in: ders., *Textgestalt und Komposition. Exegetische Beiträge zu Tora und Vordere Propheten*. Hg. von W. Oswald, FAT 69, Tübingen 2010, 157–176.

Blum 2010c. Blum, E.: Der kompositionelle Knoten am Übergang von Josua zu Richter. Ein Entflechtungsversuch, in: ders., *Textgestalt und Komposition. Exegetische Beiträge zu Tora und Vordere Propheten*. Hg. von W. Oswald, FAT 69, Tübingen 2010, 249–280.

Blum 2010d. Blum, E.: Der Prophet und das Verderben Israels. Eine ganzheitliche, historisch-kritische Lektüre von 1 Kön 17–19, in: ders., *Textgestalt und Komposition. Exegetische Beiträge zu Tora und Vordere Propheten*. Hg. von W. Oswald, FAT 69, Tübingen 2010, 339–353.

Blum 2010e. Blum, E.: Die Feuersäule in Ex 13–14 – eine Spur der 'Endredaktion'?, in: ders., *Textgestalt und Komposition. Exegetische Beiträge zu Tora und Vordere Propheten*. Hg. von W. Oswald, FAT 69, Tübingen 2010, 137–156.

Blum 2010f. Blum, E.: Die literarische Verbindung von Erzvätern und Exodus. Ein Gespräch mit neueren Endredaktionshypothesen (2002), in: ders., *Textgestalt und Komposition. Exegetische Beiträge zu Tora und Vordere Propheten*. Hg. von W. Oswald, FAT 69, Tübingen 2010, 85–121.

Blum 2010 g. Blum, E.: Pentateuch – Hexateuch – Enneateuch? Oder: Woran erkennt man ein literarisches Werk in der hebräischen Bibel?, in: ders., *Textgestalt und Komposition. Exegetische Beiträge zu Tora und Vordere Propheten*. Hg. von W. Oswald, FAT 69, Tübingen 2010, 375–404.

Blum 2011. Blum, E.: The Decalogue and the Composition History of the Pentateuch, in: Dozeman, T.B./Schmid, K./Schwartz, J.B. (Hg.): *The Pentateuch: International Perspectives on Current Research*, FAT 78, Tübingen 2011, 289–301.

Blum 2012. Blum, E.: Zwischen Literarkritik und Stilkritik. Die diachrone Analyse der literarischen Verbindung von Genesis und Exodus – im Gespräch mit Ludwig Schmidt, *ZAW* 124 (2012), 492–515.

Blum/Blum 2010. Blum, R./Blum, E.: Zippora und der חתן דמים, in: Blum, E.: *Textgestalt und Komposition. Exegetische Beiträge zu Tora und Vordere Propheten*, Hg. von W. Oswald, FAT 69, Tübingen 2010, 123–136.

Boecker 1992. Boecker, H. J.: *1. Mose 25,12–37,1. Isaak und Jakob*, ZBK.AT 1,3, Zürich 1992.

Bons 1996. Bons, E.: *Das Buch Hosea*, NSK.AT 23/1, Stuttgart 1996.

Braulik 1986. Braulik, G.: *Deuteronomium 1–16,17*, NEB.AT 15, Würzburg 1986.

Braulik 1988. Braulik, G.: Leidensgedächtnisfeier und Freudenfest. „Volksliturgie" nach dem deuteronomischen Festkalender (Dtn 16,1–17), in: ders. (Hg.): *Studien zur Theologie des Deuteronomiums*, SBAB 2, Stuttgart 1988, 95–121.

Braulik 1992. Braulik, G.: *Deuteronomium II. 16,18–34,12*, NEB.AT 28, Würzburg 1992.

Braulik 1997. Braulik, G.: „Weisheit" im Buch Deuteronomium, in: ders., *Studien zum Buch Deuteronomium*, SBAB 24, Stuttgart 1997, 225–271.

Brenner 1991. Brenner, M.L.: *The Song of the Sea. Ex 15,1–21*, BZAW 195, Berlin u. a. 1991.

Brettler/Römer 2000. Brettler, M.Z./Römer, T.C.: Deuteronomy 34 and the Case for a Persian Hexateuch, *JBL* 119 (2000), 401–419.

Buber/Rosenzweig 1954. Buber, M./Rosenzweig, F.: *Die Schrift*. Bd. 1. *Die fünf Bücher der Weisung*, Heidelberg ⁹1954.

Buchholz 1988. Buchholz, J.: *Die Ältesten Israels im Deuteronomium*, GTA 36, Göttingen 1988.

Carr 1996. Carr, D.M.: *Reading the Fractures of Genesis. Historical and Literary Aproaches*, Louisville KY 1996.

Carr 2001a. Carr, D.M.: Genesis in Relation to the Moses Story. Diachronic and Synchronic Perspectives, in: Wenin, A. (Hg.): *Studies in the Book of Genesis. Literature, Redaction and History*, BETL 155, Leuven 2001, 273–295.

Carr 2001b. Carr, D.M.: Method in Determination of Direction of Dependence. An Empirical Test of Criteria Applied to Exodus 34,11–26 and its Parallels, in: Blum, E./Köckert, M. (Hg.): *Gottes Volk am Sinai. Untersuchungen zu Ex 32–34 und Dtn 9–10*, VWGTh 18, Gütersloh 2001, 107–140.

Carr 2005. Carr, D. M.: *Writing on the Tablet of the Heart. Origins of Scripture and Literature*, Oxford 2005.

Carr 2006. Carr, D.M.: What is Required to Identify Pre-priestly Narrative Connections between Genesis and Exodus. Some General Reflections and Specific Cases, in: Dozeman, T.B./ Schmid, K. (Hg.): *A Farewell to the Yahwist. The Composition of the Pentateuch in Recent European Interpretation*, SBLSymS 34, Atlanta GA 2006, 159–185.

Childs 1974. Childs, B.S.: *The Book of Exodus. A Critical, Theological Commentary*, OTL, Louisville KY 1974.

Conrad 1968. Conrad, D.: *Studien zum Altargesetz. Ex 20,24–26*, Marburg 1968.

Conrad 1977. Conrad, J.: זקן, *ThWAT* 2 (1977), 639–650.

Crüsemann 1969. Crüsemann, F.: *Studien zur Formgeschichte von Hymnus und Danklied in Israel*, WMANT 32, Neukirchen-Vluyn 1969.

Crüsemann 1992. Crüsemann, F.: *Die Tora. Theologie und Sozialgeschichte des alttestamentlichen Gesetzes*, München 1992.

De Pury 1991. de Pury, A.: Le cycle de Jacob comme légende autonome des origines d'Israël, in: Emerton, J.A. (Hg.): *Congress Volume Leuven 1989*, VT.S 43, Leiden 1991, 78–96.

Deissler 1981. Deissler, A.: *Zwölf Propheten. Hosea – Joel – Amos*, NEB.AT 4, Würzburg 1981.

Dentan 1963. Dentan, R.C.: The Literary Affinities of Exodus XXXIV 6f, *VT* 13, 34–51.

Dietrich 1999. Dietrich, W.: Edom, *RGG⁴* 2 (1999), 1061–1063.

Dillmann 1880. Dillmann, A.: *Die Bücher Exodus und Leviticus*, KEH 12, Leipzig ²1880.

Dohmen 1987. Dohmen, C.: *Das Bilderverbot. Seine Entstehung und seine Entwicklung im Alten Testament*, BBB 62, Frankfurt a. M. ²1987.

Dohmen 1989. Dohmen, C.: Was stand auf den Tafeln vom Sinai und was auf denen vom Horeb, in: Hossfeld, F.-L. (Hg.), *Vom Sinai zum Horeb. Stationen alttestamentlicher Glaubensgeschichte. FS Erich Zenger*, Würzburg 1989, 9–50.

Dohmen 1993. Dohmen, C.: Der Sinaibund als Neuer Bund nach Ex 19–34, in Zenger, E. (Hg.): *Der Neue Bund im Alten. Studien zur Bundestheologie der beiden Testamente*, QD 146, Basel u. a. 1993.

Dohmen 2004. Dohmen, C.: *Exodus 19–40*, HThKAT, Basel u. a. 2004.

Dohmen 2015. Dohmen, C.: *Exodus 1–18*, HThKAT, Basel u. a. 2015.

Dohmen/Oeming 1992. Dohmen, C./Oeming, M.: *Biblischer Kanon warum und wozu? Eine Kanontheologie*, QD 137, Basel u. a. 1992.

Donner 2007. Donner, H.: פֶּסַח, *Gesenius*[18] (2007), 1065a.

Dozeman 1989. Dozeman, T.B.: *God on the Mountain. A Study of Redaction, Theology and Canon in Exodus 19–24*, SBLMS 37, Atlanta GA 1989.

Dozeman 2006. Dozeman, T.B.: The Commission of Moses and the Book of Genesis, in: ders./Schmid, K. (Hg.): *A Farewell to the Yahwist. The Composition of the Pentateuch in Recent European Interpretation*, SBLSymS 34, Atlanta GA 2006, 107–129.

Dozeman 2009. Dozeman, T.B.: *Commentary on Exodus*, ECCo, Grand Rapids u. a. 2009.

Durham 1987. Durham, J.I.: *Exodus*, Word Biblical Commentary 3, Waco TX 1987.

Ebach 2007. Ebach, J.: *Genesis 37–50*, HThKAT, Basel u. a. 2007.

Eißfeldt 1922. Eißfeldt, O.: *Hexateuch-Synopse. die Erzählung der fünf Bücher Mose und des Buches Josua mit dem Anfange des Richterbuches in ihre vier Quellen zerlegt und in deutscher Übersetzung dargeboten samt einer in Einleitung und Anmerkungen gegebenen Begründung*, Leipzig 1922 (ND Darmstadt 1962).

Eliade 1987. Eliade, M.(Hg.): *The Encyclopedia of Religion*. Bd. 10, New York 1987.

Elliger 1966a. Elliger, K.: *Leviticus*, HAT 1/4, Tübingen 1966.

Elliger 1966b. Elliger, K.: Sinn und Ursprung der priesterlichen Geschichtserzählung, in: Gese, H./Kaiser, O. (Hg.), *Kleine Schriften zum Alten Testament*. TB 32, München 1966, 174–198.

Embry 2010. Embry, B.: The Endangerment of Moses: Towards a New Reading of Exodus 4:24–26, *VT* 60 (2010), 177–196.

Fabry 1989. Fabry, H.-J.: צוּר, *ThWAT* 6 (1989), 973–983.

Fechter 1992. Fechter, F.: *Bewältigung der Katastrophe. Untersuchungen zu ausgewählten Fremdvölkersprüchen im Ezechielbuch*, BZAW 208, Berlin u. a. 1992.

Finkelstein/Römer 2014. Finkelstein, I./Römer, T.: Comments on the Historical Background of the Abraham Narrative: Between 'Realia' and 'Exegetica', *Hebrew Bible and Ancient Israel* 3 (2014), 3–23.

Fischer 1994. Fischer, I.: *Die Erzeltern Israels. Feministisch-theologische Studien zu Genesis 12–36*, BZAW 222, Berlin u. a. 1994.

Fischer 2007. Fischer, A.A.: Moses and the Exodus-Angel, in: Nicklas, T. et al. (Hg.): *Angels. The Concept of Celestial Beings – Origins, Development and Reception*, DCLY 2007, Berlin u. a. 2007, 79–93.

Fischer/Markl 2009. Fischer, G./Markl, D.: *Das Buch Exodus*, NSK.AT 2, Stuttgart 2009.

Fohrer 1964. Fohrer, G.: *Überlieferung und Geschichte des Exodus. Eine Analyse von Ex 1–15*, BZAW 91, Berlin 1964.

Fohrer 1969. Fohrer, G.: Das sogenannte apodiktisch formulierte Recht und der Dekalog, in: ders.: *Studien zur alttestamentlichen Theologie und Geschichte (1949–1966)*, BZAW 115, Berlin 1969, 120–148.

Fohrer et al. 1989. Fohrer, G. et al.: *Exegese des Alten Testaments. Einführung in die Methodik*, UTB 267, Heidelberg [5]1989.

Frevel 2000. Frevel, C.: *Mit Blick auf das Land die Schöpfung erinnern. Zum Ende der Priestergrundschrift*, HBS 23, Basel u. a. 2000.

Fritz 1977 Fritz, V.: *Tempel und Zelt. Studien zum Tempelbau in Israel und zu dem Zeltheiligtum der Priesterschrift*, WMANT 47, Neukirchen-Vluyn 1977.

Fritz 1994. Fritz, V.: *Das Buch Josua*, HAT I/7, Tübingen 1994.

Galling 1964. Galling, K.: Bagoas und Esra, in: ders., *Studien zur Geschichte Israels im persischen Zeitalter*, Tübingen 1964, 149–184.

García López 1994. García López, F.: Deut 34, Dtr History and the Pentateuch, in: García Martínez, F. et al. (Hg.): *Studies in Deuteronomy. FS C.J. Labuschagne*, VT.S 53, Leiden u. a. 1994, 47–61.

Gärtner 2012. Gärtner, J.: *Die Geschichtspsalmen. Eine Studie zu den Psalmen 78, 105, 106, 135 und 136 als hermeneutische Schlüsseltexte im Psalter*, FAT 84, Tübingen 2012.

Gerhards 2006. Gerhards, M.: *Die Aussetzungsgeschichte des Mose. Literar- und traditionsgeschichtliche Untersuchungen zu einem Schlüsseltext des nichtpriesterlichen Tetrateuch*, WMANT 109, Neukirchen-Vluyn 2006.

Gerleman 1976. Gerleman, G.: Was heißt פסח?, *ZAW* 88 (1976), 409–413.

Gerstenberger 2005. Gerstenberger, E. S.: *Israel in der Perserzeit. 5. und 4. Jahrhundert v. Chr.*, BE 8, Stuttgart 2005.

Gertz 1994. Gertz, J.C.: *Die Gerichtsorganisation Israels im deuteronomischen Gesetz*, FRLANT 165, Göttingen 1994.

Gertz 1996. Gertz, J.C.: Die Passa-Massot-Ordnung im deuteronomischen Festkalender, in: Veijola, T. (Hg.): *Das Deuteronomium und seine Querbeziehungen*, SESJ 62, Helsinki u. a. 1996, 56–80.

Gertz 2000. Gertz, J.C.: *Tradition und Redaktion in der Exoduserzählung. Untersuchungen zur Endredaktion des Pentateuch*, FRLANT 186, Göttingen 2000.

Gertz 2001. Gertz, J.C.: Beobachtungen zu Komposition und Redaktion in Exodus 32–34, in: Blum, E. /Köckert M. (Hg.): *Gottes Volk am Sinai. Untersuchungen zu Ex 32–34 und Dtn 9–10*, VWGTh 18, Gütersloh 2001, 88–106.

Gertz 2002a. Gertz, J.C.: Abraham, Mose und der Exodus. Beobachtungen zur Redaktionsgeschichte von Gen 15, in: Gertz J. C./Schmid K./Witte M. (Hg.): *Abschied vom Jahwisten. Die Komposition des Hexateuch in der jüngsten Diskussion*, BZAW 315, Berlin u. a. 2002, 63–81.

Gertz 2002b. Gertz, J.C.: Mose und die Anfänge der jüdischen Religion, *ZThK* 99 (2002), 3–20.

Gertz 2006. Gertz, J.C.: The Transition between the Books of Genesis and Exodus, in: Dozeman, T. B./Schmid K. (Hg.): *A Farewell to the Yahwist? The Composition of the Pentateuch in Recent European Interpretation*, SBLSymS 34, Atlanta 2006, 73–87.

Gesundheit 2012. Gesundheit, S.: *Three Times a Year. Studies on Festival Legislation in the Pentateuch*, FAT 82, Tübingen 2012.

Görg 1991. Görg, M.: Altar, *NBL* 1 (1991), 81–82.

Grabbe 2004. Grabbe, L.L.: *A History of the Jews and Judaism in the Second Temple Period. Bd. 1. Yehud. A History of the Persian Province of Judah*, Library of Second Temple Studies 47, London u. a. 2004.

Grätz 2006. Grätz, S.: Die Aramäische Chronik des Esrabuches und die Rolle der Ältesten in Esr 5–6, *ZAW* 118 (2006), 405–422.

Graupner 2002. Graupner, A.: *Der Elohist. Gegenwart und Wirksamkeit des transzendenten Gottes in der Geschichte*, WMANT 97, Neukirchen-Vluyn 2002.

Graupner 2007. Graupner, A.: „Ihr sollt mir ein Königreich von Priestern und ein heiliges Volk sein". Erwägungen zur Funktion von Ex 19,3b–8 innerhalb der Sinaiperikope, in: Graupner, A./Wolter M. (Hg.): *Moses in Biblical and Extra-Biblical Traditions*, BZAW 372, Berlin u. a. 2007, 33–49.

Groß 1993. Groß, W.: Die Wolkensäule und die Feuersäule in Ex 13+14. Literarkritische, redaktionsgeschichtliche und quellenkritische Erwägungen, in: Braulik, G./Groß, W./ McEvenue S. (Hg.), *Biblische Theologie und gesellschaftlicher Wandel. FS Norbert Lohfink*, Freiburg i. Br. 1993, 142–165.

Groß 1998. Groß, W.: *Zukunft für Israel. Alttestamentliche Bundeskonzepte und die aktuelle Debatte um den Neuen Bund*, SBS 176, Stuttgart 1998.

Groß 2009. Groß, W.: *Richter*, HThKAT, Freiburg i. Br. 2009.

Grünwaldt 1992. Grünwaldt, K.: *Exil und Identität. Beschneidung, Passa und Sabbat in der Priesterschrift*, BBB 85, Frankfurt a. M. 1992.

Gunkel 1910. Gunkel, H.: *Genesis*, HK I/1, Göttingen ³1910.

Gunkel 1997. Gunkel, H.: Genesis (trans. M. E. Biddle), Macon GA 1997.

Gunneweg 1985. Gunneweg, A.H.J.: Esra, KAT 19/1, Gütersloh 1985.

Haak 1991. Haak, R. A.: Altar, *ABD* I (1992), 162–167.

Halbe 1975. Halbe, J.: *Das Privilegrecht Jahwes Ex 34,10–26. Gestalt und Wesen, Herkunft und Wirken in vordeuteronomischer Zeit*, FRLANT 114, Göttingen 1975.

Hardmeier 2006. Hardmeier, C.: *Realitätssinn und Gottesbezug. Geschichtstheologische und erkenntnistheologische Studien zu Genesis 22 und Jeremia 2 – 6*, BThS 79, Neukirchen-Vluyn 2006.

Hartenstein 2001. Hartenstein, F.: Das „Angesicht Gottes" in Exodus 32–34, in: Köckert, M./ Blum E. (Hg.): *Gottes Volk am Sinai: Untersuchungen zu Ex 32 – 34 und Dtn 9 – 10*, VWGTh 18, Gütersloh 2001, 157–183.

Hartenstein 2006. Hartenstein, F.: Die Verborgenheit des rettenden Gottes. Exegetische und theologische Bemerkungen zu Genesis 22, in: Steiger J. A./Heinen U. (Hg.), *Isaaks Opferung (Gen 22) in den Konfessionen und Medien der Frühen Neuzeit*, AKG 101, Berlin u. a. 2006, 1–22.

Hartenstein 2008. Hartenstein, F.: *Das Angesicht JHWHs: Studien zu seinem höfischen und kultischen Bedeutungshintergrund in den Psalmen und in Exodus 32 – 34*, FAT 55, Tübingen 2008.

Hecker 2001. Hecker, K.: Akkadische Texte, in: TUAT Erg (2001), 11–60

Hengel 1973. Hengel, M.: *Judentum und Hellenismus. Studien zu ihrer Begegnung unter besonderer Berücksichtigung Palästinas bis zur Mitte des 2. Jhs. v. Chr*, WUNT 10, Tübingen ²1973.

Hentschel 1985. Hentschel, G.: *2 Könige*, NEB.AT 11, Würzburg 1985.

Hieke 1995. Hieke, T.: „Weitergabe des Glaubens" (Ps 78,1–8). Versuch zu Syntax und Struktur von Ps 78, *BN* 78 (1995), 49–62.

Hieke 2005. Hieke T.: *Die Bücher Esra und Nehemia*, NSK.AT 9/2, Stuttgart 2005.

Hieke 2014. Hieke, T.: *Leviticus 16–27*, HThKAT, Basel u. a. 2014.

Hossfeld 1982. Hossfeld, F.-L.: *Der Dekalog. Seine späten Fassungen, die originale Komposition und seine Vorstufen*, OBO 45, Fribourg u. a. 1982.

Hossfeld 1999. Hossfeld, F.-L.: Das Privilegrecht Ex 34,11–26 in der Diskussion, in: Beyerle, S./Mayer, G./Strauss, H., (Hg.), *Recht und Ethos im Altem Testament – Gestalt und Wirkung. FS Horst Seebass*, Neukirchen-Vluyn 1999, 39–59.

Hossfeld/Zenger 1993. Hossfeld, F.-L./Zenger E.: *Die Psalmen I. Psalm 1–50*, NEB.AT 23,1, Würzburg 1993.

Hossfeld/Zenger 2000. Hossfeld, F.-L./Zenger E.: *Psalmen 51–100*, HThKAT, Basel u. a. 2000.

Houtman 1993. Houtman, C.: *Exodus 1*, HCOT, Kampen 1993.

Houtman 1996. Houtman, C.: *Exodus 2*, HCOT, Kampen 1996.

Houtman 1997. Houtman, C.: *Das Bundesbuch. Ein Kommentar*, DMOA 24, Köln u. a. 1997.

Hupfeld 1853. Hupfeld, H.: *Die Quellen der Genesis und die Art ihrer Zusammensetzung von neuem untersucht*, Berlin 1853.

Hyatt 1971. Hyatt, J.P.: *Exodus*. NCeB, London 1971.

Irsigler 1990. Irsigler, H.: Das Proömium im Moselied Dtn 32. Struktur, Sprechakte und Redeintentionen von V. 1 – 3, in: Schulz, R./Görg, M. (Hg.): *Lingua restituta orientalis. FS Julius Assfalg*, ÄAT 20, Wiesbaden 1990, 161 – 174.

Irsigler 1997. Irsigler, H.: *Vom Adamssohn zum Immanuel. Gastvorträge Pretoria 1996*, ATS 58, St. Ottilien 1997.

Irsigler 1999 Irsigler, H., Von der Namensfrage zum Gottesverständnis: Exodus 3,13 – 15 im Kontext der Glaubensgeschichte Israels, *BN* 96 (1999), 56 – 96.

Irsigler 2002. Irsigler, H.: *Zefanja*, HThKAT, Freiburg i. Br. 2002.

Jacob 1934. Jacob, B.: *Das erste Buch der Tora. Genesis*, Berlin 1934.

Jacob 1992. Jacob, B.: *The Second Book of the Bible. Exodus* (transl. W. Jacob), Hoboken 1992.

Janowski 1993. Janowski, B.: Tempel und Schöpfung. Schöpfungstheologische Aspekte der priesterschriftlichen Heiligtumskonzeption, in: ders., *Gottes Gegenwart in Israel. Beiträge zur Theologie des Alten Testaments 1*, Neukirchen-Vluyn 1993, 214 – 246.

Jeremias 1975. Jeremias, J.: *Die Reue Gottes. Aspekte alttestamentlicher Gottesvorstellung*, BSt 65, Neukirchen-Vluyn 1975.

Jeremias 1977. Jeremias, J.: *Theophanie. Die Geschichte einer alttestamentlichen Gattung*, WMANT 10, Neukirchen-Vluyn ²1977.

Jeremias 1983. Jeremias, J.: *Der Prophet Hosea*, ATD 24/1, Göttingen 1983.

Jeremias 1987. Jeremias, J.: *Das Königtum Gottes in den Psalmen. Israels Begegnung mit dem kanaanäischen Mythos in den Jahwe-König-Psalmen*, FRLANT 141, Göttingen 1987.

Jeremias 1988. Jeremias, J.: Joel/Joelbuch, *TRE* 17 (1988), 91 – 97.

Jeremias 1993. Jeremias, J.: „Denn auf dem Berg Zion und in Jerusalem wird Rettung sein" (Joel 3,5). Zur Heilserwartung des Joelbuches, in: Hahn, F. et al. (Hg.), *Zion – Ort der Begegnung. FS Laurentius Klein*, BBB 90, Bodenheim 1993, 35 – 45.

Jeremias 1995. Jeremias, J., *Der Prophet Amos*, ATD 24/2, Göttingen 1995.

Jeremias 1996. Jeremias, J.: Die Anfänge der Schriftprophetie, *ZThK* 93 (1996), 481 – 499.

Jeremias 1997. Jeremias, J.: *Die Reue Gottes. Aspekte alttestamentlicher Gottesvorstellung*, BThSt 31, Neukirchen-Vluyn ²1997.

Jeremias 2005. Jeremias, J.: Die „Opferung" Isaaks (Gen 22), in: Klein, C./Tobler, S. (Hg.): *Spannweite. Theologische Forschung und kirchliches Wirken. FS Hans Klein*, Bukarest 2005, 74 – 84.

Jeremias 2006. Jeremias, J.: Gen 20 – 22 als theologisches Programm, in: Beck M. /Schorn, U. (Hg.): *Auf dem Weg zur Endgestalt von Genesis bis II Regum. FS Hans-Christoph Schmitt*, BZAW 370, Berlin u. a. 2006, 59 – 73.

Jeremias 2007a. Jeremias, J.: *Der Prophet Amos*, ATD 24/2, Göttingen ²2007.

Jeremias 2007b. Jeremias, J.: *Die Propheten Joel, Obadja, Jona, Micha*, ATD 24/3 Göttingen 2007.

Jeremias 2009. Jeremias, J.: *Der Zorn Gottes im Alten Testament: das biblische Israel zwischen Verwerfung und Erwählung*, BthSt 104, Neukirchen-Vluyn 2009.

Jeremias 2015. Jeremias, J, *Theologie des Alten Testaments*, GAT 6, Göttingen 2015.

Jepsen 1927. Jepsen, A.: *Untersuchungen zum Bundesbuch*, BWANT 41, Stuttgart 1927.

Jüngling 1981. Jüngling, H.W.: *Richter 19 – Ein Plädoyer für das Königtum. Stilistische Analyse der Tendenzerzählung Ri 19,1–30a; 21,25*, AnBib 84, Rom 1981.

Kaiser 1983. Kaiser, O.: *Der Prophet Jesaja: Kapitel 13–39*, ATD 18, Göttingen ³1983.

Kaiser 1984. Kaiser, O.: *Einleitung in das Alte Testament: eine Einführung in ihre Ergebnisse und Probleme*, Gütersloh ⁵1984.

Kaiser 1992a. Kaiser, O.: *Grundriß der Einleitung in die kanonischen und deuterokanonischen Schriften des Alten Testaments. Bd. 1. Die erzählenden Werke*, Gütersloh 1992.

Kaiser 1992b. Müller, H.-P./Kaiser, O./Loader, J. A.: *Das Hohelied/Klagelieder/Das Buch Ester*, ATD 16/2, Göttingen ⁴1992.

Kaiser 1993. Kaiser, O.: *Der Gott des Alten Testaments. Theologie des Alten Testaments. Teil 1: Grundlegung*, UTB 1747, Göttingen 1993.

Kaiser 2000a. Kaiser, O.: Abriß der alttestamentlichen Literaturgeschichte, in: ders., *Studien zur Literaturgeschichte des Alten Testamentes*, FzB 90, Würzburg 2000, 9–69.

Kaiser 2000b. Kaiser, O.: Die Literar- und die Redaktionskritik, in: Adam, G./Kaiser, O./ Kümmel, W.G./Merk, O., *Einführung in die exegetischen Methoden*, Gütersloh 2000, 51–55.

Kaiser 2000c. Kaiser, O.: Pentateuch und Deuteronomistisches Geschichtswerk, in: ders., *Studien zur Literaturgeschichte des Alten Testamentes*, FzB 90, Würzburg 2000, 70–133.

Kaiser 2003a. Kaiser, O.: *Der Gott des Alten Testaments. Wesen und Wirken. Theologie des Alten Testaments. Teil 3: Jahwes Gerechtigkeit*, UTB 2392, Göttingen 2003.

Kaiser 2003b. Kaiser, O.: Die Bindung Isaaks. Untersuchungen zur Eigenart und Bedeutung von Genesis 22, in: ders., *Zwischen Athen und Jerusalem. Studien zur griechischen und biblischen Theologie, ihrer Eigenart und ihrem Verhältnis*, BZAW 320, Berlin u. a. 2003, 199–224.

Kaiser 2013. Kaiser, O.: *Der eine Gott Israels und die Mächte der Welt. Der Weg Gottes im Alten Testament vom Herrn seines Volkes zum Herrn der ganzen Welt*, FRLANT 249, Göttingen 2013.

Kaiser 2014. Kaiser, O.: *Glaube und Geschichte im Alten Testament. Das neue Bild der Vor- und Frühgeschichte Israels und das Problem der Heilsgeschichte*, BThSt 150, Neukirchen-Vluyn 2014.

Karrer 2001. Karrer, C.: *Ringen um die Verfassung Judas. Eine Studie zu den theologisch-politischen Vorstellungen im Esra-Nehemia-Buch*, BZAW 308, Berlin u. a. 2001.

Keel 1972. Keel, O.: Erwägungen zum Sitz im Leben des vormosaischen Pascha und zur Etymologie von פֶּסַח, *ZAW* 84 (1972), 414–434.

Keel 2007. Keel, O.: *Die Geschichte Jerusalems und die Entstehung des Monotheismus*, Orte und Landschaften der Bibel 4,1, Göttingen 2007.

Kessler 2006. Kessler, R.: *Sozialgeschichte des alten Israel. Eine Einführung*. Darmstadt 2006.

Kilian 1966. Kilian, R.: *Die vorpriesterlichen Abrahamsüberlieferungen. Literarkritisch und traditionsgeschichtlich untersucht*, BBB 24, Bonn 1966.

Kilian 1967. Kilian, R.: Die Priesterschrift. Hoffnung auf Heimkehr, in: Schreiner, J. (Hg), *Wort und Botschaft. Eine theologische und kritische Einführung in die Probleme des Alten Testaments*, Würzburg 1967, 226–243.

Kilian 1970. Kilian, R.: *Isaaks Opferung. Zur Überlieferungsgeschichte von Gen 22*, SBS 44, Stuttgart 1970.

Kilian 1986. Kilian, R.: *Jesaja 1–12*, NEB.AT 17, Würzburg 1986.

Kilian 1999. Kilian, R.: Das Humanum im ethischen Dekalog Israels, in: ders., *Studien zu alttestamentlichen Texten und Situationen*, SBAB 28, Stuttgart 1999, 143–155.

Kilian 1994. Kilian, R.: *Jesaja II 13–39*, NEB.AT 32, Würzburg 1994.

Knapp 1987. Knapp, D.: *Deuteronomium 4. Literarische Analyse und theologische Interpretation*, GTA 35, Göttingen 1987.

Knauf 1985. Knauf, E.A.: *Ismael. Untersuchungen zur Geschichte Palästinas und Nordarabiens im 1. Jahrtausend v. Chr.*, ADPV 7, Wiesbaden 1985.

Knauf 2008. Knauf, E.A.: *Josua*, ZBK.AT 6, Zürich 2008.

Köckert 1988. Köckert, M.: *Vätergott und Väterverheißungen. Eine Auseinandersetzung mit Albrecht Alt und seinen Erben*, FRLANT 142, Göttingen 1988.

Köckert 1995. Köckert, M.: Das Land in der priesterlichen Komposition des Pentateuch, in: Vieweger, D./E.-J. Waschke (Hg.), *Von Gott reden. Beiträge zur Theologie und Exegese des Alten Testaments. FS Siegfried Wagner*, Neukirchen-Vluyn 1995, 147–162.

Köckert 2004. Köckert, M.: *Leben in Gottes Gegenwart. Studien zum Verständnis des Gesetzes im Alten Testament*, FAT 43, Tübingen 2004.

Köckert 2006. Köckert, M.: Die Geschichte der Abrahamüberlieferung, in: A. Lemaire (Hg.): *Congress Volume Leiden 2004*, VT.S 109, Leiden 2006, 103–128.

Köckert 2012. Köckert, M.: „Land" als theologisches Thema im AT, in: Berlejung A/R. Heckl (Hg.), *Ex Oriente Lux: Studien zur Theologie des Alten Testaments. FS Rüdiger Lux*, ABIG 39, Leipzig 2012, 503–522.

Kohata 1986. Kohata, F.: *Jahwist und Priesterschrift in Ex 3–14*, BZAW 166, Berlin u. a. 1986.

Köhlmoos 2006. Köhlmoos, M.: *Bet-El – Erinnerungen an eine Stadt: Perspektiven der alttestamentlichen Bet-El-Überlieferung*, FAT 49, Tübingen 2006.

Konkel 2008. Konkel, M.: *Sünde und Vergebung. Eine Rekonstruktion der Redaktionsgeschichte der hinteren Sinaiperikope (Exodus 32–34) vor dem Hintergrund aktueller Pentateuchmodelle*, FAT 58, Tübingen 2008.

Konkel 2011. Konkel, M.: Exodus 32–34 and the Quest for an Enneateuch, in: T. B. Dozeman/T. Römer/K. Schmid (Hg.): *Pentateuch, Hexateuch, or Enneateuch? Identifying Literary Works in Genesis through Kings*, Ancient Israel and its literature 8, Atlanta 2011, 169–184.

Körting 1999. Körting, C.: *Der Schall des Schofar. Israels Feste im Herbst*, BZAW 285, Berlin u. a. 1999.

Kosmala 1962. Kosmala, H.: The „Bloody Husband", *VT* 12 (1962), 14–28.

Kratz 1997. Kratz, R.G.: Redaktionsgeschichte/Redaktionskritik I. Altes Testament, *TRE* 28 (1997), 367–378.

Kratz 2000. Kratz, R.G.: *Die Komposition der erzählenden Bücher des Alten Testaments: Grundwissen der Bibelkritik*, UTB 2157, Göttingen 2000.

Kratz 2004. Kratz, R.G.: Statthalter, Hohepriester und Schreiber im perserzeitlichen Juda, in: ders., *Das Judentum im Zeitalter des Zweiten Tempels*, FAT 42, Tübingen 2004, 93–119.

Krause 2012. Krause, J.J.: Der Zug durch den Jordan nach Josua 3–4. Eine neue Analyse, in: E. Noort (Hg.): *The Book of Joshua*, BETL 250, Leuven 2012, 383–400.

Krause 2014. Krause, J.J.: *Exodus und Eisodus. Komposition und Theologie von Josua 1–5*, VT.S 161, Leiden 2014.

Kreuzer 1996. Kreuzer, S.: Die Exodustradition im Deuteronomium, in: T. Veijola (Hg.), *Das Deuteronomium und seine Querbeziehungen*, SESJ 62, Helsinki u. a. 1996, 81–106.

Krüger 1996. Krüger, T.: Erwägungen zur Redaktion der Meerwundererzählung (Exodus 13,17–14,31), *ZAW* 108 (1996), 519–533.

Krüger 1997. Krüger, T.: Das menschliche Herz und die Weisung Gottes. Elemente einer Diskussion über Möglichkeiten und Grenzen der Tora-Rezeption im Alten Testament, in: Kratz, R.G./T. Krüger (Hg.): *Rezeption und Auslegung im Alten Testament und in seinem Umfeld. Ein Symposion aus Anlass des 60. Geburtstags von Odil Hannes Steck,* OBO 153, Fribourg u.a. 1997, 65–92.

Krüger 2000. Krüger, T.: Zur Interpretation der Sinai/Horeb-Theophanie in Dtn 4,10–14, in: Kratz, R.G./T. Krüger/K. Schmid (Hg.), *Schriftauslegung in der Schrift. FS Odil Hannes Steck,* BZAW 300, Berlin u.a. 2000, 85–93.

Kutsch 1982. Kutsch, E.: חתן, *ThWAT* 3 (1982), 288–296.

Kutsch 1986a. Kutsch, E.: Erwägungen zur Geschichte der Passafeier und des Massotfestes, in: ders., *Kleine Schriften zum Alten Testament,* hg. von L. Schmidt/K. Eberlein, BZAW 168, Berlin u.a. 1986, 29–63.

Kutsch 1986b. Kutsch, E.: Heuschreckenplage und Tag Jahwes in Joel 1 und 2, in: ders., *Kleine Schriften zum Alten Testament,* hg. von L. Schmidt/K. Eberlein, BZAW 168, Berlin u.a. 1986, 231–244.

Laaf 1970. Laaf, P.: *Die Pascha-Feier Israels. Eine literarkritische und überlieferungsgeschichtliche Studie,* BBB 36, Bonn 1970.

Lamberty-Zielinski 1993. Lamberty-Zielinski, H.: *Das „Schilfmeer". Herkunft, Bedeutung und Funktion eines alttestamentlichen Exodusbegriffs,* BBB 78, Frankfurt a.M. 1993.

Lanckau 2006. Lanckau, J.: *Der Herr der Träume. Eine Studie zur Funktion des Traumes in der Josefsgeschichte der Hebräischen Bibel,* AThANT 85, Zürich 2006.

Levin 1985. Levin, C.: *Die Verheißung des neuen Bundes. In ihrem theologiegeschichtlichen Zusammenhang ausgelegt,* FRLANT 137, Göttingen 1985.

Levin 1993. Levin, C.: *Der Jahwist,* FRLANT 157, Göttingen 1993.

Levin 2001. Levin, C.: *Das Alte Testament,* Beck'sche Reihe – C.H. Beck Wissen 2160, München 2001.

Levin 2003. Levin, C.: Das Deuteronomium und der Jahwist, in: ders., *Fortschreibungen. Gesammelte Studien zum Alten Testament,* BZAW 316, Berlin u.a. 2003, 96–110.

Levin 2003. Levin, C.: Der Dekalog am Sinai, in: ders., *Fortschreibungen. Gesammelte Studien zum Alten Testament,* BZAW 316, Berlin u.a. 2003, 60–80.

Levinson 1997. Levinson, B.M.: *Deuteronomy and the Hermeneutics of Legal Innovation,* New York u.a. 1997.

Levinson 2002. Levinson, B.M.: Goethe's Analysis of Exodus 34 and Its Influence on Wellhausen. The Pfropfung of the Documentary Hypothesis, *ZAW* 114 (2002), 212–223.

Lohfink 1982. Lohfink, N.: ירש, *ThWAT* 3 (1982), 953–985.

Lohfink 1988a. Lohfink, N.: De Moysis epinicio (Ex 15,1–18), in: ders., *Studien zum Pentateuch,* SBAB 4, Stuttgart 1988, 79–89.

Lohfink 1988b. Lohfink, N.: Die Priesterschrift und die Geschichte, in: ders., *Studien zum Pentateuch,* SBAB 4, Stuttgart 1988, 213–253.

Lohfink 1988c. Lohfink, N.: Die Ursünden in der priesterlichen Geschichtserzählung, in: ders., *Studien zum Pentateuch,* SBAB 4, Stuttgart 1988, 169–189.

Lohfink 1990. Lohfink, N.: Bundestheologie im Alten Testament: Zum gleichnamigen Buch von Lothar Perlitt, in: ders.: *Studien zum Deuteronomium und zur deuteronomistischen Literatur I,* SBAB 8, Stuttgart 1990, 325–361.

Lohfink 1991. Lohfink, N.: Zur deuteronomischen Zentralisationsformel, in: ders., *Studien zum Deuteronomium und zur deuteronomistischen Literatur II*, SBAB 12, Stuttgart 1991, 147–177.

Lohfink 1996 Lohfink, N.: *Moses Tod, die Tora und die alttestamentliche Sonntagslesung*, ThPh 71 (1996), 481–494.

Lohfink 2005. Lohfink, N.: Die Landübereignung in Numeri und das Ende der Priesterschrift. Zu einem rätselhaften Befund im Buch Numeri, in: ders., *Studien zum Deuteronomium und zur deuteronomistischen Literatur V*, SBAB 38, Stuttgart 2005, 273–292.

Lohfink 2009. Lohfink, N.: Israels Unglaube in Kadesch-Barnea (Dtn 1,32) und die Enneateuchhypothese, in: Aletti, J.N./Ska, J.-L. (Hg.), *Biblical Exegesis in Progress. Old and New Testament Essays*, ANBib 176, Rom 2009, 33–65.

Lust 1996. Lust, J.: Exodus 6,2–8 and Ezekiel, in: Vervenne, M. (Hg.), *Studies in the Book of Exodus. Redaction – Reception – Interpretation*, BETL 126, Leuven 1996, 209–224.

Lux 1987. Lux, R.: Der Tod des Mose als „besprochene und erzählte Welt". Überlegungen zu einer literaturwissenschaftlichen und theologischen Interpretation von Deuteronomium 32,48–52 und 34, *ZThK* 84 (1987), 395–425.

Lux 2001. Lux, R.: *Josef. Der Auserwählte unter seinen Brüdern*, Biblische Gestalten 1, Leipzig 2001.

Luyten 1985. Luyten, J.: Primeval and Eschatological Overtones in the Song of Moses (Dt 32,1–43), in: Lohfink, N. (Hg.), *Das Deuteronomium. Entstehung, Gestalt und Botschaft. Deuteronomy. Origin, Form and Message*, BETL 68, Leuven 1985, 341–347.

Maass 1971. Maass, F.: חלל pi., *THAT* I (1971), 570–575.

Macchi 2001. Macchi, J.-D.: 'Genèse 31,24–42. La dernière rencontre de Jacob et de Laban', in: ders./Römer, T. (Hg.), *Jacob: commentaire à plusieurs voix de Gen. 25–36. FS Albert de Pury*, MoBi 44, Genf 2001, 144–162.

Macholz 1969. Macholz, G.C.: *Israel und das Land*, Habil. masch. Heidelberg 1969.

Martin 2008 Martin, M.W., Betrothal Journey Narratives, *CBQ* 70 (2008), 505–525.

Marx 1997. Marx, A.: La place du sacrifice dans l'Ancien Israël, in: Emerton, J.A. (Hg.), *Congress Volume Cambridge 1995*, VT.S 66, Leiden 1997, 203–217.

Marx 2000. Marx, A.: Opferlogik im Alten Testament, in: Janowski B./Welker, M. (Hg.), *Opfer. Theologische und kulturelle Kontexte*, stw 1454, Frankfurt a. M. 2000, 129–149.

Mathias 1993. Mathias, D., *Die Geschichtstheologie der Geschichtssummarien in den Psalmen*, BEATAJ 35, Frankfurt a. M. 1993.

Mathys 1994. Mathys, H.-P., *Dichter und Beter. Theologen aus spätalttestamentlicher Zeit*, OBO 132, Fribourg u. a. 1994.

McCarthy 2007. McCarthy, C.: *Deuteronomy*, BHQ 5, Stuttgart 2007.

Meinhold 1975. Meinhold, A.: Die Gattung der Josephsgeschichte und des Estherbuches. Diasporanovelle I, *ZAW* 87 (1975), 306–324.

Merk 1997. Merk, O.: Redaktionsgeschichte/Redaktionskritik II. Neues Testament, *TRE* 28, 1997, 378–384.

Merk 2002. Merk, O.: Traditionskritik/Traditionsgeschichte II. Neues Testament, *TRE* 33, 2002, 744–750.

Meyer 1906. Meyer, E.: *Die Israeliten und ihre Nachbarstämme. Alttestamentliche Untersuchungen*, Halle 1906.

Millard 2001. Millard, M.: *Die Genesis als Eröffnung der Tora. Kompositions- und auslegungsgeschichtliche Annäherungen an das erste Buch Mose*, WMANT 90, Neukirchen-Vluyn 2001.

Mittmann 1975. Mittmann, S.: *Deuteronomium 1,1–6,3 literarkritisch und traditionsgeschichtlich untersucht*, BZAW 139, Berlin u. a. 1975.

Mittmann 2000. Mittmann, S.: ha-Morijja – Präfiguration der Gottesstadt Jerusalem (Genesis 22,1–14.19). Mit einem Anhang: Isaaks Opferung in der Synagoge von Dura Europos, in: Hengel, M. et al. (Hg.), *La cité de Dieu. Die Stadt Gottes*, WUNT 129, Tübingen 2000, 67–97.

Moberly 1983. Moberly, R.W.L.: *At the Mountain of God. Story and Theology in Exodus 32*, JSOT 22, Sheffield 1983.

Mosis 1978. Mosis, R.: Ex 19,5b.6a: Syntaktischer Aufbau und lexikalische Semantik, *BZ* 22 (1978), 1–25.

Mosis 2000 Mosis, R.: Pentateuch als Bahnlesung und Tod des Mose: zu einer aktuellen Kontroverse, *TThZ* 109 (2000), 139–160.

Mowinckel 1922. Mowinckel, S.: *Psalmenstudien II*, Videnskapsselskapet, Kristiania 1922.

Mowinckel 1962. Mowinckel, S.: *The Psalms in Israel's Worship*. Bd. 2, Oxford 1962.

Muilenburg 1966. Muilenburg, J.: A Liturgy on the Triumphs of Yahweh, in: van Unnik, W.C. (Hg.), *Studia Biblica et Semitica. FS Theodor Christian Vriezen*, Wageningen 1966, 233–251.

Müller, H.-P 1965/66. Müller, H.-P.: Prophetie und Apokalyptik bei Joel, *ThViat* 10 (1965/66), 231–253.

Müller, R. 2004. Müller, R.: *Königtum und Gottesherrschaft*, FAT.2 3, Tübingen 2004.

Müller, R. 2009. Müller, R.: Jahwekrieg und Heilsgeschichte, *ZThK* 106 (2009), 265–283.

Na'aman 2000. Na'aman, N.: The Law of the Altar in Deuteronomy and the Cultic Site Near Shechem, in: McKenzie, S.L./Römer, T./Schmid, H.H. (Hg.), *Rethinking the Foundations. Historiography in the Ancient World and in the Bible. Essays in Honour of John Van Seters*, BZAW 294, Berlin u. a. 2000, 141–161.

Naumann 2007. Naumann, T.: Die Preisgabe Isaaks. Genesis 22 im Kontext der biblischen Abraham-Sara-Erzählung, in: Greiner, B./Janowski, B./Lichtenberger, H. (Hg.), *Opfere deinen Sohn! Das „Isaak-Opfer" in Judentum, Christentum und Islam*, Marburg 2007, 19–50.

Neef 1998. Neef, H.-D.: *Die Prüfung Abrahams: eine exegetische Studie zu Gen 22,1–19*, AzTh 90, Stuttgart 1998.

Nentel 2000. Nentel, J.: *Trägerschaft und Intentionen des deuteronomistischen Geschichtswerks. Untersuchungen zu den Reflexionsreden Jos 1; 23; 24; 1 Sam 12 und 1 Kön 8*, BZAW 297, Berlin u. a. 2000.

Nentel 2009. Nentel, J.: *Die Jakobserzählungen. Ein literar- und redaktionskritischer Vergleich der Theorien zur Entstehung des Pentateuch*, München 2009.

Nihan 2007. Nihan, C.: *From Priestly Torah to Pentateuch. A Study in the Composition of the Book of Leviticus*, FAT.2. 25, Tübingen 2007.

Noort 1997. Noort, E.: The Traditions of Ebal und Gerizim. Theological Positions in the Book of Joshua, in: Vervenne M./Lust, J. (Hg.): *Deuteronomy and Deuteronomic Literature. FS C.H.W. Brekelmans*, BETL 133, Leuven 1997, 161–180.

Norin 1977. Norin, S.I.L.: *Er spaltete das Meer. Die Auszugsüberlieferung in Psalmen und Kult des Alten Israel*, CB.OT 9, Lund 1977.

Noth 1943. Noth, M.: Überlieferungsgeschichtliche Studien. Die sammelnden und bearbeitenden Geschichtswerke im Alten Testament, Halle 1943.

Noth 1948. Noth, M. (1948): Überlieferungsgeschichte des Pentateuch, Stuttgart 1948.

Noth 1959. Noth, M.: *Das zweite Buch Mose. Exodus*, ATD 5, Göttingen 1959.

Noth 1966. Noth, M.: *Das vierte Buch Mose. Numeri*, ATD 7, Göttingen 1966.

O'Brien 1989. O'Brien, M.A.: *The Deuteronomistic History Hypothesis. A Reassessment*, OBO 92, Fribourg u. a. 1989.

Olyan 1996. Olyan, S.M.: Why an Altar of Unfinished Stones? Some Thoughts on Ex 20,25 and Dtn 27,5 – 6, *ZAW* 108 (1996), 161 – 171.

Oorschot 1994a. Oorschot, J. van.: Der ferne *deus praesens* des Tempels. Die Korachpsalmen und der Wandel israelitischer Tempeltheologie, in: Kottsieper, I. (Hg.): *„Wer ist wie du, Herr, unter den Göttern?" Studien zur Theologie und Religionsgeschichte Israels. FS Otto Kaiser zum 70. Geburtstag*, Göttingen 1994, 416 – 430.

Oorschot 1994b. Oorschot, J. van: Nachkultische Psalmen und spätbiblische Rollendichtung, *ZAW* 106 (1994), 69 – 86.

Osumi 1991. Osumi, Y.: *Die Kompositionsgeschichte des Bundesbuches Exodus 20,22b – 23,33*, OBO 105, Fribourg u. a. 1991.

Oswald 1998. Oswald, W.: *Israel am Gottesberg. Eine Untersuchung zur Literaturgeschichte der vorderen Sinaiperikope Ex 19 – 24 und deren historischem Hintergrund*, OBO 159, Fribourg u. a. 1998.

Otto 1988. Otto, E.: *Wandel der Rechtsbegründungen in der Gesellschaftsgeschichte des antiken Israel. Eine Rechtsgeschichte des „Bundesbuches" Ex XX 22 – XXIII 13*, StudBib 3, Leiden u. a. 1988.

Otto 1989. Otto, E.: פֶּסַח, *ThWAT* 6, Stuttgart u. a. 1989, 659 – 682.

Otto 1994. Otto, E.: *Theologische Ethik des Alten Testaments*, ThW 3,2, Stuttgart 1994.

Otto 1995. Otto, E.: Kritik der Pentateuchkomposition, *ThR* 60 (1995), 163 – 191.

Otto 1996. Otto, E.: Die nachpriesterschriftliche Pentateuchredaktion im Buch Exodus, in: Vervenne, M. (Hg.), *Studies in the Book of Exodus. Redaction – Reception- Interpretation*, BETL 126, Leuven 1996, 61 – 111.

Otto 1997. Otto, E.: Forschungen zur Priesterschrift, *ThR* 62 (1997), 1 – 50.

Otto 1998. Otto, E.: Die Ursprünge der Bundestheologie im Alten Testament und im Alten Orient, *ZABR* 4 (1998), 1 – 84.

Otto 1999. Otto, E.: *Das Deuteronomium. Politische Theologie und Rechtsreform in Juda und Assyrien*, BZAW 284, Berlin u. a. 1999.

Otto 2000a. Otto, E. (Hg.): *Mose: Ägypten und das Alte Testament*, SBS 189, Stuttgart 2000.

Otto 2000b. Otto, E.: *Das Deuteronomium im Pentateuch und Hexateuch. Studien zur Literaturgeschichte von Pentateuch und Hexateuch im Lichte des Deuteronomiumrahmens*, FAT 30, Tübingen 2000.

Otto 2000c. Otto, E.: Feste/Feiern. AT, *RGG*[4] 3 (2000), 87 – 89.

Otto 2000d. Otto, E.: Mose und das Gesetz. Die Mose-Figur als Gegenentwurf Politischer Theologie zur neuassyrischen Königsideologie im 7. Jh. v. Chr., in: ders. (Hg.): *Mose. Ägypten und das Alte Testament*. SBS 189, Stuttgart 2000, 43 – 83.

Otto 2001. Otto, E.: *Die Tora des Mose. Die Geschichte der literarischen Vermittlung von Recht, Religion und Politik durch die Mosegestalt*, Berichte aus den Sitzungen der Joachim-Jungius-Gesellschaft der Wissenschaften Hamburg 19, Heft 2, Göttingen 2001.

Otto 2006. Otto, E.: *Mose. Geschichte und Legende*. München 2006.

Otto 2007. Otto, E.: *Das Gesetz des Mose*, Darmstadt 2007.

Otto 2012. Otto, E.: *Deuteronomium 1–11*, HThKAT, Freiburg i. Br. u. a. 2012.

Otto 2016. Otto, E.: *Deuteronomium 12–34 Teilbd. 1: 12,1–23,15*, HThKAT, Freiburg i.Br. u. a. 2016.

Perlitt 1969. Perlitt, L.: *Bundestheologie im Alten Testament*, WMANT 36, Göttingen 1969.

Perlitt 1994. Perlitt, L.: Priesterschrift im Deuteronomium?, in: ders. (Hg.): *Deuteronomium-Studien*, FAT 8, Tübingen 1994, 123–143.

Perlitt 2013. Perlitt, L.: *Deuteronomium Teilbd. 1*, BKAT V/1, Neukirchen-Vluyn 2013.

Pfeiffer 1999. Pfeiffer, H.: *Das Heiligtum von Bethel im Spiegel des Hoseabuches*, FRLANT 183, Göttingen 1999.

Pietsch 2014. Pietsch, M.: ,Abschied vom Jahwisten?', *ThLZ* (2014), 151–166.

Pohlmann 1996. Pohlmann, K.-F.: *Das Buch des Propheten Hesekiel (Ezechiel). Kap. 1–19*, ATD 22/1, Göttingen 1996.

Pohlmann 2001. Pohlmann, K.-F.: *Das Buch des Propheten Hesekiel (Ezechiel). Kap. 20–48*, ATD 22/2, Göttingen 2001.

Pola 1995. Pola, T.: *Die ursprüngliche Priesterschrift. Beobachtungen zur Literarkritik und Traditionsgeschichte von P^G*, WMANT 70, Neukirchen-Vluyn 1995.

Porten/Yardeni. 1986. Porten, B./Yardeni. A.: *Textbook of Aramaic Documents from Ancient Egypt*. Bd. 1: *Letters*, Jerusalem 1986.

Preuss 1982. Preuss, H.D.: *Deuteronomium*, EdF 164, Darmstadt 1982.

Pröbstl 1997. Pröbstl, V.: *Nehemia 9, Psalm 106 und Psalm 136 und die Rezeption des Pentateuchs*, Göttingen 1997.

Propp 1999. Propp, W.H.C.: *Exodus 1–18. A New Translation with Introduction and Commentary*, AncB 2, New York u. a. 1999.

Rad 1964. Rad, G. von: *Das fünfte Buch Mose. Deuteronomium*, ATD 8, Göttingen 1964.

Rad 1968. Rad, G. von: *Das fünfte Buch Mose. Deuteronomium*, ATD 8, Göttingen ²1968.

Rapp 2010. Rapp, U.: Zippora. Das Verschwinden einer Ehefrau, in: Fischer, I. et al. (Hg.): *Tora. Die Bibel und die Frauen*. Bd.1.1, Stuttgart 2010, 292–304.

Redford 1963. Redford, D.B.: Exodus I 11, *VT* (1963), 401–418.

Renaud 1998. Renaud, B.: *L'alliance: Un mystère de miséricorde. Une lecture de Ex 32–34*, LeDiv 169, Paris 1998.

Reuter 1993. Reuter, E.: *Kultzentralisation. Entstehung und Theologie von Dtn 12*, BBB 87, Frankfurt a. M. 1993.

Reventlow 1968. Reventlow, H. Graf: *Opfere deinen Sohn. Eine Auslegung von Gen 22*, BSt 53, 1968.

Reventlow 1986. Reventlow, H. Graf: *Gebet im Alten Testament*, Stuttgart 1986.

Richter 1970. Richter, W.: *Die sogenannten vorprophetischen Berufungsberichte. Eine literaturwissenschaftliche Studie zu 1 Sam 9,1–10,16, Ex 3f. und Ri 6,11b–17*, FRLANT 101, Göttingen 1970.

Rofé 1990. Rofé, A.: An Enquiry into the Betrothal of Rebekah, in: Blum, E. et al. (Hg.): *Die Hebräische Bibel und ihre zweifache Nachgeschichte. FS Rolf Rendtorff*, Neukirchen–Vluyn 1990, 27–39.

Römer 1990. Römer, T.: *Israels Väter. Untersuchungen zur Väterthematik im Deuteronomium und in der deuteronomistischen Tradition*, OBO 99, Fribourg u. a. 1990.

Römer 1994. Römer, T.: De l'archaïque au subversif. Le cas d'exode 4/24–26, *ETR* (1994), 1–12.

Römer 1997. Römer, T.: Nombres 11–12 et la question de rédaction deutéronomique dans le Pentateuque, in: Vervenne, M./Lust, J. (Hg.): *Deuteronomy and Deuteronomic Literature. FS C.H.W. Brekelmans*, BEThL 133, Leuven 1997, 481–498.

Römer 2000. Römer, T. (Hg.): *The Future of the Deuteronomistic History*, BEThL 147, Leuven 2000.

Römer 2006a. Römer, T.: Das doppelte Ende des Josuabuches. Einige Anmerkungen zur aktuellen Diskussion um „deuteronomistisches Geschichtswerk" und „Hexateuch". *ZAW* 118 (2006), 523–548.

Römer 2006b. Römer, T. Exodus 3–4 und die aktuelle Pentateuchdiskussion, in: R. Roukema (ed.), *The Interpretation of Exodus: Studies in Honour of Cornelis Houtman*, CBET 44, Leuven u. a. 2006, 65–79.

Römer 2011. Römer, T.: Extra Pentateuchal Biblical Evidence for the Existence of a Pentateuch? The Case of the „Historical Summaries", Especially in the Psalms, in: Dozeman, T.B. et al. (Hg.): *The Pentateuch. International Perspectives in Current Research*, FAT 78, Tübingen 2011, 471–488.

Römer 2013. Römer, T.: Zwischen Urkunden, Fragmenten und Ergänzungen. Zum Stand der Pentateuchforschung, *ZAW* 125 (2013), 2–24.

Römer/Brettler 2000. Römer, T./Brettler, M.Z.: Deuteronomy 34 and the Case for a Persian Hexateuch, *JBL* 119 (2000), 401–419.

Rose 1994. Rose, M.: *5. Mose. Teilband 2: 5. Mose 1–11 und 26–34. Rahmenstücke zum Gesetzeskorpus*, ZBK.AT 5/2, Zürich 1994.

Rösel 1999. Rösel, H.N.: *Von Josua bis Jojachin. Untersuchungen zu den deuteronomistischen Geschichtsbüchern des Alten Testaments*, VT.S 75, Leiden 1999.

Rost 1965. Rost, L.: Weidewechsel und alttestamentlicher Festkalender, in: ders., *Das kleine Credo und andere Studien zum Alten Testament*, Heidelberg 1965, 101–112.

Rudolph 1949. Rudolph, W.: *Esra und Nehemia samt 3. Esra*, HAT I/20, Tübingen 1949.

Rudolph 1971. Rudolph, W.: *Joel – Amos – Obadja – Jona*, KAT 13/2, Gütersloh 1971.

Ruppert 1965. Ruppert, L.: *Die Josephserzählung der Genesis. Ein Beitrag zu Theologie der Pentateuchquellen*, StANT 11, München 1965.

Ruppert 2002. Ruppert, L.: *Genesis. Ein kritischer und theologischer Kommentar. 2. Teilband: Gen 11,27–25,18*, FzB 98, Würzburg 2002.

Ruppert 2005. Ruppert, L.: *Genesis. Ein kritischer und theologischer Kommentar. 3. Teilband: Gen 25,19–36,43*, FzB 106, Würzburg 2005.

Ruprecht 1980. Ruprecht, E.: Exodus 24,9–11 als Beispiel lebendiger Erzähltradition aus der Zeit des babylonischen Exils, in: Albertz, R. et al (Hg.): *Werden und Wirken des Alten Testaments. FS Claus Westermann*, Göttingen/Neukirchen-Vluyn 1980, 138–173.

Rüterswörden 1998. Rüterswörden, U.: Älteste, *RGG*[4] 1 (1998), 371.

Rüterswörden 2006. Rüterswörden, U.: *Das Buch Deuteronomium*, NSKAT 4, Stuttgart 2006.

Saur 2004. Saur, M.: *Die Königspsalmen. Studien zur Entstehung und Theologie*, BZAW 340, Berlin u. a. 2004.

Saur 2011. Saur, M.: Sapientia discursiva, *ZAW* 123 (2011), 236–249.

Schäfer-Lichtenberger 1983. Schäfer-Lichtenberger, C.: *Stadt und Eidgenossenschaft im Alten Testament. Eine Auseinandersetzung mit Max Webers Studie „Das antike Judentum"*, BZAW 156, Berlin u. a. 1983.

Schäfer-Lichtenberger 1995. Schäfer-Lichtenberger, C.: *Josua und Salomo. Eine Studie zu Autorität und Legitimität des Nachfolgers im Alten Testament*, VT.S 58, Leiden u. a. 1995.

Schäfer-Lichtenberger 2001. Schäfer-Lichtenberger, C.: Abraham zwischen Gott und Isaak (Gen 22,1–19), *WuD* 26 (2001), 43–60.

Schaper 1999. Schaper, J.: Schriftauslegung und Schriftwerdung im alten Israel. Eine vergleichende Exegese von Ex 20,24–26 und Dtn 12,13–19, *ZABR* 5 (1999), 111–132.

Schaper 2002. Schaper, J.: Numismatik, Epigraphik, alttestamentliche Exegese und die Frage nach der politischen Verfassung des achämenidischen Juda, *ZDPV* 118 (2002), 150–168.

Scharbert 1957. Scharbert, J.: Formgeschichte und Exegese von Ex 34,6f. und seiner Parallelen, *Bib* (1957), 130–150.

Scharbert 1989. Scharbert, J.: *Exodus*, NEB.AT 24, Würzburg 1989.

Schart 1990. Schart, A.: *Mose und Israel im Konflikt. Eine redaktionsgeschichtliche Studie zu den Wüstenerzählungen*, OBO 98, Fribourg u. a. 1990.

Schart 1998. Schart, A.: *Die Entstehung des Zwölfprophetenbuchs. Neubearbeitungen von Amos im Rahmen schriftenübergreifender Redaktionsprozesse*, BZAW 260, Berlin u. a. 1998.

Schenker 1996. Schenker, A.: Drei Mosaiksteinchen. „Königreich von Priestern", „Und ihre Kinder gehen weg", „Wir tun und wir hören" (Ex 19,6; 21,22; 24,7), in: Vervenne, M. (Hg.): *Studies in the Book of Exodus*, BEThL 126, Leuven 1996, 367–380.

Schmid 1996. Schmid, K.: *Buchgestalten des Jeremiabuches. Untersuchungen zur Redaktions- und Rezeptionsgeschichte von Jer 30–33 im Kontext des Buches*, WMANT 72, Neukirchen-Vluyn 1996.

Schmid 1999. Schmid, K.: *Erzväter und Exodus. Untersuchung zur doppelten Begründung der Ursprünge Israels innerhalb der Geschichtsbücher des Alten Testaments*, WMANT 81, Neukirchen-Vluyn 1999.

Schmid 2002. Schmid, K.: Die Josephsgeschichte im Pentateuch, in: Gertz, J.C./Schmid, K./ Witte, M. (Hg.): *Abschied vom Jahwisten. Die Komposition des Hexateuch in der jüngsten Diskussion*, BZAW 315, Berlin u. a. 2002, 83–118.

Schmid 2004. Schmid, K.: Die Rückgabe der Verheißungsgabe. Der „heilsgeschichtliche" Sinn von Gen 22 im Horizont innerbiblischer Exegese, in: Witte, M. (Hg.): *Gott und Mensch im Dialog. FS Otto Kaiser* Bd. 1, BZAW 345, Berlin u. a. 2004, 271–300.

Schmid 2008. Schmid, K.: *Literaturgeschichte des Alten Testaments. Eine Einführung*, Darmstadt 2008.

Schmid 2010. Schmid, K.: *Genesis and the Moses Story. Israel's Dual Origins in the Hebrew Bible* (transl. J. D. Nogalski), Siphrut 3, Winona Lake IN 2010.

Schmidt, L. 1976. Schmidt, L.: *„De Deo": Studien zur Literarkritik und Theologie des Buches Jona, des Gesprächs zwischen Abraham und Jahwe in Gen 18,22ff. und von Hi 1*, BZAW 143, Berlin u. a. 1976.

Schmidt, L. 1986. Schmidt, L.: *Literarische Studien zur Josephsgeschichte*, BZAW 167, Berlin u. a. 1986.

Schmidt, L. 1990. Schmidt, L.: *Beobachtungen zu der Plagenerzählung in Exodus VII 14 – XI 10*, StB 4, Leiden 1990.

Schmidt, L. 1993. Schmidt, L.: *Studien zur Priesterschrift*, BZAW 214, Berlin u. a. 1993.

Schmidt, L. 1996. Schmidt, L.: Deuteronomistisches Geschichtswerk, in: Boecker, H.J. et al. (Hg.): *Altes Testament.* Neukirchen-Vluyn ⁵1996, 127–141.

Schmidt, L. 1998a. Schmidt, L.: Diachrone und synchrone Exegese am Beispiel von Exodus 3–4, in: ders., *Gesammelte Aufsätze zum Pentateuch*, BZAW 263, Berlin u. a. 1998, 224–250.

Schmidt, L. 1998b. Schmidt, L.: Die Darstellung Isaaks in Genesis 26,1–33 und ihr Verhältnis zu den Parallelen in den Abrahamerzählungen, in: ders., *Gesammelte Aufsätze zum Pentateuch*, BZAW 263, Berlin u. a. 1998, 167–223.

Schmidt, L. 1998c. Schmidt, L.: Weisheit und Geschichte beim Elohisten, in: ders., *Gesammelte Aufsätze zum Pentateuch*, BZAW 263, Berlin u. a. 1998, 150–166.

Schmidt, L. 2001. Schmidt, L.: Israel und das Gesetz. Ex 19,3b-8 und 24,3–8 als literarischer und theologischer Rahmen für das Bundesbuch, *ZAW* 113 (2001), 167–185.

Schmidt, L. 2004. Schmidt, L.: *Das vierte Buch Mose Numeri 10,11–36,13*, ATD 7/2, Göttingen 2004.

Schmidt, L. 2005. Schmidt, L.: Die vorpriesterliche Darstellung in Ex 11,1–13,16*, *ZAW* 117 (2005), 171–188.

Schmidt, L. 2006a. Schmidt, L.: Die Priesterschrift in der Josefsgeschichte, in: Beck, M./ Schorn, U. (Hg.): *Auf dem Weg zur Endgestalt von Genesis bis II Regum. FS Hans-Christoph Schmitt*, BZAW 370, Berlin u. a. 2006, 111–124.

Schmidt, L. 2006b. Schmidt, L.: Genesis XV, *VT* 56 (2006), 251–267.

Schmidt, L. 2007. Schmidt, L.: Die Priesterschrift in Exodus 16, *ZAW* 119 (2007), 483–498.

Schmidt, L. 2008. Schmidt, L.: Die Priesterschrift – kein Ende am Sinai!, *ZAW* 120 (2008), 481–500.

Schmidt, L. 2009. Schmidt, L.: P in Deuteronomium 34, *VT* 59 (2009), 475–494.

Schmidt, L. 2012. Schmidt, L.: Die vorpriesterliche Verbindung von Erzvätern und Exodus durch die Josefsgeschichte (Gen 37; 39–50*) und Exodus 1, *ZAW* 24 (2012), 19–37.

Schmidt, L. 2014. Schmidt, L.: Die Berufung des Mose in Exodus 3 als Beispiel für Jahwist (J) und Elohist (E), *ZAW* 126 (2014), 339–357.

Schmidt, L. 2015. Schmidt, L.: Der Stab des Mose in der vor- und nachpriesterlichen Redaktion des Pentateuch, in: Giuntoli, F./Schmid, K. (Hg.): *The Post-Priestly Pentateuch. New Perspectives on ist Redactional Development and Theological Profiles*, FAT 101, Tübingen 2015, 253–275.

Schmidt, W.H. 1976. Schmidt, W.H., קנה, *THAT* 2 (1976) 650–659.

Schmidt, W.H. 1988. Schmidt, W.H.: *Exodus 1–6*, BKAT II/1. Neukirchen-Vluyn 1988.

Schmidt, W.H. 1995a. Schmidt, W.H.: *Einführung in das Alte Testament*, Berlin u.a. ⁵1995.

Schmidt, W.H. 1995b. Schmidt, W.H.: *Exodus, Sinai und Mose*, EdF 191, Darmstadt ³1995.

Schmidt, W.H. 2008. Schmidt, W.H.: *Das Buch Jeremia Kap. 1–20*, ATD 20, Göttingen 2008.

Schmidt, W.H. 2013. Schmidt, W.-H.: *Das Buch Jeremia Kapitel 21–52*, ATD 21, Göttingen 2013.

Schmidt, W.H. 2019. Schmidt, W.H.: *Exodus 7,1–15,21*, BKAT II/2.3, Neukirchen-Vluyn 2019.

Schmitt 1972. Schmitt, H.-C.: *Elisa: Traditionsgeschichtliche Untersuchungen zur vorklassischen nordisraelitischen Prophetie*, Gütersloh 1972.

Schmitt 1980. Schmitt, H.-C.: *Die nichtpriesterliche Josephsgeschichte. Ein Beitrag zur neuesten Pentateuchkritik*, BZAW 154, Berlin u. a. 1980.

Schmitt 2001a. Schmitt, H.-C.: Das sogenannte vorprophetische Berufungsschema, in: ders., *Theologie in Prophetie und Pentateuch. Gesammelte Schriften*, Hg. von Schorn, U./ Büttner, M., BZAW 310, Berlin u. a. 2001, 59–73.

Schmitt 2001b. Schmitt, H.-C.: Das spätdeuteronomistische Geschichtswerk Genesis I – 2 Regum XXV und seine theologische Intention, in: ders., *Theologie in Prophetie und Pentateuch. Gesammelte Schriften*, Hg. von Schorn, U./Büttner, M., BZAW 310, Berlin u. a. 2001, 277–294.

Schmitt 2001c. Schmitt, H.-C.: Der heidnische Mantiker als eschatologischer Jahweprophet. Zum Verständnis Bileams in der Endgestalt von Num 22–24, in: ders., *Theologie in Prophetie und Pentateuch. Gesammelte Schriften*, Hg. von Schorn, U./Büttner, M., BZAW 310, Berlin u. a. 2001, 238–254.

Schmitt 2001d. Schmitt, H.-C.: Der Kampf Jakobs mit Gott in Hos 12,3ff. und in Gen 32,23ff. Zum Verständnis der Verborgenheit Gottes im Hoseabuch und im Elohistischen Geschichtswerk, in: ders., *Theologie in Prophetie und Pentateuch. Gesammelte Schriften*, Hg. von Schorn, U./Büttner, M., BZAW 310, Berlin u. a. 2001, 154–188.

Schmitt 2001e. Schmitt, H.-C.: Die Erzählung vom Goldenen Kalb Ex 32* und das Deuteronomistische Geschichtswerk, in: ders., *Theologie in Prophetie und Pentateuch. Gesammelte Schriften*, Hg. von Schorn, U./Büttner, M., BZAW 310, Berlin u. a. 2001, 311–325.

Schmitt 2001f. Schmitt, H.-C.: Die Erzählung von der Versuchung Abrahams Gen 22,1–19* und das Problem einer Theologie der elohistischen Pentateuchtexte, in: ders., *Theologie in Prophetie und Pentateuch. Gesammelte Schriften*, Hg. von Schorn, U./Büttner, M., BZAW 310, Berlin u. a. 2001, 108–130.

Schmitt 2001g. Schmitt, H.-C.: Die Josephsgeschichte und das Deuteronomistische Geschichtswerk, in: ders., *Theologie in Prophetie und Pentateuch. Gesammelte Schriften*, Hg. von Schorn, U./Büttner, M., BZAW 310, Berlin u. a. 2001, 295–308.

Schmitt 2001h. Schmitt, H.-C.: Die Suche nach der Identität des Jahweglaubens im nachexilischen Israel. Bemerkungen zur theologischen Intention der Endredaktion des Pentateuch, in: ders., *Theologie in Prophetie und Pentateuch. Gesammelte Schriften*. Hg. von Schorn, U./Büttner, M., BZAW 310, Berlin u. a. 2001, 255–276.

Schmitt 2001i. Schmitt, H.-C.: „Priesterliches" und „prophetisches" Geschichtsverständnis in der Meerwundererzählung Ex 13,17–14,31. Beobachtungen zur Endredaktion des Pentateuch, in: ders., *Theologie in Prophetie und Pentateuch. Gesammelte Schriften*, Hg. von Schorn, U./Büttner, M., BZAW 310, Berlin u. a. 2001, 203–219.

Schmitt 2001j. Schmitt, H.-C.: Redaktion des Pentateuch im Geist der Prophetie: Beobachtungen zur Bedeutung der „Glaubens"-Thematik innerhalb der Theologie des Pentateuch, in: ders., *Theologie in Prophetie und Pentateuch. Gesammelte Schriften*, Hg. von Schorn, U./Büttner, M., BZAW 310, Berlin u. a. 2001, 220–237.

Schmitt 2001k. Schmitt, H.-C.: *Theologie in Prophetie und Pentateuch. Gesammelte Schriften*. Hg. von Schorn, U./Büttner, M., BZAW 310, Berlin u. a. 2001.

Schmitt 2001l. Schmitt, H.-C.: Tradition der Prophetenbücher in den Schichten der Plagenerzählung Ex 7,1–11,10, *Theologie in Prophetie und Pentateuch*. Hg. von Schorn, U./Büttner, M., BZAW 310, Berlin u. a. 2001, 38–58.

Schmitt 2002. Schmitt, H.-C.: Das sogenannte jahwistische Privilegrecht in Ex 34,10–28 als Komposition der spätdeuteronomistischen Endredaktion des Pentateuch, in: Gertz, J.C./Schmid, K./Witte, M. (Hg.): *Abschied vom Jahwisten. Die Komposition des Hexateuch in der jüngsten Diskussion*, BZAW 315, Berlin u. a. 2002, 157–171 (in diesem Band, S. 239–252).

Schmitt 2003a. Schmitt, H.-C.: Das Altargesetz Ex 20,24–26 und seine redaktionsgeschichtlichen Bezüge, in: Diehl, J.F./Heitzenröder, R./Witte, M. (Hg.): *„Einen Altar von Erde mache mir...": FS Diethelm Conrad*, KAANT 4/5, Waltrop 2003, 269–282 (in diesem Band, S. 217–227).

Schmitt 2003b. Schmitt, H.-C.: Spätdeuteronomistisches Geschichtswerk und Priesterschrift in Dtn 34, in: Kiesow, K./Meurer, T. (Hg.): *Textarbeit: Studien zu Texten und ihrer Rezeption aus dem Alten Testament und der Umwelt Israels. FS Peter Weimar*, AOAT 294, Münster 2003, 407–424 (in diesem Band, S. 285–303).

Schmitt 2003c. Schmitt, H.-C.: Redaktion und Tradition in Ex 3,1–6. Die Berufung des Mose und der „Elohist", in: Gebauer, R./Meiser, M. (Hg.): *Die bleibende Gegenwart des Evangeliums. FS Otto Merk*, MThSt 76, Marburg 2003, 1–11 (in diesem Band, S. 87–97).

Schmitt 2004a. Schmitt, H.-C.: Menschliche Schuld, göttliche Führung und ethische Wandlung. Zur Theologie von Genesis 20,1–21,21* und zum Problem des Beginns des „Elohistischen Geschichtswerks", in: Witte, M. (Hg.): *Gott und Mensch im Dialog. FS Otto Kaiser*, BZAW 345, Berlin u.a. 2004, 259–270 (in diesem Band, S. 29–40).

Schmitt 2004b. Schmitt, H.-C.: „Reue Gottes" im Joelbuch und in Exodus 32–34, in: Hartenstein, F./Krispenz, J./Schart, A. (Hg.): *Schriftprophetie. FS Jörg Jeremias*, Neukirchen-Vluyn, 297–305 (in diesem Band, S. 229–327).

Schmitt 2004c. Schmitt, H.-C.: Weisheit, Schöpfung und Erwählung in Psalm 8, in: Krug, M./ Lödel, R./Rehm, J. (Hg.): *Beim Wort nehmen – die Schrift als Zentrum für kirchliches Reden und Gestalten. FS Friedrich Mildenberger*, Stuttgart 2004, 118–128.

Schmitt 2007. Schmitt, H.-C.: Mose, der Exodus und der Monotheismus. Ein Gespräch mit Jan Assman, in: ders./Sparn, W. (Hg.): *Monotheismus als religiöses und kulturelles Phänomen. Zwei Abschiedsvorlesungen der Erlanger Theologischen Fakultät 7. Februar 2007*, Akademische Reden und Kolloquien 25, Erlangen u.a. 2007, 7–28 (in diesem Band, S. 305–319).

Schmitt 2008. Schmitt, H.-C.: Die „Ältesten" in der Exodusüberlieferung und im Aramäischen Briefbericht von Esr 4,8–6,15, in: Kottsieper, I./Schmitt, R./Wöhrle, J. (Hg.): *Berührungspunkte. Studien zur Sozial- und Religionsgeschichte Israels und seiner Umwelt, FS Rainer Albertz*, AOAT 350, Münster 2008, 57–72 (in diesem Band , S. 253–267).

Schmitt 2009a. Schmitt, H.-C.: „Das Gesetz aber ist neben eingekommen". Spätdeuteronomistische nachpriesterschriftliche Redaktion und ihre vorexilische Vorlage in Ex 19–20, in: Achenbach, R./Arneth, M. (Hg.): *„Gerechtigkeit und Recht zu üben" (Gen 18,19). Studien zur altorientalischen und biblischen Rechtsgeschichte, zur Religionsgeschichte Israels und zur Religionssoziologie. FS Eckart Otto*, BZAR 13, Wiesbaden 2009, 155–170 (in diesem Band , S. 173–189).

Schmitt 2009b. Schmitt, H.-C.: Erzvätergeschichte und Exodusgeschichte als konkurrierende Ursprungslegenden Israels – ein Irrweg der Pentateuchforschung, in: Hagedorn, A.C./ Pfeiffer, H. (Hg.): *Die Erzväter in der biblischen Tradition. FS Matthias Köckert*, BZAW 400, Berlin u.a. 2009, 241–266 (in diesem Band, S. 3–27).

Schmitt 2010. Schmitt, H.-C.: ‚Eschatologie' im Enneateuch Gen 1–2 Kön 25. Bedeutung und Funktion der Moselieder Dtn 32,1–43* und Ex 15,1–18*, in: Diller, C. et al. (Hg.): *Studien zu Psalmen und Propheten. FS Hubert Irsigler*, HBSt 64, Freiburg i. Br. 2010, 131–149 (in diesem Band, S. 269–284).

Schmitt 2014a. Schmitt, H.-C.: Die Jahwenamenoffenbarung in Ex 6,2–9* und die zwei Zeiten der Landgabe. Zum Ende der Priesterschrift und zu ihrem Zeitverständnis, in: Kotjatko-Reeb, J. et al. (Hg.): *Nichts Neues unter der Sonne? Zeitvorstellungen im AT. FS Ernst-Joachim Waschke*, BZAW 450, Berlin u.a. 2014, 137–155 (in diesem Band, S. 113–129).

Schmitt 2014b. Schmitt, H.-C.: Wie deuteronomistisch ist der nichtpriesterliche Meerwunderbericht von Exodus 13,17–14,31?, *Bib.* 95 (2014), 26–48 (in diesem Band, S. 153–171).

Schmitt 2015a. Schmitt, H.-C.: Die „Sinai-Ouvertüre" in Ex 19,3b–9 als nachpriesterliche Verbindung zwischen Pentateuch und Vorderen Propheten. Mal'ak-, Hexateuch- oder Enneateuch-Fortschreibung?, in: Giuntoli, F./Schmid, K. (Hg.): *The Post-priestly Pentateuch. New Perspectives on its Redactional Development and Theological Profiles*, FAT 101, Tübingen 2015, 277–303 (in diesem Band, S. 191–215).

Schmitt 2015b. Schmitt, H.-C.: Die Josefs- und die Exodus-Geschichte: Ihre vorpriesterliche weisheitstheologische Verbindung, *ZAW* 127 (2015), 171–187 (in diesem Band, S. 55–69).

Schnelle 2000. Schnelle, U.: *Einführung in die neutestamentliche Exegese*, UTB 1253, Göttingen ⁵2000.

Schorn 1997. Schorn, U.: *Ruben und das System der zwölf Stämme Israels: Redaktionsgeschichtliche Untersuchungen zur Bedeutung des Erstgeborenen Jakobs*, BZAW 248, Berlin u. a. 1997.

Schorn 2000. Schorn, U.: Rubeniten als exemplarische Aufrührer in Num 16f*/Deut. 11, in: McKenzie, S.L./Römer, T. (Hg.): *Rethinking the Foundations: Historiography in the Ancient World and in the Bible. FS John Van Seters*, BZAW 294, Berlin u. a. 2000, 251–268.

Schorn 2006. Schorn, U.: Genesis 22 – Revisited, in: Beck, M./Schorn, U. (Hg.): *Auf dem Weg zur Endgestalt von Genesis bis II Regum. FS Hans-Christoph Schmitt*, BZAW 370, Berlin u. a. 2006, 89–110.

Schreiner 1977. Schreiner, J.: Exodus 12,21–23 und das israelitische Pascha, in: G. Braulik (Hg.): *Studien zum Pentateuch. FS Walter Kornfeld*, Freiburg i. Br. 1977, 69–90.

Schreiner 1994. Schreiner, J.: Kein anderer Gott! Bemerkungen zu Ex 34,11–26, in: Kottsieper, I. et al. (Hg.): *„Wer ist wie du, HERR, unter den Göttern?" Studien zur Theologie und Religionsgeschichte Israels. FS Otto Kaiser*, Göttingen 1994, 199–213.

Schwiderski 2000. Schwiderski, D.: *Handbuch des nordwestsemitischen Briefformulars. Ein Beitrag zur Echtheitsfrage der aramäischen Briefe des Esrabuches*, BZAW 295, Berlin u. a. 2000.

Schwienhorst-Schönberger 1990. Schwienhorst-Schönberger, L.: *Das Bundesbuch (Ex 20,22–23,33). Studien zu seiner Entstehung und Theologie*, BZAW 188, Berlin u. a. 1990.

Scoralick 2001. Scoralick, R.: „JHWH, JHWH, ein gnädiger und barmherziger Gott…" (Ex 34,6): Die Gottesprädikationen aus Ex 34,6f. in ihrem Kontext in Kapitel 32–34, in: Köckert, M./ Blum, E. (Hg.): *Gottes Volk am Sinai. Untersuchungen zu Ex 32–34 und Dtn 9–10*, VWGTh 18, Gütersloh 2001, 141–156.

Seebass 1994. Seebass, H.: Biblisch-theologischer Versuch zu Num 20,1–13 und 21,4–9, in: Mommer, P./Thiel, W. (Hg.): *Altes Testament – Forschung und Wirkung. FS Henning Graf Reventlow*, Frankfurt a. M. 1994, 219–229.

Seebass 1997. Seebass, H.: *Genesis II/1. Vätergeschichte I (11,27–22,24)*, Neukirchen-Vluyn 1997.

Seebass 1999. Seebass, H.: *Genesis II/2. Vätergeschichte II (23,1–36,43)*, Neukirchen-Vluyn 1999.

Seebass 2000. Seebass, H.: *Genesis III. Josephsgeschichte (37,1–50,26)*, Neukirchen-Vluyn 2000.

Seebass 2007. Seebass, H.: *Numeri 22,2–36,13*, BK IV/3, Neukirchen-Vluyn 2007.

Seidl 1989. Seidl, T.: „Zwei Gesichter" oder zwei Geschichten? Neuversuch einer Literarkritik zu Gen 20, in: Görg, M. (Hg.): *Die Väter Israels: Beiträge zur Theologie der Patriarchenüberlieferungen im Alten Testament. FS Josef Scharbert,* Stuttgart 1989, 305–325.

Seybold 1996. Seybold, K.: *Die Psalmen,* HAT I/15, Tübingen 1996.

Seybold 2001. Seybold, K.: Joel/Joelbuch, *RGG*⁴ 4 (2001), 511–512.

Simkins 1991. Simkins, R.: *Yahweh's Activity in History and Nature in the Book of Joel,* ANETS 10, Lewiston 1991.

Ska 1979. Ska, J.-L.: Les plaies d'Égypte dans le récit sacerdotal (P⁸), *Biblica* 60 (1979), 23–35.

Ska 1982. Ska, J.-L.: La place d'Ex 6,2–8 dans la narration de l'exode, *ZAW* 94 (1982), 530–548.

Ska 1983. Ska, J.-L.: Exode XIV contient-il un récit de „guerre sainte" de style deutéronomistique?, *VT* 33 (1983), 454–467.

Ska 1986. Ska, J.-L.: *Le passage de la mer: étude de la construction, du style et de la symbolique d'Ex 14,1–31,* AnBib 109, Rom 1986.

Ska 1996. Ska, J.-L.: Exode 19,3b–6 et l'identité de l'Israël postexilique, in: Vervenne, M. (Hg.): *Studies in the Book of Exodus. Redaction – Reception – Interpretation,* BETL 126, Leuven 1996, 289–317.

Ska 2000. Ska, J.-L.: *Introduction à la lecture du Pentateuque: Clés pour l'interprétation des cinq premiers livres de la Bible,* Le livre et le rouleau 5, Brüssel 2000.

Ska 2009a. Ska, J.-L.: A Plea on Behalf of the Biblical Redactors, in: ders., *The Exegesis of the Pentateuch: Exegetical Studies and Basic Questions,* FAT 66, Tübingen 2009, 232–245.

Ska 2009b. Ska, J.-L.: Essay on the Nature and Meaning of the Abraham Cycle (Gen 11:29–25:11), in: ders., *The Exegesis of the Pentateuch: Exegetical Studies and Basic Questions,* FAT 66, Tübingen 2009, 23–45.

Ska 2009c. Ska, J.-L.: Exodus 19:3–6 and the Identity of Post-exilic Israel, in: ders., *The Exegesis of the Pentateuch: Exegetical Studies and Basic Questions,* FAT 66, Tübingen 2009, 139–164.

Ska 2011. Ska, J.-L.: The Limits of Interpretation, in: Dozeman T.B./Schmid, K./Schwartz, B.J. (Hg.): *The Pentateuch: International Perspectives on Current Research,* FAT 78, Tübingen 2011, 109–122.

Smend 1978. Smend, R.: *Die Entstehung des Alten Testaments,* ThW 1, Stuttgart 1978.

Smend 1989. Smend, R.: *Die Entstehung des Alten Testaments,* ThW 1, Stuttgart ⁴1989.

Smend 1997. Smend, R.: *Bibel, Theologie, Universität: sechzehn Beiträge,* KVR 1582, Göttingen 1997.

Smend 2002. Smend, R.: Theologie im Alten Testament, in: ders., *Die Mitte des Alten Testaments. Exegetische Aufsätze,* Tübingen 2002, 75–88.

Spieckermann 1989. Spieckermann, H.: *Heilsgegenwart. Eine Theologie der Psalmen,* FRLANT 148, Göttingen 1989.

Spieckermann 2001. Spieckermann, H.: „Barmherzig und gnädig ist der Herr …", in: ders., *Gottes Liebe zu Israel. Studien zur Theologie des Alten Testaments.* FAT 33, Tübingen 2001, 3–19.

Sprinkle 1994. Sprinkle, J.M.: *The Book of the Covenant: A Literary Approach,* JSOTS 174, Sheffield 1994.

Stamm 1945. Stamm, J.J.: Zum Altargesetz im Bundesbuch, *ThZ* 1 (1945), 304–306.

Steck 1991. Steck, O.H.: Aufbauprobleme in der Priesterschrift, in: Daniels, D.R. (Hg.): *Ernten, was man sät. FS Klaus Koch*, Neukirchen-Vluyn 1991, 287–308.

Steins 1999. Steins, G.: *Die „Bindung Isaaks" im Kanon (Gen 22)*, HBS 20, Freiburg i. Br. 1999.

Steins 2001. Steins, G.: Priesterherrschaft, Volk von Priestern oder was sonst? Zur Interpretation von Ex 19,6, *BZ* 45 (2001), 20–36.

Stipp 2000. Stipp, H.–J.: Gedalja und die Kolonie von Mizpa, *ZABR* 6 (2000), 155–171.

Stoellger 1993. Stoellger, P.: Deuteronomium 34 ohne Priesterschrift, *ZAW* 105 (1993), 26–51.

Stolz 1972. Stolz, F.: *Jahwes und Israels Kriege: Kriegstheorien und Kriegserfahrungen im Glauben des alten Israel*, AThANT 60, Zürich 1972.

Stolz 1983. Stolz, F.: *Psalmen im nachkultischen Raum*, ThSt 129, Zürich 1983.

Strauß 1985. Strauß, H.: Das Meerlied des Mose – ein „Siegeslied" Israels? Bemerkungen zur theologischen Exegese von Ex 15,1–19.20f, *ZAW* 97 (1985), 103–109.

Thiel 2007. Thiel, W.: „Es ist genug!" Untersuchungen zu I Reg 19,4b, *ZAW* 119 (2007), 201–216.

Thiel 2019. Thiel, W.: *Könige. 2. Teilband. 1. Könige 17,1–22,54*, BKAT IX/2, Göttingen 2019.

Tucker 2017. Tucker, P.N.: The Priestly Grundschrift: Source or Redaction? The Case of Exodus 12:12–13, *ZAW* 129 (2017), 205–219.

Utzschneider 1980. Utzschneider, H.: *Hosea – Prophet vor dem Ende. Zum Verhältnis von Geschichte und Institution in der alttestamentlichen Prophetie*, OBO 31, Fribourg u. a. 1980.

Utzschneider 1988. Utzschneider, H.: *Das Heiligtum und das Gesetz: Studien zur Bedeutung der sinaitischen Heiligtumstexte (Ex 25–40; Lev 8–9)*, OBO 77, Fribourg u. a. 1988.

Utzschneider 1996. Utzschneider, H.: *Gottes langer Atem. Die Exoduserzählung (Ex 1–14) in ästhetischer und historischer Sicht*, SBS 166, Stuttgart 1996.

Utzschneider/Oswald 2013. Utzschneider, H./Oswald, W.: *Exodus 1–15*, IEKAT, Stuttgart 2013.

Valentin 1978. Valentin, H.: *Aaron. Eine Studie zur vor-priesterlichen Aaron-Überlieferung*, OBO 18, Fribourg u. a. 1978.

Van Seters 1975. Van Seters, J.: *Abraham in History and Tradition*, New Haven 1975.

Van Seters 1992. Van Seters, J.: *Prologue to History. The Yahwist as Historian in Genesis*, Zürich 1992.

Van Seters 1994. Van Seters, J.: *The Life of Moses. The Yahwist as Historian in Exodus-Numbers*, CBET 10, Kampen 1994.

Van Seters 1996. Van Seters, J.: Cultic Laws in the Covenant Code and Their Relationship to Deuteronomy and the Holiness Code, in: M. Vervenne (Hg.): *Studies in the Book of Exodus*, BEThL 136, Leuven 1996, 319–345.

Van Seters 1999. Van Seters, J.: *The Pentateuch: A Social-Science Commentary*, Trajectories 1, Sheffield 1999.

Van Seters 2003. Van Seters, J.: *A Law Book for the Diaspora: Revision in the Study of the Covenant Code*, Oxford 2003.

Van Seters 2006. Van Seters, J.: The Report of the Yahwist's Demise Has Been Greatly Exaggerated!, in: Dozeman, T.B./Schmid, K. (Hg.): *A Farewell to the Yahwist?: The Composition of the Pentateuch in Recent European Interpretation*, SBLSymS 34, Atlanta 2006, 143–157.

Van Seters 2013. Van Seters, J.: *The Yahwist. A Historian of Israelite Origins*. Winona Lake 2013.

Veijola 1975. Veijola, T.: *Die ewige Dynastie. David und die Entstehung seiner Dynastie nach der deuteronomistischen Darstellung*, AASF.B 193, Helsinki 1975.

Veijola 1988. Veijola, T.: Das Opfer des Abraham. Paradigma des Glaubens aus dem nachexilischen Zeitalter, *ZThK* 85 (1988), 129–164.

Veijola 2000. Veijola, T.: Die Geschichte des Pesachfestes im Lichte von Deuteronomium 16,1–8, in: Ders.: *Moses Erben. Studien zum Dekalog, zum Deuteronomismus und zum Schriftgelehrtentum*, BWANT 149, Stuttgart u. a. 2000, 131–152.

Veijola 2004. Veijola, T.: *Das 5. Buch Mose (Deuteronomium). Kap. 1,1–16,17*, ATD 8/1, Göttingen 2004.

Vriezen 1967. Vriezen, T.C.: Exodusstudien. Exodus I, *VT* 17 (1967), 334–353.

Wagner, T. 2015. Wagner, T.: Impulse für die Redaktionsgeschichte: Quellenkompilation im Kontext der Rezeption, in: Heckl, R. (Hg.): *Methodik im Diskurs. Neue Perspektiven für die alttestamentliche Exegese*, BThSt 146, Neukirchen-Vluyn 2015, 113–142.

Wagner, V. 2002a. Wagner, V.: Beobachtungen am Amt der Ältesten im alttestamentlichen Israel. Teil 1: Der Ort der Ältesten in den Epochen der Geschichte und in der Gliederung der Gesellschaft, *ZAW* 114 (2002), 391–411.

Wagner, V. 2002b. Wagner, V.: Beobachtungen am Amt der Ältesten im alttestamentlichen Israel. Teil 2: Die Kompetenzen und Aufgaben der Ältesten im Rechtsleben und im Kult, *ZAW* 114 (2002), 560–576.

Wambacq 1976. Wambacq, B.N.: Les origines de la Pesaḥ israélite, *Bib.* 57 (1976), 301–326.

Wambacq 1981. Wambacq, B.N.: Pesaḥ-Massot, *Bib.* 62 (1981), 499–518.

Wanke 1970. Wanke, G.: „Eschatologie". Ein Beispiel theologischer Sprachverwirrung, *KuD* 16 (1970), 300–312.

Wanke 1995. Wanke, G.: *Jeremia*. Bd. 1. *Jeremia 1–25,14*, ZBK.AT 20,1, Zürich 1995.

Wanke 2003. Wanke, G. (2003): *Jeremia*. Bd. 2. *Jeremia 25,15–52,34*, ZBK.AT 20,2, Zürich 2003.

Waschke 1984. Waschke, E.-J.: *Untersuchungen zum Menschenbild der Urgeschichte. Ein Beitrag zur alttestamentlichen Theologie*, ThA 43, Berlin 1984.

Waschke 2006. Waschke, E.-J.: Mose und David. Ein überlieferungs- und redaktionsgeschichtliches Desiderat?, in: Beck, M./Schorn, U. (Hg.): *Auf dem Weg zur Endgestalt von Genesis bis II Regum. FS Hans-Christoph Schmitt*, BZAW 370, Berlin u. a. 2006, 217–230.

Weimar 1973. Weimar, P.: *Untersuchungen zur priesterlichen Exodusgeschichte*, fzb 9, Würzburg 1973.

Weimar 1977. Weimar, P.: *Untersuchungen zur Redaktionsgeschichte des Pentateuch*, BZAW 146, Berlin u. a. 1977.

Weimar 1980. Weimar, P.: *Die Berufung des Mose. Literaturwissenschaftliche Analyse von Exodus 2,23–5,5*, OBO 32, Fribourg 1980.

Weimar 1984. Weimar, P.: Struktur und Komposition der priesterschriftlichen Geschichtsdarstellung, *BN* 23 (1984), 81–134/*BN* 24 (1984), 138–162.

Weimar 1985. Weimar, P.: *Die Meerwundererzählung*, ÄAT 9, Wiesbaden 1985.

Weimar 1993. Weimar, P.: Der Tod Aarons und das Schicksal Israels. Num 20,22–29* im Rahmen der Priesterschrift, in: Braulik, G. (Hg.): *Biblische Theologie und gesellschaftlicher Wandel. FS Norbert Lohfink*, Freiburg i. Br. u. a. 1993, 345–358.

Weimar 1995a. Weimar, P.: Ex 12,1–14 und die priesterschriftliche Geschichtsdarstellung, *ZAW* 107 (1995), 196–214.

Weimar 1995b. Weimar, P.: Zum Problem der Entstehungsgeschichte von Ex 12,1–14, *ZAW* 107 (1995), 1–17.

Weimar 1997. Weimar, P.: Exodus 12,24–27a. Ein Zusatz nachdeuteronomistischer Provenienz aus der Hand der Pentateuchredaktion, in: Vervenne, M./Lust, J. (Hg.): *Deuteronomy and Deuteronomic Literature. FS C.H.W. Brekelmans*, BEThL 133, Leuven 1997, 421–448.

Weimar 1999. Weimar, P.: Pascha und Maṣṣot. Anmerkungen zu Dtn 16,1–8, in: Beyerle, S./Mayer, G./Strauß, H. (Hg.): *Recht und Ethos im Alten Testament. FS Horst Seebass*, Neukirchen-Vluyn 1999, 61–72.

Weimar 2008. Weimar, P.: *Studien zur Priesterschrift*, FAT 56, Tübingen 2008.

Weimar/Zenger 1975. Weimar, P./Zenger, E.: *Exodus. Geschichten und Geschichte der Befreiung Israels*, SBS 75, Stuttgart 1975.

Weimar/Zenger 1979. Weimar, P./Zenger, E.: *Exodus: Geschichten und Geschichte der Befreiung Israels*, SBS 75, Stuttgart ²1979.

Weiser 1956. Weiser, A.: *Das Buch der zwölf Kleinen Propheten I*, ATD 24/1, Göttingen ²1956.

Wellhausen 1899. Wellhausen, J.: *Die Composition des Hexateuchs und der historischen Bücher des Alten Testaments*, ³1899.

Wellhausen 1905. Wellhausen, J.: *Prolegomena zur Geschichte Israels*, Berlin ⁶1905.

Wellhausen 1963. Wellhausen, J.: *Die Composition des Hexateuchs und der historischen Bücher des Alten Testaments*, Berlin ⁴1963.

Wenham 1994. Wenham, G.: *Genesis 16–50*, WBC 2, Waco TX 1994.

Werlitz 2002. Werlitz, J.: *Die Bücher der Könige*, NSK.AT 8, Stuttgart 2002.

Werner 1982. Werner, W.: *Eschatologische Texte in Jesaja 1–39. Messias, Heiliger Rest, Völker*, fzb 46, Würzburg 1982.

Werner 1997. Werner, W.: *Das Buch Jeremia. Kapitel 1–25*, NSK.AT 19,1, Stuttgart 1997.

Werner 2003. Werner, W.: *Das Buch Jeremia. Kapitel 25–52*, NSK.AT 19,2, Stuttgart 2003.

Westermann 1981. Westermann, C.: *Genesis. Bd. 2. Gen 12–36*, BKAT I/2, Neukirchen-Vluyn 1981.

Westermann 1982. Westermann, C.: *Genesis. Bd. 3. Genesis 37–50*, BKAT I/3, Neukirchen-Vluyn 1982.

Willi-Plein 1988. Willi-Plein, I.: *Das Buch vom Auszug. 2. Mose (Exodus)*, Neukirchen-Vluyn 1988.

Willi-Plein 1992. Willi-Plein, I.: Die Versuchung steht am Schluss. Inhalt und Ziel der Versuchung Abrahams nach der Erzählung in Gen 22, *ThZ* 48 (1992), 100–108.

Willi 1995. Willi, T.: *Juda, Jehud, Israel. Studien zum Selbstverständnis des Judentums in persischer Zeit*, FAT 12, Tübingen 1995.

Williamson 2004. Williamson, H.G.M.: *Studies in Persian Period History and Historiography*, FAT 38, Tübingen 2004.

Willis 2010. Willis, J.T.: *Yahweh and Moses in Conflict. The Role of Exodus 4,24–26 in the Book of Exodus*, Bible in History 8, Bern 2010.

Wilms 1973. Wilms, F.-E.: *Das jahwistische Bundesbuch in Exodus 34*, STANT 32, München 1973.

Witte 1998. Witte, M.: *Die biblische Urgeschichte. Redaktions- und theologiegeschichtliche Beobachtungen zu Genesis 1,1–11,26*, BZAW 265, Berlin u. a. 1998.

Witte 2000. Witte, M.: „Aber Gott wird meine Seele erlösen". Tod und Leben nach Psalm xlix, *VT* 50 (2000), 540–560.

Witte 2003. Witte, M.: Psalm 114 – Überlegungen zu seiner Komposition im Kontext der
Psalmen 113 und 115, in: Diehl, J.F./Heitzenröder, R./Witte, M. (Hg.): „Einen Altar von Erde
mache mir ...". FS Diethelm Conrad, KAANT 4/5, Waltrop 2003, 293–311.

Witte 2006. Witte, M.: From Exodus to David – History and Historiography in Psalm 78, in:
Calduch-Benages, N./Liesen, J. (Hg.): YDCL 2006. History and Identity. How Israel's Later
Authors Viewed Its Earlier History, Berlin u.a. 2006, 21–42.

Wöhrle 2012. Wöhrle, J.: Fremdlinge im eigenen Land. Zur Entstehung und Intention der
priesterlichen Passagen der Vätergeschichte, FRLANT 246, Göttingen 2012.

Wolff 1969. Wolff, H.W.: Dodekapropheton 2. Joel und Amos, BKAT XIV/2, Neukirchen-Vluyn
1969.

Wolff 1973. Wolff, H.W.: Das Thema „Umkehr" in der alttestamentlichen Prophetie, in: Ders.:
Gesammelte Studien zum Alten Testament, TB 22, München ²1973, 130–150.

Wolff 1977. Wolff, H.W.: Dodekapropheton 3. Obadja, Jona, BKAT XIV/3, Neukirchen-Vluyn 1977.

Woude 1976. Woude, A.S. van der: צור, THAT 2 (1976), 538–543.

Würthwein 1984. Würthwein, E.: Die Bücher der Könige 1. Kön 17–2. Kön 25, ATD 11/2,
Göttingen 1984.

Würthwein 1985. Würthwein, E.: Die Bücher der Könige. Das erste Buch der Könige
Kapitel 1–16, ATD 11/1, Göttingen ²1985.

Würthwein 1994. Würthwein, E.: Erwägungen zum sog. deuteronomistischen Geschichtswerk.
Eine Skizze, in: ders. (Hg.): Studien zum deuteronomistischen Geschichtswerk, BZAW 227,
Berlin u.a. 1994, 1–11.

Zapff 2006. Zapff, B.M.: Jesaja 56–66, NEB 37, Würzburg 2006.

Zenger 1971. Zenger, E.: Die Sinaitheophanie. Untersuchungen zum jahwistischen und
elohistischen Geschichtswerk, fzb 3, Würzburg 1971.

Zenger 1978. Zenger, E.: Das Buch Exodus, GSL 7, Düsseldorf 1978.

Zenger 1981. Zenger, E.: Tradition und Interpretation in Exodus XV 1–21, in: Emerton, J.A.
(Hg.): Congress Volume Vienna 1980, VT.S 32, Leiden 1981, 452–483.

Zenger 1996. Zenger, E.: Wie und wozu die Tora zum Sinai kam. Literarische und theologische
Beobachtungen zu Exodus 19–34, in: Vervenne, M. (Hg.): Studies in the Book of Exodus.
Redaction, Reception, Interpretation, BEThL 126, Leuven 1996, 265–288.

Zenger et al. 1998. Zenger, E. et al.: Einleitung in das Alte Testament, KStTh 1,1, Stuttgart u.a.
³1998.

Zenger et al. 2001. Zenger, E. et al.: Einleitung in das Alte Testament, KStTh 1,1, Stuttgart u.a.
⁴2001.

Zenger et al. 2012. Zenger E. et al.: Einleitung in das Alte Testament. Hg. von Frevel, C., KStTh
1,1, Stuttgart u.a. ⁸2012.

Ziemer 2005. Ziemer, B.: Abram – Abraham. Kompositionsgeschichtliche Untersuchungen zu
Genesis 14, 15 und 17, BZAW 350, Berlin u.a. 2005.

Zimmerli 1979. Zimmerli, W.: Ezechiel 1–24, BKAT XIII/1, Neukirchen-Vluyn ²1979.

Zimmer 1999. Zimmer, F.: Der Elohist als weisheitlich-prophetische Redaktionsschicht. Eine
literarische und theologiegeschichtliche Untersuchung der sogenannten elohistischen
Texte im Pentateuch, EHS.T 656, Frankfurt a.M. u.a. 1999.

Zwickel 1994. Zwickel, W.: Der Tempelkult in Kanaan und Israel. Studien zur Kultgeschichte
Palästinas von der Mittelbronzezeit bis zum Untergang Judas, FAT 10, Tübingen 1994.

Register

Autoren

https://doi.org/10.1515/9783110724448-022

Namen und Sachen

Hebräische Wörter

ᵃbānîm šᵉlemôt   222
ʾabrek   26
ʾôt, ʾotôt   290
ᵃḥuzzāh   122, 125 f., 297
ᵃlohê massekāh   247
ʾsp   296

bdl   192
bwʾ   225, 297
ben   104
brʾ   251
brḥ   20
bᵉrît   126, 191

gʾh   278
gôy gādôl   96
gôy qādôš   214
gazît   222
ger   81

dābār   145

hinneh   18, 93, 96
hrg   20

zæbaḥ   250 f.
zkr   225
ziqnê yiśrāʾel   253

ḥag   136
ḥws   231
ḥzq   290
ḥæsæd   37
ḥæræb   223
ḥātān   109

yād   290
yôm   124
yšb   12, 76 f.
yāšār   287

kābôd   178 f.

lqḥ   11, 63, 95

māgôr   122
mûlāh   103
môrāšāh   116, 122
malʾāk   13, 86, 90, 193, 195 – 197, 215
mālôn   102
maᶜᵃsæh   250
mrr   150
mašḥît   131, 141, 148

ngd   206
ngᶜ   105
ngp   145 f.
nægæp   146
nwp   222
naḥᵃlāh   235
nḥm   231
nsh   186
nṣl   145
ntn   123, 126

sᵉgullāh   214
smk   300
sᵉrîs   26

ᶜᵃbodāh   145
ᶜbr   297
ᶜedāh   128
ᶜam   18, 22, 55, 68, 95 f., 214
ᶜānān   178

paḥad   73
pll   51
pæṭær ræḥæm   250
psḥ   142, 145 f., 148
pæsaḥ   150
prh   8

ṣûr   100

qol   45, 54
qāṣîr   250

rbh   8, 22, 55, 95
rûᵃḥ   126, 301

Bibelstellen

Nachweis der Erstveröffentlichung

Erzvätergeschichte und Exodusgeschichte als konkurrierende Ursprungslegenden Israels – ein Irrweg der Pentateuchforschung, in: Hagedorn, A. C./Pfeiffer, H. (Hg.): *Die Erzväter in der biblischen Tradition. FS Matthias Köckert*, BZAW 400, Berlin u.a. 2009, 241–266.

Menschliche Schuld, göttliche Führung und ethische Wandlung. Zur Theologie von Genesis 20,1–21,21* und zum Problem des Beginns des „Elohistischen Geschichtswerks", in: Witte, M. (Hg.): *Gott und Mensch im Dialog. FS Otto Kaiser*, BZAW 345, Berlin u.a. 2004, 259–270.

„Versuchung durch Gott" und „Gottesfurcht" in Gen 22,1.12 und Ex 20,20, *ZAW* 126 (2014), 15–30.

Die Josefs- und die Exodus-Geschichte: Ihre vorpriesterliche weisheitstheologische Verbindung, *ZAW* 127 (2015), 171–187.

Parallel Narrative Patterns between Exodus 1–14* and the Ancestral Stories in Genesis 24* and 29–31*, in: Berner, C./Samuel, H. (Hg.): *Book-Seams in the Hexateuch I. The Literary Transitions between the Books of Genesis/Exodus and Joshua/Judges*, FAT 120, Tübingen 2018, 171–186.

Redaktion und Tradition in Ex 3,1–6. Die Berufung des Mose und der „Elohist", in: Gebauer, R./Meiser,M. (Hg.): *Die bleibende Gegenwart des Evangeliums. FS Otto Merk*, MThSt 76, Marburg 2003, 1–11.

Der erstgeborene Sohn Moses als „Blutverschwägerter" Zipporas Ex 4,24–26. Eine Fortschreibung aus hellenistischer Zeit?, in: Müller, R./Nõmmik, U./Pakkala, J. (Hg), *Fortgeschriebenes Gotteswort. Studien zu Geschichte, Theologie und Auslegung des Alten Testaments. FS Christoph Levin*, Tübingen 2020, 29–41.

Die Jahwenamenoffenbarung in Ex 6,2–9* und die zwei Zeiten der Landgabe. Zum Ende der Priesterschrift und zu ihrem Zeitverständnis, in: Kotjatko-Reeb, J./Schorch, S./Thon, J./Ziemer, B. (Hg.): *Nichts Neues unter der Sonne? Zeitvorstellungen im Alten Testament. FS Ernst-Joachim Wanke*, BZAW 450, Berlin u.a. 2014, 137–155.

Nomadische Wurzeln des Päsach-Mahls? Aporien bei der Rekonstruktion einer Vorgeschichte der Päsach-Feier von Ex 12,1–13*.28, in: Peetz, M./Hübenthal, S. (Hg.): *Ästhetik, sinnlicher Genuss und gute Manieren. Ein biblisches Menü in 25 Gängen. FS Hans-Winfried Jüngling SJ*, ÖBS 50, Berlin 2018, 241–262.

Wie deuteronomistisch ist der nichtpriesterliche Meerwunderbericht von Exodus 13,17–14,31?, *Bib.* 95 (2014), 26–48.

„Das Gesetz aber ist neben eingekommen". Spätdeuteronomistische nachpriesterschriftliche Redaktion und ihre vorexilische Vorlage in Ex 19–20*, in: Achenbach, R./Arneth, M. (Hg.): *„Gerechtigkeit und Recht zu üben" (Gen 18,19). Studien zur altorientalischen und biblischen Rechtsgeschichte, zur Religionsgeschichte Israels und zur Religionssoziologie. FS Eckart Otto*, BZAR 13, Wiesbaden 2009, 155–170.

Die „Sinai-Ouvertüre" in Ex 19,3b–9 als nachpriesterliche Verbindung zwischen Pentateuch und Vorderen Propheten. Mal'ak-, Hexateuch- oder Enneateuch-Fortschreibung, in: Giuntoli, F./Schmid, K. (Hg.): *The Post-Priestly Pentateuch. New Perspectives on its Redactional Development and Theological Profiles*, FAT 101, Tübingen 2015, 277–303.

Das Altargesetz Ex 20,24–26 und seine redaktionsgeschichtlichen Bezüge, in: Diehl, J. F./Heitzenröder R./Witte, M. (Hg.): *„Einen Altar von Erde mache mir ...". FS Diethelm Conrad*, KAANT 4/5, Waltrop 2003, 269–282.

https://doi.org/10.1515/9783110724448-023

„Reue Gottes" im Joelbuch und in Exodus 32 – 34, in: Hartenstein, F./Krispenz, J./Schart, A. (Hg.): *Schriftprophetie. FS Jörg Jeremias*, Neukirchen-Vluyn 2004, 297 – 305.

Das sogenannte jahwistische Privilegrecht in Ex 34,10 – 28 als Komposition der spätdeuteronomistischen Endredaktion des Pentateuch, in: Gertz, J. C./Schmid, K./Witte, M. (Hg.): *Abschied vom Jahwisten. Die Komposition des Hexateuchs in der jüngsten Diskussion*, BZAW 315, Berlin u.a. 2002, 157 – 171.

Die „Ältesten" in der Exodusüberlieferung und im Aramäischen Briefbericht von Esr 4,8 – 6,15, in: Kottsieper, I./Schmitt, R./Wöhrle, J. (Hg.): *Berührungspunkte, Studien zur Sozial- und Religionsgeschichte Israels und seiner Umwelt. FS Rainer Albertz*, AOAT 350, Münster 2008, 57 – 72.

„Eschatologie" im Enneateuch Gen 1 – 2 Kön 25. Bedeutung und Funktion der Moselieder Dtn 32,1 – 43* und Ex 15,1 – 21*, in: Diller, C./Ólason, K./Mulzer, M./Rothenbusch, R. (Hg.): *Studien zu Psalmen und Propheten. FS Hubert Irsigler*, HBS 64, Freiburg/Basel/Wien 2010, 131 – 149.

Spätdeuteronomistisches Geschichtswerk und Priesterschrift in Deuteronomium 34, in: Kiesow, K. (Hg.): *Textarbeit. Studien zu Texten und ihrer Rezeption aus dem Alten Testament und der Umwelt Israels; FS Peter Weimar*, AOAT 294, Münster 2003, 407 – 424.

Mose, der Exodus und der Monotheismus. Ein Gespräch mit Jan Assmann, in: Schmitt, H.-C.; Sparn, W. (Hg.): *Monotheismus als religiöses und kulturelles Problem. Zwei Abschiedsvorlesungen der Erlanger Theologischen Fakultät. 7. Februar 2007*, Akademische Reden und Kolloquien der Friedrich-Alexander-Universität Erlangen-Nürnberg 25, Erlangen 2007, 7 – 28.

Der Nachdruck erfolgt mit freundlicher Genehmigung der Familie Schmitt sowie der Herausgeber und Herausgeberinnen und Verlage, die für die Originalpublikation verantwortlich waren.